Direito e Processo do TRABALHO

NA MEDIDA CERTA PARA CONCURSOS

SIMONE SOARES BERNARDES

Direito e Processo do TRABALHO

NA MEDIDA CERTA PARA CONCURSOS

3ª Edição
revista, atualizada e ampliada

2025

EDITORA JusPODIVM
www.editorajuspodivm.com.br

EDITORA
*Jus*PODIVM
www.editorajuspodivm.com.br

Rua Canuto Saraiva, 131 – Mooca – CEP: 03113-010 – São Paulo – São Paulo
Tel: (11) 3582.5757
• Contato: https://www.editorajuspodivm.com.br/central-de-relacionamento

Diagramação: Equipe *Jus*PODIVM

Capa: Ana Caquetti

B522d Bernardes, Simone Soares
Direito e Processo do Trabalho na Medida Certa para Concursos / Simone Soares Bernardes – 3. ed., rev., atual. e ampl. - São Paulo: Editora JusPodivm, 2025.

544 p.

ISBN: 978-85-442-5744-9

1. Direito do Trabalho. 2. Processo do Trabalho. Concurso Público. I. Bernardes, Simone Soares. II. Título.

CDD 342.6

Bibliotecária responsável:
Ana Carolina Ribeiro Mois – CRB7 – RJ 007348/0

NOTA DA AUTORA

É com muita alegria que apresento aos leitores esse resumo unificado de Direito e Processo do Trabalho, idealizado e elaborado para servir como uma obra concisa, objetiva e, ao mesmo tempo, densa e criteriosa em seu conteúdo.

Não é uma tarefa fácil compendiar duas disciplinas tão extensas, ricas e complexas dentro de um livro com proposta mais resumida, especialmente no atual contexto em que o Direito do Trabalho vem passando por uma profusão legislativa, notadamente a partir da Reforma Trabalhista de 2017, atingindo seu ápice na chamada "Legislação de Crise", editada na tentativa de equacionar a problemática decorrente do coronavírus.

Esta obra tem como base os livros de Direito do Trabalho e Processo do Trabalho, também escritos por essa autora para a coleção Resumos para Concursos que, durante muitos anos, foram muito aclamados pelos leitores da Editora Juspodivm.

Nessa nova proposta, o livro unificado com as duas disciplinas mantém a intenção de apresentar, de forma sistematizada e didática, uma análise geral das matérias, com toda a atenção, dedicação e profundidade necessárias e, ao mesmo tempo, busca se posicionar como um compêndio facilitado acerca da ciência jurídica laboral, recheado de uma atualização atenta e certeira. Espero que gostem!

Mais uma vez, coloco-me inteiramente à disposição dos leitores para receber críticas e sugestões por meu e-mail pessoal: si.sbernardes@gmail.com e também nas redes sociais pelo perfil no Instagram @simonesoaresbernardes.

Boa leitura!

Brasília, 02 de novembro de 2023.

Simone Soares Bernardes

SUMÁRIO

CAPÍTULO 2

CAPÍTULO 3

CAPÍTULO 4

CAPÍTULO 2

CAPÍTULO 5

CAPÍTULO 6

ABREVIATURAS

ACC	– Ação civil coletiva
ACP	– Ação civil pública
ADPF	– Arguição de Descumprimento de Preceito Fundamental
AG	– Agravo
AI	– Agravo de instrumento
ANAMATRA	– Associação Nacional dos Magistrados da Justiça do Trabalho
AP	– Agravo de Petição
AR	– Aviso de Recebimento
BACEN	– Banco Central do Brasil
CC	– Conflito de Competência
CCP	– Comissão de Conciliação Prévia
CF	– Constituição da República Federativa do Brasil
CGJT	– Corregedoria Geral da Justiça do Trabalho
CIPA	– Comissão Interna de Prevenção de Acidentes e de Assédio
CNJ	– Conselho Nacional de Justiça
CNPJ	– Cadastro Nacional de Pessoas Jurídicas
CONAMAT	– Congresso Nacional dos Magistrados da Justiça do Trabalho
CP	– Código Penal
CPC	– Código de Processo Civil
CPF	– Cadastro de Pessoa Física
CPP	– Código de Processo Penal
CSJT	– Conselho Superior da Justiça do Trabalho
CTN	– Código Tributário Nacional
CTPS	– Carteira de Trabalho e Previdência Social
DARF	– Documento de Arrecadação de Receitas Federais
DEJT	– Diário Eletrônico da Justiça do Trabalho
DJ	– Diário da Justiça
DJe	– Diário da Justiça Eletrônico
DJU	– Diário da Justiça da União
DO	– Diário Oficial
DOU	– Diário Oficial da União
E	– Embargos
ED	– Embargos Declaratórios
ENAMAT	– Escola Nacional de Formação e Aperfeiçoamento de magistrados do Trabalho
EOAB	– Estatuto da Ordem dos Advogados do Brasil
EPI	– Equipamento de Proteção Individual

GRU – Guia de Recolhimento da União
HC – *Habeas corpus*
IN – Instrução Normativa
INSS – Instituto Nacional de Seguridade Social
LC – Lei Complementar
LEF – Lei de Execuções Fiscais
LF – Lei de Falências
LICC – Lei de Introdução ao Código Civil
LOMAN – Lei Orgânica da Magistratura Nacional
MPT – Ministério Público do Trabalho
MS – Mandado de Segurança
OAB – Ordem dos Advogados do Brasil
PAT – Programa de Alimentação do Trabalhador
PJe – Processo Judicial Eletrônico
PJe-JT – Processo Judicial Eletrônico da Justiça do Trabalho
R – Região
REG – Regimental
RGPS – Regulamento Geral da Previdência Social
RITST – Regulamento Interno do Tribunal Superior do Trabalho
RO – Recurso Ordinário
RR – Recurso de Revista
SDC – Sessão de Dissídios Coletivos
SDI – Sessão de Dissídios Individuais
SRF – Secretaria da Receita Federal
STF – Supremo Tribunal Federal
STJ – Superior Tribunal de Justiça
T – Turma
TAC – Termo de Ajustamento de Conduta
TJ – Tribunal de Justiça
TRF – Tribunal Regional Federal
TRT – Tribunal Regional do Trabalho
TST – Tribunal Superior do Trabalho
v.g – *verbi gratia*

PARTE I – DIREITO DO TRABALHO

Capítulo 1

TEORIA GERAL DO DIREITO DO TRABALHO

1. DIREITO DO TRABALHO

1.1. Denominação e conceito

A denominação "Direito do Trabalho" é a mais utilizada nos dias atuais, contudo este ramo jurídico também já possuiu outras denominações na história, tais como, Direito Industrial, Direito Sindical, Direito Corporativo, Direito Operário e Direito Social.

O Direito do Trabalho pode ser definido como um complexo de princípios, institutos jurídicos e normas que regulamentam tanto a relação de emprego e outras relações previstas legalmente quanto as relações coletivas entre trabalhadores e tomadores de serviços, em especial por meio de suas associações coletivas.[1]

Essa definição é pautada em uma concepção mista, que leva em conta tanto o aspecto subjetivo (considera os sujeitos envolvidos na relação), quanto também o objetivo (considera o objeto da relação que é o vínculo empregatício). A concepção mista da definição do Direito do Trabalho mostra-se mais adequada ao não considerar apenas uma das perspectivas isoladamente (subjetiva ou objetiva), permitindo tanto destacar o caráter teleológico do Direito do Trabalho, que busca a proteção ao trabalhador, com também dar ênfase ao conteúdo das relações de emprego, permitindo visão mais precisa da essência, substância e elementos desse ramo jurídico.[2]

1. DELGADO, Maurício Godinho. Curso de Direito do Trabalho. 19ª ed. São Paulo: LTr, 2020, p. 49.
2. Ib. ibidem.

1.2. Características

O Direito do Trabalho tem como principal característica a proteção ao empregado, que se revela no regramento mínimo legal de proteção ao trabalhador. Sob a perspectiva do Direito Coletivo do Trabalho, a maior característica desse ramo é a organização das entidades sindicais e a regulamentação das formas de solução de conflitos coletivos de trabalho.[3]

Conforme leciona GODINHO (2020) as características do Direito do Trabalho podem ser classificadas em conformidade com os seguintes traços em comum: a) sua origem e evolução histórica, tratando-se de ramo especializado e autônomo do Direito, oriundo do segmento obrigacional civil; b) suas funções e atuação na comunidade circundante, tratando-se de ramo jurídico que cumpre objetivos fortemente sociais, embora tenha também importantes impactos econômicos, culturais e políticos; c) sua estrutura jurídica própria, tratando-se de ramo composto essencialmente por normas imperativas (e não dispositivas), sendo de sua essência a presença decisiva de princípios jurídicos.[4]

1.3. Natureza jurídica

Existem ao menos cinco correntes a respeito da natureza jurídica do Direito do Trabalho, quais sejam: Direito privado, Direito público, Direito social, Direito misto e Direito unitário.

A maioria doutrinária defende que o Direito do Trabalho é um ramo do direito privado, na medida em que a relação trabalhista é firmada entre particulares e, embora exista certo dirigismo estatal, ainda prevalece a autonomia da vontade das partes.

Há quem defenda a natureza jurídica de Direito Público, com base no fato de que as normas de direito do trabalho normalmente são imperativas. Esse entendimento não é prevalecente porque o Estado, geralmente, não integra a relação trabalhista, firmada normalmente entre particulares.

Outra corrente defende um terceiro gênero (não seria nem de Direito privado e nem de Direito Público), mas sim um Direito social, enquanto outros defendem sua natureza mista (de Direito privado e de Direito Público).

E, por fim, Arnaldo Süssekind defende a natureza de Direito unitário, isto é, o direito do trabalho seria uma fusão entre normas de direito público e privado, constituindo um ramo novo, inseparável e diverso dos demais ramos que lhe deram origem.

1.4. Autonomia e divisão

O Direito do Trabalho é ramo autônomo? Esta polêmica somente fez sentido no momento da afirmação do Direito do Trabalho, época em que alguns afirmavam pertencer tal ramo ao Direito das Obrigações. Há muito tempo essa discussão já está superada, sendo pacífica a conclusão que se trata de um ramo autônomo, o que se evidencia em diversos

3. CASSAR, Vólia Bomfim. Resumo de Direito do Trabalho. 7 ed. Rio de Janeiro: Forense; São Paulo: Método, 2018, p. 3.

4. DELGADO, Maurício Godinho. Curso de Direito do Trabalho. 19ª ed. São Paulo: LTr, 2020, p. 70-71.

aspectos: a) autonomia de jurisdição: se antes o órgão que tratava dos direitos trabalhistas estava vinculado ao Poder Executivo, hoje temos uma organização judiciária especializada e distinta da de outros ramos do direito; b) autonomia doutrinária/científica: possui princípios, fontes e particularidades exclusivas que não são comuns a outros ramos; c) autonomia legislativa: embora ainda não se tenha um código, existe um compilado de normas específicas e exclusivas; d) autonomia didática: possui cadeira própria nos cursos de Direito.

O Direito do Trabalho se divide em individual e coletivo. O Direito Individual do Trabalho tem como objeto o estudo das relações individuais de trabalho subordinado, mantidas por seus sujeitos (empregado e empregador), analisando os direitos e as obrigações decorrentes do contrato de trabalho (ex. vínculo empregatício, jornada, etc.). Já o Direito Coletivo do Trabalho tem por base as relações coletivas de trabalho (grupos de empregados e grupos de empregadores), os conflitos delas advindos e os órgãos que representam os grupos respectivos (greve, sindicatos, conflitos coletivos). Além disso, o Direito Coletivo do Trabalho abrange as normas jurídicas derivadas da solução dos conflitos coletivos e que são fonte do próprio Direito do Trabalho (normas coletivas, negociação coletiva).

1.5. Fundamentos e formação histórica

O Direito do Trabalho surgiu com a finalidade de reduzir a desigualdade existente entre capital (empregador) e trabalho (empregado), por meio da intervenção do Estado.

Sua origem se evidenciou no contexto histórico da sociedade contemporânea, a partir da Revolução Industrial, ocorrida na Inglaterra, a partir dos séculos XVIII e XIX, momento em que se verificou a concentração dos meios de produção nas cidades e uma situação de grave exploração desumana do trabalho, inclusive de mulheres e crianças.

Nessa época, o direito comum (civil) e suas regras privadas de mercado passaram a não se mostrar suficientes para garantir proteção mínima à dignidade do trabalhador. Com a união dos trabalhadores em movimentos sociais, tornou-se necessário um novo sistema legal protecionista e intervencionista, de modo que o Estado abandonasse seu papel inerte e passasse a atuar de forma mais incisiva para evitar a exploração desumana dos trabalhadores.

Surge, nesse contexto, o Direito do Trabalho.

Ensina DELGADO (2020) que o Direito do Trabalho passou por quatro fases históricas, quais sejam: 1) a fase das manifestações incipientes ou esparsas, que se verifica do início do século XIX (1802), com o *Peel's Act* britânico, diploma legal britânico voltado a fixar certas restrições à utilização do trabalho de menores, perdurando até 1848; 2) fase da sistematização e consolidação, que se estendeu de 1848 até 1919. Teve como marcos o Manifesto Comunista (1848), o movimento de massas denominado cartista, na Grã-Bretanha, e, ainda, a Revolução de 1848, na França; 3) fase da institucionalização, ocorrida após a entre 1919 e avançando ao longo do século XX, cujos marcos são a Constituição de Weimar e a criação da OIT (a Constituição Mexicana de 1917 também se destaca); 4) fase de crise e transição, iniciada em torno de 1979/80, quando deflagrou-se no Ocidente um processo de desestabilização e reforma dos padrões justrabalhistas até então imperantes (que produzirá mais fortes reflexos no Brasil em torno da década de 1990, recrudescendo a partir de 2016/2017).[5]

No Brasil, o Direito do Trabalho foi influenciado por fatores externos (transformações que ocorriam na Europa; crescente elaboração legislativa de proteção ao trabalhador em muitos países; compromisso internacional assumido pelo Brasil ao ingressar na OIT, em razão do Tratado de Versalhes (1919) e internos (movimento operário, surto industrial, política trabalhista de Getúlio Vargas).

A primeira Constituição brasileira a trazer normas específicas de Direito do Trabalho foi a Constituição de 1934, como influência do constitucionalismo social (inspirado nas pioneiras constituições do México, de 1917, e de Weimar, de 1919).

A Constituição Federal de 1934, por exemplo, estabeleceu o salário mínimo, a isonomia salarial, a jornada de oito horas, a proteção do trabalho das mulheres e dos menores, as férias remuneradas, a liberdade sindical, dentre outros direitos.

A partir da Constituição Federal de 1934, todas as demais constituições passaram a ter normas trabalhistas.

Durante a fase intervencionista do Estado Novo e a égide da Constituição Federal de 1937 (corporativista, criando o sindicato único e proibindo o direito de greve), foi editado o Decreto-Lei nº 5.452, em 1º de maio de 1943 (com vigência a partir de 10 de novembro de 1943).

O Decreto-Lei nº 5.452/1943 aprovou a Consolidação das Leis do Trabalho – CLT, que corresponde a uma reunião sistemática de todas as leis trabalhistas esparsas existentes à época. Não se trata de um Código Trabalhista porque não implementou direito novo.

Até a presente data, a CLT continua sendo a principal norma jurídica regente das relações de emprego, tendo sofrido severas alterações trazidas pela Lei da Reforma Trabalhista (Lei nº 13.467/2017), que veio acompanhada de aplausos por parte de alguns e de críticas fervorosas por outra parte da comunidade jurídica.

A Constituição de 1988 foi promulgada no período de redemocratização do país após o fim da ditadura militar e sua primeira grande modificação consistiu na introdução dos direitos sociais no título dos direitos e garantias fundamentais, especificadamente no capítulo dos direitos sociais. Assim, a CF/88 trouxe um modelo mais democrático de administração dos conflitos sociais no país, valorizando o direito coletivo e introduzindo regras que favorecem o caminho da normatização autônoma (regulamentação dos direitos pelos próprios empregados e empregadores através da negociação coletiva).

1.6. Funções do Direito do Trabalho

Conforme a lição de DELGADO (2020), a função central do Direito do Trabalho consiste na melhoria das condições de pactuação da força de trabalho na ordem socioeconômica. Também se destaca a função modernizante e progressista do Direito do Trabalho, do ponto

5. DELGADO, Maurício Godinho. Curso de Direito do Trabalho. 19ª ed. São Paulo: LTr, 2020, p. 107.

de vista econômico e social, distribuindo renda equanimemente pela valorização do trabalho e, ao mesmo tempo, estimulando o empresário a investir tanto em tecnologia como no aperfeiçoamento de sua mão de obra. Além dessas funções, o Direito do Trabalho também possui função política conservadora, porquanto confere legitimidade política e cultural à relação de produção básica da sociedade contemporânea. Por fim, também merece relevo a função civilizatória e democrática, tratando-se de um dos mecanismos mais importantes de inclusão social da população pobre, minimizando o quadro de desigualdade social, próprio do capitalismo.[6]

Já para CASSAR (2018), o Direito do Trabalho tem as seguintes funções: tutelar, econômica, coordenadora, política e social. Tutelar, porquanto destina-se a proteger o obreiro de cláusulas abusivas, assegurando-lhe as condições mínimas de dignidade para reger seu contrato de trabalho. Econômica, diante da sua necessidade de realizar valores, de injetar capital no mercado e democratizar o acesso às riquezas, influenciando na economia do país. Coordenadora ou pacificadora, porque busca equacionar os naturais embates entre capital e trabalho. Política, porque toda medida estatal coletiva atinge a sociedade como um todo e tem interesse público. Social, porque busca elevar o patamar de vida social do empregado e de toda a população.[7]

1.7. Flexibilização e Desregulamentação Trabalhista. Tendências atuais do Direito do Trabalho

A doutrina destaca que o capitalismo, enquanto sistema econômico, não se manteve estático ao longo da história. O fim do século XVIII e início do século XIX foi marcado pela Revolução Industrial, a qual coincidiu com a primeira revolução tecnológica do capitalismo, momento em que se verificou a transição de uma fase primitiva e imatura do capitalismo para uma posterior, em que o sistema realiza, sobre a base do maquinismo e do desenvolvimento técnico, seu específico processo de produção, fundado na unidade coletiva de grande escala: a fábrica.

No final do século XIX e início do século XX, novos avanços tecnológicos foram introduzidos na produção, notadamente a energia elétrica e a linha de montagem, além de novos meios de comunicação (telefone, por exemplo) e principalmente de novos meios de transporte (veículos automotores e aviões, ilustrativamente), possibilitando a produção em massa, no período conhecido como Segunda Revolução Industrial.[8]

Na década de 1960, iniciou-se a terceira revolução tecnológica do capitalismo, também conhecida como revolução digital ou do computador, na medida em que se caracterizou pelo desenvolvimento dos semicondutores, da computação em *mainframe*, da computação pessoal e da internet.

---

6. DELGADO, Maurício Godinho. Curso de Direito do Trabalho. 19ª ed. São Paulo: LTr, 2020, p. 55-61.
7. CASSAR, Vólia Bomfim. Resumo de Direito do Trabalho. 7 ed. Rio de Janeiro: Forense; São Paulo: Método, 2018, p. 3.
8. DELGADO, Mauricio Godinho. *Capitalismo, Trabalho e Emprego*: entre o paradigma da destruição e os caminhos da reconstrução. 3. ed., rev. e ampl. São Paulo: LTr, 2017. p. 39.

Também a partir dos anos de 1970, a nova corrente econômica, política e ideológica, que acabou por se tornar hegemônica no mundo ocidental, conhecida pelo epíteto de ultraliberalismo (ou neoliberalismo), passou a propagar o primado do mercado privado na estruturação e funcionamento da economia e da sociedade, bem como a prevalência do capital financeiro-especulativo, com a sujeição estatal e das políticas públicas a essa prevalência.

No final do século XX, despontou uma nova fase e processo de internacionalização das economias nacionais vivenciado pelo sistema capitalista, conhecido como globalização, globalismo, mundialização ou mundialismo. O que se vê, a partir desse instante, é um processo de aprofundamento da internacionalização capitalista, mediante o qual as economias nacionais se integram de forma progressiva ao comércio mundial. Essa nova dinâmica impõe competitividade entre todas as economias nacionais, diminuindo, assim, o peso da soberania estatal no processo, de forma que os Estados se vêm pressionados a reduzir a proteção social e a desmantelar as normas protetoras do trabalho como fatores que lhes permitam competividade no mercado global, através da flexibilização e desregulamentação das normas trabalhistas. A globalização da economia e a ausência (ou diminuição) de regulamentação social dos mercados, em suas diversas facetas; tudo têm produzido um crescimento exponencial das desigualdades, da concentração da riqueza e, por sua vez, da expansão da pobreza, da fome e da exploração.

Na virada do século XX para o século XXI, passa-se a vivenciar a era da chamada quarta revolução tecnológica do capitalismo (ou Revolução 4.0), caracterizada como uma revolução digital evidenciada em internet mais ubíqua e móvel, sensores menores e mais poderosos, inteligência artificial e aprendizagem automática (aprendizagem de máquina ou *machine learning*). Nesta nova revolução, desponta uma fusão de tecnologias em vários campos e a interação entre os domínios físicos, digitais e biológicos, cuja difusão é muito mais rápida e ampla, fazendo com que essa revolução tenha impactos maiores e mais rápidos do que os percebidos nas revoluções industriais anteriores.[9]

Dentro desse contexto é importante destacar dois importantes institutos: a flexibilização e a desregulamentação trabalhista.

A flexibilização trabalhista corresponde à possibilidade jurídica, prevista em lei ou norma coletiva, de diminuição da força imperativa das normas trabalhistas ou da amplitude de seus efeitos.

A flexibilização trabalhista pode ser heterônoma, decorrente de permissivo constitucional ou legal; ou, pode ser autônoma, prevista em instrumento normativo. No primeiro caso, a flexibilização trabalhista tem como limite o disposto na Constituição da República, uma vez que não é possível à norma legal afrontar normas constitucionais prevalecentes. Já na flexibilização autônoma trabalhista, o limite é não só a Constituição, como também o disposto na legislação heterônoma estatal e em normas de tratados e convenções internacionais ratificados.[10]

9. SCHWAB, Klaus. *A quarta revolução industrial.* São Paulo: Edipro, 2016. p. 16-17.
10. DELGADO, Maurício Godinho. Curso de Direito do Trabalho. 19ª ed. São Paulo: LTr, 2020, p. 72.

A CF/88 trouxe, em vários de seus artigos, a flexibilização das regras trabalhistas, como no art. 7º, VI, que trata da irredutibilidade do salário, salvo o disposto em convenção ou acordo coletivo; e nos incisos XIII e XIV, que tratam da compensação de horários e a redução da jornada, mediante acordo ou convenção coletiva de trabalho; e da jornada de trabalho de seis horas para o trabalho ininterrupto de revezamento, salvo negociação coletiva.

A desregulamentação, por sua vez, é o fenômeno destinado a suprimir determinadas normas jurídicas, isto é, a revogar normas relacionadas com a regulamentação das relações trabalhistas, atribuindo aos próprios interessados, como agentes sociais, a função de estabelecer a regra aplicável.

Assim, a desregulamentação pressupõe a ausência do Estado (Estado mínimo), com a supressão de direitos impostos pela lei, retirada plena e total da proteção legislativa, permitindo a regulação da relação de trabalho pela autonomia privada, seja de forma individual ou coletiva.

Já a flexibilização pressupõe intervenção estatal, mais ou menos intensa, para proteção dos direitos do trabalhador, mesmo que apenas para garantia de direitos básicos.

Na flexibilização, portanto, existe um núcleo mínimo protetivo, constituído de normas de ordem pública que se mantém intangível, pois sem estas não se pode conceber a vida do trabalhador com dignidade, sendo fundamental à manutenção do Estado Social.

2. FONTES DO DIREITO

2.1. Conceito e classificação

As fontes do direito do trabalho são os meios pelo qual nascem as normas jurídicas, a origem das normas jurídicas.

Não há consenso doutrinário a respeito da classificação das fontes e, portanto, usarei a mais didática, a meu ver.

Assim, as fontes podem ser classificadas da seguinte maneira:

I. **materiais**: Fatos relevantes (sociais, éticos, econômicos, políticos, etc.) que influenciam o legislador na elaboração da norma. Ex.: a pandemia do coronavírus ocasionou a edição de vários diplomas normativos, tais como a Lei nº 14.020/2020, para enfrentar as problemáticas decorrentes desse novo contexto. Por se tratar de um estudo sociológico e filosófico sobre a origem da norma, alguns doutrinadores não incluem as fontes materiais como verdadeira fonte do direito.

II. **formais**: constituem a exteriorização da norma jurídica, os meios de revelação e transparência da norma. As fontes formais são os atos-regra, isto é, atos normativos cujas características são a **abstração** (não incide sobre uma situação específica, mas sim sobre uma hipótese), a **generalidade** (dirigida a todos, indistintamente) e a **impessoalidade** (não se destina a um único indivíduo, mas sim à coletividade).

As fontes formais do Direito do Trabalho subdividem-se em: **II. a) autônomas:** aquelas em que há imediata participação do destinatário da norma (a quem ela irá se aplicar) na produção da norma, v.g., costumes, acordo e convenção coletiva de trabalho; **II.b) heterônomas:** têm origem a partir de terceiro, não destinatário da norma jurídica, normalmente o Estado, v.g, CF, lei, Decreto-lei.

2.2. Fontes formais

2.2.1. Fontes formais heterônomas

Conforme a maioria doutrinária, as relações trabalhistas são reguladas pelas seguintes fontes formais heterônomas:

a) **Constituição Federal e suas emendas:** É a norma ápice, isto é, fundamento de validade de todas as demais normas. Especial destaque para os artigos 7º (que arrola os direitos fundamentais dos trabalhadores) a 11 da CRFB/88.

b) **Leis (complementares, ordinárias ou delegadas) e medidas provisórias (matéria de relevância e urgência).** Apenas a União possui competência material para legislar sobre direito do trabalho (art. 22, I, da CRFB/88). Isso significa dizer que lei estadual ou municipal que regule direitos trabalhistas é inconstitucional. O Estado poderá regular questões específicas de direito do trabalho, mediante autorização por lei complementar (art. 22, parágrafo único, da CF/88).

   Atualmente existem muitas leis trabalhistas regulamentando esse ramo jurídico, sendo que o diploma mais importante é a CLT (Consolidação das Leis do Trabalho), que se caracteriza como um compilado de diversas normas do trabalho. A CLT surgiu pelo Decreto-Lei nº 5.452, de 1 de maio de 1943, sancionada pelo então presidente Getúlio Vargas, unificando toda legislação trabalhista existente no Brasil. Ao longo dos anos, a CLT sofreu alterações para se adequar aos novos anseios do legislador e a mais significativa delas ocorreu com a publicação da Lei nº 13.467/2017, denominada Lei da Reforma Trabalhista.

c) **Atos do Poder Executivo (regulamentos, decretos, portarias etc.).** A finalidade da prática desses atos é a especificação do conteúdo da lei, objetivando operacionalizar a observância concreta do comando legal originário. É o que se dá por exemplo com o Decreto nº 10.854/21, regulamentando, dentre outros temas, o vale-transporte instituído pela Lei nº 7.418/85 e o Repouso Semanal Remunerado -RSR, instituído pela Lei nº605/49. Importante destacar que o decreto tem a finalidade de regulamentar a lei. Logo, um decreto autônomo que crie vantagens para o empregado, não previstas em lei, não poderá ser aplicado diante da sua ilegalidade, ao inovar no âmbito legislativo. É importante destacar que a CLT é um Decreto-lei e a partir da Constituição de 1988 passou a ter *status* de lei ordinária e assim foi recepcionada.

d) **Tratados e convenções internacionais, desde que ratificados (art. 5º, §2º, CF/88).** Tratados são documentos obrigacionais, normativos e programáticos firmados entre dois ou mais Estados ou entes internacionais. As convenções são modalidades de tratados e se caracterizam como documentos obrigacionais, normativos e programáticos aprovados por entidade internacional, a que aderem voluntariamente seus membros. Conforme o STF, os diplomas internacionais, ao ingressarem na ordem jurídica interna, assumem o *status* de norma infraconstitucional (*status* de lei, portanto). Tratando-se de documentos normativos internacionais referentes a Direitos Humanos, seu *status* é de diploma supralegal, isto é, situam-se acima das leis ordinárias e complementares. Por fim, se a ratificação desses diplomas internacionais referentes a Direitos Humanos tiver o quórum especial referido pelo § 3º do art. 5º da CF/88 assumirá o *status* de emenda constitucional. O CNJ recomenda aos órgãos do Poder Judiciário brasileiro a observância dos tratados e convenções internacionais de direitos humanos em vigor no Brasil e a utilização da jurisprudência da Corte Interamericana de Direitos Humanos (Corte IDH), bem como a necessidade de controle de convencionalidade das leis internas (Recomendação nº 123 de 07/01/2022).

e) **Sentença normativa.** Corresponde à decisão proferida em um dissídio coletivo, diante da inexistência de conciliação entre trabalhadores e empregadores. Através dela são criadas, modificadas ou extintas condições de trabalho.

f) **Súmulas vinculantes.** O STF poderá, de ofício ou por provocação, após reiteradas decisões sobre matéria constitucional e observados requisitos constitucionais, editar enunciado de súmula que, a partir de sua publicação na imprensa oficial, terá efeito vinculante (observância obrigatória) em relação aos demais órgãos do Poder Judiciário (art. 2º da Lei n. 11.417/2006). São fontes formais primárias, pois se dirigem a todos de forma geral, abstrata e impessoal. A doutrina especializada sustenta a equiparação das súmulas vinculantes com as emendas constitucionais, porque norma infraconstitucional que disponha contra a súmula vinculante será inconstitucional, já que o anunciado retrata a interpretação final do STF em matéria constitucional.

g) **Princípios:** Para a corrente tradicional (positivista), os princípios, conforme art. 8º da CLT, têm apenas função integrativa em caso de lacunas normativas. Para o constitucionalismo contemporâneo (pós-positivista), os princípios são dotados de força normativa e, assim, seriam fontes formais do direito[11], assim como se dá com as regras jurídicas (por ex. a lei), deixando de ter atuação meramente supletiva, para agirem de forma autônoma. Para essa última corrente, as normas jurídicas (gênero) englobam as regras jurídicas e os princípios, de modo que estes passam a ser considerados como fonte formal de direito.

h) **Precedentes dos tribunais:** Para Didier (2011, p. 385), "precedente é a decisão judicial tomada à luz de um caso concreto, cujo núcleo essencial pode servir como diretriz para o julgamento posterior de casos análogos". O sistema de precedentes, que é uma fonte característica do sistema *common law,* tem sido cada vez mais

11. GARCIA, Gustavo Filipe Barbosa. Curso de direito do trabalho. 13ª ed. Rio de Janeiro: Forense, 2018, p. 38.

aplicado na justiça brasileira. Isto se deve, primordialmente, à evolução do *civil law* (utiliza a lei como principal fonte de direito), ocorrida em razão do constitucionalismo, e vem se consagrando cada vez mais, principalmente após o advento do CPC de 2015, notadamente nos incisos V e VI, do parágrafo 1º do artigo 489, que impõe seja considerada nula a decisão judicial que deixar de seguir determinado precedente invocado pela parte ou que se limitar a invocar precedente sem identificar seus fundamentos determinantes, nem demonstrar que o caso sob julgamento se ajusta àqueles fundamentos. O TST editou a Instrução Normativa 39 que, além de determinar, em seu art. 3º IX, a aplicação do artigo 489 do CPC ao processo do trabalho, também define, no seu artigo 15, incisos I, II, V e VI, o que será considerado precedente na esfera trabalhista e sua forma de aplicação.

i) **Portarias, Avisos e Circulares.** Em regra, não são fontes formais do Direito porque lhes faltam a generalidade, impessoalidade e abstração. São apenas meios de comunicação entre o capital (empregador) e o trabalho (empregado). Contudo, quando uma norma trabalhista menciona qualquer um desses diplomas (portaria, aviso, circular), ele passa a ser integrante daquela norma e passa a ser fonte formal do direito. Exemplos: as atividades ou operações consideradas perigosas deverão ser especificadas em portaria do Ministério do Trabalho (art. 193 da CLT).

2.2.2. *Fontes formais autônomas*

São fontes formais autônomas do Direito do Trabalho:

a) **Acordos e convenções coletivas.** Tratam-se de instrumentos de caráter normativo, firmados entre entidades sindicais (convenções) ou entre entidades sindicais e empresas (acordos), que estabelecem condições de trabalho aplicáveis no âmbito de representação das partes envolvidas.

b) **Usos e costumes.** A CLT trata conjuntamente das duas figuras, como se ambas fossem fontes normativas (art. 8º, *caput*, CLT). Contudo, existe nítida diferenciação entre elas, já que o uso é a prática habitual dentro de uma relação jurídica específica, com partes específicas, a quem seus efeitos têm aplicação restrita. Assim, o uso configura simples cláusula tacitamente ajustada na relação jurídica entre as partes envolvidas (cláusula contratual), não assumindo a condição de ato-regra – não sendo, portanto, norma jurídica. Já o costume consiste na prática habitual adotada em universo mais amplo de certa empresa, categoria, região, etc., formando um modelo de conduta geral, impessoal, aplicável *ad futurum* a todos os trabalhadores integrados no mesmo tipo de contexto, caracterizando-se, pois, como norma jurídica.[12]

Vários direitos trabalhistas que atualmente são previstos legalmente, surgiram através dos usos e costumes, como a gratificação natalina (13º salário), por exemplo. É importan-

12. DELGADO, Maurício Godinho. Curso de Direito do Trabalho. 19ª ed. São Paulo: LTr, 2020, p. 197.

te destacar que para algumas bancas de concursos "os usos e costumes" são considerados fontes formais, conforme interpretação literal do artigo 8º da CLT.

c) **Laudo arbitral (art. 114, § 1º da CF/88 e art. 507-A da CLT).** A arbitragem é um meio extrajudicial de solução de controvérsias, onde as partes contratantes escolhem um terceiro (árbitro) para resolver o litígio envolvendo direitos patrimoniais disponíveis. O laudo arbitral corresponde ao ato decisório, emanado pelo árbitro, que encerra o procedimento arbitral. Sua natureza jurídica é de decisão, definitiva e obrigatória, idêntica à emitida pelo Poder Judiciário. Há discussão doutrinária sobre a classificação dessa modalidade como fonte heterônoma ou autônoma.[13]

2.3. Figuras especiais

a) **Jurisprudência:** A jurisprudência corresponde à reiterada interpretação das normas jurídicas realizada pelos tribunais, a partir do julgamento de casos concretos levados ao Poder Judiciário.

Existe grande discussão jurídica a respeito da caracterização ou não da jurisprudência como fonte de direito do trabalho. A primeira corrente sustenta que a jurisprudência não é fonte de direito, pois nada mais é que a forma pela qual os Tribunais interpretam a lei, aplicando-a ao caso concreto. Nesse contexto, não é ato-regra, isto é, não possui generalidade, abstração e impessoalidade, já que se destina especificamente a um caso particular levado a julgamento e não é de observância obrigatória para os magistrados.

Já a corrente moderna defende sua natureza de fonte formal, na medida em que o juiz não é mero aplicador de regras, tendo inegável papel criador.[14]

Aliás, é importante destacar que se a jurisprudência for reiterada, caso das súmulas e OJ's, ela será fonte de direito. Essa corrente é reforçada pelo art. 8º da CLT "As autoridades administrativas e a Justiça do Trabalho, na falta de disposições legais ou contratuais, decidirão, conforme o caso, pela **jurisprudência** (...)".

Conforme o artigo 8º, § 2º da CLT, introduzido pela Reforma Trabalhista: *"Súmulas e outros enunciados de jurisprudência editados pelo Tribunal Superior do Trabalho e pelos Tribunais Regionais do Trabalho não poderão restringir direitos legalmente previstos nem criar obrigações que não estejam previstas em lei"*.

Isso significa que o Poder Judiciário não deverá criar novos direitos ou reduzir aqueles previstos em lei, mas apenas declarar o conteúdo de normas legais vigentes.

13. Sobre essa discussão, ver DELGADO, Maurício Godinho. Curso de Direito do Trabalho. 19ª ed. São Paulo: LTr, 2020, p. 198-201.
14. Sobre o tema, ver DELGADO, Maurício Godinho. Curso de Direito do Trabalho. 19ª ed. São Paulo: LTr, 2020, p. 202.

Até o advento da Reforma Trabalhista, os procedimentos para a aprovação e alteração de súmulas dos Tribunais Trabalhistas eram regulamentados pelos respectivos regimentos.

A Reforma Trabalhista alterou o art. 702, da CLT, trazendo regramentos rígidos para edição e alteração de súmulas no âmbito dos Tribunais Trabalhistas, exigindo quórum de 2/3 para que os Tribunais do Trabalho aprovassem ou revisassem súmulas ou enunciados de jurisprudência e estabelecendo regras procedimentais e balizas para sua uniformização jurisprudencial. Todavia, no julgamento da ADI 6188, o STF declarou a inconstitucionalidade do art. 702, I, f, § 3º e § 4º, da CLT, na redação que lhe deu a Lei 13.467/2017.

b) **Doutrina:** É o entendimento sistemático dos juristas e estudiosos do direito acerca de determinado tema. Para a maioria, a doutrina não é fonte do direito, mas apenas elemento de desenvolvimento da ciência jurídica.

c) **Cláusulas contratuais:** As regras fixadas em contrato, por serem concretas, específicas e pessoais, isto é, envolvendo apenas as partes contratantes, não constituem fonte de direito.

d) **Regulamento da empresa:** Corresponde ao ato unilateral do empregador que determina o que é permitido ou proibido em seu estabelecimento. Para a maioria da doutrina e jurisprudência não seria fonte formal, porque é produzido de forma unilateral pelo empregador. Nesse sentido as Súmulas 51 e 288 do TST. Todavia, existe parcela doutrinária que defende sua natureza de fonte formal desde que o regulamento seja elaborado com caráter geral e impessoal (Alice Monteiro de Barros, Sérgio Pinto Martins).

2.4. Hierarquia das fontes

Conforme a teoria da pirâmide kelseniana, a Constituição é o vértice da pirâmide hierárquica, sendo que uma norma encontra seu fundamento de validade em outra hierarquicamente superior (ex. lei ordinária encontra seu fundamento de validade na Constituição Federal).

No âmbito trabalhista, o critério informador da hierarquia das fontes não é rígido como no direito comum. Isso porque, o Direito do Trabalho tem como princípio basilar a proteção do empregado hipossuficiente (parte mais fraca na relação jurídica), que, por sua vez, tem assento no artigo 7º, *caput,* da CF.

Assim, no ramo trabalhista, é adotado o critério hierárquico flexível, prevalecendo a norma mais favorável ao empregado, ainda que hierarquicamente inferior, conforme a teoria da pirâmide kelseniana.

O limite de utilização desse critério é a existência de norma proibitiva estatal, isto é, se existe um diploma estatal que proíba determinado fato, sua preponderância sempre será preservada por se tratar de norma dotada do *imperium* específico à entidade estatal. Ex.: *Norma coletiva prevendo adicional de insalubridade de 100% para trabalho de menor. Ainda que esta norma fixe adicional maior do que o legal (20%, 30% e 40%), o trabalho do menor é proibido pela Constituição Federal e a norma constitucional é que deverá prevalecer neste caso.*

Outrossim, o princípio da norma mais favorável também encontra limites nas hipóteses legais de flexibilização (redução ou supressão de vantagens) por instrumento normativo, como, por exemplo, redução salarial por negociação coletiva (art. 7º., VI, da CF/88).

Atualmente, o critério da norma mais favorável ao empregado não é mais aplicável no âmbito dos instrumentos normativos negociados, já que o artigo 620 da CLT, alterado pela Reforma Trabalhista (Lei nº 13.467/17) trouxe a seguinte previsão: *"As condições estabelecidas em acordo coletivo de trabalho sempre prevalecerão sobre as estipuladas em convenção coletiva de trabalho"*.

Veja-se que o legislador adotou o princípio da especificidade, de forma que o acordo coletivo, por ser mais específico, sempre deve prevalecer sobre a convenção coletiva, independentemente de ser ou não mais favorável ao trabalhador.

2.5. Conflito de normas

Conforme a doutrina, coexistindo duas ou mais normas conflitantes, a identificação da norma mais favorável ao empregado se dá mediante os seguintes critérios de comparação entre as normas existentes. Esses critérios de comparação são destacados a seguir:

1) **Teoria da Acumulação:** Há que se extrair o melhor de cada norma em benefício do empregado. O art. 620 da CLT (antes da alteração realizada pela Reforma Trabalhista) adotava essa teoria, ao determinar que: *"As condições estabelecidas em Convenção, quando mais favoráveis, prevalecerão sobre as estipuladas em Acordo"*. Essa teoria era muito criticada pela doutrina e pouco utilizada pela dificuldade de aplicação prática, porquanto ao se adotá-la criava-se uma terceira norma, formada com regras pinçadas de dois diplomas diversos.

2) **Teoria do Conglobamento:** Impõe uma análise integral das normas conflitantes, a fim de se escolher entre elas, qual a norma que, de uma maneira geral, beneficie o trabalhador. A jurisprudência brasileira vinha aplicando essa teoria até então (TST-E-RR nº 165300-14.2007.5.18.0011, SBDI-1, rel. Min. Guilherme Augusto Caputo Bastos, DEJT de 16-5-2014). É o que se verifica, por exemplo, nos casos de diferentes regulamentos em uma mesma empresa (Súmula 51, II, do TST). A crítica que se fazia era quanto à dificuldade de se examinar a integralidade de duas normas coletivas ou a dificuldade entre o conflito de outras fontes autônomas de Direito aplicáveis a um empregado, a fim de se fazer essa comparação para se concluir pela mais benéfica. Com a alteração do art. 620 da CLT pela Reforma Trabalhista, o acordo coletivo sempre prevalecerá sobre a convenção coletiva, ainda que menos favorável ao empregado.

3) **Teoria do Conglobamento por instituto (orgânico ou mitigado):** A análise da normatização (regramento) mais benéfica ao empregado é feita com base no instituto em específico e não na norma como um todo. ***Ex.:*** *O operador jurídico analisa, entre as duas normas conflitantes, qual delas regula horas extras de maneira mais favorável ao empregado.*

Essa teoria foi adotada pelo art. 3º, II, da Lei nº 7.064/1982, que determina a aplicação da legislação trabalhista brasileira, naquilo que não for incompatível com o disposto na Lei, quando mais favorável do que a legislação estrangeira, no conjunto de normas e em relação a cada matéria.

4) **Teoria da escolha da norma mais recente:** A norma mais aplicável seria sempre a mais recente, pois consentânea com o fato social atual. A norma mais recente teria melhores condições de refletir o atual interesse da coletividade.

5) **Critério da especificidade:** Em caso de conflito entre acordo e convenção coletiva, haverá de ser aplicada a norma mais específica. A convenção coletiva é mais genérica e contém o básico, ao passo que o acordo coletivo, por ser mais específico e por apanhar a realidade mais de perto deve ter primazia sobre a convenção. Esse critério foi expressamente adotado na redação atual do art. 620 da CLT trazida pela Reforma Trabalhista. Assim, o acordo coletivo, mesmo que menos favorável, deverá prevalecer sobre a convenção coletiva, norma mais genérica em relação àquela, porque se inspirou na realidade profissional e capacidade econômica da empresa.

Não há consenso doutrinário ou jurisprudencial sobre qual teoria deverá ser utilizada em caso de conflitos de fontes trabalhistas. No caso específico de conflito entre normas coletivas, o artigo 620 da CLT, com a redação dada pela Reforma Trabalhista, impõe a utilização do critério da especificidade.

2.6. Eficácia da Lei Trabalhista

No que se refere à eficácia da lei trabalhista no tempo, vigora o **Princípio da Irretroatividade e da Aplicação Imediata ou do Efeito Imediato.**

Assim, a lei nova, ao entrar em vigor, não se aplica aos contratos de trabalho já terminados, nem aos atos já praticados nos contratos de trabalho em curso, mas, os que não tiverem sido praticados o serão segundo as regras da lei nova (art. 912 da CLT e art. 5º, XXXVI, CF/88).[15]

15. Atenção para a existência de corrente doutrinária que sustenta que as alterações trazidas pela Reforma Trabalhista não podem ser aplicadas aos contratos de trabalho em vigor porque violam o Princípio da Vedação ao Retrocesso Social, em especial considerando-se o Princípio Protetor do trabalhador hipossuficiente, norteador do ramo trabalhista. Assim, os direitos trabalhistas previstos nas normas estatais se incorporam ao contrato de trabalho como se fossem cláusulas contratuais, formando-se um negócio jurídico perfeito, inclusive em razão da vedação legal de alteração prejudicial ao trabalhador (artigo 468 da CLT). Nesse sentido, destaco enunciado n. 15 da Comissão 3, aprovado no XIX CONAMAT: "Aplicação da reforma trabalhista aos contratos individuais de trabalho celebrados antes de 11/11/2017. Caducidade da MP 808. Com a caducidade da Medida Provisória n. 808/2017, diante da perda de eficácia do art. 2º da MP, os preceitos jurídico-materiais da reforma trabalhista aplicam-se apenas aos contratos individuais de trabalho celebrados a partir de 11/11/2017. Nesses contratos, ausente decreto legislativo a respeito, somente os atos jurídicos e materiais praticados durante a vigência da MP n. 808/2017, regidos que são por ela (CF, art. 62, par. 11), permanecem regulados pelas regras da Lei n. 13.467/2017." (Disponível em: https://www.anamatra.org.br/attachments/article/27175/livreto_RT_Jornada_19_Conamat_site.pdf Acesso em: 25/07/2022).

No que toca à eficácia da lei trabalhista no espaço, vigora o **Princípio da Territorialidade**, segundo o qual é aplicada a lei brasileira aos que prestam serviço em nosso país, independentemente de sua nacionalidade e do local de sua contratação.

O art. 198 do Código de Bustamante, ratificado pelo Brasil pelo Decreto nº 18.871/29, dispõe que a legislação social do trabalho é territorial. Trata-se do princípio da *lex loci executionis,* que determina a aplicação da lei do país em que o empregado executou o contrato.

Ensina GARCIA (2019) que, em caso de transferências provisórias, de curta duração, para outros países, é possível se concluir que o empregado permanece regido pela lei do local principal, pertinente ao contrato de trabalho e sua execução.[16]

Já no caso de trabalhador contratado no Brasil, ou transferido por seu empregador, para laborar no exterior, aplica-se o art. 3º da Lei 7.064/1982: "A empresa responsável pelo contrato de trabalho do empregado transferido assegurar-lhe-á, independentemente da observância da legislação do local da execução dos serviços: I - os direitos previstos nesta Lei; II - a aplicação da legislação brasileira de proteção ao trabalho, naquilo que não for incompatível com o disposto nesta Lei, quando mais favorável do que a legislação territorial, no conjunto de normas e em relação a cada matéria. Parágrafo único. Respeitadas as disposições especiais desta Lei, aplicar-se-á a legislação brasileira sobre Previdência Social, Fundo de Garantia por Tempo de Serviço – FGTS e Programa de Integração Social – PIS/PASEP".

No caso de trabalhador contratado por empresa estrangeira, para trabalhar no exterior, aplica-se o art. 14 do mesmo diploma legal que estabelece que: "Sem prejuízo da aplicação das leis do país da prestação dos serviços, no que respeita a direitos, vantagens e garantias trabalhistas e previdenciárias, a empresa estrangeira assegurará ao trabalhador os direitos a ele conferidos neste Capítulo".

Contudo, da análise técnica desse dispositivo verifica-se que ele se refere aos "direitos conferidos neste Capítulo" e o art. 3º acima transcrito está em capítulo diverso. Daí, a doutrina conclui que não se aplica a previsão do art. 3º da Lei 7.064/1982 ao trabalhador contratado por empresa estrangeira, para trabalhar no exterior. Aplicar-se-á, neste caso, a lei do país da prestação de serviços, na linha do disposto no art. 198 do Código de Bustamante.[17]

2.7. Hermenêutica: interpretação, integração e aplicação do direito do trabalho

A interpretação é um processo de compreensão e determinação do sentido e da extensão da norma, ao passo que a aplicação corresponde à incidência e adaptação das normas ao caso concreto.

A doutrina clássica aponta cinco grandes métodos de interpretação: **gramatical ou literal**, que busca o sentido literal a ser extraído da norma; **histórico**, que se baseia no

16 GARCIA, Gustavo Filipe Barbosa. Curso de direito do trabalho. 13ª ed. Rio de Janeiro: Forense, 2018, p. 59.

17. Ibis ibidem.

processo social e legislativo que culminou com a edição do ato; **teleológico**, em que se perquire o objetivo de determinado dispositivo; **lógico**, busca a compreensão do significado da norma com base em regras de raciocínio, objetivando evitar contradições e chegando-se a um resultado coerente e, **sistemático**, insere o enunciado na totalidade do ordenamento jurídico, evitando incongruência e permitindo a sistematicidade das normas jurídicas.

Esses métodos clássicos de interpretação têm sido questionados quando a norma a ser interpretada é a Constituição Federal.

A doutrina mais atualizada defende que os direitos fundamentais possuem métodos próprios, os quais não se destinam a interpretação das normas para fixar-lhe um sentido, mas sim à sua concretização com intuito de tornar realidade a ideologia constitucional.

Por mais abrangente que possa ser a interpretação, é ainda possível que uma norma não consiga apresentar todas as respostas para resolver um caso concreto. É o que se denomina de lacuna.

A doutrina majoritária utiliza a seguinte classificação para as lacunas:

I. **Lacunas normativas.** A lei não contém previsão para o caso concreto. É, por exemplo, o caso do art. 72 da CLT que prevê intervalo de 10 minutos para cada 90 minutos de trabalho consecutivo para os serviços de mecanografia. O TST aplicou, por analogia, esse intervalo de 10 minutos aos digitadores conforme Súm. 346 do TST.

II. **Lacunas ontológicas.** A norma não está mais compatível com os fatos sociais, ou seja, está desatualizada.

III. **Lacunas axiológicas.** As normas levam a uma solução injusta ou insatisfatória.

A integração jurídica, por sua vez, é o processo de preenchimento das lacunas apresentadas pela lei quando da análise de um caso concreto, através da utilização de fontes normativas subsidiárias ou supletivas[18], visando manter a plenitude do ordenamento jurídico já que é vedado o *non liquet,* isto é, não pode o juiz se eximir "de decidir sob a alegação de lacuna ou obscuridade no ordenamento jurídico" (art. 140 do CPC).

As fontes normativas subsidiárias e/ou supletivas do Direito do Trabalho estão previstas no art. 8º, *caput* da CLT, quais sejam: jurisprudência, analogia, equidade, princípios e normas gerais de direito, usos e costumes e o direito comparado. O parágrafo primeiro do referido artigo ainda dispõe que: *"O direito comum será fonte subsidiária do direito do trabalho".*

18. Existem doutrinadores que defendem que a aplicação subsidiária seria adotada em caso de completa omissão das normas trabalhistas (lacuna integral ou absoluta), exigindo a importação de um maior número de regras e institutos do processo civil. Já a aplicação supletiva seria cabível em casos de mera incompletude do processo do trabalho (lacuna parcial ou relativa) Nesse sentido Mauro Schiavi e Elisson Miessa. Essa corrente não é unânime, existindo também corrente doutrinária que usa essa classificação de forma inversa: aplicação supletiva seria para omissão normativa total e aplicação subsidiária seria para omissão normativa parcial. Também existem doutrinadores que sustentam que a aplicação subsidiária se verifica em caso de omissão normativa e a aplicação supletiva se daria nos casos de omissão axiológica ou ontológica.

A jurisprudência, usos e costumes já foram analisados em tópicos anteriores e os princípios serão analisados em tópico posterior, para onde remeto o autor.

A analogia é um método de integração em que, na ausência de norma aplicável, o operador jurídico busca preceito adequado existente em outro segmento do universo jurídico. Um exemplo clássico é o instituto do sobreaviso (art. 244 da CLT), que foi criado para regular situação jurídica dos ferroviários e atualmente é aplicado, por analogia, aos trabalhadores comuns.

A equidade corresponde a uma interpretação abrandada da lei para aplicação em situações para as quais não existe nenhuma norma e haja necessidade de uma distribuição justa do Direito.

As normas gerais de direito são conceitos jurídicos indeterminados, cláusulas gerais e conceitos fundamentais do Direito, que são aplicáveis a qualquer disciplina.

O Direito Comparado é compreendido como o ramo da ciência jurídica que estuda as semelhanças e dissemelhanças entre institutos e/ou ordenamentos jurídicos de diferentes Estados, mediante cotejo sistemático.

Já o direito comum corresponde a qualquer regra jurídica prevista fora do âmbito trabalhista, por ex. Código Civil.

Até o advento da reforma trabalhista, o parágrafo único do artigo 8º da CLT previa que a integração jurídica, utilizando regra do direito comum, exigia a presença de dois requisitos: 1) lacuna na legislação trabalhista; 2) compatibilidade entre a norma de direito comum e os princípios trabalhistas.

A Reforma Trabalhista alterou a redação do referido dispositivo (que agora se transformou no parágrafo primeiro do artigo 8º da CLT) que passou a trazer a seguinte previsão: *"O direito comum será fonte subsidiária do direito do trabalho"*.

Veja-se que o legislador não mais exige, de forma expressa, a compatibilidade da norma de direito comum com os princípios trabalhistas, mas apenas estabelece que o direito comum será fonte para integração jurídica em caso de ausência de norma trabalhista para regular a questão.

Todavia, em que pese não constar expressamente do texto legal a exigência dessa compatibilidade, grande parte da doutrina sustenta que a mesma decorre pura e simplesmente da previsão contida no próprio *caput* do artigo 8º da CLT, quando dispõe que os princípios do direito do trabalho têm preferência sobre os princípios e normas gerais de direito.

Assim, se as regras gerais, de forte densidade normativa e presumivelmente aplicáveis a qualquer ramo jurídico são afastadas pelos princípios laborais específicos, com muito mais razão, o direito comum deverá observar o filtro principiológico de compatibilidade para ser aplicado na esfera trabalhista.[19]

Ademais, essa corrente doutrinária também sustenta que a autonomia científica do Direito do Trabalho não permite uma interpretação literal do artigo 8º, §1º, da CLT, a ponto

19. Tese Aprovada no XIX CONAMAT – Congresso Nacional dos Magistrados na Justiça do Trabalho.

de se sustentar a aplicação do direito comum independentemente de compatibilidade com os princípios laborais, sob pena de se negar a própria existência do Direito do Trabalho.

Porém, essa corrente não é uníssona, existindo outra contrária que prega que a necessária carga protetiva ao empregado já se encontra integralmente embutida na norma trabalhista, de forma que, no caso de omissão, a utilização do direito comum como fonte subsidiária dispensa a presença da compatibilidade, cabendo aplicação direta da norma que tenha como fundamento a igualdade material entre as partes. Com a exclusão da expressão "naquilo em que não for incompatível com os princípios fundamentais deste", essa corrente sustenta a intenção do legislador em reduzir o sistema de proteção do empregado, tendo em vista o atual estágio das relações de emprego, nas quais o empregado já não possui as mesmas características que o tornavam frágil, hipossuficiente e vulnerável ao tempo da CLT.[20]

Não há hierarquia entre as fontes normativas subsidiárias, ficando sua utilização a critério do julgador. A única ressalva é que o interesse individual não pode prevalecer sobre o interesse coletivo (art. 8º, CLT, "mas sempre de maneira que nenhum interesse de classe ou particular prevaleça sobre o interesse público".).

3. PRINCÍPIOS

3.1. Conceito. Função

O sistema jurídico é formado por normas, que correspondem ao gênero, do qual as regras e os princípios surgem como espécies. As regras são dotadas de maior especificidade em relação aos princípios, que apresentam maior grau de abstração e generalidade, servindo de inspiração para as regras e até mesmo de sustentação de todo o sistema.

Tratando especificadamente do tema, os princípios são proposições genéricas, abstratas e fundamentais que informam a compreensão do fenômeno jurídico. São, portanto, diretrizes centrais que se inferem de um sistema jurídico e que, após inferidas, a ele se reportam, informando-o.[21]

Possuem tríplice função: 1) informativa (inspiradora): servem de referencial para o legislador na criação da norma; 2) interpretativa: auxiliam na interpretação do real sentido e alcance da norma jurídica; 3) normativa: na concepção positivista (legalista), os princípios possuíam função meramente subsidiária e supletiva da ordem jurídica, completando as lacunas deixadas pelo legislador. É a leitura que se extrai do art. 8º da CLT e do art. 4º. da LINDB. Modernamente, sob a concepção pós-positivista, os princípios passaram a ostentar o *status* de norma jurídica, ao invés de simples enunciado programático não vinculante, conferindo-lhe força normativa e ostentando natureza de norma jurídica efetiva. Assim, os princípios aplicam-se na solução de casos concretos, seja de forma direta, pela derrogação de uma norma por um princípio, seja de forma indireta, pela integração do sistema jurídico na hipótese de lacuna (art. 8º da CLT).

20. BERNARDES, Simone; SCALÉRCIO, Marcos; LIMA, Leonardo Tibo Barbosa. Reforma Trabalhista. Teses Interpretativas. Salvador: Juspodivm, 2018, p. 24.

21. DELGADO, Maurício Godinho. Curso de Direito do Trabalho. 19ª ed. São Paulo: LTr, 2020, p. 222.

Existem os princípios constitucionais (aqueles que, explícitos ou não, decorrem da interpretação do texto constitucional), os princípios gerais do direito (que se aplicam, em regra, a todos os ramos do direito) e os princípios peculiares a cada ramo jurídico.

DELGADO (2020) destaca os seguintes princípios gerais aplicáveis ao Direito do Trabalho: a) princípio da inalterabilidade contratual lesiva; b) princípio da lealdade e boa-fé; c)princípio da não alegação da própria torpeza; d) princípio do efeito lícito do exercício regular do próprio direito (vedação à prática do abuso do direito); e) princípio da razoabilidade; e f) princípio da tipificação legal de ilícitos e penas.[22]

Outrossim, destaca, de maneira sintética, os seguintes princípios constitucionais do trabalho: a) princípio da dignidade da pessoa humana; b) princípio da centralidade da pessoa humana na vida socioeconômica e na ordem jurídica; c) princípio da valorização do trabalho e do emprego; d) princípio da inviolabilidade do direito à vida; e) princípio do bem-estar individual e social; f) princípio da justiça social; g) princípio da submissão da propriedade à sua função socioambiental; h) princípio da não discriminação; i) princípio da igualdade, especialmente a igualdade em sentido material; j) princípio da segurança; k) princípio da proporcionalidade e da razoabilidade; l) princípio da vedação do retrocesso social.[23]

Dados os limites do nosso objeto de estudo, iremos nos ater ao estudo mais aprofundado apenas dos princípios específicos do Direito do Trabalho.

3.2. Princípios específicos do Direito do Trabalho

Não existe consenso doutrinário com relação às modalidades de princípios específicos do ramo justrabalhista.

Com base em um estudo comparativo dos autores mais renomados sobre o tema, expomos, no quadro abaixo, os princípios específicos do Direito do Trabalho com maior destaque:

PRINCÍPIOS TRABALHISTAS ESPECÍFICOS	
PRINCÍPIO DA PROTEÇÃO	Está ligado à própria essência do Direito do Trabalho, visando **reequilibrar a relação jurídica** capital/trabalho (empregado x empregador), através da **tutela** da parte hipossuficiente. Visa minimizar as desigualdades que existem na realidade fática, porque o empregado ingressa na relação de emprego em situação de desvantagem, dada a sua vulnerabilidade econômica e a dependência do salário para sobreviver. Esse princípio se caracteriza pela intensa intervenção estatal brasileira nas relações entre empregado e empregador, em especial, na elaboração da legislação. O princípio da proteção atualmente vem sendo mitigado, principalmente depois da Reforma Trabalhista, diante do atual cenário econômico, político e social, das crises econômicas enfrentadas e pelo aumento do desemprego.

22. Ibidem, p. 228-230.
23. DELGADO, Maurício Godinho. Curso de Direito do Trabalho. 19ª ed. São Paulo: LTr, 2020, p. 227.

PRINCÍPIOS TRABALHISTAS ESPECÍFICOS	
PRINCÍPIO DA CONDIÇÃO MAIS BENÉFICA	Tem duas vertentes: 1) **interpretativa (*in dubio pro operario* ou *in dubio pro misero*):** a interpretação da norma, quando houver dúvida sobre o seu efetivo alcance, deve ser a mais favorável ao trabalhador; 2) **hierárquica:** as condições mais benéficas previstas no contrato de emprego ou regulamento da empresa, ainda que implícitas, observadas com habitualidade, deverão prevalecer diante de novas normas desfavoráveis ao empregado. Essa perspectiva da condição mais benéfica não tem aplicação absoluta, podendo ser afastada pela legislação, conforme exemplos claros trazidos pela Reforma Trabalhista: proibição da ultratividade das normas coletivas (art. 614, § 3º, CLT); possibilidade de supressão da gratificação de função em caso de reversão (art. 468, § 2º, CLT) e vedação de incorporação de auxílio alimentação, prêmios, diárias de viagem e abonos (art. 457, § 2º, CLT). Remeto o leitor ao subtópico 2.4. deste Capítulo, onde a análise da hierarquia das fontes é realizada de forma pormenorizada.
PRINCÍPIO DA IRRENUNCIABILIDADE (INDISPONIBILIDADE DE DIREITOS TRABALHISTAS)	O empregado, por ato individual (renúncia) ou bilateral (transação), **não pode dispor** de seus direitos laborais, sendo nulo o ato dirigido a esse despojamento (arts. 9º, 444 e 468 da CLT), v.g., contrato prevendo salário inferior ao mínimo legal. Admite exceções como a renúncia em hipóteses autorizadas por lei.
PRINCÍPIO DA CONTINUIDADE	O objetivo deste princípio é preservar a relação de emprego e por isso traz a presunção de que o contrato de trabalho é pactuado por **prazo indeterminado,** tendo em vista que o empregado depende do emprego para sua subsistência. Por isso, todo contrato a termo deve ser expresso (art. 29 da CLT). A Súmula 212 do TST adota esse princípio ao afirmar que, quando o empregador nega a prestação de serviços e a dispensa, caberá a ele (empregador) a prova do término do contrato de emprego. Uma exceção ao princípio da continuidade está no contrato intermitente (art. 452-A da CLT), novidade trazida pela Reforma Trabalhista, porque o empregado contratado nesta modalidade alterna períodos de trabalho e períodos de inatividade, podendo passar longos períodos sem qualquer trabalho.
PRINCÍPIO DA INALTERABILIDADE CONTRATUAL LESIVA	Em regra, são **vedadas as alterações** do contrato de trabalho que tragam **prejuízo** ao empregado. No caso concreto, esse princípio pode ser atenuado. Exemplo: a pedido do empregado, a sua jornada é reduzida para que ele possa cursar faculdade.
PRINCÍPIO DA INTANGIBILIDADE, INTEGRALIDADE E IRREDUTIBILIDADE SALARIAL	O princípio da irredutibilidade significa que, diante de sua natureza alimentar, o salário não pode sofrer **redução numérica** (art. 7º, VI, CF/88). A sua finalidade é garantir a estabilidade econômica do trabalhador e também comporta exceções, tais como, autorização em norma coletiva, pagamento de prestação alimentícia, dedução de imposto de renda e contribuição previdenciária. A intangibilidade signfica que o salário é protegido em face da **penhora**, salvo exceção legal. A integralidade corresponde à proteção dos salários contra **descontos** não previstos em lei.

PRINCÍPIOS TRABALHISTAS ESPECÍFICOS	
PRINCÍPIO DA NORMA MAIS FAVORÁVEL	Na hipótese de conflito de regras aplicáveis ao caso concreto deverá ser aplicada a mais favorável ao trabalhador. Tem tríplice dimensão: **1) informadora:** orienta o legislador no momento de criar a norma, informando-o que o Direito do Trabalho foi concebido para proteger o empregado, atuando, assim, como fonte material do direito do trabalho; **2) interpretativa/normativa:** orienta o intérprete para que, diante de duas interpretações possíveis da norma, seja aplicada a mais favorável ao empregado; **3) hierarquizante**: na hipótese de conflito de regras aplicáveis ao caso concreto deverá ser aplicada a mais favorável ao trabalhador. Novamente remeto o leitor ao subtópico 2.4. deste Capítulo, onde a análise da hierarquia das fontes é realizada de forma pormenorizada.
PRINCÍPIO DA PRIMAZIA DA REALIDADE	Esse princípio indica que, na relação de emprego, os fatos serão sempre mais relevantes que os ajustes formais. Por isso, o contrato de trabalho é chamado de **contrato-realidade.** Logo, por exemplo, ainda que as partes tenham assinado contrato de parceria rural, se na prática, uma das partes é empregado do outro, aquele contrato não terá qualquer validade.
PRINCÍPIO DA IMPERATIVIDADE DAS NORMAS TRABALHISTAS	As normas trabalhistas são **imperativas,** de forma que sua aplicação não pode ser afastada pela vontade das partes. Logo, por exemplo, mesmo se o empregado firmar contrato com seu empregador dizendo que não quer a assinatura da sua carteira de trabalho, tal cláusula contratual não tem validade porque a norma que determina a anotação da CTPS não pode ser afastada pela vontade das partes.
Princípio da intangibilidade objetiva do contrato	O contrato de trabalho permanecerá inalterado mesmo com a mudança do empregador, por exemplo, em caso de sucessão, fusão, etc. (art. 10 e 448 da CLT). Há exceções como no caso da morte do empregador doméstico.
PRINCÍPIO DA INTERVENÇÃO MÍNIMA NA AUTONOMIA DA VONTADE COLETIVA	Trata-se de novo princípio positivado pela Reforma Trabalhista no artigo 8º, § 3º, da CLT e que veda ao juiz apreciar o **conteúdo material** das normas coletivas, no sentido de negar eficácia no âmbito dos contratos individuais de trabalho. Assim, no exame dos instrumentos normativos, o juiz deverá se ater à análise dos **elementos essenciais do negócio jurídico** (agente capaz, objeto lícito, possível, determinado ou determinável e forma prescrita ou não defesa em lei), pautando a sua atuação, seguindo o princípio da intervenção mínima, no resultado da manifestação da autonomia da vontade coletiva. Remeto o leitor ao subtópico 2.8. do Capítulo 11, onde a análise desse princípio é realizada de forma pormenorizada.

4. RENÚNCIA E TRANSAÇÃO NO DIREITO DO TRABALHO

Tanto a renúncia quanto a transação são formas de abdicação de certos direitos.

Em síntese, podemos traçar as seguintes diferenças para os referidos institutos:

RENÚNCIA	TRANSAÇÃO
Declaração unilateral de vontade	Bilateral
Atinge direito certo e atual	Direito duvidoso (ainda não adquirido)
Gera extinção do direito adquirido	Pressupõe concessões recíprocas e extingue a obrigação

Conforme o princípio da irrenunciabilidade dos direitos trabalhistas, o empregado, por ato individual (renúncia) ou bilateral (transação), **não pode dispor** de seus direitos laborais, sendo nulo o ato dirigido a esse despojamento (arts. 9º, 444 e 468 da CLT). Essa vedação acontece por dois motivos: 1) estado de sujeição do empregado em relação ao empregador, de forma que sua manifestação de vontade pode não ser livre; 2) caráter alimentar dos direitos trabalhistas, o que seria incompatível com a abdicação desses direitos. Nesse sentido, a Súm. 199 do TST não dá validade à pré-contratação de horas extras de bancário, presumindo a sua coação, sob pena de não obter o emprego.

Excepcionalmente, a renúncia é permitida no âmbito trabalhista, como por exemplo:

a) renúncia ao aviso prévio, quando empregado consegue outro emprego;

b) renúncia do empregado estável para adotar o regime do FGTS;

c) dirigente sindical que pede ou aceita transferência (art. 543, § 1º CLT);

d) coexistência de dois regulamentos na empresa (Súm. 51, II, TST).

A renúncia de direitos futuros é inadmissível (art. 191 CC).

Já a transação somente é admitida em se tratando de direitos de natureza privada e desde que não haja prejuízo ao empregado (art. 468 da CLT), ou quando lei autorizar.

5. COMISSÕES DE CONCILIAÇÃO PRÉVIA

As Comissões de Conciliação Prévia foram instituídas como forma de solucionar os conflitos existentes entre empregados e empregadores, no âmbito extrajudicial (fora do Poder Judiciário). Seu regulamento legal está nos artigos 625-A a 625-H da CLT.

Qualquer demanda de natureza trabalhista será submetida à Comissão de Conciliação Prévia se, na localidade da prestação de serviços, houver sido instituída a Comissão no âmbito da empresa ou do sindicato da categoria.

O STF, no julgamento da ADIN 2139-DF, sob a relatoria do Ministro Marco Aurélio, decidiu que é mera faculdade do empregado submeter a demanda previamente à CCP. Assim, se quiser, o empregado pode ajuizar a ação trabalhista diretamente na Justiça do Trabalho.

O âmbito de atuação dessas comissões são apenas os conflitos individuais do trabalho, podendo o empregado transacionar direitos trabalhistas.

Essas comissões poderão ser criadas pelas empresas ou pelos sindicatos, tratando-se de faculdade e não de dever imposto por lei.

Em caso de existir, na mesma localidade e para a mesma categoria, Comissão de empresa e Comissão sindical, o interessado optará por uma delas submeter a sua demanda, sendo competente aquela que primeiro conhecer do pedido.

A Comissão instituída no âmbito da empresa terá composição paritária, isto é, apresentará o mesmo número de representantes do empregador e de representantes do empregado.

A quantidade de membros da CCP será de, no mínimo, dois e, no máximo, dez membros, e observará as seguintes normas: I - a metade de seus membros será indicada pelo empregador e outra metade eleita pelos empregados, em votação secreta, para evitar perseguições, fiscalizado pelo sindicato de categoria profissional; II - haverá na Comissão o mesmo número de suplentes que de representante titular.

O mandato dos membros da CCP, titulares e suplentes, é de um ano, permitida uma recondução.

Os membros eleitos pelos empregados são detentores de garantia de emprego até um ano após o final do mandato, salvo se cometerem falta grave, nos termos da lei. A legislação não estabelece o início dessa garantia de emprego, mas a maioria da doutrina defende que se dá com a posse.

Os membros escolhidos pela empresa não gozam dessa garantia de emprego.

O representante dos empregados desenvolverá seu trabalho normal na empresa afastando-se de suas atividades apenas quando convocado para atuar como conciliador, sendo computado como tempo de trabalho efetivo o despendido nessa atividade.

A Comissão instituída no âmbito do sindicato terá sua constituição e normas de funcionamento definidas em convenção ou acordo coletivo.

A demanda será formulada por escrito ou reduzida a termo por qualquer dos membros da Comissão, sendo entregue cópia datada e assinada pelo membro aos interessados.

Ao submeter a demanda à comissão, existe um prazo de 10 dias para que seja realizada a tentativa de conciliação. Durante esse prazo, a prescrição fica suspensa, recomeçando a fluir, pelo prazo que lhe resta, a partir da tentativa frustrada de conciliação ou do esgotamento do prazo de 10 dias.

Não prosperando a conciliação, será fornecida ao empregado e ao empregador declaração da tentativa conciliatória frustrada com a descrição de seu objeto, firmada pelos membros da Comissão, que deverá ser juntada à eventual ação trabalhista. Da mesma forma será fornecida essa certidão em caso de esgotamento do prazo de 10 dias sem a realização da sessão de conciliação.

Firmada a conciliação, será lavrado termo assinado pelo empregado, pelo empregador ou seu proposto e pelos membros da Comissão, fornecendo-se cópia às partes.

O termo de conciliação é título executivo extrajudicial, de forma que o empregado poderá executá-lo diretamente na Justiça do Trabalho, sem necessidade de prévia ação de conhecimento.

Além disso, o termo de conciliação terá eficácia liberatória geral, exceto quanto às parcelas expressamente ressalvadas. Isso significa que o empregado não poderá mais discutir nenhuma verba relacionada àquele contrato sobre o qual firmou acordo na CCP, exceto se expressamente fizer ressalva da parcela no termo de acordo.

6. ARBITRAGEM

Por intermédio da arbitragem, os interessados elegem uma terceira pessoa para apresentar uma solução de cumprimento obrigatório ao conflito.

Quando a via arbitral é eleita livremente pelas partes, o Poder Judiciário deverá extinguir, sem resolução do mérito, qualquer demanda que for ajuizada e a outra parte invocar a existência de convenção de arbitragem (arts. 337, §§5º e 6º e 485, VII e §3º, ambos do CPC/2015). Conforme o STF, não há qualquer afronta ao princípio constitucional do acesso à justiça (art. 5º, XXXV, CF) porque as partes somente se submeteram à arbitragem mediante acordo de vontades.

Instaurado o conflito, qualquer das partes que participou da celebração de uma convenção de arbitragem submeterá a demanda a um árbitro que, depois de ouvir as partes, tentará a conciliação e colherá a prova disponível, decidindo por meio da sentença arbitral.

A sentença arbitral é irrecorrível e vale como título executivo judicial (art. 515, VII, CPC/2015), não sendo possível discuti-la judicialmente, exceto nos casos de invalidação da convenção de arbitragem ou da sentença arbitral.

A arbitragem pode ser judicial (no curso de um processo ou quando os litigantes resolvem escolher essa forma de solução do conflito) ou extrajudicial (as partes pactuam, de forma prévia ou incidente ao conflito, a utilização desse forma de resolução).

Quando o árbitro escolhido é um servidor ou órgão da administração pública, a arbitragem será pública. Caso contrário, quando as partes conflitantes elegem uma pessoa física ou jurídica de direito privado, a arbitragem será privada.

Existem limitações à arbitragem tanto no âmbito subjetivo, quanto objetivo.

A limitação sob o aspecto subjetivo impõe que só podem recorrer à arbitragem as pessoas maiores e capazes. Já no âmbito objetivo, a matéria posta à apreciação do árbitro deve versar sobre direitos patrimoniais disponíveis.

No âmbito do direito coletivo, a doutrina sempre entendeu cabível a arbitragem, porquanto há presunção de equivalência entre os seres coletivos (sindicatos). Nesse sentido, o artigo 114, º1º, da CF/88 prevê que, frustrada a negociação coletiva, as partes poderão eleger árbitros. A arbitragem é indicada como forma de solução de conflitos, como se observa na Recomendação 92 da Organização Internacional do Trabalho -OIT, de 1951 e também na Convenção 154 da OIT, promulgada pelo Brasil em 1994 (Decreto n. 1.256, de 29.9.94).

Contudo, no âmbito do direito individual do trabalho, a maioria doutrinária sempre se manifestou pela inaplicabilidade da arbitragem para solucionar conflitos envolvendo direitos trabalhistas individuais, já que têm natureza de direitos indisponíveis e também porque, no âmbito individual, vige a presunção de hipossuficiência do trabalhador, que se encontra em estado de subordinação, o que faz presumir viciada sua vontade em aderir à cláusula compromissória.

É importante destacar que, para algumas categorias profissionais regulamentadas, existe previsão expressa da possibilidade de arbitragem envolvendo litígio individual. São exemplos: portuário (art. 37 da Lei nº 12.815/2013) e o atleta profissional (art. 90-C da Lei nº 9.615/98).

A Reforma Trabalhista introduziu o art. 507-A à CLT para admitir a arbitragem quando se tratar de empregado "hipersuficiente", mediante a inserção de cláusula compromissória: "Art. 507-A. Nos contratos individuais de trabalho cuja remuneração seja superior a duas vezes o limite máximo estabelecido para os benefícios do Regime Geral de Previdência Social, poderá ser pactuada cláusula compromissória de arbitragem, desde que por iniciativa do empregado ou mediante a sua concordância expressa, nos termos previstos na Lei nº 9.307, de 23 de setembro de 1996".

Assim, é possível a estipulação da cláusula compromissória de arbitragem, observados os seguintes requisitos: 1) trabalhador "hipersuficiente" (remuneração seja superior a 2 vezes o limite máximo da Previdência Social); 2) iniciativa do empregado ou mediante a sua concordância expressa.

Veja-se que a nova regra é omissa em relação à eleição da arbitragem, como forma de solução de conflitos trabalhistas, após a extinção do contrato de trabalho.

7. PRESCRIÇÃO E DECADÊNCIA

Tanto a prescrição quanto a decadência atuam em razão da inércia do titular do direito e do decurso do tempo. Contudo, os institutos diferem em vários aspectos, conforme veremos a seguir.

A prescrição corresponde à perda da pretensão de reparação do direito violado, em razão da inércia do seu titular, durante um prazo previsto em lei.

O direito permanece intocado diante da prescrição, o que se extingue é a pretensão, a exigibilidade, e não o direito em si. Logo, por exemplo, se um empregador paga uma verba e posteriormente descobre que aquela pretensão já estava prescrita, não poderá pedir o dinheiro de volta, uma vez que o empregado ainda tinha o direito àquela verba, só estava impossibilitado de exigi-la judicialmente em razão da prescrição.

Os prazos prescricionais somente podem ser criados por lei.

A decadência ou caducidade, por sua vez, é a perda de um direito potestativo pelo decurso do prazo fixado em lei ou em contrato.

Direito potestativo é aquele que pode ser exercido unilateralmente pelo seu titular, independentemente da vontade do outro.

Assim, a decadência extingue o próprio direito em si, ao passo que a prescrição, como já visto, fulmina apenas a pretensão (a exigibilidade), mantendo intacto o direito.

Os prazos decadenciais podem ser criados por lei ou pela vontade das partes.

No direito do trabalho, raras são as hipóteses de prazos decadenciais.

A Súm. 403 do STF consagra o entendimento de que "É de decadência o prazo de trinta dias para instauração do inquérito judicial, a contar da suspensão, por falta grave, de empregado estável."

7.1. Prescrição trabalhista

A particularidade da prescrição trabalhista é a existência de dois prazos, tanto para os trabalhadores urbanos quanto rurais:

I) **Bienal:** o empregado tem o prazo de 2 anos, a contar da extinção contratual, para ajuizar ação trabalhista.

A prescrição começa a fluir na data do término do aviso prévio (OJ 83 da SDI-1 do TST).

No caso de trabalhador avulso portuário, a prescrição bienal será contada a partir da data do seu descredenciamento do Órgão Gestor de Mão de Obra – OGMO (art. 37, parágrafo 4º. Da Lei n. 12.815, de 2013.

II) **Quinquenal:** o empregado pode cobrar parcelas vencidas nos 5 anos anteriores ao ajuizamento da ação trabalhista.

Resumo: o empregado tem 2 anos para entrar com ação trabalhista, a contar da extinção contratual. Assim, se o contrato se encerrou em 01 de maio de 2012, o empregado pode ajuizar a ação até 01 de maio de 2014 (2 anos posteriores). Todavia, o empregado somente pode cobrar os últimos cinco anos a contar da data em que ajuizou a ação. Assim, se ele ajuizar a ação em 01 de setembro de 2013, poderá pleitear verbas vencidas até 01 de setembro de 2008 (5 anos anteriores à data do ajuizamento da ação).

A prescrição quinquenal poderá ser total ou parcial, a depender do título jurídico instituidor da parcela, isto é, se a parcela trabalhista está ou não prevista em lei.

Tem-se, então, a prescrição quinquenal:

I. a) **Parcial:** verifica-se nos casos de parcela prevista em lei (formal ou material). Nesse caso, a lesão ao direito trabalhista se renova mês a mês e, portanto, o empregado tem o direito de postular as prestações vencidas nos últimos cinco anos anteriores ao ajuizamento da ação trabalhista. Exemplo: se houver redução salarial para valor inferior ao mínimo legal. Como o salário mínimo é assegurado pela Constituição Federal (lei em sentido formal), o empregado poderá cobrar as diferenças salariais vencidas a cada mês nos últimos cinco anos, a contar do ajuizamento da ação.

Outros exemplos de aplicação: diferenças salariais decorrentes de desvio funcional (Súm. 275 do TST) e decorrentes de equiparação salarial (Súm. 6, IX, TST); diferença de gratificação semestral que teve seu valor congelado (Súm. 373 TST).

II. b) **Total:** verifica-se nos casos de parcela não prevista em lei, mas apenas no contrato de trabalho ou regulamento da empresa. Nesse caso, a prescrição corre desde a lesão, isto é, desde o dia em que o empregador desrespeitou a cláusula contratual ou regulamentar (art. 11, § 2º, da CLT). A lesão neste caso é única, decorrente da violação do pactuado, de forma que o empregado terá cinco anos para cobrar aquelas parcelas a contar do dia em que foram suprimidas.

Exemplo

Havia previsão contratual de pagamento de cesta básica mensal (observe-se que não há previsão legal para tal). A partir de 01.03.2012, o empregador parou de entregar a cesta básica, praticando a lesão. O empregado terá até o dia 01.03.2017 para cobrar essa entrega, sob pena de prescrição total.

Outros exemplos: alteração ou supressão de comissões (OJ 175 da SDI-1 do TST); pedido de reenquadramento, contado da data do enquadramento do empregado (Súm. 275, TST); horas extras pré-contratadas, contadas a partir da data em que foram suprimidas (Súm. 199, II, do TST).

No caso do FGTS a prescrição aplicável é quinquenal, para os casos em que a ciência da lesão ocorreu a partir de 13.11.2014, observado o prazo de dois anos após o término do contrato. Para os casos em que o prazo prescricional já estava em curso em 13.11.2014, aplica-se o prazo prescricional que se consumar primeiro: trinta anos, contados do termo inicial, ou cinco anos, a partir de 13.11.2014 (Súm. 362 do TST).

7.2. Contagem do prazo prescricional e momento de arguição

A data de início da contagem da prescrição (termo inicial da contagem ou *dies a quo*) coincide com a lesão (ou com o conhecimento desta).

A doutrina define como Teoria da *Actio nata,* que corresponde ao nascimento da pretensão (exigibilidade) quando da lesão ou do conhecimento dela por parte do lesionado.

Assim, o reclamante pode propor ação trabalhista após dois anos contados da extinção do contrato de trabalho se a lesão experimentada ou alegada for pós-contratual, isto é, ocorrer após o término da relação de emprego. É o que se verifica, por exemplo, em caso de ofensa grave à honra do empregado, por fato diretamente atrelado ao contrato de trabalho, divulgada muito tempo após a rescisão contratual.

Neste particular, é interessante destacar algumas hipóteses de fixação do termo inicial de prescrição:

- Salários: quinto dia útil do mês subsequente (art. 459, § 1º CLT);
- Décimo terceiro salário: dia 20 de dezembro (art. 1º Lei 4.749/1965);
- Férias: último dia do período concessivo (art. 149, CLT);
- Períodos descontínuos de trabalho: extinção do último contrato (Súm. 156, TST);
- Aviso prévio indenizado: data do término do aviso prévio (OJ 83 da SDI-1 do TST);
- Parcelas oriundas de sentença normativa: data do trânsito em julgado (Súm 349 do STF e Súm. 350 do TST).

Complementação de aposentadoria: tratando-se de parcelas nunca recebidas, a prescrição é de dois anos contados da cessação do contrato de trabalho (Súm. 326, TST). Em se tratando de diferenças de complementação de aposentadoria, aplica-se a prescrição parcial e quinquenal, salvo se o pretenso direito decorrer de verbas não recebidas no curso da relação de emprego e já alcançadas pela prescrição, à época da propositura da ação (Súm. 327, TST).

A data do término da contagem do prazo prescricional (termo final da contagem do prazo ou *dies ad quem*) coincidirá com o dia e o mês do início do prazo. Todavia, se este dia não for útil será prorrogado para o primeiro dia útil subsequente, conforme art. 132, § 1º do Código Civil.

Não incide prescrição sobre pretensões declaratórias, de forma que a prescrição trabalhista não se aplica, por exemplo, às ações que tenham por objeto anotações para fins de prova junto à Previdência Social (art. 11, § 1º da CLT).

No que se refere ao momento, a prescrição deve ser arguida na instância ordinária (Súm. 153, TST). Considera-se instância ordinária, a fase processual do contraditório amplo e de regular oportunidade de veiculação de matérias novas.

Logo, admite-se a arguição da prescrição até as razões de recurso ordinário, inclusive em razões de recurso ordinário adesivo. Isso significa dizer que não cabe arguição de prescrição na instância especial (recurso de revista para o TST) e na instância extraordinária (recurso extraordinário para o STF).

Não cabe arguição de prescrição em sede de Embargos de Declaração porque este instrumento tem objeto restrito e nele não é possível se arguir matéria nova.

No que se refere à possibilidade de reconhecimento de ofício da prescrição trabalhista, existe tese fixada pela SDI-1 do TST no sentido de que a disposição contida no art. 487, II, do CPC, ao prever a decretação de ofício da prescrição, não se compatibiliza com os princípios que regem o Direito do Trabalho, notadamente o da proteção, que busca reequilibrar a disparidade de forças entre empregado e empregador. Essa tese não se aplica para a prescrição intercorrente, que será estudada mais a frente.

7.3. Causas impeditivas, suspensivas e interruptivas da prescrição

As causas impeditivas da prescrição são aquelas hipóteses em que o prazo prescricional sequer é iniciado enquanto perdurar o fato impeditivo.

Não corre prescrição contra menor de 18 anos (art. 440 da CLT).

As causas suspensivas da prescrição são aquelas que paralisam o curso do prazo prescricional já iniciado, o qual será retomado, do ponto onde parou, com o fim da causa suspensiva. É o caso, por exemplo, da submissão da demanda à CCP (art. 625-G da CLT). Também o protocolo de petição de homologação de acordo extrajudicial suspende o prazo prescricional da ação quanto aos direitos nela especificados, que voltará a fluir no dia útil seguinte ao trânsito em julgado da decisão que negar a homologação do acordo (art. 855-E da CLT).

A suspensão do contrato de trabalho, em virtude da percepção do auxílio-doença ou da aposentadoria por invalidez, impede a fluência da prescrição quinquenal, caso haja absoluta impossibilidade de acesso ao Judiciário (OJ n. 375 da SDI-1 do TST).

Suspensa a prescrição em favor de um dos credores solidários, só aproveitam os outros se a obrigação for indivisível (art. 201 do CC).

As causas interruptivas da prescrição sustam a contagem prescricional já iniciada, eliminando inclusive o prazo que já fluiu até então. Assim, afastada a causa interruptiva, o prazo prescricional é iniciado novamente, desde o começo.

A interrupção da prescrição somente poderá ocorrer por uma única vez.

A interrupção da prescrição somente ocorrerá pelo ajuizamento de reclamação trabalhista, mesmo que em juízo incompetente, ainda que venha a ser extinta sem resolução do mérito, produzindo efeitos apenas em relação aos pedidos idênticos (art. 11, § 3º, da CLT).

7.4. Prescrição intercorrente

Prescrição intercorrente é a perda da pretensão no curso do processo, em razão da inércia do autor da ação, que não praticou os atos necessários para seu prosseguimento e deixou a ação paralisada por tempo superior ao máximo previsto em lei.

Conforme previsto no art. 11-A da CLT, acrescentado à CLT pela Lei nº 13.467/2017, ocorre a prescrição intercorrente no processo do trabalho no prazo de dois anos, a contar do momento em que o exequente deixa de cumprir determinação judicial no curso da execução.

A declaração da prescrição intercorrente pode ser requerida ou declarada de ofício (sem provocação da parte) em qualquer grau de jurisdição.

Capítulo 2

RELAÇÃO DE TRABALHO E RELAÇÃO DE EMPREGO

1. DISTINÇÃO

Relação de trabalho é qualquer tipo de prestação de serviço com trabalho humano, consubstanciado numa obrigação de fazer.

Relação de emprego é espécie do gênero relação de trabalho. A relação de emprego é a relação de trabalho subordinado, que deve observar os requisitos legais específicos previstos nos arts. 2º e 3º, ambos da CLT, quais sejam: trabalho por pessoa física, com pessoalidade, não-eventualidade, onerosidade e subordinação.

1.1. Requisitos da relação de emprego

Pessoa física	É necessária a exploração da energia do trabalho humano. O art. 9º da CLT afasta a possibilidade de fraude, considerando nulo qualquer ajuste que tente fraudar os direitos trabalhistas, como, por exemplo, se o empregador obrigar o empregado a constituir pessoa jurídica para simular um contrato civil.
Pessoalidade (*intuitu personae*, infungibilidade ou caráter infungível)	O trabalho do empregado somente pode ser realizado pela pessoa dele, não podendo ser substituído por outro. Há exceções tais como férias e faltas. Com relação ao empregador, aplica-se o **princípio da despersonalização**, isto é, ainda que mude o empregador, seja pela transferência da propriedade da empresa, seja pela alteração do quadro societário, isso não irá afetar o vínculo empregatício do trabalhador (arts. 10 e 448 da CLT).
Não eventualidade	Significa um grau mínimo de permanência no contexto da relação de emprego, isto é, o trabalho é realizado de forma repetida, nas atividades permanentes do tomador e a este fixado juridicamente. Exemplo: um garçom que trabalha apenas aos sábados, no jantar oferecido somente nesses dias por um determinado clube, é empregado. É diferente se o clube realiza jantar apenas em sábados eventuais e contrata garçons exclusivamente para esses eventos ocasionais. Nesse último caso, a prestação de serviços será eventual, ocasional e, portanto, não estará caracterizado o vínculo empregatício.

	ATENÇÃO *Para o empregado **doméstico**, não basta a não eventualidade, é necessário o requisito da **continuidade**. A continuidade pressupõe ausência de interrupção, de forma que o trabalho se desenvolva de maneira expressiva ao longo da semana, isto é, além de dois dias na semana, conforme previsão contida no art. 1º da Lei Complementar nº 150/2015.*
Onerosidade	O empregado trabalha para receber contraprestação, remuneração pelos serviços prestados. O caráter lucrativo ou não do empregador não é determinante para definir o requisito. ***Ex.:*** *Uma instituição beneficente (não visa lucros) pode ter empregado.*
Subordinação	Em seu conceito clássico, a subordinação é a obrigação que tem o empregado de prestar serviços sob as ordens do empregador, em decorrência do contrato de trabalho firmado entre eles, manifestando-se pela intensidade de ordens do tomador de serviços sobre o respectivo trabalhador. Atualmente a concepção dominante é a de que a subordinação é jurídica, uma vez que a direção da empresa pertence ao empregador. Sob a perspectiva objetiva, a subordinação se manifesta pela integração do trabalhador nos fins e objetivos do empreendimento do tomador de serviços, de forma que o empregado realiza, ainda que sem o direcionamento direto pelo empregador, os objetivos do empresariais.

A exclusividade não é elemento configurador de uma relação empregatícia, embora represente forte indício de sua existência. Isso significa que um empregado pode possuir mais de um vínculo empregatício, de forma concomitante. Todavia, é necessário que haja compatibilidade de horário na prestação de serviços aos seus empregadores.

Se em uma determinada relação jurídica, os requisitos dos arts. 2º e 3º, da CLT estiverem presentes, o vínculo empregatício estará configurado, ainda que as partes tenham dado outra roupagem formal para o ajuste. Logo, por exemplo, ainda que as partes tenham firmado um contrato formal de prestação autônoma de serviços, se ficarem caracterizados os pressupostos acima mencionados (serviço prestado por pessoa física, com pessoalidade, não eventualidade, onerosidade e subordinação), estará configurado o contrato de emprego com todas as suas consequências legais.

É importante destacar que a Lei nº 14.647, de 04/08/2023, acrescentou dois parágrafos ao artigo 442 da CLT, para afastar o vínculo empregatício entre entidades religiosas de qualquer denominação ou natureza ou instituições de ensino vocacional e ministros de confissão religiosa, membros de instituto de vida consagrada, de congregação ou de ordem religiosa, ou quaisquer outros que a eles se equiparem, ainda que se dediquem parcial ou integralmente a atividades ligadas à administração da entidade ou instituição a que estejam vinculados ou estejam em formação ou treinamento.

Tal regra, contudo, não se aplicará em caso de desvirtuamento da finalidade religiosa e voluntária, isto é, ainda que se trate de uma relação entre entidade religiosa e seu membro, se os requisitos dos arts. 2º e 3º, da CLT estiverem presentes, o vínculo empregatício estará configurado.

1.2. Natureza jurídica da relação de emprego

A definição da natureza jurídica da relação de emprego passou por um longo caminho.

Inicialmente, preponderava a tendência *civilista* de *subordinar* essa *figura* àquelas figuras clássicas e tradicionais do contratualismo do Direito Civil (teorias contratualistas tradicionais). E, nesse contexto, surgiram as seguintes teorias:

1) Do arrendamento: enxergava o contrato de trabalho como espécie de contrato de locação ou arrendamento de serviços, em que uma das partes colocava seu trabalho à disposição de outra (*locatio operarum* do Direito Romano);
2) Da compra e venda: o obreiro estaria vendendo sua força de trabalho ao empregador e recebia um preço, consubstanciado no salário;
3) Do mandato: o empregado estaria atuando como mandatário do empregador;
4) Da sociedade: existiria um suposto interesse comum em direção à produção, por atos sucessivos, coordenados e simultâneos praticados pelas partes do contrato de emprego, assimilando essa figura ao contrato de sociedade.[1]

Tais teorias mostraram-se insuficientes para explicar o instituto da relação empregatícia que é dotado de características e especificidades próprias e, então, no século XX, vieram as teorias da relação de trabalho e institucionalistas para tentar explicar o fenômeno.

Tais teorias passaram a excluir a natureza contratual da relação, compreendendo a relação de emprego como fenômeno divorciado da noção de liberdade e vontade. Essa linha de pensamento desdobrou-se em duas vertentes principais: 1) Teoria da relação de trabalho: as fontes das relações jurídicas de trabalho eram a prestação material dos serviços e a prática de atos de emprego no mundo físico e social, e não a vontade das partes. Assim, a relação de emprego seria uma situação jurídica objetiva pautada no simples fato da prestação de serviços. 2) Teoria Institucionalista: a empresa, vista como uma instituição, impõe objetivamente a um certo conjunto de pessoas uma situação fundamentalmente estatutária, objetiva, inexistindo qualquer iniciativa pessoal do empregado quando se insere na empresa.[2]

Essas teorias também restaram superadas porque desconsideravam elementos fundamentais à relação de emprego, quais sejam, a vontade e a liberdade.

Por fim, chega-se a teoria contratualista moderna, que compreende a relação de emprego como uma relação contratual específica, pautada nos elementos da vontade e liberdade, em que se tem como objeto uma obrigação de fazer prestada por uma pessoa natural, com não eventualidade, onerosamente, com subordinação e em caráter de pessoalidade no que tange ao prestador do trabalho[3].

1. DELGADO, Maurício Godinho. Curso de Direito do Trabalho. 19ª ed. São Paulo: LTr, 2020, p. 359-362.
2. Ibidem, p. 365-369.
3. DELGADO, Maurício Godinho. Curso de Direito do Trabalho. 19ª ed. São Paulo: LTr, 2020, p. 365.

2. MODALIDADES DE RELAÇÃO DE TRABALHO *LATO SENSU*

Podemos destacar as seguintes modalidades de relações de trabalho *lato sensu*: autônomo, eventual, avulso, temporário, estágio, cooperativado, voluntário, representante comercial e transportador autônomo de carga.

Nos subtópicos seguintes discorreremos sobre essas modalidades de relação de trabalho.

2.1. Trabalho autônomo

Autônomo é *"a pessoa física que exerce, por conta própria, atividade econômica de natureza urbana, com fins lucrativos ou não"* (art. 12, V, "h", da Lei nº 8.212/91). É o trabalhador que desenvolve sua atividade com organização própria, iniciativa e discricionariedade, além da escolha do lugar, do modo, do tempo e da forma de execução.

No trabalho autônomo, o prestador mantém o pleno poder de organização do trabalho, podendo escolher clientela, definir estratégias e preços, fixar seus próprios horários e prazos ou mesmo recusar serviço quando assim lhe for conveniente.

Sua principal característica é que não há subordinação jurídica entre o trabalhador e o tomador de seus serviços. Em outras palavras, quem dirige a atividade laboral é o próprio trabalhador, que repassa o produto final do seu trabalho ou a sua utilidade respectiva para o outro contratante. Ex.: *Profissionais liberais (médicos, engenheiros, advogados), representação comercial, corretagem, empreitada e contratos de prestação de serviços em geral.*

É vedado o reconhecimento da relação de emprego com o trabalhador autônomo, ainda que contratado com exclusividade e de forma contínua, desde que preenchidos os requisitos legais, ou seja, observadas as normas contidas em outros diplomas não laborais, como o Código Civil e a Lei do Representante Comercial (Lei nº 4.886/65), por exemplo (art.442-B da CLT).

2.2. Trabalho eventual

Trabalhador eventual é aquele em que a pessoa física presta serviços ocasionalmente, eventualmente, sem relação de emprego, a uma pessoa física ou jurídica, com subordinação de curta duração. Ex.: *diarista, chapa.*

2.3. Trabalho avulso

Avulso é aquele trabalhador eventual, que oferece sua energia de trabalho, por curtos períodos de tempo, a distintos tomadores, sem se fixar especificadamente a nenhum deles.

O que distingue o trabalhador avulso do eventual é a necessária a interferência obrigatória do sindicato profissional ou do órgão gestor de mão de obra (OGMO) para o trabalhador avulso.

O trabalhador avulso não é empregado, mas possui os mesmos direitos dos trabalhadores com vínculo empregatício permanente, conforme determinado pelo art. 7º, XXXIV, da CF/88.

Esse trabalhador não tem relação de subordinação, pode se substituir, prestar serviços a várias empresas. Exemplos de trabalhadores avulsos: estivador, o conferente de carga e descarga, amarrador da embarcação no porto.

O sindicato elaborará a escala de trabalho e as folhas de pagamento dos trabalhadores avulsos, com a indicação do tomador do serviço e dos trabalhadores que participaram da operação, devendo prestar, com relação a estes, as seguintes informações: *I – os respectivos números de registros ou cadastro no sindicato; II – o serviço prestado e os turnos trabalhados; III – as remunerações pagas, devidas ou creditadas a cada um dos trabalhadores (art. 4º da Lei nº 12.023/2009).*

Nos termos do art. 5º, I, da Lei nº 12.023/2009, a escala de trabalho deverá ser amplamente divulgada, assim como o rodízio entre os trabalhadores avulsos sempre deverá ser observado.

O intervalo mínimo a ser observado na escalação diária do trabalhador portuário avulso é de onze horas consecutivas entre duas jornadas, salvo em situações excepcionais, constantes de acordo ou convenção coletiva de trabalho (art. 8º da Lei nº 9.719/1998).

O exercício das atribuições de seleção, treinamento e aplicação de punição prevista em lei para o caso de transgressão disciplinar, pelo órgão de gestão de mão de obra do trabalho portuário avulso não implica vínculo empregatício com trabalhador portuário avulso.

O órgão gestor de mão de obra não responde por prejuízos causados pelos trabalhadores portuários avulsos aos tomadores dos seus serviços ou a terceiros.

O órgão gestor de mão de obra responde, solidariamente com os operadores portuários, pela remuneração devida ao trabalhador portuário avulso.

O órgão de gestão de mão de obra pode ceder trabalhador portuário avulso, em caráter permanente, ao operador portuário (art. 35 da Lei nº 12.815/2013). Isso porque, o trabalho portuário, antes monopolizado pelos sindicatos profissionais dos estivadores, que escalavam os avulsos que operam nos portos, é hoje realizado tanto por empregados celetistas quanto por avulsos.

A contratação de trabalhadores portuários de estiva, conferência de carga, conserto de carga e vigilância de embarcações com vínculo empregatício a prazo indeterminado será feita, exclusivamente, dentre os trabalhadores portuários avulsos registrados.

2.4. Trabalho temporário

Trabalho temporário é o trabalho realizado por uma pessoa física contratada por uma empresa de trabalho temporário que a coloca à disposição de uma empresa tomadora de serviços, para atender à necessidade de substituição transitória de pessoal permanente ou à demanda complementar de serviços (art. 2º da Lei nº 6.019/74).

O vínculo trabalhista do trabalhador temporário não se forma entre o cliente tomador dos serviços e o trabalhador, mas sim entre este e a empresa de trabalho temporário, que arcará com todos os direitos trabalhistas.

A empresa de trabalho temporário deve ser pessoa jurídica, que só poderá funcionar com o registro no Ministério do Trabalho. Esse registro será fornecido após a apresentação dos documentos exigidos no artigo 6º da Lei nº 6.019/74, quais sejam: I – prova de inscrição no Cadastro Nacional da Pessoa Jurídica (CNPJ), do Ministério da Fazenda; II – prova do competente registro na Junta Comercial da localidade em que tenha sede; III – prova de possuir capital social de, no mínimo, R$ 100.000,00 (cem mil reais). A empresa de trabalho temporário é obrigada a fornecer ao Departamento Nacional de Mão de Obra, quando solicitada, os elementos de informação julgados necessários ao estudo do mercado de trabalho.

O trabalho temporário destina-se a atender duas situações: 1) necessidade de substituição transitória de pessoal permanente ex. cobrir férias de empregados da tomadora; 2) ou à demanda complementar de serviços, isto é, aquela decorrente de fatores imprevisíveis (ex. um incêndio destrói toda a produção que tinha data para ser entregue ao cliente e então torna-se necessária a contratação de mais funcionários para novamente produzir os bens) ou, quando decorrente de fatores previsíveis, tenha natureza intermitente, periódica ou sazonal (ex. época de maior demanda, como natal).

O trabalho temporário tem como requisitos: contrato escrito entre empregado e a empresa de trabalho temporário; contrato escrito entre a empresa de trabalho temporário e a tomadora de serviços contendo o motivo da contratação; duração máxima de 180 dias, consecutivos ou não, o que poderá ser prorrogado por até 90 dias, consecutivos ou não, quando comprovada a manutenção das condições que o ensejaram.

O trabalhador temporário que cumprir o período máximo de duração do contrato acima mencionado somente poderá ser colocado à disposição da mesma tomadora de serviços, em novo contrato temporário, após 90 dias do término do contrato anterior. A contratação anterior a esse prazo caracteriza vínculo empregatício entre o trabalhador e a tomadora de serviços.

Não se aplica ao trabalhador temporário, contratado pela tomadora de serviços, o contrato de experiência previsto no artigo 445 da CLT.

Na CTPS do trabalhador deverá ser registrada sua condição de temporário (art. 12, § 1º da Lei nº 6.019/74).

O trabalhador temporário tem os seguintes direitos: FGTS; a remuneração equivalente à percebida pelos empregados da mesma categoria da empresa tomadora; jornada de oito horas; férias proporcionais; repouso semanal remunerado; adicional noturno; seguro contra acidente do trabalho; proteção previdenciária nos termos do disposto na Lei Orgânica da Previdência Social (art. 12 da Lei nº 6.019/74).

Não há aviso prévio quando ocorrer a terminação do contrato de trabalho temporário por se tratar de contrato a termo.

A indenização por dispensa sem justa causa ou término normal do contrato, correspondente a 1/12 (um doze avos) do pagamento recebido (artigo 12, f, da Lei nº 6.019/74), foi revogada porque foi substituída pelo FGTS (artigo 7º, III, da CF/88).

Aplicam-se ao temporário as hipóteses de justa causa (art. 482) e de rescisão indireta (art. 483) previstas na CLT, ocorrentes entre o trabalhador e a empresa de trabalho temporário ou entre aquele e a empresa cliente onde estiver prestando serviço.

É vedado à empresa do trabalho temporário cobrar do trabalhador qualquer importância, mesmo a título de mediação, podendo apenas efetuar os descontos previstos em lei.

Será nula de pleno direito qualquer cláusula de reserva, proibindo a contratação do trabalhador pela empresa tomadora ou cliente ao fim do prazo em que tenha sido colocado à sua disposição pela empresa de trabalho temporário.

Em regra, no caso de trabalho temporário, a responsabilidade do tomador de serviços pelas verbas trabalhistas é subsidiária. Contudo, quando houver falência da empresa prestadora ou intermediadora do trabalho temporário, a tomadora responderá solidariamente pelas verbas devidas ao empregado temporário.

É proibida a contratação de trabalho temporário nos seguintes casos: 1) para a substituição de trabalhadores em greve, salvo nos casos previstos em lei; 2) contratação de estrangeiros com visto provisório de permanência no País.

2.5. Estágio

O estágio, *"é ato educativo escolar supervisionado, desenvolvido no ambiente de trabalho, que visa à preparação para o trabalho produtivo de educandos"* (art. 1º da Lei 11.788/08).

O estágio tem por objetivo principal proporcionar ao estagiário o aprendizado de todas as competências próprias da atividade profissional, bem como a contextualização curricular, sempre buscando o desenvolvimento para a vida cidadã e para o trabalho (§ 2º do art. 1º da Lei nº 11.788/08).

Por se tratar de contrato especial de trabalho, para que o estágio seja considerado válido, torna-se imprescindível o preenchimento de todos os requisitos previstos na Lei nº 11.788/08, sob pena de configuração do vínculo empregatício comum, quais sejam:

1) matrícula e frequência regular do educando em curso de educação superior, de educação profissional, de ensino médio, da educação especial e nos anos finais do ensino fundamental, na modalidade profissional da educação de jovens e adultos e atestados pela instituição de ensino;
2) celebração de termo de compromisso entre o educando, a parte concedente do estágio e a instituição de ensino;
3) compatibilidade entre as atividades desenvolvidas no estágio e aquelas previstas no termo de compromisso;
4) acompanhamento efetivo pelo professor orientador da instituição de ensino e por supervisor da parte concedente.

São direitos dos estagiários:

1) seguro contra acidentes pessoais;
2) implementação de normas de segurança e saúde do trabalhador;
3) duração do estágio inferior a 2 anos, exceto para portador de necessidades especiais – PNE;

4) auxílio-transporte e bolsa para estágio não é obrigatório;

5) recesso de 30 dias para estágios iguais ou superiores a 1 ano ou em caso de contrato por prazo inferior é devido o recesso proporcional;

6) limitação de jornada, que deve ser compatível com as atividades escolares, observando os seguintes termos estabelecidos pelo art. 10 da Lei nº 11.788/2008: *"Art. 10. A jornada de atividade em estágio será definida de comum acordo entre a instituição de ensino, a parte concedente e o aluno estagiário ou seu representante legal, devendo constar do termo de compromisso ser compatível com as atividades escolares e não ultrapassar: I – 4 (quatro) horas diárias e 20 (vinte) horas semanais, no caso de estudantes de educação especial e dos anos finais do ensino fundamental, na modalidade profissional de educação de jovens e adultos; II – 6 (seis) horas diárias e 30 (trinta) horas semanais, no caso de estudantes do ensino superior, da educação profissional de nível médio e do ensino médio regular. § 1º O estágio relativo a cursos que alternam teoria e prática, nos períodos em que não estão programadas aulas presenciais, poderá ter jornada de até 40 (quarenta) horas semanais, desde que isso esteja previsto no projeto pedagógico do curso e da instituição de ensino. § 2º Se a instituição de ensino adotar verificações de aprendizagem periódicas ou finais, nos períodos de avaliação, a carga horária do estágio será reduzida pelo menos à metade, segundo estipulado no termo de compromisso, para garantir o bom desempenho do estudante".*

Há limitação para o número de estagiários contratados:

- 1 a 5 empregados: 1 estagiário;
- 6 a 10 empregados: 2 estagiários;
- 11 a 25 empregados: 5 estagiários;
- acima de 25 empregados: até 20% de estagiários.

Além disso, 10% das vagas de estágio oferecidas pela parte concedente devem ser destinadas aos portadores de necessidades especiais.

2.6. Trabalho cooperativado

A CLT autoriza a formação de cooperativas destinadas a prestação de serviços. Não há vínculo de emprego entre ela e seus associados, desde que a cooperativa atenda a dois princípios básicos:

1) dupla qualidade: o cooperador presta serviços à cooperativa, que, por sua vez, também oferece serviços a seus associados. Assim, é necessário existir efetiva prestação de serviços pela Cooperativa diretamente ao associado e não somente a terceiros. ***Ex.:*** *Cooperativa de táxis, que oferece aos associados serviço de rádio-táxi e rastreamento via satélite.*

2) retribuição pessoal diferenciada: a remuneração do cooperado deve ser diferenciada da que teria se não fosse associado, como forma de compensar a exclusão da proteção trabalhista. Em outras palavras, a cooperativa permite que o cooperado

perceba uma retribuição pessoal, em virtude de sua atividade autônoma, superior àquela que receberia caso não fosse cooperado. ***Ex.**: A cooperativa de táxi obtém diversos benefícios para o cooperado, tais como, firma convênios com empresas, institui sistema de teletáxi, obtém linhas de financiamento, etc.*

2.7. Trabalho voluntário

O serviço voluntário é a atividade não remunerada, prestada por pessoa física à entidade pública de qualquer natureza, ou à instituição privada de fins não lucrativos, que tenha objetivos cívicos, culturais, educacionais, científicos, recreativos ou de assistência social, inclusive mutualidade. O serviço voluntário tem previsão legal na Lei nº 9.608/1998.

O trabalho voluntário não gera vínculo empregatício, nem obrigação de natureza trabalhista previdenciária ou afim. Sua diferença com a relação de emprego está na intenção graciosa ou benevolente do trabalhador.

O serviço voluntário será exercido mediante a celebração de termo de adesão entre a entidade, pública ou privada, e o prestador do serviço voluntário, dele devendo constar o objeto e as condições de seu exercício.

A doutrina entende que esse termo não é imprescindível para a caracterização do serviço voluntário, isto é, o contrato de serviço voluntário não é solene.

O prestador do serviço voluntário poderá ser ressarcido pelas despesas que comprovadamente realizar no desempenho das atividades voluntárias.

As despesas a serem ressarcidas deverão estar expressamente autorizadas pela entidade a que for prestado o serviço voluntário.

2.8. Representante comercial

Representante comercial é "a pessoa jurídica ou a pessoa física, sem relação de emprego, que desempenha, em caráter não eventual por conta de uma ou mais pessoas, a mediação para a realização de negócios mercantis, agenciando propostas ou pedidos, para, transmiti-los aos representados, praticando ou não atos relacionados com a execução dos negócios" (art. 1º da Lei nº 4.886/65).

Existem poucas diferenças práticas na prestação de serviços entre o representante comercial, o vendedor, viajante ou pracista empregado (Lei nº 3.207/57), o que dificulta muito a identificação da real modalidade contratual. Contudo, a diferença jurídica entre os contratos é bastante profunda: enquanto o vendedor (pracista ou não) tem vínculo empregatício com o tomador dos serviços, o representante comercial é um prestador de serviços autônomo.

A distinção fundamental entre o contrato de trabalho, no qual se destaca o vendedor empregado, e o de representação comercial, que envolve o prestador autônomo, encontra-se na subordinação jurídica, inerente ao primeiro, em contraposição à autonomia da prestação de serviços no segundo.

É importante destacar que se afigura legítima uma certa ingerência da empresa representada nas atividades do representante comercial, na medida em que é necessário um certo grau de supervisão do trabalho desempenhado por seus representantes, visando, tão-somente, ao cumprimento do objetivo contratual, que é a apresentação e a venda de seus produtos. Inclusive, o representante é obrigado a prestar informações detalhadas sobre o andamento dos negócios a seu cargo, conforme leitura do art. 28 da Lei nº 4.886/65. O que não pode se verificar é o controle da atividade, de forma rotineira e ostensiva, a afastar toda e qualquer autonomia do trabalhador representante, caracterizando assim, a subordinação jurídica.

Normalmente, quando essa discussão é levada ao Poder Judiciário, a identificação da modalidade contratual aplicável é analisada com base nas características do caso concreto, na medida em que, como já visto, na seara trabalhista impera o Princípio da Primazia da Realidade, de forma que as condições fáticas é que vão prevalecer sobre eventuais ajustes formais diversos.

O representante comercial pode ser uma pessoa natural ou jurídica, enquanto os empregados vendedores só podem ser pessoas naturais (arts. 2º e 3º, da CLT).

Nos termos do art. 2º, da Lei nº 4.886/65, é obrigatório o registro dos que exerçam a representação comercial autônoma nos Conselhos Regionais criados pelo art. 6º desta Lei.

Contudo, a jurisprudência maciça é no sentido de que a mera inobservância dessa exigência não caracteriza, por si só, o vínculo empregatício, sendo necessário comprovar a presença dos requisitos legais para tal, previstos no art. 3º da CLT. Isso porque, tal registro constitui mera formalidade, não tendo, a sua ausência, o condão de desconstituir o contrato de representação comercial, verbal ou contratualmente celebrado entre as partes, e assim efetivamente desenvolvido.[4]

Tanto o representante, quanto o vendedor pracista podem trabalhar por prazo certo ou indeterminado (art. 27, c, da Lei nº 4.886/65 e art. 443 da CLT).

O representante comercial só adquire direito as comissões quando do pagamento dos pedidos e propostas (art. 32 da Lei nº 4.886/65).

Suas comissões podem ser estornadas, isto é, devolvidas, no caso de insolvência do comprador (art. 33, § 1º, da Lei nº 4.886/65). Apesar disso, é proibida a cláusula *del credere* ou *star del credere*, que impõe a condição de fiador do negócio por ele realizado, ou seja, deverá pagar no caso de inadimplemento do contrato.

O contrato de representação comercial poderá ser rompido por justa causa, perpetrada pelo representado ou pelo representante (arts. 35 e 36 da Lei nº 4.886/65).

A denúncia do contrato por prazo indeterminado, sem justa causa, desde que vigente por mais de 6 meses, obriga o denunciante salvo outra garantia prevista no contrato, à concessão de aviso prévio de, no mínimo, 30 dias (art. 34 da Lei nº 4.886/65).

4. Nesse sentido, confira TRT da 3ª Região; Processo: 01280-2008-016-03-00-8 RO; Data de Publicação: 29/06/2009; Órgão Julgador: Oitava Turma; Relator: Marcio Ribeiro do Valle; Revisor: Ana Maria Amorim Rebouças.

Em caso de extinção do contrato indeterminado, sem justa causa, por iniciativa do representado, o representante comercial terá direito a uma indenização não inferior a um 1/12 do total da retribuição auferida, até a data da rescisão, multiplicada pelo número de meses de vigência do contrato (art. 27, j, da Lei nº 4.886/65).

Extinto o contrato a termo, antes do termo final, sem justa causa, o representante terá direito à média mensal da retribuição auferida, até a data da rescisão, multiplicada pela metade do número de meses resultantes do prazo contratual (art. 27, § 1º, da Lei nº 4.886/65).

2.9. Transportador Autônomo de Carga

De acordo com o art. 2º da Lei nº 11.442/2007, a atividade econômica de transporte rodoviário de cargas por terceiro é de natureza comercial, exercida por pessoa física ou jurídica em regime de livre concorrência, e depende de prévia inscrição do interessado em sua exploração no Registro Nacional de Transportadores Rodoviários de Cargas – RNTR-C da Agência Nacional de Transportes Terrestres – ANTT, nas seguintes categorias: I - Transportador Autônomo de Cargas – TAC, pessoa física que tenha no transporte rodoviário de cargas a sua atividade profissional; II - Empresa de Transporte Rodoviário de Cargas – ETC, pessoa jurídica constituída por qualquer forma prevista em lei que tenha no transporte rodoviário de cargas a sua atividade principal.

O Transportador Autônomo de Cargas pode ser classificado em dois tipos: TAC-independente e TAC-agregado (art. 4º, §§ 1º e 2º, da Lei nº 11.442/2007). Em ambas as modalidades, a exploração da atividade é autônoma, isto é, feita por conta e risco do transportador.

O TAC-independente é aquele que presta serviços de transporte de carga em caráter eventual (esporádico) e sem exclusividade (clientela diversificada), mediante frete ajustado para cada viagem.

Já o TAC-agregado é aquele que coloca veículo de sua propriedade ou posse, a ser dirigido por ele ou por preposto seu, a serviço do contratante, com exclusividade (cliente único) e mediante remuneração certa.

Em 19/05/2020, foi publicado o acórdão do STF na ADC nº48 e ADI nº 3961, declarando a constitucionalidade da Lei 11.442/2007, concluindo pela licitude da terceirização da atividade-fim de transporte. Conforme o STF, uma vez preenchidos os requisitos dispostos na referida Lei, estará configurada a relação comercial de natureza civil e afastada a configuração de vínculo trabalhista.

2.10. Salão-parceiro e profissional-parceiro

Os salões de beleza poderão celebrar contratos de parceria, por escrito, com os profissionais que desempenham as atividades de cabeleireiro, barbeiro, esteticista, manicure, pedicure, depilador e maquiador. O profissional-parceiro não terá relação de emprego ou de sociedade com o salão-parceiro, tratando-se de prestação de serviço de natureza autônoma.

O profissional deve possuir uma autonomia para exercício de sua atividade, como, por exemplo, ter o controle sobre a sua agenda de clientes. Entretanto, configura-se vínculo empregatício entre a pessoa jurídica do salão-parceiro e o profissional-parceiro quando: 1) não existir contrato de parceria formalizado conforme Lei n. 12.592/2012; 2) o profissional-parceiro desempenhar funções diferentes das descritas no contrato de parceria (art. 1º-C da Lei 12.592/2012; 3) quando ficarem caracterizados os requisitos da relação de emprego previstos no art. 3º da CLT, especialmente a subordinação.

3. MODALIDADES DE EMPREGADOS

Nos subtópicos seguintes veremos especificidades de algumas modalidades de empregados que os distinguem dos empregados comuns.

3.1. Empregado doméstico

Empregado doméstico é aquele que presta serviços de natureza contínua e de finalidade não lucrativa a pessoa ou a família, no âmbito residencial destas (art. 1º, da Lei Complementar nº 150/2015). ***Exemplos:*** *Mordomo, babá, jardineiro.*

Para ser doméstico, basta o empregado trabalhar para um empregador doméstico, independente da atividade exercida, desde que o seu patrão não explore a mão de obra com o intuito de lucro. Desta forma, um médico que trabalha todos os dias na casa de um paciente para acompanhá-lo será um empregado doméstico.

Além dos quatro requisitos normais da relação empregatícia (prestação de serviços por pessoa física, pessoalidade, onerosidade e subordinação), existem quatro requisitos diferenciados para a caracterização do trabalhador doméstico. São eles:

1) continuidade da prestação de serviços (para o empregado comum basta a não eventualidade na prestação de serviços). A continuidade pressupõe ausência de interrupção, de forma que o trabalho se desenvolva de maneira expressiva ao longo da semana, isto é, por mais de 2 (dois) dias por semana (art. 1º. da Lei n. 150/2015);
2) finalidade não lucrativa do patrão. O trabalho prestado não pode ter objetivos e resultados comerciais, restringindo-se somente ao interesse do tomador ou de sua família. Assim, por exemplo, se a cozinheira começa também a fazer salgadinhos para o patrão vender, estará descaracterizado o vínculo doméstico;
3) o patrão deve ser pessoa física ou família. Todos os membros maiores e capazes da família são coempregadores domésticos e respondem solidariamente pelos encargos trabalhistas, mesmo aqueles que não contribuem com o salário da doméstica. A CTPS poderá ser assinada por apenas um dos membros da família;
4) a prestação de serviços deve ocorrer no âmbito residencial da pessoa ou família. Isso inclui qualquer espaço relacionado com o interesse pessoal ou familiar, como o sítio de veraneio, casa de praia, etc.

O trabalho doméstico é vedado ao menor de 18 anos, de acordo com a Convenção nº 182, de 1999, da Organização Internacional do Trabalho (OIT) e com o Decreto nº 6.481, de 12 de junho de 2008 (art. 1º, parágrafo único da Lei Complementar nº 150/2015).

A legislação reguladora dos trabalhadores domésticos (Lei Complementar nº 150/2015) possui diversas especificidades conforme exposto, de forma sintética, a seguir:

JORNADA	• Máxima de **8** horas diárias e **44** horas semanais; • Adicional de horas extras é de, no mínimo, **50%** e o divisor é **220**; • As partes podem firmar **acordo escrito** estabelecendo horário de trabalho de **12** (doze) horas seguidas por **36** (trinta e seis) horas ininterruptas de descanso, observados ou indenizados os intervalos para repouso e alimentação. A remuneração mensal abrange os pagamentos devidos pelo descanso semanal remunerado e pelo descanso em feriados, e serão considerados compensados os feriados e as prorrogações de trabalho noturno, quando houver; • Os intervalos previstos na legislação dos domésticos (Lei Complementar nº 150/2015), o tempo de repouso, as horas não trabalhadas, os feriados e os domingos livres em que o empregado que **mora no local** de trabalho nele permaneça **não** serão computados como horário de trabalho; • É **obrigatório** o **registro** do horário de trabalho do empregado doméstico por qualquer meio manual, mecânico ou eletrônico, desde que idôneo.
MORADIA	O fornecimento de moradia ao empregado doméstico na própria residência ou em morada anexa, de qualquer natureza, não gera ao empregado qualquer direito de posse ou de propriedade sobre a referida moradia.
COMPENSAÇÃO DE JORNADA	• As primeiras **40 horas extras mensais** deverão ser **quitadas** com o adicional de horas extras. • Do montante a ser quitado poderão ser **deduzidas**, sem o correspondente pagamento, as horas não trabalhadas, em função de **redução** do horário normal de trabalho ou de **dia útil não trabalhado**, durante o mês. • O saldo de horas extras não quitadas poderá ser **compensado** no prazo máximo de **um ano.** • Em caso de **rescisão**, as horas extras remanescentes deverão ser **quitadas**, calculadas sobre o valor da remuneração na data de rescisão. • O trabalho não compensado prestado em **domingos e feriados** deve ser pago **em dobro**, sem prejuízo da remuneração relativa ao repouso semanal.
REGIME DE TEMPO PARCIAL	• Considera-se trabalho em regime de tempo parcial aquele cuja duração não exceda **25 (vinte e cinco) horas semanais.** • A jornada poderá ser acrescida de **horas suplementares,** em número não excedente a 1 **(uma) hora diária**, mediante **acordo escrito** entre empregador e empregado, com o limite máximo de **6 (seis) horas diárias.** • O salário será proporcional a sua jornada.
CONTRATO POR PRAZO DETERMINADO	• Não será exigido **aviso prévio**; • O empregador que, sem justa causa, **despedir** o empregado é obrigado a pagar-lhe, a título de indenização, **metade da remuneração** a que teria direito até o termo do contrato; • O empregado não poderá se **desligar** do contrato sem justa causa, sob pena de ser obrigado a **indenizar** o empregador dos prejuízos que desse fato lhe resultarem. A indenização não poderá exceder aquela a que teria direito o empregado em idênticas condições. • **Modalidades** de contrato por prazo determinado: 1) **contrato de experiência.** É admitida uma única prorrogação, observado o prazo máximo de **90 dias.** Caso não haja prorrogação ou ultrapassado este prazo o contrato se transformará na modalidade por prazo indeterminado.

CONTRATO POR PRAZO DETERMINADO	2) para atender necessidades familiares de **natureza transitória** e para **substituição temporária** de empregado doméstico com contrato de trabalho interrompido ou suspenso.
ACOMPANHAMENTO EM VIAGENS	• É obrigatória a prévia existência de **acordo escrito** entre as partes; • Serão consideradas apenas as horas efetivamente trabalhadas no período, podendo ser **compensadas** as horas extraordinárias em outro dia; • A remuneração-hora do serviço em viagem será, no mínimo, **25%** (vinte e cinco por cento) superior ao valor do salário-hora normal. Mediante **acordo,** essas horas extras poderão ser acrescidas **ao banco de horas**, a serem utilizadas a critério do empregado.
INTERVALOS E REPOUSOS	• O intervalo intrajornada mínimo é de **1 (uma) hora** e, no máximo, **2 (duas) horas**, admitindo-se, mediante prévio **acordo escrito** sua redução a 30 **(trinta) minutos**; • Caso o empregado **resida** no local de trabalho, o período de intervalo intrajornada poderá ser desmembrado em **2 (dois) períodos**, desde que cada um deles tenha, no mínimo, **1 (uma) hora**, até o limite **de 4 (quatro) horas ao dia.** Neste caso, a anotação do intervalo deverá ser efetuada no **registro diário de horário**, vedada sua prenotação; • intervalo interjornada mínimo é de **11 horas** consecutivas; • É devido ao empregado doméstico descanso semanal remunerado de, no mínimo, **24 (vinte e quatro) horas consecutivas**, preferencialmente aos domingos, além de descanso remunerado em feriados.
TRABALHO NOTURNO	• Entre **22hs** e **5h** do dia seguinte; • Hora noturna com duração **de 52 cinquenta e dois) minutos e 30 (trinta) segundos;** • Adicional **de 20%;** • Em caso de empregado contratado **exclusivamente** para trabalho noturno, o adicional será calculado sobre o **salário constante da CTPS.**
FÉRIAS	• **30 dias** após **12 meses** de trabalho (período aquisitivo), a serem concedidas nos 12 meses subsequentes à aquisição do direito (período concessivo); • O período de férias poderá, a critério do empregador, ser fracionado em até 2 (dois) períodos, sendo 1 (um) deles de, no mínimo, 14 (quatorze) dias corridos; • Doméstico tem direito às **férias proporcionais**; • O empregado pode converter um **terço** das férias em **abono pecuniário**, no valor da remuneração que lhe seria devida nos dias correspondentes; • É lícito ao empregado que **reside** no local de trabalho nele **permanecer** durante as férias. • Nos contratos com **regime de tempo parcial**, após cada período de 12 (doze) meses de vigência do contrato de trabalho, o empregado terá direito a férias, na seguinte proporção: I – 18 (dezoito) dias, para a duração do trabalho semanal superior a 22 (vinte e duas) horas, até 25 (vinte e cinco) horas; II – 16 (dezesseis) dias, para a duração do trabalho semanal superior a 20 (vinte) horas, até 22 (vinte e duas) horas; III – 14 (quatorze) dias, para a duração do trabalho semanal superior a 15 (quinze) horas, até 20 (vinte) horas; IV – 12 (doze) dias, para a duração do trabalho semanal superior a 10 (dez) horas, até 15 (quinze) horas;

FÉRIAS	V – 10 (dez) dias, para a duração do trabalho semanal superior a 5 (cinco) horas, até 10 (dez) horas; VI – 8 (oito) dias, para a duração do trabalho semanal igual ou inferior a 5 (cinco) horas.
DESCONTOS SALARIAIS	• É **vedado o desconto** por fornecimento de alimentação, vestuário, higiene ou moradia, bem como por despesas com transporte, hospedagem e alimentação em caso de acompanhamento em viagem. • Poderão ser efetuados **descontos:** 1) **adiantamento salarial**; 2) mediante **acordo escrito** entre as partes, para a inclusão do empregado em planos de assistência médico-hospitalar e odontológica, de seguro e de previdência privada, não podendo a dedução ultrapassar 20% (vinte por cento) do salário; 3) despesas com **moradia,** quando essa se referir a **local diverso** da residência em que ocorrer a prestação de serviço, desde que essa possibilidade tenha sido expressamente **acordada** entre as partes.
VALE-TRANSPORTE	• Poderá ser substituído, a critério do empregador, pela concessão, mediante **recibo**, dos valores para a **aquisição das passagens** necessárias ao custeio das despesas decorrentes do deslocamento residência-trabalho e vice-versa.
FGTS	• O recolhimento do FGTS dos domésticos, que até a EC nº 72/2013 era facultativo, passou a ser **obrigatório;** • Os valores do FGTS serão depositados na conta **vinculada** do empregado, em variação distinta daquela em que se encontrarem os valores oriundos dos depósitos de que trata o inciso IV do art. 34 da Lei Complementar nº 150/2015 (SIMPLES DOMÉSTICO), e somente poderão ser movimentados por ocasião da **rescisão contratual**; • Com a publicação da Resolução do Conselho Curador do FGTS 780/20, da Circular Caixa 694/2015 e da Portaria Interministerial 822/2015, foi regulamentada a Lei Complementar 150, de 1º de junho 2015, que trata do regime do SIMPLES Doméstico, instituído pelo Artigo 31 da referida LC. A regulamentação estabelece o recolhimento obrigatório do FGTS a partir da **competência 10/2015**, dentre outros, e da parcela relativa à indenização compensatória da perda de emprego; • Todos os tributos e o FGTS serão recolhidos em uma única guia (SIMPLES DOMÉSTICO) e os valores serão calculados conforme abaixo: • 8 a 11% de contribuição previdenciária, a cargo do trabalhador doméstico, conforme art. 20 da Lei nº 8.212/1991; • 8% de contribuição patronal previdenciária, a cargo do empregador doméstico, conforme art. 24 da Lei 8.212/1991; • 0,8% de SAT – Seguro Contra Acidente de Trabalho, a cargo do empregador doméstico; • 8% de FGTS, depósito em conta vinculada do trabalhador, a cargo do empregador doméstico; • 3,2% de indenização compensatória, para casos de demissão sem justa causa ou por culpa recíproca. • Os valores referentes a indenização compensatória serão depositados em conta vinculada distinta e poderão ser movimentadas somente quando da rescisão contratual e, esse valor poderá ser sacado pelo trabalhador ou pelo empregador, dependendo do motivo da rescisão.

FGTS	• Desde o dia 01/10/2015, está disponível no portal www.esocial.gov.br, o Módulo Simplificado onde é possível ao empregador doméstico se cadastrar e cadastrar seu trabalhador doméstico. • O FGTS poderá ser movimentado pelo **empregador** nas hipóteses de dispensa por justa causa ou a pedido, de término do contrato de trabalho por prazo determinado, de aposentadoria e de falecimento do empregado doméstico. • Na hipótese de **culpa recíproca**, metade dos valores previstos no caput será movimentada pelo empregado, enquanto a outra metade será movimentada pelo empregador. • Aplicam-se as disposições da Lei nº 8.036/1990, e da Lei nº 8.844/1994, inclusive quanto a sujeição passiva e equiparações, prazo de recolhimento, administração, fiscalização, lançamento, consulta, cobrança, garantias, processo administrativo de determinação e exigência de créditos tributários federais.
AVISO PRÉVIO	• **30 (trinta) dias** para o empregado que conte com até **1 (um) ano** de serviço para o mesmo empregador; • Previsão de acréscimo de **3 (três) dias por ano** de serviço prestado para o mesmo empregador, até o máximo de **60 (sessenta) dias**, perfazendo um total de até **90 (noventa) dias**; • A falta de aviso prévio por parte do empregador dá ao empregado o direito aos **salários correspondentes** ao prazo do aviso, garantida sempre a integração desse período ao seu tempo de serviço; • A falta de aviso prévio por parte do empregado dá ao empregador o direito de **descontar** os salários correspondentes ao prazo respectivo; • O valor das horas extraordinárias **habituais** integra o aviso prévio indenizado; • O horário normal de trabalho do empregado durante o aviso prévio, quando a rescisão tiver sido promovida pelo empregador, será reduzido de **2 (duas) horas diárias**, sem prejuízo do salário integral; • É facultado ao empregado trabalhar sem a redução das 2 (duas) horas diárias, caso em que poderá faltar ao serviço, sem prejuízo do salário integral, por **7 (sete) dias corridos.**
HIPÓTESES DE JUSTA CAUSA	• Submissão a maus-tratos de pessoa idosa, de enfermo, de pessoa com deficiência ou de criança sob cuidado direto ou indireto do empregado; • Prática de ato de improbidade; • Incontinência de conduta ou mau procedimento; • Condenação criminal do empregado transitada em julgado, caso não tenha havido suspensão da execução da pena; • Desídia no desempenho das respectivas funções; • Embriaguez habitual ou em serviço; • Ato de indisciplina ou de insubordinação; • Abandono de emprego, assim considerada a ausência injustificada ao serviço por, pelo menos, 30 (trinta) dias corridos; • Ato lesivo à honra ou à boa fama ou ofensas físicas praticadas em serviço contra qualquer pessoa, salvo em caso de legítima defesa, própria ou de outrem; • Ato lesivo à honra ou à boa fama ou ofensas físicas praticadas contra o empregador doméstico ou sua família, salvo em caso de legítima defesa, própria ou de outrem; • Prática constante de jogos de azar.

HIPÓTESES DE RESCISÃO INDIRETA	• O empregador exigir serviços superiores às forças do empregado doméstico, defesos por lei, contrários aos bons costumes ou alheios ao contrato; • O empregado doméstico for tratado pelo empregador ou por sua família com rigor excessivo ou de forma degradante; • O empregado doméstico correr perigo manifesto de mal considerável; • O empregador não cumprir as obrigações do contrato; • O empregador ou sua família praticar, contra o empregado doméstico ou pessoas de sua família, ato lesivo à honra e à boa fama; • O empregador ou sua família ofender o empregado doméstico ou sua família fisicamente, salvo em caso de legítima defesa, própria ou de outrem; • O empregador praticar qualquer das formas de violência doméstica ou familiar contra mulheres de que trata o art. 5º da lei nº 11.340, de 7 de agosto de 2006.
LICENÇA-MATERNIDADE E GARANTIA PROVISÓRIA DA GESTANTE	• A doméstica tem direito a licença-maternidade de **120 (cento e vinte) dias**, sem prejuízo do emprego e do salário. • A **confirmação** do estado de gravidez durante o curso do contrato de trabalho, ainda que durante o prazo do **aviso prévio** trabalhado ou indenizado, garante à empregada gestante a **estabilidade provisória** prevista no art. 10, II, "b", do ADCT. Esse direito se estende ao empregado adotante ao qual tenha sido concedida guarda provisória para fins de adoção.
SEGURO-DESEMPREGO	• Valor de **1 (um) salário-mínimo**, por período máximo de **3 (três) meses**, de forma contínua ou alternada, observadas as regras da CODEFAT; • O benefício será **cancelado**, sem prejuízo das demais sanções cíveis e penais cabíveis: I – pela recusa, por parte do trabalhador desempregado, de outro emprego condizente com sua qualificação registrada ou declarada e com sua remuneração anterior; II – por comprovação de falsidade na prestação das informações necessárias à habilitação; III – por comprovação de fraude visando à percepção indevida do benefício do seguro-desemprego; ou IV – por morte do segurado. • Para **obtenção** do seguro-desemprego, é necessário apresentar: CTPS, com anotação do vínculo durante pelo menos 15 (quinze) meses nos últimos 24 (vinte e quatro) meses e a data da dispensa; TRCT; declaração de que não está em gozo de benefício de prestação continuada da Previdência Social, exceto auxílio-acidente e pensão por morte; IV – declaração de que não possui renda própria de qualquer natureza suficiente à sua manutenção e de sua família. • O seguro-desemprego deverá ser requerido de **7 (sete) a 90 (noventa) dias** contados da data de dispensa. • Novo seguro-desemprego só poderá ser requerido após o cumprimento de **novo período aquisitivo**, cuja duração será definida pelo Codefat.

3.2. Empregado rural

Empregado rural (ou rurícola) é toda pessoa física que, em propriedade rural ou prédio rústico, presta serviços de natureza não eventual a empregador rural, sob a dependência deste e mediante salário.

Não há consenso com relação ao conceito de empregado rural, existindo basicamente três correntes: 1) a primeira, que adotamos, no sentido de que empregado rural é aquele que trabalha para o empregador rural, independente do lugar (zona rural ou urbana); 2) empregado rural é aquele que executa suas atividades na agricultura, pecuária ou no campo (atividade rural); 3) empregado rural é aquele que preenche dois requisitos: trabalha para empregador rural e o local da prestação de serviços será propriedade rural ou prédio rústico.

Propriedade rural é aquela situada fora da zona urbana. Prédio rústico é a propriedade situada na zona urbana onde se desenvolve atividade agroeconômica. Importante destacar que não há consenso quanto a estes conceitos. Há quem sustente que prédio rústico é o estabelecimento rudimentar, com pouca ou nenhuma maquinaria e propriedade rural é aquela com maquinaria moderna, tecnológica.

O local da prestação de serviços (zona urbana ou rural) não influencia na natureza do vínculo (empregado urbano ou rural), mas sim a natureza da atividade empresarial (empregador rural).

A configuração da relação de emprego rural exige, além dos requisitos caracterizadores da relação de emprego (pessoa física, pessoalidade, não eventualidade, onerosidade e subordinação), um requisito específico, qual seja, a prestação de serviços a empregador rural.

Logo, são empregados rurais aqueles que trabalham em atividades distintas da lavoura e da pecuária, tais como, cozinheiros, apontadores e administradores.[5] O que importa é se o empregador é rural.

Empregador rural é a pessoa física ou jurídica, proprietário ou não, que explore atividade agroeconômica, em caráter permanente ou temporário, diretamente ou através de prepostos e com auxílio de empregados (art. 3º da Lei nº 5.889/73).

Também se inclui como atividade econômica rural a exploração industrial em estabelecimento agrário não compreendido na CLT e a exploração do turismo rural ancilar à exploração agroeconômica (art. 3º, §1º, da Lei nº 5.889/73).

A exploração industrial em estabelecimento agrário não compreendido na CLT deve ser entendida como aquelas atividades relacionadas com o primeiro tratamento dos produtos agrários "in natura" sem transformá-los em sua natureza, tais como:

5 Em outubro de 2015, o TST cancelou as OJ's 315 e 419 da SBDI-1, que tratavam do enquadramento sindical de trabalhadores em empresas agroindustriais e de motoristas em empresas com atividade predominantemente rural:

OJ 315, SDI-1. MOTORISTA. EMPRESA ATIVIDADE PREDOMINANTEMENTE RURAL. ENQUADRAMENTO COMO TRABALHADOR RURAL. DJ 11.08.03. É considerado trabalhador rural o motorista que trabalha no âmbito de empresa cuja atividade é preponderantemente rural, considerando que, de modo geral, não enfrenta o trânsito das estradas e cidades.

OJ 419, SDI-1.ENQUADRAMENTO. EMPREGADO QUE EXERCE ATIVIDADE EM EMPRESA AGROINDUSTRIAL. DEFINIÇÃO PELA ATIVIDADE PREPONDERANTE DA EMPRESA. (DEJT divulgado em 28 e 29.06.2012 e 02.07.2012).Considera-se rurícola empregado que, a despeito da atividade exercida, presta serviços a empregador agroindustrial (art. 3º, § 1º, da Lei nº 5.889, de 08.06.1973), visto que, neste caso, é a atividade preponderante da empresa que determina o enquadramento.

I – o beneficiamento, a primeira modificação e o preparo dos produtos agropecuários e hortigranjeiros e das matérias-primas de origem animal ou vegetal para posterior venda ou industrialização;

II – o aproveitamento dos subprodutos oriundos das operações de preparo e modificação dos produtos in natura, referidas no item anterior (art. 4º, § 2º do Decreto 73.626/74).

Logo, o beneficiamento, a embalagem, o ensacamento, o descaroçamento, o descascamento, a limpeza, a pasteurização, a secagem, o abate, o corte, etc. são consideradas atividades rurais.

Contudo, não será considerada indústria rural aquela que, operando a primeira transformação do produto agrário, altere a sua natureza, retirando-lhe a condição de matéria-prima.

Assim, a transformação da matéria prima, em sua aparência ou qualidade, isto é, mudando a forma como o produto veio da natureza, descaracterizará a atividade rural para fins trabalhistas.

Nesse contexto, o forneiro será industriário e não trabalhador rural, porque trabalha na indústria de carvão vegetal, que é um produto novo, não encontrado com essa aparência na natureza. Da mesma maneira, o trabalhador de um alambique (transforma a cana em açúcar) será industriário.

No que se refere ao turismo rural ancilar, isso significa que são consideradas, como atividade rural, a administração de hospedagens, o fornecimento de alimentação e bebidas em restaurantes e hotéis rurais, a organização e promoção de visitas a propriedades rurais produtivas ou de importância histórica e a exploração do cotidiano do meio rural e de manifestações artísticas ou religiosas do campo.

Os empregados rurais podem ser classificados em dois tipos: safristas e empregados rurais.

Ambos ostentam a condição de empregados, contudo, o safrista é contratado por prazo determinado e seu contrato tem duração correspondente ao período da safra (art. 14 da Lei nº 5.889/73).

Considera-se contrato de safra o que tenha sua duração dependente de variações estacionais da atividade agrária (exemplo: colheita de café, que normalmente dura de maio a setembro).

O produtor rural pessoa física poderá realizar contratação de trabalhador rural por pequeno prazo para o exercício de atividades de natureza temporária. A contratação de trabalhador rural por pequeno prazo que, dentro do período de 1 (um) ano, superar 2 (dois) meses fica convertida em contrato de trabalho por prazo indeterminado (Art. 14-A, caput e § 1º da Lei nº 5.889/73).

São assegurados ao trabalhador rural contratado por pequeno prazo, além de remuneração equivalente à do trabalhador rural permanente, os demais direitos de natureza trabalhista, inclusive recolhimento de FGTS e INSS. Todas as parcelas devidas ao trabalhador rural contratado por pequeno prazo serão calculadas dia a dia e pagas diretamente a ele mediante recibo.

A categoria dos trabalhadores rurais possui regras específicas em decorrência das condições peculiares da prestação de serviços previstas na Lei nº 5.889/1973, que podem ser assim destacadas: a) intervalo para repouso e alimentação, conforme usos e costumes (no mínimo de uma hora, conforme TST, com aplicação analógica do artigo 71 da CLT). Há quem sustente também a aplicação analógica do parágrafo primeiro do artigo 71 da CLT, prevendo intervalo de 15 minutos para jornadas de 4h a 6h); b) trabalho noturno diferenciado das 21h00 às 5h00 na agricultura e das 20h00 às 4h00 na pecuária, com adicional de 25% (não há previsão legal da redução da hora para 52 minutos e 30 segundos, mas há quem defenda a aplicação analógica da regra prevista na CLT); c) ausência de cômputo como efetivo exercício dos intervalos de uma a outra parte da execução da tarefa diária nos serviços intermitentes (p. ex.: recolhimento de ovos, extração de leite, tratamento dos cavalos, engorda do gado), desde que tal hipótese seja expressamente ressalvada na CTPS; d) aviso-prévio de trinta dias, mas com apenas um dia livre por semana para buscar obtenção de novo emprego, na hipótese de dispensa sem justa causa.

Salvo as hipóteses de determinação legal ou decisão judicial, só poderão ser descontadas do empregado rural as seguintes parcelas, calculadas sobre o salário mínimo, mediante prévia autorização, sob pena de nulidade (art. 9º): a) até 20% pela ocupação da morada (divididos proporcionalmente entre os empregados no caso de moradia coletiva); b) até 25% pelo fornecimento de alimentação sadia e farta; c) adiantamentos em dinheiro.

A cessão pelo empregador, de moradia e de sua infraestrutura básica, assim como de bens destinados à produção para sua subsistência e de sua família, não integra o salário do trabalhador rural, desde que caracterizados como tais, em contrato escrito celebrado entre as partes, com testemunhas e notificação obrigatória ao respectivo sindicato de trabalhadores rurais.

A rescisão do contrato de trabalho rural, sem justa causa, do chefe da unidade familiar é extensiva à esposa, às filhas solteiras e aos filhos até 20 anos de idade, que exerçam atividades na propriedade, mediante opção destes.

Ademais, rescindido ou findo o contrato de trabalho, o empregado será obrigado a desocupar a casa dentro de trinta dias.

O empregado rural fará jus ao salário do dia, quando comparecer ao local de prestação de serviço ou ponto de embarque, se fornecida condução pelo empregador, e não puder trabalhar em consequência de chuva ou de outro motivo alheio à sua vontade.

3.2.1. Contrato misto e contratos afins

Contrato misto é aquele que se verifica quando coexistem dois contratos distintos entre empregado e o patrão: um de emprego e outro de natureza civil (arrendamento, meação ou parceria), desde que este último recaia sobre cultura secundária, subsidiária ou intercalar (art. 12 da Lei nº 5.889/73).

Se houver necessidade de utilização de safreiros para cultura secundária, subsidiária ou intercalar, os encargos decorrentes serão sempre de responsabilidade do empregador.

O resultado anual a que tiver direito o empregado rural quer em dinheiro, quer em produto *in natura*, não poderá ser computado como parte correspondente ao salário-mínimo na remuneração geral do empregado durante o ano agrícola.

O fato de um empregado manter contrato misto com seu patrão retira-lhe o direito à remuneração do repouso e feriados (art. 2º da Lei nº 605/49).

Existem alguns contratos que também se desenvolvem no meio rural, mas que não se caracterizam como modalidade de vínculo empregatício rural. Os de maior destaque são: boia-fria ou volante, arrendamento, meação agrária e parceria rural.

O boia-fria ou volante é o trabalhador eventual que aceita qualquer serviço, em qualquer momento, lugar e para qualquer pessoa que lhe ofereça a melhor remuneração. O seu trabalho é eventual, ocorre quando necessário, não se fixando a um empregador rural, o que impede, portanto, a formação do vínculo empregatício.

O arrendamento rural se verifica quando uma determinada pessoa ceda a outra, através de contrato, o uso e gozo de propriedade rural por tempo determinado, mediante pagamento de aluguel. O arrendatário irá explorar atividades agrícolas, pecuaristas, agroindustrial, extrativa ou mista.

Como o arrendatário assume os riscos do empreendimento e não está subordinado ao arrendante (dono do bem) não existe vínculo empregatício. Pelas mesmas razões, não há vínculo empregatício nos casos de meação agrária e parceria rural.

A meação agrária (art. 195, §8º, da CF/88) é estabelecida através de um contrato de parceria, no qual o proprietário terá direito a 50% do que o seu parceiro, não proprietário, produzir explorando o imóvel.

Já a parceria rural é aquele contrato em que o proprietário cede a outro determinado imóvel rural, com o objetivo de nele desenvolver atividade de exploração agropecuária, mediante participação nos lucros.

3.3. Mãe Social (Lei nº 7.644/1987)

A mãe social é a empregada que se ativa em casas-lares, cuja atividade consiste na assistência de menores abandonados.

O vínculo de emprego se forma com a entidade de assistência social para a qual trabalha a mãe social.

A mãe social deve residir na casa-lar com até dez menores e ter idade mínima de 25 anos.

São garantidos à mãe social: salário mínimo, repouso semanal remunerado, anotação da CTPS, férias, previdência, décimo terceiro salário e FGTS.

O trabalho desenvolvido pela mãe social é de caráter intermitente, realizando-se pelo tempo necessário ao desempenho de suas tarefas.

3.4. Aprendiz

O aprendiz é empregado. Seu contrato de trabalho, contudo, é especial porque mescla a prestação de serviços tradicional à aprendizagem profissional do trabalhador, a fim de lhe garantir qualificação e formação profissional.

O trabalho do aprendiz é regulado pelos arts. 428-433 da CLT e Decreto nº 9.579, de 22 de novembro de 2018 (que revogou o antigo Decreto nº 5.598/2005, que regulamentava o tema).

Podemos destacar as seguintes peculiaridades para o contrato de aprendizagem:

a) a lei exige forma solene (contrato escrito);
b) o contrato é por prazo determinado (máximo de 2 anos, exceto para portador de necessidades especiais- PNE);
c) idade de 14 a 24 anos (não há limite de idade para portador de necessidades especiais);
d) devem ser preenchidos outros requisitos legais, como matrícula no curso de aprendizagem técnico-profissional metódica, frequência regular à escola e anotação das circunstâncias especiais do contrato na CTPS;
e) O aprendiz tem direito ao salário mínimo hora, salvo previsão mais benéfica em contrato ou norma coletiva;
f) O FGTS é recolhido com alíquota diferenciada (2%);
g) A jornada de trabalho é limitada a seis horas, salvo se o aprendiz já tiver completado o ensino fundamental, hipótese em que a jornada pode ser de até oito horas já computadas as horas destinadas à aprendizagem teórica;
h) São vedadas a prorrogação e compensação de jornada;
i) A jornada do aprendiz que não ultrapasse 25 horas semanais não configura regime de tempo parcial;
j) As férias devem coincidir preferencialmente com as férias escolares e devem estar previstas no programa de aprendizagem. Se o aprendiz for menor 18 anos, as férias devem necessariamente coincidir com as férias escolares, e não podem ser fracionadas.

Com relação à extinção do contrato, não há possibilidade de dispensa sem justa causa pelo empregador.

Assim, as hipóteses de extinção contratual do aprendiz são taxativamente previstas em lei. São elas:

a) extinção do prazo contratual;
b) quando aprendiz atingir 24 anos (exceto portador necessidades especiais);
c) desempenho insuficiente ou inadaptação do aprendiz;
d) falta disciplinar grave;
e) ausência injustificada à escola que implique perda do ano letivo;
f) a pedido do aprendiz.

Com relação à contratação de aprendizes, existe uma cota mínima de 5% e máxima de 15% dos trabalhadores existentes em cada estabelecimento, cujas funções demandem formação profissional.

No cálculo da porcentagem do número de aprendizes deverão ser incluídas todas as funções que demandem formação profissional, independentemente de serem proibidas para menores de dezoito anos, considerada a Classificação Brasileira de Ocupações do Ministério do Trabalho e Emprego. Todavia, estão excluídas do cálculo as funções que: I – demandem, para o seu exercício, habilitação profissional de nível técnico ou superior; II – estejam caracterizadas como cargos de direção, de gerência ou de confiança, nos termos do disposto no art. 62 II e parágrafo único e §2° do art. 224, ambos da CLT (art. 52 do Decreto n° 11.479/2023).

Todas as funções que demandem formação profissional estão incluídas na base de cálculo da cota de aprendiz, independentemente de serem proibidas para menores de dezoito anos (art. 52, §2°, do Decreto n° 9.579/2018).

Estão excluídas expressamente da base de cálculo da cota de aprendiz: 1) funções que demandem, para o seu exercício, habilitação profissional de nível técnico ou superior; 2) funções que estejam caracterizadas como cargos de direção, de gerência ou de confiança, nos termos do disposto no art. 62, parágrafo único, II e art. 224, §°, ambos da CLT; 3) empregados temporários (Lei n° 6.019/1973); 4) aprendizes já contratados (arts. 52, §1° e 54 do Decreto n° 9.579/2018).

Os estabelecimentos poderão destinar o equivalente a até 10% de sua cota de aprendizes à formação técnico-profissional metódica em áreas relacionadas a práticas de atividades desportivas, à prestação de serviços relacionados à infraestrutura, incluindo as atividades de construção, ampliação, recuperação e manutenção de instalações esportivas e a organização e promoção de eventos esportivos.

As frações de unidades dão lugar à contratação de um aprendiz, ou seja, o arredondamento é feito para cima.

Microempresa e empresa de pequeno porte não são obrigadas a contratar aprendizes.

Os programas de aprendizagem são aqueles oferecidos pelo Serviço Nacional de Aprendizagem Comercial – SENAC, Serviço Nacional de Aprendizagem Industrial – SENAI, Serviço Nacional de Aprendizagem do Transporte – SENAT, Aprendizagem Rural – SENAR e Serviço Nacional de Aprendizagem do Cooperativismo – SESCOOP, dentre outros autorizados por lei.

Na hipótese de os Serviços Nacionais de Aprendizagem não oferecerem cursos ou vagas suficientes para atender à demanda dos estabelecimentos, esta poderá ser suprida por outras entidades qualificadas em formação técnico-profissional metódica, quais sejam:

I – Escolas Técnicas de Educação;

II – entidades sem fins lucrativos, que tenham por objetivo a assistência ao adolescente e à educação profissional, registradas no Conselho Municipal dos Direitos da Criança e do Adolescente;

III – entidades de prática desportiva das diversas modalidades filiadas ao Sistema Nacional do Desporto e aos Sistemas de Desporto dos Estados, do Distrito Federal e dos Municípios.

O Ministério do Trabalho fixará normas para avaliação da competência das entidades sem fins lucrativos ou de prática desportivas, que deverão cadastrar seus cursos, turmas e aprendizes matriculados nesse Órgão.

A contratação do aprendiz poderá ser efetivada pela empresa onde se realizará a aprendizagem ou pelas entidades sem fins lucrativos ou de práticas desportivas, caso em que não gera vínculo de emprego com a empresa tomadora dos serviços.

3.5. Altos empregados

Altos empregados são aqueles que exercem cargos de confiança na empresa e dela recebem verdadeiros poderes de administração para agir em nome do empregador.

Dentro deste tema, é necessário o estudo de 3 situações distintas: 1) cargos ou funções de confiança; 2) diretor de sociedade anônima; 3) sócio empregado.

Os detentores de cargos ou funções de confiança não perdem, por este motivo, a condição de empregados. Todavia, como existe uma visível redução da subordinação jurídica, a lei restringe alguns direitos trabalhistas, como por exemplo, as normas de proteção à jornada de trabalho, conforme art. 62, II, da CLT.

A razão de se excluir a aplicação do capítulo que regula a duração normal do trabalho ao empregado exercente de cargo de gestão decorre do fato de que tais empregados ostentam, em regra, autonomia para definir seu próprio horário de trabalho, dadas as peculiaridades do cargo que ocupa e a natureza das suas atribuições.

Contudo, se no caso concreto ficar provado o controle de jornada (exemplo: o empregado registra cartão de ponto), não irá se aplicar o artigo 62, II, da CLT.

Além disso, os detentores de cargos ou funções de confiança podem ser obrigados a retornar ao antigo posto ocupado no caso de destituição da função de confiança (reversão, art. 468, parágrafo único da CLT), bem como estão sujeitos à transferência de local de prestação de serviços, independentemente de sua concordância (art. 469, § 1º, da CLT).

No que se refere à reversão do cargo de confiança, durante muitos anos, a jurisprudência do TST orientava que o empregado que ocupasse cargo de confiança por dez anos ou mais, ao ser revertido ao cargo efetivo sem justo motivo, não perderia a gratificação, com fundamento no princípio da estabilidade financeira (Súm. 372 do TST). No entanto, com a Reforma Trabalhista, foi introduzido o parágrafo segundo ao art. 468 da CLT dispondo que a destituição da função de confiança, com ou sem justo motivo, independentemente do tempo do seu exercício, não resulta na manutenção da parcela.

Em se tratando de bancário, os detentores de cargos ou funções de confiança não ficam restritos ao limite de jornada diária de 6 horas, mas sim ao limite diário de 8 horas. Somente o diretor-geral da agência irá se enquadrar na exceção do artigo 62, II, da CLT.

A segunda modalidade de alto empregado é o diretor de sociedade anônima. Quando o diretor é recrutado externamente, isto é, trazido de fora dos quadros funcionais da empresa, a doutrina tradicional entende que não existirá contrato de emprego. Isso porque, haveria incompatibilidade entre a figura do diretor (natureza societária) e a figura do empregado.

Quando o empregado é eleito diretor, apesar de grande discussão doutrinária, no âmbito jurisprudencial tem prevalecido que o contrato de emprego fica suspenso, salvo se permanecer a subordinação jurídica inerente à relação de emprego (Súm. 269 do TST).

Por fim, com relação ao sócio empregado, em princípio, não há incompatibilidade entre essas duas figuras, tendo em vista que a pessoa jurídica não se confunde com a pessoa física de seus sócios.

Somente não poderá ser empregado:

1) o sócio detentor de intensa participação na sociedade, caracterizada pela *affectio societatis* (que traz consigo a ideia da autonomia). *Ex.: Sócio possuidor da maioria das ações da sociedade ou acionista controlador.*

2) sócios que sejam responsáveis ilimitadamente pelas obrigações da sociedade por força de lei. *Ex.: Sociedade em nome coletivo (arts. 1039-1044, CC), sócio das sociedades em comum (arts. 986-990, CC) e sócio comanditado (art. 1045 do CC).*

3.6. Teletrabalho ou trabalho remoto

Considera-se teletrabalho ou trabalho remoto a prestação de serviços fora das dependências do empregador, de maneira preponderante ou não, com a utilização de tecnologias de informação e de comunicação, que, por sua natureza, não configure trabalho externo.

O comparecimento, ainda que de modo habitual, às dependências do empregador para a realização de atividades específicas que exijam a presença do empregado no estabelecimento não descaracteriza o regime de teletrabalho ou trabalho remoto.

O teletrabalhador não se confunde com o trabalhador externo. Ambos realizam suas atividades fora das dependências do empregador, sendo que no caso do trabalhador externo isso acontece porque a própria natureza do seu trabalho o obriga a prestar serviço fora do estabelecimento do empregador, como por exemplo: instaladores de antenas de TV, leitores de relógios de energia, montadores, entre outros. Contudo, o teletrabalho tem a seguinte peculiaridade: embora pudesse ser realizado na empresa, por opção de empregado e empregador, passa a ser realizado preponderantemente fora das suas dependências, com a utilização de recursos de informação e tecnológicos.

O empregado submetido ao regime de teletrabalho ou trabalho remoto poderá prestar serviços em duas modalidades: 1) Teletrabalho por jornada; 2) Teletrabalho por produção ou tarefa.

Na hipótese da prestação de serviços em regime de teletrabalho ou trabalho remoto por produção ou tarefa, não se aplicará o disposto no Capítulo II do Título II da CLT (artigos 57 a 75), sobre duração do trabalho (artigo 75-B, § 3º, da CLT, incluído pela Lei 14.442/2022).

No mesmo sentido, o artigo 62, inciso III, da CLT, com redação dada pela Lei 14.442/2022, dispõe que não são abrangidos pelo regime de duração do trabalho os empregados em regime de teletrabalho que prestam serviço por produção ou tarefa.

Anteriormente, o artigo 62, inciso III, da CLT, incluído pela Lei 13.467/2017, excluía do regime de duração de trabalho os empregados em regime de teletrabalho, sem fazer essa delimitação quanto à prestação do serviço por produção ou tarefa. Sendo assim, com a Lei 14.442/2022, passam a ser abrangidos pelos preceitos sobre duração do trabalho os empregados em regime de teletrabalho que prestam serviço por jornada (artigo 75-B, § 2º, da CLT).

O tempo de uso de equipamentos tecnológicos e de infraestrutura necessária, bem como de softwares, de ferramentas digitais ou de aplicações de internet utilizados para o teletrabalho, fora da jornada de trabalho normal do empregado não constitui tempo à disposição ou regime de prontidão ou de sobreaviso, exceto se houver previsão em acordo individual ou em acordo ou convenção coletiva de trabalho.

É permitida a adoção do regime de teletrabalho ou trabalho remoto para estagiários e aprendizes.

Aos empregados em regime de teletrabalho aplicam-se as disposições previstas na legislação local e nos instrumentos normativos relativas à base territorial do estabelecimento de lotação do empregado.

Ao contrato de trabalho do empregado admitido no Brasil que optar pela realização de teletrabalho fora do território nacional aplica-se a legislação brasileira, excetuadas as disposições constantes da Lei nº 7.064/1982, salvo disposição em contrário estipulada entre as partes.

Acordo individual poderá dispor sobre os horários e os meios de comunicação entre empregado e empregador, desde que assegurados os repousos legais.

Assim como qualquer outro regime de trabalho, o teletrabalho requer a anotação da Carteira de Trabalho do empregado e a celebração do seu contrato individual de trabalho. A prestação de serviços na modalidade de teletrabalho deverá constar expressamente do instrumento de contrato individual de trabalho.

É possível que o empregado possa migrar do regime presencial para o regime de teletrabalho, observados os seguintes requisitos: 1) mútuo consentimento entre empregado e empregador; 2) registrado em aditivo contratual.

Também é possível a alteração do regime de teletrabalho para o presencial, observados os seguintes requisitos: 1) determinação do empregador; 2) prazo de transição mínimo 15 dias (observar um período adaptativo na nova modalidade de trabalho); 3) registrado em aditivo contratual.

O empregador não será responsável pelas despesas resultantes do retorno ao trabalho presencial, na hipótese de o empregado optar pela realização do teletrabalho ou trabalho remoto fora da localidade prevista no contrato, salvo disposição em contrário estipulada entre as partes.

No que se refere às despesas com a prestação de serviços, o contrato de trabalho é que irá especificar quem vai pagar pela aquisição e manutenção dos equipamentos e despesas do empregado na execução do seu trabalho, bem como as disposições relativas à responsabilidade pelo reembolso das despesas arcadas pelo empregado. As utilidades acima mencionadas não integram a remuneração do empregado.

Sobre segurança e medicina do trabalho, a responsabilidade do empregador é limitada a instruir os empregados, de maneira expressa e ostensiva, quanto às precauções a tomar a fim de evitar doenças e acidentes de trabalho (art. 75-E da CLT). Essa instrução deverá ser realizada mediante assinatura de termo de responsabilidade, em que o empregado se compromete a seguir as instruções fornecidas pelo empregador.

Os empregadores deverão dar prioridade aos empregados com deficiência e aos empregados com filhos ou criança sob guarda judicial até 4 (quatro) anos de idade na alocação em vagas para atividades que possam ser efetuadas por meio do teletrabalho ou trabalho remoto.

3.7. Empregado intermitente

Trabalho intermitente é aquele que sofre solução de continuidade, ou seja, é um trabalho descontínuo. O empregado intermitente, portanto, é aquele que presta seus serviços sem continuidade, mas de natureza não eventual e pessoal, sob a direção do empregador e mediante pagamento de salário (art. 443, § 3º, da CLT).

Por meio desse contrato, os empregadores poderão contratar empregados para trabalharem esporadicamente e pagá-lo apenas pelo período em que efetivamente prestou seus serviços.

Tanto o "trabalho intermitente" quanto o "trabalho eventual" têm como característica a falta de previsibilidade, isto é, o trabalhador não sabe, de antemão, a frequência na prestação dos serviços.

Com efeito, a diferença entre os dois institutos está no fato de que, no trabalho intermitente, há um ajuste prévio quanto ao fato de que o contrato permanecerá vigente durante as eventuais convocações, em relação às quais existe a expectativa de ambas as partes que elas ocorram, ao passo que, no trabalho eventual, cessado o trabalho, o reinício não é esperado.

Tal modalidade contratual é aplicável a qualquer tipo de atividade do empregado e do empregador, exceto para a categoria dos aeronautas, que é expressamente excluída do regime de trabalho intermitente (art. 443, §3º, da CLT).

O contrato intermitente é caracterizado por momentos de plena atividade e outros momentos de suspensão, sendo que o período de suspensão não caracteriza tempo à disposição do empregador. Tanto o é que o trabalhador poderá prestar serviços a outros contratantes, durante esse período de suspensão, consoante se infere do § 5º, do art. 452-A da CLT: *"O período de inatividade não será considerado tempo à disposição do empregador, podendo o trabalhador prestar serviços a outros contratantes". **Ex.** restaurantes e empresas de eventos.*

Antes, a CLT não regulamentava o trabalho intermitente, sendo certo que o contrato com o menor tempo de prestação de serviços era o contrato em regime parcial, que possuía limite máximo de 25 horas semanais (ampliadas para 30 horas semanais, com a Reforma Trabalhista).

O contrato intermitente, por sua vez, não estipula carga horária mínima de horas trabalhadas, de forma que, a título de exemplo, o empregado poderia ser contratado até para prestar duas horas, no máximo, por semana ou até por mês. De toda sorte, são mantidos os limites máximos de jornada garantidos pela CF, quais sejam: 8 horas diárias e 44 horas semanais.

O contrato de trabalho intermitente deve ser celebrado por escrito, contendo especificamente o valor da hora de trabalho, que não pode ser inferior ao valor horário do salário mínimo ou àquele devido aos demais empregados do estabelecimento que exerçam a mesma função em contrato intermitente ou não (Art. 452-A da CLT).

A efetiva prestação de serviços fica condicionada à convocação pelo empregador por qualquer meio de comunicação eficaz, seja pessoalmente, por telefone, e-mail, mensagem de texto ou qualquer outro meio idôneo. A convocação deverá se realizar com antecedência mínima de três dias corridos e com informação sobre a respectiva jornada de trabalho (art. 452-A, § 1º, da CLT).

Uma vez recebida a convocação, o empregado tem o prazo de um dia útil para aceitá-la ou não. Em caso de silêncio, a lei estabelece uma presunção absoluta de recusa (art. 452-A, § 2º, da CLT).

O empregado intermitente pode se recusar a atender à convocação, quantas vezes quiser. Aceita a oferta para o comparecimento ao trabalho, a parte que descumprir, sem justo motivo, pagará à outra parte, no prazo de trinta dias, multa de 50% (cinquenta por cento) da remuneração que seria devida, permitida a compensação em igual prazo.

O empregado intermitente faz jus a todos os direitos trabalhistas conferidos aos trabalhadores em geral, mas de forma proporcional ao tempo de serviço prestado. A cada doze meses completos, o empregado adquire direito a usufruir, nos doze meses subsequentes, um mês de férias, período no qual não poderá ser convocado para prestar serviços pelo mesmo empregador.

3.8. Empregado hipersuficiente

Empregado hipersuficiente é aquele portador de diploma de nível superior e que perceba salário mensal igual ou superior a duas vezes o limite máximo dos benefícios da Previdência Social.

A hipersuficiência do trabalhador, conforme a lei, é definida sob dois ângulos: um de natureza econômica (altos salários) e outro de natureza técnica (portador de diploma de nível superior).

Tal figura foi criada com o advento da Lei nº 13.467/17, que introduziu o parágrafo único ao art. 444 da CLT: *"Art. 444.* Parágrafo único. *A livre estipulação a que se refere o caput deste artigo aplica-se às hipóteses previstas no art. 611-A desta Consolidação, com a mesma eficácia legal e preponderância sobre os instrumentos coletivos, no caso de empregado portador de diploma de nível superior e que perceba salário mensal igual ou superior a duas vezes o limite máximo dos benefícios do Regime Geral de Previdência Social".*

Merece destaque que o legislador reformista tratou da figura do empregado hipersuficiente em dois dispositivos da CLT e, em cada um, adotou critério distinto para a definição. Os conceitos de hipersuficiente são diversos na hipótese de possibilidade de utilização da arbitragem como método de solução de conflitos (artigo 507-A da CLT), em relação à hipótese de liberdade de negociação das cláusulas contratuais (art. 444, parágrafo único da CLT).

No caso previsto no artigo 507-A da CLT, para caracterizar o hipersuficiente não é exigida a graduação universitária, exigindo-se apenas que o empregado receba remuneração superior a duas vezes do teto dos benefícios do INSS. Também merece destaque o fato de que esse dispositivo utiliza o critério da remuneração, ou seja, o complexo de verbas recebidas usualmente pelo empregado (salário, horas extras, adicionais, etc.), e não apenas o salário, que é o critério utilizado pelo art. 444, parágrafo único da CLT.

Os trabalhadores hipersuficientes distinguem-se dos demais em duas situações específicas: 1) ampla liberdade de pactuação das condições de trabalho, em acordo individual, nos mesmos moldes previstos para a negociação coletiva que afete os empregados em geral (arts. 444, parágrafo único e 611-A, ambos da CLT); 2) a possibilidade de solução dos conflitos trabalhistas por meio de arbitragem instituída em cláusula compromissória (art. 507-A, da CLT), ainda que os parâmetros de enquadramento como hipersuficiente sejam um pouco diferentes no dispositivo em análise (salário mensal contratual igual ou superior ao dobro do teto previdenciário e diploma de curso superior) e naquele outro (remuneração mensal contratual superior ao dobro do teto previdenciário sem exigência de formação educacional específica).

3.9. Atletas (Lei geral do Desporto, Lei n. 9.615/1998 e Lei n. 13.155/2015)

A atividade do atleta profissional, em todas as modalidades desportivas, é caracterizada por remuneração pactuada em contrato formal de trabalho, firmado com entidade de prática desportiva.

O contrato de trabalho do atleta profissional terá prazo determinado, com vigência nunca inferior a 3 meses nem superior a 5 anos (art. 30 da Lei nº 9.615 de 1998).

O contrato deverá conter, obrigatoriamente, cláusula penal para as hipóteses de descumprimento, rompimento ou rescisão unilateral, além de outras características específicas para a atividade desportiva.

Os direitos inerentes à prática desportiva são: luvas, o direito de arena, o direito de imagem, os bichos, cláusula penal assegurada pela lei, os salários, entre outros.

O direito de imagem, assegurado pelo art. 5º. XXVIII, a, da CF/88, é um direito personalíssimo e negociado diretamente entre o jogador (ou a empresa que o detém) com a entidade desportiva (clube de futebol), por meio de valores e regras livremente estipuladas entre as partes.

O direito de arena, previsto no art. 42, parágrafo 1º., da Lei n. 9615/98 (Lei Pelé), decorre da participação do atleta nos valores obtidos pela entidade desportiva com a venda da transmissão ou retransmissão dos jogos em que ele atua, seja como titular, seja como reserva, tratando-se de uma cláusula contratual oriunda da própria lei.

O direito de arena pertence às entidades de prática desportiva e consiste na prerrogativa exclusiva de negociar, autorizar ou proibir a captação, a fixação, a emissão, a transmissão, a retransmissão ou a reprodução de imagens, por qualquer meio ou processo, de espetáculo desportivo de que participem. Salvo convenção coletiva de trabalho em contrário, 5% (cinco por cento) da receita proveniente da exploração de direitos desportivos audiovisuais serão repassados aos sindicatos de atletas profissionais, e estes distribuirão, em partes iguais, aos atletas profissionais participantes do espetáculo, como parcela de natureza civil.

São direitos dos atletas: a concentração não poderá ser superior a 3 dias consecutivos por semana, desde que esteja programada qualquer partida, prova ou equivalente, amistosa ou oficial, devendo atleta ficar à disposição do empregador por ocasião da realização de competição fora da localidade onde tem a sua sede; o prazo de concentração poderá ser ampliado, independentemente de qualquer pagamento adicional, quando o atleta estiver à disposição da entidade de administração do desporto; acréscimos remuneratórios em razão de período de concentração, viagens, pré-temporada e participação do atleta em partida, prova ou equivalente, conforme previsão contratual; repouso semanal remunerado de 24 horas ininterruptas, preferentemente em dia subsequente à participação do atleta na partida, prova ou equivalente, quando realizada no final de semana; férias anuais remuneradas de 30 dias acrescidas do abono de férias coincidentes com o recesso das atividades desportivas; jornada de trabalho desportiva normal de 44 horas semanais.

- É hipótese de rescisão indireta do contrato especial de trabalho esportivo a inadimplência da organização esportiva empregadora com as obrigações contratuais referentes à remuneração do atleta profissional ou ao contrato de direito de imagem, por período igual ou superior a 2 (dois) meses, ficando o atleta livre para transferir-se a qualquer outra organização esportiva, nacional ou estrangeira, e exigir a cláusula compensatória esportiva e os haveres devidos.
- Consideram-se salário, para efeitos da remuneração prevista no § 1º deste artigo, o abono de férias, o décimo terceiro salário, as gratificações e as demais verbas inclusas no contrato de trabalho.

- Caracteriza também mora contumaz o não recolhimento do FGTS e das contribuições previdenciárias.
- É lícito ao atleta profissional recusar-se a competir por organização esportiva quando seus salários, no todo ou em parte, estiverem atrasados em 2 (dois) ou mais meses.

Em 15 de junho de 2023, entrou em vigor a Lei Geral do Esporte (Lei n. 14.597/23), que, contudo, conforme seu art. 217 não revoga expressamente a Lei Pelé-Lei Geral Sobre Desporto (Lei n. 9.615/98).

No tocante aos direitos trabalhistas, vale destacar as seguintes novas regras trazidas pela Lei Geral do Esporte (Lei n. 14.597/23):

- Os prêmios por performance ou resultado, o direito de imagem e o valor das luvas, caso ajustadas, não possuem natureza salarial e constarão de contrato avulso de natureza exclusivamente civil. Consideram-se prêmios por performance as liberalidades concedidas pela organização que se dedique à prática esportiva empregadora em dinheiro a atleta, a grupo de atletas, a treinadores e a demais integrantes de comissões técnicas e delegações, em razão do seu desempenho individual ou do desempenho coletivo da equipe da organização que se dedique à prática esportiva, previstas em contrato especial de trabalho esportivo ou não.
- O atleta profissional poderá manter relação de emprego com organização que se dedique à prática esportiva, com remuneração pactuada em contrato especial de trabalho esportivo, escrito e com prazo determinado, cuja vigência não poderá ser inferior a 3 (três) meses nem superior a 5 (cinco) anos, firmado com a respectiva organização esportiva, do qual deverá constar, obrigatoriamente: I – cláusula indenizatória esportiva, devida exclusivamente à organização esportiva empregadora à qual está vinculado o atleta, nas seguintes hipóteses: a) transferência do atleta para outra organização, nacional ou estrangeira, durante a vigência do contrato especial de trabalho esportivo; b) retorno do atleta às atividades profissionais em outra organização esportiva, no prazo de até 30 (trinta) meses; II – cláusula compensatória esportiva, devida pela organização que promova prática esportiva ao atleta, nas hipóteses dos incisos III, IV e V do caput do art. 90 desta Lei. Serão solidariamente responsáveis pelo pagamento da cláusula indenizatória esportiva de que trata o inciso I do caput deste artigo o atleta e a nova organização esportiva empregadora. Se ocorrer o atraso no pagamento das parcelas da cláusula compensatória esportiva superior a 2 (dois) meses, vencer-se-á automaticamente toda a dívida.
- O contrato especial de trabalho esportivo vigerá independentemente de registro em organização esportiva e não se confundirá com o vínculo esportivo.
- Não constituirá nem gerará vínculo de emprego a remuneração eventual de atleta de qualquer modalidade por participação em prova ou partida, inclusive as premiações por resultado alcançado, concedidas eventualmente e em razão de desempenho superior ao ordinariamente esperado no exercício de suas atividades, bem como a percepção de auxílios na forma de bolsas ou de remuneração não permanente por meio de patrocínios ou direito sobre a exploração comercial de sua imagem.

- Os contratos celebrados com atletas mulheres, ainda que de natureza cível, não poderão ter qualquer tipo de condicionante relativo a gravidez, a licença-maternidade ou a questões referentes a maternidade em geral.
- A organização que promove prática esportiva poderá suspender o contrato especial de trabalho esportivo do atleta profissional, ficando dispensada do pagamento da remuneração nesse período, quando o atleta for impedido de atuar, por prazo ininterrupto superior a 90 (noventa) dias, em decorrência de ato ou evento de sua exclusiva responsabilidade, desvinculado da atividade profissional, conforme previsto no referido contrato. O contrato especial de trabalho esportivo deverá conter cláusula expressa reguladora de sua prorrogação automática na ocorrência da hipótese de suspensão contratual prevista no caput deste artigo.
- Quando o contrato especial de trabalho esportivo possuir prazo inferior a 12 (doze) meses, o atleta profissional terá direito a saldo proporcional aos meses trabalhados durante a vigência do contrato, referente a férias, a abono de férias e a décimo terceiro salário.
- O vínculo de emprego e o vínculo esportivo do atleta profissional com a organização esportiva empregadora cessam para todos os efeitos legais com: I – o término da vigência do contrato ou o seu distrato; II – a rescisão decorrente do inadimplemento salarial ou do contrato de direito de imagem a ele vinculado, de responsabilidade da organização esportiva empregadora, nos termos desta Lei; III – a rescisão indireta, nas demais hipóteses previstas na legislação trabalhista; IV – a dispensa imotivada do atleta.

4. IDENTIFICAÇÃO E REGISTRO PROFISSIONAL

A CLT admite que o contrato de trabalho seja firmado tacitamente, surtindo normalmente seus efeitos. Todavia, tal previsão visa apenas assegurar os direitos do trabalhador, pois a CTL também impõe ao empregador a obrigação administrativa de anotar o contrato de trabalho na CTPS do empregado, principalmente para fins previdenciários.

Assim, o empregador não pode se escusar de assumir seus encargos trabalhistas sob o argumento de que não houve formalização do vínculo.

A Carteira de Trabalho e Previdência Social – CTPS é obrigatória para o exercício de qualquer emprego, inclusive de natureza rural, ainda que em caráter temporário, e para o exercício por conta própria de atividade profissional remunerada.

A CTPS é, assim, o documento de identificação profissional do trabalhador, o qual prova a existência do contrato de trabalho, bem como o tempo de serviço para fins previdenciários.

A CTPS obedecerá aos modelos que o Ministério do Trabalho adotar e terá como identificação única do empregado o número de inscrição no Cadastro de Pessoas Físicas (CPF). Assim, a comunicação pelo trabalhador do número de inscrição no CPF ao empregador equivale à apresentação da CTPS em meio digital, dispensado o empregador da emissão de recibo.

A CTPS será emitida pelo Ministério do Trabalho, preferencialmente em meio eletrônico, podendo ser, excepcionalmente, emitida em meio físico, desde que:

I - nas unidades descentralizadas do Ministério do Trabalho que forem habilitadas para a emissão;

II - mediante convênio, por órgãos federais, estaduais e municipais da administração direta ou indireta;

III - mediante convênio com serviços notariais e de registro, sem custos para a administração, garantidas as condições de segurança das informações (art. 14 da CLT).

Os procedimentos para emissão da CTPS ao interessado serão estabelecidos pelo Ministério do Trabalho em regulamento próprio, privilegiada a emissão em formato eletrônico (art. 15 da CLT).

O empregador terá o prazo de 5 (cinco) dias úteis para anotar na CTPS (art. 29 da CLT), em relação aos trabalhadores que admitir, a data de admissão, a remuneração e as condições especiais, se houver, facultada a adoção de sistema manual, mecânico ou eletrônico, conforme instruções a serem expedidas pelo Ministério do Trabalho. Antes da Lei nº 13.874, de 2019, o empregador possuía o prazo de 48 horas para proceder às anotações da CTPS.

As anotações concernentes à remuneração devem especificar o salário, qualquer que seja sua forma de pagamento, seja ele em dinheiro ou em utilidades, bem como a estimativa da gorjeta.

As anotações na CTPS serão feitas: na data-base; a qualquer tempo, por solicitação do trabalhador; no caso de rescisão contratual; ou necessidade de comprovação perante a Previdência Social.

É vedado ao empregador efetuar anotações desabonadoras à conduta do empregado em sua Carteira de Trabalho e Previdência Social, sob pena de multa prevista no artigo 52 da CLT[6].

Os registros eletrônicos gerados pelo empregador nos sistemas informatizados da CTPS em meio digital equivalem às anotações a que se refere a CLT.

O trabalhador deverá ter acesso às informações da sua CTPS no prazo de até 48 (quarenta e oito) horas a partir de sua anotação (art. 29, § 8º, da CLT).

As anotações apostas pelo empregador na CTPS não geram presunção absoluta (*juris et de jure*) de veracidade (Súm. 12 do TST). Em outras palavras, é cabível prova em sentido contrário para demonstrar que as anotações constantes da CTPS não são verdadeiras.

Além da anotação do vínculo na CTPS do empregado, em todas as atividades será obrigatório para o empregador o registro dos respectivos trabalhadores. Para tal poderão ser adotados livros, fichas ou sistema eletrônico, conforme instruções a serem expedidas pelo Ministério do Trabalho.

Além da qualificação civil ou profissional de cada trabalhador, deverão ser anotados todos os dados relativos à sua admissão no emprego, duração e efetividade do trabalho, as férias, acidentes e demais circunstâncias que interessem à proteção do trabalhador.

A Lei nº 14.438/22 incluiu os artigos 29-A e 29-B à CLT, tratando das multas em caso de ausência de anotação de CTPS. Assim, o empregador que não fizer anotação do vínculo na carteira de trabalho do empregado, ficará sujeito a multa no valor de R$ 3.000,00 (três mil reais) por empregado prejudicado, acrescido de igual valor em cada reincidência. No

6. Art. 52, CLT: "Art. 52 - O extravio ou inutilização da Carteira de Trabalho e Previdência Social por culpa da empresa sujeitará esta à multa de valor igual à metade do salário mínimo regional."

caso de microempresa ou de empresa de pequeno porte, o valor final da multa aplicada será de R$ 800,00 (oitocentos reais) por empregado prejudicado.

No caso de falta de registro das demais informações sobre a relação de emprego (ex. férias, acidentes, etc.), o empregador ficará sujeito a multa no valor de R$ 600,00 (seiscentos reais) por empregado prejudicado.

A infração relacionada com a ausência de anotação do vínculo de emprego na CTPS constitui exceção ao critério da dupla visita do fiscal do trabalho. Esse critério consiste na realização de duas visitas ao estabelecimento do empregador: a primeira, para inspecionar o local de trabalho e instruir o empregador sobre o que este deve fazer para sanar eventual irregularidade; a segunda, para verificar se o empregador seguiu as instruções e, se for o caso, lavrar autos de infração para tantas quantas forem as irregularidades não sanadas.

Capítulo 3

EMPREGADOR

1. CONCEITO E CARACTERÍSTICAS

Empregador é a empresa, individual ou coletiva, que, assumindo os riscos da atividade econômica, admite, assalaria e dirige a prestação pessoal de serviços (art. 2º, CLT).

São empregadores, por equiparação, os profissionais liberais, as instituições de beneficência, as associações recreativas ou outras instituições sem fins lucrativos, que admitirem trabalhadores como empregados (art. 2º, § 1º, CLT).

CARACTERÍSTICAS DO EMPREGADOR	
Despersonalização	Em relação ao empregador, predomina a impessoalidade. O contrato de trabalho não sofre alteração mesmo na hipótese de efetiva mudança do empregador, como é o caso da sucessão (arts. 10 e 448 da CLT).
ALTERIDADE (assunção dos riscos)	Cabe ao empregador assumir, de forma exclusiva, os riscos do negócio (empreendimento), não podendo transferi-los para o empregado.

2. PODERES DO EMPREGADOR NA RELAÇÃO DE EMPREGO

Os poderes do empregador correspondem ao conjunto de prerrogativas inerentes à direção, regulamentação, fiscalização e disciplina da economia interna e correspondente prestação de serviços. É também conhecido, genericamente, de poder hierárquico e decorre do próprio contrato de trabalho.

A doutrina apresenta quatro modalidades de poderes do empregador: poder diretivo, poder regulamentar, poder fiscalizatório e poder disciplinar.

No quadro abaixo, especificamos as subdivisões do poder empregatício:

PODER EMPREGATÍCIO (PODER HIERÁRQUICO)	
Poder Diretivo (Poder Organizativo ou Poder de Comando)	Poder de dirigir a organização da estrutura e do espaço interno da empresa. Exemplos: fixar horário de trabalho, local, uso de uniforme, revezamento para refeição.

Poder Regulamentar	Poder de fixar regras gerais para serem observadas pelos empregados. Exemplos: circulares, regimento interno e portarias.
Poder Fiscalizatório (Poder de Controle)	Poder de vigilância do ambiente interno da empresa, de fiscalização do modo de prestação de serviços. Exemplos: monitoramento de e-mails, por vídeo, detector de metais, controle de horário.
Poder Disciplinar	Poder de aplicar punições aos empregados em caso de descumprimento de obrigações contratuais.

O poder empregatício não é absoluto, sofre limites tanto da legislação, quanto dos princípios que regem a relação empregatícia, em especial os princípios da dignidade da pessoa humana e da proteção ao trabalhador.

3. GRUPO ECONÔMICO

Grupo econômico é a reunião de duas ou mais empresas que, mesmo cada uma possuindo personalidade jurídica própria, estejam sob direção, controle ou administração da outra, ou ainda quando, guarde cada uma sua autonomia.

Nesse caso, cada uma dessas empresas possui personalidade jurídica própria, isto é, CNPJ próprio, quadro de pessoal próprio, exercem atividades econômicas diversas etc., e mesmo guardando cada uma a sua autonomia, estão ligadas entre si.

Trata-se de importante instituto de proteção ao crédito trabalhista, regulamentado na CLT e que atribui a responsabilidade solidária a todas as empresas participantes do grupo econômico, ainda que detentoras de personalidade jurídica própria.

Para a formação do grupo econômico, não é necessário que as empresas integrantes exerçam a mesma atividade econômica, contudo, é necessário que tenham finalidade econômica. Isso significa que não forma grupo econômico, por exemplo, o Estado e demais entes estatais, o empregador doméstico e os entes sem fins lucrativos mencionados no art. 2º, § 1º, da CLT.

Até o advento da Reforma Trabalhista, pelo critério legal previsto na CLT, existia grupo econômico quando uma ou mais empresas, embora tendo cada uma delas personalidade jurídica própria, estivessem sob a direção, controle ou administração de outra (grupo econômico por subordinação). Trata-se de grupo econômico de dominação, que pressupõe uma empresa principal ou controladora e uma ou várias empresas controladas (subordinadas).

Com o advento da Reforma Trabalhista e a atual redação do art. 2º, §2º, da CLT, adotou-se a teoria do grupo econômico por coordenação (horizontal) em vez de adotar apenas a teoria do grupo econômico por subordinação (vertical). Assim, para caracterizar o grupo econômico, basta que exista uma relação de coordenação entre as diversas empresas.

Aliás, a Lei nº 5.889/73 (Lei do Trabalhador Rural), já adotava a teoria do grupo econômico por coordenação, conforme se observa da redação do seu art. 3º, § 2º: *"Sempre que uma ou mais empresas, embora tendo cada uma delas personalidade jurídica própria, estiverem sob direção, controle ou administração de outra,* ou ainda quando, mesmo guardando cada uma sua autonomia, *integrem grupo econômico ou financeiro rural, serão responsáveis solidariamente nas obrigações decorrentes da relação de emprego" (grifei).*

É importante destacar que a jurisprudência do TST ainda não é uníssona no sentido da adoção da teoria do grupo econômico por coordenação. Assim, existem acórdãos da SDI-1, mesmo após a Reforma Trabalhista, mantendo o entendimento de que para a configuração de grupo econômico é essencial a existência de subordinação hierárquica de uma empresa sobre a outra, não bastando a relação de coordenação entre elas ((Ag-E--RR-1001820-28.2015.5.02.0714, Subseção I Especializada em Dissídios Individuais, Relator Ministro Alexandre Luiz Ramos, DEJT 13/12/2019).

Apesar de ampliar o conceito legal de grupo econômico para fins trabalhistas, a Reforma Trabalhista impôs algumas restrições para o seu reconhecimento, excluindo a possibilidade de reconhecimento do grupo econômico apenas com fundamento na identidade de sócios. Trata-se de uma presunção relativa (*juris tantum*) que admite afastamento por prova em contrário que deverá ser analisada pelo juiz no caso concreto.

Agora, além da identidade de sócios, a caracterização do grupo econômico é necessária a presença de mais três requisitos: a) interesse integrado; b) efetiva comunhão de interesses; e c) atuação conjunta das empresas dele integrantes (art. 2º., parágrafo 3º., da CLT).

O grupo econômico gera a responsabilidade solidária entre as empresas, ou seja, se uma delas não quitar os débitos trabalhistas, as demais são responsáveis integralmente pela dívida (responsabilidade solidária passiva).

Outra consequência do grupo econômico é a formação de um único contrato de trabalho (responsabilidade solidária ativa), conforme Súmula 129 do TST.

Isso significa que, se o empregado for contratado por uma das empresas, mas seu trabalho estiver sendo aproveitado pelas demais, por exemplo, no período da manhã trabalha para empresa "X", e, à tarde, presta serviços para a empresa "Y", do mesmo grupo, terá um único contrato de trabalho, ou seja, sua carteira de trabalho não será assinada pelas duas empregadoras, mas apenas uma delas.

Assim sendo, mesmo prestando serviços para duas empresas, a jurisprudência do TST tem entendido tratar-se de empregador único, ou seja, o grupo econômico é o empregador.

A exceção à Teoria do Empregador Único ocorre quando as partes celebram contratos simultâneos de trabalho.

Nesse caso, o empregado teria sua CTPS assinada por duas empresas do grupo (dois contratos de trabalho), sem que isso acarretasse prejuízo ao trabalhador. ***Ex.:*** *Empregado trabalha, no período da manhã, na função de telefonista em uma empresa do grupo. No período da tarde, presta serviço como ascensorista a outra empresa do grupo. Nesse caso, haverá possibilidade de contratos de trabalho diferentes entre empresas do mesmo grupo.*

É importante destacar a tese fixada no Tema 1.232 da repercussão geral do STF: É permitida a inclusão no polo passivo da execução trabalhista de pessoa jurídica pertencente ao mesmo grupo econômico (art. 2º, §§ 2º e 3º, da CLT) e que não participou da fase de conhecimento, desde que devidamente justificada a pretensão em prévio incidente de desconsideração da pessoa jurídica, nos termos dos arts. 133 a 137 do CPC, com as modificações do art. 855-A da CLT, devendo ser atendido o requisito do art. 50 do Código Civil (abuso da personalidade jurídica). Aplica-se tal procedimento mesmo aos redirecionamentos operados antes da Reforma Trabalhista de 2017.

4. SUCESSÃO DE EMPREGADORES

Ocorre a sucessão de empregadores (sucessão trabalhista) sempre que houver alteração no polo subjetivo da relação de emprego, seja pela alteração da propriedade da empresa (ex. sócio vende suas quotas), seja pela mudança de sua estrutura jurídica (ex. fusão).

4.1. Requisitos

REQUISITOS DA SUCESSÃO TRABALHISTA	
1) alteração na estrutura jurídica ou na propriedade da empresa, a qualquer título	Ex.: incorporação de empresa, mudança de firma individual para sociedade.
2) continuidade da atividade empresarial	O empreendimento deve continuar sendo explorado pela sucessora, de forma ininterrupta. Ex.: aquele que adquire uma loja deve continuar vendendo os produtos da loja.
3) continuidade na prestação de serviços (corrente tradicional)	Os empregados devem continuar prestando serviços para a sucessora. Para a doutrina moderna, esse requisito não é mais necessário, bastando que a alteração da estrutura jurídica da empresa tenha diminuído as garantias do crédito trabalhista, causando prejuízos ao empregado. Com a Reforma Trabalhista, esse requisito não mais se sustenta, na medida em que o art. 448-A da CLT, determina que a responsabilidade do sucessor alcança inclusive as obrigações trabalhistas contraídas à época em que os empregados trabalhavam para a empresa sucedida (contratos já findos quando da sucessão).

A sucessão trabalhista não altera os contratos de trabalho em vigor (Princípio da Despersonalização do Empregador).

Portanto, o sucessor assume a responsabilidade pelos débitos trabalhistas do sucedido e, em regra, o sucedido não tem qualquer responsabilidade sobre os créditos trabalhistas anteriores à sucessão (artigo 448-A da CLT, introduzido pela Lei da Reforma Trabalhista).

Todavia, haverá responsabilidade solidária do sucedido na hipótese de fraude na transferência (artigo 448-A, parágrafo único da CLT).

O empregado não pode se opor a sucessão de empregador, já que a lei a permite (arts. 10 e 448, ambos da CLT). A exceção é quando o empregado tenha comprovadamente pactuado o contrato de trabalho levando em conta a figura do empregador. Neste caso, o empregado poderia encerrar o contrato de trabalho sem necessidade de cumprimento de aviso-prévio (os demais efeitos rescisórios seriam os do pedido de demissão). ***Ex.:*** *Jornalista cuja empresa que trabalha é vendida e novos proprietários mudam radicalmente a orientação ideológica do jornal, tornando inviável a manutenção do contrato, tendo em vista que aquele jornalista aceitou trabalhar para a empresa por seguir a mesma linha ideológica inicial.*

Ainda que sucessor e sucedido tenham estipulado no contrato cláusula de não responsabilização pelos créditos anteriores à sucessão, esta cláusula não se aplica aos contratos de trabalho. Isso porque, as cláusulas não podem ser aplicadas àqueles que não participaram da sua elaboração (empregados).

Além disso, há previsão legal de proteção ao empregado hipossuficiente no caso de sucessão e que não pode ser afastada pelas partes (arts. 10 e 448, ambos da CLT). Tal cláusula de não responsabilização gera efeito apenas entre as partes que as pactuam, concedendo o direito de regresso ao sucessor.

O art. 448-A da CLT, introduzido pela Reforma Trabalhista é expresso em determinar que a responsabilidade do sucessor alcança não apenas os débitos provenientes dos contratos de trabalho em vigor à época da sucessão, mas também aqueles oriundos dos contratos extintos antes da sucessão de empresas.

Logo, com a Reforma Trabalhista, não há mais que se falar em necessidade de o empregado continuar prestando serviços ao sucessor, para atrair a responsabilidade trabalhista deste. O art. 448-A da CLT, determina que a responsabilidade do sucessor alcança inclusive as obrigações trabalhistas contraídas à época em que os empregados trabalhavam para a empresa sucedida (contratos já findos quando da sucessão).

Abaixo são destacadas algumas hipóteses especiais de sucessão trabalhista:

Empregador doméstico	Não há sucessão porque empregador não visa lucro.
Desmembramento de município	Não há sucessão quando se cria um novo município, em razão da autonomia política dos entes estatais (OJ 92 da SDI-1 do TST).
Privatização ou Desestatização	Para o TST, quando ocorre a venda de uma empresa estatal para uma empresa privada há sucessão, inclusive dos contratos dos trabalhadores que ingressaram na Administração Pública Direta ou Indireta sem concurso público. A Súmula 430 do TST consagra o entendimento de convalidação do contrato após a privatização e consequente sucessão.[1] O TST já se manifestou no sentido de que o empregado não terá direito à estabilidade em razão da privatização do ente estatal, sob o fundamento de que não existe direito à manutenção de regime jurídico conforme entendimento firme do STF. Assim, o empregado não tem direito de se manter na condição de servidor público concursado após a privatização da estatal (RR nº 2201500-17.2002.5.09.0009).
Hasta pública	Predomina o entendimento de que não há sucessão trabalhista em arrematação de empresa em hasta pública.

1. Súmula 430 do TST: ADMINISTRAÇÃO PÚBLICA INDIRETA. CONTRATAÇÃO. AUSÊNCIA DE CONCURSO PÚBLICO. NULIDADE. ULTERIOR PRIVATIZAÇÃO. CONVALIDAÇÃO. INSUBSISTÊNCIA DO VÍCIO - Res. 177/2012, DEJT divulgado em 13, 14 e 15.02.2012. Convalidam-se os efeitos do contrato de trabalho que, considerado nulo por ausência de concurso público, quando celebrado originalmente com ente da Administração Pública Indireta, continua a existir após a sua privatização.

Substituição do concessionário de serviço público	Haverá sucessão trabalhista quando o novo concessionário adquire as atribuições do antigo concessionário e também o seu acervo de bens corpóreos ou incorpóreos, em parte ou totalmente. Contudo, a OJ nº 225 da SDI-1 do TST faz as seguintes adequações: "CONTRATO DE CONCESSÃO DE SERVIÇO PÚBLICO. RESPONSABILIDADE TRABALHISTA (nova redação) - Res. 129/2005, DJ 20, 22 e 25.04.2005. Celebrado contrato de concessão de serviço público em que uma empresa (primeira concessionária) outorga a outra (segunda concessionária), no todo ou em parte, mediante arrendamento, ou qualquer outra forma contratual, a título transitório, bens de sua propriedade: I - em caso de rescisão do contrato de trabalho após a entrada em vigor da concessão, a segunda concessionária, na condição de sucessora, responde pelos direitos decorrentes do contrato de trabalho, sem prejuízo da responsabilidade subsidiária da primeira concessionária pelos débitos trabalhistas contraídos até a concessão; II - no tocante ao contrato de trabalho extinto antes da vigência da concessão, a responsabilidade pelos direitos dos trabalhadores será exclusivamente da antecessora."
Grupo econômico (sucessão de uma das empresas)	O sucessor não responde solidariamente por débitos trabalhistas de empresa não adquirida, integrante do mesmo grupo econômico da empresa sucedida, quando, à época, a empresa devedora direta era solvente ou idônea economicamente, ressalvada a hipótese de má-fé ou fraude na sucessão.
Cartório extrajudicial	Não há consenso jurisprudencial sobre a configuração ou não da sucessão quando há mudança da titularidade dos cartórios extrajudiciais. Isso porque, os serviços notariais e de registro são exercidos, por particular, mediante delegação do Poder Público, que desenvolve serviço público, "em caráter particular" (art. 236 da CF/88 e art. 20 da Lei nº 8.935/1994). Parte da jurisprudência é contrária à caracterização da sucessão, na medida em que o novo titular do cartório foi aprovado mediante concurso público e, assim, ausentes ato negocial entre o antecessor e novo titular e a transferência do patrimônio. Posição do TST: tem prevalecido no TST o entendimento pela configuração da sucessão a cada modificação da titularidade do cartório extrajudicial, desde que tenha havido a continuidade na prestação dos serviços, dada a natureza de serviço privado, por delegação do Poder Público (art. 263, CF/88). Nesse sentido: Inf. 169 e ainda RR - 1302-50.2015.5.02.0069, julg. 19/05/20.
Falência e Recuperação Judicial	Conforme o art. 60, parágrafo único e art. 141, II, da Lei de Falência (Lei n. 11.101/2005), no caso de recuperação judicial ou falência, na alienação conjunta ou separada de ativos, inclusive da empresa ou de suas filiais, **não haverá sucessão trabalhista**, salvo quando o arrematante for (§ 1º do art. 141): I – sócio da sociedade falida, ou sociedade controlada pelo falido; II – parente, em linha reta ou colateral até o 4º (quarto) grau, consanguíneo ou afim, do falido ou de sócio da sociedade falida; ou III – identificado como agente do falido com o objetivo de fraudar a sucessão. A Lei nº 14.112/20 acrescentou o §3º ao artigo 50 da LF, **ampliando** as hipóteses de **não configuração de sucessão trabalhista** ou de responsabilidade, nas seguintes hipóteses: 1) o credor que converte seu crédito em capital não é considerado sucessor e nem responde pela dívida do devedor; 2) o investidor quando aporta novos recursos na devedora não é considerado sucessor e nem responde pela dívida do devedor; 3) no caso de substituição dos administradores da devedora, não haverá sucessão e nem responsabilidade das dívidas pelo novo administrador.

5. CONSÓRCIO DE EMPREGADORES

Corresponde à reunião de empregadores pessoas físicas para contratação de empregados, a fim de que estes prestem serviços a todos os integrantes do consórcio, na medida de suas necessidades.

O consórcio de empregadores surgiu no meio rural para diminuir a informalidade, estimulando a reunião de empregadores rurais para dividirem o mesmo empregado (art. 25-A, *caput*, da Lei nº 8.212/91). Também pode ser aplicado analogicamente no meio urbano.

O consórcio deverá ser matriculado no INSS em nome do empregador a quem hajam sido outorgados os poderes, na forma do regulamento.

O consórcio de empregadores tem como características:

1) solidariedade passiva dos empregadores integrantes do consórcio, trabalhista e previdenciária;
2) solidariedade ativa: os empregados trabalham indistintamente para todos os integrantes do consórcio;
3) a CTPS será anotada por uma das pessoas físicas integrantes do consórcio, acrescido pela expressão "e outros";
4) o consórcio deve ser obrigatoriamente formalizado em documento registrado no Cartório de Títulos e Documentos, no qual deverá constar expressamente a cláusula de solidariedade, conforme art. 265 do CC.

6. RESPONSABILIDADE SOLIDÁRIA E SUBSIDIÁRIA

A responsabilidade será solidária quando em uma mesma obrigação houver mais de um responsável pelo seu cumprimento.

Assim, estando diante de uma situação na qual a responsabilidade é solidária, poderá o credor exigir o cumprimento da responsabilidade de ambos os devedores ou de apenas um deles, cabendo àquele que cumprir a obrigação o direito de regresso contra o devedor solidário. ***Ex.:*** *Fraude; grupo econômico; consórcio de empregadores.*

Na responsabilidade subsidiária, a obrigação não é compartilhada entre dois ou mais devedores. Há apenas um devedor principal; contudo, na hipótese do não cumprimento da obrigação por parte deste, outro sujeito responderá subsidiariamente pela obrigação. ***Ex.:*** *Subempreitada (art. 455 da CLT) e terceirização.*

7. DESCONSIDERAÇÃO DA PERSONALIDADE JURÍDICA

O patrimônio da pessoa jurídica não se confunde com o patrimônio das pessoas físicas que integram o seu quadro societário, exatamente pelo princípio da autonomia patrimonial, ou seja, esse "afastamento" patrimonial decorre de sua própria personalidade jurídica.

Apesar da distinção entre a pessoa jurídica e as pessoas que a constituem, em certas circunstâncias admite-se que a personalidade jurídica da sociedade seja desconsiderada, de modo que o patrimônio de seus membros responda pelas obrigações sociais. Nessa hipótese, resta configurada a Teoria da Desconsideração da Personalidade Jurídica.

Tal teoria foi desenvolvida para evitar que os sócios, protegidos pelo instituto da pessoa jurídica, cometam abusos, fraudes ou irregularidades, sem que seus próprios patrimônios sejam atingidos.

No âmbito trabalhista não existia previsão legal expressa desse instituto, de forma que a jurisprudência vinha aplicando, de forma subsidiária, a previsão legal contida no Código de Defesa do Consumidor (art. 28, § 5º, do CDC).

A Reforma Trabalhista acrescentou o artigo 855-A à CLT trazendo a expressa previsão de aplicação do instituto ao processo trabalhista: "Aplica-se ao processo do trabalho o incidente de desconsideração da personalidade jurídica previsto nos arts. 133 a 137 do CPC.".

É possível também a desconsideração inversa ou invertida, que torna possível responsabilizar o patrimônio da pessoa jurídica por dívidas contraídas pelos sócios ou diretores, quando estes agirem de forma abusiva ou ilícita. Em outras palavras, o sócio é o devedor, mas quem tem patrimônio é a sociedade.

8. SÓCIO RETIRANTE

O sócio retirante, isto é, aquele que sai do quadro societário da pessoa jurídica, responde subsidiariamente pelas obrigações trabalhistas da sociedade relativas ao período em que figurou como sócio.

Essa responsabilidade fica limitada às ações ajuizadas até dois anos depois de averbada a modificação do contrato, observada a seguinte ordem de preferência: I – a empresa devedora; II – os sócios atuais; e III – os sócios retirantes.

Assim, uma vez demandado em juízo, o sócio retirante pode alegar o benefício de ordem estabelecido no referido art. 10-A da CLT, qual seja: primeiro a empresa devedora, depois os sócios atuais e, por fim, os sócios retirantes.

O sócio retirante responderá solidariamente com os demais quando ficar comprovada fraude na alteração societária decorrente da modificação do contrato. É o que pode ocorrer, por exemplo, se o sócio simular a venda das suas cotas para um "laranja", sabidamente insolvente ou que sirva apenas como um sócio aparente.

9. TERCEIRIZAÇÃO (LEI N. 6019/74)

A terceirização se verifica quando uma empresa prestadora de serviços é contratada por outra empresa (tomadora) para realizar serviços determinados e específicos, que poderão ser executados nas instalações físicas da empresa contratante ou em outro local, de comum acordo entre as partes.

Na terceirização regular, a empresa prestadora de serviços emprega, dirige e remunera os trabalhadores que serão destacados para realizar tais serviços em benefício do tomador (no seu estabelecimento ou em outro local convencionado entre as partes).

O contrato de prestação de serviços conterá: a qualificação das partes, a especificação do serviço a ser prestado, o prazo para realização do serviço, quando for o caso e o valor (art. 5-B da Lei n. 6019/74).

A terceirização em qualquer atividade econômica e inclusive na atividade-fim é expressamente permitida (art. 4-A da Lei n. 6019/74 acrescentado pela Lei da Reforma Trabalhista).

Ademais, em 2018, o STF, no julgamento conjunto da Arguição de Descumprimento de Preceito Fundamental (ADPF) 324/DF e do Tema 725 da Repercussão Geral, foi fixada tese segundo a qual "é lícita a terceirização ou qualquer outra forma de divisão do trabalho entre pessoas jurídicas distintas, independentemente do objeto social das empresas envolvidas, mantida a responsabilidade subsidiária da empresa contratante".

Em outubro de 2022, o STF, por meio do julgamento do 3º e 4º ED no tema 725 da Tabela de Repercussão Geral (RE 958252, Rel. Min. Luiz Fux), fixou modulação na referida tese que declarou a licitude da terceirização na atividade-fim.

Agora, após o julgamento dos embargos citados, foi determinada a modulação dos efeitos do julgamento que se aplicarão apenas aos processos que ainda estavam em curso na data da conclusão do julgado (30/08/2018), restando obstado o ajuizamento de ações rescisórias contra decisões transitadas em julgado antes da mencionada data.

Atenção: O art. 20 da Lei do Aeronauta (Lei nº 13.475/2017) veda a terceirização na atividade-fim para aeronautas. Assim os tripulantes a bordo da aeronave devem ter contrato formalizado com o operador da aeronave. A Lei n. 14.163/2021 trouxe uma exceção para a proibição da terceirização, que é no caso em que o operador da aeronave for órgão ou entidade da administração pública, no exercício de missões institucionais ou de poder de polícia.

É expressamente permitida a "quarteirização", isto é, a subcontratação de outras empresas para a realização dos serviços contratados. Os serviços contratados poderão ser executados nas instalações físicas da empresa contratante ou em outro local de comum acordo entre as partes.

Não existe limite temporal para a terceirização.

Somente poderá ser empresa prestadora de serviços, a pessoa jurídica de direito privado destinada a prestar à contratante serviços determinados e específicos. Basta possuir CNPJ, registro em Junta Comercial e capital social compatível com o número de empregados (art. 4º-B da Lei nº 6.019/74), não precisando de registro no Ministério do Trabalho.

É vedada à contratante a utilização dos trabalhadores em atividades distintas daquelas que foram objeto do contrato com a empresa prestadora de serviços.

Não pode figurar como contratada, a pessoa jurídica cujos titulares ou sócios tenham, nos últimos dezoito meses, prestado serviços à contratante na qualidade de empregado ou trabalhador sem vínculo empregatício, exceto se os referidos titulares ou sócios forem aposentados.

O empregado que for demitido não poderá prestar serviços para esta mesma empresa na qualidade de empregado de empresa prestadora de serviços antes do decurso do prazo de dezoito meses, contados a partir da demissão do empregado.

É facultada a isonomia salarial e de benefícios dos terceirizados aos empregados da tomadora. A regra é diferente da determinação expressa de isonomia prevista para os trabalhadores temporários.

É de responsabilidade da contratante garantir as condições de segurança, higiene e salubridade dos trabalhadores, quando o trabalho for realizado em suas dependências ou local previamente convencionado em contrato. Se o empregador não quitar as obrigações trabalhistas, o tomador de serviços terá responsabilidade subsidiária quanto àquelas obrigações (art. 5-A, §5º da Lei nº 6.019/74).

A responsabilidade subsidiária do tomador de serviços abrange todas as verbas decorrentes da condenação referentes ao período da prestação laboral. Em caso de terceirização ilícita, tanto a empresa intermediadora quanto a empresa tomadora responderão de forma solidária pelos créditos trabalhistas. A responsabilidade solidária do tomador em caso de falência da prestadora de serviços somente se limita aos casos de trabalho temporário (art. 16 da Lei nº 6.019/74).

Na ausência de uma legislação que regulamente a terceirização, o Brasil viveu um crescimento desenfreado desse fenômeno. Para fazer frente a esse quadro, o TST foi construindo ao longo dos anos sua posição sobre a matéria por meio de suas súmulas de jurisprudência, entendimentos que se consolidaram na Súm. nº 331, abaixo transcrita.

Súmula 331 do TST:

> CONTRATO DE PRESTAÇÃO DE SERVIÇOS. LEGALIDADE (nova redação do item IV e inseridos os itens V e VI à redação) - Res. 174/2011, DEJT divulgado em 27, 30 e 31.05.2011
>
> I - A contratação de trabalhadores por empresa interposta é ilegal, formando-se o vínculo diretamente com o tomador dos serviços, salvo no caso de trabalho temporário (Lei nº 6.019, de 03.01.1974).
>
> II - A contratação irregular de trabalhador, mediante empresa interposta, não gera vínculo de emprego com os órgãos da Administração Pública direta, indireta ou fundacional (art. 37, II, da CF/1988).
>
> III - Não forma vínculo de emprego com o tomador a contratação de serviços de vigilância (Lei nº 7.102, de 20.06.1983) e de conservação e limpeza, bem como a de serviços especializados ligados à atividade-meio do tomador, desde que inexistente a pessoalidade e a subordinação direta.
>
> IV - O inadimplemento das obrigações trabalhistas, por parte do empregador, implica a responsabilidade subsidiária do tomador dos serviços quanto

àquelas obrigações, desde que haja participado da relação processual e conste também do título executivo judicial.

V – Os entes integrantes da Administração Pública direta e indireta respondem subsidiariamente, nas mesmas condições do item IV, caso evidenciada a sua conduta culposa no cumprimento das obrigações da Lei nº 8.666, de 21.06.1993, especialmente na fiscalização do cumprimento das obrigações contratuais e legais da prestadora de serviço como empregadora. A aludida responsabilidade não decorre de mero inadimplemento das obrigações trabalhistas assumidas pela empresa regularmente contratada.

VI – A responsabilidade subsidiária do tomador de serviços abrange todas as verbas decorrentes da condenação referentes ao período da prestação laboral.

A Súmula 331 do TST, durante muitos anos, foi utilizada como fundamento normativo no tocante à terceirização trabalhista. Atualmente, com a Reforma Trabalhista, a referida Súmula deverá ser revista/cancelada. De toda sorte, diante da importância deste verbete para a jurisprudência pátria, é necessário discorrer sobre seus incisos:

Item I: A contratação de trabalhadores por empresa interposta é ilegal, formando-se o vínculo diretamente com o tomador dos serviços, salvo no caso de trabalho temporário (Lei nº 6.019, de 03.01.1974).

O referido inciso vedava a intermediação de mão de obra, isto é, a contratação de mão de obra por intermédio de uma terceira empresa que "aluga trabalhadores" ao tomador. Todavia, como já visto anteriormente, a Lei da Reforma Trabalhista trouxe expressa previsão de terceirização na atividade-fim (incluindo o art. 4-A à Lei nº 6.019/74), de forma que tal verbete contraria expressa disposição legal atual e deverá ser cancelado ou revisado pelo TST.

Item II: A contratação irregular de trabalhador, mediante empresa interposta, não gera vínculo de emprego com os órgãos da Administração Pública direta, indireta ou fundacional (art. 37, II, da CF/1988).

A contratação pela Administração Pública pressupõe forma solene, qual seja, a prévia aprovação em concurso público conforme art. 37, II, da CF/88. Logo, ainda que a contratação de trabalhador tenha sido irregular, não terá o condão de gerar vínculo de emprego com a Administração, pois ausente o requisito legal da prévia aprovação em concurso público.

Item III: Não forma vínculo de emprego com o tomador a contratação de serviços de vigilância (Lei nº 7.102, de 20.06.1983) e de conservação e limpeza, bem como a de serviços especializados ligados à atividade-meio do tomador, desde que inexistente a pessoalidade e a subordinação direta.

O item III trazia as três hipóteses de terceirização tidas como lícitas pelo TST até então, quais sejam:

a) Serviços de vigilância, regulados pela Lei nº 7.102/1983;

b) Serviços de conservação e limpeza;

c) Serviços especializados ligados à atividade-meio do tomador.

Atividade meio é aquela secundária, periférica, isto é, atividade de apoio. É uma atividade importante, mas não essencial para a consecução dos fins do empreendimento. ***Ex.:*** *Atividades de conservação e limpeza.*

Atividade-fim é aquela ligada indissociavelmente ao objeto social da empresa, ou seja, aquela sem a qual a empresa não realiza seu objetivo, sua atividade principal. ***Ex.:*** *O caixa bancário desempenha atividade-fim do banco; o frentista desempenha atividade-fim do posto de gasolina.*

Conforme o verbete em análise, nas três hipóteses acima, a terceirização será ilícita caso haja pessoalidade e subordinação.

Assim, se o empregado estiver diretamente subordinado ao tomador de serviços e prestar serviços com pessoalidade (não pode ser substituído) estará caracterizado o vínculo empregatício diretamente com o tomador. Isso porque, para que a terceirização seja lícita, os serviços devem ser oferecidos como uma atividade pelo terceiro, e não como mera colocação de trabalhadores, com pessoalidade e subordinação, em relação ao tomador.

No que se refere à diferenciação entre atividade-meio e atividade-fim para fins de licitude da terceirização, com a expressa autorização legislativa para a terceirização de atividade-fim (art. 4-A, da Lei n. 6.019/1974), a Súmula tornou-se inaplicável, neste particular.

Ademais, em 2018, o STF, no julgamento conjunto da Arguição de Descumprimento de Preceito Fundamental (ADPF) 324/DF e do Tema 725 da Repercussão Geral, foi fixada tese segundo a qual "é lícita a terceirização ou qualquer outra forma de divisão do trabalho entre pessoas jurídicas distintas, independentemente do objeto social das empresas envolvidas, mantida a responsabilidade subsidiária da empresa contratante".

Em outubro de 2022, o STF, por meio do julgamento do 3º e 4º ED no tema 725 da Tabela de Repercussão Geral (RE 958252, Rel. Min. Luiz Fux), fixou modulação na referida tese que declarou a licitude da terceirização na atividade-fim.

Agora, após o julgamento dos embargos citados, foi determinada a modulação dos efeitos do julgamento que se aplicarão apenas aos processos que ainda estavam em curso na data da conclusão do julgado (30/08/2018), restando obstado o ajuizamento de ações rescisórias contra decisões transitadas em julgado antes da mencionada data.

Item IV: O inadimplemento das obrigações trabalhistas, por parte do empregador, implica a responsabilidade subsidiária do tomador dos serviços quanto àquelas obrigações, desde que haja participado da relação processual e conste também do título executivo judicial.

Na terceirização lícita, a responsabilidade do tomador de serviços é subsidiária.

O tomador de serviços é beneficiário do trabalho prestado pelo empregado e ao escolher uma empresa prestadora de serviços inidônea, deve responder pela sua negligência ao escolher mal (culpa *in eligendo*) ou a não fiscalizar (culpa *in vigilando*) a empresa contratada.

Para que haja a responsabilidade subsidiária do tomador, é necessário que ele participe do processo de conhecimento e figure no título executivo judicial.

A jurisprudência do TST fixou a aplicação da responsabilidade subsidiária direta do tomador (empresa privada) independentemente de verificação de legalidade da terceirização ou culpa, consoante art. 5-A, parágrafo 5º. da Lei n. 6.019/1974 e item IV da Súm n. 331 do TST.

Item V: Os entes integrantes da Administração Pública direta e indireta respondem subsidiariamente, nas mesmas condições do item IV, caso evidenciada a sua conduta culposa no cumprimento das obrigações da Lei nº 8.666, de 21.06.1993, especialmente na fiscalização do cumprimento das obrigações contratuais e legais da prestadora de serviço como empregadora. A aludida responsabilidade não decorre de mero inadimplemento das obrigações trabalhistas assumidas pela empresa regularmente contratada.

Em se tratando de terceirização lícita na Administração Pública, a sua responsabilidade como tomadora é também subsidiária, todavia, a mesma não é automática.

Em outras palavras, para que a Administração Pública responda subsidiariamente pelas verbas dos empregados da empresa terceirizadora, é necessário que fique evidenciada sua conduta culposa, especialmente a culpa *in vigilando*. O simples inadimplemento da empregadora não gera a responsabilidade subsidiária da Administração Pública.

Remeto o leitor ao tópico seguinte para maiores esclarecimentos sobre o tema.

Item VI: A responsabilidade subsidiária do tomador de serviços abrange todas as verbas decorrentes da condenação referentes ao período da prestação laboral.

A responsabilidade subsidiária do tomador de serviços abrange todas as parcelas remuneratórias e rescisórias devidas ao trabalhador, limitando-se ao período em que foi beneficiário do trabalho do empregado.

9.1. Terceirização na Administração Pública

A Administração Pública quando for tomadora de serviços também responderá subsidiariamente pelas verbas trabalhistas do empregado terceirizado, caso comprovada a sua conduta omissiva ou comissiva na fiscalização dos contratos terceirizados.

A responsabilidade subsidiária da Administração Pública não decorre de mero inadimplemento das obrigações trabalhistas assumidas pela empresa regularmente contratada, sendo necessária a demonstração de sua culpa ou dolo na fiscalização dos contratos terceirizados (STF, RE 760.931, Tema 246 da Repercussão Geral).

Em 12.12.2019, a SDI-1 do TST decidiu, em sessão plenária, que embora não haja responsabilidade automática da Administração Pública, em casos de contratação de empresas que inadimpliram verbas trabalhistas (em obediência ao que decidiu o STF), o encargo (ônus) probatório, para demonstrar que houve fiscalização do cumprimento dessas obrigações, é da Administração Pública, pelo princípio da aptidão de prova e contra a chamada "prova diabólica".

Em dezembro de 2020, o STF reconheceu a repercussão geral do tema tratado no Recurso Extraordinário n. 1298647 (Tema 1118), a fim de definir a quem competirá o ônus de prova de falha na fiscalização da terceirização.

Até o fechamento desta edição, ainda não havia decisão do STF sobre o tema.

Caracterizada a terceirização ilícita com a Administração Pública, não há formação de vínculo direto com o tomador de serviços, em razão da exigência constitucional de prévia aprovação em concurso público para a assunção de cargo/emprego público.[2]

9.2. Empreitada e subempreitada

A empreitada se verifica quando alguém (dono da obra) contrata outra empresa para a construção de determinada obra. Não está se contratando a prestação de serviços em si, mas sim, uma obrigação de resultado, qual seja, a entrega de uma determinada obra.

A subempreitada se verifica quando a empresa contratada pelo dono da obra, por sua vez, contrata outra empresa para a realização da construção. O empregado do subempreiteiro pode cobrar créditos trabalhistas em face do empreiteiro e do subempreiteiro.

Atualmente prevalece o entendimento de que essa responsabilidade é subsidiária. Em outras palavras, o devedor principal é o subempreiteiro, sendo que, em caso de impossibilidade de execução deste, a responsabilidade subsidiária recairá sobre o empreiteiro, desde que tenha sido incluído no polo passivo da demanda (art. 455 da CLT).

Já o dono da obra não tem qualquer responsabilidade sobre os créditos trabalhistas do empregado do empreiteiro ou do subempreiteiro, salvo se for uma empresa construtora ou incorporadora (OJ 191 da SDI-1 do TST). No caso de construtora ou incorporadora, o trabalho do empregado se amolda exatamente ao objeto social dessas empresas, razão pela qual a responsabilidade delas será solidária.

Dono da obra é o proprietário do terreno ou da construção e este poderá ou não explorar a construção civil como atividade empresarial.

É importante destacar a Tese n. 6 do TST:

> INCIDENTE DE RECURSO DE REVISTA REPETITIVO. TEMA N. 6. RESPONSABILIDADE SUBSIDIÁRIA - DONA DA OBRA - APLICAÇÃO DA OJ 191 DA SbDI-1 LIMITADA À PESSOA FÍSICA OU MICRO E PEQUENAS EMPRESAS. (TST-IRR-190-53.2015.5.03.0090. Acórdão, DEJT disponibilizado em 29/06/2017. Embargos de declaração acolhidos. Modulação dos efeitos. Acórdão, DEJT disponibilizado em 18/10/2018). 1. A exclusão de responsabilidade solidária ou subsidiária por obrigação trabalhista, a que se refere a Orientação Jurisprudencial nº 191 da SbDI-1 do TST, não se restringe a pessoa física ou micro e pequenas empresas. Compreende igualmente empresas de médio e grande porte e entes públicos; 2. a excepcional responsabilidade por obrigações trabalhistas, prevista na parte final da Orien-

2. O STF, em sede de repercussão geral, firmou tese reconhecendo a possibilidade de remuneração diferente entre os empregados de prestadora de serviços e os empregados da empresa contratante (tomadora de serviços), ainda que exercessem as mesmas atividades em um mesmo local. Tema de Repercussão Geral nº 383 (RE 635.546): "A equiparação de remuneração entre empregados da empresa tomadora de serviços e empregados da empresa contratada (terceirizada) fere o princípio da livre iniciativa, por se tratarem de agentes econômicos distintos, que não podem estar sujeitos a decisões empresariais que não são suas."

tação Jurisprudencial nº 191 da SbDI-1 do TST, por aplicação analógica do artigo 455 da CLT, alcança os casos em que o dono da obra de construção civil é construtor ou incorporador e, portanto, desenvolve a mesma atividade econômica do empreiteiro; 3. não é compatível com a diretriz sufragada na Orientação Jurisprudencial nº 191 da SbDI-1 do TST jurisprudência de Tribunal Regional do Trabalho que amplia a responsabilidade trabalhista do dono da obra, excepcionando apenas "a pessoa física ou micro e pequenas empresas, na forma da lei, que não exerçam atividade econômica vinculada ao objeto contratado"; 4. exceto ente público da Administração direta e indireta, se houver inadimplemento das obrigações trabalhistas contraídas por empreiteiro que contratar, sem idoneidade econômico-financeira, o dono da obra responderá subsidiariamente por tais obrigações, em face de aplicação analógica do art. 455 da CLT e de culpa in elegendo; 5. O entendimento contido na tese jurídica nº 4 aplica-se exclusivamente aos contratos de empreitada celebrados após 11 de maio de 2017, data do presente julgamento.

10. FALÊNCIA E RECUPERAÇÃO JUDICIAL

Os regramentos atinentes aos créditos trabalhistas, no caso de falência e/ou recuperação judicial do empregador, estão contidos na Lei da Falência-LF (Lei nº 11.101/2005). A Lei nº 14.112/2020, publicada em 24 de dezembro de 2020 modificou profundamente a Lei de Falência, tendo entrado em vigor em 23/01/2021, alcançando todos os processos em curso.

Na falência, o crédito trabalhista goza de preferência legal para pagamento nas duas situações previstas no artigo 83, I, da Lei nº 11.101/2005: 1) crédito trabalhista de até o valor de 150 salários mínimos; 2) créditos decorrentes de acidentes de trabalho (sem limitação de valor).

Os saldos dos créditos trabalhistas que excederem o valor de 150 salários mínimos serão habilitados no quadro de credores quirografários (art. 83, VI, c, da Lei de Falência), que são aqueles créditos sem qualquer garantia. Antes da Lei nº 14.112/2020, esses créditos trabalhistas excedentes figuravam na sexta posição da ordem de pagamento e agora passaram a ocupar a 4ª. posição, uma vez que os créditos que ocupavam a posição 4º e 5º (créditos com privilégio especial e geral) passaram a ser considerados quirografários também, por força do parágrafo 6º do artigo 83 da LF, introduzido pela Lei nº 14.112/2020.

A Lei nº 14.112/2020 também alterou a ordem de pagamento dos créditos extraconcursais prevista no artigo 84 da LF.

Créditos extraconcursais são aqueles créditos pagos com precedência sobre os créditos previstos no art. 83 da LF.

Com a alteração promovida pela Lei nº 14.112/20, passaram a figurar, em primeiro lugar, como créditos extraconcursais, aqueles previstos nos artigos 150 e 151 da Lei de falência.

O art. 151 da LF trata dos créditos trabalhistas de natureza estritamente salarial vencidos nos 3 (três) meses anteriores à decretação da falência, até o limite de 5 (cinco) salários-mínimos por trabalhador. Esses créditos serão quitados tão logo haja disponibilidade em caixa, ficando em primeiro lugar na ordem de créditos extraconcursais.

Antes da Lei nº 14.112/20, a prioridade para pagamento era de quem tinha prestado serviços para a própria massa falida, bem como créditos trabalhistas de serviços prestados após a decretação da falência (remunerações devidas ao administrador judicial e seus auxiliares, e créditos derivados da legislação do trabalho ou decorrentes de acidentes de trabalho relativos a serviços prestados após a decretação da falência).

Com a nova redação do artigo 84, os créditos dos prestadores de serviços para a massa falida, inclusive créditos trabalhistas de serviços prestados após a decretação da falência, passaram a figurar na 4ª colocação dos créditos extraconcursais.

O prazo para o pagamento dos créditos trabalhistas vencidos até a data do pedido de recuperação judicial era de um ano.

Com a inclusão do §2º ao artigo 54 da LF, esse prazo passou a ser estendido em até dois anos, desde que atendidos alguns requisitos cumulativos, quais sejam: I - apresentação de garantias julgadas suficientes pelo juiz; II - aprovação pelos credores trabalhistas, na forma do § 2º do art. 45 da LF; III - garantia da integralidade do pagamento dos créditos trabalhistas.

Também foi mantida a regra legal do § 1º do art. 54 da LF de que o plano de recuperação judicial não poderá, ainda, prever prazo superior a **30 (trinta) dias** para o pagamento, até o limite de 5 (cinco) salários mínimos por trabalhador, dos créditos de natureza estritamente salarial vencidos nos 3 (três) meses anteriores ao pedido de recuperação judicial.

A Lei nº 14.112/20 introduziu o art. 6º-C à Lei nº 11.101/05 para expressamente determinar que não se pode atribuir responsabilidade a terceiros em decorrência do "mero inadimplemento" do devedor falido ou em recuperação judicial, ressalvadas as garantias reais e fidejussórias e as demais hipóteses reguladas expressamente pela lei.

Nesse caso, a expressão "terceiros" serve para designar toda pessoa que poderia ser alcançada pela responsabilização das obrigações do devedor, como o sócio, por exemplo.

Trata-se, assim, da ratificação da teoria maior da desconsideração da personalidade jurídica (art. 50 do Código Civil), conforme a qual, a desconsideração da personalidade jurídica só é cabível quando ficar configurado que os sócios agiram com fraude ou abuso, ou, ainda, que houve confusão patrimonial entre os bens da pessoa física e os bens da pessoa jurídica.

O artigo 50 da LF estabelece que constituem meios de recuperação judicial, observada a legislação pertinente a cada caso, dentre outros: I - concessão de prazos e condições especiais para pagamento das obrigações vencidas ou vincendas; II - cisão, incorporação, fusão ou transformação de sociedade, constituição de subsidiária integral, ou cessão de cotas ou ações, respeitados os direitos dos sócios, nos termos da legislação vigente; III - alteração do controle societário; IV - substituição total ou parcial dos administradores do devedor ou modificação de seus órgãos administrativos; V - concessão aos credores de direito de eleição em separado de administradores e de poder de veto em relação às matérias que o plano especificar; VI - aumento de capital social; VII - trespasse ou arrendamento de estabelecimento, inclusive à sociedade constituída pelos próprios empregados;

VIII – redução salarial, compensação de horários e redução da jornada, mediante acordo ou convenção coletiva; IX – dação em pagamento ou novação de dívidas do passivo, com ou sem constituição de garantia própria ou de terceiro; X – constituição de sociedade de credores; XI – venda parcial dos bens; XII – equalização de encargos financeiros relativos a débitos de qualquer natureza, tendo como termo inicial a data da distribuição do pedido de recuperação judicial, aplicando-se inclusive aos contratos de crédito rural, sem prejuízo do disposto em legislação específica; XIII – usufruto da empresa; XIV – administração compartilhada; XV – emissão de valores mobiliários; XVI – constituição de sociedade de propósito específico para adjudicar, em pagamento dos créditos, os ativos do devedor.

Com o acréscimo de incisos ao artigo 50 da LF pela Lei nº 14.112/20, foram acrescidos mais dois meios de recuperação judicial, quais sejam: a conversão de dívida em capital social e a venda integral da devedora, desde que garantidas aos credores não submetidos ou não aderentes condições, no mínimo, equivalentes àquelas que teriam na falência, hipótese em que será, para todos os fins, considerada unidade produtiva isolada.

Com relação à conversão de dívida em capital social, isso significa que os credores trabalhistas poderão converter sua dívida em capital social da empresa, ficando sócios da empresa. (art. 50, XVII, e artigo 145 da LF).

Na redação do § 4º, art. 83 que foi revogado, a Lei de Falências retirava a qualidade de crédito privilegiado trabalhista em caso de cessão. Com a introdução do § 5º ao art. 83 da Lei nº 11.101 foi mantida a natureza e classificação de todos os créditos em caso de cessão, inclusive o trabalhista: *Art. 83. § 5º Para os fins do disposto nesta Lei, os créditos cedidos a qualquer título manterão sua natureza e classificação.*

Conforme o art. 60, parágrafo único e art. 141, II, da Lei de Falência (Lei n. 11.101/2005), no caso de recuperação judicial ou falência, na alienação conjunta ou separada de ativos, inclusive da empresa ou de suas filiais, não haverá sucessão trabalhista, salvo quando o arrematante for (§ 1º do art. 141): I – sócio da sociedade falida, ou sociedade controlada pelo falido; II – parente, em linha reta ou colateral até o 4º (quarto) grau, consanguíneo ou afim, do falido ou de sócio da sociedade falida; ou III – identificado como agente do falido com o objetivo de fraudar a sucessão.

A Lei nº 14.112/20 acrescentou o §3º ao artigo 50 da LF, ampliando as hipóteses de não configuração de sucessão trabalhista ou de responsabilidade, nas seguintes hipóteses: 1) o credor que converte seu crédito em capital não é considerado sucessor e nem responde pela dívida do devedor; 2) o investidor quando aporta novos recursos na devedora não é considerado sucessor e nem responde pela dívida do devedor; 3) no caso de substituição dos administradores da devedora, não haverá sucessão e nem responsabilidade das dívidas pelo novo administrador.

O art. 161, §1º, da LF, com a alteração promovida pela Lei nº 14.112/20, passou a permitir a inclusão de créditos trabalhistas na recuperação extrajudicial, desde que exista negociação coletiva. A recuperação extrajudicial é um acordo celebrado entre o devedor e seus credores no âmbito privado, que deve ser homologado judicialmente, desde que observados os requisitos do artigo 48 da LF.

Capítulo 4

CONTRATO DE TRABALHO

1. CONCEITO E CARACTERÍSTICAS

O contrato de trabalho corresponde ao acordo de vontades, tácito ou expresso, em que uma pessoa física (empregado) coloca seus serviços à disposição de uma pessoa física, jurídica ou ente despersonalizado (empregador), sendo estes serviços pessoais, não eventuais, onerosos e subordinados.

Para fins de contratação, o empregador não poderá exigir do candidato a emprego comprovação de experiência prévia por tempo superior a 6 (seis) meses no mesmo tipo de atividade, de acordo com o art. 442-A da CLT.

CARACTERÍSTICAS DO CONTRATO TRABALHO	
CONSENSUAL	Depende da manifestação de vontade, expressa ou tácita. A contratação tácita ocorre, por exemplo, quando um indivíduo presta serviços a outrem, sem nada combinar e sem ao menos ser convidado, mas sem ter, também, ninguém que o proíba de prestar tais serviços. O fato de não ter proibida a continuação da prestação de serviços constitui-se em vínculo empregatício. Presume-se que a outra parte aceitou seu trabalho.
COMUTATIVO	As prestações são conhecidas desde o início da contratação, de forma que as partes podem verificar, no momento da contratação, as vantagens e os sacrifícios que terão de enfrentar durante o contrato.
ONEROSO	Pressupõe a prestação de serviços em troca de vantagens econômicas.
TRATO SUCESSIVO	É a continuidade no tempo. O contrato de emprego não é instantâneo, ainda que por prazo determinado.
INTUITU PERSONAE	Possui caráter pessoal com relação ao empregado, de forma que somente este empregado pode cumprir a prestação de serviços. Para o empregador não se exige o caráter da pessoalidade.
INFORMAL	Não requer forma, podendo ser verbal ou até mesmo tácito, mas existem exceções (ex. contrato de atleta profissional de futebol, que deve ser sempre escrito).
SINALAGMÁTICO	Dá origem a obrigações contrárias, contrapostas. Há um equilíbrio, ainda que apenas formal, entre as prestações de ambas as partes. A aferição do sinalagma é realizada tomando-se o conjunto do contrato e não meramente fazendo o contraponto apenas de suas obrigações específicas (trabalho *versus* salário, por exemplo). Do contrário, não haveria sinalagma durante a interrupção do contrato, em que o empregado não presta serviços, mas recebe salário (ex. férias).

2. ELEMENTOS ESSENCIAIS

Elementos essenciais são aqueles que dizem respeito à validade do ato jurídico, ou seja, a sua aptidão para implementar todos os efeitos jurídicos previstos e estão definidos no art. 104 do Código Civil, quais sejam: agente capaz; objeto lícito, possível, determinado ou determinável e forma prescrita ou não defesa em lei.

No direito do trabalho, a capacidade das partes verifica-se, de forma plena, aos 18 anos de idade (art. 402 da CLT). Há, ainda, a capacidade trabalhista relativa, entre 16 e 18 anos para o empregado, e a partir dos 14 anos para o aprendiz (Art. 7°, XXXIII, da CF/88, arts. 402 a 405 da CLT).

Sendo relativa esta capacidade, o menor pode praticar validamente alguns atos sem a assistência do seu responsável (prestar trabalho e assinar recibos de pagamento), contudo para outros, necessita da assistência (ex.: dar quitação rescisória, art. 439 da CLT).

É vedada a contratação de menor de 18 (dezoito) anos para desempenho de trabalho doméstico (LC n° 150/2015, art. 1°). O trabalho no subsolo somente é permitido de 21 a 50 anos de idade.

No direito do trabalho não são aplicáveis as hipóteses legais de emancipação.

Quanto ao objeto lícito, somente é válido o contrato de trabalho cujo objeto não constitua prática ilícita ou contrária à moral ou bons costumes.

Preenchidos os requisitos do art. 3° da CLT, é legítimo o reconhecimento de relação de emprego entre policial militar e empresa privada, independentemente do eventual cabimento de penalidade disciplinar prevista no Estatuto do Policial Militar (Súm. 386 do TST).

Sob a ótica das nulidades, o contrato de trabalho pode ser assim classificado:

MODALIDADE	CONCEITO	EFEITOS
TRABALHO ILÍCITO	Configura um **tipo penal** (crime) ou concorre diretamente para a realização da conduta definida como crime. Exemplo: trabalhador contratado como matador profissional.	**Não gera** qualquer **efeito** porque não há "trabalho", assim considerada a produção humana de bens e serviços sob a ótica social.
TRABALHO PROIBIDO	É o trabalho **irregular**, vedado pela lei, mas não configura crime. O trabalho em si é lícito, mas diante das circunstâncias em que é prestado é vedado pela lei, a fim de proteger o trabalhador ou o interesse público.	• **Viola interesse do trabalhador**: são preservados os efeitos trabalhistas adquiridos até então (efeitos ***ex nunc***), determinando-se a cessação imediata do contrato de trabalho. Exemplo: o menor de 14 anos receberá todos os direitos trabalhistas do período trabalhado e o contrato será imediatamente rescindido.

MODALIDADE	CONCEITO	EFEITOS
TRABALHO PROIBIDO	Exemplo: trabalho de menor de 14 anos.	• **Viola interesse público:** a fim de se conciliar todos os interesses tutelados, a regra acima é **amenizada.** Exemplo: contratação pela administração pública sem prévio concurso. Nesse caso, são devidos a remuneração pelas horas trabalhadas e FGTS (Súm. 363 TST).

Com relação à forma, a regra é que o contrato de trabalho é consensual, isto é, não depende de forma especial. Há exceções, como o contrato do atleta profissional de futebol, o contrato do empregado intermitente e o contrato com o trabalhador temporário, que devem ser firmados por escrito.

O contrato de trabalho pode ser firmado de forma expressa (manifestação de vontade externada pelos contratantes, por escrito ou verbalmente) ou tácita (quando estão presentes os requisitos da relação de emprego, contudo, não existe uma ação direta dos contratantes no sentido da expressão do pacto).

3. CLASSIFICAÇÃO

No quadro abaixo está exposta a classificação doutrinária mais comum do contrato de trabalho:

CRITÉRIO DE CLASSIFICAÇÃO	ESPÉCIES
Quanto ao consentimento	• **Expresso:** manifestação externada • **Tácito:** sem manifestação externada
Quanto aos sujeitos	• **Individual:** firmado entre um trabalhador (empregado) e um tomador de serviços (empregador). • **Plúrimo (ou por equipe):** caracterizado pela presença de um feixe de contratos individuais e independentes entre si, considerados sob alguns aspectos em conjunto devido às peculiaridades relativas à forma de prestação de serviços. Exemplo: contratos com banda de música, orquestras ou equipe de segurança.
Quanto à duração	• **Por prazo indeterminado:** não tem previsão de término, vigora indefinidamente no tempo. É a regra. • **Por prazo determinado:** (art. 443, § 1º, da CLT) as partes estipulam um término (termo) no momento da contratação.
Quanto à forma de celebração	• **Escrito:** redigido em documento. • **Verbal:** não há qualquer formalização em documento.
Quanto à regulamentação	• **Comum:** aplicam-se regras gerais. • **Especial:** aplicam-se regras específicas previstas em norma própria. Exemplo: contrato de atleta profissional de futebol.

4. CONTRATO POR PRAZO DETERMINADO

Diante das especificidades dessa modalidade contratual, trataremos dela em tópico apartado.

O contrato por prazo determinado é aquele em que as partes estipulam um término (termo) no momento da contratação (art. 443, 1º da CLT).

No quadro abaixo estão delineadas as peculiaridades dessa modalidade contratual:

Hipóteses de cabimento	a) serviço cuja **natureza ou transitoriedade** justifique a predeterminação do prazo: o serviço do empregado é **transitório.** Exemplo: aumento de vendas na época do natal. b) atividades empresariais de **caráter transitório**: a própria atividade do empregador é transitória. Exemplo: loja que vende apenas artigos natalinos. c) **contrato de experiência:** visa avaliar as aptidões do empregado para o exercício da função. d) **previsão legal**: a própria legislação prevê a possibilidade de contrato por prazo determinado. Exemplo: contrato de atleta profissional de futebol, cuja duração máxima é de cinco anos (art. 30 da Lei no. 9.615/1998). e) **contrato provisório:** é aquele regulamentado pela Lei nº 9.601/1998.
Formas de fixação do prazo	1) **termo certo:** dia marcado para término. Exemplo: contrato de experiência. 2) **termo incerto**, pela execução de **serviços especificados:** é o que ocorre na contratação para fazer frente ao aumento de demanda do natal, sendo que o final de contrato não acontecerá em data específica, mas sim quando os serviços especificados se encerrarem, como por exemplo, com a diminuição das vendas do natal. 3) **termo incerto**, pela realização de determinado **acontecimento** suscetível de **previsão aproximada:** é o caso do contrato de safra, cujo término não tem data certa, mas previsão aproximada.
Forma	Pode ser **verbal**, o que dificulta a prova de existência, mas não pode ser tácito.
Prazo limite	• **2 anos** para os contratos por prazo determinado (celetista); • **90 dias** para contrato de experiência; • o limite fixado na **lei** regulamentadora do contrato (Ex.: No caso do atleta profissional de futebol há previsão legal de que o contrato poderá ter duração máxima de cinco anos conforme art. 30 da Lei nº 9.615/1998).
Prorrogação	Admitida uma **única vez,** desde que não extrapole o prazo máximo admitido para o contrato.
Sucessão de contratos	Se ocorrer dentro de **6 meses,** o contrato será considerado por prazo **indeterminado.**

Rescisão antecipada	• **Iniciativa do empregador:** indeniza empregado com o equivalente à metade dos salários devidos até o final do contrato, bem como paga a multa de 40% sobre o FGTS (art. 18 da Lei nº 8.036/1991); • **Iniciativa do empregado:** indeniza o empregador pelos prejuízos causados, até o limite da metade dos salários devidos até o final do contrato.
Cláusula assecuratória do direito recíproco de rescisão antecipada	Se pactuada tal cláusula, a ruptura antecipada do contrato (antes do termo pré-fixado) irá gerar as mesmas consequências da extinção antecipada dos contratos por **prazo indeterminado,** quais sejam, aviso prévio, férias proporcionais, décimo terceiro salário proporcional, FGTS +40%.
Estabilidades	Em regra, **não se adquire estabilidade** provisória durante os contratos por prazo determinado, exceto: 1) **gestante ou empregado adotante ao qual tenha sido concedida guarda provisória para fins de adoção** (art. 391-A da CLT); 2) **acidente de trabalho** (Súm. 378, III, TST).
Modalidades	1) **Contrato de experiência** (contrato de prova): tem por objetivo a experimentação das partes, tanto objetivamente quanto subjetivamente, a fim de decidirem se pretendem assumir um compromisso mútuo através da pactuação de um contrato por prazo indeterminado. O prazo máximo é de 90 dias e admite única prorrogação. Contudo, a soma dos dois períodos não pode exceder o prazo máximo (90 dias), sob pena do contrato tornar-se por prazo indeterminado. 2) **Contrato de safra:** tem sua duração dependente de variações estacionais da atividade agrária. 3) **Contrato de obra certa:** é o contrato pelo qual o empresário do ramo de construção civil contrata trabalhadores para execução de determinado serviço ou obra específicos, portanto certos, o que justifica a predeterminação do prazo de contrato. 4) **Contrato provisório:** previsto para admissões que representem acréscimo do número de empregados. Exige forma solene (contrato escrito), previsão em instrumento coletivo (CCT ou ACT) e depósito do contrato no Ministério do Trabalho. O prazo máximo é de 2 anos, podendo ser prorrogado várias vezes, sem limitação. Deve-se esperar 6 meses para firmar novo contrato, depois do anterior. 5) **Contrato rural por pequeno prazo** (art. 14-A da Lei n º 5.889/1973): contratação cabível na atividade de natureza temporária executada nas dependências da propriedade rural por um período de curta duração. É o caso da execução de pequenos e rápidos serviços de culturas rotativas, tais como: vacinação de gado, elaboração de cerca entre outros. Essa contratação tem prazo máximo de 2 (dois) meses durante o período de 1 (um) ano, sob pena da conversão em contrato por prazo indeterminado. Pessoas jurídicas não podem contratar nessa modalidade.

5. ALTERAÇÃO DO CONTRATO DE TRABALHO

Não se admite a alteração das condições pactuadas no contrato de trabalho, sempre que esta alteração causar prejuízo ao empregado. Esse é o teor do Princípio da Intangibilidade Contratual Lesiva, vigente no direito do trabalho. Isso significa que as vantagens estabelecidas em benefício do empregado aderem ao contrato de trabalho como direitos adquiridos do trabalhador, sendo proibida a sua alteração, conforme previsto no art. 468 da CLT.

Os requisitos para a alteração válida do contrato de trabalho são:

1) consentimento do empregado;

2) ausência de prejuízo ao empregado.

Na falta de qualquer desses requisitos, a alteração será nula de pleno direito. Nesse caso, a cláusula que se pretendeu alterar deverá ser substituída:

1) pela norma legal mínima: é o que se verifica, por exemplo, quando o empregador diminui o adicional noturno para 10%. Essa alteração será nula e deverá ser substituída pela norma legal mínima, qual seja, a previsão legal de adicional noturno de 20%;

2) pela cláusula anterior. Ex.: a hipótese em que existia uma cláusula de regulamento que previa pagamento de uma cesta básica por mês e o empregador resolve alterar para uma cesta básica ao ano. A alteração é nula porque traz prejuízo ao empregado, e, portanto, prevalecerá a cláusula anterior que previa uma cesta básica por mês.

ATENÇÃO: A Reforma Trabalhista trouxe a possibilidade de alteração contratual, ainda que em prejuízo ao empregado e sem o consentimento dele, ao dispor que não se incorporam ao contrato de trabalho as importâncias, ainda que habituais, pagas a título de ajuda de custo, auxílio-alimentação, diárias para viagem, prêmios e abonos. Assim, o empregador poderá suprimir essas verbas quando quiser, por força da atual redação do art. 457, § 2º, da CLT, que determina que tais verbas *"não se incorporam ao contrato de trabalho"*.

A exceção à inalterabilidade contratual lesiva é o *jus variandi*.

O *jus variandi* corresponde ao direito que detém o empregador, em decorrência do poder diretivo, de alterar determinadas condições de trabalho de forma unilateral. O *jus variandi* permite, portanto, alterações contratuais relacionadas com a organização do ambiente de trabalho, função, salário e local de prestação de serviços.

O empregador não pode se utilizar do *jus variandi* de forma abusiva, excessiva, arbitrária. Caso contrário, o empregado pode se opor a essas alterações implementadas pelo empregador, inclusive postulando a rescisão indireta do contrato de trabalho (dispensa por justa causa do empregador), conforme art. 483 da CLT. Trata-se do direito de resistência do empregado, denominado *jus resistentiae*.

O *jus variandi* pode ser classificado da seguinte maneira:

1) *Jus variandi* ordinário: permite pequenas modificações relacionadas com o exercício da prestação de trabalho, sem causar prejuízo ao empregado. ***Ex.:*** *Exigência do uso de uniforme;*

2) *Jus variandi* extraordinário: limitado pela lei, possibilita alterações mais expressivas, capazes de gerar efetivo prejuízo ao empregado. ***Ex.:*** *Reversão do detentor de cargo de confiança ao cargo efetivo (art. 468, §1º, CLT).*

No quadro abaixo estão expostas as modalidades de alteração contratual, conforme os seguintes critérios: função, duração e local do trabalho, remuneração e regulamento.

MODALIDADES DE ALTERAÇÃO CONTRATUAL	
FUNÇÃO	a) **Rebaixamento:** alteração de função do empregado para outra de menor importância. É vedado, exceto no caso de reversão. b) **Reversão:** retorno do empregado que exerce função de confiança ao cargo efetivo anteriormente ocupava. É permitido (art. 468, §1º da CLT). c) **Aproveitamento:** verifica-se quando o empregado tem a função alterada em razão da extinção do cargo por ele ocupado. É permitido, por ser preferível mudar a função do que perder o emprego. d) **Readaptação:** alteração da função por recomendação do INSS, aplicável ao empregado que permaneceu afastado (por doença ou acidente de trabalho) e perdeu parte de sua capacidade laborativa. É lícita, vedada a redução salarial. e) **Promoção:** permitida porque, em tese, é mais benéfica. Contudo, empregado pode se recusar caso tenha algum prejuízo imaterial (por exemplo, o novo cargo trará maiores responsabilidades para o empregado que não pretende assumi-las). A recusa não é possível se a promoção for prevista em plano de cargos e salários. f) **Mudança imposta por lei:** quando a própria legislação impõe a alteração contratual. Exemplo: menor que trabalha em atividade prejudicial à saúde (art. 407 da CLT).
DURAÇÃO DO TRABALHO	a) **Horário de trabalho:** pequenas alterações estão no âmbito do *jus variandi* ordinário e são permitidas. b) **Turno de trabalho:** é lícita a alteração do horário noturno para diurno (não o contrário), porque presume-se seja mais favorável ao empregado. Nesse caso, ocorrerá a perda do direito ao adicional noturno porque se trata de salário-condição, isto é, somente se justifica se o serviço é prestado naquela determinada condição que lhe assegura (art. 7º, IX, da CF e Súmula nº 265 do TST). No caso dessa alteração causar prejuízo ao empregado, ele poderá se recusar. É o que ocorre, por exemplo, se a alteração para o horário diurno impedir o empregado de frequentar a faculdade em que já está matriculado. c) **Jornada de trabalho:** em regra, a redução é lícita e a dilação é ilícita. d) **Jornada do bancário:** pode ser ampliada de 6h para 8h se o empregado é investido em cargo de confiança, cuja gratificação seja, no mínimo, 1/3 do valor do salário do cargo efetivo (art. 244, § 2º, CLT).
REMUNERAÇÃO	a) **A forma de remuneração** (ex. por comissão ou por salário fixo) pode ser alterada, desde que não acarrete prejuízo (direto ou indireto) ao empregado. b) **Redução salarial:** somente é possível com redução da jornada e previsão em norma coletiva ou solicitação expressa do empregado, decorrente de inequívoco interesse extracontratual.
LOCAL DE TRABALHO	• A **transferência** é a alteração do local de trabalho que implique na mudança de domicílio do empregado. As despesas decorrentes correm por conta do empregador. Se for provisória gera direito ao adicional de transferência (25% do salário). • Empregados detentores de garantia de emprego não podem ser transferidos. • A transferência unilateral é vedada, exigindo o consentimento do empregado. • É permitida a transferência unilateral nas seguintes hipóteses: 1) empregados que exercem cargo de confiança, desde que haja necessidade de serviço; 2) empregados cuja natureza do serviço pressuponha a transferência, desde que haja necessidade do serviço; 3) extinção do estabelecimento; 4) sempre que exista real necessidade do serviço.
REGULAMENTO	Qualquer alteração somente é válida para os empregados admitidos a partir da data de alteração. Se coexistirem 2 ou mais regulamentos, o empregado deve escolher um deles, renunciando aos demais.

6. SUSPENSÃO E INTERRUPÇÃO DO CONTRATO DE TRABALHO

6.1. Diferenças e hipóteses legais

A suspensão do contrato de trabalho é a cessação temporária dos principais efeitos do contrato de trabalho. O vínculo empregatício se mantém, porém empregador e empregado não se submetem às principais obrigações contratuais (pagamento de salário e prestação de serviços), enquanto durar a suspensão.

A interrupção do contrato de trabalho é a cessação temporária da prestação de serviços pelo empregado, mantendo-se, entretanto, as obrigações patronais (em especial, o pagamento de salário). São exemplos comuns de suspensão contratual: faltas injustificadas, suspensão disciplinar (art. 474 da CLT), suspensão do empregado estável visando o ajuizamento de inquérito para apuração de falta grave (art. 494 c/c art. 853, ambos da CLT), afastamento para participação em curso de qualificação profissional (art. 476-A da CLT), afastamento para exercício de cargo de dirigente sindical (art. 543, § 2º, da CLT), afastamento de empregado eleito diretor de sociedade anônima (Súm. 269 TST), greve (art. 7º da Lei nº 7.783/1989), licenças não remuneradas em geral, aposentadoria por invalidez (art. 475 da CLT), prisão provisória do empregado, afastamento para prestação do serviço militar obrigatório (art. 472 da CLT), por motivo de força maior.

O afastamento por doença e/ou acidente de trabalho também é espécie de suspensão contratual. Em regra, a suspensão contratual nesses casos somente se inicia a partir do 16º dia de afastamento, cabendo ao empregador o pagamento do salário até o 15º dia.

São exemplos comuns de interrupção contratual: faltas justificadas (art. 473 da CLT), férias, feriados, repouso semanal remunerado, licença-paternidade, licença-maternidade, participação em eleições em virtude de convocação da Justiça Eleitoral, participação como jurado em sessões do Tribunal do Júri, primeiros 15 dias de afastamento por doença/acidente do trabalho (art. 60, § 3º da Lei 8.213/1991), licenças remuneradas em geral (art. 473 da CLT), período de redução da jornada durante o aviso prévio, atuação do empregado como conciliador em Comissão de Conciliação Prévia – CCP (art. 625-B, § 2º, da CLT), aborto comprovado por atestado médico oficial (art. 359 da CLT), representação dos trabalhadores junto ao Conselho Curador do FGTS e Conselho Nacional da Previdência Social – CNPS.

Hipóteses legais de faltas justificadas (art. 473 da CLT):

Motivo	Número de dias de faltas justificadas
Falecimento do cônjuge, ascendente, descendente, irmão ou pessoa que viva em sua dependência econômica	Até 2 dias consecutivos
Casamento	Até 3 dias consecutivos
Doação voluntária de sangue devidamente comprovada	Por um dia, em cada 12 meses de trabalho
Alistamento de eleitor	Até 2 dias consecutivos ou não
Cumprimento de exigências do serviço militar	Período necessário
Provas de vestibular para ensino superior	No dia do exame

Motivo	Número de dias de faltas justificadas
Comparecimento em juízo	Tempo necessário
Participação de representante sindical em reunião oficial de organismo internacional do qual o Brasil seja membro	Tempo necessário
Para acompanhar sua esposa ou companheira em até 6 (seis) consultas médicas, ou em exames complementares, durante o período de gravidez;	Tempo necessário
Para acompanhar filho de até 6 (seis) anos em consulta médica	Por 1 dia por ano
Para realização de exames preventivos de câncer devidamente comprovada.	Até 3 dias, em cada 12 meses de trabalho
Em caso de nascimento de filho, de adoção ou de guarda compartilhada;	5 (cinco) dias consecutivos, contado a partir da data de nascimento do filho

6.2. Efeitos jurídicos

Os efeitos jurídicos da suspensão e interrupção consistem em:

1) garantia de retorno do empregado ao cargo anteriormente ocupado (art. 471 da CLT);
2) garantia da percepção de todas as vantagens que, na ausência do empregado tenham sido atribuídas à categoria;
3) o empregador não pode dispensar o empregado, exceto em se tratando de dispensa por justa causa. Ocorrendo a suspensão ou interrupção do contrato de trabalho o que se suspende ou interrompe são os efeitos contratuais, e não o próprio vínculo jurídico, que permanece intacto. A exceção está prevista no art. 476-A, § 5º, CLT, que permite a dispensa durante a suspensão para capacitação técnica. Nesse caso, além das parcelas indenizatórias previstas na legislação em vigor, o empregador deverá pagar multa a ser estabelecida em convenção ou acordo coletivo, sendo de, no mínimo, 100% sobre o valor da última remuneração mensal anterior à suspensão do contrato.

A suspensão do empregado por mais de 30 (trinta) dias consecutivos importa na rescisão injusta do contrato de trabalho (art. 474 da CLT).

Em se tratando de contrato por prazo determinado, a doutrina e jurisprudência dividem-se em duas correntes com relação à aplicabilidade da suspensão e da interrupção contratual:

1) Não aplicação: essa corrente defende que a extinção do contrato por prazo determinado ocorre na data estipulada independentemente da ocorrência de hipótese de suspensão ou interrupção. Seu fundamento legal é o art. 472, § 2º, da CLT, que exige cláusula contratual expressa para afastar o período de suspensão ou interrupção do cômputo do prazo contratual;
2) Aplicação: essa corrente defende o respeito ao prazo previamente fixado no contrato, prorrogando-se o termo final para o dia seguinte àquele em que se finda a causa da suspensão ou interrupção. Esse entendimento pretende compatibilizar a predeterminação do prazo e a impossibilidade de ruptura do vínculo durante a suspensão ou interrupção.

Além disso, em se tratando de empregado afastado para serviço militar, o tempo de afastamento, se assim acordarem as partes interessadas, não será computado na contagem do prazo para a respectiva terminação.

É importante destacar que existem duas hipóteses em que haverá a prorrogação do prazo contratual nos contratos a termo, independentemente da vontade das partes.

Tratam-se das hipóteses de empregada gestante ou empregado adotante ao qual tenha sido concedida guarda provisória para fins de adoção (art. 391-A, *caput* e parágrafo único, da CLT, art. 25 da Lei Complementar nº 150/2015, Súm. 244, III, TST) e acidente de trabalho (Súm. 378, III, do TST).

Nesses casos, é assegurada a estabilidade provisória no emprego, mesmo em se tratando de contrato por prazo determinado.

No caso do acidente de trabalho, o fundamento normativo é que a causa do afastamento é em decorrência de malefício sofrido no contexto da relação laboral, portanto, decorre de fatores situados sob ônus e riscos empresariais.

Já no que se refere à grávida, além da mãe, existe uma criança que demanda proteção do ordenamento jurídico, a justificar tal norma.

Afastada a causa suspensiva, cabe ao empregado reapresentar-se ao empregador, sob pena de configuração de abandono de emprego. Não há prazo legal para a reapresentação, tendo a jurisprudência se firmado no prazo de 30 dias (Súm. 32, TST).

Há exceção para o serviço militar obrigatório, situação em que o empregado tem o prazo de 30 dias para notificação extrajudicial do empregador, informando que pretende retornar ao emprego (art. 472, 1º, CLT). Este retorno deverá ocorrer em até 90 dias contados da baixa, a fim de possibilitar ao empregado que o tempo anterior à suspensão seja computado para fins de aquisição de férias (art. 132 da CLT).

No caso de interrupção contratual, a reapresentação deve ser imediata, na medida em que se trata de instituto largamente favorável ao empregado, não se permitindo ampliar tal prazo em detrimento da contraparte contratual, o empregador.

Cancelada a aposentadoria por invalidez, mesmo após cinco anos, o trabalhador terá direito de retornar ao emprego, facultado, porém, ao empregador, indenizá-lo na forma da lei (Súm. 160 do TST).

6.3. Licença-paternidade

Um exemplo de interrupção contratual é a licença-paternidade. O pai da criança tem direito a cinco dias de ausência ao trabalho em razão do nascimento do filho. Até a data de fechamento desta edição não foi editada a lei que regulamentará a licença paternidade. Logo, é aplicável o art. 10, § 1º do ADCT da CF/88 que estabelece o prazo de cinco dias para a referida licença. É permitida prorrogação da licença-paternidade conforme art. 1º, II, da Lei nº 11.770/2008 por mais 15 dias desde que o empregado trabalhe em uma empresa cidadã. A Lei nº 14.457/22, que criou o Programa Emprega + Mulheres, trouxe a possibilidade de que os 60 (sessenta) dias de prorrogação da licença maternidade, que têm previsão no art. 1º, I, da Lei nº 11.770/2008, possam ser compartilhados entre a empregada e o companheiro, desde que ambos trabalhem em uma empresa participante do programa Empresa Cidadã.

7. DIREITOS INTELECTUAIS E INVENÇÕES DOS EMPREGADOS

No que se refere às criações intelectuais dos empregados no curso do contrato de trabalho, é necessário distinguir três situações:

1) se o empregado é contratado justamente para desenvolver o produto: a invenção pertence exclusivamente ao empregador. Isto porque, a contratação foi feita justamente para que o empregado desenvolvesse a invenção.

2) se o empregado desenvolve o produto/serviço desvinculado do contrato de trabalho e sem se utilizar de nenhum recurso do empregador: a invenção pertencerá unicamente ao trabalhador, mesmo que a criação possa favorecer os negócios do empregador, porquanto não teve qualquer participação do empregador no invento.

3) se o empregado exerce função que em nada se relaciona com a invenção, mas, para criá-la, utiliza-se da estrutura/equipamentos/recursos fornecidos pelo empregador: a invenção pertence igualmente aos dois, empregado e empregador. Isso porque, o empregado acabou criando o produto de maneira secundária e o empregador participou da criação, ainda que de forma indireta.

Ao empregador caberá a exploração do invento, ficando obrigado a promovê-la no prazo de um ano da data da concessão da patente, sob pena de reverter em favor do empregado da plena propriedade desse invento. (art. 454, parágrafo único da CLT)

8. INDENIZAÇÕES POR DANOS MATERIAIS E MORAIS

Um efeito conexo do contrato de trabalho, cujo estudo revela-se de extrema importância diz respeito às indenizações por danos materiais e morais sofridos pelos empregados. Para facilitar a compreensão, o estudo será realizado com base nas seguintes divisões: 1) Dano extrapatrimonial; 2) Assédio sexual e assédio moral; 3) Dano à imagem; 4) Revista íntima; 5) Lesões acidentárias: dano material, dano moral, dano estético; 6) Perda de uma chance.

8.1. Dano extrapatrimonial

Dano extrapatrimonial ou dano moral é aquele que atinge o ofendido como pessoa, não lesando seu patrimônio. Trata-se de violação de bem que integra os direitos da personalidade, causando ao lesado dor, sofrimento, tristeza, vexame e humilhação.

Os bens juridicamente tutelados inerentes à pessoa física são: a honra, a imagem, a intimidade, a liberdade de ação, a autoestima, a sexualidade, a saúde, o lazer e a integridade física (art. 223-C da CLT).

Os bens juridicamente tutelados inerentes à pessoa jurídica são: a imagem, a marca, o nome, o segredo empresarial e o sigilo da correspondência (art. 223-D da CLT).

A configuração do dano extrapatrimonial exige a presença dos seguintes requisitos:

1) ação ou omissão;

2) lesão à esfera moral ou existencial da pessoa física ou jurídica;

3) nexo causal.

Assim, para se caracterizar o dano extrapatrimonial é necessário a prática de uma conduta intencional (ação) ou uma conduta omissiva (imprudência, imperícia ou negligência). Essa conduta precisa ocasionar uma ofensa ao patrimônio moral ou existencial da pessoa física ou jurídica.

A esfera moral da pessoa diz respeito a valores abstratos ou imateriais de alguém, que consistem num bem ético-jurídico-social: a liberdade, a honra, a dignidade da pessoa, a imagem.

Já a esfera existencial relaciona-se mais com as lesões que comprometem a liberdade de escolha e frustram o projeto de vida que a pessoa elaborou para sua realização como ser humano. O dano existencial decorre da conduta patronal que impossibilita o empregado de se relacionar e de conviver em sociedade por meio de atividades recreativas, afetivas, espirituais, culturais, esportivas, sociais e de descanso. Um exemplo clássico é quando o empregado trabalha em excessivas jornadas que lhe impedem de ter uma vida social, afetiva e com familiares.

Nos termos do art. 223-B da CLT, a pessoa física ou jurídica cuja esfera moral ou existencial foi ofendida será titular exclusivo do direito à reparação.

No que se refere ao ofensor, o artigo 223-E da CLT dispõe que todos aqueles que tenham colaborado para a ofensa ao bem jurídico tutelado, serão responsáveis pelo dano extrapatrimonial na proporção da ação ou da omissão.

Os critérios para arbitramento do valor do dano extrapatrimonial estão arrolados nos incisos do artigo 223-G da CLT: *"I – a natureza do bem jurídico tutelado; II – a intensidade do sofrimento ou da humilhação; III – a possibilidade de superação física ou psicológica; IV – os reflexos pessoais e sociais da ação ou da omissão; V – a extensão e a duração dos efeitos da ofensa; VI – as condições em que ocorreu a ofensa ou o prejuízo moral; VII – o grau de dolo ou culpa; VIII – a ocorrência de retratação espontânea; IX – o esforço efetivo para minimizar a ofensa; X – o perdão, tácito ou expresso; XI – a situação social e econômica das partes envolvidas; XII – o grau de publicidade da ofensa".*

A Reforma Trabalhista inovou ao estabelecer uma espécie de tarifação do dano extrapatrimonial (art. 223-G, §§ 1º ao 3º) impondo um teto para a consequente indenização, de acordo com a respectiva gravidade do dano, assim considerada como leve, média, grave e gravíssima. Foram fixados os seguintes parâmetros para arbitramento do valor do dano extrapatrimonial:

I – ofensa de natureza leve, até três vezes o último salário contratual do ofendido;

II – ofensa de natureza média, até cinco vezes o último salário contratual do ofendido;

III – ofensa de natureza grave, até vinte vezes o último salário contratual do ofendido;

IV – ofensa de natureza gravíssima, até cinquenta vezes o último salário contratual do ofendido.

Se o ofendido for pessoa jurídica, a indenização será fixada com observância dos mesmos parâmetros acima estabelecidos, mas em relação ao salário contratual do ofensor.

Na reincidência entre partes idênticas, o juízo poderá elevar ao dobro o valor da indenização.

A CLT não traz os conceitos sobre a natureza leve, média, grave ou gravíssima, cabendo ao magistrado essa valoração.

É necessário destacar que o STF, por maioria, conheceu das ADI's 6.050, 6.069 e 6.082 e julgou parcialmente procedentes os pedidos para conferir interpretação conforme a Constituição, de modo a estabelecer que: 1) As redações conferidas aos arts. 223-A e 223-B, da CLT, não excluem o direito à reparação por dano moral indireto ou dano em ricochete no âmbito das relações de trabalho, a ser apreciado nos termos da legislação civil; 2) Os critérios de quantificação de reparação por dano extrapatrimonial previstos no art. 223-G, *caput* e § 1º, da CLT deverão ser observados pelo julgador como critérios orientativos de fundamentação da decisão judicial. É constitucional, porém, o arbitramento judicial do dano em valores superiores aos limites máximos dispostos nos incisos I a IV do § 1º do art. 223-G, quando consideradas as circunstâncias do caso concreto e os princípios da razoabilidade, da proporcionalidade e da igualdade. (Plenário, Sessão Virtual de 16.6.2023 a 23.6.2023).

8.1.1. Dano morte

O dano-morte trata da reparação de danos sofridos pela vítima em razão da perda da própria vida. De acordo com o voto do Ministro Freire Pimenta, no RRAg-10165-84.2021.5.03.0027, julgado em junho de 2023, o direito à vida está consagrado em inúmeros diplomas normativos, entre eles a Constituição Federal, a Declaração Universal dos Direitos Humanos, o Pacto Internacional sobre Direitos Civis e Políticos e a Convenção Americana sobre Direitos Humanos de 1969, conhecida como Pacto de São José da Costa Rica, que adotam o princípio da reparação integral do dano.

Em caso de homicídio, além das indenizações rotineiramente devidas, o artigo 948 do CC contém, na expressão "sem excluir outras reparações", uma cláusula de abertura que permite fixação de outras indenizações advindas do evento morte.

Nesse contexto, no momento da lesão, o titular do direito à vida estava vivo e, por isso mesmo, teve violado o seu direito. Com isso, surge o direito à pretensão de reparação. Ainda para o relator, o direito à indenização pelo dano-morte é autônomo e distinto dos prejuízos sofridos pelos herdeiros ou familiares da vítima e independe de a morte ter sido ou não instantânea. Também conforme o Ministro, apesar de os direitos da personalidade serem intransmissíveis, a natureza da ação de indenização é patrimonial e, por isso, o espólio é parte legítima para ajuizá-la.

8.2. Assédio sexual e assédio moral

Assédio sexual é a abordagem, não desejada pelo outro, com intenção sexual ou insistência inoportuna de alguém em posição privilegiada que usa dessa vantagem para obter favores sexuais de subalternos ou dependentes.

O constrangimento deve ser causado por quem se prevaleça de sua condição de superior hierárquico ou ascendência inerentes ao exercício de emprego, cargo ou função.

O assédio sexual é crime (art. 216-A, do Código Penal) e pode ensejar a ruptura contratual por culpa do empregador (rescisão indireta), bem como indenização por danos extrapatrimoniais, conforme já visto no subtópico acima.

O assédio moral é uma forma de violência no trabalho que consiste na exposição prolongada e repetitiva dos trabalhadores a situações vexatórias, constrangedoras e humilhantes, praticadas por uma ou mais pessoas.

O assédio moral pode acontecer de diversas formas, através de comportamentos com o objetivo de inferiorizar, humilhar, ofender, ridicularizar, amedrontar, punir ou desestabilizar emocionalmente os trabalhadores, colocando em risco a sua saúde física e psicológica, além de afetar o seu desempenho e o próprio ambiente de trabalho.

O assédio pode se materializar através de ações diretas (acusações, insultos, gritos, humilhações públicas) quanto indiretas (propagação de boatos, isolamento, recusa na comunicação, fofocas e exclusão social).

Para que determinadas condutas sejam caracterizadas como assédio, essas ações devem acontecer de forma repetida, frequente e por um período prolongado.

O assédio moral pode se verificar nas seguintes modalidades:

- Ascendente: praticado pelo subordinado em relação a seu superior;
- Descendente: praticado pelo chefe em relação ao seu subordinado;
- Interpessoal: praticado no contexto das relações interpessoais, com a finalidade de prejudicar ou eliminar o trabalhador na relação com o(s) outro(s);
- Organizacional: quando a própria organização incentiva e/ou tolera as ocorrências, atingindo o trabalhador por meio de estratégias organizacionais de constrangimento com o fim de melhorar a produtividade e reforçar o controle. Em alguns casos, o assédio moral organizacional ocorre com o objetivo de forçar o trabalhador indesejável a pedir demissão, buscando diminuir custos para a empresa, tais como multas rescisórias. Esse tipo de assédio se dá, por exemplo, através de cobranças exageradas e persistentes de metas abusivas e crescentes por parte de gestores, com o intuito de alcançar objetivos organizacionais, por exemplo.

O assédio moral não é tipificado como crime, mas pode ensejar a ruptura contratual por culpa do empregador (rescisão indireta), bem como indenização por danos morais.

8.3. Dano à imagem

O direito à imagem é um dos direitos da personalidade e encontra proteção jurídica nos arts. 5º, X da CF/88, art. 11 do CC e art. 223-C da CLT.

A imagem corresponde à projeção da pessoa em seus relacionamentos próximos e na comunidade em geral. Situa-se dentro do patrimônio moral das pessoas.

A imagem do empregado pode ser violada de duas maneiras:

1) por ofensa à imagem no contexto pessoal e geral. ***Ex.:*** *Falsa acusação de furto;*

2) pela exploração não autorizada ou não retribuída da imagem do empregado. ***Ex.:*** *Divulgação de imagem do empregado em outdoor, sem autorização dele.*

No primeiro caso, isto é, a acusação indevida do empregado pode ensejar a ruptura contratual por culpa do empregador (rescisão indireta), bem como indenização por danos morais. Além disso, tal situação poderá configurar crime de injúria, calúnia e ou difamação, a depender da hipótese.

Na segunda hipótese (exploração indevida da imagem do empregado), o art. 20 do CC impõe o direito à indenização pelo uso irregular da imagem.

Conforme o art. 456-A da CLT, acrescentado pela Reforma Trabalhista: *"é lícita a inclusão no uniforme de logomarcas da própria empresa ou de empresas parceiras e de outros itens de identificação relacionados à atividade desempenhada".*

8.4. Revista íntima

Como regra geral, as revistas íntimas são consideradas ilícitas, independente do sexo do revistado, com fundamento no princípio constitucional protetor da privacidade e da intimidade (art. 5º, X, CF/88) e também no princípio da dignidade humana (art. 1º, inciso III, CF/88).[1]

Com relação às mulheres, existe regra expressa na CLT vedando, por completo, a realização de revistas íntimas por empregador ou preposto (art. 373-A, VI, da CLT).

Outrossim, a Lei nº 13.271/2016 trouxe nova regra de proibição: "As empresas privadas, os órgãos e entidades da administração pública, direta e indireta, ficam proibidos de adotar qualquer prática de revista íntima de suas funcionárias e de clientes do sexo feminino". Em caso de descumprimento, ficam os infratores sujeitos a: I – multa de R$ 20.000,00 (vinte mil reais) ao empregador, revertidos aos órgãos de proteção dos direitos da mulher; II – multa em dobro do valor estipulado no inciso I, em caso de reincidência, independentemente da indenização por danos morais e materiais e sanções de ordem penal.

Como se verifica do texto da lei, a previsão expressa é apenas para as funcionárias do sexo feminino. Todavia, à luz do princípio constitucional da isonomia (art. 5º, I, da CF/88) e, considerando que o princípio da dignidade da pessoa humana se aplica a todos os indivíduos, sem qualquer distinção, a proteção também se estende aos empregados do sexo masculino.

No que se refere à revista visual realizada nos pertences dos empregados (bolsas, armários e outros), apesar de não íntimas, trazem bastante discussão, em especial no âmbito jurisprudencial, diante da complexidade de se conciliar o legítimo direito de o empregador realizar as revistas, tendo em vista a defesa do direito de propriedade, garantido pelo artigo 5º, inciso XXII, da CF/88 e o direito à intimidade e privacidade dos empregados, previsto no inciso X do mesmo artigo.

1. DELGADO, Maurício Godinho. Curso de Direito do Trabalho. 19ª ed. São Paulo: LTr, 2020, p. 769.

A jurisprudência atual do TST é que a mera a revista visual realizada nos pertences dos empregados, sem envolver toque na pessoa do revistado, realizada de forma razoável e sem caráter discriminatório, não configura, por si só, ato ilícito a ensejar a indenização por dano moral, constituindo exercício regular do poder de direção e fiscalização do empregador.

Existe corrente jurisprudencial que condiciona a validade dessas revistas a certas circunstâncias objetivas, tais como, impossibilidade de se realizar a revista por outro meio, efetiva necessidade da revista.

8.5. Lesões acidentárias: dano material, dano moral, dano estético

O cumprimento do contrato de trabalho também pode dar ensejo a lesões à saúde e integridade física do trabalhador, através de doenças ocupacionais, profissionais e acidentes do trabalho.

Essas lesões podem ter natureza patrimonial, como por exemplo, os gastos com tratamento e recuperação (ex. medicamentos e cirurgia) e, ainda, a redução da capacidade laborativa (o trabalhador fica com uma sequela que dificulta/impede o exercício do seu trabalho, como por exemplo, perde um braço). Nesse caso, está-se diante do dano material, que envolve aquilo que efetivamente se perdeu (danos emergentes) e aquilo que razoavelmente se deixou de ganhar (lucro cessante).

As lesões acidentárias também podem causar danos na esfera extrapatrimonial do autor, causando-lhe dano moral.

Por fim, também é possível a configuração do dano estético, que se configura quando a lesão atingir a harmonia física da vítima, causando significativo desequilíbrio corporal (ex. quando perde um braço ou fica com uma cicatriz aparente).

Conforme jurisprudência dominante, tanto o dano material, quanto o moral e o estético podem coexistir ainda que a lesão acidentária tenha sido a mesma. O que se exige é que esses danos sejam passíveis de apuração em separado.

8.6. Perda de uma chance

A denominada "teoria da perda de uma chance", de origem francesa, é compreendida como uma hipótese de responsabilidade decorrente da frustração de se obter vantagem futura ou a fim de se evitar determinada lesão.

A perda de uma chance implica um novo critério de mensuração do dano causado, já que o objeto da reparação é a perda da possibilidade de obter um ganho como provável, de forma que o que será indenizado não é o prejuízo concreto, mas sim a chance perdida. Logo, para parte da doutrina, a "perda de uma chance" pode ser considerada como uma terceira modalidade de prejuízo, situado entre o dano emergente e o lucro cessante.

O TST tem aplicado essa teoria em situações verificadas tanto na fase pré-contratual quanto nas fases contratuais e pós-contratuais. Ex.: a empresa desiste da contratação de um candidato após sua comunicação na aprovação do processo seletivo, em momento em que o empregado desistiu de outra seleção para emprego porque acreditava nessa contratação.

9. LGPD E SUA APLICAÇÃO AOS CONTRATOS DE TRABALHO

A Lei Geral de Proteção de Dados – LGPD (Lei nº. 13709/2018) foi editada com a finalidade de proteger as liberdades e direitos fundamentais, trazer segurança jurídica aos atores envolvidos no mundo da coleta, armazenamento e uso de dados (digitais ou não), e para estabelecer regras de proteção de dados e critérios no tratamento desses dados pessoais (art. 1º).

Vale destacar que a proteção de dados pessoais foi alçada à categoria de direito fundamental pela Emenda Constitucional n. 115 de 2022, acrescentou o inciso LXXIX ao art. 5º, dispondo que "é assegurado, nos termos da lei, o direito à proteção dos dados pessoais, inclusive nos meios digitais".

Os fundamentos da LGPD são: I – O respeito à privacidade; II – A autodeterminação informativa; (que significa que o indivíduo, titular de dados pessoais, deve ter controle, ou ao menos plena transparência, sobre a destinação dada às suas informações pessoais, bem como das metodologias utilizadas para tanto); III – A liberdade de expressão, de informação, de comunicação e de opinião; IV – A inviolabilidade da intimidade, da honra e da imagem; V – O desenvolvimento econômico e tecnológico e a inovação; VI – A livre iniciativa, a livre concorrência e a defesa do consumidor; VII – Os direitos humanos, o livre desenvolvimento da personalidade, a dignidade e o exercício da cidadania pelas pessoas naturais.

Além da boa-fé, são princípios da LGPD: I – Finalidade: realização do tratamento para propósitos legítimos, específicos, explícitos e informados ao titular, sem possibilidade de tratamento posterior de forma incompatível com essas finalidades; II – Adequação: compatibilidade do tratamento com as finalidades informadas ao titular, de acordo com o contexto do tratamento; III – Necessidade: limitação do tratamento ao mínimo necessário para a realização de suas finalidades, com abrangência dos dados pertinentes, proporcionais e não excessivos em relação às finalidades do tratamento de dados; IV – Livre acesso: garantia, aos titulares, de consulta facilitada e gratuita sobre a forma e a duração do tratamento, bem como sobre a integralidade de seus dados pessoais; V – Qualidade de dados: garantia, aos titulares, de exatidão, clareza, relevância e atualização dos dados, de acordo com a necessidade e para o cumprimento da finalidade de seu tratamento; VI – Transparência: garantia, aos titulares, de informações claras, precisas e facilmente acessíveis sobre a realização do tratamento e os respectivos agentes de tratamento, observados os segredos comercial e industrial; VII – Segurança: utilização de medidas técnicas e administrativas aptas a proteger os dados pessoais de acessos não autorizados e de situações acidentais ou ilícitas de destruição, perda, alteração, comunicação ou difusão; VIII – Prevenção: adoção de medidas para prevenir a ocorrência de danos em virtude do tratamento de dados pessoais; IX – Não discriminação: impossibilidade de realização do tratamento para fins discriminatórios ilícitos ou abusivos; X – Responsabilização e prestação de contas: demonstração, pelo agente, da adoção de medidas eficazes e capazes de comprovar a observância e o cumprimento das normas de proteção de dados pessoais e, inclusive, da eficácia dessas medidas.

Os dados pessoais são as informações relacionadas a pessoa natural identificada ou identificável. Os dados sensíveis são os que revelam origem racial ou étnica, convicções religiosas ou filosóficas, opiniões políticas, filiação sindical, questões genéticas, biométricas e sobre a saúde ou a vida sexual de uma pessoa, e que têm alto poder de causar discriminação.

Tratamento de dados corresponde a toda operação realizada com dados pessoais, como as que se referem a coleta, produção, recepção, classificação, utilização, acesso, reprodução, transmissão, distribuição, processamento, arquivamento, armazenamento, eliminação, avaliação ou controle da informação, modificação, comunicação, transferência, difusão ou extração.

É importante destacar alguns exemplos de tratamento de dados nas relações de trabalho:

1) Pré-contrato: com a obtenção de dados de identificação, currículo, referências do candidato à vaga de emprego, dentre outros. Nessa fase é proibida a coleta de dados que possam gerar qualquer critério discriminatório entre os candidatos, como, por exemplo, solicitação de exames de gravidez, toxicológico, exames de sangue, atestado de antecedentes criminais e análise de crédito (débito). Destaque-se que o exame de gravidez e a análise de crédito (débito) – mesmo para trabalho em instituições financeiras – são proibidos (art. 2° da Lei n. 9.029/95 e acórdão do TST no Processo n. 1109-68.2012.5.10.0020). Existem exceções legais, ex. exame toxicológico para o motorista profissional (art. 168, § 6°, da CLT) e atestado de antecedentes criminais que é obrigatório para quem trabalha como vigilante (artigos 12 e 16, VI, da Lei n. 7.102/1983 c/c art. 4°, I da Lei n. 10.826/2003). A exigência de certidão de antecedentes criminais somente se justifica em casos excepcionais, em virtude da existência de lei, natureza do ofício ou elevado grau de fidúcia (Tese jurídica fixada em decisão vinculante do TST no RR 243000-58.2013.5.13.0023). A empresa precisará informar claramente aos candidatos não selecionados a política de utilização dos dados que foram fornecidos e, principalmente, o que será feito com os dados e documentos daqueles que não foram selecionados. As empresas devem exigir o consentimento do candidato quanto à possibilidade de manutenção de seu currículo na base de dados da empresa ou a necessidade de sua eliminação. A empresa não pode utilizar os dados presentes nos currículos, como a comercialização ou transferência para terceiros, sem o consentimento expresso do titular ainda que seja autorizado o seu armazenamento na empresa.

2) Durante o contrato de trabalho: dados para registro de empregados, dados bancários para pagamento de salários, filiação sindical, exames ocupacionais, atestados médicos, dentre outros. Um tema importante é o uso de dados biométricos dos empregados, o que é muito comum para registro de ponto. Os dados biométricos são dados sensíveis e, portanto, exigem autorização prévia e expressa de cada trabalhador para uso, além do que sua utilização deve se restringir ao fim a que se destina, sendo vedada para outra finalidade sem o consentimento expresso do trabalhador.

3) Pós-contrato: com o armazenamento das informações dos antigos empregados para fins trabalhistas, previdenciários e para disponibilização aos órgãos públicos de fiscalização. Com base no art. 16, I, da LGPD, o empregador poderá manter os

dados dos empregados com a função de cumprimento de obrigação legal ou regulatória pelo controlador, ainda que haja pedido de eliminação pelo trabalhador. A manutenção desses dados não autoriza a sua divulgação para terceiros, especialmente se puder trazer prejuízos ao titular. Podemos citar como exemplo os dados envolvendo dispensa por justa causa que não poderá ser transmitido a terceiros sob pena de trazer prejuízos ao empregado que busca se reposicionar no mercado de trabalho.

O término do tratamento de dados se verifica nas seguintes situações: I – Verificação de que a finalidade foi alcançada ou de que os dados deixaram de ser necessários ou pertinentes ao alcance da finalidade específica almejada; (controlador); II – Fim do período de tratamento; (controlador ou lei, regimento); III – Comunicação do titular, inclusive no exercício de seu direito de revogação do consentimento conforme disposto no § 5º do artigo 8º da LGPD, resguardado o interesse público; IV – determinação da autoridade nacional, quando houver violação ao disposto nesta lei.

Após a verificação dessas causas acima destacadas, os dados pessoais devem ser eliminados. Contudo o art. 16 da LGPD autoriza a sua conservação em algumas hipóteses.

O tratamento de dados pessoais de crianças deverá ser realizado com o consentimento específico e em destaque, dado por pelo menos um dos pais ou pelo responsável legal. É dispensado o consentimento somente quando a coleta for necessária para contatar os pais ou o responsável legal, utilizados uma única vez e sem armazenamento, ou para sua proteção, e em nenhum caso poderão ser repassados a terceiro, sem o consentimento de pelo menos um dos pais ou do responsável legal.

As informações sobre o tratamento de dados de crianças e adolescentes deverão ser fornecidas de maneira simples, clara e acessível, consideradas as características físico-motoras, perceptivas, sensoriais, intelectuais e mentais do usuário, com uso de recursos audiovisuais quando adequado, de forma a proporcionar a informação necessária aos pais ou ao responsável legal e adequada ao entendimento da criança.

10. *COMPLIANCE* TRABALHISTA

Compliance é um termo originário da língua inglesa derivada do verbo "to comply" que significa agir conforme uma regra, uma instrução. Assim, o *compliance* é uma prática empresarial que consiste na criação de um sistema de controle e fiscalização interna na empresa, para reduzir os riscos à imagem do negócio por meio de correto cumprimento das normas aplicáveis a instituição.

Apesar de ter se originado nas relações empresariais e ter se intensificado após a lei anticorrupção (Lei nº 12.846/2013), a técnica do *compliance* também passou a ser usada no âmbito trabalhista. Nesse caso, ela terá como função a criação de códigos de ética e de padrões de conduta para que sejam cumpridas as normas trabalhistas. Da mesma forma, o *compliance* trabalhista tem a finalidade de se evitar a responsabilização das empresas no âmbito judicial para que não haja prejuízo à sua imagem e reputação.

Trata-se, portanto, de uma auditoria interna permanente para prevenir e apurar violações de direitos trabalhistas na empresa. A implementação desse controle pode se verificar por meio de elaboração de um regulamento interno, que inclusive poderá designar departamento de *compliance*, estrutura que será responsável pela elaboração de códigos de conduta, fiscalização de seu cumprimento e a apuração e aplicação das sanções aos responsáveis.

Sob o âmbito trabalhista, a adoção do *compliance* pode ocorrer em qualquer das fases do contrato: pré-contratual, durante o contrato e no término do contrato.

Na fase pré-contratual, no momento da escolha do empregado a ser admitido, o empregador poderá, dentro dos limites legais, realizar processo seletivo buscando obter informações de seus trabalhadores que permita a contratação de profissional que esteja comprometido com os ideais da empresa e que respeite os valores por ela desenvolvidos. Nessa oportunidade, o empregador tem a possibilidade de transmitir com transparência suas regras e de efetuar treinamentos para capacitar os futuros empregados. É importante destacar que esse processo seletivo não poderá ser utilizado como ferramenta para violar a privacidade e intimidade do trabalhador, pois a conduta pode ensejar a responsabilização da empresa por dano moral.

Durante o contrato, o *compliance* trabalhista impõe que a empresa respeite os direitos fundamentais dos seus empregados. Assim, deve existir a criação de um código de ética e conduta para orientar a empresa, evitando condutas que possam violar as normas trabalhistas, com destaque para o regular pagamento dos créditos dos empregados. Também é razoável a instituição de canais seguros para denúncias de irregularidades e também um sistema de controle interno com previsão de punição para empregados e dirigentes que violem as normas de conduta da empresa, até mesmo para se evitar a reincidência.

As normas de saúde e segurança do trabalho, ao assegurarem a vida e integridade do trabalhador assumem especial relevo face ao princípio da dignidade humana, de forma que os métodos de *compliance* também devem abarcar a observância a esse regramento, inclusive atuando junto à Comissão Interna de Prevenção de Acidentes e de Assédio – CIPA, na conscientização dos empregados e dos empregadores para respeito a essas normas.

Ao fim do contrato, a técnica do *compliance* deve atuar com vistas a diminuir a litigiosidade entre empregado e empregador, fazendo cumprir todas os deveres legais atinentes à rescisão contratual, notadamente o pagamento integral e a tempo das verbas devidas.

Sob o ponto de vista das relações coletivas de trabalho, a técnica do *compliance* trabalhista também orienta que as empresas atuem em constante diálogo com o sindicato de trabalhadores a fim de prevenir e solucionar litígios e também na construção de soluções democráticas para o litigio capital/trabalho. Além disso, empresa necessita ter o conhecimento e observar regularmente os direitos trabalhistas previstos em instrumentos normativos a fim de evitar o ajuizamento de ações trabalhistas.

A técnica de *compliance* trabalhista também orienta a criação de instrumentos de fiscalização das empresas terceirizadas, tais como exigir comprovantes de quitação das verbas trabalhistas dos terceirizados, a fim de garantir o respeito à legislação e evitar responsabilizações.

Outrossim, as técnicas de *compliance* podem auxiliar as empresas para não contratarem fornecedores que se utilizem de trabalho escravo, evitando sua responsabilidade social e jurídica.

Cada vez mais, as empresas vêm se preocupando com a adoção de uma postura responsável e de transparência, de forma que nesse ponto, o *compliance* pode se configurar como um importante instrumento de fiscalização exercido pelos consumidores. Isso porque, a responsabilidade social da empresa não se limita à entrega do produto pronto ao consumidor final, mas sim abrange o seu ciclo produtivo, desde a elaboração e fornecimento até seu descarte.

Por fim, é importante destacar que a utilização do *compliance* não pode servir para mascarar condutas e perseguições de empregados. Assim, com base no princípio da primazia da realidade ainda que a empresa adote medidas preventivas para que a violação às normas trabalhistas não ocorra, se esta for verificada, na prática, a empresa deverá ser condenada.

11. DECRETO Nº 10.854/2021 – MARCO REGULATÓRIO TRABALHISTA INFRALEGAL

O Decreto nº 10.854/2021, conhecido como Marco Regulatório Trabalhista Infralegal, publicado em 11/11/2021, consolidou mais de 1.000 decretos, portarias e instruções normativas relacionadas à legislação trabalhista. O objetivo é facilitar o trabalho das empresas na hora de cumprir as regras desde a contratação do empregado até a sua dispensa. O Decreto não altera a CLT, até mesmo porque, é um diploma normativo hierarquicamente inferior à lei.

Praticamente todas as normativas do Decreto entraram em vigor no dia 11/12/2021, exceto as medidas relativas ao Programa de Alimentação do Trabalhador, que passam a valer 18 meses após a data da publicação, ou seja, a partir do dia 11 de maio de 2023.

Os principais pontos do Decreto nº 10.854/2021 são:

- Vale-Alimentação e Refeição: Com a publicação do Decreto, o trabalhador agora pode utilizar o seu cartão de benefícios em um número maior de estabelecimentos. Os restaurantes não são obrigados a aceitar o vale-alimentação e o vale-refeição como forma de pagamento, porém, caso aceitem, devem obedecer aos novos critérios.
- O vale poderá ser usado em qualquer estabelecimento que receba esse tipo de pagamento, independente da empresa que fornece o ticket.
- O beneficiário do Programa de Alimentação do Trabalhador-PAT poderá transferir o crédito acumulado para outro cartão de bandeira diferente, sem custos adicionais.
- A empresa, ao contratar um fornecedor do benefício, não pode firmar parcerias economicamente vantajosas, como descontos em taxas ou recebimento antecipado de valores.
- O valor do vale deve ser o mesmo para todos os funcionários da empresa, independentemente da remuneração.

- Com relação ao vale-transporte, seu uso será válido apenas nas formas de transporte público coletivo urbano e, portanto, não se aplica a táxis, Uber e carros alugados
- O empregado doméstico é a única categoria que pode receber o vale-transporte de forma antecipada em dinheiro.
- Os trabalhadores só poderão ser ressarcidos em caso de indisponibilidade operacional da empresa de transporte público coletivo ou quando o vale-transporte for insuficiente
- Também com o Decreto, o governo abriu caminho para a regulamentação de aplicativos e sistemas ***online*** de ponto eletrônico, que já vinham sendo mais utilizados com o aumento do ***home-office*** durante a pandemia.
- Os sistemas de controle não poderão exigir prévia autorização para marcar hora extra.
- Fica autorizado o ponto por exceção, isto é, autoriza o registro do ponto apenas em situações excepcionais, como naquelas situações em que o empregado faz hora extra.
- É permitida a pré-definição dos períodos de intervalo nos registros de ponto, isto é, a pré-assinalação dos intervalos no controle.
- Com relação ao Registro Profissional, qualquer pessoa com CPF pode solicitar a Carteira de trabalho digital, incluindo estrangeiros.
- A fiscalização passa a ser responsabilidade exclusiva do Ministério do Trabalho e da Previdência; antes, o papel era dividido com o Ministério Público do Trabalho
- Fica permitida a realização de mediações de conflitos coletivos de trabalho de forma ***online***.
- O Livro de Inspeção do Trabalho passa a ser emitido de forma eletrônica; antes a empresa deveria ter um caderno físico para o auditor fiscal fazer anotações.
- A certidão sindical passa a ser eletrônica; antes era assinada manualmente e enviada às entidades sindicais via Correios.

Capítulo 5

REMUNERAÇÃO E EQUIPARAÇÃO

1. SALÁRIO E REMUNERAÇÃO

Remuneração é a **soma** dos pagamentos **diretos** (feitos pelo empregador) e dos **indiretos** (feitos por terceiros) ao empregado, em virtude do contrato de trabalho.

Salário é toda **contraprestação** ou vantagem, concedida em pecúnia ou em utilidade, paga **diretamente** pelo empregador ao empregado, em virtude do contrato de trabalho.

O complexo salarial é formado pela parcela salarial básica (salário básico ou salário-base) e demais parcelas salariais, quais sejam, as gratificações legais e as comissões pagas pelo empregador.

A parcela salarial básica é o salário básico e corresponde à contraprestação salarial fixa principal paga pelo patrão ao empregado. Apesar da sua conotação de parcela principal, a fixação de salário-base não é obrigatória. Assim, o salário pode ser fixado, por exemplo, apenas em comissões (comissionista puro, a quem é assegurado, todavia, a percepção de um salário-mínimo mensal, conforme art. 7º., VII, CF/88), situação em que não há de se falar em salário-base.

As importâncias, ainda que habituais, pagas a título de ajuda de custo, auxílio-alimentação, vedado seu pagamento em dinheiro, diárias para viagem, prêmios e abonos não integram a remuneração do empregado, não se incorporam ao contrato de trabalho e não constituem base de incidência de qualquer encargo trabalhista e previdenciário. O Salário-família e a Participação nos lucros e resultados – PLR também têm natureza indenizatória.

1.1. Salário complessivo, salário proporcional e salário substituição

É vedado o pagamento complessivo do salário, isto é, o pagamento de determinado valor ao empregado englobando mais de uma parcela sob a mesma rubrica (Súm. 91 do TST).

Salário proporcional é o salário a ser pago aos empregados sob o regime de tempo parcial e será proporcional à sua jornada, em relação aos empregados que cumprem, nas mesmas funções, tempo integral (§ 1º do art. 58-A da CLT). No mesmo sentido a OJ nº 358,

I, da SDI-1 do TST: "Havendo contratação para cumprimento de jornada reduzida, inferior à previsão constitucional de 8 horas diárias ou 44 semanais, é lícito o pagamento do piso salarial ou do salário mínimo proporcional ao tempo trabalhado".

Enquanto perdurar a substituição que não tenha caráter meramente eventual, inclusive nas férias, o empregado substituto fará jus ao salário contratual do substituído (salário-substituição). Contudo se o cargo se tornar vago em definitivo, ou seja, o titular do cargo é dispensado, o empregado que passa a ocupá-lo não tem direito a salário igual ao do antecessor (Súm. 159 do TST).

1.2. Características do salário

NATUREZA ALIMENTAR	Fonte de subsistência
CARÁTER FORFETÁRIO	O salário é devido independentemente da sorte do empreendimento
INDISPONIBILIDADE	Não pode ser objeto de renúncia ou alteração lesiva
IRREDUTIBILIDADE	Não pode ser objeto de supressão e nem ser reduzido por ato unilateral ou bilateral na dinâmica empregatícia
PERIODICIDADE	O pagamento se repete em intervalos de tempo regulares
PERSISTÊNCIA OU CONTINUIDADE	O pagamento do salário não é intermitente, persistindo durante a execução do contrato de trabalho
NATUREZA COMPOSTA	Composto de salário-base mais outras parcelas de natureza salarial (adicionais, comissões, prêmios, etc.)
PÓS-NUMERAÇÃO	Pagamento somente depois de ultrapassada a dilação temporal correspondente ao seu cômputo (hora, dia, mês)

1.3. Pagamento do salário

O salário pode ser pago de duas formas:

1) integralmente em dinheiro ou,
2) em dinheiro (mínimo de 30% do valor do salário mínimo e 55% no caso do trabalhador rural) + utilidade (como habitação, alimentação ou outras prestações *in natura*), conforme disposto no art. 82 c/c art. 458, ambos da CLT.

Qualquer que seja a modalidade do trabalho, o pagamento do salário não deve ser estipulado por período superior a um mês, salvo no que concerne a comissões, percentagens e gratificações.

Quando o pagamento houver sido estipulado por mês, deverá ser efetuado, o mais tardar, até o quinto dia útil do mês subsequente ao vencido, exceto em relação às comissões e percentagens, que só são exigíveis depois de ultimada a transação a que se referem.

O pagamento do salário deverá ser efetuado contra recibo, assinado pelo empregado; em se tratando de analfabeto, mediante sua impressão digital, ou, não sendo esta possível, a seu rogo. Terá força de recibo o comprovante de depósito em conta bancária, aberta para esse fim em nome de cada empregado, com o consentimento deste, em estabelecimento de crédito próximo ao local de trabalho.

O pagamento dos salários será efetuado em dia útil e no local do trabalho, dentro do horário do serviço ou imediatamente após o encerramento deste, salvo quando efetuado por depósito em conta bancária.

As formas de estipulação do pagamento de salário podem ser esquematizadas da seguinte maneira:

POR UNIDADE DE TEMPO	• O empregado ganha pelo tempo que esteve à disposição do empregador; • Pode ser estipulado por mês, quinzena, semana, dia ou hora; • O pagamento do salário, qualquer que seja a modalidade do trabalho, não deve ser estipulado por período superior a 1 (um) mês, salvo no que concerne a comissões, percentagens e gratificações (art. 459, CLT).
POR UNIDADE DE OBRA (OU PRODUÇÃO)	• O empregado ganha em razão daquilo que produz; • O empregador deve garantir o salário mínimo (legal ou da categoria) ao empregado, caso a produção não atinja tal valor.
POR TAREFA	• Combina os dois critérios (unidade de tempo + unidade de obra); • Ao empregado é dada uma tarefa para cumprir em determinada unidade de tempo; • Se o empregado terminar a tarefa antes do final do tempo pode, alternativamente, continuar trabalhando e receber uma parcela extra a este título, ou ser dispensado, retornando somente no início da próxima unidade de tempo; • O empregador deve garantir o salário mínimo (legal ou da categoria).

1.4. Princípio da irredutibilidade salarial (art. 7º, VI, CF/88)

É vedada a redução do salário nominal pelo empregador. Observe-se que não há garantia para a manutenção do salário real do empregado, isto é, o poder aquisitivo do salário, mas sim garantia para o salário nominal.

A irredutibilidade salarial apresenta duas exceções:

1) autorização por negociação coletiva. O § 3º do art. 611-A da CLT prevê a garantia de emprego em contrapartida à redução salarial por negociação coletiva. Dessa forma, se for pactuada cláusula com previsão de redução salarial, a norma coletiva também deverá prever a proteção dos empregados contra dispensa imotivada durante o prazo de vigência do instrumento coletivo.

2) não se aplica para parcelas de salário-condição, isto é, aquelas pagas em virtude de determinada condição mais gravosa (adicionais em geral) ou mesmo circunstância temporária (exemplo: gratificação por exercício de cargo de confiança). Se cessada a condição que gera o pagamento daquela parcela, ela poderá ser suprimida.

É vedada qualquer possibilidade de a gratificação de função incorporar ao salário quando o empregado deixar de exercer o cargo de confiança, independentemente do tempo de serviço na função (art. 468, §2º, da CLT).

1.5. Descontos salariais

Em regra, são vedados descontos no salário do empregado, exceto nas seguintes hipóteses:

1) previsão legal (ex: desconto do INSS do art. 30, I, "a", da Lei 8212/91) ou contrato coletivo;
2) adiantamentos;
3) dano doloso, isto é, o empregado pratica um dano ao empregador de forma intencional;
4) dano culposo, desde que autorizado pelo empregado. Quando o dano praticado pelo empregado acontecer por culpa (imperícia, imprudência ou desídia), o desconto salarial somente será permitido mediante autorização expressa do empregado (art. 462, parágrafo 1º, da CLT);
5) descontos salariais com a autorização prévia e por escrito do empregado, para ser integrado em planos de assistência odontológica, médico-hospitalar, de seguro, de previdência privada, ou de entidade cooperativa, cultural ou recreativo-associativa de seus trabalhadores, em seu benefício e de seus dependentes, salvo se ficar demonstrada a existência de coação ou de outro defeito que vicie o ato jurídico. Em se tratando de motorista profissional, este não responderá perante o empregador por prejuízo patrimonial decorrente da ação de terceiro, ressalvado o dolo ou a desídia do motorista, nesses casos mediante comprovação, no cumprimento de suas funções (art. 2º, V, "a", da Lei nº 13.103/2015).

É lícito o desconto salarial referente à devolução de cheques sem fundos, quando o frentista não observar as recomendações previstas em instrumento coletivo (OJ nº 251 da SDI-1 do TST).

O STF, no julgamento do Recurso Extraordinário com Agravo (ARE) 1224327, que teve repercussão geral reconhecida, fixou a tese de que é constitucional a contribuição previdenciária devida por aposentado pelo Regime Geral de Previdência Social (RGPS) que permaneça em atividade ou a essa retorne. Com base no 'princípio da solidariedade', o STF considerou legítimo exigir que esses aposentados contribuam para a seguridade social da mesma forma que os demais trabalhadores, fazendo com que a finalidade das contribuições sociais alcance a maior amplitude possível.

No caso dos domésticos, é vedado o desconto por fornecimento de alimentação, vestuário, higiene ou moradia, bem como por despesas com transporte, hospedagem e alimentação em caso de acompanhamento em viagem. Para os domésticos, poderão ser efetuados os seguintes descontos: 1) adiantamento salarial; 2) mediante acordo escrito entre as partes, para a inclusão do empregado em planos de assistência médico-hospitalar e odontológica, de seguro e de previdência privada, não podendo a dedução ultrapassar 20% (vinte por cento) do salário; 3) despesas com moradia, quando essa se referir a local diverso da residência em que ocorrer a prestação de serviço, desde que essa possibilidade tenha sido expressamente acordada entre as partes.

No caso do empregado rural, salvo as hipóteses de determinação legal ou decisão judicial, só poderão ser descontadas as seguintes parcelas, calculadas sobre o salário mínimo, mediante prévia autorização, sob pena de nulidade (art. 9º da Lei nº 5.889/73): a) até 20% pela ocupação da morada (divididos proporcionalmente entre os empregados no caso de moradia coletiva); b) até 25% pelo fornecimento de alimentação sadia e farta; c) adiantamentos em dinheiro.

1.6. Salário-utilidade ou salário *in natura*

Além do pagamento em dinheiro, compreende-se no salário, para todos os efeitos legais, a alimentação, habitação, vestuário ou outras prestações "in natura" que a empresa, por força do contrato ou do costume, fornecer habitualmente ao empregado.

O salário-utilidade ou *in natura* é uma benesse fornecida ao empregado pelo trabalho (caráter retributivo) e não para o trabalho (instrumento).

Para a caracterização do salário *in natura* ou salário-utilidade é necessário, portanto, a presença dos seguintes requisitos: habitualidade e caráter contraprestativo.

Existem algumas vantagens que não podem ser reconhecidas como sendo salário-utilidade ou *in natura*. São elas: cigarro (Súmula 367, II, do TST), bebida alcoólica e drogas nocivas (art. 458, *caput*, CLT), vestuários, equipamentos e outros acessórios fornecidos aos empregados e utilizados no local de trabalho, para a prestação do serviço; educação, em estabelecimento de ensino próprio ou de terceiros, compreendendo os valores relativos a matrícula, mensalidade, anuidade, livros e material didático; transporte destinado ao deslocamento para o trabalho e retorno, em percurso servido ou não por transporte público; assistência médica, hospitalar e odontológica, prestada diretamente ou mediante seguro-saúde; seguros de vida e de acidentes pessoais; previdência privada; o valor correspondente ao vale-cultura (artigo 458, § 2º, da CLT).

O salário-utilidade ou *in natura* do trabalhador urbano é limitado a 25% para a habitação e 20% para a alimentação, observado o salário contratual e limitado ao valor real da utilidade.

Tratando-se de habitação coletiva, o valor do salário-utilidade a ela correspondente será obtido mediante a divisão do justo valor da habitação pelo número de coabitantes, vedada, em qualquer hipótese, a utilização da mesma unidade residencial por mais de uma família.

Para o trabalhador rural, o limite é o inverso: o limite é de 20% para a habitação e 25% para a alimentação e observado o salário mínimo.

A habitação, a energia elétrica e veículo fornecidos pelo empregador ao empregado, quando indispensáveis para a realização do trabalho, não têm natureza salarial, ainda que, no caso de veículo, seja ele utilizado pelo empregado também em atividades particulares.

1.7. Parcelas salariais

Abaixo serão destacadas as características das principais parcelas salariais:

Décimo terceiro salário: surgiu da prática adotada pelos empregados de concederem a gratificação de natal (ou gratificação natalina) a seus empregados, por ocasião do final do ano. O legislador tornou essa prática obrigatória com a Lei nº 4.090/1962 e Lei nº 4.794/1965. Com a Constituição Federal de 1988, o décimo terceiro salário foi alçado à condição de direito constitucional do trabalhador em geral (art. 7º, VIII, CF/88). O décimo terceiro salário é devido até o dia 20 de dezembro de cada ano, com valor equivalente à remuneração devida em dezembro. A título de adiantamento, deverá o empregador pagar ao empregado, entre os meses de fevereiro e novembro (portanto até 30 de novembro), metade do décimo terceiro devido, parcela esta que será compensada quando do pagamento em dezembro (arts. 1º e 2º da Lei nº 4.749/1965). É direito potestativo do empregado requerer o adiantamento de metade do décimo terceiro, de forma que seja pago concomitante com as férias, desde que o faça durante o mês de **janeiro** do ano correspondente.

Comissões: modalidade de salário variável constituído, em regra, de um percentual sobre o valor do resultado da atividade executada pelo empregado. As comissões são parcelas **contraprestativas** pagas pelo empregador ao empregado em decorrência de uma **produção** alcançada pelo empregado, calculadas tomando por base essa produção. O pagamento do comissionista pode ser fixado de duas maneiras:

1) comissionista puro (ou próprio): é o empregado que recebe o salário exclusivamente a base de comissões;
2) comissionista misto (ou impróprio): é o empregado que recebe uma parte fixa de salário e mais comissões, conforme a produção. Em qualquer das hipóteses acima, é sempre garantido ao comissionista o salário mínimo (ou piso convencional, se aplicável). A garantia se refere ao total recebido (fixo + comissões, no caso de comissionista misto). O pagamento das comissões só é exigível depois de ultimada a transação a que se referem, isto é, quando aceito o negócio pelo empregador, independentemente do cumprimento do negócio ou pagamento.

Gorjeta: A gorjeta consiste na importância paga por **terceiro** de forma **espontânea** (própria) ou **compulsória,** incluída na nota de serviços (imprópria). É o exemplo mais comum de pagamento indireto (realizado por pessoa diversa do empregador) e sua natureza é remuneratória, isto é, integram a remuneração do empregado. As gorjetas, contudo, não integram a base de cálculo das parcelas baseadas no salário como aviso prévio, adicional noturno, horas extras e o DSR, conforme Súm. 354 do TST.

Gueltas: são pagamentos feitos por terceiros (fornecedores), mas em decorrência do contrato de trabalho, a título de incentivo para a venda dos produtos deles. Conforme a jurisprudência majoritária, as gueltas são equiparáveis às gorjetas, compondo a remuneração (art. 457, § 3º, da CLT), aplicando-se, por analogia, a Súm. 354 do TST com relação às repercussões das gueltas sobre outras verbas remuneratórias.

Adicionais: são parcelas salariais devidas ao empregado em razão de **circunstâncias** especiais que tornam a execução do contrato de trabalho mais **gravosa.** Paga-se um *plus* em virtude do desconforto, desgaste ou risco vivenciados pelo empregado, da responsabilidade de encargos superiores recebidos, do exercício cumulativo de funções, etc. É o que se verifica, por exemplo, com o labor em condições de insalubridade ou periculosidade. A CF/88 também prevê o adicional por atividade penosa, mas até a presente data, esse direito não foi regulamentado. Os adicionais enquanto são pagos **integram** o salário, isto é, repercutem no cálculo das horas extras, das férias, do décimo terceiro salário, do FGTS e do aviso-prévio. Se deixar de existir a condição para o pagamento do adicional (ex. neutralizada a insalubridade), o seu pagamento deixa de ser obrigatório. Os adicionais, portanto, têm natureza de **salário-condição.**

Adicional noturno: Dada a condição mais gravosa pelo labor em horário noturno, a Constituição Federal, em seu artigo 7º, IX, dispõe que é direito dos trabalhadores a remuneração do trabalho noturno superior à do diurno. É devido o adicional mínimo de 20% para o trabalhador urbano durante o horário noturno (22h às 5h). A hora noturna para o trabalhador urbano é reduzida para 52 minutos e 30 segundos para cada 60 minutos diurnos (hora ficta noturna). Dessa forma, o empregado trabalha, na prática, apenas 7h à noite (52`30"x 8=420"=7h). As normas acima são as mesmas aplicáveis ao empregado doméstico. A única ressalva é a de que, quando o empregado for contratado exclusivamente para trabalho noturno, o adicional será calculado sobre o salário constante da CTPS. Quando houver prorrogação de jornada noturna, isto é, o empregado trabalha durante o horário noturno e continua trabalhando após as 5h, as horas trabalhadas depois de 5h também serão remuneradas com o adicional e calculadas à luz da hora ficta noturna.

Tal situação não se aplica para quem trabalha no regime especial de 12 x 36 horas (artigo 59-A da CLT), assim como para os domésticos contratados para o mesmo regime de trabalho (12x36) - art. 10, § 1º da LC 150/15.

Para o trabalhador rural existem algumas especificidades no tocante ao trabalho noturno:

1) adicional noturno de 25%;

2) não existe hora noturna reduzida;

3) horário noturno na pecuária: 20h às 4h, horário noturno na lavoura: 21h às 5h.

Adicional de insalubridade: Atividade insalubre é aquela em que o obreiro trabalha em contato com agentes nocivos à sua saúde. A insalubridade pode se caracterizar em grau mínimo, médio ou máximo, conforme portarias do Ministério do Trabalho, sendo devidos, respectivamente, o adicional de 10% (mínimo), 20% (médio) e 40% (máximo). A base de cálculo do adicional de insalubridade é o salário mínimo, exceto se existir outra base de cálculo superior prevista em contrato ou norma coletiva.

Adicional de periculosidade: Caracterizada a periculosidade, é devido o pagamento do adicional correspondente. O percentual a ser pago a título de adicional de periculosidade é de 30% sobre o vencimento efetivo do trabalhador (art. 193, § 1º, CLT), inclusive para os eletricitários contratados a partir da vigência da Lei nº 12.740/12. O adicional de periculosidade incide, portanto, apenas sobre o salário básico e não sobre este acrescido de outros adicionais. O adicional de periculosidade do empregado eletricitário, contratado sob a égide da Lei nº 7.369/1985 (já revogada pela Lei nº 12.740, de 2012), deve ser calculado sobre a totalidade das parcelas de natureza salarial. Não é válida norma coletiva mediante a qual se determina a incidência do referido adicional sobre o salário básico. A alteração da base de cálculo do adicional de periculosidade do eletricitário promovida pela Lei nº 12.740/2012 atinge somente contrato de trabalho firmado a partir de sua vigência, de modo que, nesse caso, o cálculo será realizado exclusivamente sobre o salário básico, conforme determina o § 1º do art. 193 da CLT. Os portuários recebem o adicional de periculosidade proporcional ao tempo de exposição à atividade perigosa (art. 14 da Lei nº 4.860/65).

1.8. Parcelas não salariais

Uma determinada parcela paga ao empregado não terá natureza salarial em duas situações:

1) quando a lei assim o determinar;

2) quando a parcela possuir caráter indenizatório, isto é, visa ressarcir o empregado de despesas efetivamente efetuadas, e não retribuir o trabalho prestado.

Assim, não são parcelas salariais aquelas cuja natureza é indenizatória (ressarcimento e não contraprestação), bem como aquelas cuja natureza salarial é afastada por lei.

Vejamos as principais parcelas não salariais no cotidiano trabalhista:

Prêmio: é a modalidade de salário vinculado a fatores de ordem pessoal do trabalhador ou vinculado à conduta de um grupo de trabalhadores. Conforme o *art. 457. § 4º da CLT "Consideram-se prêmios as liberalidades concedidas pelo empregador em forma de bens, serviços ou valor em dinheiro a empregado ou a grupo de empregados, em razão de desempenho superior ao ordinariamente esperado no exercício de suas atividades".* Após a vigência da Lei nº 13.467/17, o prêmio, que tinha natureza salarial, passou a ter caráter indenizatório, não só para efeitos trabalhistas, mas também previdenciários (art. 457, §2º, CLT).

Participação nos Lucros e Resultados-PLR: Trata-se de parcela espontânea, que deve ser criada por negociação coletiva e seu pagamento pode ser anual ou semestral, fixo ou variável, conforme negociado. Não tem natureza salarial conforme dispõe a própria CF/88 em seu art. 7º, XI. Em caso de rescisão contratual é devida a participação nos lucros proporcional aos meses trabalhados (OJ 390 da SDI-1 do TST). A Lei nº 10.101/2000 regulamenta a Participação nos Lucros ou Resultados.

Diárias de viagem: Diárias são valores pagos aos empregados a título de ressarcimento de **despesas** decorrentes de **viagens a serviço**. As diárias não integram o salário, não se incorporam ao contrato de trabalho e não constituem base de incidência de qualquer encargo trabalhista e previdenciário. A Reforma Trabalhista retirou a presunção de natureza salarial para as diárias que excederem a 50% do salário percebido pelo empregado, de forma que qualquer valor pago a título de diária terá natureza indenizatória, salvo prova em contrário.

Ajuda de custo: A ajuda de custo é um único pagamento, efetuado em situações excepcionais, em geral para ressarcir despesas de transferência do empregado ocorridas no interesse do empregador. Há entendimento no sentido de que mesmo que a ajuda de custo tenha um valor fixo, com periodicidade mensal, não constitui salário, desde que, efetivamente, traduza ressarcimento de despesas do empregado em decorrência do contrato de trabalho.

Verba de representação: Corresponde à importância concedida ao empregado para ressarcir despesas que este comprovadamente tenha incorrido em razão do relacionamento com clientes do empregador.

"Stock option": O regime de "stock option" (opção de compra) configura oportunidade conferida pelo empregador para que seus empregados comprem ou subscrevam ações de companhia em condições vantajosas, normalmente com um custo bem inferior ao do mercado e ajustado previamente. Elas não representam um complemento de remuneração, mas um meio de estimular o empregado a fazer coincidir seus interesses com o dos acionistas. Logo, não possuem natureza salarial.

Auxílio-alimentação e PAT: O auxílio-alimentação, vedado seu pagamento em dinheiro, não tem natureza salarial (art. 457, §2º, da CLT). O auxílio-alimentação pode ser concedido através de tíquete ou vale. O programa de alimentação ao trabalhador (PAT) foi instituído pela Lei 6.321/76, visando incluir o trabalhador em um programa de alimentação, incentivando o empregador através de benefícios fiscais. A adesão ao PAT pode ser realizada por empresas que fornecem alimentação *in natura* ou através de tíquete (bônus de pequena circulação).

A Lei nº 14.442/2022 determina em seu art. 2º que o Auxílio-Alimentação seja destinado exclusivamente ao pagamento de refeições em restaurantes ou estabelecimentos de produtos alimentícios. A regra vem para impedir que o auxílio, que tem tratamento tributário favorável, seja utilizado para a aquisição de produtos não relacionados à alimentação.

Em seu art. 3º, a referida lei proíbe os empregadores de exigir ou receber qualquer tipo de deságio; impor descontos; estabelecer benefícios de natureza pós-paga; e nem conceder benefícios não vinculados à saúde e segurança alimentar do empregado a título de auxílio alimentação.

As empresas deverão se adequar ao novo regramento quando da renovação dos contratos vigentes, assinatura de novos contratos ou depois de transcorridos 14 meses, o que ocorrer primeiro. As empresas não poderão renovar contratos que não estejam de acordo com as novas regras (art. 4º da Lei nº 14.442/2022).

A execução inadequada, desvio ou desvirtuamento da finalidade na concessão ou contratação do benefício poderá acarretar, ao empregador ou empresas emissoras de instrumentos de pagamento de auxílio-alimentação, o pagamento de multa, sem prejuízo da aplicação de outras penalidades cabíveis pelos órgãos competentes, no valor de R$ 5.000,00 (cinco mil reais) a R$ 50.000,00 (cinquenta mil reais), a qual será aplicada em dobro em caso de reincidência ou de embaraço à fiscalização.

2. EQUIPARAÇÃO SALARIAL

A equiparação salarial é a figura jurídica mediante a qual se assegura ao trabalhador idêntico salário ao do colega (paradigma) perante o qual tenha exercido simultaneamente, função idêntica na mesma localidade, para o mesmo empregador.

Seu fundamento jurídico está no princípio constitucional da isonomia.

A equiparação salarial não se confunde com a substituição de funcionários, pois a equiparação exige a simultaneidade da prestação de serviços. Assim, o paradigma e o reclamante devem trabalhar ou ter trabalhado juntos em algum momento durante o vínculo.

Se o reclamante substituiu o paradigma, aplica-se a Súm. 159 do TST, conforme a qual o reclamante terá direito ao mesmo salário do substituído nas hipóteses de substituição temporária.

A equiparação salarial possui os seguintes requisitos cumulativos:

A) **Identidade de função:** Ambos os empregados (paradigma e paragonado) devem exercer **idêntica função** na empresa, inclusive função de confiança ou função intelectual. Função é um **conjunto de tarefas** que se reúnem em um todo unitário. Não interessa a denominação do cargo, e sim a função efetivamente exercida pelos empregados. Não basta a mera semelhança, é necessária a total identidade na função desempenhada pelo paradigma e paragonado.

B) **Identidade de empregador:** O empregador do paradigma e do paragonado deve ser o mesmo.

C) **Identidade de estabelecimento:** Para que haja a equiparação salarial é necessário que os empregados trabalhem no mesmo estabelecimento.

D) **Simultaneidade no exercício da função:** Conforme a jurisprudência predominante, a equiparação somente faz sentido se os empregados trabalharam **juntos** em uma mesma época por pelo menos **30 dias.** Não é necessário que na época que o empregado entrar com a ação trabalhista, ele e o paradigma ainda estejam trabalhando, se em algum momento ambos trabalharam juntos por pelo menos 30 dias.

O empregado tem o ônus de provar os requisitos da equiparação salarial, expostos nos subitens anteriores. Por outro lado, o empregador deve provar qualquer fato impeditivo, modificativo ou extintivo do direito à equiparação, quais sejam:

A) **Diferença de perfeição técnica (aspecto qualitativo):** Se há diferença de perfeição técnica entre o trabalho desenvolvido pelo paradigma e pelo paragonado não há direito à equiparação salarial. Apesar da grande dificuldade na prova desse fato, a jurisprudência tem aceitado como indício para tal comprovação, a demonstração de maior **qualificação técnico-profissional** do paradigma, como por exemplo, a maior experiência anterior na função.

B) **Diferença de produtividade (aspecto quantitativo):** Não se caracteriza a equiparação salarial se o paradigma tiver **maior produtividade** (produção relativa em determinada unidade de tempo) que o paragonado.

C) **Diferença de tempo na função não superior a dois anos e diferença de tempo no emprego não superior a quatro anos:** Paradigma e paragonado não podem ter diferença de tempo de serviço na função **(e não na empresa)** maior que dois anos. A Lei da Reforma Trabalhista também acrescentou a exigência de que a diferença de **tempo no emprego** entre os empregados comparados não seja **superior a quatro anos.** Assim, a equiparação ficará afastada se o modelo exercer a função há mais de dois ou se o modelo trabalhar para o mesmo empregador há mais de quatro anos em relação ao equiparando.

D) **Existência de quadro de carreira ou plano de cargos e salários:** Se a empresa possui **quadro de carreira** ou **plano de cargos e salários** não há direito à equiparação salarial. Isso porque, neste caso, o próprio empregador estabeleceu mecanismo de não discriminação entre os empregados, sendo dispensada qualquer forma de homologação do quadro ou registro em órgão público.

Os empregados que ocupam determinada função em decorrência de readaptação previdenciária por deficiência física ou mental não servem de paradigma.

Nesse caso, o empregado foi readaptado em nova função adequada à sua condição física e mental e seu salário foi mantido no mesmo patamar em virtude da irredutibilidade salarial. Logo, tal vantagem tem natureza personalíssima e não pode se comunicar aos demais empregados.

A equiparação em cadeia ou em cascata verificava-se quando um empregado obtinha sucesso em pleito equiparatório e, a partir daí, outros empregados ajuizavam ações semelhantes, utilizando como paradigma o reclamante da ação anterior, e não o paradigma daquela primeira ação (paradigma original).

A equiparação em cadeia é incabível, porquanto está expressamente vedada a indicação de paradigmas remotos, ainda que o paradigma contemporâneo tenha obtido a vantagem em ação judicial própria (art. 461, § 5º da CLT).

Recentemente o STF firmou entendimento no RE 635546, com repercussão geral, que não é possível a equiparação de direitos trabalhistas entre terceirizados e empregados de empresa pública porque isso "fere o princípio da livre iniciativa, por se tratarem de agentes econômicos distintos, que não podem estar sujeitos a decisões empresariais que não são suas." Essa decisão do STF impacta diretamente no entendimento até então consolidado na Oj nº 383 da SDI-1 do TST.

A Lei nº 14.611 de 2023 alterou o §6º do art. 461 da CLT para determinar que, na hipótese de discriminação por motivo de sexo, raça, etnia, origem ou idade, o pagamento das diferenças salariais devidas não afasta o direito de quem sofreu discriminação promover ação de indenização por danos morais, considerando-se as especificidades do caso concreto.

Já o novo §7º do art. 461 da CLT, trazido pela referida lei altera a multa, prevista no artigo 510 da CLT, para as empresas que não pagarem o mesmo salário para homens e mulheres que desempenham a mesma função. A partir de agora, o valor será dez vezes o novo salário devido pela empresa à trabalhadora ou ao trabalhador discriminado e eleva ao dobro no caso de reincidência, sem prejuízo de outras medidas legais. Antes, a multa era igual a um salário-mínimo regional, elevada ao dobro no caso de reincidência.

3. DESVIO DE FUNÇÃO

O desvio de função é caracterizado quando o trabalhador, apesar de ter sido contratado para exercer determinada função, executa outra diversa, sem o pagamento do salário respectivo. Em outras palavras, o desvio funcional efetivamente se caracteriza quando o empregador modifica as funções originais do empregado, destinando-lhe novas tarefas, totalmente incompatíveis com o feixe de atribuições atinentes ao cargo originário, que exigem o exercício de atividade qualitativamente superior à do cargo primitivo, atraindo, assim, o direito à maior remuneração, a qual, todavia, não é observada pelo empregador.

O desvio de função se caracteriza, sobretudo, quando há quadro de pessoal organizado em carreira; mas pode ocorrer mesmo quando não exista o quadro. Assim, também é possível falar-se em desvio de função se o empregador escalonava seus empregados em cargos ou funções específicas, atribuindo-lhes remuneração diferenciada, considerando apenas o exercício das atribuições a eles relativas. ***Ex.:*** *O empregado é contratado como auxiliar de mecânico e, na prática, exerce as atividades de mecânico, sendo que a empresa possui quadro de pessoal (ou escalonamento de cargos e salários) fixando salário diferente para as duas funções.*

Nesse caso, o empregado fará jus a receber as diferenças salariais do cargo de auxiliar de mecânico para mecânico, porque na realidade exerceu essa última função e não aquela que estava formalmente registrada na sua carteira. Observe-se que, neste caso (desvio de função), não há necessidade de existir um paradigma exercendo a função de mecânico, mas sim que exista na empresa a fixação diferenciada de atividades e salários para cada uma das funções.

O desvio de função não se confunde com a equiparação salarial, pois o desvio de função, desde que não seja episódico ou eventual, cria o direito a diferenças salariais, ainda que não haja paradigma no mesmo estabelecimento.

Ademais, a equiparação salarial tem outros requisitos específicos (tais como identidade funcional, contemporaneidade, etc.), já estudados no item anterior.

4. ACÚMULO DE FUNÇÃO

A configuração do acúmulo de função se verifica quando o empregador contrata o empregado para uma função e passa a exigir dele, concomitantemente, outros afazeres alheios ao contrato, sem a devida contraprestação. ***Ex.:*** *Empregado que é contratado como vendedor e ao longo do contrato o empregador passa a exigir dele que também exerça atividade de cobrador.*

Não se cogita o acúmulo de função a determinação do empregador, dentro do exercício de seu poder diretivo (*jus variandi*), no sentido de que o empregado realize, além de suas funções originariamente atribuídas contratualmente, outras diversas, desde que compatíveis com a função do empregado.

Não há definição legal do que seria ou não tarefas de um determinado cargo, sendo que isso normalmente é analisado no caso concreto. Um exemplo retirado da jurisprudência é que não existe acúmulo de função quando o empregado é contratado para a função de motorista de carga e também exerce atividade de amarrador de cargas, porquanto esta atividade está inserida naquela função para a qual o empregado foi contratado (motorista de cargas).

O acúmulo de função não se confunde com o desvio de função. O acúmulo de função se configura quando o empregador passa a exigir do empregado, concomitantemente, outros afazeres alheios ao contrato, sem a devida contraprestação, e que não são afetos à condição pessoal do empregado.

Já o desvio de função configura-se quando o empregado, originalmente contratado para desempenhar determinada função, passa a desempenhar outra atividade afeta a cargo totalmente distinto, para o qual, geralmente, há previsão de melhor remuneração. Apurada qualquer uma dessas situações, o empregado faz jus às diferenças salariais decorrentes.

Capítulo 6

DURAÇÃO DO TRABALHO

1. DURAÇÃO DO TRABALHO

A duração do trabalho corresponde ao lapso temporal de trabalho ou disponibilidade do empregado perante seu empregador, em virtude do contrato. A duração do trabalho pode ser mensurada por diversos parâmetros, tais como dia (duração diária ou jornada), semana (duração semanal), mês (duração mensal) e ano (duração anual).

Em nosso ordenamento jurídico considera-se como de serviço efetivo o período em que o empregado esteja à disposição do empregador, aguardando ou executando ordens, salvo disposição especial expressamente consignada (art. 4º, *caput,* da CLT).

Conforme o art. 4º, § 2º, da CLT, não será considerado como tempo à disposição, ainda que ultrapassado o limite de 5 minutos, o período quando o empregado, por escolha própria, buscar proteção pessoal, em caso de insegurança nas vias públicas ou más condições climáticas, bem como adentrar ou permanecer nas dependências da empresa para exercer atividades particulares, entre outras: I – práticas religiosas; II – descanso; III – lazer; IV – estudo; V – alimentação; VI – atividades de relacionamento social; VII – higiene pessoal; VIII – troca de roupa ou uniforme, quando não houver obrigatoriedade de realizar a troca na empresa.

Tal listagem é meramente exemplificativa, o que se extrai da expressão "entre outras" constante do art. 4º, § 2º, da CLT.

O tempo gasto em reuniões de trabalho é considerado como tempo de trabalho ou à disposição. Na hipótese de as reuniões acontecerem fora do horário de trabalho, todo esse período deverá ser remunerado como de efetiva prestação de serviços.

Com relação aos cursos de aperfeiçoamento obrigatórios, parte da jurisprudência entende que eles são realizados no interesse do empregador e, por isso, devem ser incluídos na jornada. Todavia, existe parcela da jurisprudência que entende de forma diversa, ao argumento de que o empregado se beneficiou com o enriquecimento do seu currículo.

O tempo de deslocamento da residência do empregado ao local de prestação de serviços e vice-versa (antigamente denominada horas "in itinere") não integra mais a jornada de trabalho (art. 58, §2º, da CLT).

Contudo é importante destacar que no caso dos trabalhadores em minas, o art. 294 assegura textualmente que "o tempo despendido pelo empregado da boca da mina ao local do trabalho e vice-versa será computado para o efeito de pagamento do salário".

No caso dos domésticos, os intervalos previstos na legislação especial, o tempo de repouso, as horas não trabalhadas, os feriados e os domingos livres em que o empregado que mora no local de trabalho nele permaneça não serão computados como horário de trabalho.

2. TEMPO DE PRONTIDÃO E DE SOBREAVISO

O tempo de sobreaviso é aquele no qual o empregado permanece em sua própria casa, aguardando a qualquer momento o chamado para o serviço (art. 244, § 2º, CLT). Já o tempo de prontidão corresponde ao período de tempo em que o empregado fica nas dependências da empresa aguardando ordens (art. 244, § 3º, CLT).

Enquanto o artigo 4º da CLT considera como de serviço efetivo o período em que o empregado esteja à disposição do empregador, aguardando ou executando ordens, dentro do seu horário habitual de trabalho, a prontidão e o sobreaviso caracterizam-se pela circunstância de ocorrerem fora do horário habitual de trabalho do empregado.

Conforme o entendimento majoritário do TST, aplica-se o regime de sobreaviso nas situações em que qualquer empregado, à distância e submetido a controle patronal por instrumentos telemáticos ou informatizados, permaneça em regime de plantão ou equivalente, aguardando a qualquer momento o chamado para o serviço durante o período de descanso (Súm. 428, II, do TST). O mero uso de instrumentos telemáticos ou informatizados (ex. celular ou *ipad*) não caracterizam o regime de sobreaviso (Súm. 428, I, do TST).

Acerca da duração, cada escala de sobreaviso será, no máximo, de vinte e quatro horas e as horas serão contadas à razão de 1/3 (um terço) do salário normal. Já em relação à escala de prontidão, esta será, no máximo, de doze horas, sendo que as horas serão contadas à razão de 2/3 (dois terços) do salário-hora normal.

Em caso de extrapolação da escala máxima admitida para esses regimes, existem duas correntes que buscam apresentar solução jurídica.

Para a primeira, a extrapolação da jornada máxima das escalas de sobreaviso e de prontidão deve ser remunerada como serviço extraordinário, incidindo o respectivo adicional, porquanto o empregado, ainda que esteja apenas aguardando ordens, mantém a sua energia de trabalho à disposição do empregador.

Para a segunda corrente, não há previsão legal de remuneração das horas porventura excedentes do limite legal como extraordinárias, de modo que eventual excesso se constitui em irregularidade meramente administrativa.

A jurisprudência do TST tem se inclinado para a segunda posição.

No caso dos aeronautas, o tempo de prontidão é chamado de reserva, sendo remunerado como hora normal de trabalho (art. 44, § 1º da Lei nº da Lei nº 13.475/17). Considera-se reserva o tempo que o aeronauta permanece no local de trabalho à disposição do empregador.

3. LIMITES DA DURAÇÃO DO TRABALHO

Conforme o art. 7º, XII, da CF/88, a jornada máxima será de **oito horas diárias e quarenta e quatro horas semanais.** Todo trabalho realizado além desses limites *é* considerado extraordinário, desde que não regularmente compensado.

Embora a Constituição Federal tenha imposto uma limitação máxima para a jornada, a lei pode estabelecer condições mais benéficas ao trabalhador (jornadas menores) e adequadas às peculiaridades da atividade desenvolvida, como destacamos a seguir:

- **Advogado** – 4 horas diárias, 20 horas semanais, salvo negociação coletiva ou dedicação exclusiva;
- **Engenheiros e médicos** – 8 horas;
- **Jornalistas** – 5 horas, podendo ser prorrogada até 7 horas, mediante acordo escrito;
- **Operador cinematográfico** – 6 horas;
- **Minas de subsolo** – 6 horas diárias e 36 horas semanais;
- **Telefonistas** – 6 horas diárias e 36 horas semanais, aplicando--se extensivamente aos operadores de telemarketing (jurisprudência atual). Não se aplica aos operadores de telex;
- **Artistas profissionais** – 6 horas diárias, 30 horas semanais;
- **Músicos** – 5 horas diárias, computado o tempo destinado aos ensaios, e não poderá exceder 6 horas nos estabelecimentos de diversões públicas onde atuem dois ou mais conjuntos, ou sete horas nos casos de força maior ou de festejos populares e serviço reclamado pelo interesse nacional;
- **Técnicos em radiologia** – 24 horas semanais;
- **Bancários** – 6 horas diárias e 30 horas semanais; 8 horas diárias para o detentor de funções de direção, gerência, fiscalização, chefia e equivalentes ou que desempenhem outros cargos de confiança desde que o valor da gratificação não seja inferior a um terço do salário do cargo efetivo.

Em regra, também é proibido a prestação de horas extras pelo menor de 18 anos (art. 413 CLT), excetuadas as seguintes hipóteses:

1) compensação, desde que previsto em negociação coletiva (art. 413 da CLT);

2) força maior, desde que o trabalho do menor seja indispensável.

Para o menor de 18 anos, o limite de jornada de 8 horas abrange inclusive a hipótese de mais de um emprego, ou seja, somam-se as horas de trabalho de tantos quantos forem os contratos de emprego mantidos pelo menor.

4. TURNOS ININTERRUPTOS DE REVEZAMENTO

O trabalho em turno ininterrupto de revezamento é aquele em que o trabalhador exerce suas atividades em sistema de alternância de turnos (exemplo: em uma semana trabalha durante o dia e na outra durante a noite).

O turno ininterrupto de revezamento se verifica ainda que o trabalho se dê apenas em dois turnos de trabalho, que compreendam, no todo ou em parte, o horário diurno e o noturno, sendo irrelevante que a atividade da empresa se desenvolva de forma ininterrupta. Nessas situações, o trabalhador é submetido à alternância de horário prejudicial à saúde e, portanto, sua jornada será de 6h, no máximo., podendo ser ampliada para 8h, mediante negociação coletiva.

Estabelecida jornada superior a seis horas e limitada a oito horas por meio de regular negociação coletiva, os empregados submetidos a turnos ininterruptos de revezamento não têm direito ao pagamento da 7ª e 8ª horas como extras (Súmula 423 do TST).

Não há exigência legal para que exista contrapartida no caso de negociação coletiva para elastecimento da jornada em turno ininterrupto.

A interrupção do trabalho destinada a repouso e alimentação, dentro de cada turno, ou o intervalo para repouso semanal, não descaracteriza o turno de revezamento com jornada de 6 (seis) horas previsto no art. 7º, XIV, da CF/1988 (Súm. 360 do TST).

O trabalho em regime de turnos ininterruptos de revezamento não retira o direito à hora noturna reduzida, não havendo incompatibilidade entre as disposições contidas nos arts. 73, § 1º, da CLT e 7º, XIV, da CF (OJ nº 395 da SDI-I do TST).

Para o cálculo do salário hora do empregado horista, submetido a turnos ininterruptos de revezamento, considerando a alteração da jornada de 8 para 6 horas diárias, aplica-se o divisor 180, em observância ao disposto no art. 7º, VI, da Constituição Federal, que assegura a irredutibilidade salarial (OJ nº 396 da SDI-I do TST).

É inválido o instrumento normativo que, regularizando situações pretéritas, estabelece jornada de oito horas para o trabalho em turnos ininterruptos de revezamento (OJ nº 420 da SDI-I do TST).

5. JORNADA 12 X 36 HORAS

O art. 59-A da CLT, introduzido pela Reforma Trabalhista, trouxe a expressa previsão da instituição da jornada de 12 x 36 (12 horas de trabalho seguidas de 36 horas de descanso), através de negociação coletiva e também mediante acordo individual escrito. Também se aplica o regime de 12 x 36 aos domésticos, mediante acordo escrito, observados ou indenizados os intervalos para repouso e alimentação.

No julgamento da ADI 5994, o STF reconheceu a constitucionalidade da regra trazida pela Reforma Trabalhista (Lei 13.467/2017) que permite a adoção da jornada de trabalho de 12 horas, com 36 horas ininterruptas de descanso, por meio de acordo individual escrito entre o empregador e o trabalhador, observados ou indenizados os intervalos para repouso e alimentação. Prevaleceu o voto do Ministro Gilmar Mendes, no sentido de que a aceitação da jornada de 12 x 36 já era pacífica na jurisprudência trabalhista e que o próprio STF, no julgamento da ADI 4842, considerou constitucional essa forma de trabalho para os bombeiros civis. Ainda conforme o Relator, antes da Reforma Trabalhista, a Súm. 444 do TST considerava válida a adoção dessa jornada, desde que em caráter excepcional, se houvesse previsão em lei ou ajustada em negociação coletiva. O Relator observou, ainda, que a Constituição da República não proíbe essa modalidade de jornada, mas apenas admite a relativização do tempo de trabalho de 8 horas diárias ou 44 horas semanais mediante compensação, conforme acordo ou negociação coletiva. Essa compensação, segundo ele, pode se dar na forma 12 x 36, em que as quatro horas a mais são compensadas por 36 horas seguidas de descanso, de forma que o acordo individual estaria inserido na liberdade do trabalhador.

Ainda que haja prestação de horas extras habituais, isso não implicará em descaracterizar o acordo de compensação que autoriza essa jornada especial (parágrafo único do art. 59-B da CLT).

É autorizada a adoção da jornada de 12 x 36 horas em ambientes insalubres, independentemente de prévia licença das autoridades competentes em matéria de higiene do trabalho (parágrafo único do artigo 60 da CLT).

6. JORNADA NOTURNA

É devido o adicional mínimo de 20% para o trabalhador urbano durante o horário noturno (22h às 5h). A hora noturna para o trabalhador urbano é reduzida para 52 minutos e 30 segundos para cada 60 minutos diurnos (hora ficta noturna).

Dessa forma, o empregado trabalha, na prática, apenas 7h à noite (52`30"x 8=420"=7h).

Essas mesmas regras se aplicam ao doméstico. A única ressalva é a de que, quando o empregado for contratado exclusivamente para trabalho noturno, o adicional será calculado sobre o salário constante da CTPS.

Quando houver prorrogação de jornada noturna, isto é, o empregado trabalha durante o horário noturno e continua trabalhando após as 5h, as horas trabalhadas depois de 5h também serão remuneradas com o adicional e calculadas à luz da hora ficta noturna.

Não existe prorrogação de jornada noturna no regime 12 X 36, inclusive quando adotado esse regime para domésticos.

Para o trabalhador rural existem algumas especificidades no tocante ao trabalho noturno:

1) adicional noturno de 25%;
2) não existe hora noturna reduzida;
3) horário noturno na pecuária: 20h às 4h, horário noturno na lavoura: 21h às 5h.

O adicional noturno integra a base de cálculo das horas extras prestadas no período noturno, de forma que o adicional noturno é somado à hora normal e, depois, é calculado o adicional de horas extras.

O adicional de periculosidade deve compor a base de cálculo do adicional noturno, já que também neste horário o trabalhador permanece sob as condições de risco.

7. JORNADA CONTROLADA

A regra é que a prestação de serviços seja submetida a efetivo controle do empregador.

Se o estabelecimento possuir mais de 20 empregados é obrigatória a anotação da entrada e saída, em registro manual, mecânico ou eletrônico, conforme art. 74, §2º, da CLT (até o advento da Lei nº 13.874/2019, chamada Lei da Liberdade Econômica, essa exigência era para empresas com mais de 10 empregados).

Os intervalos intrajornadas podem ser pré-assinalados.

Se o trabalho for executado fora do estabelecimento, o horário dos empregados constará do registro manual, mecânico ou eletrônico em seu poder.

É permitida a utilização de registro de ponto por exceção à jornada regular de trabalho, mediante acordo individual escrito, convenção coletiva ou acordo coletivo de trabalho (§4º do art. 74 da CLT). Dessa forma, poderá ser implantado o sistema em que o empregado registra seu labor apenas quando presta horas extras.

Nessas situações, se o empregador não apresenta o registro de ponto do empregado ou se apresenta pontos britânicos (marcação uniforme em todos os dias), atrai para si ônus de comprovar o horário de trabalho do empregado, sob pena de se presumir verdadeiro o horário declinado pelo trabalhador no processo.

Em se tratando de motorista profissional, a jornada deve ser controlada e registrada de maneira fidedigna mediante anotação em diário de bordo, papeleta ou ficha de trabalho externo, ou sistema e meios eletrônicos instalados nos veículos, a escolha do empregador (art. 2º, "b", da Lei nº 13.103/2015).

No caso do trabalho doméstico, é obrigatório o registro do horário de trabalho por qualquer meio manual, mecânico ou eletrônico, desde que idôneo. Caso o empregado doméstico resida no local de trabalho, o período de intervalo intrajornada poderá ser desmembrado em 2 (dois) períodos, desde que cada um deles tenha, no mínimo, 1 (uma) hora, até o limite de 4 (quatro) horas ao dia. Neste caso, a anotação do intervalo deverá ser efetuada no registro diário de horário, vedada sua prenotação (art. 13, § 2º).

Não serão descontadas nem computadas como jornada extraordinária as variações de horário no registro de ponto não excedentes de 05 (cinco) minutos, observado o limite máximo de 10 (dez) minutos diários.

8. JORNADA NÃO CONTROLADA

Quando o horário de trabalho não é fiscalizado pelo empregador, é impossível a aferição da real jornada laborada. Por essa razão, não há que se falar em direito a horas extras, intervalos e horário noturno para tais empregados.

O art. 62 da CLT traz três situações em que há presunção legal de que é inviável o controle da jornada. Esta presunção pode ser afastada e, se comprovado que havia o efetivo controle da jornada do empregado, será devido o pagamento das horas extras, bem como a observância de intervalos e do horário noturno para tais empregados.

As hipóteses legais de presunção de impossibilidade de controle de jornada são (incisos I, II e III do art. 62 da CLT):

I) trabalhadores que exercem atividade externa incompatível com a fixação do horário de trabalho.

   Neste caso, o empregado trabalha longe das vistas do seu chefe, laborando externamente ao estabelecimento e, portanto, a lei presume que o empregado tenha a liberdade para fixar seu horário de trabalho, não sendo possível ao empregador efetuar o controle sobre ele. ***Ex.:*** *Vendedores viajantes.*

   O artigo 62, I, da CLT exige a anotação de condição de externo da CTPS e no registro de empregado. Trata-se de requisito da prova do ato, e não da sua essência.

   Em outras palavras, se o empregador comprovar que o empregado é de fato externo prevalecerá a verdade à forma. A infração ao referido dispositivo legal acarretará apenas multa administrativa.

II) exercentes de cargo de gestão, desde que também recebam acréscimo salarial igual ou superior a 40% do salário do cargo efetivo.

   Nesta hipótese, a lei presume que tais trabalhadores, por estarem investidos de parcela significativa do próprio poder empregatício, não se submeteriam ao estrito controle de horários, sob pena de isso até mesmo inviabilizar o exercício de sua função de poder perante os demais trabalhadores.

   É necessário o efetivo exercício de cargo de gestão, o que se caracteriza por uma especial fidúcia depositada no empregado. Não importa a mera denominação do cargo, é necessário que o empregado detenha autonomia em decisões cruciais da atividade empresarial, assumindo encargos de gestão e representação perante clientes e terceiros, assim como também pelo exercício do poder disciplinar frente aos demais empregados. ***Ex.:*** *Gerente geral da agência bancária*

   Além do exercício de efetivo cargo de gestão (chefia, mando), o empregado também deve receber gratificação igual ou superior a 40% do salário do cargo efetivo.

III) os empregados em regime de teletrabalho que prestam serviço por produção ou tarefa. Anteriormente, o artigo 62, inciso III, da CLT, incluído pela Lei 13.467/2017 (Reforma Trabalhista), excluía do regime de duração de trabalho todos os empregados em regime de teletrabalho, sem fazer essa delimitação quanto à prestação do serviço por produção ou tarefa. Sendo assim, com a Lei 14.442/2022, passam a ser abrangidos pelos preceitos sobre duração do trabalho os empregados em regime de teletrabalho que prestam serviço por jornada (artigo 75-B, § 2º, da CLT).

9. MOTORISTA PROFISSIONAL

A Lei nº 13.103/2015 regulamentou a jornada dos motoristas profissionais, isto é, os motoristas de veículos automotores cuja condução exija formação profissional e que exerçam a profissão nas seguintes atividades ou categorias econômicas: I – de transporte rodoviário de passageiros; II – de transporte rodoviário de cargas.

A jornada de trabalho do motorista profissional deve ser controlada e registrada de maneira fidedigna mediante anotação em diário de bordo, papeleta ou ficha de trabalho externo, ou sistema e meios eletrônicos instalados nos veículos, a escolha do empregador.

A jornada do motorista profissional será de 8 horas, admitindo-se a prorrogação por até 2 horas extraordinárias ou, se previsto em convenção ou acordo coletivo, por até 4 horas extraordinárias (art. 235-C e parágrafos, da CLT).

Será considerado trabalho efetivo o tempo em que o motorista estiver à disposição do empregador, excluídos os intervalos para refeição, repouso e descanso e o tempo de espera.

O motorista tem direito a intervalo mínimo de 1 hora para refeição, e esse período pode coincidir com o tempo de parada obrigatória.

O tempo de espera são as horas em que o motorista fica aguardando carga ou descarga do veículo, e o período gasto com a fiscalização da mercadoria e não são computadas como jornada de trabalho, nem como horas extraordinárias.

As horas relativas ao tempo de espera serão indenizadas na proporção de 30% do salário-hora normal e esse pagamento, conforme a lei, não tem natureza salarial.

O tempo de espera não pode interferir no recebimento da remuneração correspondente ao salário-base diário.

Quando a espera for superior a 2 horas ininterruptas e for exigida a permanência do motorista empregado junto ao veículo, caso o local ofereça condições adequadas, o tempo será considerado como de repouso para os fins do intervalo de que tratam os §§2º e 3º, sem prejuízo do pagamento do adicional de 30% previsto no §9º do art. 235-C da CLT.

As movimentações necessárias do veículo no tempo de espera não serão consideradas como parte da jornada de trabalho.

É vedado ao motorista dirigir por mais de 5 horas e meia ininterruptas.

Em situações excepcionais de inobservância justificada do limite de jornada, devidamente registradas, e desde que não se comprometa a segurança rodoviária, a duração da jornada de trabalho do motorista profissional empregado poderá ser elevada pelo tempo necessário até o veículo chegar a um local seguro ou ao seu destino.

A cada 6 horas na condução do veículo, estão previstos 30 minutos para descanso. Em situações excepcionais, o tempo de direção poderá ser elevado pelo período necessário para que o condutor chegue a um lugar que ofereça segurança.

Dentro do período de 24 horas, são asseguradas 11 horas de descanso, podendo ser fracionadas, e podem englobar os períodos de parada obrigatória, desde que seja garantido o mínimo de 8 horas ininterruptas no primeiro período e o gozo do restante dentro das 16 horas seguintes.

Nas viagens de longa distância, em que o caminhoneiro fica fora da base da empresa e de sua residência por mais de 24 horas, o repouso diário pode ser feito no veículo ou em alojamento com condições adequadas.

Nas viagens de longa distância com duração superior a 7 dias, o repouso semanal será de 24 horas por semana ou fração trabalhada, sem prejuízo do intervalo de repouso diário de 11 horas, totalizando 35 horas, usufruído no retorno do motorista à base (matriz ou filial) ou ao seu domicílio. É permitido o fracionamento do repouso semanal em 2 períodos.

Nos casos em que o empregador adotar 2 motoristas trabalhando no mesmo veículo, o tempo de repouso poderá ser feito com o veículo em movimento, assegurado o repouso mínimo de 6 horas consecutivas fora do veículo em alojamento externo ou, se na cabine leito, com o veículo estacionado, a cada 72 horas.

No transporte de passageiros é facultado o fracionamento do intervalo de condução do veículo, em períodos de no mínimo 5 (cinco) minutos.

No transporte de passageiros é assegurado ao motorista intervalo mínimo de 1 (uma) hora para refeição, podendo ser fracionado em 2 (dois) períodos e coincidir com o tempo de parada obrigatória na condução do veículo estabelecido, exceto quando se tratar do motorista profissional enquadrado no § 5º do art. 71 da CLT (motoristas, cobradores, fiscalização de campo e afins nos serviços de operação de veículos rodoviários, empregados no setor de transporte coletivo de passageiros).

Convenção e acordo coletivo poderão prever jornada especial de 12 horas de trabalho por 36 horas de descanso para o trabalho do motorista profissional empregado em regime de compensação.

O prazo máximo para carga e descarga será de 5 horas, contadas da chegada do veículo ao endereço de destino.

10. TRABALHO EM TEMPO PARCIAL

Trabalho em tempo parcial é aquele em que o empregado cumpre jornada inferior ao padrão (8h diárias e 44h semanais), recebendo, em contrapartida, salário proporcional àquele pago para a jornada completa. O respeito ao salário-mínimo deve ser realizado pela comparação do salário-hora e não do salário-mensal.

O limite para o trabalho em regime de tempo parcial é de 30 horas semanais, sendo possível a prestação de horas extras, limitadas a seis horas semanais, desde que o contrato tenha sido firmado com o máximo de 26 horas semanais.

Para os atuais empregados, a adoção do regime de tempo parcial exige: 1) opção do empregado manifestada expressamente perante a empresa; 2) previsão em instrumento decorrente de negociação coletiva.

As horas extras suplementares serão remuneradas com acréscimo de 50% "sobre o salário-hora normal" (art. 58-A, §3º da CLT).

É admitida a compensação das horas extras no regime de tempo parcial até a semana seguinte, devendo ser feita a sua quitação na folha de pagamento do mês subsequente, caso não sejam compensadas.

Para o doméstico, é cabível o trabalho em tempo parcial, com salário proporcional, observado o limite de 25 (vinte e cinco) horas semanais, podendo ser acrescida de horas suplementares, em número não excedente a 1 (uma) hora diária, mediante acordo escrito entre empregador e empregado, com o limite máximo de 6 (seis) horas diárias.

11. PRORROGAÇÃO DE JORNADA

A prorrogação de jornada corresponde à possibilidade de realização de horas extras.

É vedada a pré-contratação de horas extras, isto é, o acordo de prorrogação embutido no próprio contrato de trabalho. Isto porque, o empregador, neste caso, estaria tornando habitual, o que por natureza, deve ocorrer apenas de forma excepcional (Súm. 199 do TST).

A prorrogação de jornada pode se verificar nas seguintes hipóteses:

1) **Sistema de compensação:** Há distribuição da jornada excedente trabalhada em um dia para outro dia, de forma a fazer a compensação das horas trabalhadas. A duração diária do trabalho poderá ser acrescida de horas extras, em número não excedente de **duas**. A inobservância das regras legais a respeito da compensação de jornada, inclusive quando estabelecida mediante **acordo tácito**, não implica a repetição do pagamento das horas extras excedentes à jornada normal diária se não ultrapassada a duração máxima semanal, sendo devido apenas o respectivo adicional (artigo 59-B da CLT). Assim, tratando-se de vício de forma, é permitido ao empregador pagar as horas extras apenas no que excede do módulo de 44 h semanais, ficando as primeiras 44 h sujeitas apenas ao adicional de horas extras, caso houver excesso diário. Exemplo: Um acordo de 10h diárias em 5 dias da semana, feito de modo irregular, gera como consequência o pagamento de 6h extras (a carga horária semanal chegou a 50h) e o pagamento apenas do adicional de horas extras pelas duas excedentes de segunda a quinta (as duas excedentes da sexta já estão no cálculo das seis excedentes na semana). Ao contrário da Súmula 85, IV, do TST, a Reforma Trabalhista trouxe a expressa previsão de que a prestação de **horas extras habituais** não descaracteriza o acordo de compensação de jornada e o banco de horas. A compensação de jornada pode ocorrer de duas maneiras:

a) **Compensação tradicional:** A compensação de jornada tradicional verifica-se quando o **módulo semanal ou mensal é** respeitado e o horário de trabalho por dia é fixado previamente. Exemplo: O empregado trabalha durante 8 horas diárias de segunda a quarta-feira e 10 horas diárias de quinta a sexta-feira, perfazendo o limite semanal de 44 horas e compensando o sábado não trabalhado. Seu ajuste poderá ser realizado por **acordo individual (tácito ou escrito)** ou **negociação coletiva** (acordo ou convenção coletiva). Para os menores de idade, a lei exige que a compensação de jornada seja efetuada através de **norma coletiva** e limitada a **44 horas semanais** (artigo 413, I, da CLT). O bombeiro civil tem sua jornada fixada em 12 x 36 horas (art. 5º da Lei nº 11.901/09), limitada a 36 horas semanais, de forma que sua compensação não exige ajuste individual ou coletivo. Ao doméstico não se aplica o limite de duas horas extras por dia, tampouco é exigida norma coletiva para a compensação de jornada por banco de horas (art. 2º da LC 150/15). Para o doméstico é apenas exigido **acordo escrito** entre empregado e empregador e o pagamento das primeiras 40 horas extras ou a compensação dessas primeiras 40 horas no mês. A compensação tradicional deve ocorrer dentro do **mês** (antes da Reforma Trabalhista, o limite era semanal), sendo permitido seu ajuste inclusive por acordo individual **tácito.**

b) **Compensação anual (banco de horas):** A distribuição de horas excedentes de uma jornada diária pode ocorrer dentro de **um ano**, desde que adotado por **acordo ou convenção coletiva** e nem seja ultrapassado o limite máximo de **dez horas diárias.** A Reforma Trabalhista passou a permitir o **ajuste individual** escrito (antes só era permitido por negociação coletiva) para o banco de horas, desde que a compensação ocorra no período máximo de **seis meses.** Não observados quaisquer dos requisitos para a compensação anual ou semestral, será devido o pagamento integral das horas extras laboradas. Além disso, caso não sejam compensadas todas as horas extras laboradas, quando da rescisão, estas serão pagas pela remuneração da data da rescisão.

2) **Necessidade imperiosa (art. 61 da CLT):** O empregado é obrigado a prestar horas extras, **independente** de prévio acordo, nas seguintes hipóteses de necessidade imperiosa do empregador: 1) **força maior**, não havendo estipulação de limite legal diário de horas extras a serem prestadas; 2) para atender à realização de serviços **inadiáveis ou cuja inexecução possa acarretar prejuízo manifesto**, observando-se o limite legal de **12 horas diárias.** Com o advento da Reforma Trabalhista, a prorrogação por necessidade imperiosa não está mais condicionada à **comunicação do fato à** Superintendência Regional do Trabalho. A recusa do empregado a cumprir horas extras na hipótese de necessidade imperiosa configura falta grave, punível com dispensa por justa causa.

3) **Paralisações empresariais:** em decorrência de causas acidentais ou força maior que paralisem a atividade da empresa, a duração do trabalho poderá ser prorrogada, observando-se os seguintes requisitos: 1) **causas acidentais** ou **força maior** que **paralisem** a atividade da empresa; 2) **prévia autorização do MTE** para a prorrogação; 3) limite de **2 horas extras**, **10 horas diárias** e período não superior a **45 dias por ano.**

12. PAGAMENTO DE HORAS EXTRAS

As horas extras prestadas deverão ser quitadas com adicional mínimo de 50% ou adicional superior previsto em lei, contrato, acordo, convenção coletiva ou sentença normativa.

Em alguns casos existe previsão legal diversa para o adicional de horas extras, tais como: advogado-100% (art. 20, § 2º, da Lei nº 8.906/94); ferroviário – as quatro primeiras – 50%, a partir da 4ª hora extra – 60% ou 75%.

A base de cálculo das horas extras corresponde ao valor da hora normal integrado por todas as demais parcelas de natureza salarial recebidas habitualmente (exemplo: décimo terceiro, adicional de insalubridade, adicional de periculosidade etc.). Nesse sentido está a Súmula 264 do TST.

Nos casos em que o salário é variável, a remuneração das horas extras é calculada de forma diferente.

Sempre que o empregado é contratado por produção, inclusive o comissionista, as horas simples trabalhadas além da jornada padrão já são remuneradas, pois ele recebe pela quantidade de trabalho (pelo tanto que produziu), e não um valor fixo pelas horas regulamentares.

Assim, no caso do salário variável (por produção), é devido apenas o adicional de horas extras em relação às horas trabalhadas além da jornada normal de trabalho (Súm. 340 do TST). Esse adicional será calculado sobre o valor-hora das comissões recebidas no mês, considerando-se como divisor o número de horas efetivamente trabalhadas.

A natureza jurídica do pagamento de horas extras é de salário-condição, isto é, o empregado somente recebe enquanto estiver laborando naquela condição específica.

O empregador, com base no *jus variandi*, pode suprimir a prestação de horas extras pelo empregado.

Contudo, nos termos da Súmula 291 do TST, a supressão total ou parcial, pelo empregador, de serviço suplementar prestado com habitualidade, durante pelo menos 1 (um) ano, assegura ao empregado o direito à indenização correspondente ao valor de 1 (um) mês das horas suprimidas, total ou parcialmente, para cada ano ou fração igual ou superior a seis meses de prestação de serviço acima da jornada normal.

O cálculo observará a média das horas suplementares nos últimos 12 (doze) meses anteriores à mudança, multiplicada pelo valor da hora extra do dia da supressão.

As horas extras habitualmente prestadas integram a remuneração para todos os fins. Isso significa que irão repercutir, ou seja, gerar reflexos, integrar os cálculos, das demais verbas trabalhistas, tais como décimo terceiro, férias, FGTS e aviso prévio.[1]

1. Por meio do julgamento de incidente de recurso de revista repetitivo IRR-10169-57.2013.5.5.0013, a SBDI-1 do TST fixou a tese jurídica de que "A majoração do valor do repouso semanal remunerado, decorrente da integração das horas extras habituais, deve repercutir no cálculo das férias, da gratificação natalina, do aviso prévio e do FGTS, sem que se configure a ocorrência de 'bis in idem'", culminando no cancelamento da OJ nº 394 da SBDI-1 do TST.

13. PERÍODOS DE DESCANSO

Da mesma forma que o legislador se preocupou em limitar a jornada de trabalho, também cuidou de estabelecer intervalos e pausas, seja durante a jornada, seja entre duas jornadas consecutivas, a fim de garantir a higidez física e mental do trabalhador.

Os descansos trabalhistas se subdividem em intervalos, dias de repouso (repouso semanal e feriados) e férias. Abaixo todas essas modalidades serão estudadas de forma pormenorizada.

13.1. Intervalos

Os intervalos são pequenos lapsos de tempo que visam, principalmente, à recuperação das energias do empregado, o que favorece a manutenção de sua higidez física e mental, evitando assim o acometimento por doenças ocupacionais e a ocorrência de acidentes de trabalho. São duas as modalidades de intervalo: intervalo interjornada e intervalo intrajornada.

13.1.1. Intervalo intrajornada

O intervalo intrajornada é aquele concedido durante a jornada de trabalho para que o empregado descanse e recupere suas energias.

Em regra, para as jornadas superiores a 4h e até 6 horas, o intervalo intrajornada mínimo é de 15 minutos. Para as jornadas acima de 6 horas, é obrigatório o intervalo mínimo de 1 hora e máximo de 2 horas.

Quanto habitualmente ultrapassada a jornada de 6 horas, é devido o gozo do intervalo intrajornada mínimo de uma hora (Súm. 473, IV, TST).

Existem intervalos especiais previstos em lei para categorias específicas de trabalhadores. É o que ocorre, por exemplo, nas seguintes situações:

1) serviços permanentes de mecanografia (estendido aos digitadores pela jurisprudência), cujo intervalo é de 10 minutos a cada 90 minutos trabalhados (art. 72 da CLT);
2) trabalho em minas de subsolo: intervalo de 15 minutos a cada 3 horas consecutivas de trabalho (art. 298 CLT);
3) câmaras frigoríficas e para aqueles que movimentam mercadorias do ambiente quente para o frio ou vice-versa: intervalo de 20 minutos a cada 1h40min de trabalho (art. 253 CLT);
4) médicos: intervalo de 10 minutos a cada 90 minutos trabalhados (art. 8º, § 1º, da Lei nº 3.999/61).

No caso do trabalhador rural, o artigo 5º da Lei nº 5.889/73 determina que, para qualquer trabalho contínuo com jornada superior a 6 horas, é autorizado intervalo intrajornada conforme usos e costumes da região, não se computando este período para duração do trabalho.

O Decreto nº 73.626/74, em seu artigo 5º, §1º, concede intervalo mínimo de 1 hora para os que trabalham mais de 6 horas, mas não estabelece o tempo máximo de intervalo, nem tampouco fixa o intervalo para aqueles que trabalham até 6 horas.

Diante dessa lacuna e do contido no artigo 1º da Lei nº 5.889/73, a doutrina defende a aplicação das normas previstas na CLT para o intervalo intrajornada.

O tempo considerado necessário à recuperação do trabalhador é aquele definido por lei (intervalo obrigatório). Logo, se o empregador concede intervalo maior do que o legal, o benefício é apenas para o patrão, pois amplia o tempo em que o empregado fica à sua disposição.

Assim, os intervalos concedidos por liberalidade pelo empregador e que não estejam previstos em lei serão remunerados como tempo à disposição. Exemplo: intervalo para lanche para quem já tem intervalo de uma hora para almoço (Súm. 118 do TST).

Durante muito tempo, a jurisprudência do TST não permitiu a supressão ou redução do intervalo intrajornada nem por negociação coletiva (acordo ou convenção coletiva).

Todavia, o artigo 611-A, III, da CLT, inserido pela Lei da Reforma Trabalhista, autorizou a redução do intervalo intrajornada por norma coletiva, desde que respeitado o intervalo mínimo de 30 minutos.

Além desta nova possibilidade, trazida pela Reforma Trabalhista, existem três hipóteses legais em que se permite a redução do intervalo:

1) motoristas, cobradores e fiscalização no setor de transporte coletivo de passageiros. O art. 71, § 5º, da CLT, com redação dada pela Lei nº 13.103/2015, passou a permitir a redução e/ou o fracionamento do intervalo de uma hora, desde que o intervalo seja concedido entre o término da 1ª hora trabalhada e o início da última hora de trabalhado e exista previsão normativa. Já o intervalo de 15 minutos pode ser apenas fracionado, não podendo ser reduzido.

2) Autorização do Ministério do Trabalho. Conforme o art. 71, § 3º, da CLT, a redução do intervalo intrajornada de uma hora é permitida, observados três requisitos: a) o estabelecimento deve atender integralmente às exigências acerca de refeitórios; b) os empregados não estiverem prestando horas extraordinárias; c) prévia autorização do Ministério do Trabalho.

3) No caso dos domésticos, o intervalo intrajornada (de 1 a 2 horas) poderá ser reduzido, mediante ajuste entre as partes, para trinta minutos, ou fracionado em dois períodos, cuja soma seja, no máximo, de quatro horas, não sendo necessária negociação coletiva. Além disso, se o empregado doméstico residir no local de trabalho, é possível o fracionamento do intervalo intrajornada em dois períodos, desde que cada um deles tenha, no mínimo, uma hora até o limite de quatro horas diárias. Portanto, para esses empregados domésticos, é possível a concessão de intervalo por período superior a duas horas diárias.

Por fim, é importante informar que o TST vem decidindo pela legalidade do fracionamento do intervalo intrajornada do trabalhador rural, desde que essa medida atenda aos usos e costumes regionais do meio rural.

No regime de trabalho de 12 x 36 horas, para qualquer empregado, inclusive doméstico, a lei autoriza que o intervalo intrajornada seja observado ou indenizado. Assim, há expressa autorização legal para a supressão do intervalo intrajornada nessa hipótese mediante pagamento.

Em regra, o intervalo intrajornada não é computado na jornada de trabalho e, portanto, não é remunerado.

Em outras palavras, o empregado não recebe pelo período em que está usufruindo intervalo intrajornada, esse período não integra a sua jornada.

Todavia, existem exceções nos quais o intervalo é computado na jornada de trabalho, conforme previsto em lei. Assim, o empregado goza o descanso, e apesar de não estar trabalhando naquele período, o referido lapso temporal é considerado como se trabalhado fosse. É o que ocorre, por exemplo, nos casos de serviço de mecanografia e de trabalho em minas de subsolo.

Após o advento da Reforma Trabalhista, se o intervalo intrajornada for suprimido, ainda que parcialmente, o empregado terá direito a receber apenas o período suprimido, de forma indenizatória, com acréscimo de 50% sobre o valor da remuneração da hora normal de trabalho (artigo 71, §4°, da CLT). ***Ex.:*** *O empregado tem direito a uma hora de intervalo intrajornada e usufruiu apenas 40 minutos. O empregado terá direito a receber 20 minutos acrescidos de 50%, de forma indenizatória (não terá repercussões nas demais verbas).*

Antes da Lei n° 13.467/17, em caso de supressão do intervalo intrajornada, ainda que parcial, o empregado recebia integralmente o tempo mínimo legal de intervalo como hora extra, conforme entendimento consolidado na Súm. 437, I e III do TST, que deverá ser cancelada ou revisada. Logo, no exemplo acima dado, o empregado receberia uma hora extra (até o advento da Reforma Trabalhista, o pagamento do intervalo intrajornada suprimido tinha natureza salarial) pela supressão de 20 minutos do intervalo intrajornada.

Neste particular, é importante destacar o julgamento do Pleno do TST, no Incidente de Recursos de Revista Repetitivos sobre o "Tema n° 0014 – Direito ao pagamento do intervalo intrajornada. Concessão parcial. Aplicação analógica do artigo 58, § 1°, da CLT (casos anteriores à Lei n° 13.467/2017)", firmando a seguinte tese jurídica: "a redução eventual e ínfima do intervalo intrajornada, assim considerada aquela de até 5 (cinco) minutos no total, somados os do início e término do intervalo, decorrentes de pequenas variações de sua marcação nos controles de ponto, não atrai a incidência do art. 71, § 4°, da CLT. A extrapolação desse limite acarreta as consequências jurídicas previstas na lei e na jurisprudência" (TST-IRR-1384-61.2012.5.04.0512, Tribunal Pleno, rel. Min. Kátia Magalhães Arruda, 25.3.2019, Inf. 192 do TST).

Não há obrigação legal para que os intervalos intrajornadas sejam registrados, mas tão somente que exista a pré-assinalação nos cartões de ponto (art. 74, §2°, da CLT).

Para os domésticos, caso o intervalo intrajornada seja modificado, isto é, fracionado, será necessária à sua anotação nos controles de ponto, sendo vedada, neste caso, sua prenotação (art. 13, § 2° da LC 150/15).

Por fim, a título de acréscimo, apresento o entendimento do TST no sentido de que o tempo de deslocamento dos trabalhadores em minas de subsolo não é computado na jornada para fins de concessão do intervalo intrajornada. Logo, ainda que esse período de deslocamento (como no caso dos trabalhadores de minas) seja considerado integrante da jornada, ele não é considerado para fins de se definir qual o tempo mínimo de intervalo intrajornada deverá ser concedido ao empregado.[2]

13.1.2. Intervalo interjornada

O intervalo interjornada é aquele tempo de descanso entre duas jornadas de trabalho consecutivos.

Além de garantir a higidez física e mental do empregado, esse intervalo busca assegurar ao trabalhador um mínimo de convivência familiar e social.

A regra geral é o intervalo de 11 horas consecutivas (art. 66, CLT) e a ausência de remuneração dele, ou seja, o intervalo interjornada não está inserido na jornada de trabalho.

Para os domésticos, o intervalo interjornada também é de 11 horas consecutivas (art. 15 da LC 150/2015).

Existem alguns intervalos interjornada específicos para determinadas categorias de empregados: jornalista - 10 horas (art. 308 da CLT); operadores cinematográficos - 12 horas (art. 235, § 2º, da CLT); cabineiros (ferroviários) - 14 horas (art. 245 da CLT); telefonistas - 17 horas (art. 229 da CLT); aeronautas - 12 horas para jornada de até 12 horas, 16 horas para jornada de 12 a 15 horas, 24 horas para jornada superior a 15 horas (art. 48 da Lei n. 13.475/17).

---

2. Autos remetidos ao Tribunal Pleno para novo julgamento (art. 140, § 3º, do RITST). Trabalho em minas de subsolo. Tempo de deslocamento da boca da mina ao local de trabalho e vice-versa. Cômputo para efeito de concessão de intervalo intrajornada. Impossibilidade. O período de deslocamento do mineiro entre a boca da mina e a frente de lavra e vice-versa não deve ser computado para efeito de concessão de intervalo intrajornada, pois o labor em minas de subsolo não se submete ao sistema geral de duração do trabalho, conforme excepciona o art. 57, parte final, da CLT. Ao promover o disciplinamento especial do trabalho dos mineiros (arts. 293 a 301 da CLT), o legislador adotou explicitamente tratamento diferenciado entre o tempo de "trabalho efetivo" para efeito de jornada normal e o tempo de deslocamento, dispondo que este último é computado apenas para pagamento do salário (arts. 293 e 294). Assim, na hipótese em que o empregado em mina de subsolo presta jornada efetiva de seis horas, ainda que perceba 65 minutos de remuneração pelo deslocamento, não tem direito ao cômputo deste tempo para beneficiar-se do intervalo intrajornada do art. 71 da CLT. Tal dispositivo é inaplicável em virtude da norma especial do art. 298 da CLT — que prevê um intervalo intrajornada mais benéfico, de 15 minutos a cada três horas de labor, computado "na duração normal de trabalho efetivo" —, cujo objetivo é minimizar os riscos à saúde do empregado e a sua exposição a agentes nocivos, reduzindo sua permanência em subsolo. Sob esses fundamentos, o Tribunal Pleno, por unanimidade, conheceu dos embargos, por divergência jurisprudencial, e, no mérito, por maioria, deu-lhes provimento a fim de restabelecer o acórdão do Tribunal Regional que excluiu da condenação as horas extraordinárias decorrentes da não concessão do intervalo intrajornada de uma hora. (TST-E-ED-RR-909-46.2011.5.20.0011, Tribunal Pleno, rel. Min. Augusto César Leite de Carvalho, red. p/ acórdão Min. Ives Gandra Martins Filho, 20.5.2019, Inf. 196 do TST).

O intervalo interjornada do motorista profissional é de 11 horas, contudo ele pode ser fracionado, desde que garantidos o mínimo de 8 horas ininterruptas no primeiro período do fracionamento e o gozo do restante dentro das 16 horas seguintes ao final do primeiro período (art. 235-C, §3º, CLT).

Para todos os demais trabalhadores é vedado o fracionamento do intervalo interjornada.

A concessão do descanso semanal de 24 horas (folga semanal) não desobriga o empregador de conceder também o intervalo interjornada de, no mínimo, 11 horas consecutivas.

Assim, o empregado tem direito a 35 horas consecutivas de descanso por semana, assim consideradas as 24 horas do DSR mais as 11 horas do intervalo interjornada.

Nos termos da OJ nº 355 da SDI-I do TST[3], o tempo de intervalo interjornada não concedido deve ser remunerado como se hora extraordinária fosse, isto é, deverá ser quitado como hora extra. Logo, com base na referida OJ, por exemplo, se o empregado usufruir apenas 8 horas de intervalo entre uma jornada e outra, receberá 3 horas extras pela supressão parcial do intervalo interjornada.

Contudo, essa OJ foi editada na época em que o intervalo intrajornada suprimido também era quitado como hora extra. Essa situação foi alterada pela Reforma Trabalhista, que modificou o artigo 71, §4º, da CLT e expressamente fixou a natureza indenizatória do intervalo intrajornada suprimido, bem como que o pagamento será limitado ao período não usufruído com adicional de 50%.

Assim, a doutrina tem defendido que o pagamento do intervalo interjornada suprimido deverá seguir o atual regramento do intervalo intrajornada (art. 71, parágrafo 4º. da CLT), ou seja, pagamento apenas do período suprimido, com adicional de 50% e natureza indenizatória, sem repercussão nas demais verbas. Dessa forma, é provável que a OJ 355 da SDI-I do TST seja alterada ou cancelada, o que ainda não se verificou.

13.1.3. Descanso semanal remunerado

Descanso semanal remunerado – DSR é o período de tempo, de vinte e quatro horas consecutivas, preferencialmente coincidente com o domingo, em que o empregado deixa de prestar serviços ao empregador, bem como de se colocar à disposição deste.

Para usufruí-lo, o empregado deve ter assiduidade e pontualidade. Em outras palavras, perderá o direito à remuneração do repouso, mas não ao descanso, o trabalhador que, na mesma semana que antecedeu ao repouso, faltar ou se atrasar (art. 6º da Lei nº 605/49).

3. Orientação jurisprudencial nº 355. INTERVALO INTERJORNADAS. INOBSERVÂNCIA. HORAS EXTRAS. PERÍODO PAGO COMO SOBREJORNADA. ART. 66 DA CLT. APLICAÇÃO ANALÓGICA DO § 4º DO ART. 71 DA CLT (DJ 14.03.2008). O desrespeito ao intervalo mínimo interjornadas previsto no art. 66 da CLT acarreta, por analogia, os mesmos efeitos previstos no § 4º do art. 71 da CLT e na Súmula nº 110 do TST, devendo-se pagar a integralidade das horas que foram subtraídas do intervalo, acrescidas do respectivo adicional.

O repouso é semanal, isto é, a cada seis dias de trabalho o empregado deve usufruir o descanso, sob pena de pagamento do dia trabalhado em dobro (OJ n. 410 da SDI-I do TST e Súm. 146 do TST), se não houver compensação do labor (folga em outro dia).

Conforme o art. 7º da Lei nº 605/1948, a remuneração do repouso corresponde:

a) para os que trabalham por dia, semana, quinzena ou mês, à de um dia de serviço, computadas as horas extraordinárias habitualmente prestadas; para os que trabalham por dia, semana, quinzena ou mês, à de um dia de serviço, não computadas as horas suplementares;

b) para os que trabalham por hora, à sua jornada norma de trabalho, computadas as horas extraordinárias habitualmente prestadas; para os que trabalham por hora, à de sua jornada normal de trabalho, excluídas as horas complementares;

c) para os que trabalham por tarefa ou peça, o equivalente ao salário correspondente às tarefas ou peças feitas durante a semana, no horário normal de trabalho, dividido pelos dias de serviço efetivamente prestados ao empregador;

d) para o empregado em domicílio, o equivalente ao quociente da divisão por 6 (seis) da importância total da sua produção na semana.

Os empregados cujos salários não sofram descontos por motivo de feriados civis ou religiosos são considerados já remunerados nesses mesmos dias de repouso, conquanto tenham direito à remuneração dominical.

Consideram-se já remunerados os dias de repouso semanal do empregado mensalista ou quinzenalista, cujo cálculo de salário mensal ou quinzenal ou cujos descontos por falta sejam efetuados na base do número de dias do mês ou de 30 (trinta) e 15 (quinze) diárias, respectivamente.

Em síntese, o referido dispositivo prevê a base de cálculo do DSR para cada forma diferente de pagamento de salário. A essência é a remuneração do DSR à base de um dia de serviço do empregado. O mensalista (empregado que recebe por mês) já tem embutido o descanso semanal no salário, já que recebe por todos os dias do mês, inclusive os não úteis. No caso dos empregados que recebem salário variável, faz-se necessário calcular o valor de um dia de salário, para, a partir daí, calcular o valor do descanso semanal.

Conforme a CF/88, o descanso semanal deve ser usufruído preferencialmente aos domingos (art. 7º, XV), contudo é possível que seja usufruído em outro dia da semana, desde que a empresa seja autorizada a funcionar aos domingos.

O art. 6º da Lei nº 10.101/2000 autoriza o trabalho aos domingos nas atividades de comércio em geral, devendo ser observada a legislação municipal. Além disso, estabelece que o descanso semanal deverá coincidir com o domingo, pelo menos uma vez a cada três semanas.

Aqueles que trabalham no regime de 12x36 horas (inclusive domésticos) já tem compensado os dias do repouso semanal (artigo 59-A da CLT).

Conforme a atual redação da OJ nº 394 da SDI-1 do TST, *"a majoração do valor do repouso semanal remunerado decorrente da integração das horas extras habituais deve re-*

percutir no cálculo efetuado pelo empregador das demais parcelas que têm como base de cálculo o salário, não se cogitando de bis in idem por sua incidência no cálculo de férias, da gratificação natalina, do aviso prévio e do FGTS ". O TST modulou os efeitos da sua decisão para determinar que esse novo critério de cálculo seja aplicado somente às horas extras trabalhadas a partir de 20/3/23 (data da sessão de julgamento que fixou a nova redação para a referida OJ).

14. FERIADOS

Feriados são dias de descanso, assim estipulados por força de lei, seja por motivos cívicos, seja por motivos religiosos.

Os feriados civis no Brasil são: 01/01 - Confraternização Universal (Lei nº 662/49); 21/04 - Tiradentes (Lei nº 1.266/50); 01/05 - Dia Mundial do Trabalho (Lei nº 662/49); 07/09 - Independência do Brasil (Lei nº 662/49); 15/11 - Proclamação da República (Lei nº 662/49); dia de eleição geral no país (Lei nº 4.737/65 c/c art. 77 da CF/88); a data magna do Estado, como fixado em lei estadual específica; e datas de início e término do ano do centenário do Município, de acordo com a legislação local.

São feriados religiosos: 12/10 - Nossa Senhora da Aparecida (Lei nº 6.802/80); sexta-feira da paixão (incluído no rol de no máximo quatro feriados religiosos declarados por lei municipal - Lei nº 9.093/95); 25/12 - Natal (Lei nº 662/49); 2/11 - Finados (Lei nº 10.607/02).

O art. 2º da Lei nº 9.093/95 deixa o limite máximo de 4 feriados municipais de origem local, dentre eles a sexta-feira da paixão.

Não se confundem os dias festivos com dias feriados. O empregado apenas tem direito ao repouso remunerado em feriados. São dias festivos no Brasil, por exemplo, os dias de carnaval, o dia do descobrimento do Brasil, etc.

Os requisitos para remuneração (frequência e pontualidade), forma de cálculo de remuneração e hipóteses de autorização para trabalho em feriados são os mesmos do descanso semanal remunerado.

Da mesma forma, o trabalho prestado em feriados, não compensado, deve ser pago em dobro, sem prejuízo da remuneração relativa ao repouso semanal (Súm. 146 do TST).

Aqueles que trabalham no regime de 12x36 horas (inclusive domésticos) já tem compensado os dias de feriado (artigo 59-A da CLT).

15. FÉRIAS

15.1. Conceito e período de duração

Férias são o período de descanso, em que o empregado, além de revigorar suas energias, tem a oportunidade de desenvolver sua vida além do trabalho e sua inserção familiar e social.

Trata-se de uma forma de interrupção do contrato de trabalho, em que o empregado não presta serviços, mas recebe remuneração. Logo, o período de férias é computado no tempo de serviço do empregado, inclusive integrando o novo período aquisitivo de férias.

A regra geral é a duração das férias de 30 dias, quando o empregado, durante o período aquisitivo, não tiver mais de 5 faltas injustificadas.

Os 30 dias são corridos, isto é, computam-se os feriados e domingos.

A CLT, conforme art. 130, prevê uma progressiva redução do período de férias, de acordo com o número injustificado de faltas. Esquematicamente temos:

Nº de faltas injustificadas	Dias de férias
Até 5	30
De 6 a 14	24
De 15 a 23	18
De 24 a 32	12

Para facilitar a memorização do quadro acima, cujas informações costumam ser cobradas em concursos públicos, observe a lógica do dispositivo legal:

- inicialmente memorize a primeira linha: até 5 faltas, permanece o direito a 30 dias de férias;
- a seguir, observe que cada intervalo de falta tem, no seu total, nove faltas (exemplos: de "6 a 14" são 9 faltas, isto é, 6, 7, 8, 9, 10, 11, 12, 13 e 14);
- Para cada intervalo de faltas, diminui em "6" o período de férias (30-6=24; 24-6=18; 18-6=12).

A lei não é explícita, mas o entendimento majoritário é que a partir de 32 faltas, o empregado perde o direito às férias.

As mesmas regras de duração de férias se aplicam aos trabalhadores em regime de tempo parcial (art. 58-A, § 7º., da CLT).

Para os domésticos, o art. 3º da LC nº 150/2015 estipula o quantitativo de dias de férias a depender do tempo de duração do trabalho.

Para os empregados com contrato intermitente o período de férias é de um mês (art. 452-A, § 9º, da CLT).

15.2. Período aquisitivo, período concessivo e fracionamento das férias

O período aquisitivo não se confunde com o período concessivo de férias.

Período aquisitivo é o período de trabalho que a legislação exige para se adquirir o direito de gozar férias. Já o período concessivo é aquele que o empregado dispõe para efetivamente usufruir as férias. O período aquisitivo de férias é de um ano a contar da data de admissão, reiniciando-se, a partir daí um novo período aquisitivo. Já o período concessivo é de um ano a contar da aquisição do direito de férias pelo empregado. ***Ex.:*** *Se o empregado foi admitido em 10.01.2013, seu período aquisitivo iniciou-se neste dia e estará completo em 09.01.2014. A partir do dia 10.01.2014, se iniciará o período concessivo das férias, extinguindo-se em 09.01.2015.*

Caso o empregador não conceda as férias ao empregado dentro do período concessivo (doze meses imediatamente posteriores ao final do período aquisitivo), diz-se que as férias venceram.

Nesse caso, é devido o pagamento em dobro da remuneração das férias e do terço constitucional.

Como regra geral, cabe ao empregador determinar quando serão concedidas as férias, conforme melhor consulte seus interesses. Existem algumas exceções, quais sejam:

1) menor de 18 anos tem o direito de fazer coincidir suas férias com suas férias escolares (art. 136, § 2º, CLT);
2) membros de uma mesma família, que trabalham na mesma empresa, terão direito de gozar férias conjuntamente se não houver prejuízos para o serviço.

O ato de concessão de férias pressupõe o preenchimento de algumas formalidades:

1) comunicação, por escrito, do empregado, com antecedência mínima de 30 dias, que dará recibo;
2) anotação da concessão das férias na CTPS e livro ou ficha de registro de empregado.

É vedado o início das férias no período de dois dias que antecede feriado ou dia de repouso semanal remunerado. Exemplo: As férias nunca poderão começar às sextas-feiras, nem no dia 23 de dezembro.

Durante as férias, o empregado não poderá prestar serviços a outro empregador, salvo se estiver obrigado a fazê-lo em virtude de contrato de trabalho regularmente mantido com aquele.

A partir da comunicação da concessão de férias, o empregador somente poderá alterar a data da fruição com o consentimento do empregado.

Desde que haja concordância do empregado, as férias poderão ser usufruídas em até três períodos, sendo que um deles não poderá ser inferior a quatorze dias corridos e os demais não poderão ser inferiores a cinco dias corridos, cada um. Exemplo: Um empregado com 30 dias de férias, deve gozar um período de 14 dias e os 16 dias restantes passam a ser divisíveis por 2, podendo se dar em duas parcelas de 8 dias ou uma combinação de resultados até o limite mínimo de 5 dias consecutivos - 5 mais 11, 6 mais 10, 7 mais 9.

O fracionamento de férias também se aplica para os menores de 18 anos e maiores de 50 anos.

No caso dos empregados domésticos, o período de férias poderá, a critério do empregador, ser fracionado em até 2 (dois) períodos, sendo 1 (um) deles de, no mínimo, 14 (quatorze) dias corridos (art. 17, § 2º, da Lei Complementar nº 150/2015).

15.3. Perda do direito de férias

O empregado perderá o direito às férias nas seguintes hipóteses:

1) faltar injustificadamente mais de 32 dias ao longo do período aquisitivo;
2) deixar o emprego e não for readmitido dentro de 60 (sessenta) dias subsequentes à sua saída;
3) permanecer em gozo de licença, com percepção de salários, por mais de 30 (trinta) dias;
4) deixar de trabalhar, com percepção do salário, por mais de 30 (trinta) dias, em virtude de paralisação parcial ou total dos serviços da empresa;
5) tiver percebido da Previdência Social prestações de acidente de trabalho ou de auxílio-doença por mais de 6 (seis) meses, embora descontínuos.

15.4. Cálculo e pagamento das férias

As férias são calculadas sobre todas as parcelas de natureza salarial, habitualmente pagas ao trabalhador, correspondendo à remuneração que seria devida ao trabalhador no mês da concessão (e não da aquisição), acrescida do terço constitucional (art. 7º, XVII, CF/88).

O terço constitucional é calculado à razão de 1/3 do salário à época da concessão das férias.

Caso o salário do empregado seja variável, apura-se a média das horas trabalhadas no período aquisitivo, mas o valor da hora será o da data da concessão.

Quando o salário for pago por tarefa, irá se apurar a média da produção no período aquisitivo, mas o valor por peça ou tarefa aplicável é o da data da concessão das férias.

Quando o salário for pago por percentagem, comissão ou viagem, apura-se a média dos 12 meses imediatamente anteriores ao período da concessão.

As utilidades integram o cálculo das férias porque tem natureza salarial, exceto se continuarem sendo usufruídas pelo empregado durante o gozo de férias. Caso contrário, o empregado receberia o benefício em duplicidade. ***Ex.:*** *A habitação fornecida como utilidade não entra no cálculo da remuneração das férias porque o empregado continua recebendo tal utilidade durante o período de gozo de férias.*

Contudo, o valor de tal utilidade irá incidir sobre o cálculo do terço de férias, este sim incidente sobre a totalidade das utilidades, tendo em vista tratar-se de um *plus*.

A cada mês trabalhado ou por fração igual ou superior a quinze dias, o empregado adquire direito a 1/12 de férias proporcionais.

O empregado, inclusive o doméstico, pode converter um terço das férias em abono pecuniário, no valor da remuneração que lhe seria devida nos dias correspondentes (art. 143 da CLT e art. 17, § 3º, da Lei Complementar nº 150/2015).

Este abono não se confunde com o terço constitucional de férias. Trata-se da situação vulgarmente conhecida como "venda de férias".

A faculdade de converter um terço do período de férias em abono pecuniário é direito do empregado e não pode ser imposto pelo empregador, sob pena de ser obrigado a pagar em dobro os dez dias equivalentes ao abono.

O abono pecuniário deverá ser requerido pelo empregado 15 dias antes de terminar o período aquisitivo. O abono não integra a remuneração do trabalhador para qualquer fim.

O pagamento da remuneração das férias ou do abono pecuniário deve ocorrer até dois dias antes do início do gozo, a fim de que o empregado tenha dinheiro para usufruir plenamente de seu período de descanso.

> Atenção: em julgamento da ADPF 501, em 05/08/2022, o STF declarou inconstitucional a Súm. 450 do TST, que estabelece que o empregado receberá a remuneração das férias em dobro, incluído o terço constitucional, se o empregador atrasar o pagamento da parcela.

15.5. Férias coletivas

Férias coletivas são as concedidas pelo empregador a todos os empregados da empresa ou de determinado estabelecimento ou setor (art. 139, CLT).

As formalidades para a concessão de férias coletivas são:

1) comunicação ao Ministério do Trabalho e ao sindicato da categoria, com antecedência mínima de 15 dias, informando início e fim das férias, estabelecimento e setor abrangido;

2) fixação de avisos aos empregados.

As férias coletivas podem ser gozadas em dois períodos anuais sendo que nenhum deles poderá ser inferior a 10 dias.

No caso de férias coletivas somente poderá haver abono pecuniário se houver previsão em acordo coletivo, independendo de requerimento individual a concessão do abono.

Os empregados contratados há menos de 12 meses gozarão, na oportunidade, férias proporcionais, iniciando-se, então, novo período aquisitivo.

15.6. Férias vencidas, férias simples, férias proporcionais e prescrição

Cessado o contrato de trabalho, por qualquer motivo, as férias já adquiridas serão sempre indenizadas.

Férias já adquiridas são aquelas cujo período aquisitivo já tenha se completado. Se ainda não venceram, são denominadas férias simples.

Férias vencidas são aquelas adquiridas e não concedidas no prazo legal, as quais devem ser pagas em dobro.

Mesmo na dispensa por justa causa são devidas as férias adquiridas, eis que o empregado já satisfez os requisitos legais para obtê-las e, portanto, tais férias já integraram o patrimônio do trabalhador.

Quanto às férias ainda não adquiridas, também denominadas férias proporcionais, o empregado receberá 1/12 por mês de serviço ou fração superior a 14 dias, exceto em caso de dispensa por justa causa (Súm. 171 do TST). Em caso de rescisão por culpa recíproca, o empregado tem direito a metade das férias proporcionais (Súm. 14 do TST).

A remuneração utilizada para o cálculo das férias indenizadas é aquela devida quando da extinção do contrato.

As férias indenizadas, como o próprio nome já indica, têm natureza indenizatória e, portanto, não constituem base de cálculo do FGTS.

A prescrição da pretensão de reclamar a concessão ou pagamento das férias é contada do término do período concessivo (e não do período aquisitivo) ou, se for o caso, da cessação do contrato de trabalho.

Capítulo 7

RESCISÃO DO CONTRATO DE TRABALHO

1. CONCEITO E MODALIDADES

A regra é que o contrato de emprego dure indefinidamente no tempo, já que o trabalho é a fonte de inserção social do trabalhador e seu meio de sustento.

Assim, o normal é a manutenção do contrato de trabalho e o anormal é a sua extinção. Nesse sentido é o Princípio da Continuidade da Relação de Emprego, vigente no Direito do Trabalho.

A rescisão do contrato de trabalho é o término do vínculo empregatício, com a extinção das obrigações entre o contratante e contratado (empregador e empregado).

Alguns doutrinadores diferenciam os termos rescisão (casos de nulidade contratual), resilição (manifestação unilateral imotivada que coloca fim ao contrato de trabalho), distrato (comum acordo entre as partes) e resolução contratual (o contrato é extinto em razão do ato faltoso de uma das partes).

Todavia, a jurisprudência e a legislação não observam esse rigor terminológico. Portanto, iremos utilizar o termo consagrado pela prática, qual seja, rescisão do contrato de trabalho, independentemente da modalidade extintiva.

A rescisão contratual pode ocorrer por variadas maneiras, gerando efeitos diferentes em cada uma delas.

Conforme entendimento consolidado na OJ 361 da SDI-I do TST, a aposentadoria espontânea não é causa da extinção do contrato de trabalho quando o trabalhador permanece prestando serviços após a jubilação.

Podemos classificar as modalidades de rescisão contratual da seguinte forma: por ato voluntário imotivado; por ato voluntário motivado, por fato involuntário e por comum acordo entre as partes. Vejamos cada uma das hipóteses.

I) **Por ato voluntário imotivado:** Tanto o empregado quanto o empregador podem encerrar o contrato de trabalho a qualquer tempo, através de ato voluntário, mesmo que não tenham motivos objetivos para tal. O patrão tem o direito potestativo de dispensar o empregado, isto é, um direito que integra o patrimônio do empregador e pode ser exercido independentemente da vontade contrária. Por outro lado, o empregado pode se demitir quando quiser porque ninguém pode ser obrigado a trabalhar contra a sua vontade. São espécies dessa modalidade rescisória e verbas rescisórias correspondentes:

A) **pedido de demissão:** quando o empregado manifesta intenção de extinguir o vínculo. Verbas devidas: saldo de salário, férias vencidas e proporcionais e décimo terceiro salário proporcional.

B) **dispensa sem justa causa** (dispensa imotivada, demissão imotivada, despedida imotivada): quando o empregador exerce seu direito potestativo de encerrar o vínculo. Verbas devidas: saldo de salário, férias vencidas e proporcionais, décimo terceiro salário proporcional; aviso prévio (trabalhado ou indenizado), multa de 40% do FGTS, saque do FGTS e guias do seguro-desemprego.

II) **Por ato voluntário motivado:** Quando se verificar o descumprimento do contrato por uma das partes, ou até mesmo por ambas, o contrato se extingue por justa causa. São espécies dessa modalidade rescisória e verbas rescisórias correspondentes:

A) **justa causa:** quando o empregado pratica conduta faltosa. Verbas devidas: saldo de salário e férias vencidas.

B) **rescisão indireta:** quando o empregador descumpre obrigações contratuais. Verbas devidas: saldo de salário, férias vencidas e proporcionais, décimo terceiro salário proporcional; aviso prévio (trabalhado ou indenizado), multa de 40% do FGTS, saque do FGTS e guias do seguro-desemprego (mesmas verbas da dispensa sem justa causa).

C) **culpa recíproca:** quando empregado e empregador têm culpa na extinção do contrato. Verbas devidas: saldo de salário, férias vencidas, metade do aviso prévio, metade do décimo terceiro salário proporcional, metade das férias proporcionais, metade da multa do FGTS e saque do FGTS. Não dá direito ao seguro-desemprego.

III) **Por fato involuntário:**

São situações atípicas provocadas por ato alheio, estranho à vontade das partes contratantes e que geram a extinção do contrato de trabalho.

São espécies dessa modalidade rescisória e verbas rescisórias correspondentes:

A) **nulidade:** quando há desrespeito à lei, moral ou bons costumes, verificando-se nos casos de trabalho ilícito, trabalho proibido e servidor público contratado sem concurso. As verbas rescisórias devidas são:

- Trabalho ilícito: efeitos ex tunc, ou seja, o trabalhador nada recebe;
- Trabalho proibido: efeitos ex nunc, o trabalhador recebe os direitos decorrentes dos serviços prestados;
- Servidor público contratado sem concurso (Súm. 363 TST): recebe salário e FGTS.

B) **força maior:** acontecimento inevitável para o qual o empregador em nada contribuiu; ex: uma enchente que destrói completamente a empresa. Verbas devidas: saldo de salário, férias vencidas e proporcionais, décimo terceiro salário proporcional; aviso prévio (trabalhado ou indenizado), saque do FGTS, guias do seguro-desemprego, metade da multa de 40% do FGTS.

C) **fato do príncipe:** paralisação temporária ou definitiva do trabalho em decorrência de ato do poder público, desde que o empregador não tenha concorrido para a prática do ato. Verbas devidas: saldo de salário, férias vencidas e proporcionais, décimo terceiro salário proporcional; aviso prévio (trabalhado ou indenizado), saque do FGTS, guias do seguro-desemprego. A multa de 40% do FGTS caberá à Administração Pública.

> ATENÇÃO: A Lei 14.020/20 trouxe expressamente a vedação da aplicação do Fato do Príncipe prevista no art. 486 da CLT, na hipótese de paralisação ou suspensão de atividades empresariais determinada por ato de autoridade municipal, estadual ou federal para o enfrentamento do estado de calamidade pública reconhecido pelo Decreto Legislativo nº 6, de 20 de março de 2020, e da emergência de saúde pública de importância internacional decorrente do coronavírus, de que trata a Lei nº 13.979, de 6 de fevereiro de 2020 (artigo 29).

D) **morte do empregado.** Verbas devidas: saldo de salário, férias vencidas e proporcionais e décimo terceiro salário proporcional.

E) **morte do empregador pessoa física, extinção da empresa ou falência.** Verbas devidas: saldo de salário, férias vencidas e proporcionais, décimo terceiro salário proporcional; aviso prévio (trabalhado ou indenizado), multa de 40% do FGTS, saque do FGTS e guias do seguro-desemprego.

IV) **Por comum acordo entre as partes (distrato):**

O distrato se verifica quando as partes (empregado e empregador), em comum acordo, decidem encerrar o contrato de trabalho.

As verbas rescisórias devidas são: metade do aviso prévio, se indenizado; metade da multa rescisória do FGTS; na integralidade, as demais verbas trabalhistas; levantamento de 80% dos depósitos do FGTS; não autoriza seguro-desemprego.

2. MODALIDADES DE RESCISÃO DO CONTRATO POR PRAZO DETERMINADO

O contrato por prazo determinado, como o próprio nome já traduz, é uma espécie de contrato de trabalho que foge à regra da duração indefinida no tempo. Em razão disso, a rescisão do contrato por prazo determinado traz algumas especificidades.

Vejamos a classificação das modalidades de extinção do contrato por prazo determinado:

I) **extinção normal:** ocorre no prazo fixado pelas partes. Verbas rescisórias devidas: Saldo de salário, férias proporcionais com 1/3; 13º salário proporcional e liberação do FGTS.

II) **extinção antecipada:** realizada antes do prazo fixado pelas partes, hipótese em que há pagamento de indenização, observando-se quem deu causa ao desligamento. Verbas rescisórias devidas:

- Iniciativa do empregador: saldo de salário, férias proporcionais com 1/3; 13º salário proporcional; liberação do FGTS com multa de 40%; indenização de metade da remuneração que teria direito até o fim do contrato por prazo determinado.
- Iniciativa do empregado: saldo de salário, férias proporcionais com 1/3; 13º salário proporcional. O empregado deverá pagar ao empregador indenização pelos prejuízos causados pelo pedido de demissão. Essa indenização não pode exceder àquela que o empregado teria em idênticas condições (metade dos salários até o fim do termo contratual).

III) **contrato com cláusula assecuratória do direito recíproco de rescisão (art. 481 da CLT):** Conforme o art. 481 da CLT, as partes do contrato por prazo determinado podem fixar cláusula assecuratória do direito recíproco de rescisão. A referida cláusula permite a qualquer uma das partes rescindir o contrato por prazo determinado antes do prazo fixado. Nesse caso, serão observadas as mesmas regras da rescisão normal do contrato por prazo indeterminado. Verbas rescisórias devidas:

- Iniciativa do empregador: deverá conceder aviso prévio ao empregado, além do pagamento das mesmas verbas rescisórias devidas na dispensa injusta (saldo de salário, férias proporcionais com 1/3; 13º salário proporcional; liberação do FGTS com multa de 40%).
- Iniciativa do empregado: terá que cumprir o aviso prévio, sob pena de desconto. Nesse caso não estará obrigado a pagar a indenização pelos prejuízos causados (art. 480 da CLT) e nem saca o FGTS. São devidos: saldo de salário, férias proporcionais com 1/3 e 13º salário proporcional.

3. JUSTA CAUSA

O art. 482 da CLT prevê condutas do empregado que constituem **falta grave**, punível com dispensa motivada. Assim, caso o empregado pratique qualquer uma destas condutas, fica sujeito à dispensa por justa causa, que gera severas consequências nas verbas rescisórias devidas.

3.1. Requisitos da justa causa

Os requisitos para a justa causa são divididos em três grupos, quais sejam: requisitos objetivos, requisitos subjetivos e requisitos circunstanciais.

A) **Requisitos objetivos:** são aqueles relacionados com a **conduta** que se pretende censurar.

São eles:

- **Tipicidade:** a conduta deve ser arrolada como falta pela lei.
- **Gravidade da falta:** para que possa gerar a dispensa motivada, a falta há de ser muito grave, rompendo a confiança entre as partes e tornando insustentável a manutenção do vínculo empregatício.
- **Relação entre a falta e o trabalho:** a conduta irregular do empregado deve repercutir no cumprimento de suas obrigações contratuais ou, no mínimo, produzir prejuízos ao ambiente de trabalho.

B) **Requisitos subjetivos:** são aqueles relacionados com o **envolvimento** do empregado com a conduta censurada.

- **Autoria:** o empregado somente pode ser punido pela conduta por ele praticada ou para a qual tenha, pelo menos, contribuído;
- **Culpa ou dolo:** o empregado somente será punido se agiu com culpa, isto é, imperícia, imprudência ou negligência ou se agiu com dolo, ou seja, com a intenção e consciência de praticar conduta irregular.

C) **Requisitos circunstanciais:** estão relacionados com a conduta adotada pelo empregador, no exercício do **poder disciplinar**, em face da falta cometida pelo empregado.

- **Nexo causal:** é necessária a existência de conexão entre a conduta do empregado e a punição aplicada;
- **Proporcionalidade:** a punição aplicada não pode ser excessiva, desmedida e exagerada. Ao contrário, deve guardar consonância com a gravidade da falta, observando-se os limites decorrentes dos princípios mínimos previstos na Constituição Federal, como o respeito à dignidade humana;
- **Imediatidade ou atualidade:** a punição somente pode ser aplicada se for imediata à conduta irregular do empregado. Em outras palavras, a falta a ser punida deve ser **atual, recente.** Se o empregador teve conhecimento da falta e não aplicou imediata punição, está caracterizado o **perdão tácito;**
- **Singularidade da punição:** não se admite a aplicação de **mais de uma sanção** para a mesma falta;
- **Não discriminação:** é vedada a punição diversa para empregados que cometeram idêntica falta. Todos os empregados que praticaram a mesma falta devem ser punidos da mesma forma;
- **Vinculação aos motivos da punição:** para que possa aplicar a punição, o empregador deve informar os motivos que ensejaram a sanção, ficando vinculado aos motivos que foram expostos, não podendo substituí-los posteriormente, ainda que tenha tomado conhecimento futuro de outra falta do empregado. Existem duas correntes

doutrinárias para tentar justificar a tipificação da justa causa pelo empregador, quais sejam: 1) **ortodoxa:** não aceita que o empregador classifique erroneamente na defesa a tipificação da justa causa; 2) **heterodoxa:** aceita os fatos narrados na defesa para justificar a despedida por justa causa, cabendo ao julgador tipificar o caso concreto na hipótese legal.

3.2. Hipóteses de justa causa

A. **Improbidade:** desonestidade, viola lei, moral ou bons costumes, gerando prejuízo patrimonial ao empregador ou a terceiro.

B. **Incontinência ou mau procedimento**: a incontinência é a violação específica da moral sexual. O mau procedimento inclui tudo o que seja incompatível com as regras sociais e internas.

C. **Negociação habitual:** exercício habitual de atividade concorrente, sem autorização do empregador, explorando o mesmo ramo de negócio, ou exerce outra atividade que, embora não concorrente, prejudique o exercício de sua função na empresa.

D. **Condenação criminal do empregado, passada em julgado, ao cumprimento de pena privativa de liberdade, sendo inaplicável a suspensão da execução da pena:** Condenado à pena privativa da liberdade, sem possibilidade de suspensão da pena, independente da natureza do crime.

E. **Desídia:** negligência.

F. **Embriaguez habitual ou em serviço:** Embriaguez habitual é aquela que ocorre de forma repetida, fora do local de trabalho, mas que repercute negativamente na atividade do empregado. Embriaguez em serviço é aquela em que o empregado se embriaga no próprio local de trabalho, durante o expediente.

G. **Violação de segredo da empresa:** empregado revela para terceiros quaisquer informações sigilosas de que tenha conhecimento em razão de suas atividades.

H. **Ato de indisciplina ou insubordinação: A indisciplina é** caracterizada por descumprimento de ordens gerais de serviços, emanadas em relação a todos os empregados da empresa. A insubordinação se verifica com o descumprimento de ordens pessoais do chefe imediato, direcionadas de forma específica ao empregado.

I. **Abandono de emprego:** Ausentar-se do serviço por prazo de 30 dias, sem justificativa (elemento objetivo) e intenção deliberada do deixar o serviço (elemento subjetivo).

J. **Ato lesivo da honra ou da boa fama praticado no serviço contra qualquer pessoa ou ocorrência de ofensas físicas, nas mesmas condições, salvo em caso de legítima defesa, própria ou de outrem:** Praticar ofensas morais (calúnia, injúria e difamação) ou física (independentemente de gerar lesão corporal) contra qualquer pessoa, dentro do ambiente de trabalho, caracteriza a justa causa. Se o ato foi praticado em legítima defesa própria ou de terceiro fica afastada a justa causa.

K. **Ato lesivo da honra ou da boa fama ou ofensas físicas praticadas contra o empregador e superiores hierárquicos, salvo em caso de legítima defesa, própria ou de outrem:** A prática de ofensa física ou moral contra o chefe, independentemente do local, seja ou não ambiente de trabalho, caracteriza a justa causa. Da mesma forma que na hipótese anterior, se o ato foi praticado em legítima defesa própria ou de terceiro fica afastada a justa causa.

L. **Prática constante de jogos de azar:** quando o empregado participa, de forma habitual e repetida, de jogos de azar, no local de trabalho ou, se praticado fora, repercuta negativamente no ambiente de trabalho.

M. a **Perda da habilitação ou dos requisitos estabelecidos em lei para o exercício da profissão, em decorrência de conduta dolosa do empregado (art. 482, m, da CLT):** É necessário que a perda da habilitação ou dos requisitos legais para o exercício profissional ocorra de forma dolosa, isto é, com a intenção do empregado. No caso de conduta culposa (negligência, imprudência ou imperícia), a extinção contratual só poderá ocorrer pela modalidade da dispensa sem justa causa. Exemplo: Um médico empregado de um hospital que, por praticar uma fraude, perde dolosamente sua habilitação para o exercício da profissão pelo Conselho Regional ou Federal de Medicina.

Da mesma forma, se no momento da contratação do empregado aquela habilitação profissional não foi considerada, isto é, não era requisito para o emprego, a sua perda ou limitação não pode ser considerada como circunstância ensejadora da justa causa.

Na CLT ainda estão previstas duas hipóteses de falta grave, passíveis de dispensa motivada: I) *inobservância das instruções expedidas pelo empregador no tocante à segurança e medicina no trabalho ou não utilização dos equipamentos de proteção individual fornecidos* (CLT, art. 158, parágrafo único) e II) a *recusa injustificada na prestação de serviço extraordinário pelos ferroviários* (CLT, art. 240, parágrafo único).

3.2.1. Hipóteses de justa causa aplicáveis às domésticas

Conforme o art. 27 da Lei Complementar nº 150/2015, as hipóteses de justa causa aplicáveis às domésticas são:

A. Submissão a maus-tratos de idoso, de enfermo, de pessoa com deficiência ou de criança sob cuidado direto ou indireto do empregado;

B. Prática de ato de improbidade;

C. Incontinência de conduta ou mau procedimento;

D. Condenação criminal do empregado transitada em julgado, caso não tenha havido suspensão da execução da pena;

E. Desídia no desempenho das respectivas funções;

F. Embriaguez habitual ou em serviço;

G. Ato de indisciplina ou de insubordinação;

H. Abandono de emprego, assim considerada a ausência injustificada ao serviço por, pelo menos, 30 (trinta) dias corridos;

I. Ato lesivo à honra ou à boa fama ou ofensas físicas praticadas em serviço contra qualquer pessoa, salvo em caso de legítima defesa, própria ou de outrem;

J. Ato lesivo à honra ou à boa fama ou ofensas físicas praticadas contra o empregador doméstico ou sua família, salvo em caso de legítima defesa, própria ou de outrem;

K. Prática constante de jogos de azar.

4. RESCISÃO INDIRETA

A despedida indireta (rescisão indireta ou por justa causa do empregador) se origina da falta grave praticada pelo patrão, no contexto da relação laboral. Essa falta grave praticada pelo empregador, configura justo motivo para rompimento do vínculo empregatício por **parte do empregado.**

4.1. Hipóteses de rescisão indireta

A. Exigir do empregado serviços superiores às suas forças, defesos por lei, contrários aos bons costumes, ou alheios ao contrato;

B. Tratar o empregado com rigor excessivo;

C. Submeter o empregado a perigo manifesto de mal considerável;

D. Deixar de cumprir as obrigações do contrato de trabalho;

E. Praticar contra o empregado ou pessoas de sua família, ato lesivo da honra e boa fama;

F. Ofender fisicamente o empregado ou pessoas de sua família, salvo em caso de legítima defesa própria ou de outrem;

G. Reduzir unilateralmente o trabalho do empregado, sendo este por peça ou tarefa, de forma a afetar sensivelmente a sua remuneração.

Nas hipóteses **D e G**, poderá o empregado pleitear a rescisão do seu contrato de trabalho e o pagamento das respectivas indenizações, **permanecendo ou não no serviço** até final decisão do processo (CLT, art. 483, § 3º).

5. CULPA RECÍPROCA

Ocorre a extinção contratual por culpa recíproca quando se verificar faltas graves praticadas **simultaneamente** pela empresa e pelo empregador. É o caso, por exemplo, do empregador que ofende verbalmente o trabalhador e é por este agredido. A configuração desta modalidade de rescisão exige decisão judicial.

6. DISPENSA ARBITRÁRIA E SEM JUSTA CAUSA

A dispensa **arbitrária** é aquela praticada pelo empregador **sem qualquer motivo**, ou seja, por mero capricho. A dispensa **sem justa causa** é aquela ocasionada por um motivo relevante, seja ele **disciplinar, técnico, econômico ou financeiro**, mas que não se enquadra como justa causa. Na prática essa distinção não surte qualquer efeito, eis que o nosso ordenamento confere ao empregador o direito potestativo de dispensar o empregado a qualquer tempo.

7. DISPENSA DISCRIMINATÓRIA

A dispensa discriminatória é modalidade de tratamento desigual e preconceituoso realizada pelo empregador contra seu empregado e que ocorre na fase contratual, acarretando seu suposto término. A faculdade de dispensar o empregado não permite dispensa discriminatória de nenhum tipo, situação que torna o ato nulo, por violar diversos preceitos básicos constitucionais, como: 1) princípio da dignidade humana (art. 1º, III, CF/88); 2) o objetivo da nossa República de erradicar qualquer tipo de preconceito e discriminação (art. 3º, IV, CF/88); 3) princípio da isonomia (arts. 5º e 7º, CF/88).

Conforme o art. 1º da Lei nº 9.029/95, configura dispensa discriminatória aquela pautada por motivo de sexo, origem, raça, cor, estado civil, situação familiar, deficiência, reabilitação profissional, idade, entre outros. Trata-se, portanto, de um rol exemplificativo.

Presume-se discriminatória a despedida de empregado portador do vírus HIV ou de outra doença grave que suscite estigma ou preconceito (Súm. 443 do TST).

Conforme o artigo 4º da Lei nº 9.029/95, o rompimento da relação de trabalho por ato discriminatório faculta ao empregado optar entre: I – a ***reintegração*** com ressarcimento integral de todo o período de afastamento, mediante pagamento das remunerações devidas, corrigidas monetariamente, acrescidas dos juros legais; II – a percepção, em ***dobro,*** da ***remuneração*** do período de afastamento, corrigida monetariamente e acrescida dos juros legais (art. 4º da Lei nº 9.029/95).

8. ACERTO RESCISÓRIO E MULTAS RESCISÓRIAS

Na extinção do contrato de trabalho, o empregador deverá proceder à **anotação** na CTPS, **comunicar** a dispensa aos órgãos competentes e realizar o **pagamento** das verbas rescisórias no prazo e na forma legal.

O pagamento do acerto rescisório poderá ser efetuado: I – em dinheiro, depósito bancário ou cheque visado, conforme acordem as partes; ou II – em dinheiro ou depósito bancário quando o empregado for analfabeto.

O prazo para o acerto rescisório e entrega dos documentos referentes à rescisão é de **10 dias.**

Até o advento da Reforma Trabalhista, a rescisão do contrato de trabalho de empregado com mais de um ano de contrato deveria ser submetida à assistência do sindicato profissional ou do Ministério do Trabalho. Na falta deles, a assistência caberia, sucessivamente, ao Representante do Ministério Público ou, onde houver, pelo Defensor Público e, na falta ou impedimento deste, pelo Juiz de Paz.

A Lei nº 13.467/2017, contudo, revogou essa disposição celetista, tornando desnecessária a homologação da rescisão contratual. Deve ser ressalvado o pedido de demissão do empregado estável que continuará dependente dessa homologação nos moldes acima citados (art. 500 da CLT).

A jurisprudência tem sinalizado que a homologação é condição de validade do pedido de demissão dos empregados estáveis, o que inclui as garantias de emprego (TST, 7ª T., Ag-AgiInRR nº 633-69.2015.5.09.0661, rel. Min. Douglas Alencar Rodrigues, j. 9-8-2017, DEJT 14-8-2017).

A Reforma Trabalhista também simplificou os procedimentos para liberação do FGTS e acesso ao benefício do seguro-desemprego. Não será mais necessária a apresentação do termo de quitação com a discriminação das parcelas e valores. Bastará simplesmente que o empregado exiba sua CTPS com a devida anotação da saída e que o empregador tenha efetivado a comunicação do desligamento aos órgãos competentes (artigo 477, § 10, da CLT).

O artigo 477 §5º da CLT limita a compensação no acerto rescisório ao valor correspondente de uma remuneração do trabalhador. A compensação, na Justiça do Trabalho, está restrita a dívidas de natureza trabalhista (Súm. 18 do TST).

É importante destacar a Súmula 330 do TST que trata da validade da quitação dada no acerto rescisório:

> Súmula nº 330 do TST. QUITAÇÃO. VALIDADE (mantida) - Res. 121/2003, DJ 19, 20 e 21.11.2003
>
> A quitação passada pelo empregado, com assistência de entidade sindical de sua categoria, ao empregador, com observância dos requisitos exigidos nos parágrafos do art. 477 da CLT, tem eficácia liberatória em relação às parcelas expressamente consignadas no recibo, salvo se oposta ressalva expressa e especificada ao valor dado à parcela ou parcelas impugnadas.
>
> I - A quitação não abrange parcelas não consignadas no recibo de quitação e, conseqüentemente, seus reflexos em outras parcelas, ainda que estas constem desse recibo.
>
> II - Quanto a direitos que deveriam ter sido satisfeitos durante a vigência do contrato de trabalho, a quitação é válida em relação ao período expressamente consignado no recibo de quitação.

Se não efetuar o pagamento do acerto rescisório e a entrega dos documentos correspondentes no prazo de 10 dias, o empregador será obrigado ao pagamento de uma multa ao empregado no valor equivalente ao seu salário, salvo quando, comprovadamente, o trabalhador der causa à mora (art. 477, § 6º, da CLT).

Na data da primeira audiência, o empregador deverá efetuar o pagamento das verbas rescisórias incontroversas, isto é, aquelas que o empregador reconhece como devidas ao empregado. Em não o fazendo, o empregador incidirá na multa correspondente ao acréscimo de 50% sobre as verbas incontroversas (art. 467 da CLT).

A Massa Falida não se sujeita à penalidade do art. 467 e nem à multa do § 8º do art. 477, ambos da CLT (Súm. 388 do TST).

9. TERMO DE QUITAÇÃO ANUAL

É facultado a empregados e empregadores, na vigência ou não do contrato de emprego, firmar o termo de quitação anual de obrigações trabalhistas, perante o sindicato dos empregados da categoria. Assim, as partes (empregado e empregador) poderão, **anualmente**, por meio do citado termo, dar quitação das obrigações trabalhistas de uma para com outra parte, com ciência **e homologação por parte do sindicato da categoria.** O termo discriminará as obrigações de dar e fazer cumpridas mensalmente e dele constará a quitação anual dada pelo empregado, com eficácia liberatória das parcelas nele especificadas.

10. PLANO DE DEMISSÃO VOLUNTÁRIA OU INCENTIVADA – PDV OU PDI

O programa de demissão voluntária ou incentivada (PDV ou PDI) se verifica quando o empregador estimula o próprio empregado a **pedir sua demissão** oferecendo uma quantia financeira. É também uma forma de cessação de contrato de trabalho por **mútuo consentimento** e que deve ocorrer mediante convenção ou acordo coletivo de trabalho, com a estipulação das regras aplicáveis.

Com a introdução do artigo 477-B à CLT, pela Reforma Trabalhista, ficou estipulado claramente que a quitação mediante adesão do empregado ao PDV **alcança todas as verbas** devidas em decorrência da execução e extinção do contrato de trabalho, exceto disposição em contrário estipulada entre as partes.

11. DISPENSA INDIVIDUAL, COLETIVA E PLÚRIMA

As dispensas imotivadas individuais, plúrimas ou coletivas **equiparam-se** para todos os fins, não havendo necessidade de autorização prévia de entidade sindical ou de celebração de convenção coletiva ou acordo coletivo de trabalho para sua efetivação (art. 477-A da CLT).

Dispensa individual é aquela em que o trabalhador dispensado é devidamente reconhecido e identificado pelo empregador. **Dispensa plúrima** é aquela em que várias dispensas individuais são efetivadas ao mesmo tempo, por motivo relativo à conduta de cada empregado dispensado. Por fim, a **dispensa coletiva** caracteriza-se quando o empregador não atinge um empregado ou um grupo determinado de trabalhadores, mas vários empregados indeterminados, sem substituição dos empregados dispensados.

Em 08/06/2022, o STF decidiu no Recurso Extraordinário (RE) 999435, com repercussão geral (Tema 638), que é imprescindível a participação prévia de sindicatos nos casos de dispensas coletivas.

A tese de repercussão geral fixada foi a seguinte: "A intervenção sindical prévia é exigência procedimental imprescindível para dispensa em massa de trabalhadores que não se confunde com a autorização prévia por parte da entidade sindical ou celebração de convenção ou acordo coletivo".

Em 13/04/2023, o STF acolheu em parte os embargos de declaração interpostos nos referidos autos, para modular os efeitos da decisão, de modo a explicitar que a exigência de intervenção sindical prévia vincula apenas as dispensas em massa ocorridas após a publicação da ata do julgamento de mérito.

O entendimento que prevaleceu na decisão é de que a participação dos sindicatos é imprescindível para a defesa das categorias profissionais, não se tratando de pedir autorização ao sindicato para a dispensa, mas de envolvê-lo num processo coletivo com foco na manutenção de empregos, a partir do dever de negociação pelo diálogo.

Isso porque, a participação de sindicatos, nessas situações, pode ajudar a encontrar soluções alternativas ao rigor das dispensas coletivas, evitar a incidência de multas e contribuir para a recuperação e o crescimento da economia e para a valorização do trabalho humano, cumprindo, de modo efetivo, a sua função social.

De modo geral, os ministros do STF que votaram favoravelmente à tese demonstraram preocupação com os impactos sociais e econômicos das dispensas coletivas e realçaram que a intervenção sindical prévia não se confunde com autorização prévia dos sindicatos, mas estimula o diálogo, sem estabelecer condições ou assegurar a estabilidade no emprego.

12. AVISO PRÉVIO

O aviso prévio é o direito do contratante de ser **avisado**, com antecedência de, no mínimo, **30 dias** (CLT, art.487, II c/c CF/88, art.7º, XXI), sobre a intenção da outra parte de **romper** o contrato de emprego.

O aviso prévio será concedido na proporção de 30 (trinta) dias aos empregados que contem até 1 (um) ano de serviço na mesma empresa. O aviso prévio será acrescido de **3 (três) dias** por **ano** de serviço prestado na mesma empresa, até o máximo de **60 (sessenta) dias**, perfazendo um total de até 90 (noventa) dias.

As consequências legais para a falta de concessão do aviso prévio são: a) pelo empregador: direito do empregado aos salários do período correspondente ao período de aviso, garantida sempre a integração desse período no seu tempo de serviço (art. 487, parágrafo

1º. da CLT); b) pelo empregado: direito do empregador de descontar os salários correspondentes ao prazo respectivo (art. 487, parágrafo 2º. da CLT).

É inválida a concessão do aviso prévio na fluência da garantia provisória de emprego, ante a incompatibilidade dos institutos, porquanto, durante a garantia de emprego o poder do empregador de resilir o contrato é reduzido (Súm. 348 do TST).

O direito à estabilidade provisória decorrente de gravidez é garantido, mesmo que os exames mostrem que estimativa da concepção tenha ocorrido durante o aviso prévio (art. 391-A da CLT e art. 25, parágrafo único, da Lei Complementar nº 150/2015).

O registro da candidatura do empregado a cargo de dirigente sindical durante o período de aviso prévio, ainda que indenizado, não lhe assegura a estabilidade.

O aviso prévio, ainda que indenizado, integra o contrato de trabalho para todos os efeitos legais, o que significa que, se ao empregado são devidos todos os direitos trabalhistas surgidos no período do aviso, também são possíveis de serem exercidos todos os direitos do empregador, entre eles, o de extinguir o contrato de trabalho por justa causa.

O empregado que, durante o prazo do aviso prévio, cometer qualquer das faltas consideradas pela lei como justas para a rescisão, perde o direito ao restante do respectivo prazo (art. 491 da CLT). E, ainda, conforme a Súm. 73 do TST: "A ocorrência de justa causa, salvo a de abandono de emprego, no decurso do prazo do aviso prévio dado pelo empregador, retira do empregado qualquer direito às verbas rescisórias de natureza indenizatória".

O empregador que, durante o prazo do aviso prévio dado ao empregado, praticar ato que justifique a rescisão imediata do contrato, sujeita-se ao pagamento da remuneração correspondente ao prazo do referido aviso, sem prejuízo da indenização que for devida (art. 490 da CLT).

A projeção do contrato de trabalho para o futuro, pela concessão do aviso prévio indenizado, tem efeitos limitados às vantagens econômicas obtidas no período de pré-aviso, ou seja, salários, reflexos e verbas rescisórias. No caso de concessão de auxílio-doença no curso do aviso prévio, todavia, só se concretizam os efeitos da dispensa depois de expirado o benefício previdenciário (Súm. 371 do TST).

O tempo do aviso prévio, mesmo indenizado, conta-se para efeito da indenização adicional prevista no art. 9º da Lei nº 6.708/1979.

O prazo do aviso prévio observará o art. 132 do CC, o que significa que computar-se-á com a exclusão do dia do começo e a inclusão do dia do vencimento. Em se tratando de prazo de direito material, poderá iniciar e/ou vencer em dia não útil.

A data de saída a ser anotada em CTPS, deve corresponder à do término do prazo do aviso-prévio, inclusive indenizado (OJ nº 82 da SDI-1 do TST).

Reajustamento salarial coletivo que for determinado no curso do aviso prévio beneficiará o empregado pré-avisado da despedida, mesmo que tenha recebido antecipadamente os salários correspondentes ao período do aviso prévio, já que este integra seu tempo de serviço para todos os efeitos legais.

O direito ao aviso prévio é irrenunciável pelo empregado. O pedido de dispensa de cumprimento não exime o empregador de pagar o respectivo valor, salvo comprovação de haver o prestador dos serviços obtido novo emprego (Súm. nº 276 do TST).

Uma vez concedido o aviso prévio, a resilição contratual torna-se efetiva após o transcurso do prazo, pois não se admite retratação, a não ser que a parte pré-avisada (empregado) acate o pedido de reconsideração do empregador (artigo 489 da CLT). Trata-se de faculdade do empregado aceitar ou não a reconsideração. Caso seja aceita a reconsideração ou continuando a prestação depois de expirado o prazo, o contrato continuará a vigorar, como se o aviso prévio não tivesse sido dado.

O horário normal de trabalho do empregado, durante o prazo do aviso, e se a rescisão tiver sido promovida pelo empregador, será reduzido de 2 (duas) horas diárias, sem prejuízo do salário integral.

É facultado ao empregado trabalhar sem a redução das 2 (duas) horas diárias previstas neste artigo, caso em que poderá faltar ao serviço, sem prejuízo do salário integral, por 1 (um) dia, na hipótese de receber por semana ou prazo inferior, e por 7 (sete) dias corridos, na hipótese de receber por quinzena ou mês.

É ilegal substituir o período que se reduz da jornada de trabalho, no aviso prévio, pelo pagamento das horas correspondentes (Súm. 230 do TST).

13. ATUALIZAÇÃO MONETÁRIA E JUROS DE MORA

A atualização monetária e juros de mora são pedidos implícitos, isto é, o juiz deve decidir sobre essas questões independente de requerimento da parte.

A atualização monetária corresponde à recomposição dos valores da moeda, em razão da diminuição do seu poder aquisitivo frente a fatos históricos como a inflação.

Já os juros de mora possuem dupla finalidade: punir o devedor e remunerar o capital.

Os valores devidos em decorrência de decisão judicial devem ser corrigidos monetariamente a partir do momento em que cada parcela se tornou exigível, durante a execução ou extinção do contrato de trabalho, até o momento do efetivo pagamento.

O pagamento dos salários até o 5º dia útil do mês subsequente ao vencido não está sujeito à correção monetária. Se essa data limite for ultrapassada, incidirá o índice da correção monetária do mês subsequente ao da prestação dos serviços, a partir do dia 1º.

Durante muito tempo, a atualização dos débitos trabalhistas observava o artigo 39 da Lei n. 8.177/91, que atrelava a atualização à Taxa Referencial – TR acumulada no período compreendido entre a data de vencimento da obrigação e o seu efetivo pagamento (art. 39).

Contudo, desde 2015 iniciou-se um intenso debate sobre a inconstitucionalidade da utilização da TR e depois de muitas idas e vindas (entre a utilização dos índices TR e IPCA), atualmente o STF fixou o entendimento vinculante de que na fase pré-judicial dos débitos trabalhistas deverá ser utilizado como indexador o IPCA-E cumulativamente com a TR desde o vencimento das obrigações até a véspera do ajuizamento da ação trabalhista.

Na fase judicial, ou seja, após o ajuizamento da ação, aplica-se a taxa SELIC, que já engloba juros.

O STF modulou os efeitos da decisão para determinar que todos os pagamentos realizados em tempo e modo oportunos mediante a aplicação da TR, do IPCA-E ou de qualquer outro índice deverão ser reputados válidos e não ensejarão qualquer rediscussão. Por outro lado, aos processos em curso que estejam sobrestados na fase de conhecimento, independentemente de haver sentença, deverão ser aplicados, de forma retroativa, os critérios fixados pelo STF.

Com a alteração do Código Civil pela Lei nº 14.905/2024, a partir de 30/08/2024, a atualização monetária dos créditos trabalhistas deve observar o IPCA, desde o vencimento das obrigações, mais juros de mora de 1% ao mês a partir do ajuizamento da ação, ambos incidentes até a integral satisfação das obrigações.

Para a Fazenda Pública os juros de mora são equivalentes ao índice da caderneta de poupança. O benefício relativo aos juros reduzidos não é estendido à Fazenda Pública, em caso de condenação subsidiária (OJ nº 382 da SDI-1 do TST).

Os juros de mora têm natureza indenizatória o que afasta a incidência do imposto de renda.

14. FGTS

O Fundo de Garantia por Tempo de Serviço – FGTS é um fundo formado por recolhimentos mensais incidentes sobre a remuneração, depositados em conta vinculada mantida pela CEF, em nome do trabalhador, a fim de formar pecúlio em favor deste, a ser utilizado principalmente para subsistência nas hipóteses de desemprego involuntário.

Ao mesmo tempo, o FGTS possibilita o investimento em habitação, saneamento básico e infraestrutura urbana mediante programas de financiamento.

Em razão das suas várias facetas, há grande discussão acerca da natureza jurídica do FGTS, prevalecendo a ideia de que se trata de instituto multidimensional, sobressaindo o caráter de direito trabalhista.

De 1966 até 1988, o FGTS era facultativo, mas após a promulgação da CF/88, passou a se tornar obrigatório para os empregados urbanos e rurais, em substituição ao antigo regime de estabilidade decenal.

Para o doméstico, o FGTS era facultativo até o advento da Emenda Constitucional nº 72/2013, que foi regulamentada pela Lei Complementar nº 150/2015.

A regra geral para o empregado comum é o recolhimento da alíquota de 8%, que é reduzida para 2% no caso de aprendizes.

A base de cálculo do FGTS é a remuneração do empregado, inclusive parcelas salariais eventuais e aquelas pagas em virtude de prestação de serviços no exterior.

O prazo para recolhimento do FGTS é até o dia 07 do mês subsequente. No caso da multa rescisória o prazo é a data de pagamento das verbas rescisórias.

Em caso de suspensão contratual, não é devido o recolhimento do FGTS, salvo nos casos de afastamento por acidente de trabalho e para prestação do serviço militar.

Em caso de extinção contratual sem justa causa ou rescisão indireta, é devida multa compensatória de 40% sobre a totalidade dos depósitos de FGTS realizados ou devidos ao longo do contrato, inclusive saques eventualmente realizados. O cálculo da multa de 40% (quarenta por cento) do FGTS deverá ser feito com base no saldo da conta vinculada na data do efetivo pagamento das verbas rescisórias, não incluindo, para tanto, a projeção do aviso prévio indenizado, por falta de previsão legal.

Essa multa é reduzida para a metade (20%), em caso de rescisão contratual por culpa recíproca e também nos casos de extinção contratual por força de distrato.

No caso do empregado doméstico, todos os tributos e o FGTS serão recolhidos em uma única guia (SIMPLES DOMÉSTICO), no importe de 8% de principal do FGTS e 3,2% de indenização compensatória, para casos de demissão sem justa causa ou por culpa recíproca.

Os valores referentes a indenização compensatória serão depositados em conta vinculada distinta e poderão ser movimentadas somente quando da rescisão contratual e, esse valor poderá ser sacado pelo trabalhador ou pelo empregador, dependendo do motivo da rescisão.

> ATENÇÃO: A aposentadoria espontânea não é causa de extinção do contrato de trabalho nas situações em que o empregado permanece prestando serviços ao empregador após a jubilação. Assim, por ocasião da sua dispensa imotivada, o empregado tem direito à multa de 40% do FGTS sobre a totalidade dos depósitos efetuados no curso do pacto laboral.

As hipóteses de movimentação da conta vinculada, isto é, saque do FGTS, estão elencadas no art. 20 da Lei nº 8.036/1990.

15. SEGURO-DESEMPREGO

O Seguro-Desemprego é um benefício integrante da seguridade social que tem por objetivo, além de prover assistência financeira temporária ao trabalhador desempregado sem justa causa, auxiliá-lo na manutenção e na busca de emprego, promovendo para tanto, ações integradas de orientação, recolocação e qualificação profissional.

O seguro-desemprego é um direito constitucionalmente assegurado nos arts. 7º, II, e 201, III, ambos da CF/88 e regulamentado pelas Leis nºs 7.998/90, 13.134/2015 e 10.779/2003 (Lei do seguro-defeso).

No ato da dispensa sem justa causa, o empregador deve fornecer ao trabalhador o Requerimento do Seguro-Desemprego – SD e a Comunicação de Dispensa – CD, devidamente preenchidos. No caso de rescisão indireta, o empregado também tem direito ao benefício.

A Resolução CODEFAT nº 742/2015 de 31/03/2015 tornou obrigatória, a partir de 01/04/2015, a entrega do Requerimento de Seguro-desemprego/Comunicação de Dispensa para o trabalhador, exclusivamente impresso pelo Empregador Web no Portal Mais Emprego, substituindo as antigas guias impressas.

A Lei da Reforma Trabalhista acrescentou o § 10 ao art. 477 da CLT trazendo a previsão de que a anotação da extinção do contrato na CTPS é documento hábil para requerer o benefício do seguro-desemprego e a movimentação do FGTS, nas hipóteses legais, desde que tenha sido realizada a comunicação aos órgãos competentes.

Tem direito à percepção do seguro-desemprego:

- Trabalhador formal e doméstico, em virtude da dispensa sem justa causa, inclusive dispensa indireta;
- Trabalhador formal com contrato de trabalho suspenso em virtude de participação em curso ou programa de qualificação profissional oferecido pelo empregador;
- Pescador profissional durante o período do defeso;
- Trabalhador resgatado da condição semelhante à de escravo.

O Seguro-Desemprego é um benefício pessoal e só pode ser pago diretamente ao beneficiário, com exceção para as seguintes situações:

1) morte do segurado, quando serão pagas aos sucessores parcelas vencidas até a data do óbito;
2) grave moléstia do segurado, quando serão pagas parcelas vencidas ao seu curador legalmente designado ou representante legal;
3) moléstia contagiosa ou impossibilidade de locomoção, quando serão pagas parcelas vencidas ao procurador;
4) ausência civil, quando serão pagas parcelas vencidas ao curador designado pelo juiz;
5) beneficiário preso, quando as parcelas vencidas serão pagas por meio de procuração.

A apuração do valor do benefício terá como base a média dos três últimos salários mensais do último vínculo empregatício (mesmo que o empregado não tenha trabalhado integralmente qualquer dos meses), observando-se a tabela alterada anualmente por portaria do Ministério do Trabalho.

Para o pescador artesanal, empregado doméstico e o trabalhador resgatado, o valor é de 1 salário mínimo.

Na hipótese prevista no § 5º do art. 476-A da CLT (participação em programas de qualificação profissional), as prestações da bolsa de qualificação profissional que o empregado tiver recebido serão descontadas das parcelas do seguro-desemprego a que fizer jus, sendo-lhe garantido, no mínimo, o recebimento de uma parcela do benefício.

O pagamento do seguro-desemprego será suspenso nas seguintes hipóteses: admissão do trabalhador em um novo emprego; pelo início da percepção de benefício de prestação continuada da Previdência Social (exceto auxílio-acidente, auxílio-suplementar e abono de permanência) ou pelo início de percepção de auxílio-desemprego.

O benefício do seguro-desemprego será cancelado nas seguintes hipóteses: pela recusa por parte do trabalhador desempregado de outro emprego condizente com sua qualificação registrada ou declarada e com sua remuneração anterior; por comprovação de falsidade na prestação das informações necessárias à habilitação; por comprovação de fraude visando à percepção indevida do benefício do seguro-desemprego e por morte do segurado.

O trabalhador deve requerer o benefício nos seguintes prazos:

- **Trabalhador formal** – do 7º ao 120º dia, contados da data de dispensa;
- **Bolsa qualificação** – durante a suspensão do contrato de trabalho;
- **Empregado doméstico** – do 7º ao 90º dia, contados da data de dispensa;
- **Pescador artesanal** – durante o defeso, em até 120 dias do início da proibição;
- **Trabalhador resgatado** – até o 90º dia, a contar da data do resgate.

Os requisitos para a percepção do seguro-desemprego são os seguintes:

I) Trabalhador Formal

- Ter sido dispensado sem justa causa;
- Estar desempregado quando do requerimento do benefício;
- Não possuir renda própria de qualquer natureza suficiente à sua manutenção e da sua família;
- Não estar em gozo de qualquer benefício previdenciário de prestação continuada, com exceção do auxílio-acidente e pensão por morte;
- Ter recebido salários de pessoa jurídica ou pessoa física a ela equiparada, relativos:
  - 1ª solicitação: pelo menos 12 (doze) meses nos últimos 18 (dezoito) meses imediatamente anteriores à data de dispensa, quando da primeira solicitação;
  - 2ª solicitação: pelo menos 9 (nove) meses nos últimos 12 (doze) meses imediatamente anteriores à data de dispensa, quando da segunda solicitação; e
  - 3ª solicitação: cada um dos 6 (seis) meses imediatamente anteriores à data de dispensa, quando das demais solicitações.

II) Bolsa de Qualificação Profissional

- Estar com o contrato de trabalho suspenso, em conformidade com o disposto em convenção ou acordo coletivo, devidamente matriculado em curso ou programa de qualificação profissional oferecido pelo empregador. A periodicidade, os valores e a quantidade de parcelas são os mesmos do benefício para o trabalhador formal, conforme o tempo de duração do curso de qualificação profissional.

III) Empregado Doméstico

- Ter sido dispensado sem justa causa;

- Ter trabalhado, exclusivamente, como empregado doméstico, pelo período mínimo de 15 meses nos últimos 24 meses que antecederam a data de dispensa que deu origem ao requerimento do seguro-desemprego;
- Ter, no mínimo, 15 recolhimentos ao FGTS como empregado doméstico;
- Estar inscrito como Contribuinte Individual da Previdência Social e possuir, no mínimo, 15 contribuições ao INSS;
- Não possuir renda própria de qualquer natureza suficiente à sua manutenção e a de sua família;
- Não estar em gozo de qualquer benefício previdenciário de prestação continuada, com exceção do auxílio-acidente e pensão por morte.

IV) Pescador Artesanal

- Possuir inscrição no INSS como segurado especial;
- Possuir comprovação de venda do pescado a adquirente pessoa jurídica ou cooperativa, no período correspondente aos últimos 12 meses que antecederam ao início do defeso;
- Não estar em gozo de nenhum benefício de prestação continuada da Previdência Social ou da Assistência Social, exceto auxílio-acidente ou pensão por morte;
- Comprovar o exercício profissional da atividade de pesca artesanal objeto do defeso e que se dedicou à pesca, em caráter ininterrupto, durante o período compreendido entre o defeso anterior e o em curso;
- Não ter vínculo de emprego ou outra relação de trabalho ou outra fonte de renda diversa da decorrente da atividade pesqueira.

V) Trabalhador Resgatado

- Ter sido comprovadamente resgatado de regime de trabalho forçado ou da condição análoga à de escravo;
- Não estar recebendo nenhum benefício da Previdência Social, exceto auxílio-acidente e pensão por morte;
- Não possuir renda própria para seu sustento e de sua família;
- seguro-desemprego.

Capítulo 8

ESTABILIDADES. PROTEÇÃO AO TRABALHO DO MENOR E DA MULHER. SEGURANÇA E SAÚDE DO TRABALHO

1. ESTABILIDADE E GARANTIAS PROVISÓRIAS DE EMPREGO

A estabilidade corresponde à vantagem jurídica conferida ao empregado em virtude de uma circunstância de caráter geral, que resguarda de forma permanente a manutenção do vínculo empregatício.

Já a garantia de emprego corresponde à vantagem jurídica conferida ao empregado em virtude de uma circunstância de caráter pessoal, que resguarda temporariamente a manutenção do vínculo empregatício.

Existem autores que utilizam a expressão estabilidade definitiva e estabilidade provisória correspondendo, respectivamente, à estabilidade e à garantia de emprego.

Atualmente, podem ser identificadas três formas de estabilidade e diversas modalidades de garantias no emprego (popularmente denominadas "estabilidades provisórias").

1.1. Modalidades de estabilidade

Existem três espécies de estabilidade (ou estabilidade definitiva): a estabilidade decenal, a estabilidade prevista no ADCT, art. 19, *caput* e a estabilidade dos servidores públicos celetistas.

A estabilidade decenal prevista no art. 492 da CLT (destinada ao empregado que contava com mais de dez anos de serviço na mesma empresa) foi extinta com o advento da CF/88 e a obrigatoriedade do FGTS.

Outra modalidade de estabilidade é aquela dos servidores públicos civis da União, dos Estados, do Distrito Federal e dos Municípios, da administração direta, autárquica e das fundações públicas, em exercício na data da promulgação da Constituição Federal (5-10-1988), há pelo menos cinco anos continuados, e que não tenham sido admitidos na forma regulada no art. 37 (mediante concurso de provas ou provas e títulos) da CF/88 (ADCT, art. 19, *caput)*. Todavia, essa situação precária impede que o regime jurídico desses servidores seja transformado em estatutário.

Fundação instituída por lei e que recebe dotação ou subvenção do Poder Público para realizar atividades de interesse do Estado, ainda que tenha personalidade jurídica de direito privado, ostenta natureza de fundação pública. Assim, seus servidores regidos pela CLT são beneficiários da estabilidade excepcional prevista no art. 19 do ADCT (OJ 364, SBDI-1, do TST).

Por fim, a terceira estabilidade envolve o setor público e seus agentes celetistas aprovados no estágio probatório após concurso público de provas ou provas e títulos (art. 41, CF/88).

O servidor público celetista da Administração direta, autárquica ou fundacional é beneficiário da estabilidade prevista no art. 41 da CF/88, o mesmo não se verificando com o empregado de empresa pública ou sociedade de economia mista (Súm. 390 do TST).

A perda do cargo ou do emprego público só poderá ocorrer em virtude de decisão judicial transitada em julgado ou por meio de processo administrativo disciplinar no qual seja garantida a ampla defesa.

A OJ 247, II, da SDI-1 do TST, exige que o ato de dispensa dos empregados da Empresa Brasileira de Correios seja um ato motivado.

A aplicação desse entendimento sobre a necessidade de motivação do ato de dispensa de empregados também para as demais empresas públicas e sociedade de economia mista será apreciada pelo STF no Tema 1022 que, até o fechamento desta edição, ainda não havia sido julgado.

1.2. Modalidades de garantias de emprego

As garantias de emprego (estabilidade provisória) protegem o empregado, temporariamente, das dispensas arbitrárias ou sem justa causa.

Somente será permitido o pedido de demissão do trabalhador detentor de garantia de emprego mediante assistência e homologação perante o sindicato da respectiva categoria profissional. A seguir, analisaremos cada uma dessas modalidades de garantia de emprego.

Abaixo destacamos as modalidades de garantias provisórias de emprego.

1.2.1. Gestantes

À luz do art. 10, II, *a*, do ADCT da CF/88, fica vedada a dispensa arbitrária ou sem justa causa da empregada gestante, desde a confirmação da gravidez até cinco meses após o parto.

Esse direito se aplica mesmo na hipótese de admissão mediante contrato por tempo determinado, inclusive contrato de experiência (Súm. 244, III, TST). O STF, ao decidir o Tema 542 da tabela de repercussão geral decidiu que a gestante contratada pela administração pública por prazo determinado ou em cargo em comissão tem direito à licença-maternidade e à estabilidade provisória desde a confirmação da gravidez até cinco meses após o parto. A tese de repercussão geral fixada foi a seguinte: "A trabalhadora gestante tem direito ao gozo de licença maternidade e à estabilidade provisória, independentemente do regime jurídico aplicado, se contratual ou administrativo, ainda que ocupe cargo em comissão ou seja contratada por tempo determinado".

A confirmação do estado de gravidez advindo no curso do contrato de trabalho, ainda que durante o prazo do aviso prévio trabalhado ou indenizado, garante à empregada gestante a estabilidade provisória, inclusive para a doméstica (art. 391-A da CLT e art. 25 da LC nº 150/2015).

Esse direito foi estendido ao empregado adotante ao qual tenha sido concedida guarda provisória para fins de adoção por força do parágrafo único do artigo 391-A da CLT, inserido pela Lei nº 13.509/2017.

É importante destacar a tese vinculante, firmada pelo pleno do TST, em 18/11/2019, no sentido de que a garantia de emprego de gestante não se aplica às trabalhadoras temporárias, cujo contrato é disciplinado pela Lei nº 6.019/74 (IAC 5639-31.2013.5.12.0051). No julgamento, prevaleceu o voto da ministra Maria Cristina Peduzzi, que divergiu do relator para indeferir a estabilidade. De acordo com a ministra, somente um dos precedentes que fundamentaram o item III da súmula 244 não se refere ao contrato de experiência, que tem disciplina na CLT e é diverso do contrato temporário, regido pela lei 6.019/74: "No contrato de experiência, existe a expectativa legítima por um contrato por prazo indeterminado. No contrato temporário, ocorre hipótese diversa – não há perspectiva de indeterminação de prazo."

A ministra ainda afirmou que o artigo 10, inciso II, alínea "b", do ADCT veda a dispensa arbitrária ou sem justa causa, "o que não ocorre de forma visível nos contratos temporários, sempre celebrados a termo e que se extinguem pelo decurso do prazo neles fixado. Nem há presunção de continuidade, como nos casos de experiência. O vínculo temporário finda pelo decurso do prazo máximo previsto na Lei 6.019/74 ou pelo fim da necessidade transitória da substituição de pessoal regular e permanente ou acréscimo de serviço".

A garantia de emprego da gestante não se confunde com a licença-maternidade. Esta última representa o período em que a empregada grávida está afastada do trabalho, sem prejuízo de sua remuneração (cento e vinte dias, sendo vinte e oito dias antes do parto e o restante após). A empregada que adotar ou obtiver guarda judicial para fins de adoção de criança ou adolescente também faz jus à licença-maternidade.

O posicionamento do TST é de que a garantia de emprego da gestante, previsto no art. 10, II, "b", do ADCT é direito revestido de indisponibilidade absoluta, anulando assim cláusula normativa que previa a substituição dessa garantia por indenização do período estabilitário (TST, RO-162-89.2016.5.08.0000, SDC, rel. Min. Mauricio Godinho Delgado, 18.3.2019, Inf. 192 do TST).

Realizada a dispensa de forma arbitrária ou imotivada dentro do período estabilitário, a gestante terá direito à sua reintegração ou indenização compensatória.

A garantia de emprego à gestante só autoriza a reintegração se esta se der durante o período de estabilidade. Do contrário, a garantia restringe-se aos salários e demais direitos correspondentes ao período de estabilidade conforme a Súmula 244, II, do TST.

O desconhecimento do estado gravídico pelo empregador não afasta o direito ao pagamento da indenização decorrente da estabilidade (Súm. 244, I, TST). Nesse sentido, o Plenário do STF, em 10.10.2018, fixou a seguinte tese para fins de repercussão geral:

> "A incidência da estabilidade prevista no art. 10, II, do ADCT, somente exige a anterioridade da gravidez à dispensa sem justa causa."

Existe uma grande discussão doutrinária e mesmo jurisprudencial se a grávida dispensada pode se recusar a voltar ao emprego oferecido pelo ex-patrão.

Em primeiro lugar é preciso diferenciar a recusa justificada da recusa injustificada. A recusa justificada é quando a empregada possui algum motivo relevante para não retornar, como por exemplo, condições inadequadas de trabalho ou a própria animosidade decorrente do ajuizamento da ação trabalhista. Existindo recusa legítima ao retorno da grávida ao trabalho, não há qualquer discussão, ela simplesmente não será obrigada a voltar ao trabalho.

Já no que se refere à recusa injusta, ou seja, quando não existe nenhum motivo para a grávida voltar ao trabalho, existem dois posicionamentos jurisprudenciais sobre o tema.

A primeira corrente, que é pacífica no TST há muitos anos defendendo que a grávida pode se recusar a retornar ao emprego sem qualquer justificativa porque o direito à garantia de emprego é um direito que visa proteger o nascituro, direito este constitucionalmente garantido e que nem a gestante pode dispor. Nesse sentido, a OJ nº 30 da SDC do TST: "30. ESTABILIDADE DA GESTANTE. RENÚNCIA OU TRANSAÇÃO DE DIREITOS CONSTITUCIONAIS. IMPOSSIBILIDADE. (republicada em decorrência de erro material) - DEJT divulgado em 19, 20 e 21.09.2011. Nos termos do art. 10, II, "b", do ADCT, a proteção à maternidade foi erigida à hierarquia constitucional, pois retirou do âmbito do direito potestativo do empregador a possibilidade de despedir arbitrariamente a empregada em estado gravídico. Portanto, a teor do artigo 9º, da CLT, torna-se nula de pleno direito a cláusula que estabelece a possibilidade de renúncia ou transação, pela gestante, das garantias referentes à manutenção do emprego e salário".

A segunda corrente que vem sendo adotada, aos poucos, por alguns juízes e tribunais regionais do trabalho concorda que esse disciplinamento legal visa impedir que a empregada gestante seja submetida a tratamento discriminatório durante o período da gravidez, bem como, à proteção do próprio nascituro cuja manutenção será proporcionada pelo pagamento dos salários. Contudo, defende que não se pode transformar esse tratamento diferenciado conferido à mulher e à criança, diante de necessidades físicas especiais, em uma odiosa forma de transferir para a obreira condição puramente potestativa de manter-se ou não trabalhando, ao seu exclusivo arbítrio, sob pena de configurar abuso de direito, conforme o artigo 187 do CC, que assim prevê: "Também comete ato ilícito o titular de um direito que, ao exercê-lo, excede manifestamente os limites impostos pelo seu fim econômico ou social, pela boa-fé ou pelos bons costumes".

1.2.2. Acidentados no trabalho

O empregado que sofreu acidente do trabalho tem garantida, pelo prazo mínimo de 12 (doze) meses, a manutenção de seu contrato de trabalho na empresa, após a cessação do auxílio-doença acidentário, independentemente de percepção de auxílio-acidente (Lei nº 8.213/91, art. 118).

Essa garantia se aplica inclusive durante o aviso prévio e também para os contratos por prazo determinado (Súm. 378, III, do TST).

Se o afastamento do serviço em virtude do acidente for menor que 16 (dezesseis) dias, o trabalhador não será beneficiado pelo auxílio-doença acidentário e, portanto, não gozará de qualquer garantia no emprego.

São pressupostos para a concessão da estabilidade: 1) o afastamento superior a 15 dias; 2) a percepção do auxílio-doença acidentário, salvo se constatada, após a despedida, doença profissional que guarde relação de causalidade com a execução do contrato de emprego (Súmula 378, II, do TST).

1.2.3. Empregado reabilitado e empregado portador de deficiência

Conforme dispõe o art. 93 da Lei nº 8.213/91, a empresa com 100 (cem) ou mais empregados está obrigada a preencher de 2 a 5% dos seus cargos com beneficiários reabilitados ou pessoas portadoras de deficiência.

Pessoa portadora de deficiência é aquela que tem impedimento de longo prazo de natureza física, mental, intelectual ou sensorial, o qual, em interação com uma ou mais barreiras, pode obstruir sua participação plena e efetiva na sociedade em igualdade de condições com as demais pessoas (art. 2º, da Lei nº 13.146/2015).

Empregado reabilitado é aquele que passou por processo orientado a possibilitar que adquira, a partir da identificação de suas potencialidades laborativas, o nível suficiente de desenvolvimento profissional para reingresso no mercado de trabalho e participação na vida comunitária (Decreto nº 3.298/99, art. 31). A reabilitação torna a pessoa novamente capaz de desempenhar suas funções ou outras diferentes das que exercia, se estas forem adequadas e compatíveis com a sua limitação. Concluído o processo de reabilitação social e profissional, a Previdência Social emitirá um certificado individual, indicando as atividades que poderão ser exercidas pelo beneficiário, nada impedindo que este exerça outra atividade para a qual se capacitar (art. 92 da Lei n. 8.213/1991).

A dispensa desses trabalhadores ao final de contrato por prazo determinado (superior a noventa dias) ou imotivada no contrato por prazo indeterminado, somente poderá ocorrer após a contratação de substituto de condição semelhante.

Por essa razão, a maioria da jurisprudência vem restringindo o direito potestativo do empregador de dispensar empregado com deficiência ou trabalhador reabilitado sem que um novo seja contratado, possibilitando inclusive postular reintegração ou indenização compensatória se a referida norma não for observada.

Tem prevalecido no TST o entendimento de que a dispensa do empregado reabilitado ou portador de deficiência seja possível sem a contratação de outro empregado nas mesmas condições, desde que a empresa mantenha o percentual de cargos preenchidos nos limites previstos no art. 93 da Lei nº 8.213/1991 (TST, SBDI-1, E-ED-ED-RR 10740-12.2005.5.17.0012, Rel. Min. Renato de Lacerda Paiva, DEJT 12.05.2017).

É também importante destacar o firme posicionamento do TST no sentido de reconhecer o ônus da empregadora pelo cumprimento das exigências do art. 93 da Lei 8.213/91, mas de afastar sua responsabilidade pelo insucesso em contratar pessoas com deficiência, em razão dos esforços comprovadamente empenhados, como promover campanhas com o intuito de contratar trabalhadores na forma exigida pelo art. 93 da Lei nº 8.213/91, oferecendo vagas e procedendo à convocação em jornal e pela internet (TST-RR-2249-26.2015.5.11.0014, 8ª Turma, rel. Min. Maria Cristina Irigoyen Peduzzi, julgado em 29.5.2019, Inf. 197 do TST).

1.2.4. Dirigentes sindicais e suplentes

É vedada a dispensa do empregado sindicalizado a partir do registro da candidatura a cargo de direção ou representação sindical (inclusive das federações e confederações) e, se eleito, ainda que suplente, até um ano após o final do mandato, salvo se cometer falta grave nos termos da lei (art. 8º, VIII, da CF/88 c/c art. 543, parágrafo 3º da CLT).

A referida estabilidade fica limitada a sete dirigentes sindicais e igual número de suplentes, nos termos do artigo 522 da CLT e entendimento consolidado pelo TST na Súm. 369, II, do TST. Importante destacar que o STF, em recente decisão (14/05/2020), na ADPF 276, manteve a validade das referidas normas, conforme o voto da Min. Relatora. Para Cármen Lúcia, a limitação numérica da estabilidade de dirigentes sindicais não afeta o conteúdo da liberdade sindical por não gerar restrição à atuação e à administração da entidade sindical.

O membro de conselho fiscal de sindicato não tem direito à estabilidade prevista nos arts. 543, § 3º, da CLT e 8º, VIII, da CF/88, porquanto não representa ou atua na defesa de direitos da categoria respectiva, tendo sua competência limitada à fiscalização da gestão financeira do sindicato (art. 522, § 2º, da CLT e OJ 365, SBDI-1, do TST).O delegado sindical não é beneficiário da estabilidade provisória prevista no art. 8º, VIII, da CF/1988, a qual é dirigida, exclusivamente, àqueles que exerçam ou ocupem cargos de direção nos sindicatos, submetidos a processo eletivo (OJ 369, SBDI-1, do TST).

A entidade sindical comunicará por escrito à empresa, dentro de 24 (vinte e quatro) horas, o dia e a hora do registro da candidatura do seu empregado e, em igual prazo, sua eleição e posse, fornecendo a este comprovante no mesmo sentido (CLT, art. 543, § 5º).

É assegurada a estabilidade provisória ao empregado dirigente sindical, ainda que a comunicação do registro da candidatura ou da eleição e da posse seja realizada fora do prazo previsto no art. 543, § 5º, da CLT, desde que a ciência ao empregador, por qualquer meio, ocorra na vigência do contrato de trabalho.

O registro da candidatura do empregado a cargo de dirigente sindical durante o período de aviso prévio, ainda que indenizado, não lhe assegura a estabilidade (Súm. 369, V, TST).

O empregado de categoria diferenciada eleito dirigente sindical só goza de estabilidade se exercer na empresa atividade pertinente à categoria profissional do sindicato para o qual foi eleito dirigente (Súm. 369, III, TST).

Havendo extinção da atividade empresarial no âmbito da base territorial do sindicato, não há razão para subsistir a estabilidade (Súm. 369, IV, TST).

A possibilidade de renúncia à garantia provisória de emprego durante a execução do contrato é interpretada com reservas. No caso do dirigente sindical, tem-se que essa estabilidade visa proteger, os interesses de todos os integrantes da categoria profissional. Assim, como também é de índole coletiva, a renúncia durante o contrato de trabalho, nesse caso, não seria possível pois não se trataria de um direito plenamente disponível.

1.2.5. Empregados diretores de cooperativas

Os empregados que sejam eleitos diretores de sociedades cooperativas, por eles mesmo criadas, gozarão das idênticas garantias asseguradas aos dirigentes sindicais pelo art. 543 da CLT (art. 55 da Lei nº 5.764/71) ficando também vedada a dispensa até um ano após o término do mandato.

O art. 55 da Lei nº 5.764/71 assegura a garantia de emprego apenas aos empregados eleitos diretores de Cooperativas, não abrangendo os membros suplentes (OJ n. 253 da SDI-I do TST).

1.2.6. Cargos de direção e suplentes da CIPA

O art. 10, II, do ADCT, prevê garantia de emprego ao eleito para cargo de direção de comissões internas de prevenção de acidentes, desde o registro de sua candidatura até um ano após o final de seu mandato.

Essa garantia se estende ao suplente da CIPA, a partir da promulgação da Constituição Federal de 1988 (Súm. 676 do STF e Súm. 339, I, TST).

Os representantes dos empregados na CIPA devem zelar por condições de trabalho seguras e salubres e tal situação, muitas vezes, pode resultar em vontade divergente com a do empregador. Logo, o fundamento dessa garantia reside na necessidade de se assegurar ao cipeiro autonomia no exercício do mandato.

A estabilidade provisória do cipeiro não constitui vantagem pessoal, mas garantia para as atividades dos membros da CIPA, que somente tem razão de ser quando em atividade a empresa. Extinto o estabelecimento, não se verifica a despedida arbitrária, sendo impossível a reintegração e indevida a indenização do período estabilitário (Súm. 339, II, TST).

É importante ressaltar que as CIPA's são compostas tanto por membros eleitos pelos trabalhadores como por indicados pela empresa, não se conferindo a estes últimos qualquer garantia de emprego.

Assim como no caso do dirigente sindical, a possibilidade de renúncia à estabilidade no emprego durante a execução do contrato é interpretada com reservas. No caso do membro do CIPA, tem-se que essa estabilidade visa proteger todos os empregados do estabelecimento e, dada sua natureza de índole também coletiva, a renúncia durante o contrato de trabalho, nesse caso, não seria possível pois não se trataria de um direito plenamente disponível.

1.2.7. Membros da Comissão de Conciliação Prévia – CCP

Conforme art. 625-B, § 1º da CLT, é proibida a dispensa dos representantes dos empregados membros da Comissão de Conciliação Prévia-CCP, titulares e suplentes, até um ano após o final do mandato, salvo se cometerem falta grave, nos termos da lei.

A maioria entende que o marco inicial desta garantia é a eleição do empregado e permanece até um ano após o mandato.

1.2.8. Membros do Conselho Curador do FGTS e do Conselho Nacional de Previdência Social

Os representantes dos trabalhadores (em atividade) no Conselho Curador do FGTS (Lei nº 8.036/90, art. 3º, § 9º) e no Conselho Nacional de Previdência Social (Lei nº 8.213/91, art. 3º, § 7º), titulares ou suplentes, também terão direito à garantia de emprego, desde suas nomeações até um ano após o término dos respectivos mandatos (dois anos, permitida uma recondução), somente podendo ser dispensados por falta grave, comprovada por meio de processo judicial (inquérito para apuração de falta grave).

1.2.9. Membro da Comissão de Representantes dos Empregados

Nos termos do artigo 510-D, § 3º, da CLT, inserido pela Lei da Reforma Trabalhista, desde o registro da candidatura até um ano após o fim do mandato, o membro da comissão de representantes dos empregados não poderá sofrer despedida arbitrária, entendendo-se como tal a que não se fundar em motivo disciplinar, técnico, econômico ou financeiro.

1.2.10. Programa Benefício Emergencial de Preservação do Emprego e Renda

É assegurada a garantia provisória no emprego ao empregado que receber o Benefício Emergencial de Preservação do Emprego e da Renda, previsto no art. 5º da Lei n. 14.020/20 (medidas de enfrentamento da pandemia do coronavírus), em decorrência da redução da jornada de trabalho e do salário ou da suspensão temporária do contrato de trabalho em decorrência da pandemia do coronavírus, nos seguintes termos: I - durante o período acordado de redução da jornada de trabalho e do salário ou de suspensão temporária do contrato de trabalho; II - após o restabelecimento da jornada de trabalho e do salário ou do encerramento da suspensão temporária do contrato de trabalho, por período equivalente ao acordado para a redução ou a suspensão; e III - no caso da empregada gestante, por período equivalente ao acordado para a redução da jornada de trabalho e do salário ou para a suspensão temporária do contrato de trabalho, contado a partir do término do período da garantia estabelecida na alínea "b" do inciso II do caput do art. 10 do ADCT.

A dispensa sem justa causa que ocorrer durante o período de garantia provisória no emprego previsto no caput deste artigo sujeitará o empregador ao pagamento, além das parcelas rescisórias previstas na legislação em vigor, de indenização no valor de: I - 50% (cinquenta por cento) do salário a que o empregado teria direito no período de garantia provisória no emprego, na hipótese de redução de jornada de trabalho e de salário igual ou superior a 25% (vinte e cinco por cento) e inferior a 50% (cinquenta por cento); II - 75% (setenta e cinco por cento) do salário a que o empregado teria direito no período de garantia provisória no emprego, na hipótese de redução de jornada de trabalho e de salário igual ou superior a 50% (cinquenta por cento) e inferior a 70% (setenta por cento); ou III - 100% (cem por cento) do salário a que o empregado teria direito no período de garantia provisória no emprego, nas hipóteses de redução de jornada de trabalho e de salário em percentual igual ou superior a 70% (setenta por cento) ou de suspensão temporária do contrato de trabalho.

Essa garantia de emprego não se aplica às hipóteses de pedido de demissão ou dispensa por justa causa do empregado.

1.2.11. Portador de deficiência – Período da pandemia (Lei n. 14.020/20)

Durante o estado de calamidade pública, a dispensa sem justa causa do empregado pessoa com deficiência será vedada (art. 17, IV, da Lei n. 14.020/20).

A referida norma visa a manutenção do emprego e da renda de pessoas que, em razão de sua maior fragilidade, poderiam ser imediatamente demitidas como forma de contenção de gastos pelas empresas em razão das dificuldades decorrentes da pandemia do coronavírus.

A Lei n. 14.020/20, tem por base o período de vigência do Decreto Legislativo 6/2020 e a Lei n. 13.979/20, das quais se extrai que que o período de calamidade pública perdurou até 31/12/20.

2. REINTEGRAÇÃO

Inexistente falta grave praticada pelo empregado estável, fica o empregador obrigado a reintegrá-lo no serviço e a pagar-lhe todos os salários e demais direitos a que faria jus durante o período de afastamento, inclusive a contagem no tempo de serviço (art. 495 da CLT).

Quando a reintegração do estável for desaconselhável, dado o grau de incompatibilidade resultante do dissídio, a Justiça do Trabalho poderá converter a obrigação em indenização (art. 496 da CLT).

Transcorrido o período de estabilidade, são devidos ao empregado apenas os salários do período compreendido entre a data da despedida e o final do período de estabilidade, não lhe sendo assegurada a reintegração no emprego (Súmula 396, I, do TST).

Conforme entendimento jurisprudencial consolidado, o ajuizamento de ação trabalhista após decorrido o período de garantia de emprego não configura abuso do exercício do direito de ação, pois este está submetido apenas ao prazo prescricional inscrito no art. 7º,

XXIX, da CF/88, sendo devida a indenização desde a dispensa até a data do término do período estabilitário (OJ 399, SDI-I, do TST).

Não há nulidade por julgamento *extra petita* da decisão que deferir salário quando o pedido for de reintegração, conforme o art. 496 da CLT (Súm. 396, II, do TST).

3. INQUÉRITO PARA APURAÇÃO DE FALTA GRAVE

O inquérito para apuração de falta grave constitui processo judicial obrigatório para rescisão do contrato de trabalho dos detentores de estabilidade decenal, dirigentes sindicais, empregados diretores de cooperativas e membros do Conselho Curador do FGTS e do Conselho Nacional de Previdência Social, no curso de seus respectivos períodos de garantia de emprego.

Já os empregados membros das Comissões Internas de Prevenção de Acidentes (art. 10º, II, "a" do ADCT e art. 165 da CLT), gestantes (art. 10, II, "b" do ADCT) e acidentados no trabalho (art. 118 da Lei nº 8.213/91), apesar de também possuírem garantia de emprego, podem ser dispensados por justa causa sem a necessidade de instauração do inquérito.

Além disso, o membro da Comissão Interna de Prevenção de Acidentes e de Assédio pode ser dispensado, mesmo sem justa causa, desde que sua dispensa se funde em motivo disciplinar, técnico, econômico ou financeiro. Portanto, tais empregados ainda estarão protegidos contra a dispensa arbitrária, mas sua garantia de emprego, em relação aos demais beneficiários, é mais frágil.

O inquérito para apuração de falta grave está previsto no art. 853 da CLT.

Antes de instaurar o inquérito, o empregador deverá escolher entre suspender ou não seu funcionário. Sua escolha (suspensão ou manutenção do trabalho) perdurará até o trânsito em julgado do inquérito.

Se o empregador decidir pela suspensão do empregado, deverá instaurar o inquérito dentro de 30 (trinta) dias da data da suspensão (prazo decadencial conforme Súmula 62 do TST e Súmula 403 do STF).

Caso não haja suspensão do empregado, a doutrina diverge a respeito do prazo para a instauração, na medida em que existe omissão legal.

Uns defendem a possibilidade de instauração do inquérito dentro de 5 (cinco) anos, por analogia à prescrição quinquenal trabalhista. Outros defendem, em analogia à prescrição bienal trabalhista, a instauração dentro de 2 (dois) anos. Por fim, alguns entendem ser, o prazo, de 30 (trinta) dias contados da ciência da falta grave (analogia ao prazo para a instauração quando há suspensão). Esta última interpretação é mais razoável, uma vez que a demora, por parte do empregador, para a interposição do inquérito, caracterizaria perdão tácito.

O inquérito deverá ser instaurado perante a Justiça do Trabalho, sendo competentes as Varas Trabalhistas (1ª instância).

O procedimento seguirá o rito ordinário, com a especificidade de poderem, tanto empregado como empregador, arrolar 6 (seis) testemunhas (art. 821 da CLT).

Caracterizada a falta grave, ou seja, julgado procedente o pedido formulado na ação de inquérito, a dispensa por justa causa se efetivará.

Neste caso, o empregado terá direito apenas às verbas rescisórias (saldo de salário, férias proporcionais com 1/3, FGTS sobre o saldo de salário a ser depositado em conta vinculada) calculadas a partir do trânsito em julgado da sentença (caso o empregador não tenha suspendido o empregado) ou da data da suspensão do trabalhador (caso o empregador tenha suspendido o empregado). Neste último caso, durante o período da suspensão, não haverá contagem como tempo de serviço e muito menos serão devidos salários (suspensão do contrato de trabalho).

Apurada a inexistência de falta grave, ou seja, julgado improcedente o pedido formulado na ação de inquérito, a dispensa não se efetivará, já que não houve justa causa.

Se o empregado não estiver suspenso, o mesmo continuará trabalhando normalmente. Caso o empregador tenha suspendido o empregado, o mesmo deverá ser reintegrado, além de ter direito aos salários (e demais parcelas trabalhistas) do período suspenso, bem como a contagem deste período como tempo de serviço (suspensão que se transforma em interrupção do contrato de trabalho).

4. PROTEÇÃO AO TRABALHO DO MENOR

O trabalhador menor tem proteção legal para o desempenho de suas atividades por se encontrar em um processo de amadurecimento físico, mental, moral, espiritual e social, não podendo exercer tarefas que prejudiquem esse processo.

Para fins de enquadramento deve-se entender que menor empregado é aquele em idade de 16 a 18 anos, que presta serviço a empregador mediante relação contratual de trabalho.

Não há diferença dos direitos assistidos ao menor em comparação ao empregado maior de idade, até mesmo essa suposta diferença contrariaria a proteção dada pela Constituição.

Já no campo das obrigações, o menor goza de privilégios que possam atender aos fins de proteção ao seu desenvolvimento, conforme abaixo destacado:

- Proibido o trabalho no período noturno (art. 7º. XXXIII, CF/88 e art. 404 da CLT);
- Proibido o trabalho considerado perigoso ou insalubre (art. 7º. XXXIII, CF/88 e art. 405, I, da CLT);
- Proibido o trabalho como empregado ao menor de 16 (dezesseis) anos, exceto como aprendiz após os 14 anos (art. 7º. XXXIII, CF/88);
- Proibido o trabalho em ambiente prejudicial à moral e à saúde, tais como casa de espetáculos, cinemas, boates (art. 405, II e § 3º., CLT);
- Proibido a prorrogação de horas, exceto: 1) compensação semanal, com previsão em negociação coletiva; 2) em casos de força maior, desde que o trabalho do menor seja indispensável, e limitada a duração do trabalho a 12 horas diárias (art. 413 da CLT);

- Proibido o trabalho em ruas, praças, logradouros, entre outros, sem autorização judicial (art. 405, § 2º. e art. 406, II, ambos da CLT);
- Proibido o trabalho que demande força muscular superior a 20 quilos, se contínuo, ou 25 quilos, se ocasional (art. 405, § 5º e art. 390, parágrafo único., ambos da CLT);
- Proibido o trabalho em subsolo (art. 301 da CLT);
- Proibido o trabalho doméstico para menores de 18 anos (LC 150/2015);
- Proibido discriminar salário em razão da idade (art. 7º., XXX, CF/88 e OJ n. 26 da SDC do TST);
- Deve o empregador facilitar a mudança de função, quando esta for prejudicial ao desenvolvimento do menor;
- O empregador deverá proporcionar tempo necessário para o menor frequentar as aulas;
- O gozo das férias deverá coincidir com as férias escolares (art. 136, § 2º. da CLT);
- Quando o menor tiver mais de um emprego, as jornadas de trabalho serão somadas para fins de limitação da duração do trabalho;
- Contra os menores de 18 anos não corre prazo prescricional (art. 440 da CLT e art. 198, I, do CC).

Ao responsável legal do menor ou autoridade competente é facultado pleitear a extinção do contrato de trabalho, desde que o serviço possa acarretar para ele prejuízos de ordem física ou moral (arts. 407 e 408, ambos da CLT). Cabe ao empregador facilitar a mudança de função do menor, sob pena de rescisão indireta do contrato de trabalho.

Toda atividade do menor deve ser assistida pelo seu responsável, assinatura do contrato, processo de admissão, pedido de demissão, dispensa pelo empregador, advertência por escrito, rescisão de contrato, homologação, etc., com exceção à assinatura no recibo de pagamento.

Salvo as proteções já citadas, não há distinção de direitos trabalhistas e previdenciários entre o trabalhador menor e o maior, sendo garantido àquele os mesmos direitos deste.

O registro em Carteira de Trabalho e Previdência Social, a qual não se apresenta mais com distinção entre carteira de menor e maior, se processa da mesma forma.

Em caso de inobservância das normas protetivas do menor, o contrato de trabalho será nulo e a maioria entende que, apesar da nulidade, não é possível desfazer o trabalho já prestado, sendo certo que a vedação do trabalho do menor é norma de ordem pública que visa a proteção das crianças e adolescentes, devendo, portanto, serem pagos todos os direitos contratuais ao menor.

O trabalho infantil artístico pode ser autorizado para menores de 16 anos, observado o art. 8º, 1, da Convenção n. 138 da OIT.

A LGPD dedicou tópico específico acerca do tratamento de dados de crianças e adolescentes. Conforme o art. 14 da Lei 13.709/2018, os dados de crianças e adolescentes devem ser tratados sempre para seu melhor interesse.

Além disso, o tratamento de dados pessoais de crianças deverá ser realizado com o consentimento específico e em destaque, dado por pelo menos um dos pais ou pelo responsável legal.

É dispensado o consentimento somente quando a coleta for necessária para contatar os pais ou o responsável legal, utilizados uma única vez e sem armazenamento, ou para sua proteção, e em nenhum caso poderão ser repassados a terceiro, sem o consentimento de pelo menos um dos pais ou do responsável legal.

As informações sobre o tratamento de dados de crianças e adolescentes deverão ser fornecidas de maneira simples, clara e acessível, consideradas as características físico-motoras, perceptivas, sensoriais, intelectuais e mentais do usuário, com uso de recursos audiovisuais quando adequado, de forma a proporcionar a informação necessária aos pais ou ao responsável legal e adequada ao entendimento da criança.

5. PROTEÇÃO AO TRABALHO DA MULHER

A grande exploração dos trabalhadores durante os primeiros séculos do sistema capitalista de produção trouxe grandes danos, em especial às mulheres, tendo em vista suas especificidades ligadas à gestação e aos cuidados com os filhos recém-nascidos.

Nesse contexto, a legislação buscou protegê-las, a exemplo do que também ocorre com o trabalho do menor.

Abaixo, iremos expor as principais regras ainda vigentes e que visam garantir proteção ao trabalho da mulher.

- É vedada a discriminação salarial entre trabalhadores e trabalhadoras (art. 461, §§6º e 7º da CLT);
- É proibida a adoção de qualquer prática discriminatória e limitativa para efeito de acesso à relação de trabalho, ou de sua manutenção, por motivo de sexo (art. 1º, Lei nº 9.029/95);
- É proibido o anúncio ou a recusa de emprego com referência a sexo, idade, cor ou estado familiar, salvo se a atividade, pela sua natureza, assim o exigir;
- E proibido submeter as empregadas a revistas íntimas (a doutrina estende a regra também aos empregados homens);
- É vedado empregar a mulher em serviço que demande o emprego de força muscular superior a 20 (vinte) quilos para o trabalho contínuo, ou 25 (vinte e cinco) quilos para o trabalho ocasional. Não está compreendido nesse comando legal a remoção de material feita por impulsão ou tração de vagonetes sobre trilhos, de carros de mão ou quaisquer aparelhos mecânicos;
- É proibida a discriminação em razão de casamento ou de estado de gravidez;
- É proibido exigir atestado ou exame, de qualquer natureza, para comprovação de esterilidade ou gravidez, na admissão ou permanência no emprego;

- É garantido à empregada, durante a gravidez, sem prejuízo do salário e demais direitos: I – transferência de função, quando as condições de saúde o exigirem, assegurada a retomada da função anteriormente exercida, logo após o retorno ao trabalho; II – dispensa do horário de trabalho pelo tempo necessário para a realização de, no mínimo, seis consultas médicas e demais exames complementares;
- Mediante atestado médico, à mulher grávida é facultado romper o compromisso resultante de qualquer contrato de trabalho, desde que este seja prejudicial à gestação;
- Em caso de aborto não criminoso, comprovado por atestado médico oficial, a mulher terá um repouso remunerado de 2 (duas) semanas, ficando-lhe assegurado o direito de retornar à função que ocupava antes de seu afastamento;
- Para amamentar o filho, inclusive se advindo de adoção, até que este complete 6 (seis) meses de idade, a mulher terá direito, durante a jornada de trabalho, a 2 (dois) descansos especiais, de meia hora cada um. Quando o exigir a saúde do filho, o período de 6 (seis) meses poderá ser dilatado, a critério da autoridade competente;
- Dentre outras medidas, assegura-se à mulher em situação de violência doméstica e familiar, para preservar sua integridade física e psicológica, a manutenção do vínculo trabalhista, quando necessário o afastamento do local de trabalho, por até seis meses;
- Sem prejuízo de sua remuneração, nesta incluído o valor do adicional de insalubridade, a empregada deverá ser afastada de atividades consideradas insalubres em qualquer grau, enquanto durar a gestação e a lactação;[1]
- Quando não for possível que a gestante ou a lactante afastada exerça suas atividades em local salubre na empresa, a hipótese será considerada como gravidez de risco e ensejará a percepção de salário-maternidade, nos termos da Lei nº 8.213, de 24 de julho de 1991, durante todo o período de afastamento.
- A trabalhadora gestante tem direito ao gozo de licença maternidade e à estabilidade provisória, independentemente do regime jurídico aplicado, se contratual ou administrativo, ainda que ocupe cargo em comissão ou seja contratada por tempo determinado.
- Prioridade no atendimento às mulheres em situação de violência doméstica e familiar pelo Sistema Nacional de Emprego (Sine) (art. 9º da Lei nº 13.667/18, alterada pela Lei nº 14.542/23).

A Lei nº 14.611/2023 impôs a obrigatoriedade de publicação semestral de relatórios de transparência salarial pelas empresas (pessoas jurídicas de direito privado) com 100 ou mais empregados, observada a LGPD e dispõe que ato do Poder Executivo instituirá proto-

1. A ADI 5.938 foi julgada procedente pelo STF para declarar a inconstitucionalidade da expressão: *"quando apresentar atestado de saúde, emitido por medico de confiança da mulher, que recomende o afastamento"*, contida nos incisos II e III do art. 394-A da CLT.

colo de fiscalização contra a discriminação salarial. Os relatórios conterão dados e informações, publicados de forma anônima, que permitam a comparação objetiva entre salários, critérios remuneratórios e proporção de ocupação de cargos de direção, gerência e chefia preenchidos por mulheres e homens, além de informações estatísticas sobre outras possíveis desigualdades decorrentes de raça, etnia, nacionalidade e idade.

Caso seja identificada desigualdade salarial ou de critérios remuneratórios, as empresas privadas deverão criar planos de ação para mitigar essa desigualdade, com metas e prazos, garantida a participação de representantes das entidades sindicais e de representantes dos empregados nos locais de trabalho. Em caso de descumprimento das disposições, será aplicada multa administrativa no valor de até 3% da folha de salários do empregador, limitado a 100 salários mínimos, sem prejuízo das demais sanções.

A Lei nº 14.611/2023 prevê, como medidas para garantia da igualdade salarial: o estabelecimento de mecanismos de transparência salarial; o incremento da fiscalização; a criação de canais específicos para denúncias de casos de discriminação salarial; a promoção de programas de inclusão no ambiente de trabalho; o fomento à capacitação e à formação de mulheres para o ingresso, a permanência e a ascensão no mercado de trabalho, em igualdade de condições com os homens.

O Poder Executivo Federal disponibilizará de forma unificada, em plataforma digital de acesso público, as informações fornecidas pelas empresas, e indicadores atualizados periodicamente sobre o mercado de trabalho e renda por sexo, inclusive com indicadores de violência contra a mulher, de vagas em creches públicas, de acesso à formação técnica e superior e de serviços de saúde, bem como outros dados públicos que possam orientar a elaboração de políticas públicas.

É importante destacar que a Lei da Reforma Trabalhista revogou o art. 384 da CLT que previa que, em caso de prorrogação do horário normal da trabalhadora mulher, seria obrigatório um descanso de 15 (quinze) minutos no mínimo, antes do início do período extraordinário do trabalho.

5.1. Licença-maternidade

Licença-maternidade é o período em que a empregada gestante fica afastada do trabalho, portanto, sem prestar serviços, em virtude do nascimento de filho.

Para a doutrina majoritária trata-se de hipótese de interrupção contratual, embora os salários sejam pagos pelo INSS.

A licença-maternidade é de 120 dias, sem prejuízo do emprego e do salário. É necessário destacar a possibilidade desse período ser superior no caso de grávida afastada do trabalho em local insalubre, não existindo outro local para prestar serviços na empresa, conforme estudado no subtópico anterior.

Em caso de parto antecipado, a mulher terá direito aos 120 (cento e vinte) dias da licença-maternidade. Em outubro de 2022, no julgamento da ADI 6.327, o STF decidiu que o período de 120 dias da licença-maternidade começa após a alta hospitalar do recém-nascido ou da mãe, o que ocorrer por último, naquelas situações em que a internação for superior a duas semanas. Com isso, o período da licença-maternidade – e do respectivo salário-maternidade – é prorrogado quando a internação exceder as duas semanas previstas na CLT. O STF, ao decidir o Tema 542 da tabela de repercussão geral decidiu que a gestante contratada pela administração pública por prazo determinado ou em cargo em comissão tem direito à licença-maternidade e à estabilidade provisória desde a confirmação da gravidez até cinco meses após o parto. A tese de repercussão geral fixada foi a seguinte: "A trabalhadora gestante tem direito ao gozo de licença maternidade e à estabilidade provisória, independentemente do regime jurídico aplicado, se contratual ou administrativo, ainda que ocupe cargo em comissão ou seja contratada por tempo determinado".

À empregada ou empregado que adotar ou obtiver guarda judicial para fins de adoção de criança será concedida licença-maternidade, mediante apresentação do termo judicial de guarda à adotante ou guardiã.

A adoção ou guarda judicial conjunta ensejará a concessão de licença-maternidade a apenas um dos adotantes ou guardiães empregado ou empregada.

Em caso de morte da genitora, é assegurado ao cônjuge ou companheiro empregado o gozo de licença por todo o período da licença-maternidade ou pelo tempo restante a que teria direito a mãe, exceto no caso de falecimento do filho ou de seu abandono.

Durante a licença-maternidade, a empregada recebe salário maternidade equivalente ao salário efetivamente percebido pela empregada. Esse salário é pago pelo empregador, mas é compensado integralmente com as contribuições devidas ao INSS.

É permitida prorrogação da licença-maternidade conforme art. 1º, I, da Lei nº 11.770/2008, por mais 60 (sessenta) dias desde que a empregada trabalhe em uma empresa cidadã.

A Lei nº 14.457/22 (Programa Emprega + Mulheres) trouxe a possibilidade de que os 60 (sessenta) dias de prorrogação da licença maternidade, que têm previsão no art. 1º, I, da Lei nº 11.770/2008, possam ser compartilhados entre a empregada e o companheiro, desde que ambos trabalhem em uma empresa cidadã. Caso a mãe opte por utilizar sozinha os 6 meses de licença (120 dias + 60 dias), os 60 (sessenta) dias de prorrogação poderão ser transformados em 120 (cento e vinte dias) dias com meia-jornada.

Para afastamento por licença maternidade a empregada deve notificar o empregado, mediante atestado médico, a partir de 28 dias antes da data prevista para o parto, contando-se os 120 dias a partir do efetivo afastamento.

5.2. Lei nº 14.457/22. Programa Emprega + Mulheres

Em 21/09/2022 foi sancionada a Lei nº 14.457/22, criando o Programa Emprega + Mulheres, que promove a inserção e a manutenção das mulheres no mercado de trabalho, por meio do estímulo à aprendizagem profissional e de medidas de apoio aos cuidados dos filhos pequenos, na denominada parentalidade na primeira infância.

A legislação, originária de uma Medida Provisória (MP 1116/2022), tem como principais regras:

- pagamento de reembolso-creche (arts 2º-5º), ampliando a idade máxima da criança para 5 anos e 11 meses para a empregada fazer jus ao auxílio-creche;
- previsão que empresas com no mínimo 30 mulheres tenham espaço próprio e adequado para acomodação dos filhos durante o período da amamentação, o que se não for observada assegurará à empregada o reembolso-creche;
- manutenção ou subvenção de instituições de educação infantil pelos serviços sociais autônomos (art. 6º);
- flexibiliza a jornada de trabalho para mães e pais que tenham filhos com até seis anos ou com deficiência, os quais podem ser beneficiados, através de acordo individual ou norma coletiva com as seguintes medidas: regime especial de compensação de jornada de trabalho por meio de banco de horas; jornada de 12 x 36, quando a atividade permitir e horários de entrada e de saída flexíveis;
- poderão ser adotadas até o segundo ano do nascimento, da adoção ou da guarda do filho ou enteado (inclusive com deficiência) as seguintes medidas: regime de tempo parcial e antecipação de férias individuais;
- mediante requisição formal da empregada interessada e com direito a bolsa de qualificação profissional, o empregador poderá suspender o contrato de trabalho para fins de qualificação profissional e também poderá pagar ajuda compensatória mensal, sem natureza salarial. Há previsão de multa, se ocorrer a dispensa da empregada no transcurso do período de suspensão ou nos 6 (seis) meses subsequentes ao seu retorno ao trabalho, que deverá ser prevista em norma coletiva e será de, no mínimo, 100% (cem por cento) sobre o valor da última remuneração mensal anterior à suspensão do contrato de trabalho;
- estímulo à ocupação das vagas em cursos de qualificação dos serviços nacionais de aprendizagem por mulheres e priorização de mulheres hipossuficientes vítimas de violência doméstica e familiar;
- mediante requisição formal do empregado interessado e com direito a bolsa de qualificação profissional, o empregador poderá suspender o contrato de trabalho do empregado com filho cuja mãe tenha encerrado o período da licença-maternidade para: prestar cuidados e estabelecer vínculos com os filhos; acompanhar o desenvolvimento dos filhos; e apoiar o retorno ao trabalho de sua esposa ou companheira. A suspensão observará o art. 476-A da CLT para participação em curso ou em programa de qualificação profissional oferecido pelo empregador, formalizada por meio de acordo individual ou norma coletiva. A suspensão do contrato de trabalho será efetuada após o término da licença-maternidade da esposa ou companheira do empregado. O curso ou o programa de qualificação profissional deverá ser oferecido pelo empregador, terá carga horária máxima de 20 (vinte) horas semanais e será realizado exclusivamente na modalidade não presencial, preferencialmente, de forma assíncrona. Além da bolsa de qualificação profissional, durante o período de suspensão do contrato de trabalho, o empregador poderá conceder ao empregado ajuda compensatória mensal, sem natureza salarial. Há previsão de multa, se ocorrer a dispensa do empregado no transcurso do período de suspensão ou nos

6 (seis) meses subsequentes ao seu retorno ao trabalho, que deverá ser prevista em norma coletiva e será de, no mínimo, 100% (cem por cento) sobre o valor da última remuneração mensal anterior à suspensão do contrato de trabalho;

- trouxe a possibilidade de que os 60 (sessenta) dias de prorrogação da licença maternidade, que têm previsão no art. 1º, I, da Lei nº 11.770/2008, possam ser compartilhados entre a empregada e o companheiro, desde que ambos trabalhem em uma empresa cidadã. Caso a mãe opte por utilizar sozinha os 6 meses de licença (120 dias + 60 dias), os 60 (sessenta) dias de prorrogação poderão ser transformados em 120 (cento e vinte dias) dias com meia-jornada;
- ampliou de 2 para 6 dias o período de faltas justificadas para que o companheiro acompanhe a grávida em consultas e exames;
- reconhecimento de boas práticas na promoção da empregabilidade das mulheres, por meio da instituição do Selo Emprega + Mulher;
- prevenção e combate ao assédio sexual e a outras formas de violência no âmbito do trabalho;
- estímulo ao microcrédito para mulheres; e
- reforçou a observância da isonomia salarial entre mulheres e homens que exerçam a mesma função na empresa (art. 30).

6. SEGURANÇA E SAÚDE DO TRABALHO

Segurança do trabalho pode ser entendida como o conjunto de medidas que são adotadas visando minimizar os acidentes de trabalho e doenças ocupacionais, bem como proteger a integridade e a capacidade de trabalho do trabalhador.

A Segurança do Trabalho estuda diversas disciplinas como Introdução à Segurança, Higiene e Medicina do Trabalho, Prevenção e Controle de Riscos em Máquinas, Equipamentos e Instalações, Psicologia na Engenharia de Segurança, Comunicação e Treinamento, Administração aplicada à Engenharia de Segurança, O Ambiente e as Doenças do Trabalho, Higiene do Trabalho, Metodologia de Pesquisa, Legislação, Normas Técnicas, Responsabilidade Civil e Criminal, Perícias, Proteção do Meio Ambiente, Ergonomia e Iluminação, Proteção contra Incêndios e Explosões e Gerência de Riscos.

Nos termos do artigo 157 da CLT, as empresas têm por obrigação cumprir e fazer cumprir as normas de segurança e medicina do trabalho; instruir os empregados, por meio de ordens de serviço, quanto às precauções a tomar para evitar acidentes do trabalho ou doenças ocupacionais; adotar as medidas que lhes sejam determinadas pelo órgão regional competente; facilitar o exercício da fiscalização pela autoridade competente.

Os empregados deverão observar as normas de segurança e medicina do trabalho, inclusive as instruções e ordens de serviços quanto às precauções no local de trabalho, de modo a evitar acidentes do trabalho ou doenças ocupacionais e colaborar com a empresa na aplicação das normas de medicina e segurança do trabalho.

Considera-se falta grave do empregado quando este não observa as instruções expedidas pelo empregador, assim como não usa os equipamentos de proteção individual que lhe são fornecidos pela empresa (artigo 158 da CLT).

A falta grave do empregado dependerá da gravidade do ato praticado ou de sua reiteração, sendo passível, antes, de advertência ou suspensão, se o ato não foi considerado grave o bastante para rescindir o contrato de trabalho.

As Superintendências Regionais de Trabalho e Emprego deverão promover a fiscalização do cumprimento das normas de segurança e medicina do trabalho nas empresas, adotando as medidas necessárias, determinando obras e reparos que, em qualquer local de trabalho, sejam exigíveis e impondo as penalidades pelo descumprimento de tais regras (artigo 156 da CLT).

Nenhum estabelecimento poderá iniciar suas atividades sem prévia inspeção e aprovação das respectivas instalações pela autoridade regional competente em matéria de segurança e medicina do trabalho.

Nova inspeção deverá ser feita quando ocorrer modificação substancial nas instalações, inclusive equipamentos, que a empresa fica obrigada a comunicar, prontamente, à Superintendência Regional do Trabalho.

É facultado às empresas solicitar prévia aprovação, pela Superintendência Regional do Trabalho, dos projetos de construção e respectivas instalações.

Durante a paralisação dos serviços, em decorrência da interdição ou embargo determinados pela fiscalização do trabalho, os empregados receberão os salários como se estivessem em efetivo exercício (art. 161, § 6º da CLT).

6.1. Comissão Interna de Prevenção de Acidentes e de Assédio - CIPA

De acordo com o artigo 163 da CLT, é obrigatória a constituição de Comissão Interna de Prevenção de Acidentes e de Assédio- CIPA, segundo instruções do Ministério do Trabalho que estão contidas na NR-5 da Portaria nº 3.214/78.

O objetivo da criação da CIPA é a prevenção de acidentes e doenças decorrentes do trabalho, de modo a tornar compatível permanentemente o trabalho com a preservação da vida e a promoção da saúde do trabalhador.

O anexo da NR-5 traz uma tabela indicando o risco da atividade e a exigência em relação à criação de CIPA e o número de participantes, o qual varia de acordo com o número de empregados da empresa, sendo de 01 a 05 representantes de cada lado, mais os suplentes.

Os representantes dos empregados serão eleitos pelo voto secreto para um mandato de um ano, podendo o membro ser reeleito uma vez.

Os representantes do empregador, titulares e suplentes, serão por ele designados, anualmente, entre os quais o presidente da CIPA.

O art. 164 refere-se à composição das CIPA´s, cujos integrantes terão mandato de um ano, permitida uma reeleição.

Os representantes dos empregados, titulares e suplentes (art. 10, II, "a", do ADCT e Súm. 339 do TST e Súm. 676 do STF), eleitos por voto secreto, têm a garantia provisória de emprego contra despedida arbitrária, até um ano após o final do mandato, nos termos do artigo 165 e seu parágrafo único da CLT.

A CIPA deverá ser registrada no órgão regional do Ministério do Trabalho até 10 dias depois da eleição, bem como suas atas deverão ser registradas em livro próprio.

A eleição para o novo mandato da CIPA deverá ser convocada pelo empregador, com prazo mínimo de 45 dias antes do término do mandato e realizada com antecedência mínima de 30 dias de seu término.

O membro titular perderá o mandato e será substituído pelo suplente quando faltar a mais de quatro reuniões ordinárias sem justificativa.

Os empregados deverão fazer um curso de CIPA.

6.2. SESMT – Serviços Especializados em Engenharia de Segurança e em Medicina do Trabalho

As atividades e regras do SESMT estão especificadas na NR 4 da Portaria nº 3.214/78 do Ministério do Trabalho.

O dimensionamento do SESMT depende da gradação do risco da atividade principal e do número total de empregados existentes no estabelecimento.

Em outras palavras, as empresas estão obrigadas a manter serviços especializados em segurança e em medicina do trabalho, nos quais será necessária a existência de profissionais especializados (médico e engenheiro do trabalho, além de técnicos de segurança do trabalho), observando-se o grau de risco da atividade e o número de empregados.

6.3. Equipamentos de Proteção Individual – EPI´s

Os Equipamentos de Proteção Individual – EPI´s – são obrigatórios nas atividades em que o trabalhador esteja exposto aos agentes nocivos.

Os equipamentos a serem utilizados devem ser certificados pelo órgão competente; variam de acordo com a atividade específica em questão. ***Ex.:*** *Luvas, máscaras, óculos, capacetes, protetores auriculares – concha ou plug, cinto de segurança, etc.*

Os equipamentos de proteção devem ser fornecidos gratuitamente pelo empregador, além do treinamento específico sobre a importância e o adequado uso.

A recusa quanto ao uso do equipamento pode acarretar a caracterização da desobediência (insubordinação) e, de consequência, a rescisão contratual por justa causa.

6.4. Atividades insalubres

Atividade insalubre é aquela em que o obreiro trabalha em contato com agentes nocivos à sua saúde.

A atividade somente será considerada como insalubre quando o Ministério do Trabalho a classificar como tal. Não basta perícia constatando a nocividade do trabalho à saúde do trabalhador, sendo necessário o enquadramento do Ministério do Trabalho para que possa ser exigido o adicional de insalubridade.

Neste sentido, o STF editou a Súm. 448, I, dispondo que para efeito do adicional de insalubridade, a perícia judicial, em reclamação trabalhista, não dispensa o enquadramento da atividade entre as insalubres, que é ato da competência do Ministério do Trabalho.

As condições de trabalho insalubres encontram-se enumeradas na Norma Regulamentadora (NR) nº 15, da Portaria nº 3.214/1978 do Ministério do Trabalho. Tal norma aponta os agentes químicos, físicos e biológicos prejudiciais à saúde do trabalhador e estabelece os limites de tolerância do organismo a essas agressões.

A reclassificação ou a descaracterização da insalubridade, por ato da autoridade competente, repercute na satisfação do respectivo adicional, sem ofensa ao direito adquirido ou ao princípio da irredutibilidade salarial. Isso porque, o adicional de insalubridade tem natureza de salário condição, sendo devido apenas enquanto o empregado trabalhar exposto àquela condição mais gravosa (Súm. 248 do TST).

A NR 15 considera como trabalho insalubre as atividades sob as condições de: ruído contínuo ou intermitente; ruídos de impacto; exposição ao calor; radiações ionizantes; trabalhado sob condições hiperbáricas; radiações não ionizantes; vibrações; frio; umidade; agentes químicos cuja insalubridade é caracterizada por limite de tolerância e inspeção no local de trabalho; poeiras minerais; agentes químicos; agentes biológicos. São esses os principais agentes nocivos que dão ensejo ao pagamento do adicional de insalubridade.

Um tema que tem despertado discussões é o relativo à coleta de lixo urbano. O Anexo 14 da NR-15 da Portaria do Ministério do Trabalho nº 3.214/78 define que caracteriza a insalubridade em grau máximo, o contrato permanente com a coleta e industrialização de lixo urbano.

O TST, por meio da Súm. 448, II, fez a interpretação dessa norma para definir que: "A higienização de instalações sanitárias de uso público ou coletivo de grande circulação, e a respectiva coleta de lixo, por não se equiparar à limpeza em residências e escritórios, enseja o pagamento de adicional de insalubridade em grau máximo, incidindo o disposto no Anexo 14 da NR-15 da Portaria do Ministério do Trabalho, nº 3.214/78 quanto à coleta e industrialização de lixo urbano.".

Assim, o entendimento consolidado do TST é no sentido de que a higienização de instalações sanitárias de uso público ou coletivo de grande circulação também configura atividade insalubre em grau máximo, por analogia com a coleta e industrialização de lixo urbano.

O TST, por meio da SDBI-1, posicionou-se no sentido de que o recolhimento de lixo em condomínio residencial, não se equipara ao lixo urbano e, então, não se aplica, neste caso, a Súm. 448, II, do TST. Conforme o TST: "Para fins de deferimento do referido adicional deve-se considerar não o volume de lixo recolhido, mas a sua natureza ou origem. Assim, o lixo oriundo de apartamentos ou casas de condomínio residencial, ainda que em grande quantidade, não se equipara ao lixo urbano produzido em banheiros em que há grande circulação de pessoas, pois não intensifica a exposição do empregado a agentes infecciosos" (TST-E-RR-635-17.2012.5.15.0131, SBDI-I, rel. Min. José Roberto Freire Pimenta, 23.5.2019, Inf. 196 do TST).

A insalubridade pode se caracterizar em grau mínimo, médio ou máximo, conforme portarias do Ministério do Trabalho, sendo devidos, respectivamente, o adicional de 10% (mínimo), 20% (médio) e 40% (máximo).

Conforme a Súmula Vinculante nº 4 do STF, a base de cálculo do adicional de insalubridade é o salário mínimo até que sobrevenha legislação específica dispondo em outro sentido, sendo vedada a determinação de outro parâmetro por decisão judicial.

O trabalho executado em condições insalubres, em caráter intermitente, não afasta, só por essa circunstância, o direito à percepção do respectivo adicional (Súm. 47 do TST).

Se a concessão de equipamento de proteção individual (EPI) eliminar ou reduzir a nocividade, o empregado não terá mais o direito ao adicional. É certo que a simples concessão não representa a supressão do adicional de insalubridade pois poderá haver apenas a redução do malefício e porque o empregador deve tomar medidas que conduzam à diminuição ou eliminação da nocividade (Súmulas 80 e 289, ambas do TST).

O TST vem sustentando que os adicionais não se acumulam caso o empregado esteja exposto a mais de um agente nocivo, baseado na vedação contida no item 15.3 da NR-15 da Portaria nº 3.214/78.

Nas atividades insalubres, quaisquer prorrogações de jornada só poderão ser acordadas mediante licença prévia das autoridades competentes em matéria de higiene do trabalho, as quais, para esse efeito, procederão aos necessários exames locais e à verificação dos métodos e processos de trabalho, quer diretamente, quer por intermédio de autoridades sanitárias federais, estaduais e municipais, com quem entrarão em entendimento para tal fim.

É importante destacar que o artigo 611-A, incisos XII e XIII da CLT, inseridos pela Reforma Trabalhista, expressamente trouxeram a possibilidade de negociação coletiva a respeito, respectivamente, do enquadramento do grau de insalubridade e da prorrogação de jornada em ambiente insalubre, sem licença prévia das autoridades competentes do Ministério do Trabalho.

A possibilidade de negociação coletiva sobre o enquadramento do grau de insalubridade é severamente criticada por parte da doutrina, sob o argumento de que se trata de norma de saúde e segurança do trabalhador, configurando matéria de ordem pública e de indisponibilidade absoluta. Nesse sentido também era a jurisprudência uníssona antes da Reforma Trabalhista (AgInRR nº10222-54.2014.5.18.0052, rel. Min. Antonio Jose de Barros Levenhagen, j. 3-5-2017, 5ª T., DEJT 5-5-2017).

No tocante à prorrogação de jornada em ambiente insalubre, o parágrafo único do art. 60 da CLT, também introduzido pela Reforma Trabalhista, trouxe a expressa autorização para que seja adotada a jornada de 12 x 36 horas em ambientes insalubres, independentemente de autorização do Ministério do Trabalho.

É proibido o trabalho de gestante ou da lactante em atividades insalubres (STF, ADI 5938/DF).

A perícia técnica é obrigatória para a constatação da insalubridade em processo judicial (art. 195 da CLT), realizada por profissional habilitado, médico ou engenheiro do trabalho (OJ n. 165 da SDI-1 do TST). A perícia é dispensada quando houver pagamento espontâneo pelo empregador (Súm. 453 do TST) ou qual o local estiver desativado (OJ n. 278 da SDI-1 do TST).

Nos termos do artigo 193, parágrafo 2°. da CLT não é possível a cumulação do adicional de insalubridade e de periculosidade, cabendo ao empregado optar pelo mais favorável.

6.5. Periculosidade

São consideradas perigosas as seguintes atividades: 1) com exposição a inflamáveis, explosivos ou energia elétrica; 2) com exposição a roubos ou outras espécies de violência física nas atividades profissionais de segurança pessoal ou patrimonial (art. 193, I e II e § 4°, da CLT); 3) com exposição à radiação ionizante ou substância radioativa (art. 200, da CLT e OJ n. 345 da SDI-1 do TST); 4) atividades de trabalhador em motocicleta (art. 193, § 4°, da CLT); 5) com exposição a colisões, atropelamentos ou outras espécies de acidentes ou violências nas atividades profissionais dos agentes das autoridades de trânsito (art. 193, III, da CLT).

No que toca às atividades do trabalhador em motocicleta, sua aplicação não é imediata, pois a incidência do adicional de periculosidade depende de regulamentação aprovada pelo Ministério do Trabalho e Emprego. Essa regulamentação havia sido feita por meio da Portaria 1.565/2014, todavia, em virtude de decisão judicial, proferida por meio de acórdão da 5ª Turma do Tribunal Regional Federal da 1ª Região, transitado em julgado, proferido em sede da ação 0018311-63.2017.4.01.3400, foi declarada a nulidade da Portaria MTE n.° 1.565/2014 (ATIVIDADES PERIGOSAS EM MOTOCICLETA), a fim de que seja determinado o reinício do procedimento de regulamentação.

Existem duas correntes jurisprudências a respeito desse tema: uma, no sentido de que o artigo 193, §4°, da CLT não se encontra regulamentado, o que impede a sua aplicação[2] e a outra no sentido de que esse dispositivo é autoaplicável, permitindo o imediato deferimento do adicional de insalubridade para o empregado que trabalhe em motocicleta[3].

---

2. ADICIONAL DE PERICULOSIDADE - MOTOCICLISTA - A Portaria MTE 1.565, de 13 de outubro de 2014, marco inicial da obrigatoriedade de pagamento do adicional de periculosidade aos motociclistas (§4° do artigo 193 da CLT), teve declarada a nulidade por decisão judicial. Apesar da pendência, não há, até o momento, fundamento legal que permita deferir a parcela (PJe: 0010576-57.2022.5.03.0039 (ROT), Disponibilização: 22/09/2023. Órgão Julgador: Terceira Turma, Relator(a)/Redator(a): Convocado Mauro Cesar Silva).

3. 1. ADICIONAL DE PERICULOSIDADE. MOTOCICLISTA. NORMA AUTOAPLICÁVEL. DESNECESSIDADE DE REGULAMENTAÇÃO. A norma que prevê o adicional de periculosidade aos empregados que exercem atividade com o uso de motocicleta, na forma do art. 193, § 4°, da CLT, é autoaplicável, logo, não depende de regulamentação. Por esse motivo, a anulação da Portaria MTE n° 1.565/2014 pela Justiça Federal não constitui elemento jurídico apto a afastar a condenação (...). (Processo n°

Os trabalhadores no setor da energia elétrica igualmente fazem jus ao adicional de periculosidade, por força da Lei nº. 7.369/85.

Faz jus ao adicional de periculosidade o empregado exposto permanentemente ou que, de forma intermitente, sujeita-se a condições de risco. Indevido, apenas, quando o contato se dá de forma eventual, assim considerado o fortuito, ou que, sendo habitual, se dá por tempo extremamente reduzido. (Súmula 364, I, do TST).

Não só os empregados do setor elétrico têm direito ao adicional de periculosidade, mas os de todas as empresas em que os trabalhadores estiverem em contato direto e intermitente com sistema elétrico de potência, inclusive cabistas, instaladores e reparadores de linhas telefônicas.

O Anexo 3 da NR 16 do Ministério do Trabalho regulamentou o direito ao adicional de periculosidade pelos profissionais de segurança patrimonial ou pessoal, concedido pelo inciso II do art. 193 da CLT: *"2. São considerados profissionais de segurança pessoal ou patrimonial os trabalhadores que atendam a uma das seguintes condições: a) empregados das empresas prestadoras de serviço nas atividades de segurança privada ou que integrem serviço orgânico de segurança privada, devidamente registradas e autorizadas pelo Ministério da Justiça, conforme lei 7102/1983 e suas alterações posteriores. b) empregados que exercem a atividade de segurança patrimonial ou pessoal em instalações metroviárias, ferroviárias, portuárias, rodoviárias, aeroportuárias e de bens públicos, contratados diretamente pela administração pública direta ou indireta."*

Conforme o § 5º do art. 193 da CLT, acrescentado pela Lei nº 14.766/2023, está excluída a caracterização de periculosidade para atividades que envolvam exposição a inflamáveis: nos tanques de combustíveis originais de fábrica e suplementares, para consumo próprio de veículos de carga e de transporte coletivo de passageiros, de máquinas e de equipamentos, certificados pelo órgão competente, e nos equipamentos de refrigeração de carga.

A perícia técnica é obrigatória para a constatação da periculosidade em processo judicial (art. 195 da CLT), realizada por profissional habilitado, médico ou engenheiro do trabalho (OJ n. 165 da SDI-1 do TST). A perícia é dispensada quando houver pagamento espontâneo pelo empregador (Súm. 453 do TST) ou qual o local estiver desativado (OJ n. 278 da SDI-1 do TST).

6.6. Prevenção da fadiga

Outro fato gerador de enfermidade ou acidente do trabalho consiste no esforço físico. O legislador, no artigo 198 da CLT, visando a evitar a fadiga, lesões na coluna, nos pés e mãos, provocadas pela queda de objetos, entre outros, proibiu ao empregado remover peso superior a 60 quilos, salvo se for utilizada na remoção de material, vagonetes sobre trilhos, carros de mão ou outros aparelhos mecânicos.

0001353-61.2021.5.10.0802, REDATOR: CILENE FERREIRA AMARO SANTOS, DATA DE JULGAMENTO: 20/09/2023, DATA DE PUBLICAÇÃO: 23/09/2023).

No caso da trabalhadora mulher, o limite é de a 20 (vinte) quilos para o trabalho contínuo, ou 25 (vinte e cinco) quilos para o trabalho ocasional. Essa limitação não se aplica para a remoção de material feita por impulsão ou tração de vagonetes sobre trilhos, de carros de mão ou quaisquer aparelhos mecânicos (art. 390 da CLT).

O Ministério do Trabalho poderá fixar limites diversos para o trabalho com pesos capazes de evitar serviços superiores às forças dos empregados.

Há autores que admitem possa o empregado desobedecer à ordem de superior hierárquico que determina o transporte de carga superior a 60 quilos, recusando-se a trabalhar ou redistribuindo o peso por sua conta.

7. ACIDENTE/DOENÇA DO TRABALHO E DOENÇA PROFISSIONAL

Acidente do trabalho típico é o que ocorre pelo exercício do trabalho a serviço da empresa, com o segurado empregado, trabalhador avulso, médico residente, bem como com o segurado especial, no exercício de suas atividades, provocando lesão corporal ou perturbação funcional que cause a morte, a perda ou redução, temporária ou permanente, da capacidade para o trabalho.

O acidente de trabalho típico é, portanto, aquele que ocorre pelo exercício do trabalho a serviço de determinada empresa, que venha a provocar lesão corporal ou perturbação funcional que cause a morte ou a perda ou redução da capacidade laboral. Ocorre acidente de trabalho típico quando, por exemplo, um empregado, na linha de produção de uma indústria sofre lesão corporal ao operar uma máquina.

A Lei de Benefícios Previdenciários (Lei nº 8.213/91) estipula, em seu artigo 20, que as doenças profissionais e/ou ocupacionais se equiparam a acidentes de trabalho. Da mesma forma, o artigo 21 traz um rol de acidentes que se equiparam ao acidente de trabalho típico.

Assim, parte da doutrina denomina de acidente de trabalho atípico as doenças profissionais e ocupacionais, além de outras modalidades de acidentes previstas no artigo 21 da Lei nº 8.213/91.

Doença profissional é aquela peculiar a determinada atividade ou profissão, cujo exercício pode produzir ou desencadear certas patologias no trabalhador, constante da respectiva relação elaborada pelo Ministério do Trabalho. Nesse caso, o nexo causal entre a doença e o trabalho é presumido. É por exemplo no caso da pneumoconiose, que ocorre na inalação de poeiras por trabalhadores na mineração.

Já a doença do trabalho é aquela adquirida ou desencadeada em função de condições especiais em que o trabalho é realizado e com ele se relacione diretamente, não sendo vinculada a determinada atividade ou profissão. Um exemplo clássico é o de LER (lesão por esforço repetitivo) que pode ser adquirida em qualquer atividade, sem vinculação direta a determinada profissão.

O art. 21 da Lei nº 8.213/91 equipara ainda a acidente de trabalho:

> I – o acidente ligado ao trabalho que, embora não tenha sido a causa única, haja contribuído diretamente para a morte do segurado, para redução

ou perda da sua capacidade para o trabalho, ou produzido lesão que exija atenção médica para a sua recuperação;

II – o acidente sofrido pelo segurado no local e no horário do trabalho, em consequência de:

a) ato de agressão, sabotagem ou terrorismo praticado por terceiro ou companheiro de trabalho;

b) ofensa física intencional, inclusive de terceiro, por motivo de disputa relacionada ao trabalho;

c) ato de imprudência, de negligência ou de imperícia de terceiro ou de companheiro de trabalho;

d) ato de pessoa privada do uso da razão;

e) desabamento, inundação, incêndio e outros casos fortuitos ou decorrentes de força maior;

III – a doença proveniente de contaminação acidental do empregado no exercício de sua atividade;

IV – o acidente sofrido pelo segurado ainda que fora do local e horário de trabalho:

a) na execução de ordem ou na realização de serviço sob a autoridade da empresa;

b) na prestação espontânea de qualquer serviço à empresa para lhe evitar prejuízo ou proporcionar proveito;

c) em viagem a serviço da empresa, inclusive para estudo quando financiada por esta dentro de seus planos para melhor capacitação da mão de obra, independentemente do meio de locomoção utilizado, inclusive veículo de propriedade do segurado;

d) no percurso da residência para o local de trabalho ou deste para aquela, qualquer que seja o meio de locomoção, inclusive veículo de propriedade do segurado.

Veja-se que o art. 21 da Lei nº 8.213/91 equipara algumas situações específicas ao acidente de trabalho, merecendo destaque o acidente de trajeto que é aquele ocorrido no percurso da residência para o local de trabalho ou deste para aquela, qualquer que seja o meio de locomoção, inclusive veículo de propriedade do segurado. Mesmo com a Reforma Trabalhista e o fim das horas *in itinere*, para a legislação previdenciária, o acidente no trajeto casa/trabalho/casa caracteriza-se como acidente de trabalho.

Nos períodos destinados a refeição ou descanso, ou por ocasião da satisfação de outras necessidades fisiológicas, no local do trabalho ou durante este, o empregado é considerado também no exercício do trabalho, para os fins de caracterização de eventual acidente do trabalho.

O art. 20, §1º da Lei nº 8.213/91 apresenta quatro hipóteses que não podem ser consideradas doenças do trabalho: a doença degenerativa, a doença inerente a grupo etário, a doença que não produza incapacidade laborativa e a doença endêmica.

É obrigação do empregador a comunicação à Previdência Social da ocorrência de acidente de trabalho, que será feito em formulário próprio, constituindo uma obrigação acessória e seu descumprimento está sujeito à cobrança de multa pecuniária. Sua finalidade consiste em auxiliar no controle estatístico e epidemiológico pelos órgãos de estatísticas.

Essa comunicação chamada de Comunicação de Acidente de Trabalho – CAT deve ser realizada nos seguintes prazos: até o primeiro dia útil seguinte ao do acidente ou, imediatamente, à autoridade competente, na hipótese de ocorrência de morte. Na falta de comunicação pelo empregador, a CAT pode ser formalizada pelo próprio acidentado, seus dependentes, a entidade sindical competente, o médico que o assistiu ou qualquer autoridade pública. Essas pessoas não têm, contudo, a obrigação de cumprir o prazo acima referido.

A emissão de CAT não configura, por si só, o acidente de trabalho para fins de recebimento dos benefícios previdenciários, pois é necessária a perícia médica do INSS para caracterizar o acidente ou a doença ocupacional. Assim, mesmo em caso de dúvidas sobre a existência ou não do acidente de trabalho, a CAT deve ser emitida, não representando sua emissão em confissão da empresa, conforme artigo 169 da CLT.

Conforme a Portaria ME/SEPRT Nº 4334 DE 15/04/2021, do Ministério do Trabalho, a partir de 08/06/2021, a CAT será cadastrada exclusivamente em meio eletrônico.

Para a configuração da responsabilidade do empregador por acidente de trabalho é indispensável a causalidade entre a conduta do empregador e o dano sofrido pelo empregado.

É importante esclarecer que existem situações em que várias causas podem concorrer para a lesão do trabalhador, sendo algumas delas, inclusive, fora de qualquer conduta do empregador. É o que se denomina de multicausalidade ou concausalidade, por exemplo, quando um empregador tem agravado um problema na coluna em razão da inobservância de ergonomia no seu posto de trabalho, mas já apresentava uma propensão hereditária a desenvolver aquela moléstia.

A existência de outras causas que tenham gerado a lesão não elimina a responsabilidade do empregador, mas pode atenuar o valor da indenização.

8. TRABALHO ANÁLOGO À CONDIÇÃO DE ESCRAVO

Durante muito tempo, na Grécia, Roma e Egito da Antiguidade, o regime da escravidão foi a principal forma de exploração do trabalho humano, estando inserido na estrutura do sistema econômico da época.

Os escravos eram considerados objeto de direito, trabalhavam nas tarefas braçais mais árduas, as quais não eram consideradas dignas para o cidadão livre dignificantes ao cidadão livre.

No Brasil também existiu escravidão até a época do Brasil Império, o que somente se extinguiu com a Lei Áurea, de 13 de maio de 1888.

Na atualidade, a doutrina sustenta que além da escravidão tradicional (trabalhos forçados), também se caracteriza a figura do trabalho degradante, isto é, aquele praticado em condições violadoras do princípio da dignidade humana.

Assim, tem-se o gênero chamado "trabalho análogo à condição de escravo", cujas modalidades são: trabalho forçado e trabalho degradante.

O trabalho forçado se caracteriza pela restrição da liberdade de ir e vir, ao passo que o trabalho degradante é aquele desenvolvido em péssimas condições de prestação de serviços.

O art. 149 do Código Penal, com redação determinada pela Lei nº 10.803/03, assim tipifica o crime de redução à condição análoga à de escravo:

> "Art. 149 – Reduzir alguém a condição análoga à de escravo, quer submetendo-o a trabalhados forçados ou a jornada excessiva, quer sujeitando-o a condições degradantes de trabalho, quer restringindo, por qualquer meio, sua locomoção em razão de dívida contraída com o empregador ou preposto.
>
> Pena – reclusão, de 2 (dois) a 8 (oito) anos, e multa, além da pena correspondente à violência.
>
> § 1º – Nas mesmas penas incorre quem:
>
> I – cerceia o uso de qualquer meio de transporte por parte do trabalhador, com o fim de retê-lo no local de trabalho;
>
> II – mantém vigilância ostensiva no local de trabalho ou se apodera de documentos ou objetos pessoais do trabalhador, com o fim de retê-lo no local de trabalho.
>
> § 2º – A pena é aumentada de metade, se o crime é cometido:
>
> I – contra criança ou adolescente;
>
> II – por motivo de preconceito de raça, cor, etnia, religião ou origem."

Conforme a Portaria nº 1.293/2017, considera-se em condição análoga à de escravo o trabalhador submetido, de forma isolada ou conjuntamente, a: I - trabalho forçado; II - jornada exaustiva; III - condição degradante de trabalho; IV - restrição, por qualquer meio, de locomoção em razão de dívida contraída com empregador ou preposto, no momento da contratação ou no curso do contrato de trabalho; V - retenção no local de trabalho em razão de: a) cerceamento do uso de qualquer meio de transporte; b) manutenção de vigilância ostensiva; c) apoderamento de documentos ou objetos pessoais (art. 1º da Portaria nº 1.293/2017).

Na mesma linha é a previsão da Instrução Normativa nº 139, de 22 de janeiro de 2018, da Secretaria de Inspeção do Trabalho, que dispõe sobre a fiscalização para a erradicação de trabalho em condição análoga à de escravo e dá outras providências (art. 6º).

Frise-se, ainda, que para os fins previstos na Portaria nº 1.293/2017 (art. 2º) e na referida Instrução Normativa nº 139/2018 (art. 6º):

> "Trabalho forçado é aquele exigido sob ameaça de sanção física ou psicológica e para o qual o trabalhador não tenha se oferecido ou no qual não deseje permanecer espontaneamente.
>
> Jornada exaustiva é toda forma de trabalho, de natureza física ou mental, que, por sua extensão ou por sua intensidade, acarrete violação de direito

> fundamental do trabalhador, notadamente os relacionados à segurança, à saúde, ao descanso e ao convívio familiar e social.
>
> Condição degradante de trabalho é qualquer forma de negação da dignidade humana pela violação de direito fundamental do trabalhador, notadamente os dispostos nas normas de proteção do trabalho e de segurança, higiene e saúde no trabalho.
>
> Restrição, por qualquer meio, da locomoção do trabalhador em razão de dívida é a limitação ao direito fundamental de ir e vir ou de encerrar a prestação do trabalho, em razão de débito imputado pelo empregador ou preposto ou da indução ao endividamento com terceiros.
>
> Cerceamento do uso de qualquer meio de transporte é toda forma de limitação ao uso de meio de transporte existente, particular ou público, possível de ser utilizado pelo trabalhador para deixar local de trabalho ou de alojamento.
>
> Vigilância ostensiva no local de trabalho é qualquer forma de controle ou fiscalização, direta ou indireta, por parte do empregador ou preposto, sobre a pessoa do trabalhador que o impeça de deixar local de trabalho ou alojamento.
>
> Apoderamento de documentos ou objetos pessoais é qualquer forma de posse ilícita do empregador ou preposto sobre documentos ou objetos pessoais do trabalhador".

Os mencionados conceitos devem ser observados pelo Auditor-Fiscal do Trabalho em qualquer ação fiscal direcionada para a erradicação do trabalho em condição análoga à de escravo ou em ações fiscais em que for identificada condição análoga à de escravo, independentemente da atividade laboral, seja o trabalhador nacional ou estrangeiro, inclusive quando envolver a exploração de trabalho doméstico ou de trabalho sexual, bem como para fins de inclusão de registro no Cadastro de Empregadores aqueles que tenham submetido trabalhadores à condição análoga à de escravo, estabelecido pela Portaria Interministerial MTPS/MMIRDH nº 4/2016.

Constatada a ocorrência de uma ou mais das hipóteses para a configuração do trabalho escravo, o auditor fiscal do trabalho deverá lavrar autos de infração conclusivo a respeito da constatação de trabalho em condição análoga à de escravo, descrevendo de forma circunstanciada e pormenorizada, os fatos que fundamentaram a caracterização.

Além disso, ao constatar o trabalho escravo, o auditor fiscal deverá comunicar o empregador para adotar as seguintes medidas: paralisação imediata do trabalho desses empregados, regularização dos seus contratos de trabalho, pagamento dos créditos trabalhistas por meio de termos de rescisões de contrato de trabalho, recolhimento do FGTS INSS e cumprimento das obrigações acessórias ao contrato de trabalho, bem como tomar providências para o retorno dos trabalhadores aos locais de origem ou para a rede hoteleira abrigo público ou similar, quando for o caso.

Já o Cadastro de Empregadores que tenham submetido trabalhadores à condição análoga à de escravo, comumente chamado de "lista suja do trabalho escravo" será divulgado no site institucional do Ministério do Trabalho, com a relação dos administrados autuados em ação fiscal em que tenham sido identificados trabalhadores submetidos à condição análoga a de escravo . Essa inclusão só será possível após sentença administrativa irrecorrível de procedência do auto de infração lavrados na ação fiscal.

Em 14/09/2020, o STF considerou constitucional esse Cadastro de Empregadores, no julgamento da Arguição de Descumprimento de Preceito Fundamental (ADPF) 509, ajuizada pela Associação Brasileira de Incorporadoras Imobiliárias (Abrainc). O relator da ação, ministro Marco Aurélio, fundamentou seu voto no argumento de que o cadastro dá efetividade à Lei de Acesso à Informação (Lei 12.527/2011), que tem por princípio a chamada "transparência ativa", segundo a qual os órgãos e entidades têm o dever de promover a divulgação de informações de interesse público, independentemente de solicitação.

A contratação de mão-de-obra em condição análoga à escravidão também poderá gerar indenização por dano moral ao empregado vítima. Além disso, existem essa situação enseja efeitos na esfera penal e administrativa.

Capítulo 9

LEGISLAÇÃO PROVISÓRIA-PANDEMIA

1. INTRODUÇÃO

A pandemia do Coronavírus, declarada pela Organização Mundial de Saúde em 11/03/2020, tomou o mundo com a mesma velocidade com que fez surgir graves problemas em todos os setores da vida humana. Assim, a Portaria GM/MS nº 188, de 3 de fevereiro de 2020 declarou Emergência em Saúde Pública de importância Nacional (ESPIN) em decorrência da Infecção Humana pelo novo Coronavírus (2019-nCoV).

Para fazer frente às problemáticas trabalhistas oriundas desse contexto foram editados vários diplomas, entre leis, decretos e medidas provisórias. A característica principal dessas normas é a transitoriedade porquanto foram editadas para regular situações específicas dentro de um determinado momento econômico e social que é o da pandemia.

Assim, achamos mais didático tratar dessas normas em capítulo próprio, a fim de facilitar o estudo e compreensão por parte do leitor, fazendo a divisão por subtópicos.

É importante destacar que a Portaria GM/MS nº 913, publicada em 22/04/22 declarou o encerramento da emergência de saúde pública de importância nacional em decorrência da Covid-19, com prazo de 30 dias para início da sua vigência.

2. LEI Nº 14.020/20

A MP 936 de 2020 trouxe a previsão de uma ajuda financeira do Governo aos empregadores, mediante pagamento de valores aos empregados, reduzindo custos do empreendimento nas situações de redução de jornada e salário, ou ainda, suspensão dos contratos de emprego.

Assim, a MP 936 criou o Programa Emergencial de Manutenção do Emprego e da Renda, com aplicação durante o estado de calamidade pública e seus objetivos consistiam em: I – preservar o emprego e a renda; II – garantir a continuidade das atividades laborais e empresariais; e III – reduzir o impacto social decorrente das consequências do estado de calamidade pública e da emergência de saúde pública.

A MP 936 acabou convertida na Lei nº 14.020/2020, permitindo a continuidade do Programa Emergencial de Manutenção do Emprego e da Renda para além do período de vigência da MP 936, entrando em vigor em 07/07/2020.

O Decreto nº 10.422/2020 prorrogou os prazos para celebrar os acordos de redução proporcional de jornada e de salário e de suspensão temporária do contrato de trabalho e para efetuar o pagamento dos benefícios emergenciais de que trata a Lei nº 14.020/2020. Posteriormente, esses prazos foram novamente prorrogados pelos Decretos nº 10.470/2020 e nº 10.517/2020, totalizando 240 dias.

O quadro abaixo demonstra como ficou a aplicação dos prazos para o Programa Emergencial:

Tipo de medida	Prazo inicial Lei 14.020/20	Prorrogação 1 Decreto 10.422/20	Prorrogação 2 Decreto 10.470/20	Prorrogação 3 Decreto 10.517/20	Prazo total
Acordo de redução proporcional da jornada de trabalho e de salário	90	30	60	60	240
Acordo de suspensão temporária do contrato de trabalho	60	60	60	60	240
Prazo máximo considerando a soma da redução e da suspensão	90	30	60	60	240

Abaixo destaco os impactos trazidos pelas normas em análise.

2.1. Aplicação

Esse programa aplicava-se a qualquer empregador privado, não se estendendo para a Administração pública direta e indireta e aos organismos internacionais.

Era permitida a adoção parcial do programa dentro da mesma empresa, ou seja, abarcar apenas parte dos empregados (as medidas de proteção do emprego e da renda podem se dar "de forma setorial, departamental, parcial ou na totalidade dos postos de trabalho").

O Benefício Emergencial de Preservação do Emprego e da Renda deveria ser pago em duas situações: quando houvesse redução proporcional de jornada de trabalho e de salário e nos casos de suspensão temporária do contrato de trabalho.

Não teria direito de receber o BEm os empregados que se encontrassem ocupando cargo ou emprego público, recebendo benefício do INSS, recebendo seguro desemprego, ou estivessem recebendo bolsa de qualificação profissional de que trata o art. 2º-A da Lei nº 7.998, de 1990.

Os empregados que possuíssem mais de um vínculo de emprego teriam direito de receber o benefício de cada vínculo de emprego em que o empregador aderir ao Programa, previsto na Lei nº 14.020/2020. A exceção se dava para os empregados com mais de um vínculo na modalidade de trabalho intermitente (previsto no art. 443, § 3º da CLT), em que seria assegurado apenas um benefício ao trabalhador, no valor correspondente a R$ 600,00 (§ 3º do art. 6º c/c art. 18).

A Lei nº 14.020/2020 trouxe a expressa permissão de que empregador e empregado, de comum acordo, cancelassem o aviso prévio que estivesse em curso para aderir ao Programa Emergencial de Manutenção do Emprego e da Renda (art. 23).

2.2. Redução do salário e da jornada (art. 7º da Lei 14.020/2020)

Era permitido aos empregadores reduzir a jornada de trabalho contratual de seus empregados e, na mesma proporção, o valor dos salários, desde que mantido o valor do salário hora do empregado. Não era permitida a redução da jornada em 50% e a redução do salário em outro percentual maior, como 70%, por exemplo.

O Programa tratava apenas três níveis de redução da jornada e dos salários, sendo que, se a redução for em níveis diferentes, o valor do benefício seria pago pelo Governo limitado a três faixas de redução: 25%, 50% ou 70%.

A redução da jornada e do salário era encerrada nas seguintes hipóteses:

- Com o término do período de calamidade pública;
- Quando atingido o termo final estabelecido entre as partes;
- De forma unilateral pelo empregador para encerrar a medida antes do termo final inicialmente ajustado.

O restabelecimento da jornada e salário integral seria feito em até dois dias após a data de término da medida.

2.3. Suspensão temporária do contrato de trabalho (art. 8º da Lei 14.020/2020)

A Lei 14.020 trouxe a previsão da suspensão do contrato de trabalho por até 60 (sessenta) dias, o que foi elastecido para até 120 (cento e vinte) dias, conforme previsão contida no Decreto nº 10.422/2020, posteriormente ampliado para mais 60 dias (Decreto nº 10.470/2020) e depois por mais 60 dias (Decreto nº 10.517/2020), totalizando 240 dias.

O Decreto nº 10.422/2020 também trouxe a previsão de que os períodos de suspensão poderiam ocorrer de forma fracionada, de forma sucessiva ou intercalada, desde que cada período de suspensão correspondesse a no mínimo 10 dias. Anteriormente, conforme a redação da Lei 14020/2020, a suspensão até poderia ocorrer de forma fracionada, porém com período mínimo de duração correspondente a 30 (trinta) dias.

Durante o período de suspensão do contrato de trabalho, o empregador deveria assegurar ao empregado todos os benefícios concedidos habitualmente em razão do emprego, como por exemplo, planos de saúde, vale alimentação, vale refeição, vale combustível, etc.

A suspensão do contrato restaria descaracterizada se houvesse qualquer tipo de trabalho por parte do empregado, em favor do empregador, durante o período de suspensão do contrato, ainda que de forma parcial e/ou por meio de trabalho remoto. Nesse caso, o empregador deveria pagar, de forma imediata e integral, todos os valores de remuneração devidos ao empregado, acrescidos dos respectivos encargos sociais (INSS, FGTS, etc.).

Além disso, o empregador ficaria sujeito às penalidades legais e também aquelas previstas em normas coletivas de trabalho (CCT e ACT).

A empresa que tivesse auferido receita bruta superior a R$ 4.800.000,00 no ano-calendário de 2019, somente poderia adotar a suspensão do contrato de trabalho de seus empregados se efetuasse o pagamento de uma ajuda compensatória mensal correspondente a, no mínimo, 30% do valor do salário do empregado. Essa ajuda seria devida durante o período que durasse a suspensão do contrato de trabalho.

A suspensão do contrato de trabalho seria encerrada:

- Com o término do período de calamidade pública;
- Quando atingido o termo final estabelecido entre as partes;

2.4. Forma de implantação (art. 12 da Lei 14.020/2020)

A MP 936 previa que os empregados com salário mensal igual ou inferior a R$ 3.135,00, e ainda aqueles com diploma de nível superior e salário com valor igual ou superior a duas vezes o teto do INSS (R$ 12.202,12), poderiam aderir ao programa através de acordo individual escrito entre empregador e empregado.

A Lei 14.020/2020 restringiu essa possibilidade (art. 12) prevendo que a pactuação por acordo individual escrito para os empregados de empregadores que tenham auferido no ano calendário 2019 receita bruta superior a R$ 4.800.000,00, poderia ocorrer quando o salário mensal do trabalhador fosse igual ou inferior a R$ 2.090,00, bem como, para aqueles empregados com diploma de nível superior e salário com valor igual ou superior a duas vezes o teto do INSS.

Na hipótese de a receita do empregador ser inferior a R$ 4.800.000,00 no ano calendário 2019, permaneceriam as possibilidades previstas na MP 936, onde os empregados com salário mensal igual ou inferior a R$ 3.135,00, e ainda aqueles com diploma de nível superior e salário com valor igual ou superior a duas vezes o teto do INSS, poderiam aderir ao programa por acordo individual escrito.

Foi mantida a possibilidade de que qualquer empregado firmasse por acordo individual escrito a redução da jornada e salário correspondente a 25%, independentemente da faixa de remuneração do empregado.

Por outro lado, a Lei nº 14.020/2020 inovou em relação à MP 936: quando não houvesse diminuição do valor total recebido mensalmente pelo empregado por conta da adesão ao Programa, a adesão poderia ocorrer por acordo individual escrito (§ 1º, II do art. 12). Para tanto, o valor pago pelo empregador – seja a título de salário para o caso de redução da jornada, seja a título de complementação para o caso de suspensão do contrato – somado ao valor do benefício pago pelo Governo, deveria corresponder ao salário que o empregado receberia sem adesão ao Programa.

Para as situações que não se enquadrem em nenhuma das hipóteses anteriores, a pactuação deveria ser realizada mediante negociação coletiva (convenção ou acordo coletivo de trabalho), inclusive estabelecendo percentuais de redução de jornada de trabalho e de salário diferentes dos previstos expressamente na Lei, como já ocorria na MP 936.

Todavia, caso fossem estabelecidos percentuais diferentes daqueles previstos na Lei nº 14.020/2020 (25%, 50% e 70%), o valor do benefício seria limitado a referidos percentuais.

Outras inovações trazidas pela Lei nº 14.020/2020:

- possibilidade de que os acordos individuais ocorressem por qualquer meio físico ou eletrônico considerado eficaz, o que permitia concluir pela utilização de e-mail e mensagem por WhatsApp, por exemplo.
- permissão de que empregados aposentados fossem abrangidos pela suspensão temporária do contrato de trabalho ou redução proporcional de jornada e salário. Nesse caso, era necessário que o empregador pagasse ao empregado, a título de ajuda mensal, o valor mínimo correspondente ao que o empregado receberia a título de Benefício (BEm). Afinal, já estando aposentado, o empregado não teria direito de receber valores do Governo a título de pagamento do BEm (art. 6º, § 2º, II, "a").

Os acordos individuais celebrados para a redução de jornada de trabalho e de salário ou de suspensão temporária do contrato de trabalho obrigatoriamente deveriam ser comunicados pelos empregadores, ao respectivo sindicato dos empregados, no prazo máximo de até 10 dias corridos, contado da data de celebração do acordo.

2.5. Conflito entre acordo individual e norma coletiva de trabalho superveniente

Se, após a pactuação de acordo individual para adoção das medidas aqui estudadas, houvesse a celebração de instrumento normativo (convenção coletiva ou acordo coletivo), com cláusulas conflitantes com as do acordo individual, deveriam ser observadas as seguintes regras:

I – a aplicação das condições estabelecidas no acordo individual em relação ao período anterior ao da negociação coletiva;

II – a partir da entrada em vigor do instrumento normativo, prevaleceriam as regras nele previstas naquilo em que conflitarem com as condições estipuladas no acordo individual.

Quando as condições do acordo individual forem mais favoráveis ao trabalhador, prevaleceriam sobre a negociação coletiva.

2.6. Valor do Benefício Emergencial (art. 6º da Lei nº 14.020/2020)

O valor do BEm será calculado com base no valor que o empregado receberia a título de seguro-desemprego.

Em caso de redução de jornada, o benefício corresponderia ao percentual de redução da jornada (25%, 50% ou 70%) que seria multiplicado pelo valor que o empregado receberia a título de seguro-desemprego.

Em caso de suspensão do contrato de trabalho, o valor do benefício corresponderia a 100% do valor do seguro-desemprego como regra geral.

Para os empregados de empregadores com receita bruta superior a R$ 4.800.000,00 no ano-calendário de 2019 que optassem pela suspensão dos contratos de trabalho, o valor do benefício corresponderia a 70% do valor do seguro-desemprego a que o empregado teria direito. Isto porque, para referido grupo de empregados, a empresa deveria manter uma ajuda correspondente a no mínimo 30% do salário.

O valor do seguro-desemprego nunca seria inferior ao salário mínimo nacional (atualmente em R$ 1.320,00). Além disso, possuía um teto (valor máximo) correspondente a R$ 1.813,03, nos termos da Resolução CODEFAT nº 707 de 10 janeiro de 2013 e Portaria nº 914 de 13 de janeiro de 2020 do Ministério da Economia.

O recebimento do Benefício Emergencial de Preservação do Emprego e da Renda não impedia a concessão e não alterava o valor do seguro-desemprego a que o empregado viesse a ter direito.

Em caso de pagamento indevido ou além do devido do Benefício Emergencial esses créditos seriam inscritos em dívida ativa da União.

O Benefício Emergencial era pago ao empregado independentemente do cumprimento de qualquer período aquisitivo; tempo de vínculo empregatício; e número de salários recebidos.

2.7. Prazos

O Benefício Emergencial de Preservação do Emprego e da Renda era custeado pela União e pago de forma mensal a contar do início da redução da jornada e salário ou da suspensão temporária do contrato de trabalho. Seu pagamento acontecia exclusivamente enquanto durasse a redução da jornada de trabalho e do salário ou a suspensão temporária do contrato de trabalho.

O empregador informava ao Ministério da Economia a redução da jornada de trabalho e do salário ou a suspensão temporária do contrato de trabalho, no prazo de 10 (dez) dias, contado da data da celebração do acordo. Se esse prazo não fosse observado, eram previstas as seguintes consequências:

I - o empregador ficaria responsável pelo pagamento da remuneração normal do empregado, inclusive dos respectivos encargos sociais e trabalhistas, até que a informação fosse prestada;

II - a data de início do Benefício Emergencial de Preservação do Emprego e da Renda era fixada na data em que a informação tivesse sido efetivamente prestada, e o benefício era devido pelo restante do período pactuado; e

III - a primeira parcela, observado o disposto no inciso II deste parágrafo, era paga no prazo de 30 (trinta) dias, contado da data em que a informação tivesse sido efetivamente prestada.

2.8. Pagamento de ajuda mensal pelo empregador (art. 9º da Lei nº 14.020/2020)

O empregador poderia manter o pagamento de ajuda mensal compensatória aos empregados submetidos ao Programa, sem que isso implicasse na perda do direito do empregado em receber o benefício.

O pagamento dessa ajuda mensal deveria constar de forma expressa no acordo celebrado entre empregador e empregado e possuía natureza indenizatória, ou seja, sem incidência de encargos trabalhistas (INSS, FGTS, férias, décimo terceiro, etc.), e tributários (incidência de imposto de renda para o empregado).

Na hipótese de redução da jornada de trabalho e do respectivo salário, a ajuda aqui tratada não integrava o salário devido ao empregado, sendo um plus ao pagamento do salário e demais benefícios.

2.9. Garantia provisória de emprego (art. 10 da Lei nº 14.020/2020)

Aos trabalhadores submetidos ao Programa, fica assegurada a estabilidade no emprego durante a vigência das medidas, bem como, por igual período, após o restabelecimento das condições originárias do contrato de trabalho.

O descumprimento do período de garantia de emprego implicará ao empregador ao pagamento de uma indenização em favor do empregado, a qual pode chegar a 100% do salário a que o empregado teria direito durante o período de garantia provisória no emprego.

É importante destacar que a garantia provisória no emprego não se aplica para os casos de pedido de demissão ou por justa causa aplicada pelo empregador.

Outra inovação trazida pela Lei nº 14.020/2020 é a vedação à dispensa sem justa causa dos empregados portadores de deficiência, durante o período de calamidade pública decorrente da pandemia do coronavírus, que foi reconhecido pelo Decreto Legislativo nº 6 de 20/03/2020 (art. 17, V).

2.10. Fato do Príncipe (art. 486 da CLT e art. 29 da Lei nº 14.020/2020)

Fato do Príncipe (*factum principis*) trata-se de uma situação prevista na CLT, em seu artigo 486: "No caso de paralisação temporária ou definitiva do trabalho, motivada por ato de autoridade municipal, estadual ou federal, ou pela promulgação de lei ou resolução que impossibilite a continuação da atividade, prevalecerá o pagamento da indenização, que ficará a cargo do governo responsável."

O artigo versa sobre uma situação excepcional, onde caso a empresa seja submetida a um prejuízo financeiro desproporcional, decorrente do acatamento de medidas determinadas pelas autoridades governamentais, sem prescindir da cautela e de apreciação técnica devida, poderá ela rescindir os contratos de seus empregados tendo como fundamentação o "Fato do Príncipe".

A Lei 14.020 trouxe expressamente a vedação da aplicação do Fato do Príncipe prevista no art. 486 da CLT, na hipótese de paralisação ou suspensão de atividades empresariais determinada por ato de autoridade municipal, estadual ou federal para o enfrentamento do estado de calamidade pública reconhecido pelo Decreto Legislativo nº 6, de 20 de março de 2020, e da emergência de saúde pública de importância internacional decorrente do coronavírus, de que trata a Lei nº 13.979, de 6 de fevereiro de 2020 (artigo 29).

2.11. Participação das empregadas gestantes no BEm

A Lei nº 14.020/2020 ainda inovou ao tratar da participação das empregadas gestantes no Programa, o que não foi tratado pela MP 936.

Conforme o art. 22 da Lei nº 14.020/2020, caso a empregada gestante estivesse com seu contrato de trabalho suspenso e/ou com redução de jornada e salário no momento do nascimento da criança, o empregador deveria comunicar ao Ministério da Economia referido fato, o que implicaria na suspensão do BEm a partir de referida data para que tivesse início o pagamento do salário maternidade.

O valor do salário maternidade era calculado com base na última remuneração da empregada ou último salário de contribuição da empregada doméstica, anteriores à participação ao Programa. Assim, os valores recebidos durante o Programa de Proteção do Emprego e da Renda não seriam base de cálculo do salário maternidade.

Também era assegurado o direito à percepção do salário maternidade para o segurado ou segurada que adotasse criança durante o período de submissão ao Programa.

3. LEI Nº 14.010/20. REGIME JURÍDICO EMERGENCIAL E TRANSITÓRIO DAS RELAÇÕES JURÍDICAS DE DIREITO PRIVADO (RJET)

O artigo 3º da Lei n. 14.010/20 estabelece que "os prazos prescricionais consideram-se impedidos ou suspensos, conforme o caso, a partir da entrada em vigor desta lei até 30 de outubro de 2020".

Com isso, a lei reconheceu que, em virtude da peculiaridade da situação enfrentada com a pandemia (que levou à quarentena, isolamento social, etc.), não se pode impor ao credor a inércia caracterizadora da prescrição.

Cabe esclarecer um aspecto importante: a Lei n. 14.010/20 delimita a suspensão ou impedimento do prazo prescricional entre 12 de junho e 30 de outubro, muito embora o parágrafo único de seu artigo 1º tenha fixado o dia 20 de março "como termo inicial dos eventos derivados da pandemia do coronavírus (Covid-19)."

O §1º do artigo 3º estabelece que o impedimento ou a suspensão não se aplicam enquanto perdurarem outras hipóteses específicas de impedimento, suspensão e interrupção dos prazos prescricionais previstas no ordenamento jurídico nacional. Em outras palavras, a previsão da Lei n. 14.010/20 é de suspensão para os prazos que estão transcorrendo normalmente.

4. LEI Nº 14.128/21. COMPENSAÇÃO FINANCEIRA AOS TRABALHADORES DE SAÚDE

Essa lei institui uma compensação financeira que será paga pela União ao profissional e trabalhador de saúde que for permanentemente incapacitado pelo trabalho ou aos seus herdeiros, caso esse profissional faleça em decorrência da Covid, por terem trabalhado no atendimento direto a pacientes acometidos pela Covid-19, ou realizado visitas domiciliares em determinado período de tempo, no caso de agentes comunitários de saúde ou de combate a endemias.

Em caso de óbito desse profissional/trabalhador, essa compensação será quitada ao seu cônjuge ou companheiro, aos seus dependentes e aos seus herdeiros necessários.

A lei prevê que há presunção de que a Covid-19 tenha sido causa da incapacidade permanente para o trabalho ou óbito, mesmo que não tenha sido a causa única, principal ou imediata, desde que mantido o nexo temporal entre a data de início da doença e a ocorrência da incapacidade permanente para o trabalho ou óbito.

A compensação financeira é devida, mesmo que a vítima seja portadora de comorbidades e ainda que o evento morte ou incapacidade seja posterior ao encerramento do Espin-Covid-19 ou anterior à promulgação da lei, uma vez comprovado que a doença foi contraída durante o estado de emergência sanitária.

A compensação financeira será composta por duas verbas:

- 1 (uma) prestação em valor fixo de R$ 50.000,00 mil reais;
- 1 (uma) prestação de valor variável devida a cada um dos dependentes no valor de R$ 10.000,00 mil reais multiplicados pelo número de anos inteiros e incompletos que faltarem, para cada um deles, na data do óbito do profissional ou trabalhador de saúde, para atingir a idade de 21 anos completos, ou 24 anos se cursando curso superior. Havendo dependentes com deficiência, a prestação variável será devida aos dependentes independentemente da idade, no valor resultante da multiplicação da quantia de R$ 10.000,00 mil reais, pelo número mínimo de 5 anos.

No caso de óbito do profissional, será agregado o valor relativo às despesas de funeral à compensação financeira.

A compensação financeira possui natureza indenizatória e não poderá constituir base de cálculo para a incidência de imposto de renda ou de contribuição previdenciária. Além disso, a compensação não prejudicará o direito ao recebimento de benefícios previdenciários ou assistenciais previstos em lei.

A Lei nº 14.128/2021 também alterou a Lei nº 605/49, para prever que "durante período de emergência em saúde pública decorrente da Covid-19, a imposição de isolamento dispensará o empregado da comprovação de doença por 7 sete) dias".

No julgamento da ADI 6.970, o STF declarou a constitucionalidade da referida lei.

5. LEI Nº 14.151/21. AFASTAMENTO DA GESTANTE DURANTE A PANDEMIA

Conforme o art. 1º da Lei nº 14.151/21, com redação dada pela Lei 14.311/2022, durante a pandemia, a empregada gestante que ainda não tenha sido totalmente imunizada, de acordo com os critérios definidos pelo Ministério da Saúde e pelo Plano Nacional de Imunizações (PNI), deverá permanecer afastada das atividades de trabalho presencial.

A empregada afastada ficará à disposição do empregador para exercer as atividades em seu domicílio, por meio de teletrabalho, trabalho remoto ou outra forma de trabalho à distância, sem prejuízo de sua remuneração.

Para compatibilizar o trabalho da empregada nesses moldes, o empregador poderá, respeitadas as competências para o desempenho do trabalho e as condições pessoais da gestante para o seu exercício, alterar as funções da empregada afastada, sem prejuízo de sua remuneração integral e assegurada a retomada da função anteriormente exercida, quando retornar ao trabalho presencial.

Salvo se o empregador optar por manter a empregada em trabalho à distância, a empregada gestante deverá retornar à atividade presencial nas seguintes hipóteses:

I - após o encerramento do estado de emergência de saúde pública de importância nacional decorrente do coronavírus SARS-CoV-2 (o que se verificou com o advento da Portaria GM/MS nº 913, publicada em 22/04/22, que declarou o encerramento da emergência de saúde pública de importância nacional em decorrência da Covid-19, com prazo de 30 dias para início da sua vigência.

II - após sua vacinação contra o coronavírus SARS-CoV-2, a partir do dia em que o Ministério da Saúde considerar completa a imunização;

III - mediante o exercício de legítima opção individual pela não vacinação contra o coronavírus SARS-CoV-2 que lhe tiver sido disponibilizada, conforme o calendário divulgado pela autoridade de saúde e mediante assinatura de termo de responsabilidade e de livre consentimento para exercício do trabalho presencial, comprometendo-se a cumprir todas as medidas preventivas adotadas pelo empregador. O exercício dessa opção é uma expressão do direito fundamental da liberdade de autodeterminação individual, e não poderá ser imposta à gestante que fizer a escolha pela não vacinação qualquer restrição de direitos em razão dela.

Capítulo 10

DIREITOS COLETIVOS

1. GENERALIDADES

Para a maioria, o direito coletivo do trabalho caracteriza uma subdivisão do Direito do Trabalho, e não ramo autônomo da ciência do direito.

O Direito Coletivo do Trabalho regula a relação entre seres coletivos na seara trabalhista, considerada a sua atuação coletiva, realizada autonomamente ou através das respectivas entidades sindicais.

2. PRINCÍPIOS

Apesar de o Direito Coletivo do Trabalho não se caracterizar como ramo autônomo, ele possui princípios próprios, a seguir expostos.

2.1. Liberdade associativa e sindical

Esse princípio deriva de um princípio mais amplo que é o da liberdade de associação. Seu fundamento legal está nos arts. 5º, XVII e XX e 8º, V, ambos da CF/88.

Tal princípio trata da liberdade conferida ao trabalhador e empregador de se associar e, de forma qualificada, de se associar em sindicato.

Tem várias dimensões: em relação ao indivíduo, em relação ao grupo e de ambos perante o Estado.

2.1.1. Liberdade sindical em relação ao indivíduo

Esse princípio pode ser analisado em três dimensões:

1. Liberdade de filiar-se a um sindicato:

   É considerada o aspecto positivo da liberdade de associação.

Trata-se da liberdade de se filiar a um sindicato, sem nenhuma condição, senão de cumprir os estatutos.

É vedada a dispensa ou recusa de admissão em razão do indivíduo ser filiado a um sindicato.

Também é vedada cláusula no contrato de trabalho em que o empregado se obrigue a não se filiar (este último nos Estados Unidos é chamado de "*Yellow dog contract*").

2. Liberdade de não se filiar a um sindicato:

   É denominada como aspecto negativo da liberdade sindical.

   É vedada a exigência de filiação a um sindicato para contratação ou manutenção do contrato.

   Dentro desse contexto, podemos citar as práticas anti-sindicais:

   - "*Closed shop*": exigência de filiação como condição de emprego.
   - "*Union shop*": filiação ao sindicato como condição à continuidade no emprego.

3. Liberdade de retirar-se de um sindicato:

   O empregado pode se retirar livremente de um sindicato, sem qualquer exigência.

2.1.2. Liberdade sindical em relação ao grupo

Esse princípio também se subdivide em diversos subprincípios abaixo analisados.

1. Liberdade de fundar um sindicato:

   Busca-se a diminuição das formalidades para a constituição de um sindicato. Não pode haver formalidades que impliquem, de fato, a negação da liberdade.

   A publicidade é o máximo exigido. Não pode haver "autorização" para funcionamento.

2. Liberdade de determinar o quadro sindical na ordem profissional e territorial:

   O quadro territorial e profissional em que o sindicato é constituído é determinado pelos próprios interessados.

   Esse quadro pode ser constituído dentro de uma só profissão ou profissões similares. É permitida a constituição de vários sindicatos dentro de uma profissão ou categoria.

3. Liberdade de estabelecer relações entre sindicatos para formar agrupações mais amplas:

   É a liberdade de constituir federações e confederações, assim como a elas filiar-se, bem como também se configura na liberdade das organizações filiarem-se a organizações internacionais.

4. Liberdade de fixar regras internas para regular a vida sindical:

   É a liberdade dos entes sindicais de criarem seus estatutos e elegerem seus administradores.

5. Liberdade na relação entre o sindicalizado e o grupo profissional:

   O sindicato poderá recusar a filiação se a decisão for tomada de acordo com os estatutos. Não poderá se recusar, caso a decisão se pautar em discriminação quanto à raça, religião, ideologia, filiação político-partidária.

6. Liberdade nas relações entre os sindicatos de empregados e de empregadores:

   É obrigatório o reconhecimento e a independência dos sindicatos de empregados em relação aos sindicatos de empregadores.

2.1.3. Liberdade sindical em relação ao Estado

O Estado não pode interferir na autonomia sindical, ou seja, não pode existir ingerência estatal sobre os sindicatos.

2.2. Princípio da autonomia sindical

O princípio da autonomia sindical garante a autonomia administrativa dos sindicatos, livrando-os da ingerência do Estado e mesmo das próprias empresas.

Em outras palavras, esse princípio assegura ao sindicato ampla liberdade de auto-organização, começando por sua criação, passando pela elaboração do seu estatuto e culminando com sua plena autonomia administrativa.

Dentro desse tema, é importante destacar que apesar da CF/88 ter avançado com relação à autonomia sindical, manteve diversos traços do sistema corporativista que acabam por inviabilizar, na prática, a autêntica liberdade e autonomia sindicais.

Assim, os seguintes institutos são incompatíveis com a ideia de liberdade e autonomia sindical:

1) o sistema de unicidade sindical: imposição legal de um único sindicato em determinada base territorial;
2) o sistema de financiamento compulsório dos sindicatos: existência de tributo sindical para o financiamento desses entes (foi extinto com a Reforma Trabalhista);
3) o poder normativo da justiça do trabalho: poder de normatizar as relações jurídicas no âmbito coletivo do trabalho.

2.3. Princípio da interveniência sindical na normatização coletiva

A negociação coletiva somente é válida com a participação do sindicato dos trabalhadores.

Com relação ao empregador, não há essa exigência. Isso porque, o empregador é um ser coletivo por natureza e também porque a CF/88 consagrou o acordo coletivo de trabalho como instrumento da negociação coletiva.

2.4. Princípio da equivalência dos contratantes coletivos

No direito coletivo, há equivalência entre os dois polos envolvidos porque ambos são seres coletivos e porque contam com ferramentas eficazes de pressão nas negociações engendradas. ***Exemplo:*** *Direito de greve.*

2.5. Princípio da lealdade e transparência nas negociações coletivas

Como em qualquer negócio jurídico, em especial na negociação coletiva que se busca editar normas jurídicas, é fundamental a observância da lealdade e da boa-fé objetiva por parte dos contratantes.

2.6. Princípio da criatividade jurídica da negociação coletiva

Conforme esse princípio, a negociação coletiva resulta na criação de normas jurídicas, que servirão de fonte do direito do trabalho.

2.7. Princípio da adequação setorial negociada

Esse princípio corresponde ao limite jurídico da norma coletiva.

O princípio da adequação setorial negociada esclarece as hipóteses em que a negociação coletiva pode flexibilizar a legislação trabalhista.

Esses limites são resumidos em duas premissas: 1) quando a norma coletiva estabelece direitos mais benéficos ao trabalhador; 2) quando a norma coletiva transacione apenas setorialmente parcelas trabalhistas de indisponibilidade relativa.

São de indisponibilidade relativa aquelas parcelas assim consideradas expressamente por lei (*v.g.* art. 7º, VI, XIII e XIV, da CF/88) e aquelas que assim se qualificam por sua própria natureza. Exemplo: Modalidades de pagamento salarial.

Normas de indisponibilidade absoluta são aquelas que estipulam direitos que não podem ser suprimidos e nem reduzidos por negociação coletiva. Exemplo: Anotação da CTPS e normas relativas à segurança e saúde do trabalhador.

Esse núcleo intangível de direitos trabalhistas é conhecido pela doutrina como patamar civilizatório mínimo do trabalhador.

Com a Reforma Trabalhista, foram introduzidos os artigos 611-A e 611-B à CLT.

O primeiro dispositivo apresenta um rol exemplificativo de direitos que podem ser reduzidos ou alterados pela negociação coletiva.

Já o artigo 611-B da CLT traz um rol taxativo de direitos que não podem ser negociados coletivamente, impondo os limites da negociação.

Assim, em uma leitura literal do artigo 611-A da CLT conclui-se que tal dispositivo traz uma relação de direitos que podem ser negociados de forma coletiva e essa negociação prevalecerá sobre a legislação vigente, ainda que seja menos benéfica ao trabalhador.

A doutrina tem rebatido tal norma de forma veemente, sustentando sua inconstitucionalidade por permitir a redução de direitos fundamentais do trabalhador, o que tem sede constitucional.

Nesse sentido estão os Enunciados nº 27 e 28 da 2ª Jornada de Direito Material e Processual do Trabalho, realizada pela Anamatra:

> ***Ementa:*** *ADEQUAÇÃO SETORIAL NEGOCIADA. I – Negociação coletiva. Limites. Adequação setorial negociada. As regras autônomas coletivas podem prevalecer sobre o padrão geral heterônomo trabalhista, desde que implementem padrão setorial de direitos superior ao padrão geral heterônomo, ou quando transacionam setorialmente parcelas e direitos trabalhistas de indisponibilidade apenas relativa, respeitadas as normas de indisponibilidade absoluta. II – A "adequação setorial negociada" não autoriza a supressão ou redução de direitos "tout court", cabendo às partes, nos termos do artigo 611-A da CLT, com a redação dada pela lei 13.467/2017, justificar a excepcionalidade da adequação e sua transitoriedade, bem como definir as contrapartidas, com razoabilidade e de boa-fé, sendo inconstitucional o disposto no parágrafo 2º do art. 611-a da CLT.*
>
> ***Ementa:*** *NEGOCIADO SOBRE LEGISLADO: LIMITES. Nos termos do art. 5º, § 2º, da Constituição Federal, as convenções e acordos coletivos de trabalho não podem suprimir ou reduzir direitos, quando se sobrepuserem ou conflitarem com as convenções internacionais do trabalho e outras normas de hierarquia constitucional ou supralegal relativas à proteção da dignidade humana e dos valores sociais do trabalho e da livre iniciativa.*

Os artigos 611-A e 611-B da CLT serão melhor analisados nos subtópicos 8.2 e 8.3 deste Capítulo, para onde remeto o leitor.

2.8. Princípio da intervenção mínima na autonomia da vontade coletiva

Trata-se de novo princípio positivado pela Reforma Trabalhista no artigo 8º, § 3º, da CLT e reafirmado no artigo 611-A, § 1º, da CLT.

Tal princípio impõe que o juiz, ao examinar as normas coletivas, analise exclusivamente os elementos essenciais do negócio jurídico (agente capaz, objeto lícito, possível, determinado ou determinável e forma prescrita ou não defesa em lei).

Nessa esteira, o magistrado deverá atuar de forma a intervir minimamente no resultado da manifestação da autonomia da vontade coletiva.

Em outras palavras, em uma leitura literal dos dispositivos mencionados acima, o juiz deve analisar apenas as formalidades na elaboração da norma coletiva (se o sindicato é regular, se está devidamente representado, etc.) e se abster de apreciar o conteúdo das regras (exemplo, redução do intervalo intrajornada) criadas pelos atores sociais, ou, no mínimo, intervir minimamente na apreciação desse conteúdo.

Esse dispositivo recebe ampla crítica doutrinária, sob o fundamento de que esbarra no limite da amplitude do acesso à Justiça, previsto na Constituição da República, de modo que a norma legal não pode se sobrepor a um direito fundamental estabelecido constitucionalmente.

Segundo essa corrente doutrinária, o princípio em tela franqueia ao poder econômico ampla margem de "negociação" para reduzir ou suprimir direitos dos trabalhadores, sem o risco de ver-se submetido ao crivo do Poder Judiciário.

Sob outro prisma, é necessário destacar que, como um dos requisitos do negócio jurídico é o objeto lícito, ressalta óbvio que os instrumentos coletivos negociados trabalhistas, inclusive quanto ao conteúdo, precisam observar normas constitucionais e legais de ordem pública.

Logo, o princípio da intervenção mínima na autonomia da vontade coletiva não impede, a rigor, a possibilidade de invalidação do acordo ou convenção coletiva pela Justiça do Trabalho, quando desrespeitados os seus requisitos formais e materiais de validade.

O artigo 611-A, § 2º, da CLT, também introduzido pela Reforma Trabalhista, dispõe que a inexistência de expressa indicação de contrapartidas recíprocas em convenção coletiva ou acordo coletivo de trabalho não ensejará sua nulidade por não caracterizar um vício do negócio jurídico.

Existem entendimentos doutrinários no sentido de que uma redução de direito trabalhista deve necessariamente ser acompanhado de uma contrapartida. Assim, hipoteticamente, o aumento da jornada de 6h para 8h em regime de turno ininterrupto de revezamento deveria ser acompanhada de algum benefício, como por exemplo, fornecimento de cesta básica.

Assim, o artigo 611-A, § 2º, da CLT teve a intenção clara de rechaçar esse entendimento ao dispor que a inexistência de contrapartida específica e expressa no bojo da norma coletiva não configura vício do negócio jurídico.

Isso significa dizer, com base no exemplo acima citado, que em hipótese alguma o juiz poderia concluir pela nulidade da cláusula normativa que aumentou a jornada de 6h para 8h simplesmente pela ausência de contrapartida (no caso, fornecimento da cesta básica).

Em que pese não existir obrigatoriedade da contrapartida em norma coletiva, o artigo 611-A, § 4º da CLT determina que se houver cláusula compensatória para redução de direito trabalhista em norma coletiva, esta deverá ser anulada em conjunto com a cláusula benéfica.

Assim, na hipótese de procedência de pedido formulado em ação anulatória de cláusula de convenção coletiva ou de acordo coletivo de trabalho, quando houver a cláusula compensatória, esta deverá ser igualmente anulada, sem repetição do indébito.

Por fim, importante destacar o contido no artigo 611-A, § 5º da CLT que criou uma espécie anômala de litisconsórcio necessário, obrigando o sindicato a figurar no polo passivo da demanda judicial em que se postula a nulidade da cláusula normativa.

Dessa forma, os sindicatos subscritores de convenção coletiva ou de acordo coletivo de trabalho deverão participar, como litisconsortes necessários, em ação individual ou coletiva, que tenha como objeto a anulação de cláusulas desses instrumentos.

3. ESTRUTURA SINDICAL BRASILEIRA

A estrutura sindical está estabelecida no art. 8º, IV, da CF/88 e art. 511 e seguintes da CLT.

A estrutura sindical brasileira é formada por três elementos, quais sejam: sindicato, federação e confederação.

É o chamado sistema confederativo. Não é um sistema hierarquizado, mas de coordenação.

Os artigos 534 e 535, ambos da CLT, definem, respectivamente as Federações e as Confederações. O artigo 511 da CLT, define os Sindicatos.

As centrais sindicais não integram o sistema confederativo e foram regulamentadas e definidas pela Lei nº 11.648/2008.

3.1. Sindicato

O sindicato atua na base da pirâmide, diretamente em contato com os trabalhadores.

É a entidade que detém a prioridade na negociação coletiva, e pode se auto-organizar, independentemente de qualquer interferência estatal, observada apenas a regra da unicidade (é permitido apenas um sindicato por categoria) e a limitação territorial mínima (município).

3.2. Federações

As Federações são consideradas entidades sindicais de segundo grau.

A base territorial equivale ao do estado federado.

É a associação de cinco ou mais sindicatos que tem como atividade maior coordenar as atividades dos sindicatos a ela filiados.

As Federações além de coordenar as atividades os sindicatos associados têm como atribuição celebrar acordos e negociações coletivas quando inexistir sindicato em determinada base territorial.

3.3. Confederações

Também são consideradas entidades sindicais de segundo grau.

São associações de âmbito nacional composta de no mínimo três federações tendo como objetivo organizá-las. Têm sede em Brasília.

Outro importante papel destas entidades é opinar sobre o registro de sindicatos e federações.

3.4. Centrais sindicais

Apesar de não integrarem a estrutura sindical brasileira, as centrais sindicais gozam de considerável importância dentro do contexto coletivo e merecem uma análise específica.

As centrais sindicais são entidades associativas compostas por organizações sindicais de trabalhadores e têm o objetivo de coordenar a representação operária e participar de negociações em fóruns e colegiados nos quais estejam em discussão interesses dos trabalhadores.

Exercem importante papel na sociedade, buscando melhores condições de trabalho. Existem diversas centrais sindicais, de âmbito nacional abrangendo várias categorias e profissões.

Embora existam de fato desde o início dos anos 80, a efetiva regulamentação das centrais sindicais ocorreu tão somente em 2008, através da Lei nº 11.648.

São atribuições e prerrogativas das centrais sindicais (art. 1º da Lei nº 11.648/2008):

> I – coordenar a representação dos trabalhadores por meio das organizações sindicais a ela filiadas; e
>
> II – participar de negociações em fóruns colegiados de órgãos públicos e demais espaços de diálogo social que possuam composição tripartite, nos quais estejam em discussão assuntos de interesse geral dos trabalhadores (não podendo, contudo, substituir ou suprir a ausência da entidade sindical, mas somente auxiliá-la).

Para ser reconhecida como central sindical, a associação deverá atender aos seguintes requisitos (art. 2º da Lei nº 11.648/2008):

> I – filiação de, no mínimo, cem sindicatos distribuídos nas cinco regiões do País;
>
> II – filiação em pelo menos três regiões do País, de, no mínimo, vinte sindicatos cada uma;
>
> III – filiação de sindicatos em, no mínimo, cinco setores de atividade econômica; e
>
> IV – filiação de sindicatos que representem, no mínimo, 7% (sete por cento) do total de empregados sindicalizados em âmbito nacional.

Ato do Ministro do Trabalho e Emprego divulgará, anualmente, relação das centrais sindicais que atendem aos requisitos, indicando seus respectivos índices de representatividade.

3.5. Representação dos empregados na empresa

Outro instituto de direito coletivo que merece destaque é a representação dos empregados na empresa.

O artigo 11 da CF/88 estabelece que: *"nas empresas com mais de duzentos empregados, é assegurada a eleição de um representante destes com a finalidade exclusiva de promover-lhes o entendimento direto com os empregadores".*

A representação dos empregados na empresa tem por objetivo resolver os conflitos existentes no âmbito da empregadora, reduzindo assim, o número de processos a serem propostos contra o patrão, além de exercer a fiscalização trabalhista na empresa quanto ao cumprimento das normas de segurança e medicina do trabalho.

Há grande relevância no sistema de representação não sindical dos trabalhadores, como forma de possibilitar manter aberto um segundo canal de comunicação, diretamente ligado ao cotidiano do ambiente de trabalho.

Em que pese tamanha importância, a regulamentação desse instituto somente aconteceu com o advento da Reforma Trabalhista, que introduziu os artigos 510-A a 510-D à CLT.

Tanto a CF, quanto o artigo 510-A da CLT impõe a necessidade do representante para empresas com mais de 200 empregados, incluindo neste cálculo todas as modalidades de contratação, inclusive os contratados a tempo parcial e prazo determinado. A oscilação de número de empregados durante o ano não afeta a base de cálculo até que termine o mandato.

Todos os empregados são eleitores, contudo nem todos são elegíveis, porquanto excluídos desse rol os empregados com contratos suspensos, a prazo fixo e em regime de aviso prévio (artigo 510-C, § 2º da CLT).

A eleição será convocada, com antecedência mínima de trinta dias, contados do término do mandato anterior, por meio de edital que deverá ser fixado na empresa, com ampla publicidade, para inscrição de candidatura.

Será formada comissão eleitoral, integrada por cinco empregados, não candidatos, para a organização e o acompanhamento do processo eleitoral, vedada a interferência da empresa e do sindicato da categoria.

A votação é secreta, sendo vedado o voto por representação.

Os membros da comissão de representantes eleitos serão aqueles candidatos mais votados e tomarão posse no primeiro dia útil seguinte à eleição ou ao término do mandato anterior.

A comissão será composta:

I – nas empresas com mais de duzentos e até três mil empregados, por três membros;

II – nas empresas com mais de três mil e até cinco mil empregados, por cinco membros;

III – nas empresas com mais de cinco mil empregados, por sete membros.

Inexistindo candidatos suficientes, a comissão poderá ser formada com número inferior ao acima declinado. Se não houver candidatura, será lavrada ata e convocada nova eleição no prazo de 1 ano.

A representação pode ser feita por Estado, em caso de empresas com atuação de âmbito nacional.

A comissão de representantes dos empregados terá as seguintes atribuições:

I – representar os empregados perante a administração da empresa;

II – aprimorar o relacionamento entre a empresa e seus empregados com base nos princípios da boa-fé e do respeito mútuo;

III – promover o diálogo e o entendimento no ambiente de trabalho com o fim de prevenir conflitos;

IV – buscar soluções para os conflitos decorrentes da relação de trabalho, de forma rápida e eficaz, visando à efetiva aplicação das normas legais e contratuais;

V – assegurar tratamento justo e imparcial aos empregados, impedindo qualquer forma de discriminação por motivo de sexo, idade, religião, opinião política ou atuação sindical;

VI – encaminhar reivindicações específicas dos empregados de seu âmbito de representação;

VII – acompanhar o cumprimento das leis trabalhistas, previdenciárias e das convenções coletivas e acordos coletivos de trabalho.

As decisões da comissão de representantes dos empregados serão sempre colegiadas, observada a maioria simples.

A comissão organizará sua atuação de forma independente.

O mandato terá duração de 1 ano, sendo vedada a candidatura nos dois períodos subsequentes.

O exercício do mandato não implica suspensão ou interrupção do contrato de trabalho.

Desde o registro da candidatura até um ano após o fim do mandato, o membro da comissão de representantes dos empregados não poderá sofrer despedida arbitrária, entendendo-se como tal a que não se fundar em motivo disciplinar, técnico, econômico ou financeiro.

4. SINDICATO

4.1. Definição

O artigo 10º da Convenção n. 87 da OIT, define sindicato como sendo *"toda organização de trabalhadores e de empregadores que tem por objetivo fomentar e defender os interesses dos trabalhadores e de empregadores"*.

Desse conceito podemos extrair três elementos básicos de sua composição, suficientes para nos esclarecer a essência da entidade sindical: associação, representação e defesa dos interesses do grupo profissional ou econômico.

Sindicato, portanto, é a associação permanente que representa trabalhadores ou empregadores e visa à defesa dos respectivos interesses coletivos.

Maurício Godinho Delgado traz a seguinte definição para sindicato, construída a partir dos sindicatos profissionais[1]:

1. Adotamos nessa obra o entendimento capitaneado por Maurício Godinho Delgado no sentido de que o estudo do Direito Coletivo concentra-se na análise das entidades sindicais profissionais, na medida em que elas é que dão corpo, estrutura e potência de ser coletivo aos obreiros, colocando-os em situação de equivalência com o empregador, ser coletivo por natureza. Conforme suas palavras, é no polo dos trabalhadores "que se encontra o cerne de todo o desenvolvimento do Direito Coletivo do Trabalho". Por essa razão, (DELGADO, Maurício Godinho. *Direito Coletivo do Trabalho*. 6ª ed. São Paulo: LTR, 2015. p. 78).

> "Sindicatos são entidades associativas permanentes, que representam trabalhadores vinculados por laços profissionais e laborativos comuns, visando a tratar de problemas coletivos das respectivas bases representadas, defendendo os seus interesses trabalhistas e conexos, com o objetivo de lhes alcançar melhores condições de labor e vida". [2]

Sob a perspectiva do obreiro, o sindicato é o porta-voz de uma coletividade formada de trabalhadores que, despidos dos meios de produção, encontram-se em uma posição de fragilidade perante seu patrão e à sociedade, necessitando de algum instrumento jurídico que lhes assegure espaço e participação na vida econômica, política e social.

É que o empregador, em regra, na condição de detentor dos meios e instrumentos de produção já é um ser coletivo, pela própria natureza, independente de se associar a alguma entidade sindical, sendo capaz de produzir atos coletivos em sua dinâmica normal dentro do mercado. Os trabalhadores, a seu turno, enquanto considerados isoladamente, são incapazes de produzir ações de impacto comunitário, e para tal, necessitam adquirir a consistência e estrutura de um ser coletivo, o que somente se realiza através de entidades associativas, no caso, os sindicatos[3].

Por intermédio dos sindicatos, então, é que os trabalhadores podem se colocar em posição de equivalência com o patrão, o que permite o equilíbrio entre os dois polos do conflito capital/trabalho.

Conclui-se daí que o sindicato não se limita a uma entidade de representação de trabalho assalariado, caracterizando-se como um verdadeiro agente socioeconômico e político, que possibilita ao coletivo organizado de trabalhadores expressar a sua identidade global e participar da autogestão social.

Sob o paradigma do Estado Democrático de Direito, a pessoa humana e sua dignidade assumem a centralidade do ordenamento jurídico, incorporando a relevância da Democracia na construção do seu conceito político e jurídico. Nesse novo paradigma conceitual de organização e gestão da sociedade civil e política, o sindicato surge, então, como um dos instrumentos de inclusão e participação social dos indivíduos, daí a sua grande importância e a necessidade do seu estudo.[4]

4.2. Natureza jurídica

A natureza jurídica do sindicato é de pessoa jurídica de direito privado.

É uma associação civil sem fins lucrativos, criado por iniciativa única dos interessados para defender seus interesses, constituído e administrado sob a responsabilidade de seus membros.

---

2. DELGADO, Maurício Godinho. *Direito Coletivo do Trabalho.* 6ª ed. São Paulo: LTR, 2015. p. 77.
3. DELGADO, Mauricio Godinho. Direito coletivo do trabalho. 6ª ed. São Paulo: LTr, 2015., p. 65.
4. DELGADO, Mauricio Godinho. Constituição da República, Estado democrático de direito e direito do trabalho, p. 31-54. In: DELGADO, Mauricio Godinho; DELGADO, Gabriela Neves. *Constituição da República e direitos fundamentais: dignidade da pessoa humana, justiça social e direito do trabalho.* 3ª ed. São Paulo: LTr, 2015, p. 42.

4.3. Histórico

O sindicalismo é fruto do fenômeno econômico da Revolução Industrial.

Com o crescimento das indústrias e a expansão do comércio e dos meios de transporte, grandes massas de indivíduos dirigiram-se para as cidades, passando a viver em condições precárias e degradantes. No âmbito trabalhista, imperava a lei da oferta e da procura, exacerbada com a inércia do Estado, reflexos dos princípios da igualdade e da liberdade contratual pregada pelo pensamento liberal dominante. Os trabalhadores eram submetidos a condições desumanas de trabalho e existia uma exploração agressiva do trabalho de mulheres e crianças.[5]

Essa situação de extrema exploração gerou a união dos trabalhadores, despertando uma consciência coletiva, proporcionando a formação de associações e sindicatos de trabalhadores.

Assim, o sindicato surgiu como fato social, em decorrência da necessidade da união dos trabalhadores para enfrentamento daqueles que isoladamente eram pobres e fracos, tornando-se fortes quando constituíssem uma coletividade.[6]

Contudo, a burguesia, com medo de perder o poder recém-conquistado passou a reprimir organizações e movimentos que, a seu sentir, representassem alguma ameaça e, assim, os sindicatos foram tidos como ilícitos e foram reprimidos, o que aconteceu, inclusive, no Brasil, em que a Constituição Federal de 1824 proibiu expressamente as corporações de ofício.[7]

Posteriormente, os sindicatos passaram a ser tolerados, mas ainda sem o reconhecimento jurídico do direito de associação que, somente foi consagrado, de forma definitiva, com o advento do Constitucionalismo Social. A partir de então, o direito de associação passou a ser incluído nas constituições de diversos países, primeiramente com a Constituição Mexicana (1917) e da República de Weimar (1919) e depois nas Constituições da República Federal da Alemanha (1949), da França (1958) e da Itália (1947).

O movimento sindical foi então se consolidando, especialmente com a criação da Organização Internacional do Trabalho – OIT, em 1919 e com as atividades por ela desenvolvidas, seja por seus normativos, composto por suas recomendações e convenções, seja através dos relatórios emitidos pela Comissão de Liberdade Sindical e pelo Comitê de Peritos.

No plano internacional, o movimento sindical mereceu destaque na Declaração Universal dos Direitos Humanos, que em seu artigo XXIII, n. 4, trouxe a seguinte previsão: "Todo ser humano tem direito a organizar sindicatos e a neles ingressar para a proteção dos seus interesses".

Outras Convenções da OIT merecem destaque: a Convenção n. 87, que estabelece as diretrizes pertinentes à liberdade sindical; a Convenção n. 98, que se refere ao direito de sindicalização e de negociação coletiva; a Convenção n. 154, que promove a negociação

5. SANTOS, Ronaldo Lima dos. Sindicatos e ações coletivas. São Paulo: LTr, 2008, p. 34.
6. AROUCA, José Carlos. *Curso básico de Direito Sindical. Da CLT à Reforma Trabalhista de 2017 (Lei n. 13.467)*. 6ª ed. São Paulo: LTr, 2018. p 17.
7. SANTOS, Ronaldo Lima dos. Sindicatos e ações coletivas. São Paulo: LTr, 2008, p. 34.

coletiva; a Convenção n. 141, que trata da organização sindical dos trabalhadores rurais; a Convenção n. 151, referente à sindicalização negociação coletiva dos servidores públicos e a Convenção n. 135 que dispõe sobre a proteção aos representantes dos trabalhadores nas empresas.

No Brasil, vivenciamos dois grandes marcos no movimento sindical que ocorreram em 1930 e em 1988. Antes de 1930, o ramo trabalhista ainda era incipiente, o que se alterou com a Revolução de 1930, quando a organização sindical foi regulamentada pelo Decreto n. 19.770, de 19.3.1931. Esse diploma criou uma estrutura sindical oficial, baseado no sindicato único (embora ainda não obrigatório). O sindicato era visto como órgão de colaboração do Estado e inclusive submetido ao reconhecimento estatal, ficando clara a intenção do governo de controlar o movimento operário. [8]

Essa estrutura sindical praticamente manteve-se igual até o advento da Constituição Federal de 1988, que inaugurou o processo democrático no sindicalismo brasileiro, trazendo significativos avanços, como a ruptura do modelo de interferência e intervenção estatal nos sindicatos e o reconhecimento e fomento à negociação coletiva. A Constituição Federal afastou, por completo, a possibilidade jurídica de intervenção e interferência político-administrativas do Estado nos sindicatos (art. 8º, I, CF/88), fortaleceu a atuação dos sindicatos na defesa dos direitos e interesses coletivos ou individuais da categoria (art. 8º, III, CF/88) e alargou os poderes da negociação coletiva (art. 8º, VI; art. 7º, VI, XIII, XIV e XXVI, CF/88).[9]

Ainda assim, a Carta Magna manteve alguns traços do antigo regime corporativista, com destaque para a unicidade sindical, a organização por categorias e a base territorial mínima.

4.4. Sistemas sindicais

Representação e filiação sindical são conceitos distintos.

A representação legal da categoria pelo sindicato é automática e incondicional. Isso significa que pertencer a determinada categoria profissional ou econômica independe da vontade.

Já a filiação ao sindicato é opcional e espontânea, dependendo de manifestação de vontade do indivíduo.

A partir da evolução do sindicalismo no mundo ocidental, observamos alguns padrões de organização dos sistemas sindicais.

Para facilitar o estudo desses sistemas, faremos a subdivisão com base em dois critérios: o primeiro, com base no princípio da liberdade sindical e o segundo, com base no critério de agregação dos trabalhadores em um determinado sindicato.[10]

---

8. DELGADO, Mauricio Godinho. *Direito coletivo do trabalho*. 6ª ed. São Paulo: LTr, 2015, p. 133.
9. DELGADO, Mauricio Godinho. Direito coletivo do trabalho. 6ª ed. São Paulo: LTr, 2015, p. 276.
10. Mais uma vez utilizamo-nos do critério orientador do estudo do Direito Coletivo do Trabalho, capitaneado por Maurício Godinho Delgado, no sentido da concentração da análise nos sindicatos profissionais.

4.4.1. Critério da liberdade sindical

A partir da análise da liberdade sindical, podemos destacar duas modalidades contrapostas de sistema sindical no mundo ocidental, de acordo com a existência ou não de imposição normativa de um sindicato único: a unicidade sindical e a pluralidade sindical. É importante esclarecer que o sistema da pluralidade sindical pode evoluir para o sistema da unidade sindical, que então terá sua análise feita em subtópico próprio.

4.4.1.1. Unicidade sindical (sistema monista)

A unicidade sindical corresponde à previsão normativa obrigatória de existência de um único sindicato representativo dos correspondentes obreiros, seja por empresa, seja por profissão, seja por categoria profissional, de forma que o sindicato único detém o monopólio da representação sindical.

No Brasil, adotamos o regime da unicidade sindical desde a década de 1930 e os sindicatos representam todos os trabalhadores que estão sob sua circunscrição territorial, não só aqueles que são filiados.

A crítica que normalmente se faz em relação a esse sistema é que, em um contexto de unicidade sindical, o sindicato obrigatório tem por lei a representação exclusiva de toda a categoria, não havendo, portanto, concorrência com outras organizações e não há necessidade de se distinguir entre elas. Tal situação pode gerar uma acomodação dos sindicatos e uma atuação menos emblemática na defesa dos interesses dos representados. ***Exemplo:*** *Brasil.*

4.4.1.2. Pluralidade sindical

A pluralidade sindical tem o seu conceito na livre filiação dos sindicatos para atuação concorrente em qualquer ponto do território nacional.

O regime preconizado pela Convenção nº 87 da OIT, não ratificada pelo Brasil, é o da pluralidade sindical, que admite a fundação/criação de entidades sindicais representantes de uma mesma categoria, sem limitar espaço e legitimidade única. Dessa forma, o agrupamento se dá da maneira mais livre e democrática possível. ***Exemplo:*** *França, Inglaterra e Estados Unidos.*

4.4.1.3. Unidade sindical

A unidade sindical se aperfeiçoa na estruturação ou operação unitária dos sindicatos.

A unidade de representação deflui naturalmente, pouco a pouco, pela vontade das partes, resultante dos esforços desenvolvidos pelos próprios interessados, pelo amadurecimento sindical, de forma harmônica e consciente.

É importante destacar que o princípio da livre escolha do sindicato, firmado pelo artigo 2º, da Convenção n. 87 da OIT, pretende garantir a possibilidade da pluralidade, permitindo que possam ser criadas várias organizações sindicais. Esse princípio não traz qualquer limitação a que, por decisão voluntária dos trabalhadores ou de seus sindicatos, seja criada uma organização única, desde que não resulte de uma lei promulgada para esse fim.

Assim, a conclusão é que a unidade sindical pode ser alcançada sem se afastar dos princípios da liberdade sindical, desde que essa superação da pluralidade sindical se verifique por escolha e orientação livre e voluntária dos trabalhadores, por um processo natural da experiência histórica do sindicalismo e não por imposição legislativa. ***Exemplo:*** *Alemanha.*

4.4.2. Critério da agregação dos trabalhadores em um determinado sindicato

O critério de agregação dos trabalhadores em um determinado sindicato leva em conta a forma como esses trabalhadores se agrupam, formando uma entidade sindical.

Podemos destacar as seguintes modalidades de sistema sindical, com base nesse critério: agregação por ofício ou profissão, agregação por categoria profissional, agregação por empresa e agregação por ramo ou segmento de atividade empresarial.

4.4.2.1. Ofício ou profissão

Verifica-se quando os sindicatos agregam trabalhadores em razão da sua profissão, sendo certo que o sistema pode exigir identidade profissional ou tão somente uma relevante similitude de profissões.

É também utilizada a denominação sindicatos horizontais para essa modalidade, porque atingem certos trabalhadores – aqueles que exercem mesmo ofício ou profissão – que se ativam em empregadores diversos, tendo uma extensão horizontal no mercado de trabalho. Dificilmente esse critério de organização sindical abrangem todos os empregados de uma mesma empresa, daí porque o termo "horizontal".

Esse modelo foi prestigiado nos primórdios do sindicalismo, o que não mais se verifica. Na Inglaterra, berço do movimento operário ocidental, esse modelo sempre preservou grande influência. No Brasil, goza de um relativo prestígio na figura dos sindicatos de categoria diferenciada, como professores, motoristas, aeronautas, aeroviários, jornalistas profissionais, músicos profissionais, entre outros.[11]

Nos termos do art. 511, §3º, da CLT "Categoria profissional diferenciada é a que se forma dos empregados que exerçam profissões ou funções diferenciadas por força de estatuto profissional especial ou em consequência de condições de vida singulares."

Em seu final, a CLT apresenta um quadro mencionado no art. 577, em que arrola o grupo de categorias diferenciadas. O enquadramento sindical realizado pelo antigo Ministério do Trabalho foi considerado incompatível com a Constituição Federal, por caracterizar intervenção administrativa nos sindicatos, violando os princípios da liberdade e autonomia sindical (art. 8º, I, CF/88).

Logo, esse quadro não limita a existência de categoria diferenciada no Brasil, que pode se organizar, por exemplo, a partir da existência de lei específica regulamentadora da profissão.

11. DELGADO, Mauricio Godinho. *Direito coletivo do trabalho.* 6ª ed. São Paulo: LTr, 2015, p. 79.

4.4.2.2. Categoria profissional

Conforme o art. 511, §2°, da CLT, a categoria profissional é composta pela "similitude de condições de vida oriunda da profissão ou trabalho em comum, em situação de emprego na mesma atividade econômica ou em atividades econômicas similares ou conexas".

Atividades similares são aquelas que se assemelham como as que em uma categoria pudessem ser agrupadas por empresas que não são do mesmo ramo, mas de ramos que se parecem, tais como hotéis e restaurantes.

Atividades conexas são aquelas que, não sendo semelhantes, complementam-se. ***Exemplos:*** *As várias atividades da construção civil como alvenaria, hidráulica, pastilhas, etc.*

No caso de a empresa possuir mais de uma atividade econômica seu enquadramento se dá pela atividade predominante.

Assim, o elo de ligação na categoria profissional é a similitude laborativa em razão da vinculação a certo tipo de empregador. O empregado faz parte da categoria profissional correspondente à categoria econômica de seu empregador. Assim, o que caracteriza uma categoria profissional para os fins de associação em sindicatos é a condição semelhante dos trabalhadores em face da atividade desenvolvida pelo empregador.

Os trabalhadores que se vinculem a empregadores cuja atividade econômica seja idêntica, similar ou conexa, serão integrantes de uma mesma categoria profissional.

Esse é o modelo mais significativo de sindicatos no Brasil.

É o chamado sindicato vertical porque engloba todos os empregados de determinada empresa, independentemente da função deles. ***Exemplo:*** *Os secretários, faxineiros, ascensoristas de uma empresa de asseio e limpeza serão representados pelo sindicato de empregados em empresas de asseio e limpeza.*

A regra do sindicato vertical tem uma exceção para o caso de o empregado exercer profissão diferenciada (art. 511, § 3°, CLT), por força de estatuto profissional especial ou em consequência de condições de vida singulares.

Nesse caso, independente da atividade desenvolvida pelo empregador, pertencerá o empregado, sempre, à sua própria categoria.

Quanto a aplicação das normas coletivas, dependerá de o empregador ter participado da negociação coletiva, sob pena de não ser aplicável. ***Exemplo:*** *O empregado é motorista (categoria diferenciada) e trabalha num supermercado. Na base territorial respectiva não existe norma coletiva firmada entre o sindicato de motoristas e o sindicato do comércio (representante do empregador), mas apenas entre o sindicato de motorista e o sindicato de empresas de transporte. Todavia, tal norma não será aplicada ao empregado porque o empregador não está representado pelo sindicato de transporte, não podendo ser-lhe aplicada norma de cuja elaboração não participou.*

4.4.2.3. Por empresa

Nesse sistema, os sindicatos se agregam tendo como base a entidade empresarial empregadora.

É muito comum nos Estados Unidos, não sendo juridicamente possível no Brasil porque a Constituição Federal fixa o critério de categoria profissional para a estruturação dos sindicatos (art. 8º, II).

As críticas feitas à esta modalidade de estruturação sindical fundamentam-se na redução da possibilidade de generalização de conquistas trabalhistas para um âmbito maior, diminuindo a solidariedade entre os trabalhadores de empresas distintas e freando o papel progressista do Direito do Trabalho.[12]

Os defensores dessa modalidade de agregação sustentam que a diferenças entre as realidades das empresas justifica a sua existência. Contudo, esse argumento não se sustenta porque é possível a existência de instrumentos normativos diferenciados que possam atender a essa divergência de contexto, como o acordo coletivo, aplicável no âmbito da empresa ou até mesmo regras dentro da convenção coletiva que atenda justificadamente às peculiaridades de determinado empreendimento.[13]

4.4.2.4. Por ramo ou segmento de atividade empresarial

Nesse modelo de agregação sindical por segmento, temos, por exemplo, sindicato dos trabalhadores do ramo têxtil, do ramo comercial, do ramo financeiro, do ramo agropecuário, etc.

Esse critério favorece a criação de sindicatos grandes, com maior força e representatividade.

4.5. Base territorial

Base territorial é a extensão do território sobre a qual o sindicato exerce o poder de representação.

No Brasil a base territorial mínima dos sindicatos é o município.

4.6. Registro do sindicato

A personalidade sindical depende de registro junto ao Ministério do Trabalho.

Esse registro visa conferir se não existe outro Sindicato representativo da mesma categoria em certo espaço territorial (base territorial).

Entende-se que a exigência do registro por si só não fere a liberdade sindical.

4.7. Modelo sindical brasileiro atual

O sistema sindical brasileiro é caracterizado pelo regime da unicidade sindical, permitindo apenas um sindicato representativo da categoria dentro de uma mesma base territorial.

12. DELGADO, Mauricio Godinho. Direito coletivo do trabalho. 6ª ed. São Paulo: LTr, 2015, p. 84.
13. DELGADO, Mauricio Godinho. Direito coletivo do trabalho. 6ª ed. São Paulo: LTr, 2015, p. 84.

Pelo regime da unicidade sindical, os sindicatos representam todos os trabalhadores que estão sob sua circunscrição territorial, não só aqueles que são filiados.

O enquadramento sindical se dá, em regra, pelo conceito de categoria, com exceção para a existência de categoria profissional diferenciada.

No Brasil, a base territorial mínima dos sindicatos é o município.

Não existe mais a contribuição sindical obrigatória, também chamada de imposto sindical.

4.7.1. Princípios da agregação e da especialização

Dentro do regime da unicidade sindical que adotamos, a doutrina destaca dois princípios: o da agregação e o da especialização.

O princípio da especialização origina-se do Direito Civil e se pauta na ideia de desdobramento e fragmentação das categorias profissionais, fracionando sindicatos, como por exemplo, dos tecelões, em inúmeros outros, como de cerzideiras, overloquistas, etc. Esse critério civilista pode ser útil para a análise de certos aspectos de outras relações jurídicas, sendo porém incompatível para a investigação da estrutura sindical mais legítima e representativa, apta a melhor realizar o critério da unicidade sindical determinado pela Constituição (art. 8º, I e II CF/88) e concretizar a consistência representativa que têm de possuir os sindicatos (art. 8º, III e VI CF/88).[14]

Pelo princípio da agregação, despontaria como mais representativo e consentâneo com a unicidade sindical adotada pela Constituição, em especial com a ideia de consistência representativa, o sindicato mais amplo, mais largo, mais abrangente, de base mais extensa e de maior número de filiados. Assim, o princípio da agregação mostra-se mais consentâneo com a nossa Carta Magna do que que a diretriz civilista tradicional da especialização. [15]

4.8. Estrutura interna do sindicato

Os sindicatos possuem três órgãos, quais sejam: a diretoria, o conselho fiscal e a assembleia geral.

A administração dos sindicatos é exercida pela diretoria e o conselho fiscal, cujos membros são eleitos pela assembleia geral.

A assembleia geral é órgão deliberativo. É o órgão responsável pela criação da própria entidade sindical e que delibera sobre as mais importantes matérias do sindicato. Elege a diretoria e o conselho fiscal. A assembleia geral submete-se, por óbvio, às previsões do estatuto.

---

14. DELGADO, Mauricio Godinho. Direito coletivo do trabalho. 6ª ed. São Paulo: LTr, 2015, p. 81.
15. DELGADO, Mauricio Godinho. Direito coletivo do trabalho. 6ª ed. São Paulo: LTr, 2015, p. 81.

4.9. Funções do sindicato

Os sindicatos têm diversas funções, como veremos a seguir.

a) Função de representação: É a função mais importante do sindicato. Através dela, o sindicato fala em nome da categoria, com o propósito de defender e coordenar seus interesses, tanto no meio extrajudicial quanto judicial.
Os sindicatos atuam extrajudicialmente perante autoridades administrativas e atuam judicialmente através da representação e substituição processual.

b) Função negocial: corresponde à atuação dos sindicatos na criação de normas. Podem por isso, celebrar acordos e convenções coletivas.

c) Função política: A CLT veda a atividade política dos sindicatos, como se verifica do art. 521. Todavia, entende-se que quando o sindicato atua politicamente está representando os interesses da categoria e também de que a política faz parte da vida social. A própria institucionalização das centrais sindicais evidenciou o papel políticos das entidades sindicais.

d) Função assistencial: consiste na prestação de serviços a seus associados, ou, em alguns casos a todos os membros da categoria, tais como, serviços educacionais, médicos, a assistência jurídica prevista no artigo 14 da Lei n. 5.584/70, além de outros.

4.10. Garantias sindicais

Para que os sindicatos consigam cumprir seu importante papel de exprimir a vontade coletiva dos trabalhadores, é necessário que o ordenamento estipule garantias mínimas à estruturação e desenvolvimento dessas entidades.

Dentro desse tema, existem algumas garantias sindicais que merecem estudo.

A primeira delas diz respeito à garantia provisória de emprego do dirigente sindical, também chamada de estabilidade sindical.

É vedada a dispensa do empregado sindicalizado a partir do registro da candidatura a cargo de direção ou representação sindical (inclusive das federações e confederações) e, se eleito, ainda que suplente, até um ano após o final do mandato, salvo se cometer falta grave nos termos da lei (art. 8º, VIII, da CF/88 c/c art. 543, da CLT).

Somente por falta grave do empregado, apurada em ação judicial de inquérito é que o dirigente sindical poderá ser dispensado pelo empregador (Súm. 379 do TST).

A referida estabilidade fica limitada a sete dirigentes sindicais e igual número de suplentes, nos termos do artigo 522 da CLT e entendimento consolidado pelo TST na Súm. 369, II, do TST. Importante destacar que o STF, em recente decisão (14/05/2020), na ADPF 276, manteve a validade das referidas normas, conforme o voto da Min. Relatora. Para Cármen Lúcia, a limitação numérica da estabilidade de dirigentes sindicais não afeta o conteúdo da liberdade sindical por não gerar restrição à atuação e à administração da entidade sindical.

No caso de dirigente sindical de categoria diferenciada, a proteção está restrita aos casos em que o dirigente exerce, em seu emprego, atividade relacionada à sua específica categoria. Assim, por exemplo, para ser detentor da estabilidade, um dirigente de sindicato de motoristas, deve exercer junto ao patrão exatamente a função de motorista (categoria diferenciada). Esse é o entendimento consolidado na Súm. 369, III, do TST.

O membro de conselho fiscal de sindicato não tem direito à estabilidade prevista nos arts. 543, § 3º, da CLT e 8º, VIII, da CF/88, porquanto não representa ou atua na defesa de direitos da categoria respectiva, tendo sua competência limitada à fiscalização da gestão financeira do sindicato (art. 522, § 2º, da CLT e OJ 365, SBDI-1, do TST).

A entidade sindical comunicará por escrito à empresa, dentro de 24 (vinte e quatro) horas, o dia e a hora do registro da candidatura do seu empregado e, em igual prazo, sua eleição e posse, fornecendo a este comprovante no mesmo sentido (CLT, art. 543, § 5º).

É assegurada a estabilidade provisória ao empregado dirigente sindical, ainda que a comunicação do registro da candidatura ou da eleição e da posse seja realizada fora do prazo previsto no art. 543, § 5º, da CLT, desde que a ciência ao empregador, por qualquer meio, ocorra na vigência do contrato de trabalho.

O registro da candidatura do empregado a cargo de dirigente sindical durante o período de aviso prévio, ainda que indenizado, não lhe assegura a estabilidade.

Havendo extinção da atividade empresarial no âmbito da base territorial do sindicato, não há razão para subsistir a estabilidade (Súm. 369, IV, do TST).

A possibilidade de renúncia à garantia provisória de emprego durante a execução do contrato é interpretada com reservas. No caso do dirigente sindical, tem-se que essa estabilidade visa proteger, os interesses de todos os integrantes da categoria profissional. Assim, como também é de índole coletiva, a renúncia durante o contrato de trabalho, nesse caso, não seria possível pois não se trataria de um direito plenamente disponível.

Também merece destaque o direito do direito sindical à inamovibilidade. Nesse sentido, dispõe o artigo 543, da CLT, in fine, que o dirigente sindical: *"não poderá ser impedido do exercício de suas funções, nem transferido para lugar ou mister que lhe dificulte ou torne impossível o desempenho das suas atribuições sindicais"*.

O empregado perderá o mandato se a transferência for por ele solicitada ou voluntariamente aceita.

5. SISTEMA DE CUSTEIO SINDICAL

A atividade sindical é custeada por várias formas de contribuição, quais sejam: contribuição sindical obrigatória (hoje revogada pela Lei da Reforma Trabalhista), contribuição confederativa, contribuição assistencial e mensalidade devida pelos associados.

5.1. Contribuição sindical

A contribuição sindical era compulsória para todos que pertenciam à categoria (empregados e empregadores), independentemente de serem ou não filiados.

Sua natureza era tributária e era conhecida como "imposto sindical" e estava prevista nos arts. 578/610 da CLT e art. 8º, IV, da Constituição Federal.

A obrigatoriedade da referida contribuição sempre sofreu severas críticas da doutrina, porquanto as contribuições deveriam ser espontâneas, em retribuição aos serviços prestados pela entidade sindical, como meio de fortalecimento da atuação dessas entidades.

Com o advento da Reforma Trabalhista, o artigo 545 da CLT foi alterado para dispor que as contribuições sindicais passaram a ser facultativas, isto é, dependem do consentimento do empregado para serem descontadas das folhas de pagamento pelo empregador.

O Plenário do STF, ao julgar a ADI 5.794, concluiu pela constitucionalidade do caráter facultativo da contribuição sindical.

A Reforma Trabalhista cuidou de fechar outra brecha ao determinar que a negociação coletiva fica impedida de fixar cláusulas contendo a obrigatoriedade de recolhimento da contribuição sindical, bem assim das demais fontes de custeio, sem a prévia e expressa autorização do empregado (artigo 611-B, XXVI da CLT).

Os empregadores são obrigados a descontar da folha de pagamento de seus empregados relativa ao mês de março de cada ano a contribuição sindical dos empregados que autorizaram prévia e expressamente o seu recolhimento aos respectivos sindicatos.

O recolhimento da contribuição sindical referente aos empregados e trabalhadores avulsos será efetuado no mês de abril de cada ano, e o relativo aos agentes ou trabalhadores autônomos e profissionais liberais realizar-se-á no mês de fevereiro, observada a exigência de autorização prévia e expressa do trabalhador.

Os empregadores que optarem pelo recolhimento da contribuição sindical deverão fazê-lo no mês de janeiro de cada ano, ou, para os que venham a se estabelecer após o referido mês, na ocasião em que requererem às repartições o registro ou a licença para o exercício da respectiva atividade.

Os empregados que não estiverem trabalhando no mês destinado ao desconto da contribuição sindical e que venham a autorizar prévia e expressamente o recolhimento serão descontados no primeiro mês subsequente ao do reinício do trabalho.

5.2. Contribuição confederativa

A contribuição confederativa é fixada em assembleia geral, destinada a custear o sistema confederativo. Em se tratando de categoria profissional deve ser descontada em folha de pagamento.

Está prevista no art. 8º, IV, da CF/88 e somente pode ser exigida de associado (Precedente Normativo 119 do SDC do TST c/c OJ nº 17 do SDC e Súmula Vinculante nº 40 do STF).

5.3. Contribuição assistencial

A contribuição assistencial tem como finalidade custear as atividades assistenciais do sindicato e compensar os custos das negociações coletivas.

É regulamentada em acordos e convenções coletivas e sua previsão legal está no art. 513, "e", da CLT.

Em setembro de 2023, o STF acolheu o recurso com efeitos infringentes no ARE 1018459 (Tema 935 da Repercussão Geral), para admitir a cobrança da contribuição assistencial, inclusive aos não filiados ao sistema sindical, assegurando ao trabalhador o direito de oposição.

Foi fixada a seguinte tese: "É constitucional a instituição, por acordo ou convenção coletivos, de contribuições assistenciais a serem impostas a todos os empregados da categoria, ainda que não sindicalizados, desde que assegurado o direito de oposição".

Dessa forma, a contribuição assistencial pode ser instituída por acordo ou convenção coletiva, desde que seja assegurado o direito de oposição pelo trabalhador.

Essa decisão do STF alterou radicalmente o entendimento anterior deste Tribunal no sentido de que essa cobrança se limitava aos associados. Conforme o voto do Ministro Gilmar Mendes, o atual posicionamento se mostra mais adequado para solucionar o impasse trazido com a Reforma Trabalhista de 2017 que, ao extinguir a principal fonte de custeio sindical (contribuição sindical), trouxe um real perigo de enfraquecimento do sistema sindical como um todo, sendo certo que *"a contribuição assistencial é prioritariamente destinada ao custeio das negociações coletivas, as quais afetam todos os trabalhadores das respectivas categorias profissionais ou econômicas, independentemente de filiação".*

5.4. Mensalidade

A mensalidade será instituída pelos estatutos do sindicato, com a finalidade de custeio da associação. Será devida apenas pelos filiados.

A previsão legal está no art. 548, "b", da CLT.

6. FORMA DE SOLUÇÃO DE CONFLITOS COLETIVOS

Inicialmente, é fundamental a diferenciação, em termos doutrinários, de conflito, controvérsia e dissídio.

O conflito é apontado como a divergência, no plano social, em decorrência da luta por melhores condições de trabalho, verificada no âmbito das relações sindicais, ao passo que a controvérsia, de modo mais particular, verifica-se quando o mencionado conflito coletivo de trabalho é encaminhado para ser solucionado por mecanismos diversos. Por fim, o dissídio é específico com relação a controvérsia encaminhada para solução ao Poder Judiciário.[16]

Outrossim, é de extrema relevância a classificação dos conflitos coletivos de trabalho em: econômicos e jurídicos. Na primeira modalidade está aquele conflito relacionado com a fixação de condições de trabalho, v.g., reajustes e jornada. Já o conflito coletivo de

16. GARCIA, Gustavo Filipe Barbosa. Curso de direito do trabalho. 13ª ed. Rio de Janeiro: Forense, 2018, p. 1351.

natureza jurídica tem como finalidade a interpretação de disposição normativa específica da categoria.

Os conflitos coletivos poderão ser solucionados das seguintes formas: autodefesa, autocomposição, heterocomposição.

Abaixo, cada uma dessas modalidades será devidamente analisada.

6.1. Autodefesa

Na autodefesa, as próprias partes procedem à defesa de seus interesses, sendo que uma delas impõe sua vontade a outra. ***Exemplos:*** *Greve e "lockout" (quando o empregador impede que os seus empregados, total ou parcialmente, adentrem nos recintos do estabelecimento empresarial para laborar).*

6.1.1. Greve

O direito do trabalho surgiu exatamente em função da paralisação dos trabalhadores em busca de melhores condições de trabalho.

A evolução histórica do instituto da greve, demonstra que de "delito", esse instituto evoluiu para um conceito de "liberdade" e, posteriormente, para a condição de "direito", como se verifica nos regimes democráticos. Assim também se verificou no Direito Brasileiro, com destaque para a concepção da greve, inicialmente, como delito (Código Penal de 1890), passando por um tímido reconhecimento desse direito na Constituição de 1946, finalizando com a consagração dele com a Constituição Federal de 1988.

A natureza jurídica da greve é a de um direito social, de ordem fundamental e com assento na Carta Magna, sendo mecanismo máximo de autodefesa dos trabalhadores.

É um direito do trabalhador que consiste na suspensão coletiva do trabalho, de forma pacífica, em caráter temporário, total ou parcial, como instrumento de reivindicação salarial ou de reivindicação do cumprimento de outros direitos trabalhistas.

A greve, em verdade, é uma forma de pressionar os empregadores para que atendam aos pedidos de melhoria de condições de trabalho ou aumentos salariais dos trabalhadores. Assim, parcela da doutrina defende que a greve não é rigorosamente uma forma de solução do conflito coletivo de trabalho, mas sim um mecanismo de pressão para tal.

Pode ser exercida como mecanismo de negociação ou reação ao não cumprimento de disposições legais ou convencionais. Logo, não são admitidas greves por solidariedade ou políticas.

O direito de greve é regulado pela Lei nº 7.783/89.

Tratando-se de suspensão, não há pagamento de salário, salvo acordo em sentido contrário.

É garantido ao empregado o retorno ao posto de serviço ocupado antes da causa suspensiva.

Ainda por tratar-se de suspensão, o empregado não pode ser despedido sem justa causa. Nada impede que o próprio empregado se demita ou seja despedido por prática de falta grave durante essa suspensão.

"Lockin" *é o m*ovimento grevista com ocupação dos locais de trabalho. A atual lei não faz qualquer referência ao "lockin". Não há proibição, mas não pode provocar dano ao patrimônio da empresa.

6.1.2. Características

A greve tem as seguintes características:

a) Coletiva: Deve decorrer de um ato de interesse coletivo, com força de promover a ruptura da normalidade da produção. A greve pode não englobar todos os trabalhadores, caso em que será parcial. Quando alcançar todos os trabalhadores será total.

   É indispensável que essa paralisação seja de trabalhadores.

b) Pacífica: as armas da greve são unicamente a paralisação coletiva do trabalho com propósito de turbar a normalidade produtiva e o diálogo, a proposta para restabelecimento da normalidade. A greve realizada fora desse limite será considerada abusiva.

c) Temporária: Ainda que a greve seja deflagrada por prazo indeterminado, é necessário que tenha uma finalidade e, portanto, deve ser provisória. Essa indeterminação sinaliza a paralisação das atividades até que alguma proposta seja oferecida.

6.1.3. Possibilidade de contratação de trabalhadores

O empregador não poderá contratar trabalhadores durante a greve, exceto nas seguintes hipóteses:

1) quando o empregador não conseguir formar acordo com a entidade sindical ou a comissão de negociação no sentido de ver assegurada a prestação dos serviços capazes de evitar prejuízo irreparável pela deterioração irreversível de bens, máquinas e equipamentos ou ainda, pela ausência de ajuste capaz de dar manutenção aos serviços essenciais à retomada das atividades da empresa quando da cessação do movimento grevista;
2) quando a greve for considerada abusiva pelo judiciário.

6.1.4. Formalidades

A lei estabelece alguns requisitos para a validade do movimento grevista. Tais exigências não se chocam com a garantia do exercício de greve, apenas o regulamentam, devido ao impacto social que causa.

1) Real tentativa de negociação coletiva – fase antecedente e necessária da greve.

Não é admitida greve quando houver acordo coletivo, convenção coletiva ou sentença normativa em vigor sendo cumpridos. Excepcionalmente a greve é admitida quando houver substancial modificação nas condições de fato.

2) Convocação pelo sindicato de empregados de assembleia geral que deverá definir as reivindicações da categoria e deliberar sobre a paralisação. O estatuto do sindicato deverá tratar das formalidades de convocação, quórum para deliberação e etc.

3) Aviso prévio ao empregador com antecedência mínima de quarenta e oito horas e setenta e duas horas em serviços e atividades essenciais.

   É necessário registrar que o aviso prévio não prejudica a liberdade sindical, pois cumpre um aspecto de comunicação da existência da greve. Tem como objetivo evitar que a greve seja deflagrada de surpresa, sem que o empregador possa tomar as medidas de prevenção necessárias.

4) Atendimento às necessidades inadiáveis quando tratar-se de greve em serviços ou atividades essenciais.

   Consideram-se atividades essenciais: tratamento e abastecimento de água; produção e distribuição de energia elétrica, gás e combustíveis; assistência médica e hospitalar; distribuição e comercialização de medicamentos e alimentos; funerários; transporte coletivo; captação e tratamento de esgoto e lixo; telecomunicações; guarda, uso e controle de substâncias radioativas, equipamentos e materiais nucleares; controle de tráfego aéreo e navegação aérea; compensação bancária; atividades médico-periciais relacionadas com o regime geral de previdência social e a assistência social; atividades médico-periciais relacionadas com a caracterização do impedimento físico, mental, intelectual ou sensorial da pessoa com deficiência, por meio da integração de equipes multiprofissionais e interdisciplinares, para fins de reconhecimento de direitos previstos em lei, em especial na Lei nº 13.146, de 6 de julho de 2015 (Estatuto da Pessoa com Deficiência); outras prestações médico-periciais da carreira de Perito Médico Federal indispensáveis ao atendimento das necessidades inadiáveis da comunidade e atividades portuárias (art. 10 da Lei nº 7.783/89).

6.1.5. Greve no serviço público

Outro tema polêmico em relação a greve é o seu cabimento no serviço público.

Aos militares é expressamente vedado a sindicalização e o exercício da greve pelo art. 142, § 3º, IV, da CF/88.

Conforme STF, o exercício do direito de greve é vedado aos policiais civis e a todos os servidores públicos que atuem diretamente na área de segurança pública (Tema 541 da Repercussão Geral).

Aos empregados públicos das sociedades de economia mista e subsidiárias que exerçam atividade econômica aplica-se a Lei de Greve.

Os servidores públicos da administração pública direta, fundacional e autárquica, estão sujeitos ao art. 37, VII, da CF/88, que exige lei regulamentadora.

O STF, em diversas decisões, entendeu ser incabível o exercício do direito de greve pelos servidores públicos pela ausência de lei que o regulamentasse.

Em 2007, no julgamento dos mandados de injunção nºs 670, 708 e 712, o STF, finalmente, entendeu pela aplicabilidade da Lei de Greve aos Servidores Públicos, naquilo que não colide com a natureza estatutária de seus vínculos.

Conforme Tema 531 da Repercussão Geral, o STF fixou o entendimento de que a Administração Pública deve descontar os dias de paralisação decorrentes do exercício do direito de greve pelos servidores públicos. O desconto, contudo, será incabível se ficar demonstrado que a greve foi provocada por conduta ilícita do Poder Público.

6.1.6. "Lockout"

O "lockout" corresponde à greve patronal, que se verifica quando o empregador paralisa as atividades visando frustrar a negociação coletiva ou dificultar o atendimento das reivindicações dos trabalhadores.

O "lockout" é vedado. Caso ocorra é considerado interrupção do contrato, assegurando aos trabalhadores a remuneração do período.

Essa conduta do empregador poderá acarretar a rescisão indireta do contrato de trabalho, tendo em vista o descumprimento de uma das obrigações contratuais, qual seja, fornecer trabalho ao empregado.

6.2. Autocomposição

A autocomposição é a solução dos conflitos pelas próprias partes, sem a intervenção de terceiros.

É a forma ideal de solução dos conflitos coletivos de trabalho porque permite que os próprios atores sociais, conhecedores de sua realidade, resolvam os litígios e estabeleçam condições de trabalho mais adequadas.

A solução dos conflitos coletivos por autocomposição se dá através da negociação coletiva, ou seja, através da criação dos acordos coletivos e convenções coletivas.

6.2.1. Mediação e conciliação

A Resolução nº 174/2016 do CSJT instituiu a política judiciária nacional de tratamento adequado das disputas de interesses, sendo esta implementada pelos Tribunais Regionais do Trabalho, por meio da criação de um Núcleo Permanente de Métodos Consensuais de Solução de Disputas (NUPEMEC-JT) e de Centros Judiciários de Métodos Consensuais de Solução de Disputas (CEJUSC-JT).

A referida Resolução tem como objetivo estimular a prática de conciliação e de mediação na Justiça do Trabalho, trazendo as seguintes definições:

a) **Conciliação:** é o meio adequado de resolução de disputas em que as partes confiam a uma terceira pessoa - magistrado ou servidor público por aquele sempre supervisionado -, a função de aproximá-las, empoderá-las e orientá-las na construção de um acordo quando a lide já está instaurada, com a criação ou proposta de opções para composição do litígio; (Art. 1º, I, com redação dada pela Resolução n. 252/CSJT, de 22 de novembro de 2019).

b) **Mediação:** é o meio adequado de resolução de disputas em que as partes confiam a uma terceira pessoa - magistrado ou servidor público por aquele sempre supervisionado -, a função de aproximá-las, empoderá-las e orientá-las na construção de um acordo quando a lide já está instaurada, sem a criação ou proposta de opções para composição do litígio; (Art. 1º, II, com redação dada pela Resolução n. 252/CSJT, de 22 de novembro de 2019).

A mediação e a conciliação somente são permitidas no âmbito processual trabalhista, quando realizadas dentro de um processo judicial já instaurado, exigindo-se a homologação pelo magistrado.

A mediação pré-processual somente é admitida nos casos dos conflitos coletivos (art. 114, §§1º e 2º, da CF/88, art. 7º, §7º da Resolução nº 174/2016 do CSJT e art. 14 da IN 39 do TST).

6.2.2. Negociação coletiva

A solução dos conflitos pela autocomposição se dá pela negociação prévia, denominada negociação coletiva.

Trata-se de procedimento em que empresas ou sindicatos econômicos e sindicatos profissionais, sujeitos do conflito, mediante contemporização, alcançam como resultado uma convenção ou acordo coletivo.

A negociação coletiva tem como função gerar normas jurídicas, pacificando os conflitos coletivos de trabalho. Tem importante função política e social, fomentando o diálogo na sociedade e harmonizando o ambiente de trabalho. E ainda, cumpre função econômica, estabelecendo normas específicas, de acordo com as características regionais.

A atuação sindical na representação da classe profissional é obrigatória na negociação coletiva. Logo, se não houver a interveniência do sindicato profissional não se trata de negociação coletiva, e se dessa negociação resultar algum instrumento este não terá caráter normativo e sim contratual, sujeitando-se as regras do art. 468 da CLT (proibida alteração contratual que traga prejuízos ao empregado).

Assim, por exemplo se uma associação de empregados (não formalizada como sindicato) firma um instrumento com o sindicato de empregadores, estabelecendo condições de trabalho, esse instrumento não será reconhecido como convenção coletiva porque não teve participação do sindicato dos empregados.

Apesar disso, aquelas regras terão natureza contratual e não poderão ser alteradas pelo empregador, se da alteração resultar prejuízos ao empregado (art. 468 da CLT).

Os sindicatos têm legitimidade privativa para a negociação coletiva. Isso significa que as associações sindicais de segundo grau (federações ou confederações) somente podem realizar a negociação coletiva quando inexistente sindicato. Nesse contexto, as negociações coletivas produzem efeitos meramente locais.

Essa previsão legislativa brasileira contraria a Recomendação nº 163 da OIT, que sugere a diversidade de organizações sindicais com capacidade de negociar coletivamente.

Há presunção que na negociação coletiva exista simetria entre as partes, ou seja, que não exista mais a hipossuficiência tão presente nas relações individuais.

A boa-fé, enquanto princípio norteador de qualquer negócio jurídico, é também princípio informador da negociação coletiva e se caracteriza pela lealdade e transparência nas tratativas. Portanto, é vedado o exercício de greve quando estiver vigendo norma coletiva.

Os instrumentos normativos originados na negociação coletiva serão melhor analisados em tópico próprio, mais adiante (item 7).

6.2.3. Participação prévia dos sindicatos nas demissões coletivas

Em 08/06/2022, o STF decidiu no Recurso Extraordinário (RE) 999435, com repercussão geral (Tema 638), que é imprescindível a participação prévia de sindicatos nos casos de demissões coletivas.

A tese de repercussão geral fixada foi a seguinte: "A intervenção sindical prévia é exigência procedimental imprescindível para dispensa em massa de trabalhadores que não se confunde com a autorização prévia por parte da entidade sindical ou celebração de convenção ou acordo coletivo".

O entendimento que prevaleceu na decisão é de que a participação dos sindicatos é imprescindível para a defesa das categorias profissionais, não se tratando de pedir autorização ao sindicato para a dispensa, mas de envolvê-lo num processo coletivo com foco na manutenção de empregos, a partir do dever de negociação pelo diálogo.

Isso porque, a participação de sindicatos, nessas situações, pode ajudar a encontrar soluções alternativas ao rigor das dispensas coletivas, evitar a incidência de multas e contribuir para a recuperação e o crescimento da economia e para a valorização do trabalho humano, cumprindo, de modo efetivo, a sua função social.

De modo geral, os ministros do STF que votaram favoravelmente à tese demonstraram preocupação com os impactos sociais e econômicos das demissões coletivas e realçaram que a intervenção sindical prévia não se confunde com autorização prévia dos sindicatos, mas estimula o diálogo, sem estabelecer condições ou assegurar a estabilidade no emprego.

6.3. Heterocomposição

A heterocomposição é a solução dos conflitos imposta por terceiros, independente da aceitação das partes.

Arbitragem e jurisdição são as formas de heterocomposição.

6.3.1. Arbitragem

A arbitragem é um meio extrajudicial de solução de controvérsias, onde as partes contratantes escolhem um terceiro (árbitro) para resolver o litígio.

No âmbito do direito coletivo, a doutrina sempre entendeu cabível a arbitragem, porquanto há presunção de equivalência entre os seres coletivos (sindicatos). Nesse sentido, o artigo 114, °1°, da CF/88 prevê que, frustrada a negociação coletiva, as partes poderão eleger árbitros.

No ordenamento jurídico brasileiro, a arbitragem é prevista para solução de diversos conflitos coletivos, tais como a participação nos lucros ou resultados da empresa (Lei n° 10.101/2000, art. 4°, II) ou a própria greve (Lei n° 7.783/89, art. 3°).

A arbitragem é também indicada como forma de solução de conflitos, como se observa na Recomendação 92 da Organização Internacional do Trabalho -OIT, de 1951 e também na Convenção 154 da OIT, promulgada pelo Brasil em 1994 (Decreto n. 1.256, de 29.9.94)

Conforme a Lei n° 9.307/1996, que regulamenta a arbitragem, esta pode ser de direito, escolhendo as partes livremente as regras jurídicas que serão aplicadas (desde que não violem os bons costumes e a ordem pública) ou de equidade, definindo que se realize com base nos princípios gerais do direito, nos usos e costumes e nas regras internacionais de comércio.

Proferida a sentença arbitral (no prazo máximo de seis meses, não tendo sido convencionado tempo maior), dá-se por finda a arbitragem, devendo o árbitro ou o presidente do tribunal arbitral enviar cópia da decisão às partes, por via postal ou por qualquer outro meio de comunicação, com comprovação de recebimento, ou, ainda entregando-a diretamente às partes, mediante recibo.

A decisão arbitral não se sujeita a recursos ou homologação pelo Poder Judiciário e produz, entre as partes e seus sucessores, os mesmos efeitos da sentença judicial (sendo condenatória, constitui, inclusive, título executivo).

6.3.2. Jurisdição

A jurisdição como meio de solução dos conflitos coletivos tem espaço quando o conflito é levado ao judiciário trabalhista, através do ajuizamento de dissídio coletivo, sendo resolvido pela sentença normativa.

Na forma do art. 114, § 2°, da CF/88: *"recusando-se qualquer das partes à negociação coletiva ou à arbitragem, é facultado às mesmas, de comum acordo, ajuizar dissídio cole-*

tivo de natureza econômica, podendo a Justiça do Trabalho decidir o conflito, respeitadas as disposições mínimas legais de proteção, bem como as convencionadas anteriormente".

6.3.2.1. Poder normativo da Justiça do Trabalho

A jurisdição será exercida pelo Estado, através de sentença normativa, exarada em dissídio coletivo, criando, modificando ou extinguindo condições de trabalho. Trata-se do chamado poder normativo.

Em outras palavras, é a possibilidade dos Tribunais Trabalhistas de criarem normas para determinada categoria, através do julgamento dos dissídios coletivos (sentenças normativas).

O poder normativo dos tribunais trabalhistas existe somente no Brasil, sendo duramente criticado pela doutrina. Isso porque, o poder normativo desestimula o desenvolvimento de um sindicato autêntico, ao atribuir ao Estado a solução dos conflitos que poderia ser realizado somente pelas partes ou com a intervenção de mediadores e árbitros.

A resolução dos conflitos coletivos de trabalho deve ficar a cargo dos atores sociais, porquanto eles têm mais condições de identificar e solucionar suas demandas.

A interferência do Estado nessas relações sociais desestimula a autocomposição.

Com a Emenda Constitucional nº 45/2004, alterou-se a redação do § 2º do art. 114 da Constituição Federal para constar a exigência prévia de comum acordo entre as partes, antes da provocação do poder normativo.

Muito se discutiu de início, se a redação do parágrafo transcrito seria o fim do poder normativo, e ainda, se a exigência de propositura de comum acordo, afrontaria o inciso XXXV do art. 5º da própria Constituição, violando a possibilidade de acesso ao poder judiciário.

Em setembro de 2020, o STF sacramentou a questão decidindo pela constitucionalidade da exigência do comum acordo entre as partes para o ajuizamento de dissídios coletivos (RE 1.002.295).

6.3.2.2. Dissídio coletivo

Os dissídios coletivos são ações propostas à Justiça do Trabalho por pessoas jurídicas (Sindicatos, Federações ou Confederações de trabalhadores ou de empregadores) para solucionar questões que não puderam ser solucionadas pela negociação direta entre trabalhadores e empregadores.

Os dissídios coletivos podem ser de natureza econômica ou jurídica.

Os de natureza econômica criam normas que regulamentam os contratos individuais de trabalho. ***Exemplos:*** *Cláusulas que concedem reajustes salariais ou que garantem estabilidades provisórias no emprego.*

Os dissídios de natureza jurídica, conhecidos também como dissídios coletivos de direito, visam a interpretação de uma norma legal preexistente que, na maioria das vezes, é costumeira ou resultante de acordo, convenção ou dissídio coletivo.

Os dissídios coletivos têm competência originária nos Tribunais Regionais do Trabalho. Ou, se a base territorial do sindicato exceder a jurisdição de um TRT, a competência originária será do Tribunal Superior do Trabalho. (art. 678, I, "a" e art. 702, I, "b", ambos da CLT).

O ajuizamento do dissídio coletivo tem como pressupostos processuais específicos: tentativa de negociação prévia, autorização da assembleia, inexistência de norma coletiva em vigor e observância de época própria para o ajuizamento (sessenta dias anteriores ao termo final da norma coletiva vigente).

Os sindicatos são os legitimados ativos por excelência. Na ausência de sindicato, a federação poderá suscitar o dissídio e, na falta desta, a confederação.

Poderão ser legitimadas ativas as empresas envolvidas num conflito a elas limitado ou quando da ausência de entidade sindical que as represente.

O Ministério Público também detém legitimidade ativa para propor o dissídio coletivo, nas causas em que houver interesse público, mormente nos conflitos em que haja greve nos serviços essenciais.

Todas as entidades que têm legitimação ativa, com exceção do Ministério Público, podem figurar no polo passivo.

No dissídio interposto pelo Ministério Público do Trabalho, ambas as partes conflitantes figurarão no polo passivo.

7. INSTRUMENTOS NORMATIVOS – ACORDOS E CONVENÇÕES COLETIVAS

A negociação coletiva origina os instrumentos normativos, quais sejam, os acordos e as convenções coletivas, objeto de estudo nos subtópicos seguintes.

7.1. Conceito e natureza jurídica

No âmbito da negociação coletiva de trabalho, os próprios atores sociais exercem a autonomia coletiva dos particulares, regulando as relações jurídicas de trabalho, através de dois instrumentos legais: a convenção coletiva e o acordo coletivo.

Existem várias teorias sobre a natureza jurídica das convenções e acordos coletivos, classificadas em teorias contratualistas ou civilistas, que defendem a natureza de direito privado e a sua condição de negócio jurídico; as teorias normativistas ou regulamentares, que destaca aspectos de direito público e, por fim, a teoria mista ou do "contrato social normativo", que é prevalecente atualmente e que defende a existência do aspecto contratual juntamente com o caráter normativo.

Convenção coletiva é o instrumento normativo firmado pelos sindicatos da categoria profissional e econômica, com a finalidade de regulamentar as relações individuais de trabalho no âmbito das respectivas representações (art. 611, CLT). No caso de categorias não organizadas em sindicatos, a convenção coletiva poderá ser firmada pelas federações e, na falta destas, pelas confederações (art. 611, § 2º, CLT).

Já o acordo coletivo tem, de um lado, sindicato do empregado, e, do outro, apenas o empregador.

A natureza contratual desses documentos decorre da autonomia coletiva dos particulares, e normativa, por constituir fonte formal de direito, fixando normas a serem aplicadas nas relações de trabalho.

Os acordos e convenções coletivas estipulam cláusulas obrigacionais e normativas. As obrigacionais fixam direitos e deveres entre os próprios pactuantes. Não se referem aos contratos individuais de trabalho.

Ambos os instrumentos (convenções e acordos coletivos) ostentam a natureza de fonte formal do direito do trabalho, na medida em que estabelecem normas genéricas e abstratas a serem aplicadas no âmbito das relações individuais de trabalho.

As cláusulas normativas estabelecem normas jurídicas que serão aplicadas nos contratos individuais de trabalho. São consideradas de maior importância, o núcleo dos acordos, sua parte principal, sua verdadeira razão de ser.

7.2. Aplicação

A convenção coletiva é aplicada a todos os integrantes das categorias profissional e econômica, independentemente de filiação, observada a delimitação da base territorial dos signatários. Em caso de bases territoriais distintas entre os signatários, a convenção coletiva será aplicada no âmbito da base territorial de menor dimensão (área territorial comum).

Os acordos coletivos são aplicáveis a todos os empregados da empresa signatária representados pelo sindicato acordante, independente se associado ou não.

7.3. Formalidades

As normas coletivas devem ser formalizadas por escrito, sem emendas, nem rasuras e devem ser submetidas à divulgação pública.

As normas coletivas também devem ser levadas à registro nos órgãos regionais do Ministério do Trabalho, após oito dias da assinatura. A vigência inicia-se três dias após o registro. O registro da norma coletiva perante o Ministério do Trabalho é ato meramente burocrático, visando dar publicidade do conteúdo. Logo, a ausência desse registro não retira sua natureza de norma jurídica válida entre as partes porque se trata de documento comum aos sujeitos coletivos trabalhistas.

7.4. Vigência

O prazo máximo de vigência das normas coletivas é de 2 anos.

A Lei da Reforma Trabalhista trouxe a expressa vedação à estipulação de duração superior a 2 anos e vedou, ainda, a ultratividade das normas coletivas (art. 614, § 3º da CLT).

A ultratividade da norma coletiva significa que as cláusulas previstas em convenções ou acordos coletivos integram os contratos individuais de trabalho mesmo depois de expirada sua validade, e somente poderão ser modificadas ou suprimidas mediante nova negociação coletiva.

Com relação às vantagens previstas em normas coletivas, existem três correntes doutrinárias relativas à sua aderência ao contrato de trabalho:

1) Aderência irrestrita: As condições benéficas ao empregado integram definitivamente os contratos individuais.

   Exemplo: *A previsão normativa de cesta básica não poderá mais ser suprimida durante o contrato de trabalho.*

2) Aderência limitada pelo prazo: a aplicação das vantagens prevista em instrumento normativo ou sentença normativa cessa com o término do prazo previsto no instrumento normativo.

   Exemplo: *A cesta básica prevista em norma coletiva somente será devida durante o período de vigência da norma.*

3) Aderência limitada por revogação: os benefícios negociados permanecem aderidos ao contrato vigendo até que um outro instrumento normativo os revogue.

   Exemplo: *A previsão normativa de pagamento de cesta básica continuará aplicável, mesmo depois de encerrado o prazo de vigência da norma coletiva, até que outro instrumento normativo a revogue.*

No tocante a esse tema, é importante informar que, em setembro de 2012, houve profunda alteração da Súmula 277 do TST, que passou a permitir a ultratividade da norma coletiva com base em interpretação do contido no artigo 114, § 2º, da CF/88, alterado pela EC 45/2004.

O referido dispositivo constitucional assentou que o poder normativo, conquanto restringido para certas hipóteses, estava obrigado a aferir as cláusulas anteriormente convencionadas, não sendo possível suprimi-las sem nova negociação.

Todavia, em decisão liminar do STF, prolatada em outubro de 2016, na Arguição de Descumprimento de Preceito Fundamental- ADPF nº 323, a Súmula 277 teve sua eficácia suspensa, em decisão que critica a postura revisionista do TST.

Foi nesse contexto que o legislador da Reforma Trabalhista optou por trazer a expressa vedação à ultratividade das normas coletivas ao alterar a redação do parágrafo terceiro do artigo 614 da CLT.

FIQUE DE OLHO

O STF, na Sessão Virtual de 20.5.2022 a 27.5.2022, por maioria, julgou procedente a ADPF 323, de modo a **declarar a inconstitucionalidade da Súmula 277 do TST**, na versão atribuída pela Resolução 185, de 27 de setembro de 2012, assim como a inconstitucionalidade de interpretações e de decisões judiciais que entendem que o art. 114, parágrafo segundo, da Constituição Federal, na redação dada pela

Emenda Constitucional nº 45/2004, autoriza a aplicação do princípio da ultratividade de normas de acordos e de convenções coletivas.

7.5. Prorrogação, revisão, denúncia e revogação

Podem ocorrer a prorrogação, a revisão, a denúncia e a revogação da norma coletiva. Todas essas hipóteses devem ser subordinadas à aprovação de assembleia geral. São elas:

a) Prorrogação – O prazo de vigência da norma coletiva é estendido, mantendo-se as mesmas condições fixadas na norma coletiva cuja vigência está encerrando. Podem ocorrer tantas prorrogações quantas os interessados pactuarem.

b) Revisão – Quando as partes pactuam a alteração parcial ou total das condições já fixadas no instrumento normativo vigente.

c) Denúncia – É ato unilateral em que uma das partes notifica a outra da sua decisão de não mais cumprir uma ou mais cláusulas do instrumento em vigor.

d) Revogação – É o ato bilateral em que as partes resolvem desfazer total ou parcialmente o instrumento pactuado.

7.6. Conflito de normas

Para se evitar repetição de conteúdo, remeto o autor ao subtópico 2.5 do Capítulo 1, que trata sobre o conflito de normas, por se tratar de tema comum ao estudo do direito coletivo do trabalho, em especial, no tocante à negociação coletiva.

8. LIMITES DA NEGOCIAÇÃO COLETIVA DE TRABALHO

8.1. Prevalência do negociado sobre o legislado

Antes do advento da Reforma Trabalhista, o posicionamento do TST era no sentido de vedar a prevalência da negociação coletiva (acordo ou convenção coletiva) sobre legislação vigente, nas hipóteses em que o instrumento normativo fosse menos benéfico do que a própria lei, salvo nos casos expressamente previstos pela Constituição Federal.

Contudo, há muito tempo, o STF já sinalizava um movimento de consolidação de entendimento contrário ao do TST, inicialmente representado pela decisão proferida nos autos do RE nº 590415, com repercussão geral reconhecida:

> "DIREITO DO TRABALHO. ACORDO COLETIVO. PLANO DE DISPENSA INCENTIVADA. VALIDADE E EFEITOS. 7. Provimento do recurso extraordinário. Afirmação, em repercussão geral, da seguinte tese: "A transação extrajudicial que importa rescisão do contrato de trabalho, em razão de adesão voluntária do empregado a plano de dispensa incentivada, enseja quitação ampla

e irrestrita de todas as parcelas objeto do contrato de emprego, caso essa condição tenha constado expressamente do acordo coletivo que aprovou o plano, bem como dos demais instrumentos celebrados com o empregado".

Aqueles que defendem a prevalência do negociado sobre o legislado, normalmente se utilizam de dois fundamentos: o primeiro é o artigo 7º, XXVI, da CF/88 que prevê o reconhecimento das convenções e acordos coletivos como parte integrante dos direitos trabalhistas. O segundo argumento é que da própria leitura dos demais incisos do artigo 7º da CF/88 é possível se extrair diversos direitos trabalhistas cuja flexibilização por negociação coletiva é expressamente admitida (v.g. incisos XIV, XIII e sobretudo VI). Nessa linha, sustentam que, se até mesmo a redução salarial é permitida por negociação coletiva, quanto mais outros direitos de menor importância ("quem pode o mais pode o menos").

Com a promulgação da Lei nº 13.467/2017 (Reforma Trabalhista), foram introduzidos os artigos 611-A e 611-B à CLT, que trouxeram a expressa previsão da prevalência do negociado sobre o legislado, o que será analisado de forma pormenorizada nos subtópicos seguintes.

Em uma leitura literal do artigo 611-A da CLT conclui-se que tal dispositivo traz uma relação de direitos que podem ser negociados de forma coletiva e essa negociação prevalecerá sobre a legislação vigente, ainda que seja menos benéfica ao trabalhador.

Em junho de 2022, o STF, ao apreciar o tema 1.046 da tabela de repercussão geral, deu provimento ao agravo em recurso extraordinário quanto à prevalência do negociado sobre o legislado.

Por maioria de votos, a tese fixada foi a seguinte:

> "São constitucionais os acordos e as convenções coletivas que, ao considerarem a adequação setorial negociada, pactuam limitações ou afastamentos de direitos trabalhistas, independentemente da explicitação especificada de vantagens compensatórias, desde que respeitados os direitos absolutamente indisponíveis".

Conforme o STF (voto do Relator Ministro Gilmar Mendes) o *"reconhecimento de convenções e de acordos coletivos pela Constituição Federal é forma de estímulo à negociação direta entre trabalhadores e empregadores, para que definam quais regras serão válidas para a relação trabalhista, com base em seus interesses e em sua realidade laboral".*

No entanto, a negociação coletiva não é ampla e irrestrita, havendo que respeitar os direitos trabalhistas absolutamente indispensáveis, constitucionalmente assegurados, que caracterizam o patamar mínimo civilizatório.

8.2. Direitos trabalhistas que podem ser negociados

O artigo 611-A da CLT contém uma relação exemplificativa (que se extrai da expressão "entre outros") de direitos trabalhistas que podem ser negociados por meio de convenção ou acordo coletivo de trabalho, ainda que sejam menos benéficos se comparados com a legislação estatal. São eles:

> I – pacto quanto à jornada de trabalho, observados os limites constitucionais;

II – banco de horas anual;

III – intervalo intrajornada, respeitado o limite mínimo de trinta minutos para jornadas superiores a seis horas;

IV – adesão ao Programa Seguro-Emprego (PSE), de que trata a Lei nº 13.189, de 19 de novembro de 2015;

V – plano de cargos, salários e funções compatíveis com a condição pessoal do empregado, bem como identificação dos cargos que se enquadram como funções de confiança;

VI – regulamento empresarial;

VII – representante dos trabalhadores no local de trabalho;

VIII – teletrabalho, regime de sobreaviso, e trabalho intermitente;

IX – remuneração por produtividade, incluídas as gorjetas percebidas pelo empregado, e remuneração por desempenho individual;

X – modalidade de registro de jornada de trabalho;

XI – troca do dia de feriado;

XII – enquadramento do grau de insalubridade;

XIII – prorrogação de jornada em ambientes insalubres, sem licença prévia das autoridades competentes do Ministério do Trabalho;

XIV – prêmios de incentivo em bens ou serviços, eventualmente concedidos em programas de incentivo;

XV – participação nos lucros ou resultados da empresa.

A relação acima destacada é exemplificativa de forma que será possível a flexibilização de outros direitos trabalhistas, desde que não exista vedação legal.

Se for pactuada cláusula que reduza o salário ou a jornada, a convenção coletiva ou o acordo coletivo de trabalho deverão prever a proteção dos empregados contra dispensa imotivada durante o prazo de vigência do instrumento coletivo (cláusula compensatória).

Nos itens I e II acima, a legislação não foi clara se irá permitir que os limites já fixados pelo artigo 59 e 59-A da CLT (duas horas por dia, compensação mensal, banco de horas semestral) poderão ser desconsiderados pela negociação coletiva. A princípio nos parece que sim, na medida em que está evidenciado que a intenção do legislador foi a de superar os limites da lei, tanto o é que não considerou a jornada como norma de medicina e segurança do trabalho (art. 611-B, parágrafo único da CLT).

No item III, admite-se a negociação do intervalo intrajornada, mesmo que a empresa não possua refeitório (art. 71 da CLT), desde que respeitado o mínimo de meia hora.

No item IV, a intenção do legislador foi o de prorrogar as benesses contidas no PSE para as empresas com dificuldades financeiras e/ou reduzir as vantagens ali contidas para os empregados, sem, contudo, onerar a União (veja-se que o artigo 611-B, XXIX, da CLT impede a negociação de direitos de terceiros).

No item V há a permissão para que a negociação coletiva possa apontar quais são os cargos que considera de confiança, com o claro propósito de excluir esses trabalhadores do Capítulo da Duração do Trabalho contido na CLT, isto é, das horas extras, horas noturnas e intervalos, etc.

No item VI tem-se que o instrumento coletivo poderá revogar, alterar e suprimir vantagens anteriormente concedidas aos seus empregados previstas nos regulamentos ou regimento interno da empresa.

No item VII foi autorizado que a negociação coletiva possa alterar as regras legais que regulamentam a representação dos trabalhadores no local de trabalho (arts. 510-A a 510-D da CLT).

No item VIII permitiu-se que a negociação coletiva fixe regras para o teletrabalho, regime de sobreaviso e trabalho intermitente, como requisitos mínimos de validade, quantitativos e alguns benefícios assistenciais.

No inciso IX permite a negociação sobre distribuição de gorjetas, bem como implantação de sistema de remuneração por produtividade e desempenho e, ainda, prêmios de incentivo (inciso XIV) e participação em lucros ou resultados (inciso XV). Há quem sustente que tal previsão legal abriu brecha para que seja fixada a natureza indenizatória para parcelas essencialmente salariais.

No inciso X tem-se que a negociação coletiva poderá tratar sobre a modalidade de registro de jornada de trabalho. Há quem leia nessa previsão legal a autorização para possibilidade da previsão normativa de dispensa do controle de jornada, o que sempre foi rechaçado pelo TST.

No inciso XI, há permissão para a troca de dia de feriado, gerando uma espécie de "banco de horas de feriados".

No inciso XII há expressa previsão permitindo que a negociação coletiva estipule livremente o grau de insalubridade da atividade. Esse inciso contraria frontalmente o artigo 611-B, XVII da CLT que afirma ser matéria infensa à negociação coletiva o disposto nas normas regulamentadores do Ministério do Trabalho.

No inciso XIII tem-se a evidente intenção do legislador de superar o contido no artigo 60 da CLT, permitindo a negociação de prorrogação de jornada em ambientes insalubres, sem prévia autorização do Ministério do Trabalho.

Esse dispositivo sofre severas críticas doutrinárias, sob o fundamento de que os estudos de doenças ocupacionais analisam impactos dos agentes insalubres que podem ser suportados no limite de oito horas diárias, sendo que a exposição a alguns agentes insalubres como ruídos ocupacionais e radiações em jornadas mais extensas (12 horas, por exemplo) podem trazer severos impactos à saúde do trabalhador.

Nesse contexto, para essa parcela da doutrina, a possibilidade de prorrogação de jornada em ambiente insalubre, por força de negociação coletiva, sem autorização do Ministério do Trabalho, amplia consideravelmente os riscos de doença ocupacional, violando o artigo 7º, XXII da CF.

No tocante especificadamente ao intervalo intrajornada (inciso III) e enquadramento do grau de insalubridade (inciso XII), a doutrina tem sustentado que tais institutos possuem natureza de medida de segurança, higiene e saúde e, portanto, estariam infensas à negociação coletiva.

Nesse sentido estão os Enunciados nº 30, 33, 34 da Comissão 3, da 2ª Jornada de Direito Material e Processual do Trabalho, realizada pela Anamatra:

> ***Ementa:*** *NEGOCIAÇÃO COLETIVA: LICITUDE E ASPECTOS FORMAIS. Direitos trabalhistas garantidos por normas de ordem pública, relativos a medidas de higiene, saúde e segurança do trabalho, são infensos à redução ou supressão mediante negociação coletiva, consoante a interpretação conjunta dos incisos XXII e XXVI do art. 7º da Constituição. É, portanto, inconstitucional a previsão do art. 611-A, III e XII, da CLT (com a redação dada pela lei nº 13.467/2017).*
>
> ***Ementa:*** *ENQUADRAMENTO DO GRAU DE INSALUBRIDADE: IMPOSSIBILIDADE DE REDUÇÃO. Considerando o princípio da primazia da realidade, e sendo a saúde um direito de todos e dever do estado, e considerando ainda a ilicitude da supressão ou redução dos direitos provenientes de normas de saúde, higiene e segurança no trabalho, prevalecerá o acordado sobre o legislado sempre que se tratar de pagamento de percentual superior àquele determinado na NR-15, não sendo possível a redução do referido adicional.*
>
> ***Ementa:*** *INTERVALO INTRAJORNADA COMO NORMA DE SEGURANÇA E SAÚDE PÚBLICA. I – Regras sobre o intervalo intrajornada são consideradas como normas de saúde, higiene e segurança do trabalho e, por consequência, de ordem pública, apesar do que dispõe o art. 611-B, parágrafo único da CLT (na redação da lei 13.467/2017). II – O estabelecimento de intervalos intrajornadas em patamares inferiores a uma hora para jornadas de trabalho superiores a seis horas diárias é incompatível com os artigos 6º, 7º, inciso XXII, e 196 da Constituição.*

8.3. Direitos trabalhistas que não podem ser negociados

O art. 611-B da CLT identifica uma série taxativa (extrai-se da expressão "exclusivamente") de direitos trabalhistas que não podem ser reduzidos ou suprimidos por meio de negociação coletiva. São eles:

> I – normas de identificação profissional, inclusive as anotações na Carteira de Trabalho e Previdência Social;
>
> II – seguro-desemprego, em caso de desemprego involuntário;
>
> III – valor dos depósitos mensais e da indenização rescisória do Fundo de Garantia do Tempo de Serviço (FGTS);
>
> IV – salário mínimo;
>
> V – valor nominal do décimo terceiro salário;

VI – remuneração do trabalho noturno superior à do diurno;

VII – proteção do salário na forma da lei, constituindo crime sua retenção dolosa;

VIII – salário-família;

IX – repouso semanal remunerado;

X – remuneração do serviço extraordinário superior, no mínimo, em 50% (cinquenta por cento) à do normal;

XI – número de dias de férias devidas ao empregado;

XII – gozo de férias anuais remuneradas com, pelo menos, um terço a mais do que o salário normal;

XIII – licença-maternidade com a duração mínima de cento e vinte dias;

XIV – licença-paternidade nos termos fixados em lei;

XV – proteção do mercado de trabalho da mulher, mediante incentivos específicos, nos termos da lei;

XVI – aviso prévio proporcional ao tempo de serviço, sendo no mínimo de trinta dias, nos termos da lei;

XVII – normas de saúde, higiene e segurança do trabalho previstas em lei ou em normas regulamentadoras do Ministério do Trabalho;

XVIII – adicional de remuneração para as atividades penosas, insalubres ou perigosas;

XIX – aposentadoria;

XX – seguro contra acidentes de trabalho, a cargo do empregador;

XXI – ação, quanto aos créditos resultantes das relações de trabalho, com prazo prescricional de cinco anos para os trabalhadores urbanos e rurais, até o limite de dois anos após a extinção do contrato de trabalho;

XXII – proibição de qualquer discriminação no tocante a salário e critérios de admissão do trabalhador com deficiência;

XXIII – proibição de trabalho noturno, perigoso ou insalubre a menores de dezoito anos e de qualquer trabalho a menores de dezesseis anos, salvo na condição de aprendiz, a partir de quatorze anos;

XXIV – medidas de proteção legal de crianças e adolescentes;

XXV – igualdade de direitos entre o trabalhador com vínculo empregatício permanente e o trabalhador avulso;

XXVI – liberdade de associação profissional ou sindical do trabalhador, inclusive o direito de não sofrer, sem sua expressa e prévia anuência, qualquer cobrança ou desconto salarial estabelecidos em convenção coletiva ou acordo coletivo de trabalho;

XXVII – direito de greve, competindo aos trabalhadores decidir sobre a oportunidade de exercê-lo e sobre os interesses que devam por meio dele defender;

XXVIII – definição legal sobre os serviços ou atividades essenciais e disposições legais sobre o atendimento das necessidades inadiáveis da comunidade em caso de greve;

XXIX – tributos e outros créditos de terceiros;

XXX – as disposições previstas nos arts. 373-A, 390, 392, 392-A, 394, 394-A, 395, 396 e 400 desta Consolidação.

Nos termos do *caput* do artigo 611-B da CLT, o rol de matérias proibidas em negociação coletiva seria taxativo, o que sofre muitas críticas pela doutrina, que sustenta a existência de inúmeros direitos fundamentais do trabalhador infensos à flexibilização (citam como exemplos: restrições condicionantes à garantia de emprego da gestante; renúncia coletiva de direitos, etc.

No inciso I tem-se a proibição de negociação coletiva sobre a identificação profissional, diante da importância desse instituto até mesmo para permitir o regular recolhimento previdenciário, o saque do FGTS e percepção do seguro-desemprego.

Nos incisos II, III, IV, VI, VII, VIII, IX, X, XII, XIII, XIV, XV, XVI, XVII, XVIII, XIX, XX, XXI, XXII, XXIII, XXV tem-se a mera reiteração da proteção de direitos fundamentais do trabalhador, protegidos pela Carta Magna.

No inciso V tem-se a proteção ao valor nominal do décimo terceiro salário, abrindo-se brecha para negociação acerca dos reflexos e integração da parcela.

No inciso XI verifica-se a proteção à quantidade de dias de férias, o que não gozava de proteção constitucional.

No inciso XXIV tem-se que as normas de proteção à criança e ao adolescente, inclusive as idades mínimas para contrato de trabalho escapam à negociação coletiva.

No inciso XXVI tem-se que a negociação coletiva não poderá reavivar a contribuição sindical obrigatória, nem alargar o conceito de contribuição confederativa ou assistencial. De toda forma, mantem-se a exigência de autorização prévia e expressa do empregado em qualquer hipótese.

No inciso XXVII verifica-se à proteção ao direito de greve que não pode ser restringido ou modificado por norma coletiva, nem mesmo para alterar o conceito de serviços essenciais (inciso XXVIII).

No inciso XXIX verifica-se a proibição de adulteração com relação aos recolhimentos previdenciários ou fiscais, evitando a fraude com relação à declaração de natureza jurídica das parcelas salariais.

Por fim, o inciso XXX traz um rol de normas protetivas do trabalho da mulher e que são infensos à negociação coletiva, quais sejam: proibição de atestado de esterilidade e outras práticas discriminatórias (art. 373-A da CLT); limitação ao carregamento de peso pela mulher em 20 kg ou 25 kg (art. 390 da CLT); licença-maternidade de 120 dias, inclusive em caso de adoção (arts. 392 e 394-A da CLT); licença de duas semanas em caso de aborto (art. 395 da CLT); direito à amamentação com duas pausas de 30 minutos cada uma, inclusive estendido para mãe adotante (art. 396 da CLT), bem como instalações apropriadas para tanto (art. 400 da CLT).

O parágrafo único do artigo 611-B dispõe, ainda, que regras sobre duração do trabalho e intervalos não são consideradas como normas de saúde, higiene e segurança do trabalho para os fins do disposto no referido dispositivo.

9. A OIT E SUA IMPORTÂNCIA PARA O MOVIMENTO SINDICAL

Durante a Conferência de Paris em Versailles foi aprovada a criação de uma comissão internacional do trabalho. Também foi aprovada a criação de um organismo especial, ligado à Sociedade das Nações, denominado Organização Internacional do Trabalho – OIT, em 1919.

A OIT é responsável pela criação e aplicação das normas internacionais do trabalho (Convenções e Recomendações). Sua estrutura é tripartite, formado por representantes dos Estados, dos trabalhadores e dos empregadores, permitindo que as diferentes visões dos atores sociais permitam construções democráticas de normativos e programas.

A OIT concentra sua atuação no campo do trabalho subordinado e da atuação sindical em todo o mundo. Sua estrutura básica é constituída pela Conferência Internacional do Trabalho, órgão supremo, responsável por editar normas internacionais e traçar linhas gerais de política social; o Conselho de Administração, que administra as questões de funcionamento da OIT e a Repartição Internacional do Trabalho, que é o secretariado técnico-administrativo da Organização.

Em 1950, a ONU e a OIT instituíram a Comissão de Investigação e de Conciliação em matéria de liberdade sindical.

Em 1951, foi criado o Comitê de Liberdade Sindical, órgão tripartite, com a finalidade de apurar queixas atinentes às violações de direitos sindicais, devendo opinar pela procedência ou não das alegações do denunciante. É o mais importante mecanismo contra a opressão à liberdade sindical, o que é extremamente relevante à manutenção do sistema da OIT.

A fundação da OIT foi um marco significativo para a internacionalização e promoção dos direitos sociais e além de formular normas internacionais do trabalho, também fiscaliza o cumprimento dessas normas pelos Estados-membros. Seus normativos constituem um eficiente meio de implementação dos direitos consagrados internacionalmente, ao inspirar a ação dos legisladores nacionais, por meio da ratificação das convenções internacionais.

No que se refere especificadamente ao movimento sindical, a OIT cuidou de reconhecer e explicitar o princípio da liberdade sindical na Convenção n. 87 que, juntamente com a Convenção n. 98, institui o padrão internacional de liberdade sindical.

REFERÊNCIAS BIBLIOGRÁFICAS

ARAUJO; Cristiane Carvalho Andrade. CALCINI, Ricardo. O impacto da LGDP nas relações de trabalho. Revista Consultor Jurídico. 17.09.2020. Disponível em: [https:// https://www.conjur.com.br/2020-set-17/lgpd-impactos-trabalhistas] Acesso em: 10 de novembro de 2020.

AROUCA, José Carlos. Curso básico de Direito Sindical. Da CLT à Reforma Trabalhista de 2017 (Lei n. 13.467). 6ª ed. São Paulo: LTr, 2018.

BARROS, Alice Monteiro de. Curso de Direito do Trabalho. 11 ed. Atual. Por Jessé Cláudio Franco de Alencar. São Paulo: LTr, 2017.

BERNARDES, Simone Soares. Resumo de Processo do Trabalho. 4. ed. Salvador: Juspodivm, 2019.

BERNARDES, Simone; SCALÉRCIO, Marcos; LIMA, Leonardo Tibo Barbosa. Reforma Trabalhista. Teses Interpretativas. Salvador: Juspodivm, 2018.

BONFIM, Vólia; PINHEIRO, Iuri; SILVA, Fabrício Lima. Manual do Compliance Trabalhista. Teoria e Prática. 2. ed. Salvador: Juspodivm, 2021.

BRASIL. Supremo Tribunal Federal. Ação Direta de Inconstitucionalidade nº 5794. Relator: Ministro Ricardo Lewandowski. Disponível em: <http://portal.stf.jus.br/processos/detalhe.asp?incidente=5886 604>. Acesso em 03 jun. 2020.

BRASIL. Consolidação das Leis do Trabalho – CLT - 1943. Disponível em: http://www.planalto.gov.br/ccivil_03/decreto-lei/del5452.htm Acesso em: 8 jun. 2020.

BRASIL. [Constituição (1988)]. Constituição da República Federativa do Brasil de 1988. Brasília, DF: Presidência da República, [2016]. Disponível em: http://www.planalto.gov.br/ccivil_03/Constituicao/ Constituiçao.htm. Acesso em: 8 jun. 2020.

CAIRO JUNIOR, José. Curso de Direito do Trabalho. 15. ed. Salvador: Juspodivm, 2018.

CASSAR, Vólia Bomfim. Resumo de Direito do Trabalho. 7 ed. Rio de Janeiro: Forense; São Paulo: Método, 2018.

______. Direito do Trabalho. 14ª ed. São Paulo: Método, 2017.

______; BORGES, Leonardo. Comentários à Reforma Trabalhista. São Paulo: Método, 2018.

DELGADO, Maurício Godinho. Curso de Direito do Trabalho. 19ª ed. São Paulo: LTr, 2020.

______; Direito coletivo do trabalho. 6ª ed. São Paulo: LTr, 2015.

______; Constituição da República, Estado democrático de direito e direito do trabalho, p. 31-54. In: DELGADO, Mauricio Godinho; DELGADO, Gabriela Neves. *Constituição da República e direitos fundamentais: dignidade da pessoa humana, justiça social e direito do trabalho*. 3ª ed. São Paulo: LTr, 2015.

______; DELGADO, Gabriela Neves. A reforma trabalhista no Brasil – com os comentários à Lei 13.467/17. São Paulo, LTr, 2017.

GARCIA, Gustavo Filipe Barbosa. Curso de direito do trabalho. 13ª ed. Rio de Janeiro: Forense, 2018.

______. Reforma Trabalhista. Salvador: Juspodivm, 2017.

LIMA, Leonardo Tibo Barbosa. Lições de Direito Processual do Trabalho. Teoria e Prática. 4ª ed. São Paulo: LTr, 2017.

MAGANO, Octavio Bueno. Manual de Direito do Trabalho: direito coletivo do trabalho. São Paulo: LTr, 1996. v. III.

MARTINEZ, Luciano. Curso de direito do trabalho. 8º edição. São Paulo: Saraiva, 2017.

MIGLIORANZI, Juliana Migot; HABERMANN, Raíra Tuckmantel. Comentários à Reforma Trabalhista. Leme: Habermann Editora, 2017.

NAHAS, Thereza. MIZIARA, Raphael. Impactos da Reforma Trabalhista na jurisprudência do TST. São Paulo: Revista dos Tribunais, 2017.

______. Novo Direito do Trabalho e institutos fundamentais. São Paulo: Revista dos Tribunais, 2017.

NASCIMENTO, Amauri Mascaro. Curso de Direito do Trabalho. 7ª ed. São Paulo: Saraiva, 1989.

OLIVEIRA, João Paulo de Souza. Guia comentado: Principais artigos da Lei 14020/2020 – Programa Emergencial. Blog da Aurum. Disponível em: [https:// https://www.aurum.com.br/blog/lei-14020-2020/] Acesso em: 17 de maio de 2021.

SAAD, Eduardo Gabriel. Consolidação das Leis do Trabalho comentada. 47. Ed. Atual. Por José Eduardo Duarte Saad e Ana Maria Saad Castello Branco. São Paulo: LTr, 2014.

SALES, Cleber Martins; BRITO, Marcelo Palma de; AZEVEDO NETO, Platon Teixeira de; coordenador: FONSECA, Rodrigo Dias da. Reforma Trabalhista Comentada: Lei nº 13.467/2017: análise de todos os artigos. Florianópolis: Empório do Direito, 2017.

SANTOS, Ronaldo Lima dos. Sindicatos e ações coletivas. São Paulo: LTr, 2008.

SILVA, Homero Batista Mateus da. Comentários à Reforma Trabalhista – Análise da Lei 13.467/2017 – Artigo Por Artigo. São Paulo: RT, 2017.

SOUZA JÚNIOR, Antonio Umberto de; SOUZA, Fabiano Coelho de; MARANHÃO, Ney; AZEVEDO NETO, Platon Teixeira de. Reforma Trabalhista. Análise comparativa e crítica da Lei nº 13.467/2017. São Paulo: Rideel, 2017.

PARTE II –
PROCESSO DO TRABALHO

Capítulo 1

TEORIA GERAL DO DIREITO PROCESSUAL DO TRABALHO

1. EVOLUÇÃO HISTÓRICA NO BRASIL

Na preciosa lição de LIMA (2017, p. 47), a organização da Justiça do Trabalho no Brasil passou por cinco fases históricas:

> *Período anterior à institucionalização.* Até 1907 não existia órgão específico ou procedimento especial destinados a solucionar os conflitos decorrentes das relações de trabalho. Assim, eventuais demandas submetiam-se à Justiça comum, que seguia o rito processual do Regulamento n. 737, de 1850.
>
> *Institucionalização.* O Decreto n. 1637 de 1907 trouxe a previsão dos Conselhos de Conciliação e Arbitragem, que teriam atribuição de compor os conflitos trabalhistas. Contudo, tais conselhos nunca foram efetivamente criados. Somente em 1922, com a criação do Tribunal Rural de São Paulo (aperfeiçoamento do antigo Patronato Agrícola que integrava a Secretaria de Agricultura do Estado de São Paulo), é que surgiu no Brasil o primeiro órgão jurisdicional efetivamente criado para solucionar as lides trabalhistas. Em 1932, foram criadas as Juntas de Conciliação e Julgamento e as Comissões Mistas de Conciliação, vinculadas ao Poder Executivo Federal (Ministério do Trabalho, Comércio e Indústria). As primeiras tinham competência para julgar os dissídios individuais e as segundas, os coletivos, com excepção das causas sobre acidente do trabalho e de empregados não sindicalizados cuja competência era da Justiça comum. Ambas adotaram a composição paritária com representação dos empregados e empregadores.
>
> *Constitucionalização.* A Justiça do Trabalho foi tratada constitucionalmente pela primeira vez pela Constituição de 1934 que a incluiu como órgão do Poder Executivo. Após, a Constituição de 1937 não mencionou expressamente a vinculação da Justiça do Trabalho ao Poder Executivo e, por essa razão, o STF passou a adotar o entendimento de que ela agora integrava o Poder Judiciário.

Consolidação. A partir de 1941 inicia-se a fase de efetiva organização e instalação da Justiça do Trabalho. Sua condição de órgão do Poder Judiciário da União foi expressamente declarada pela Constituição de 1946, que também alterou a sua estrutura, criando o Tribunal Superior do Trabalho-TST e os Tribunais Regionais do Trabalho -TRT´s, mantendo, contudo, as juntas de conciliação e julgamento como órgão de primeira instância. Essa mesma estrutura foi repetida nas Constituições de 1967, 1969 e 1988. A representação classista permaneceu vigente até 1999 quando, em decorrência da EC nº 24, a Junta de Conciliação foi extinta, transformando-se em vara do trabalho, com apenas um juiz titular togado.

Ampliação. A Emenda Constitucional n. 45 de 2004 trouxe profundas alterações em relação à Justiça do Trabalho com destaque para a ampliação da competência (passou a abarcar a "relação de trabalho", enquanto gênero) e a transformação da jurisdição normativa em juízo arbitral.

2. DEFINIÇÃO E NATUREZA JURÍDICA

O Direito Processual do Trabalho pode ser definido como ramo do direito público que possui princípios, regras e institutos próprios, cujo objetivo é a **pacificação social** dos conflitos levados à Justiça do Trabalho, bem como a disciplina e o funcionamento deste ramo do Poder Judiciário.

No que se refere à natureza jurídica do Direito Processual do Trabalho existem duas correntes.

A corrente minoritária, denominada de corrente monista, prega que o Direito Processual do Trabalho não é um ramo autônomo do direito, mas sim uma parte de um corpo maior que é o processo civil.

Para a corrente majoritária, o Direito Processual do Trabalho possui vasto objeto de estudo, princípios e métodos próprios, com cadeira acadêmica própria nos cursos de Direito, possuindo obras específicas e fontes normativas particulares, o que lhe confere autonomia institucional, didática, científica e legal. É, portanto, **ramo autônomo** do direito.

3. FONTES

As fontes do direito do trabalho são os meios pelo qual nascem as normas jurídicas, a origem das normas jurídicas.

Não há consenso doutrinário a respeito da classificação das fontes e, portanto, usarei a mais didática, a meu ver.

Assim, as fontes podem ser classificadas da seguinte maneira:

I. **materiais:** Fatos relevantes (sociais, econômicos, políticos, etc.) que influenciam o legislador na elaboração da norma;

II. formais: constituem a exteriorização da norma jurídica, os meios de revelação e transparência da norma. As fontes formais são os atos-regra, isto é, atos normativos cujas características são a **abstração** (não incide sobre uma situação específica, mas sim sobre uma hipótese), a **generalidade** (dirigida a todos, indistintamente) e a **impessoalidade** (não se destina a um único indivíduo, mas sim à coletividade).

As fontes formais do direito processual do trabalho são mais restritas, em razão da sua natureza de direito público e se subdividem em:

II.a. relevantes ou primárias: lei em sentido amplo;

II.b. fontes subsidiárias ou secundárias: as demais.

3.1. Fontes relevantes ou primárias

A lei, em sentido amplo, é a principal fonte do Direito Processual do Trabalho, pois a atuação do Estado deve observância ao princípio da legalidade. O Estado, ao chamar para si o monopólio da jurisdição, condicionou tal exercício ao respeito às regras processuais e a um Juiz natural.

As fontes primárias estão listadas no artigo 59 da CRFB/88, destacando-se, no Direito Processual do Trabalho, as seguintes:

I. Constituição Federal e suas emendas. É a norma ápice, isto é, fundamento de validade de todas as demais normas. Especial destaque para o artigo 111, que arrola os órgãos da Justiça do Trabalho e para o artigo 114, que trata da competência da Justiça Trabalhista.

II. Leis em sentido estrito. A competência para legislar sobre Direito Processual do Trabalho é da União (CRFB, art. 22, I), o que restringe bastante as fontes desse ramo da ciência jurídica, residindo, basicamente, na produção legislativa ordinária.

III. Tratados e convenções internacionais, desde que ratificados. Tratados são documentos obrigacionais, normativos e programáticos firmados entre dois ou mais Estados ou entes internacionais. As convenções são modalidades de tratados e se caracterizam como documentos obrigacionais, normativos e programáticos aprovados por entidade internacional, a que aderem voluntariamente seus membros. Conforme o STF, os diplomas internacionais, ao ingressarem na ordem jurídica interna, assumem o status de norma infraconstitucional (status de lei, portanto). Tratando-se de documentos normativos internacionais referentes a Direitos Humanos, seu status é de diploma supralegal, isto é, situam-se acima das leis ordinárias e complementares. Por fim, se a ratificação desses diplomas internacionais referentes a Direitos Humanos tiver o quórum especial referido pelo § 3º do art. 5º da Constituição assumirá o status de emenda constitucional. O CNJ recomenda aos órgãos do Poder Judiciário brasileiro a observância dos tratados e convenções internacionais de direitos humanos em vigor no Brasil e a utilização da jurisprudência da Corte Interamericana de Direitos Humanos (Corte IDH), bem como a necessidade de controle de convencionalidade das leis internas (Recomendação nº 123 de 07/01/2022).

IV. **Medidas provisórias.** São diplomas normativos com força de lei, adotado pelo Presidente da República, em casos de relevância e urgência. Produzem efeitos imediatos, mas dependem de aprovação do Congresso Nacional para transformação definitiva em lei. Seu prazo de vigência é de sessenta dias, prorrogáveis uma vez por igual período. Por força do disposto no art. 62, §1º, I, b, da CRFB, as medidas provisórias não podem versar sobre direito processual, ressalvada a validade das editadas antes da Emenda Constitucional n. 32/2001.

V. **Súmulas vinculantes.** O Supremo Tribunal Federal poderá, de ofício ou por provocação, após reiteradas decisões sobre matéria constitucional e observados requisitos constitucionais, editar enunciado de súmula que, a partir de sua publicação na imprensa oficial, terá efeito vinculante (observância obrigatória) em relação aos demais órgãos do Poder Judiciário (art. 2º da Lei n. 11.417/2006). São fontes formais primárias, pois se dirigem a todos de forma geral, abstrata e impessoal. A doutrina especializada sustenta a equiparação das súmulas vinculantes com as emendas constitucionais, porque norma infraconstitucional que disponha contra a súmula vinculante será inconstitucional, já que o anunciado retrata a interpretação final do STF em matéria constitucional.

VI. **Normas infralegais.** Regimentos Internos, Resoluções e Instruções Normativas dos Tribunais, importantes fontes que suprem lacunas do texto legal, especialmente na sua organização e processamento de recursos.

VII. **Princípios:** Para a corrente tradicional (positivista), os princípios, conforme art. 8º da CLT, têm apenas função integrativa em caso de lacunas normativas. Para o constitucionalismo contemporâneo (pós-positivista), os princípios são dotados de força normativa e, assim, seriam fontes formais do direito, assim como se dá com as regras jurídicas (por ex. a lei).

VIII. **Precedentes dos tribunais:** Para Didier (2011, p. 385), "precedente é a decisão judicial tomada à luz de um caso concreto, cujo núcleo essencial pode servir como diretriz para o julgamento posterior de casos análogos". O sistema de precedentes, que é uma fonte característica do sistema *common law*, tem sido cada vez mais aplicado na justiça brasileira. Isto se deve, primordialmente, à evolução do *civil law* (utiliza a lei como principal fonte de direito), ocorrida em razão do constitucionalismo, e vem se consagrando cada vez mais, principalmente após o advento do CPC de 2015, notadamente nos incisos V e VI, do parágrafo 1º do artigo 489, que impõe seja considerada nula a decisão judicial que deixar de seguir determinado precedente invocado pela parte ou que se limitar a invocar precedente sem identificar seus fundamentos determinantes, nem demonstrar que o caso sob julgamento se ajusta àqueles fundamentos. O TST editou a Instrução Normativa 39 que, além de determinar, em seu art. 3º IX, a aplicação do artigo 489 do CPC ao processo do trabalho, também define, no seu artigo 15, incisos I, II, V e VI, o que será considerado precedente na Justiça do Trabalho, bem como determina sua forma de aplicação no âmbito trabalhista.

IX. **Regimentos internos dos tribunais:** a Constituição Federal outorgou aos tribunais poder normativo, possibilitando a disciplina da competência e do funcionamento dos respectivos órgãos jurisdicionais e administrativos, respeitadas as normas de processo e as garantias processuais das partes (art. 96, I, "a", CF/88). Os regimentos internos dos tribunais, portanto, apresentam-se como relevante fonte do direito, contendo disposições normativas das mais importantes sobre o trâmite processual perante as respectivas cortes.

X. **Usos e Costumes:** Os usos e costumes, denominados direito consuetudinário, para se configurarem como fontes formais do direito, exigem dois requisitos:

A) objetivo: a reiterada prática de uma determinada conduta no meio social por um período considerável de tempo; B. subjetivo: convicção existente no meio social no tocante ao caráter obrigatório da prática.

Um exemplo de costume, como fonte do direito processual do trabalho, verifica-se no conhecido "protesto nos autos", cuja finalidade é atacar decisão interlocutória e evitar a preclusão (art. 795 da CLT).

Os costumes classificam-se nas seguintes modalidades: contra a lei (costume *contra legem*); quando não há previsão legal (*praeter legem*); ou seguindo determinação legal (*secundum legem*). São fontes subsidiárias do processo do trabalho apenas os costumes *praeter* e *secundum*, não se admitindo o costume que contraria a lei.

3.2. Figuras especiais

a) **Jurisprudência:** A jurisprudência corresponde à reiterada interpretação das normas jurídicas realizada pelos tribunais, a partir do julgamento de casos concretos levados ao Poder Judiciário.

Existe grande discussão jurídica a respeito da caracterização ou não da jurisprudência como fonte de direito do trabalho. A primeira corrente sustenta que a jurisprudência não é fonte de direito, pois nada mais é que a forma pela qual os Tribunais interpretam a lei, aplicando-a ao caso concreto. Nesse contexto, não é ato-regra, isto é, não possui generalidade, abstração e impessoalidade, já que se destina especificamente a um caso particular levado a julgamento e não é de observância obrigatória para os magistrados.

Já a corrente moderna defende sua natureza de fonte formal, na medida em que o juiz não é mero aplicador de regras, tendo inegável papel criador.

b) **Doutrina:** É o entendimento sistemático dos juristas e estudiosos do direito acerca de determinado tema. Para a maioria, a doutrina não é fonte do direito, mas apenas elemento de desenvolvimento da ciência jurídica.

c) **Negócios jurídicos.** O CPC positivou expressamente a cláusula geral da negociação de jurídica processual, em seu artigo 190, permitindo que os próprios indivíduos possam estabelecer as regras que regerão seu comportamento dentro da relação jurídica processual, respeitando os limites da ordem pública e das normas cogentes estatais. Não se aplica à Justiça do Trabalho por força do artigo 2º, II, da IN n. 39/2016 do TST.

3.3. Hierarquia e conflito entre as fontes

Conforme a teoria da pirâmide kelseniana, a Constituição é o vértice da pirâmide hierárquica, sendo que uma norma encontra seu fundamento de validade em outra hierarquicamente superior.

Em outras palavras, existe uma verticalidade fundamentadora entre os diplomas normativos, de forma que um diploma encontra seu fundamento de validade naquele que lhe é superior (ex. lei ordinária encontra seu fundamento de validade na Constituição Federal).

A pirâmide da hierarquia normativa tem a seguinte disposição: no vértice a CF e emendas. Em seguida, leis complementares, leis ordinárias, leis delegadas, medidas provisórias. Por fim, decretos e, sucessivamente, diplomas dotados de menor intensidade normativa.

As antinomias aparentes, que são os conflitos de normas ocorridos durante o processo de interpretação, deverão ser resolvidas por meio da aplicação dos seguintes critérios clássicos: da **cronologia** (lei posterior prevalece sobre a anterior), da **especialidade** (lei especial prevalece sobre a lei geral) e da **hierarquia** (norma jurídica superior conforme a pirâmide kelseniana prevalece sobre a inferior).

3.4. Interpretação do Direito Processual do Trabalho

A lei processual trabalhista deve ser interpretada, isto é, demanda um esforço intelectual para ter definidos o sentido e o alcance do seu enunciado.

A interpretação da norma processual é regida por um princípio fundamental que é o da conformidade com a Constituição. Conforme esse princípio, toda e qualquer interpretação deve partir da Constituição para a norma processual e não o contrário (art. 1º, do CPC de 2015, c/c art. 769 da CLT).

A doutrina clássica aponta cinco grandes métodos de interpretação: **gramatical**, que busca o sentido literal a ser extraído da norma; **histórico**, que se baseia no processo social e legislativo que culminou com a edição do ato; **teleológico**, em que se perquire o objetivo de determinado dispositivo; **lógico**, busca a compreensão do significado da norma com base em regras de raciocínio, objetivando evitar contradições e chegando-se a um resultado coerente e, **sistemático**, insere o enunciado na totalidade do ordenamento jurídico, evitando incongruência e permitindo a sistematicidade das normas jurídicas.

Esses métodos clássicos de interpretação têm sido questionados quando a norma a ser interpretada é a Constituição Federal.

A doutrina mais atualizada defende que os direitos fundamentais possuem métodos próprios, os quais não se destinam a interpretação das normas para fixar-lhe um sentido, mas sim à sua concretização com intuito de tornar realidade a ideologia constitucional.

3.5. Lacunas e integração do Direito Processual do Trabalho

Por mais abrangente que possa ser a interpretação, é ainda possível que uma norma não consiga apresentar todas as respostas para resolver um caso concreto. É o que se denomina de lacuna.

A doutrina majoritária utiliza a seguinte classificação para as lacunas:

I. **Lacunas normativas.** A lei não contém previsão para o caso concreto. É, por exemplo, o caso da ação de Embargos de Terceiro, para a qual não há qualquer regulamentação na CLT.

II. **Lacunas ontológicas.** A norma não está mais compatível com os fatos sociais, ou seja, está desatualizada. Como exemplo de lacuna ontológica podemos citar a aplicação de multa de 10% para a não quitação do valor da execução no prazo legal (artigo 523, §1º do CPC). Segundo alguns autores, não haveria que se falar em ofensa ao artigo 880 da CLT, haja vista que a referida norma não mais se compatibiliza com a necessidade social de um processo célere e efetivo[1].

III. **Lacunas axiológicas.** As normas levam a uma solução injusta ou insatisfatória. É o que ocorreu, por exemplo, com a aceitação da antecipação de tutela como medida acautelatória em ação rescisória (TST, Súmula n. 405), mesmo quando a redação original do art. 489 do CPC/1973 (vigente à época da edição da súmula) não permitia a suspensão da execução pela propositura de tal demanda.

Integração jurídica é o processo de **preenchimento das lacunas** apresentadas pela lei quando da análise de um caso concreto, através da utilização de fontes normativas subsidiárias (ou supletivas).

Em caso de omissão da lei, o juiz deve valer-se da analogia, dos costumes e dos princípios gerais de direito, conforme o artigo 4º da LINDB.

A analogia é um método de integração em que, na ausência de norma aplicável, o operador jurídico busca preceito adequado existente em outro segmento do universo jurídico. Um exemplo clássico é o instituto do sobreaviso (art. 244 da CLT), que foi criado para regular situação jurídica dos ferroviários e atualmente é aplicado, por analogia, aos trabalhadores comuns. Os costumes são considerados como fontes formais, conforme já estudado anteriormente.

No que se refere aos princípios gerais de direito, também como já estudado, a doutrina pós-positivista critica a sua inclusão como mera fonte de interpretação, dado o seu caráter normativo.

1. O pleno do TST fixou tese jurídica pela inaplicabilidade da referida multa no processo do trabalho: "A multa coercitiva do artigo 523, parágrafo 1º do CPC (antigo artigo 475-J do CPC de 1973) não é compatível com as normas vigentes da CLT por que se rege o processo do trabalho, ao qual não se aplica" (Processo: IRR-1786-24.2015.5.04.0000).

3.6. Aplicação do Código de Processo Civil ao Processo do Trabalho

O artigo 769 da CLT, dispõe que, em caso de omissão legislativa na fase de conhecimento, o Direito Processual Comum será fonte do Direito Processual do Trabalho.

O art. 769 da CLT, assim dispõe: *"Nos casos omissos, o direito processual comum será fonte subsidiária do direito processual do trabalho, exceto naquilo em que for incompatível com as normas deste Título".*

Conforme o referido artigo, são requisitos cumulativos para a aplicação subsidiária do Código de Processo Civil ao Processo do Trabalho:

I. **lacuna normativa:** quando as normas trabalhistas contidas na CLT ou legislação extravagante não disciplinam a matéria, isto é, são omissas sobre o tema.

II. **compatibilidade** com os princípios que regem o processo do trabalho.

Em outras palavras, para que o direito processual civil seja aplicado ao processo do trabalho é necessária a omissão da norma processual trabalhista e a compatibilidade da norma processual civil com os princípios do processo do trabalho.

Basicamente, existem duas vertentes de interpretação sob o alcance do artigo 769 da CLT.

A corrente interpretativa permite a aplicação do CPC ao processo do trabalho apenas em caso de lacuna normativa (omissão da legislação trabalhista), trazendo uma visão mais restritiva da aplicação subsidiária do CPC ao processo do trabalho.

Já a corrente evolutiva (sistemática ou ampliativa) sustenta que essa aplicação também deverá se verificar no caso de lacunas ontológicas e axiológicas (já estudadas em subtópico anterior).

O artigo 15 do CPC tratou do tema, trazendo a seguinte disposição: *"Na ausência de normas que regulem processos eleitorais, trabalhistas ou administrativos, as disposições deste Código lhes serão aplicadas supletiva e subsidiariamente".*

De acordo com o citado dispositivo legal o CPC será aplicado ao processo do trabalho, nas seguintes modalidades:

I. **de forma subsidiária:** visa o preenchimento da lacuna, da omissão legislativa. É a situação em que não há qualquer norma processual trabalhista regulando a matéria, ou seja, a omissão é absoluta, integral. É o que verificamos, por exemplo, nos casos de embargos de terceiro, tutela provisória e intervenção de terceiros, porquanto não há qualquer regra para tais matérias na CLT.

II. **de forma supletiva:** visa a complementação normativa em razão de uma omissão relativa (parcial). As normas do processo civil são aplicadas por ausência de regulamentação ampla do instituto pela CLT. Podemos citar como exemplos as regras que regulam o impedimento e a suspeição do juiz, bem como as regras que tratam da fundamentação da sentença (art. 489 do CPC) e das matérias que podem ser alegadas nos embargos à execução (art. 917 do CPC c/c art. 884, § 1º da CLT). A CLT trata genericamente dos temas, tornando necessária a complementação por meio das normas do CPC.

Vale destacar que existem doutrinadores que sustentam que a aplicação subsidiária se verifica em caso de omissão normativa e a aplicação supletiva se daria nos casos de omissão axiológica ou ontológica.

Em 15.03.2016, a fim de se garantir "segurança jurídica" e evitar nulidades processuais, o TST editou a Instrução Normativa n. 39, que dispõe sobre as normas do Código de Processo Civil de 2015 aplicáveis e inaplicáveis ao Processo do Trabalho, de forma não exaustiva.

Conforme a referida Instrução, as normas dos arts. 769 e 889 da CLT não foram revogadas pelo art. 15 do CPC de 2015, em face do que estatui o art. 2º, § 2º da Lei de Introdução às Normas do Direito Brasileiro, qual seja *"A lei nova, que estabeleça disposições gerais ou especiais a par das já existentes, não revoga nem modifica a lei anterior".*

A referida instrução também destaca o disposto no artigo 1046, § 2º, do CPC, que expressamente preserva as *"disposições especiais dos procedimentos regulados em outras leis"*, dentre as quais sobressaem as normas especiais que disciplinam o Direito Processual do Trabalho.

Veja-se que a IN nº 39/2016 trouxe a exigência da compatibilidade das normas do CPC para serem aplicadas ao processo do trabalho, reafirmando a autonomia desse ramo do direito.

Por fim, merece destacar que, no processo de **execução trabalhista**, a fonte subsidiária do processo do trabalho será a **Lei de Execução Fiscal** (Lei nº 6.830/90), por determinação do art. 889 da CLT. Somente persistindo a lacuna é que se aplicará o CPC.

Essa ordem, contudo, não será observada naquelas situações em que a própria CLT determinar qual norma será aplicada de forma subsidiária. É o que se verifica, a título de exemplo, na ordem preferencial de bens à penhora, hipótese em que deve incidir diretamente o art. 835 do CPC, conforme expressa determinação contida no art. 882 da CLT.

Podemos então sintetizar as seguintes regras relacionadas à aplicação do CPC ao processo do trabalho:

Ordem	Fase de conhecimento	Fase de execução
1ª. (Fonte principal)	CLT e legislação esparsa	CLT e legislação esparsa
2ª. (Fonte supletiva ou subsidiária)	CPC	Lei de Execuções Fiscais (Lei n. 6.830 de 1980)
3ª. (Fonte supletiva ou subsidiária)		CPC

3.7. Eficácia da norma processual trabalhista

A eficácia de uma norma refere-se à aptidão dela para produzir efeitos no tempo e no espaço.

No que se refere à eficácia da lei trabalhista no **tempo**, vigora o **Princípio da Irretroatividade e da Aplicação Imediata ou do Efeito Imediato.**

Assim a lei nova, ao entrar em vigor, não se aplica aos atos processuais já praticados, por constituírem ato jurídico perfeito e acabado. Todavia, a lei nova regulará os atos processuais que se praticarão sob sua vigência (art. 912 da CLT e art. 5º, XXXVI, CRFB/88).

No que toca à eficácia da lei trabalhista no **espaço**, vigora o **Princípio da Territorialidade**, segundo o qual é aplicada a **lei processual brasileira** em todo o nosso território e tem por destinatário tanto os trabalhadores brasileiros quanto os estrangeiros residentes no Brasil (art. 5º, *caput* da CRFB/88).

O TST, com o objetivo de minimizar discussões futuras e vícios processuais, expediu a Instrução Normativa n. 41/2018, regulamentando a aplicação das normas processuais da CLT, alteradas pela Lei da Reforma Trabalhista.

Segue abaixo um quadro-resumo dos posicionamentos consagrados pelo TST na Instrução Normativa n.º 41/18, de autoria de PAMPLONA FILHO E TEIXEIRA (2018):

Art. 1º: Regras gerais	Eficácia imediata das normas processuais a partir do início da vigência da Lei n.º 13.467/17 (11/11/2017), respeitadas as situações processuais pretéritas iniciadas ou consolidadas sob a égide da lei revogada.
Art. 2º: Prescrição intercorrente (art. 11-A, §1º)	A deflagração do prazo de dois anos da prescrição intercorrente somente será aplicável em relação a determinações judiciais proferidas após 11/11/2017 que venham a ser descumpridas pelo credor/exequente.
Art. 3º: Litisconsórcio necessário do sindicato nos processos com discussão sobre validade de cláusula coletiva (art. 611-A, §5º)	A exigência de formação de litisconsórcio necessário apenas incidirá em relação aos processos iniciados a partir de 11/11/2017.
Art. 4º: Teto das custas processuais (art. 789, *caput*)	O teto das custas processuais (quatro vezes o limite máximo dos benefícios do RGPS) aplica-se apenas às decisões que fixem custas proferidas a partir de 11/11/2017.
Art. 5º: Novas regras sobre honorários periciais (art. 790-B)	As novas regras concernentes aos honorários periciais, inclusive quanto ao seu pagamento pelo beneficiário da justiça gratuita, aplicam-se somente aos processos iniciados a partir de 11/11/2017.
Art. 6º: Honorários advocatícios sucumbenciais (art. 791-A)	As novas regras concernentes aos honorários advocatícios sucumbenciais, inclusive quanto ao seu pagamento pelo beneficiário da justiça gratuita, aplicam-se somente aos processos iniciados a partir de 11/11/2017.
Art. 7º: Responsabilidade por dano processual (arts. 793-A, 793-B e 793-C, §1º)	A previsão de responsabilidade por perdas e danos do reclamante, reclamado ou interveniente que litigar de má-fé, a explicitação das hipóteses de configuração da litigância de má-fé e a previsão de condenação dos litigantes de má-fé na proporção do seu interesse ou de maneira solidária têm aplicação autônoma e imediata.
Art. 8º: Condenação por litigância de má-fé (art. 793-C, caput)	As sanções decorrentes da litigância de má-fé (multa, indenização por prejuízos e despesas e honorários advocatícios) somente são aplicáveis às reclamações ajuizadas a partir de 11/11/2017.
Art. 9º: Valores da multa por litigância de má-fé e da indenização por dano processual (art. 793-C, §§2º e 3º)	As regras que estabelecem diretrizes em relação a valores da multa por litigância de má-fé e da indenização por dano processual são aplicáveis às reclamações ajuizadas a partir de 11/11/2017.

Art. 10: Aplicação da multa por litigância de má-fé à testemunha (art. 793-D)	A aplicação de multa por litigância de má-fé à testemunha somente é possível nas reclamações ajuizadas a partir de 11/11/2017.
Art. 11: Exceção de incompetência (art. 800)	O novo procedimento da exceção de incompetência é imediatamente aplicável aos processos trabalhistas em curso, desde que o recebimento da notificação seja posterior a 11/11/2017.
Art. 12 (1): Indicação do valor dos pedidos (art. 840)	A exigência dos novos requisitos da petição inicial somente é cabível em relação aos processos iniciados a partir de 11/11/2017.
Art. 12 (2): Pagamento de custas no arquivamento (art. 844, §§ 2°, 3°)	Pagamento de custas pelo reclamante que não se faz presente na audiência inaugural, ainda que beneficiário da justiça gratuita, e exigência de pagamento de tal despesa como condição para a propositura de nova demanda aplicam-se apenas aos processos iniciados a partir de 11/11/2017.
Art. 12 (3): Ausência da reclamada na audiência inaugural (art. 844, §5°)	Recebimento da contestação e dos documentos quando presente apenas o Advogado em audiência, estando ausente o preposto, aplica-se apenas aos processos iniciados a partir de 11/11/2017.
Art. 12 (4): Dispensa da necessidade de o preposto possuir a condição de empregado (art. 843, §3°)	Desnecessidade de o preposto ostentar a condição de empregado aplica-se às audiências realizadas após 11/11/2017.
Art. 13: Iniciativa do Juiz para a execução e a deflagração do incidente de desconsideração da personalidade jurídica (art. 878 e art. 855-A)	A impossibilidade de iniciativa de ofício do Juiz na execução alcançará os novos atos a partir de 11/11/2017, exceto na hipótese excepcional de não estar a parte assistida por Advogado. Diga-se o mesmo em relação à deflagração do incidente de desconsideração da personalidade jurídica.
Art. 14: Prazo comum para impugnação da liquidação (art. 879, §2°)	A previsão de obrigatoriamente o Juiz conceder prazo comum de oito dias para impugnação fundamentada da conta de liquidação aplica-se apenas às liquidações de julgado iniciadas a partir de 11/11/2017.
Art. 15: Observância do prazo de 45 dias após a citação do executado para inscrição no BNDT, em cadastro de proteção ao crédito ou protesto (art. 883-A)	A restrição temporal criada pela Reforma Trabalhista no art. 883-A da CLT somente será aplicável às execuções iniciadas a partir de 11/11/2017.
Art. 16: Dispensa de garantia de execução de entidades filantrópicas e seus diretores (884, §6°)	A isenção em favor de entidades filantrópicas e seus diretores somente é aplicável às execuções iniciadas a partir de 11/11/2017.
Art. 17: Incidente de desconsideração da personalidade jurídica (art. 855-A)	Aplicabilidade ao Processo do Trabalho das normas do CPC/15, as inovações veiculadas pela Lei n° 13.467/2017.

Art. 18: Uniformização de jurisprudência	1. IUJ's suscitados ou iniciados antes da vigência da Lei nº 13.467/2017, no âmbito dos Tribunais Regionais do Trabalho ou por iniciativa de decisão do Tribunal Superior do Trabalho, deverão observar e serão concluídos sob a vigência da lei vigente ao tempo da interposição do recurso. 2. Aos recursos de revista e de agravo de instrumento no âmbito do Tribunal Superior do Trabalho, conclusos aos Relatores e ainda não julgados até a edição da Lei nº 13.467/17, não se aplicam as disposições contidas nos §§ 3º a 6º do artigo 896 da CLT. 3. Conservam a natureza vinculante teses jurídicas prevalecentes e os enunciados de Súmulas decorrentes do julgamento dos IUJ's suscitados ou iniciados antes da edição da Lei n.º 13.467/17.
Art. 19: Transcendência no Recurso de Revista (art. 896-A, §1º)	A análise da existência ou não de transcendência no Recurso de Revista será cabível exclusivamente nos apelos interpostos em face de acórdão regional publicado a partir de 11/11/2017. A identificação de tal marco temporal deve levar em consideração a data da decisão principal proferida pelo TRT, não a decisão em sede de embargos de declaração.
Art. 20: Novas regras sobre depósito recursal (art. 899, §§ 4º, 9º, 10 e 11)	As novas regras concernentes ao depósito recursal aplicam-se aos recursos interpostos de decisões publicadas a partir de 11/11/2017.

4. PRINCÍPIOS

Princípios são proposições genéricas, abstratas, que fundamentam e inspiram o legislador na elaboração da norma. Representam a base do ordenamento jurídico e possuem tríplice função:

1) **informativa:** servem de referencial para o legislador na criação da norma;
2) **interpretativa:** auxiliam na interpretação do sentido da norma jurídica;
3) **normativa:** na concepção positivista (legalista), os princípios possuíam função meramente subsidiária e supletiva da ordem jurídica, completando as lacunas deixadas pelo legislador. É a leitura que se extrai do art. 8 º da CLT e do artigo 4º. da LINDB. Modernamente, sob a concepção pós-positivista, os princípios passaram a ostentar o status de norma jurídica, conferindo-lhe força normativa, como se dá com as regras jurídicas. Os princípios não se limitam mais a uma atuação supletiva e passam a agir de forma autônoma, podendo inclusive contrariar uma regra jurídica.

Existem os princípios gerais do direito (que se aplicam, em regra, a todos os ramos do direito), os princípios constitucionais (aqueles que, explícitos ou não, decorrem da interpretação do texto constitucional) e os princípios peculiares a cada ramo jurídico.

Diante do objetivo dessa obra, discorreremos rapidamente sobre os princípios constitucionais e do processo civil aplicáveis aos processos trabalhistas, para então nos ater aos princípios processuais trabalhistas propriamente ditos.

4.1. Princípios constitucionais

Como a Constituição Federal encontra-se no topo do Ordenamento Jurídico, isto é, serve como fundamento de validade de todas as demais normas, os princípios constitucionais desempenham o papel de importantes vetores na interpretação do Direito Processual do Trabalho.

De forma bem sintética, discorreremos sobre os princípios constitucionais que mais se destacam no contexto processual trabalhista.

4.1.1. Devido processo legal (art. 5º, LIV, CRFB/88)

O devido processo legal consiste no direito do indivíduo de postular em juízo e de ser processado conforme regras já existentes, não podendo ser surpreendido pela arbitrariedade do julgador. Esse princípio é a base de todos os demais princípios constitucionais.

4.1.2. Juiz natural (art. 5º, LIII, CRFB/88)

Tal princípio veda a criação de tribunais ou juízos de exceção, isto é, a criação de organismo posterior para julgar determinado caso concreto. Tal princípio assegura a garantia de que ninguém será processado senão pela autoridade competente.

4.1.3. Inafastabilidade da jurisdição (art. 5º, XXXV, CRFB/88)

Conforme tal princípio, a lesão ou ameaça a direito não pode ser excluída da apreciação pelo Poder Judiciário. Assim, fica vedado o condicionamento do exercício do direito de ação, de forma que o acesso ao Judiciário é amplo e irrestrito.

No âmbito do Processo do Trabalho, através do julgamento das ADI's nº 2.139-MC e 2.160-MC, o STF deu interpretação conforme a constituição para afastar a exigência de prévia submissão às Comissões de Conciliação Prévia (art. 625-D da CLT).

4.1.4. Contraditório e ampla defesa (art. 5º, LV, CRFB/88)

O princípio do contraditório consiste em garantir à parte que tenha conhecimento dos atos processuais e possa se manifestar no processo. Já o princípio da ampla defesa está relacionado com a garantia da parte de apresentar todos os meios probatórios necessários para a comprovação de sua tese.

4.1.5. Motivação e publicidade das decisões judiciais (art. 93, IX, CRFB/88)

É obrigatória a fundamentação das decisões e a publicidade dos julgamentos do Poder Judiciário, sob pena de nulidade. Tal princípio é ressalvado naquelas situações em que o interesse público exigir sua relativização.

4.1.6. Razoabilidade da duração do processo (art. 5º, LXXVIII, CRFB/88)

A finalidade desse princípio é a efetividade na prestação jurisdicional, devendo o juiz empregar todos os meios e medidas judiciais para que o processo tenha uma razoável duração, evitando a morosidade.

4.2. Princípios comuns ao Direito Processual Civil e ao Processo do Trabalho

Apesar da grande divergência doutrinária sobre quais princípios são comuns aos dois ramos do direito (processo civil e processo do trabalho), optamos por apresentar uma relação que consideramos mais didática.

4.2.1. Princípio da inércia, dispositivo ou da demanda (art. 2º do CPC)

Nos termos do art. 2º do CPC, o processo começa **por iniciativa da parte** e se desenvolve por **impulso oficial**, salvo as exceções previstas em lei.

A instauração de qualquer processo depende de iniciativa da parte, salvo exceções expressamente previstas em lei, como na hipótese da execução de ofício no processo do trabalho (art. 878 da CLT).

Exteriorizam o princípio dispositivo todos aqueles atos processuais que dependem de provocação das partes (exemplos: arts. 837 e seguintes da CLT; art. 899 da CLT).

4.2.2. Princípio inquisitivo ou do impulso oficial (art. 2º do CPC)

Após o ajuizamento da ação, cabe ao juiz o dever de prestar a jurisdição, impulsionando o feito.

Expressam o princípio inquisitivo aqueles atos processuais que podem decorrer de atuação *ex officio* do juiz (exemplos: arts. 765, 852-D, 790, § 3º, 833, 876, parágrafo único, da CLT).

4.2.3. Princípio da instrumentalidade das formas (art. 283 do CPC)

O processo não é um fim em si mesmo, mas sim um meio, um instrumento para realização do direito material. Logo, quando a lei prescrever determinada forma, o juiz considerará válido o ato se, realizado de outro modo, lhe alcançar a finalidade.

O erro de forma do processo acarreta unicamente a anulação dos atos que não possam ser aproveitados, devendo ser praticados os que forem necessários a fim de se observarem as prescrições legais. Assim, serão aproveitados os atos praticados, desde que não resulte prejuízo à defesa de qualquer parte.

4.2.4. Princípio da estabilidade da lide (art. 141 do CPC)

Após ajuizada a ação e a citação do réu, não mais poderá ser alterada a pretensão sem anuência do réu. Depois de ultrapassado o momento da defesa, nem mesmo com o consentimento de ambas as partes isso será possível.

No processo do trabalho, a alteração da demanda é possível até a oferta da defesa.

Conforme se observa da redação do § 3º do art. 841 da CLT, dada pela Lei da Reforma Trabalhista, é vedado ao reclamante desistir da ação sem o consentimento do reclamado, se já há defesa nos autos: *"Oferecida a contestação, ainda que eletronicamente, o reclamante não poderá, sem o consentimento do reclamado, desistir da ação".*

Como consequência lógica da aplicação dessa regra, se o oferecimento da defesa ocorrer antes da audiência não é mais possível ao reclamante aditar a petição inicial sem o consentimento do reclamado.

4.2.5. Princípio da impugnação especificada (art. 342 do CPC)

Cabe ao réu manifestar-se precisamente sobre os fatos narrados na petição inicial, sob pena de presumirem-se verdadeiros os fatos não impugnados.

Esse ônus atribuído ao réu somente não se aplicará, se:

I - não for admissível, a seu respeito, a confissão;

II - a petição inicial não estiver acompanhada de instrumento que a lei considerar da substância do ato;

III - estiverem em contradição com a defesa, considerada em seu conjunto.

O ônus da impugnação especificada dos fatos não se aplica ao defensor público, ao advogado dativo e ao curador especial.

Depois da contestação, só é lícito ao réu deduzir novas alegações quando: I - relativas a direito ou a fato superveniente; II - competir ao juiz conhecer delas de ofício; III - por expressa autorização legal, puderem ser formuladas em qualquer tempo e grau de jurisdição.

4.2.6. Princípio da eventualidade (art. 336 do CPC)

As partes devem alegar, na oportunidade própria prevista em lei, ou por ocasião do exercício de faculdade processual, todas as matérias de defesa ou de seu interesse.

4.2.7. Princípio da preclusão (arts. 63, § 4º, 104, 209, § 2º, 278, 293, 507, 1009 do CPC)

O processo é feito para "andar para frente", sem retorno a etapas ou momentos processuais já ultrapassados.

Assim, a nulidade dos atos deve ser alegada na primeira oportunidade em que couber à parte falar nos autos, sob pena de preclusão.

A preclusão não se aplica às nulidades que o juiz deva decretar de ofício (ex. Incompetência material), nem prevalece a preclusão se a parte provar legítimo impedimento para argui-la anteriormente.

No processo do trabalho, o princípio da preclusão está previsto, de forma implícita, no art. 795 da CLT: *"As nulidades não serão declaradas senão mediante provocação das partes, as quais deverão argui-las à primeira vez em que tiverem de falar em audiência ou nos autos".*

A doutrina adota a seguinte classificação para a preclusão:

1) **consumativa:** ocorre com a prática do próprio ato processual, isto é, uma vez praticado o ato, não poderá a parte fazê-lo novamente;

> **Exemplo**
>
> Interposição tempestiva de recurso ordinário impede que outro recurso ordinário seja interposto contra mesma decisão.

2) **temporal:** quando a parte não pratica um ato processual no prazo legal;

> **Exemplo**
>
> Perda do prazo para interposição de um recurso.

3) **lógica:** é a perda da prática de um ato por estar em contradição com atos anteriores, isto é, ocorre quando a parte pratica um ato incompatível com o já praticado;

> **Exemplo**
>
> Art. 806 da CLT: "É vedado à parte interessada suscitar conflitos de jurisdição quando já houver oposto na causa exceção de incompetência".

4) **ordinatória:** é a perda da possibilidade de praticar o ato (ou exercer faculdade), se anteriormente foi exercida irregularmente a mesma possibilidade, isto é, a validade de um ato posterior depende da prática de um ato anterior;

> **Exemplo**
>
> Não será conhecido o recurso sem o prévio pagamento das custas.

5) **máxima**: quando se opera a coisa julgada (perda do prazo para recorrer de sentença que transitou em julgado com ou sem resolução do mérito);

6) ***pro judicato***: quando ao magistrado é proibido revogar ou modificar decisão anterior.

Exemplo

No art. 836 da CLT que veda ao juiz conhecer de questões já decididas, salvo nas hipóteses dos embargos de declaração e de ação rescisória.

4.2.8. Princípio da boa-fé processual (arts. 5º e 79 a 81 do CPC)

Aquele que de qualquer forma participa do processo deve comportar-se de acordo com a boa-fé.

A finalidade deste princípio é impor aos litigantes uma conduta leal, moral e de respeito mútuo, que possa ensejar o curso natural do processo e levá-lo à consecução de seu fim normal, qual seja, a pacificação social.

4.2.9. Princípio da primazia da decisão de mérito (art. 4º do CPC)

Esse princípio consagra a ideia de que o órgão julgador deverá sempre ter como objetivo a decisão de mérito, não se contentando com decisões meramente processuais que extinguem o processo sem resolução do mérito. Esse princípio é positivado em diversas disposições do CPC e também foi incorporado em diversas súmulas do TST. É o que se verifica, por exemplo, no artigo 76 do CPC (aplicável ao processo do trabalho conforme art. 3º, I, da IN 39/2016 e Súmula 456 do TST), que determina que, constatada a incapacidade processual ou a irregularidade da representação da parte, o juiz suspenderá o processo e designará prazo de 5 dias para que o vício seja sanado. Além dele, podemos citar o art. 104, § 2º, do CPC que determina que "o ato não ratificado será considerado ineficaz relativamente àquele em cujo nome foi praticado, respondendo o advogado pelas despesas e por perdas e danos". Trata-se, mais uma vez, da positivação do princípio em análise, impondo ao magistrado considerar válido o ato posteriormente ratificado, a fim de sempre priorizar a decisão de mérito.

4.3. Princípios específicos do Direito Processual do Trabalho

4.3.1. Princípio da proteção ou da tutela

O princípio da proteção é a base do Direito do Trabalho e, sendo o processo do trabalho o instrumento de realização daquele, tal princípio também atua no campo processual.

Assim é que, o princípio da proteção, no âmbito processual trabalhista, tem a finalidade de assegurar ao trabalhador algumas prerrogativas processuais para compensar eventuais entraves ao procurar a tutela jurisdicional decorrente de sua hipossuficiência econômica. Podemos citar, como exemplo, a exigência de depósito recursal, como preparo, para os recursos trabalhistas interpostos pelo empregador.

No processo trabalhista, o princípio da proteção tem incidência na função informadora, isto é, inspira o legislador na criação da norma. Há doutrinadores que também aplicam esse princípio nas demais funções, especialmente na função interpretativa.

No campo do direito probatório, o princípio da proteção não é aplicável, mormente para suprir ausência de prova, havendo que se aplicar, neste caso, as regras dos ônus de prova.

4.3.2. Princípio da busca da verdade real

Esse princípio defende a ampla liberdade do juiz para buscar a realidade fática, detendo o poder de determinar a realização das provas úteis ou necessárias à instrução do processo (art. 765 da CLT).

4.3.3. Princípio da conciliação

O processo do trabalho tem ênfase na tentativa conciliatória. Assim, o art. 831 da CLT estabelece uma condição intrínseca para a validade da sentença trabalhista, ao estabelecer que *"a decisão será proferida depois de rejeitada pelas partes a proposta de conciliação"*.

No procedimento comum ordinário trabalhista, a conciliação deve ser proposta obrigatoriamente em dois momentos: início da audiência (art. 846 da CLT) e após o término da instrução (art. 850 da CLT).

No rito sumaríssimo, o artigo 852-E da CLT impõe que ao abrir a audiência, o juiz esclareça as partes sobre as vantagens da conciliação, devendo usar os meios adequados de persuasão para a solução conciliatória do litígio, em qualquer fase da audiência.

Conforme a Súm. 418 do TST, o juiz não está obrigado a homologar o acordo judicial apresentado pelas partes.

4.3.4. Princípio da normatização coletiva (art. 114, § 2º, da CRFB/88)

Tal princípio corresponde ao exercício do poder normativo pelo Judiciário Trabalhista.

O poder normativo consiste na possibilidade da Justiça do Trabalho, ao decidir um conflito coletivo, proferir sentença normativa, cujo conteúdo é de criação de normas e condições gerais e abstratas aplicáveis a toda categoria profissional representada pelo sindicato que ajuizou o dissídio coletivo.

4.3.5. Princípio do jus postulandi

No processo do trabalho, é permitido à parte postular em juízo, pessoalmente, ou seja, sem a necessidade de advogado. É o que se denomina *jus postulandi* das partes, cuja previsão consta do art. 791 da CLT: "Os empregados e os empregadores poderão reclamar pessoalmente perante a Justiça do Trabalho e acompanhar as suas reclamações até o final".

Em alguns casos, o TST não permite o exercício do *jus postulandi*, sendo necessária a representação da parte por advogado. É o que se verifica da Súmula 425 do TST:

> *JUS POSTULANDI* NA JUSTIÇA DO TRABALHO. ALCANCE. Res. 165/2010, DEJT divulgado em 30.04.2010 e 03 e 04.05.2010
>
> O *jus postulandi* das partes, estabelecido no art. 791 da CLT, limita-se às Varas do Trabalho e aos Tribunais Regionais do Trabalho, não alcançando a ação rescisória, a ação cautelar, o mandado de segurança e os recursos de competência do Tribunal Superior do Trabalho".

Também é vedado o *jus postulandi* no procedimento de homologação de acordo extrajudicial.

4.3.6. Princípio da simplicidade

Visando facilitar o acesso à justiça, no processo do trabalho vige o princípio da simplicidade, permitindo maior flexibilidade e menos rigor na exigência de formalidades. É o que se verifica, por exemplo, na petição inicial trabalhista que exige breve exposição dos fatos (art. 840 da CLT).

4.3.7. Princípio da oralidade

Em regra, os atos praticados no processo trabalhista são verbais (orais). Existe, assim, ênfase na prática de atos processuais pela forma oral ou verbal. São vários os exemplos que podemos citar: petição inicial verbal (art. 840 da CLT), defesa oral (art. 847 da CLT), razões finais orais (art. 850 da CLT), arguição de nulidades oralmente em audiência (arts. 795 e 852-G da CLT), depoimento das partes (arts. 820 e 848 da CLT), oitiva de testemunhas (arts. 820 e 848 da CLT), etc.

A doutrina sustenta que existem três subprincípios decorrentes do Princípio da Oralidade, quais sejam:

1) **Concentração dos atos processuais em audiência** (arts. 845 e seguintes da CLT): significa que em uma ou poucas audiências devem ser praticados todos os atos processuais;

2) **Identidade física do juiz:** o juiz que encerrou a instrução fica vinculado com o julgamento do processo porque teve mais contato com a produção das provas, em especial oitiva das partes e testemunhas.

   O princípio da identidade física do juiz está previsto no art. 132, do CPC, que determina que o magistrado que presidiu e concluiu a instrução probatória fique vinculado ao processo, devendo, assim, ser o prolator da sentença. Isso porque, o magistrado estará em melhores condições para analisar a questão, uma vez que colheu as provas.

   A EC. n. 24/1999 extinguiu os juízes classistas temporários, passando, com isso, as varas do trabalho a funcionar apenas com um juiz togado singular. Com isso, não mais existindo a alta rotatividade de juízes classistas, alguns doutrinadores começaram a sustentar a aplicação do princípio da identidade física do juiz no processo trabalhista. Esses doutrinadores defendiam a superação do entendimento consolidado na Súm. 136 do TST, cuja redação original era de 1982 e que afastava a aplicação desse princípio.

Contudo esse não foi o posicionamento adotado pelo TST que, através da Resolução n. 121/2003, isto é, posteriormente à referida EC, manteve a redação da Súm. 136 nos seguintes termos: "Não se aplica às Varas do Trabalho o princípio da identidade física do juiz (ex-Prejulgado nº 7)".

A referida súmula era aplicada inclusive para ações cuja competência não era originariamente da Justiça do Trabalho, como é o caso das ações de indenização por dano material ou moral decorrentes de acidente de trabalho.

Contudo, a Súm. 136 do TST foi cancelada pela Resolução n. 185/2012 e, portanto, alguns doutrinadores sustentam que atualmente passou a ser aplicável o princípio da identidade física do juiz no processo do trabalho.

É preciso ressaltar que, apesar do cancelamento da Súmula, nem o TST, nem a jurisprudência dos demais tribunais se posicionou de forma uniforme sobre o tema, sendo certo que vários tribunais continuam não observando o referido princípio.

3) **Irrecorribilidade imediata das decisões interlocutórias:** em regra, as decisões interlocutórias no processo trabalhista não admitem recursos de imediato (art. 893, parágrafo 1º. da CLT).

5. MÉTODOS DE SOLUÇÃO DOS CONFLITOS TRABALHISTAS

Os conflitos surgidos na sociedade podem ser solucionados por três maneiras distintas: autodefesa ou autotutela, autocomposição e heterocomposição. Abaixo, discorreremos sobre cada uma das modalidades.

5.1. Autodefesa ou autotutela

É a forma mais primitiva de solução de conflitos, em que a parte mais forte impõe a outra um sacrifício por esta não consentido. Atualmente, em regra, não se permite a autotutela, que é considerada, inclusive, crime de exercício arbitrário das próprias razões (CP, art. 345).

5.2. Autocomposição

Os litigantes em comum acordo e sem emprego da força fazem-se concessões recíprocas mediante **ajuste de vontades** dando fim à lide. A autocomposição pode se dar com o consentimento manifestado por um dos litigantes (renúncia) ou ambos (transação) e pode ser **processual** (conciliação) ou **extraprocessual** (ex. Convenção coletiva e acordo coletivo).

Existem duas formas de autocomposição no âmbito do processo do trabalho, tradicionalmente reconhecidas pela doutrina, quais sejam, mediação e conciliação. Além delas, merece destaque a Comissão de Conciliação Prévia (artigo 625-A da CLT) que tem como finalidade a solução dos conflitos trabalhistas extrajudicialmente. Por fim, há que se destacar também uma nova modalidade trazida com a Reforma Trabalhista, qual seja, o procedimento de jurisdição voluntária de homologação de acordo extrajudicial.

5.2.1. Mediação e conciliação

A Resolução nº 174/2016 do CSJT instituiu a política judiciária nacional de tratamento adequado das disputas de interesses, sendo esta implementada pelos Tribunais Regionais do Trabalho, por meio da criação de um Núcleo Permanente de Métodos Consensuais de Solução de Disputas (NUPEMEC-JT) e de Centros Judiciários de Métodos Consensuais de Solução de Disputas (CEJUSC-JT).

A referida Resolução tem como objetivo estimular a prática de conciliação e de mediação na Justiça do Trabalho, trazendo as seguintes definições:

a) **Conciliação:** é o meio adequado de resolução de disputas em que as partes confiam a uma terceira pessoa – magistrado ou servidor público por aquele sempre supervisionado –, a função de aproximá-las, empoderá-las e orientá-las na construção de um acordo quando a lide já está instaurada, com a criação ou proposta de opções para composição do litígio; (Art. 1º, I, com redação dada pela Resolução n. 252/CSJT, de 22 de novembro de 2019).

b) **Mediação:** é o meio adequado de resolução de disputas em que as partes confiam a uma terceira pessoa – magistrado ou servidor público por aquele sempre supervisionado –, a função de aproximá-las, empoderá-las e orientá-las na construção de um acordo quando a lide já está instaurada, sem a criação ou proposta de opções para composição do litígio; (Art. 1º, II, com redação dada pela Resolução n. 252/CSJT, de 22 de novembro de 2019).

A mediação e a conciliação somente são permitidas no âmbito processual trabalhista, quando realizadas dentro de um processo judicial já instaurado, exigindo-se a homologação pelo magistrado.

A mediação pré-processual somente é admitida nos casos dos conflitos coletivos (art. 114, §§1º e 2º, da CF/88, art. 7º, §7º da Resolução nº 174/2016 do CSJT e art. 14 da IN 39 do TST).

5.2.2. Comissão de Conciliação Prévia – CCP

As Comissões de Conciliação Prévia foram instituídas como forma de solucionar os conflitos existentes entre empregados e empregadores, no âmbito extrajudicial (fora do Poder Judiciário). Seu regulamento legal está nos artigos 625-A a 625-H da CLT.

Qualquer demanda de natureza trabalhista será submetida à Comissão de Conciliação Prévia se, na localidade da prestação de serviços, houver sido instituída a Comissão no âmbito da empresa ou do sindicato da categoria.

O STF, no julgamento da ADIN 2139-DF, sob a relatoria do Ministro Marco Aurélio, decidiu que é mera faculdade do empregado submeter a demanda previamente à CCP. Assim, se quiser, o empregado pode ajuizar a ação trabalhista diretamente na Justiça do Trabalho.

O âmbito de atuação dessas comissões são apenas os conflitos individuais do trabalho, podendo o empregado transacionar direitos trabalhistas.

Essas comissões poderão ser criadas pelas empresas ou pelos sindicatos, tratando-se de faculdade e não de dever imposto por lei.

Em caso de existir, na mesma localidade e para a mesma categoria, Comissão de empresa e Comissão sindical, o interessado optará por uma delas submeter a sua demanda, sendo competente aquela que primeiro conhecer do pedido.

A Comissão instituída no âmbito da empresa terá composição paritária, isto é, apresentará o mesmo número de representantes do empregador e de representantes do empregado.

A quantidade de membros da CCP será de, no mínimo, dois e, no máximo, dez membros, e observará as seguintes normas: I - a metade de seus membros será indicada pelo empregador e outra metade eleita pelos empregados, em votação secreta, para evitar perseguições, fiscalizado pelo sindicato de categoria profissional; II - haverá na Comissão o mesmo número de suplentes que de representante titular.

O mandato dos membros da CCP, titulares e suplentes, é de um ano, permitida uma recondução.

Os membros eleitos pelos empregados são detentores de garantia de emprego até um ano após o final do mandato, salvo se cometerem falta grave, nos termos da lei. A legislação não estabelece o início dessa garantia de emprego mas a maioria da doutrina defende que se dá com a posse.

Os membros escolhidos pela empresa não gozam dessa garantia de emprego.

O representante dos empregados desenvolverá seu trabalho normal na empresa afastando-se de suas atividades apenas quando convocado para atuar como conciliador, sendo computado como tempo de trabalho efetivo o despendido nessa atividade.

A Comissão instituída no âmbito do sindicato terá sua constituição e normas de funcionamento definidas em convenção ou acordo coletivo.

A demanda será formulada por escrito ou reduzida a termo por qualquer dos membros da Comissão, sendo entregue cópia datada e assinada pelo membro aos interessados.

Ao submeter a demanda à comissão, existe um prazo de 10 dias para que seja realizada a tentativa de conciliação. Durante esse prazo, a prescrição fica suspensa, recomeçando a fluir, pelo prazo que lhe resta, a partir da tentativa frustrada de conciliação ou do esgotamento do prazo de 10 dias.

Não prosperando a conciliação, será fornecida ao empregado e ao empregador declaração da tentativa conciliatória frustrada com a descrição de seu objeto, firmada pelos membros da Comissão, que deverá ser juntada à eventual ação trabalhista. Da mesma forma será fornecida essa certidão em caso de esgotamento do prazo de 10 dias sem a realização da sessão de conciliação.

Firmada a conciliação, será lavrado termo assinado pelo empregado, pelo empregador ou seu proposto e pelos membros da Comissão, fornecendo-se cópia às partes.

O termo de conciliação é título executivo extrajudicial, de forma que o empregado poderá executá-lo diretamente na Justiça do Trabalho, sem necessidade de prévia ação de conhecimento.

Além disso, o termo de conciliação terá eficácia liberatória geral, exceto quanto às parcelas expressamente ressalvadas. Isso significa que o empregado não poderá mais discutir nenhuma verba relacionada àquele contrato sobre o qual firmou acordo na CCP, exceto se expressamente fizer ressalva da parcela no termo de acordo.

5.2.3. Processo de jurisdição voluntária de homologação de acordo extrajudicial

A Lei nº 13.467/17 introduziu um novo procedimento de jurisdição voluntária no âmbito do processo do trabalho. Trata-se da homologação de acordo extrajudicial, por meio do qual é possível que empregado e empregador submetam um acordo extrajudicial relativos às verbas decorrentes da execução e extinção do contrato de emprego à homologação do juiz do trabalho.

O artigo 652 da CLT foi alterado para prever a competência das varas do trabalho para apreciação desse procedimento.

O pedido de homologação deve ser realizado através de **petição conjunta**, firmada por todos os interessados, necessariamente representados por **advogados diferentes**, na forma prevista pelo art. 855-B da CLT.

É facultado ao empregado ser assistido pelo advogado do sindicato de sua categoria.

Com o protocolo da petição de acordo extrajudicial, o prazo prescricional fica **suspenso** em relação aos direitos nela contidos, voltando a fluir após o trânsito em julgado da decisão que negar a homologação do acordo (art. 855-E da CLT). Contudo, tal efeito suspensivo não se aplica em relação ao prazo para pagamento das verbas rescisórias.

Nos termos do artigo 855-E da CLT, o ajuizamento do processo de homologação extrajudicial "suspende o prazo prescricional da ação quanto aos direitos nela especificados". Assim, a doutrina tem defendido que o acordo atingirá apenas os direitos especificados na petição inicial, não sendo permitida a quitação pelo "extinto contrato de trabalho".

No prazo de quinze dias a contar da distribuição da petição, o juiz analisará o acordo, designará audiência se entender necessário e proferirá sentença (art. 855-D da CLT) homologando ou não todo o acordo ou parte dele.

Como se trata de decisão definitiva, a sentença que nega a homologação do acordo ou que o homologa de forma parcial ou com ressalvas desafia a oposição de embargos de declaração (art. 897-A, da CLT) e de recurso ordinário (art. 895, I, da CLT).

A doutrina é firme no sentido de que a atuação do juiz neste caso não é meramente homologatória, cabendo a ele a avaliação da juridicidade e eticidade do pedido que lhe é dirigido, verificando todas as circunstâncias do negócio jurídico entabulado.

Na hipótese de mera homologação, na qual não tenha havido manifestação de mérito, a ação rescisória não será admitida (art. 966, §4º, do CPC), de maneira que eventuais vícios devem ser objeto de ação anulatória genérica. Lado outro, a decisão que rejeita a homologação ou homologa a avença de forma parcial ou com ressalvas é impugnável por meio de ação rescisória, porque se manifesta sobre o mérito do procedimento, que consiste no teor das cláusulas acordadas.

O Conselho Nacional de Justiça (CNJ) aprovou a Resolução n. 586, de 30/09/2024, que concede quitação "ampla, geral e irrevogável" aos acordos extrajudiciais homologados pela Justiça do Trabalho. Dessa forma, não poderão ser objeto de ação trabalhista os contratos de trabalho cuja resolução já tenha sido objeto de acordo extrajudicial com cláusula de quitação ampla, geral e irrevogável, entre empregado e empregador – ambos devidamente assistidos por advogado ou pelo respectivo sindicato –, devidamente homologados pela Justiça do Trabalho.

Para à concessão da quitação ampla aos acordos extrajudiciais, é necessário observar as seguintes condições: 1) Existência de cláusula de quitação ampla geral e irrevogável no acordo; 2) Assistência de cada uma das partes acordantes por um advogado ou pelo seu sindicato, não sendo possível a constituição de um advogado comum para as partes; 3) Além do advogado ou sindicato, assistência pelos pais, curador ou tutor legal, em caso de empregado incapaz ou menor de 16 anos; 4) Ausência de vícios de vontade ou defeitos dos negócios jurídicos de que cuidam os artigos 138 a 184 do CC.

A Resolução veda expressamente que se presuma qualquer um desses vícios em razão da mera hipossuficiência que é inerente ao trabalhador. Prevê, ainda, que a não observância de qualquer dessas condições fará com que a eficácia do acordo se restrinja aos títulos e valores expressamente previstos no instrumento, exceto quando for o caso de nulidade.

A Resolução também estipula que a quitação ampla e irrestrita não abrange as seguintes questões: pretensões relacionadas a sequelas acidentárias ou doenças ocupacionais que sejam ignoradas ou que não estejam referidas especificamente no ajuste entre as partes ao tempo da celebração do negócio jurídico; pretensões relacionadas a fatos e/ou direitos em relação aos quais os titulares não tinham condições de conhecimento ao tempo da celebração do negócio jurídico; pretensões de partes não representadas ou substituídas no acordo; e títulos e valores expressos e especificadamente ressalvados.

Por fim, merece destaque o artigo 4º da Resolução (que entrou em vigor no dia 30/09/2024) que estabelece que, nos 6 primeiros meses de vigência, as normas desse documento só poderão ser aplicadas aos acordos superiores ao valor total de 40 (quarenta) salários-mínimos; e, após esse período, aos demais acordos.

5.3. Heterocomposição

Consiste na solução do conflito por um **terceiro**, cuja decisão tem **força obrigatória** sobre os litigantes. O terceiro pode ser investido pelas partes (arbitragem) ou pela lei (jurisdição).

5.3.1. Arbitragem

Por intermédio da arbitragem, os interessados elegem uma **terceira pessoa** para apresentar uma solução de cumprimento obrigatório ao conflito.

A arbitragem pode ser **judicial ou extrajudicial**. A arbitragem judicial é aquela que se verifica no curso de demanda judicial, quando os litigantes resolvem escolher essa forma de solução do conflito. Já a arbitragem extrajudicial se caracteriza pela pactuação, de forma prévia ou incidente, ou seja, antes ou depois de surgir o conflito, na forma de cláusula compromissória (antes do conflito), inserida no corpo do contrato, e na forma de compromisso arbitral (depois de surgido o conflito).

Existem limitações à arbitragem tanto no âmbito subjetivo, quanto objetivo. A limitação sob o aspecto subjetivo impõe que só podem recorrer à arbitragem as pessoas maiores e capazes. Já no âmbito objetivo, a matéria posta à apreciação do árbitro deve versar sobre direitos **patrimoniais disponíveis**. Em outras palavras, não podem se submeter à arbitragem os conflitos que tratam de direitos absolutamente indisponíveis, como os direitos da personalidade.

Quando o árbitro escolhido é um servidor ou órgão da administração pública, a arbitragem será pública. Caso contrário, quando as partes conflitantes elegem uma pessoa física ou jurídica de direito privado, a arbitragem será privada.

No âmbito do direito coletivo, a doutrina sempre entendeu cabível a arbitragem, porquanto há presunção de equivalência entre os seres coletivos (sindicatos). Nesse sentido, o artigo 114, °1°, da CF/88 prevê que, frustrada a negociação coletiva, as partes poderão eleger árbitros.

Contudo, no âmbito do direito individual, a maioria doutrinária sempre se manifestou pela inaplicabilidade da arbitragem para solucionar conflitos envolvendo direitos individuais, já que se trata de direitos indisponíveis e a arbitragem somente pode tratar de direitos disponíveis. Ademais, no âmbito individual vige a presunção de hipossuficiência do trabalhador.

Merecem destaque algumas categorias regulamentadas que permitem, por força legal, a utilização da arbitragem como método de solução de conflito trabalhista. São eles: o portuário (art. 37 da Lei nº 12.815/2013) e o atleta profissional (art. 90-C da Lei nº 9.615/98).

ATENÇÃO

A Lei da Reforma Trabalhista (Lei nº 13.467/17), introduziu o art. 507-A à CLT para admitir a arbitragem quando se tratar de empregado "hipersuficiente", mediante a inserção de cláusula compromissória: "Art. 507-A. Nos contratos individuais de trabalho cuja remuneração seja superior a duas vezes o limite máximo estabelecido para os benefícios do Regime Geral de Previdência Social, poderá ser pactuada cláusula compromissória de arbitragem, desde que por iniciativa do empregado ou mediante a sua concordância expressa, nos termos previstos na Lei nº 9.307, de 23 de setembro de 1996".

Assim, é possível a estipulação da cláusula compromissória de arbitragem, observados os seguintes requisitos: 1) trabalhador "hipersuficiente" (remuneração seja superior a 2 vezes o limite máximo da Previdência Social); 2) iniciativa do empregado ou mediante a sua concordância expressa.

Veja-se que a nova regra é omissa em relação à eleição da arbitragem, como forma de solução de conflitos trabalhistas, após a extinção do contrato de trabalho.

6. ORGANIZAÇÃO DA JUSTIÇA DO TRABALHO

6.1. Órgãos da Justiça do Trabalho

A Justiça do Trabalho possui três órgãos conforme art. 111 da CRFB/88, quais sejam: Tribunal Superior do Trabalho (órgão de cúpula), Tribunais Regionais do Trabalho e os juízes do trabalho.

Excepcionalmente, a jurisdição trabalhista pode ser exercida por Juízes de Direito, conforme art. 112 da CRFB/88, quando a comarca não for abrangida por jurisdição de nenhuma vara do trabalho, com recurso para o respectivo Tribunal Regional do Trabalho. Na prática, essa hipótese não mais se verifica nos dias de hoje, porquanto todos os municípios do país são atingidos por jurisdição de Vara de Trabalho.

A EC nº24/1999 extinguiu a representação classista e as Juntas de Conciliação e Julgamento, órgãos colegiados.

A EC nº45/2004 trouxe a possibilidade da instalação da Justiça Itinerante (art. 115, § 1º, da CRFB/88), ensejando que o magistrado deixe a sede da Vara e/ou do Tribunal Regional, realizando o atendimento em outros municípios, viabilizando o acesso à Justiça.

A referida Emenda Constitucional também criou dois novos órgãos com atribuições não jurisdicionais: a Escola Nacional de Formação e Aperfeiçoamento de Magistrados do Trabalho - ENAMAT e o Conselho Superior da Justiça do Trabalho - CSJT.

6.2. Juízes do Trabalho

Os juízes do trabalho ingressam na carreira mediante concurso público de prova e títulos, conforme dispõe a Lei Complementar nº 93/1998.

O candidato necessita ser bacharel em direito e comprovar três anos de atividade jurídica para tomar posse (art. 93, I, CF/88)

O ingresso na carreira se dará no cargo de juiz do trabalho substituto, que posteriormente poderá ser promovido ao cargo de juiz do trabalho titular, por antiguidade e por merecimento.

O critério da antiguidade é objetivo, pois, obrigatoriamente, será promovido o juiz substituto mais antigo na carreira.

Já o merecimento é critério um pouco mais subjetivo, realizado pela análise do desempenho, produtividade e presteza no exercício da jurisdição ou ainda pelo aperfeiçoamento (especialização, mestrado e doutorado).

Após o ingresso na magistratura, o juiz obterá algumas garantias inerentes ao cargo que desenvolve e necessárias para o exercício imparcial de suas funções.

As garantias do magistrado estão enumeradas no art. 95 da Constituição Federal: *"Os juízes gozam das seguintes garantias: I – **vitaliciedade**, que, no primeiro grau, só será adquirida após dois anos de exercício, dependendo a perda do cargo, nesse período, de deliberação do tribunal a que o juiz estiver vinculado, e, nos demais casos, de sentença judicial transitada em julgado; II – **inamovibilidade**, salvo por motivo de interesse público, na forma do art. 93, VIII; III – **irredutibilidade de subsídio**, ressalvado o disposto nos arts. 37, X e XI, 39, § 4º, 150, II, 153, III, e 153, § 2º, I".*

Da mesma forma, a fim de possibilitar o exercício imparcial do cargo, o juiz do trabalho fica sujeito a algumas vedações previstas no parágrafo único do art. 95 da Constituição Federal: *"Aos juízes é vedado: I – exercer, ainda que em disponibilidade, **outro cargo ou função**, salvo uma de magistério; II – receber, a qualquer título ou pretexto, custas ou participação em processo; III – dedicar-se à **atividade político-partidária**. IV – receber, a qualquer título ou pretexto, auxílios ou contribuições de pessoas físicas, entidades públicas ou privadas, ressalvadas as exceções previstas em lei; V – exercer a advocacia no juízo ou tribunal do qual se afastou, antes de decorridos três anos do afastamento do cargo por aposentadoria ou exoneração".*

O CPC em seu artigo 139 dispõe que: *"O juiz dirigirá o processo conforme as disposições deste Código, incumbindo-lhe: I – assegurar às partes igualdade de tratamento; II – velar pela duração razoável do processo; III – prevenir ou reprimir qualquer ato contrário à dignidade da justiça e indeferir postulações meramente protelatórias; IV – determinar todas as medidas indutivas, coercitivas, mandamentais ou sub-rogatórias necessárias para assegurar o cumprimento de ordem judicial, inclusive nas ações que tenham por objeto prestação pecuniária; V – promover, a qualquer tempo, a autocomposição, preferencialmente com auxílio de conciliadores e mediadores judiciais; VI – dilatar os prazos processuais e alterar a ordem de produção dos meios de prova, adequando-os às necessidades do conflito de modo a conferir maior efetividade à tutela do direito; VII – exercer o poder de polícia, requisitando, quando necessário, força policial, além da segurança interna dos fóruns e tribunais; VIII – determinar, a qualquer tempo, o comparecimento pessoal das partes, para inquiri-las sobre os fatos da causa, hipótese em que não incidirá a pena de confesso; IX – determinar o suprimento de pressupostos processuais e o saneamento de outros vícios processuais; X – quando se deparar com diversas demandas individuais repetitivas, oficiar o Ministério Público, a Defensoria Pública e, na medida do possível, outros legitimados a que se referem o art. 5º da Lei nº 7.347, de 24 de julho de 1985, e o art. 82 da Lei nº 8.078, de 11 de setembro de 1990, para, se for o caso, promover a propositura da ação coletiva respectiva. **Parágrafo único.** A dilação de prazos prevista no inciso VI somente pode ser determinada antes de encerrado o prazo regular".*

Conforme o artigo 3º, III, da IN nº 39/2016 do TST, o referido dispositivo é aplicável ao processo do trabalho, exceto a parte final do inciso V.

Os juízes do trabalho atuam em Vara do Trabalho, sendo este o órgão administrativo de base da Justiça do Trabalho, onde são processadas as ações individuais e coletivas na forma de reclamação trabalhista.

A jurisdição da Vara do Trabalho abrange região geográfica composta por um ou mais municípios.

Conforme art. 28 da Lei nº 10.770/2003, cabe a cada TRT definir a jurisdição de cada Vara do Trabalho, podendo, inclusive, transferir a sede do município.

6.3. Tribunais Regionais do Trabalho

Os Tribunais Regionais do Trabalho são órgãos colegiados encarregados de julgar os recursos contra as decisões proferidas pelos juízes do trabalho (atuam como segunda instância), bem como processar e julgar ações de sua competência originária (atuam como primeira instância).

Conforme o art. 115 da CRFB/88, os Tribunais Regionais do Trabalho compõem-se de, no mínimo, sete juízes, recrutados, quando possível, na respectiva região, e nomeados pelo Presidente da República dentre brasileiros com mais de trinta e menos de setenta anos, observando-se a seguinte proporção: um quinto dentre advogados com mais de dez anos de efetiva atividade profissional e membros do Ministério Público do Trabalho com mais de dez anos de efetivo exercício; quatro quintos, por promoção de juízes titulares do trabalho, alternadamente por antiguidade e por merecimento.

Os Tribunais Regionais do Trabalho instalarão a justiça itinerante, com a realização de audiências e demais funções de atividade jurisdicional, nos limites territoriais da respectiva jurisdição, servindo-se de equipamentos públicos e comunitários.

Os Tribunais Regionais do Trabalho poderão funcionar descentralizadamente, constituindo Câmaras regionais, a fim de assegurar o pleno acesso do jurisdicionado à justiça em todas as fases do processo.

Compete privativamente aos Tribunais, nos termos do art. 96, I, da CF/88:

a) eleger seus órgãos diretivos e elaborar seus regimentos internos, com observância das normas de processo e das garantias processuais das partes, dispondo sobre a competência e o funcionamento dos respectivos órgãos jurisdicionais e administrativos;

b) organizar suas secretarias e serviços auxiliares e os dos juízos que lhes forem vinculados, velando pelo exercício da atividade correcional respectiva;

c) prover, na forma prevista nesta Constituição, os cargos de juiz de carreira da respectiva jurisdição;

d) propor a criação de novas varas judiciárias;

e) prover, por concurso público de provas, ou de provas e títulos, obedecido o disposto no art. 169, parágrafo único, os cargos necessários à administração da Justiça, exceto os de confiança assim definidos em lei;

f) conceder licença, férias e outros afastamentos a seus membros e aos juízes e servidores que lhes forem imediatamente vinculados.

6.4. Tribunal Superior do Trabalho

É o órgão de cúpula do Poder Judiciário trabalhista, possuindo sede em Brasília.

Conforme o art. 111-A, da CRFB/88, o Tribunal Superior do Trabalho compor-se-á de vinte e sete Ministros, escolhidos dentre brasileiros com mais de trinta e cinco anos e menos de setenta anos, de notável saber jurídico e reputação ilibada, nomeados pelo Presidente da República após aprovação pela maioria absoluta do Senado Federal, sendo:

a) um quinto dentre advogados com mais de dez anos de efetiva atividade profissional e membros do Ministério Público do Trabalho com mais de dez anos de efetivo exercício;

b) os demais dentre juízes dos Tribunais Regionais do Trabalho, oriundos da magistratura da carreira, indicados pelo próprio Tribunal Superior. A Emenda Constitucional n. 92/2016 estabeleceu a competência do TST para processar e julgar, originariamente, a reclamação para a preservação de sua competência e garantia da autoridade de suas decisões.

6.4.1. Órgãos internos do TST

O TST é dividido em órgãos com atribuições jurisdicionais e/ou administrativas. São órgãos internos do TST, conforme artigo 59 do Regimento Interno do TST:

1) **Tribunal Pleno:** composto pelos 27 ministros, com atribuições administrativa e jurisdicional e competência definida pelo art. 75 do RI do TST. Em matéria administrativa, merece destaque sua atribuição para eleição e posse dos dirigentes do TST e dos órgãos auxiliares (ENAMAT e CSJT), aprovação e revisão do Regimento Interno, aprovação, modificação e revogação de súmulas sobre dissídios individuais e precedentes normativos da Seção de Dissídios Coletivos. Uma nova competência é a de aprovar o cancelamento e a revisão de orientação jurisprudencial.

2) **Órgão Especial**: composto pelo Presidente e Vice-Presidente do Tribunal, Corregedor-Geral da Justiça do Trabalho, os sete ministros mais antigos, incluindo os membros da direção, e sete ministros eleitos pelo Tribunal Pleno. O quórum para funcionamento é de 8 ministros, sendo necessária a maioria absoluta para aprovação. Também tem atribuições administrativa e jurisdicional, com destaque, na matéria administrativa para: aprovar e emendar o Regulamento da Secretaria e da Corregedoria do TST, proposição ao Poder Legislativo de projeto de criação, extinção ou modificação de TRT, Varas e cargos (art.76 do RI do TST).

3) **Seções Especializadas:** o TST possui duas seções especializadas: a SDI, Seção Especializada em Dissídios Individuais e a SDC, Seção Especializada em Dissídios Coletivos. A SDC é composta por 9 membros e a SDI composta por 21 membros, em ambas incluindo Presidente, Vice-Presidente e Corregedor-Geral. A SDC funciona com quórum mínimo de 5 ministros e a SDI tem quórum mínimo para funcionamento de 11 ministros, com deliberação pelo voto da maioria absoluta. A SDI funciona em composição plena ou dividida em duas subseções (SbDI-1 e SbDI-2) para julgamento dos processos de sua competência.

4) **Turmas:** possuem competência jurisdicional, sendo constituídas por 3 ministros, com quórum de 3 magistrados. Existem 8 turmas no TST, cuidando preponderantemente do julgamento de recursos oriundos dos Tribunais Regionais.

6.4.2. Órgãos auxiliares do TST

O art. 111-A, § 2º, da CRFB/88 dispõe que funcionarão junto ao TST dois órgãos com atribuições administrativas, quais sejam, a Escola Nacional de Formação e Aperfeiçoamento de Magistrados do Trabalho – ENAMAT e o Conselho Superior da Justiça do Trabalho- CSJT.

O ENAMAT é órgão autônomo instituído pelo TST cuja finalidade, entre outras, é regulamentar os cursos oficiais para o ingresso e para a promoção na carreira da magistratura do trabalho.

O CSJT, por sua vez funciona junto ao TST, com atuação em todo o território nacional, cabendo-lhe a supervisão administrativa, orçamentária, financeira e patrimonial da Justiça do Trabalho de primeiro e segundo graus, com poderes disciplinares, cujas decisões têm efeito vinculante.

O CSJT é composto por 12 (doze) membros, sendo: o Presidente e o Vice-Presidente do TST, como membros natos; o Corregedor-Geral da Justiça do Trabalho; 3 (três) Ministros do TST, eleitos pelo Tribunal Pleno; 5 (cinco) Presidentes de Tribunais Regionais do Trabalho, dos quais 1 (um) de cada região geográfica do País, observado o rodízio entre os Tribunais e 1 (um) Juiz do Trabalho, vitalício e titular de Vara do Trabalho, eleito pelo Tribunal Pleno do TST.

6.5. Serviços auxiliares da Justiça do Trabalho

Os órgãos auxiliares da Justiça do Trabalho são aqueles encarregados de dar cumprimento às decisões judiciais, praticando atos processuais e serviços burocráticos. São eles: as secretarias das varas do trabalho, as secretarias dos tribunais, os serviços de distribuição de feitos e os oficiais de justiça avaliadores.

6.5.1. Secretarias das varas do trabalho

A secretaria das varas do trabalho é o órgão auxiliar e permanente de primeira instância responsável pela guarda e manutenção dos autos judiciais e pela prática de todos os serviços burocráticos, através dos servidores nela lotados.

O artigo 711 da CLT apresenta o rol das atribuições das secretarias:

> Art. 711 – Compete à secretaria das Juntas:
>
> a) o recebimento, a autuação, o andamento, a guarda e a conservação dos processos e outros papéis que lhe forem encaminhados;
>
> b) a manutenção do protocolo de entrada e saída dos processos e demais papéis;
>
> c) o registro das decisões;
>
> d) a informação, às partes interessadas e seus procuradores, do andamento dos respectivos processos, cuja consulta lhes facilitará;
>
> e) a abertura de vista dos processos às partes, na própria secretaria;
>
> f) a contagem das custas devidas pelas partes, nos respectivos processos;
>
> g) o fornecimento de certidões sobre o que constar dos livros ou do arquivamento da secretaria;
>
> h) a realização das penhoras e demais diligências processuais;
>
> i) o desempenho dos demais trabalhos que lhe forem cometidos pelo Presidente da Junta, para melhor execução dos serviços que lhe estão afetos.

Além dessas atribuições, os servidores também podem praticar atos de administração e de mero expediente sem conteúdo decisório, desde que autorizados pelo juiz a que estão vinculados, conforme dispõem os arts. 93, XIV, CRFB/88 e art. 203, §4º, CPC.

A secretaria é chefiada pelo diretor de secretaria, antigamente denominado de chefe de secretaria ou secretário (art. 710 da CLT). Sua indicação é feita pelo juiz titular, de forma discricionária, preferencialmente entre bacharéis em direito, salvo impossibilidade de atender ao requisito. Após a indicação pelo juiz titular, cabe ao presidente do TRT efetivar a nomeação, podendo recusar-se apenas na falta de elementos objetivos ou ausência de requisitos legais (arts. 1º, 2º e 3º, Resolução nº 147 do CNJ).

O diretor de secretaria tem como função principal dirigir os demais servidores, sob a supervisão do magistrado. Além dessa função, o artigo 712 da CLT apresenta rol de atribuições dos diretores de secretaria (secretário), que abaixo transcrevemos:

> Art. 712 – Compete especialmente aos secretários das Juntas de Conciliação e Julgamento:
>
> a) superintender os trabalhos da secretaria, velando pela boa ordem do serviço;
>
> b) cumprir e fazer cumprir as ordens emanadas do Presidente e das autoridades superiores;
>
> c) submeter a despacho e assinatura do Presidente o expediente e os papéis que devam ser por ele despachados e assinados;
>
> d) abrir a correspondência oficial dirigida à Junta e ao seu Presidente, a

> cuja deliberação será submetida;
>
> e) tomar por termo as reclamações verbais nos casos de dissídios individuais;
>
> f) promover o rápido andamento dos processos, especialmente na fase de execução, e a pronta realização dos atos e diligências deprecadas pelas autoridades superiores;
>
> g) secretariar as audiências da Junta, lavrando as respectivas atas;
>
> h) subscrever as certidões e os termos processuais;
>
> i) dar aos litigantes ciência das reclamações e demais atos processuais de que devam ter conhecimento, assinando as respectivas notificações;
>
> j) executar os demais trabalhos que lhe forem atribuídos pelo Presidente da Junta.
>
> Parágrafo único – Os serventuários que, sem motivo justificado, não realizarem os atos, dentro dos prazos fixados, serão descontados em seus vencimentos, em tantos dias quantos os do excesso.

6.5.2. *Secretarias dos tribunais*

As secretarias dos tribunais são órgãos auxiliares dos Tribunais Regionais do Trabalho e do Tribunal Superior do Trabalho.

O artigo 719 da CLT apresenta o rol de atribuições deste órgão:

> Art. 719 – Competem à Secretaria dos Conselhos, além das atribuições estabelecidas no art. 711, para a secretaria das Juntas, mais as seguintes:
>
> a) a conclusão dos processos ao Presidente e sua remessa, depois de despachados, aos respectivos relatores;
>
> b) a organização e a manutenção de um fichário de jurisprudência do Conselho, para consulta dos interessados.
>
> Parágrafo único – No regimento interno dos Tribunais Regionais serão estabelecidas as demais atribuições, o funcionamento e a ordem dos trabalhos de suas secretarias.

Conforme o artigo 720 da CLT, competem aos secretários dos Tribunais Regionais as mesmas atribuições conferidas no art. 712 da CLT aos secretários das Juntas, além das que lhes forem fixadas no regimento interno dos Conselhos.

6.5.3. *Serviços de distribuição de feitos*

Nos locais em que existir mais de uma vara do trabalho é necessário o setor de distribuição de feitos, cuja finalidade é distribuir os processos, de forma igual, entre as varas do trabalho da localidade.

A distribuição das ações trabalhistas será feita pela ordem rigorosa de sua apresentação ao distribuidor, quando o houver, sendo registradas em livro próprio, rubricado em todas as folhas pela autoridade a que estiver subordinado o distribuidor (arts. 783 e 784, da CLT).

O distribuidor fornecerá ao interessado um recibo do qual constarão, essencialmente, o nome do reclamante e do reclamado, a data da distribuição, o objeto da ação e a Vara a que coube a distribuição (art. 785 da CLT).

A reclamação verbal será distribuída antes de sua redução a termo e a reclamação escrita deverá ser formulada em 2 (duas) vias e desde logo acompanhada dos documentos em que se fundar (arts. 786 e 787, da CLT).

Feita a distribuição, a reclamação será remetida pelo distribuidor à Junta ou Juízo competente, acompanhada do bilhete de distribuição (art. 788 da CLT).

Os distribuidores são designados pelo Presidente do Tribunal Regional dentre os funcionários das Juntas e do Tribunal Regional, existentes na mesma localidade, e ao mesmo Presidente diretamente subordinados (art. 715 da CLT).

Com a implementação do Processo Judicial Eletrônico, a referida atribuição dos distribuidores foi esvaziada.

6.5.4. Oficiais de Justiça Avaliadores

Compete aos oficiais de Justiça realizar os atos fora da sede da vara do trabalho ou dos tribunais. Na Justiça do Trabalho, em regra, suas atividades estão relacionadas com a fase de execução processual.

Em regra, para efeito de distribuição dos atos a serem praticados, cada Oficial de Justiça ou Oficial de Justiça Avaliador funcionará perante uma vara do trabalho, salvo quando da existência, nos Tribunais Regionais do Trabalho, de órgão específico, destinado à distribuição de mandados judiciais (art. 721, § 1º da CLT).

Nas localidades onde houver mais de uma vara do trabalho, a atribuição para o cumprimento do ato deprecado ao Oficial de Justiça ou Oficial de Justiça Avaliador será transferida a outro Oficial, sempre que, após o decurso de 9 (nove) dias, sem razões que o justifiquem, não tiver sido cumprido o ato, sujeitando-se o serventuário às penalidades da lei (art. 721, § 2º da CLT).

No caso de avaliação, terá o Oficial de Justiça Avaliador, para cumprimento do ato, o prazo previsto no art. 888, qual seja, de dez dias (art. 721, § 3º da CLT).

É facultado aos Presidentes dos Tribunais Regionais do Trabalho cometer a qualquer Oficial de Justiça ou Oficial de Justiça Avaliador a realização dos atos de execução das decisões desses Tribunais (art. 721, § 4º da CLT).

Na falta ou impedimento do Oficial de Justiça ou Oficial de Justiça Avaliador, o juiz poderá atribuir a realização do ato a qualquer serventuário (art. 721, § 5º da CLT).

6.6. Corregedoria Geral da Justiça do Trabalho

A Corregedoria-Geral da Justiça do Trabalho constitui órgão da estrutura da Justiça do Trabalho, incumbido da fiscalização, disciplina e orientação administrativa dos Tribunais Regionais do Trabalho, seus juízes e serviços judiciários. O Corregedor-Geral da Justiça do Trabalho será eleito pelo Pleno do Tribunal Superior do Trabalho, observadas as disposições do seu Regimento Interno.

Compete ao Corregedor-Geral da Justiça do Trabalho: I - exercer funções de inspeção permanente ou periódica, ordinária ou extraordinária, geral ou parcial sobre os serviços judiciários de segundo grau da Justiça do Trabalho; II - decidir correições parciais contra atos atentatórios à boa ordem processual praticados pelos Tribunais Regionais do Trabalho ou pelos seus membros, quando inexistir recurso processual específico; III - processar e decidir pedidos de providência em matéria de atribuição da Corregedoria-Geral da Justiça do Trabalho; IV - dirimir dúvidas apresentadas em consultas formuladas pelos Tribunais Regionais do Trabalho, seus órgãos ou seus integrantes, relativamente a atos de sua competência; V - expedir, no âmbito de sua competência, provimentos para disciplinar os procedimentos a serem adotados pelos órgãos da Justiça do Trabalho e consolidar as respectivas normas; VI - requisitar magistrados, delegando-lhes quaisquer de suas atribuições, observados os limites legais; VII - organizar os serviços internos da Secretaria da Corregedoria-Geral; VIII - exercer vigilância sobre o funcionamento dos serviços judiciários; IX - apresentar ao Plenário, na última sessão do mês seguinte ao do término de cada ano de sua gestão, relatório circunstanciado das atividades da Corregedoria-Geral durante o ano findo; X - expedir recomendações aos Tribunais Regionais do Trabalho referentes à regularidade dos serviços judiciários, inclusive sobre o serviço de plantão nos foros e a designação de juízes para o seu atendimento nos feriados forenses; XI - elaborar o Regimento Interno da Corregedoria-Geral e modificá-lo, se for o caso, submetendo-o à aprovação do Plenário do Conselho Superior da Justiça do Trabalho; XII - realizar o controle do movimento processual e da atuação jurisdicional dos Tribunais Regionais do Trabalho; XIII - supervisionar a aplicação do Sistema de Atendimento do Poder Judiciário (Bacen Jud) no âmbito da Justiça do Trabalho, inclusive deferir o cadastramento ou o descadastramento de conta única indicada para bloqueio; XIV - exercer outras atribuições que lhe forem atribuídas em lei.

Das decisões do Corregedor-Geral caberá recurso de agravo para o Pleno do Conselho Superior da Justiça do Trabalho.

7. COMPETÊNCIA DA JUSTIÇA DO TRABALHO

O Estado ao avocar para si a responsabilidade de solucionar o litígio entre os sujeitos de direitos subordinados a sua soberania foi obrigado a disciplinar a forma de utilização dessa força e nesse contexto é que se compreende o fenômeno da jurisdição e a disciplina da competência.

A competência é explicada, pela doutrina processualista clássica, como sendo a medida da jurisdição. Em outras palavras, é a determinação legal do alcance e da qualidade do poder-dever-função jurisdicional de cada órgão judiciário.

Todo juiz tem jurisdição, mas nem todo juiz possui competência.

Para o exercício da jurisdição, isto é, o poder-dever do Estado de aplicar o direito ao caso concreto, o Poder Judiciário foi dividido em ramos, dentre os quais temos os especializados, como é o caso da Justiça do Trabalho.

Para cada ramo foi designado um conjunto de competências, cuidando a legislação de delimitar os critérios dessa divisão, abaixo apontados:

1. **Material:** leva em conta a natureza da relação jurídica de direito material subjacente;
2. **Pessoal:** considera as partes envolvidas na relação jurídica processual;
3. **Funcional:** é baseada na distribuição interna de atribuições dos órgãos jurisdicionais;
4. **Territorial:** é delimitada com base nos limites geográficos de cada órgão judicial;
5. **Valor da causa:** toma por base o valor da causa.

É importante esclarecer que esses critérios não são excludentes. Assim, por exemplo, podemos inicialmente definir que a competência material para uma determinada ação é da Justiça do Trabalho (critério material) e depois definir que a Vara do Trabalho competente é a de Brasília, DF (critério territorial).

A seguir, estudaremos os critérios utilizados no processo trabalhista, quais sejam, material, pessoal, funcional e territorial.

O valor atribuído à causa não é critério de fixação de competência, no Processo do Trabalho, mas sim de definição do rito processual adequado – Ordinário, Sumário ou Sumaríssimo.

7.1. Competência material (*rationae materiae*) e pessoal

No processo do trabalho, a competência em razão da matéria é delimitada pela **natureza da relação jurídica material** deduzida em juízo. Em outras palavras, o que define a competência material é a causa de pedir e o pedido (exemplo: pedido de reconhecimento de vínculo empregatício), independentemente se serão utilizadas normas jurídicas de outra natureza na solução do litígio.

A competência pessoal, a seu turno, considera a qualidade das partes envolvidas na relação jurídico-processual.

O artigo 114 da CRFB/88 traz a delimitação da competência material da Justiça do Trabalho e também da competência em razão da pessoa, assim dispondo:

> ***Art. 114.*** *Compete à Justiça do Trabalho processar e julgar:*
>
> ***I*** *as ações oriundas da relação de trabalho, abrangidos os entes de direito público externo e da administração pública direta e indireta da União, dos Estados, do Distrito Federal e dos Municípios;*
>
> ***II*** *as ações que envolvam exercício do direito de greve;*
>
> ***III*** *as ações sobre representação sindical, entre sindicatos, entre sindicatos e trabalhadores, e entre sindicatos e empregadores;*

> ***IV** os mandados de segurança, habeas corpus e habeas data, quando o ato questionado envolver matéria sujeita à sua jurisdição;*
>
> ***V** os conflitos de competência entre órgãos com jurisdição trabalhista, ressalvado o disposto no art. 102, I, o;*
>
> ***VI** as ações de indenização por dano moral ou patrimonial, decorrentes da relação de trabalho;*
>
> ***VII** as ações relativas às penalidades administrativas impostas aos empregadores pelos órgãos de fiscalização das relações de trabalho;*
>
> ***VIII** a execução, de ofício, das contribuições sociais previstas no art. 195, I, a, e II, e seus acréscimos legais, decorrentes das sentenças que proferir;*
>
> ***IX** outras controvérsias decorrentes da relação de trabalho, na forma da lei*

O artigo 652 da CLT, por sua vez, traz o seguinte rol de competência das Varas do Trabalho:

> Art. 652. Compete às Varas do Trabalho:
>
> a) conciliar e julgar:
>
> I – os dissídios em que se pretenda o reconhecimento da estabilidade de empregado;
>
> II – os dissídios concernentes a remuneração, férias e indenizações por motivo de rescisão do contrato individual de trabalho;
>
> III – os dissídios resultantes de contratos de empreitadas em que o empreiteiro seja operário ou artífice;
>
> IV – os demais dissídios concernentes ao contrato individual de trabalho;
>
> V – as ações entre trabalhadores portuários e os operadores portuários ou o Órgão Gestor de Mão-de-Obra – OGMO decorrentes da relação de trabalho;
>
> b) processar e julgar os inquéritos para apuração de falta grave;
>
> c) julgar os embargos opostos às suas próprias decisões;
>
> d) impor multas e demais penalidades relativas aos atos de sua competência;
>
> f) decidir quanto à homologação de acordo extrajudicial em matéria de competência da Justiça do Trabalho.

Dada a importância do artigo 114 da CRFB/88 na delimitação da competência material e pessoal da Justiça do Trabalho, passaremos a analisar cada um dos seus incisos nos subtópicos seguintes:

7.1.1. Ações envolvendo relação de trabalho

Antes da Reforma do Judiciário (Emenda Constitucional n. 45/2014), a redação do artigo 114, caput da CF trazia a previsão de que a atribuição da justiça do trabalho era conhecer e julgar os dissídios individuais e coletivos entre trabalhadores e empregadores e para outras controvérsias decorrentes da relação de trabalho, na forma da lei.

O que definia a competência era a qualificação jurídica de empregado e empregador e até mesmo havia quem defendesse que a regra da competência da Justiça do Trabalho era mais de natureza pessoal (ligada aos sujeitos envolvidos) do que material.

A EC 45/2014 alterou por completo a competência da Justiça do Trabalho, alterando o caput do artigo 114 da CF e incluindo 9 incisos, alargando a competência da Justiça do Trabalho, notadamente mudando o paradigma da apreciação de ações envolvendo empregado e empregador para englobar todas as ações envolvendo a relação de trabalho *lato sensu*, isto é, que envolve prestação de serviços por pessoa natural.

Assim, a Justiça do Trabalho passou a analisar também controvérsias envolvendo relações de trabalho autônomo, de trabalho avulso, de trabalho eventual, de trabalho voluntário, de estagiário, entre outras, isto é, relações de trabalho *lato sensu*.

Vale destacar: a Justiça do Trabalho é o órgão competente para processar e julgar ações envolvendo trabalhadores portuários (avulsos) e os operadores portuários ou o Órgão Gestor de Mão-de-Obra (OGMO) – responsável pela escala de serviço nos terminais.

7.1.1.1. Lides envolvendo Pessoas Jurídicas de Direito Público Externo

A competência da Justiça do Trabalho se estende aos litígios decorrentes da relação de trabalho em face de Pessoas Jurídicas de Direito Público Externo (Estados estrangeiros e Organizações Internacionais).

Conforme o STF, o **Estado estrangeiro** (aquele que reúne os elementos próprios de um Estado, quais sejam, povo, território e soberania), pode praticar atos classificados da seguinte maneira:

I. Atos de império: praticados no exercício de prerrogativas soberanas. É o que se verifica, por exemplo, na concessão de visto. Tais atos estão imunes, de forma absoluta (jurisdição e execução) à jurisdição brasileira, porquanto se um Estado é soberano não pode estar submetido à jurisdição de outro Estado.

II. Atos de gestão: atos que ostentam a natureza privada e assumem contornos similares aos praticados pelos particulares. É o que acontece quando o Estado estrangeiro contrata empregados. Neste caso, dada a natureza privada do ato, o Estado estrangeiro submete-se à Justiça do Trabalho em caso de demanda envolvendo algum trabalhador.

É importante informar que apesar de o Estado estrangeiro estar submetido à jurisdição brasileira na fase de conhecimento da ação trabalhista, essa situação é diversa quando a demanda está na fase de execução. Isso porque, o Estado estrangeiro é soberano e, portanto, não se submete aos atos expropriatórios próprios da execução, sob pena de indevida invasão no Estado estrangeiro.

Assim, a Justiça do Trabalho poderá reconhecer a existência de créditos trabalhistas de um empregado devidos por um Estado estrangeiro, mas não poderá penhorar bens de tais entes, devendo se valer da Carta Rogatória.

Há, contudo, duas hipóteses de exceção, em que o Estado estrangeiro poderá se submeter a uma execução trabalhista: 1) quando houver **renúncia** da imunidade pelo Estado estrangeiro; 2) quando existirem **bens** no território brasileiro **desvinculados** das atividades diplomáticas e consulares, por exemplo, veículo de utilização particular de um empregado do Consulado (STF - RE no. 222.368-4). Assim, essa imunidade de execução vem sendo relativizada pela jurisprudência, sob a justificativa de que apenas os bens afetos à missão diplomática seriam impenhoráveis. Apesar disso, o art. 127, I, da Consolidação Geral dos Provimentos da Justiça do Trabalho veda a penhora via BACEN JUD em face de Estado estrangeiro e organismo internacional.

No caso dos **organismos ou organizações internacionais** há **imunidade absoluta de jurisdição**: não se submetem à Justiça do Trabalho brasileira nem no conhecimento nem na execução.

Nesse sentido, a OJ 416 da SDI-1 do TST:

> OJ 416. Imunidade de jurisdição. As organizações ou organismos internacionais gozam de imunidade absoluta de jurisdição quando amparados por norma internacional incorporada ao ordenamento jurídico brasileiro, não se lhes aplicando a regra do Direito Consuetudinário relativa à natureza dos atos praticados. Excepcionalmente, prevalecerá a jurisdição brasileira na hipótese de renúncia expressa à cláusula de imunidade jurisdicional.

A justificativa do TST é a de que a imunidade das organizações internacionais, em regra, decorre do direito convencional, ao passo que a imunidade dos Estados estrangeiros se fundamenta no direito consuetudinário. Em outras palavras, as imunidades desses organismos vêm previstas em tratados internacionais, os quais, após ratificados, integram o ordenamento jurídico interno.

Em síntese, se a imunidade de jurisdição estiver prevista em tratado internacional, o organismo internacional, para o TST, não se submeterá à jurisdição brasileira. Contudo, se o ente expressamente renunciar à imunidade, poderá ser submetido à jurisdição trabalhista.

Na mesma linha está a Tese de Repercussão Geral n. 947 do STF: " O organismo internacional que tenha garantida a imunidade de jurisdição em tratado firmado pelo Brasil e internalizado na ordem jurídica brasileira não pode ser demandado em juízo, salvo em caso de renúncia expressa a essa imunidade".

7.1.1.2. Ações envolvendo agentes públicos

A análise desse tópico envolve a apreciação das diversas hipóteses de relação jurídica envolvendo os entes públicos e seus agentes.

Com a EC n. 45/2014, o artigo 114, I, da CRFB/88, passou a prever que a Justiça do Trabalho é competente para julgar *"as ações oriundas da relação de trabalho, abrangidos os entes de direito público externo e da administração pública direta e indireta da União, dos Estados, do Distrito Federal e dos Municípios"*.

De forma esquematizada, podemos apontar as seguintes situações com relação aos entes públicos:

1) se houver regime jurídico administrativo (Lei 8.112/90 ou outra lei), a competência será da Justiça Comum, Federal ou Estadual, a teor do que decidiu o STF na ADI-MC 3395. *Rcl 6527 AgR/SP, Rel. Min. Luiz Fux, 25.8.15. 1ª T. (Info STF 796)*

2) se não houver regime jurídico administrativo, aplica-se a CLT ao empregado público, sendo competente a Justiça do Trabalho. Atenção para a Tese fixada no Tema 1143 do STF, de repercussão geral, "1. A Justiça Comum é competente para julgar ação ajuizada por servidor celetista contra o Poder Público, em que se pleiteia parcela de natureza administrativa". Logo, ainda que o empregado público seja celetista, se a pretensão dele tiver natureza administrativa, a competência para apreciar a demanda será da Justiça Comum. Houve a modulação dos efeitos da decisão do STF, permanecendo na Justiça do Trabalho os processos em que houver sido proferida sentença de mérito até a data de publicação da ata de julgamento (12/07/2023).

3) se houver transmudação de regime (celetista para estatutário ou vice-versa): a competência da Justiça do Trabalho é residual, limitada ao período em que vigorou a norma celetista (OJ n. 138 da SbDI-1 do TST).

4) nas ações envolvendo servidores contratados para atender à necessidade temporária de excepcional interesse público (art. 37, IX, CRFB/88), inclusive quando se discute o desvirtuamento dessa contratação, a competência é da Justiça Comum. O STF definiu tal competência com fundamento na ADI n. 3395, considerando que se trata de uma relação jurídico-administrativa regulada por lei, e não por contrato. Assim, a justiça comum é competente para processar e julgar causas em que se discuta a validade de vínculo jurídico-administrativo entre o poder público e servidores temporários. *Rcl 4351 MC-AgR/PE, red. p/ ac. Min. Dias Toffoli, 11.11.15. Pleno. (Info STF 807).*

5) nas ações envolvendo Agentes Comunitários de Saúde/ Agentes de Combate às Endemias, em regra, a competência é da Justiça do Trabalho, quando não houver lei do ente respectivo submetendo os agentes a regime jurídico administrativo. Neste último caso, qual seja, quando existir lei do respectivo ente público dispondo que tais agentes são regidos por regime jurídico administrativo, a competência será da Justiça Comum.

6) lides envolvendo candidatos que pleiteiam, em concursos públicos, o emprego público, sobretudo questionando regras do concurso e o direito à nomeação: A Justiça Comum é competente para processar e julgar controvérsias relacionadas à fase pré-contratual e eventual nulidade do certame em face da administração pública direta ou indireta, independente do regime adotado na contratação de pessoal, celetista ou estatuário (STF, RE 960.429). Prevaleceu o entendimento do relator, ministro Gilmar Mendes, no sentido de que ainda que o candidato já tenha sido aprovado, a contratação não é uma realidade — e pode vir a não ser, inclusive. Como não há relação regida pela CLT, mas mera expectativa da mesma, a controvérsia reside no campo do Direito Público, mais especificamente Direito Administrativo, o que atrai a competência da Justiça comum. A fase prévia à admissão é plenamente autônoma em relação ao futuro do contrato do trabalho e, nesta fase há prevalência do caráter público: o interesse da sociedade no concurso público.

7) contratos nulos (art. 37, § 2º, II, da CRFB/88), sem prévia aprovação em concurso público: De acordo com a jurisprudência do STF, compete à Justiça Comum pronunciar-se sobre a existência, a validade e a eficácia das relações entre servidores e o poder público fundadas em vínculo jurídico-administrativo, ainda que se discuta a configuração de vícios na origem dessa contratação.

8) cargo em comissão: Conforme o STF, é competência da Justiça Comum julgar demanda envolvendo vínculo entre servidor público ocupante de cargo em comissão e a Administração Pública.

9) ação de consignação em pagamento movida pela União contra sociedade empresária por ela contratada para a prestação de serviços terceirizados: nesta hipótese, a competência será da Justiça do Trabalho, caso a demanda tenha sido proposta com o intuito de evitar futura responsabilização trabalhista subsidiária da Administração nos termos da Súmula 331 do TST. *(CC 136.739-RS, Rel. Min. Raul Araújo, Dje 15.10.15. 2ª S. (Info STJ 571).*

10) trabalhador de Cartório Extrajudicial: Nos termos do art. 236 da CRFB/88, o serviço do cartório extrajudicial é exercido em caráter privado, mediante delegação do Poder Público. Outrossim, o art. 20 da Lei nº 8.935/94 dispõe que o tabelião/notário contrata os trabalhadores do Cartório pelo regime da CLT. Assim, a competência de demandas envolvendo trabalhadores de cartório extrajudicial é da Justiça do Trabalho.

7.1.2. Ações envolvendo direito de greve

Todo e qualquer conflito relacionado com o direito de greve, seja por parte do trabalhador, do empregador ou sindicatos, é de competência da Justiça do Trabalho. A competência da Justiça do Trabalho envolve, de maneira ampla, as ações que versem sobre o exercício do direito de greve, sejam elas prévias, concomitantes ou posteriores ao movimento paredista. Isso inclui, tanto as ações prévias (inibitórias), para assegurar o direito de greve, quanto as ações possessórias, para defesa do patrimônio do empregador, como também as ações reparatórias, para indenizar prejuízos dos trabalhadores, empregadores e, conforme a doutrina, até terceiros.

No que se refere às ações possessórias, é importante destacar o teor da Súmula Vinculante nº 23/STF: "A Justiça do Trabalho é competente para processar e julgar ação possessória ajuizada em decorrência do exercício do direito de greve pelos trabalhadores da iniciativa privada."

POSIÇÃO DO STF

Ações envolvendo greve de servidor público estatutário não é da competência da Justiça do Trabalho, conforme já decidiu o STF (Reclamação nº 6.568-SP, Relator Eros Grau – Julgado em 21.05.2009). Em 01.08.2017, o Plenário do STF fixou tese de repercussão geral no RE 846854 de que: "A Justiça comum, Federal e estadual, é competente para julgar a abusividade de greve de servidores públicos celetistas da administração direta, autarquias e fundações públicas". Conclui-se que a Justiça do Trabalho somente tem competência para ações envolvendo direito de greve no caso de servidores públicos celetistas da administração indireta.

7.1.3. Ações sobre representação sindical e sindicatos

Todo e qualquer conflito relacionado com a representatividade sindical (exemplos: cobrança de contribuição sindical, prestação de contas, declaração de representatividade) é de competência da Justiça do Trabalho.

O STF, apreciando o tema 994 da repercussão geral, fixou a seguinte tese: *"Compete à Justiça comum processar e julgar demandas em que se discute o recolhimento e o repasse de contribuição sindical de servidores públicos regidos pelo regime estatutário"*.

O entendimento do STF é no sentido de que não se inserem na competência da Justiça do Trabalho as ações ajuizadas por sindicatos, tendo por objeto representatividade sindical ou contribuição sindical, que digam respeito a trabalhadores submetidos ao regime estatutário ou àqueles cujo regime jurídico aplicável esteja em discussão. Nessa mesma linha existe decisão da SDI-1 do TST: E-RR-24300-63.2013.5.24.0006.

Assim, as ações em que se discute representatividade sindical ou contribuição sindical de servidor público estatutário são da competência da Justiça comum, e no caso de trabalhadores celetistas, a competência é da Justiça do Trabalho.

7.1.4. Mandados de segurança, habeas corpus *e* habeas data

Os remédios constitucionais (mandados de segurança, *habeas corpus* e *habeas data*) serão apreciados pela Justiça do Trabalho quando a causa envolver matéria trabalhista. O ato questionado nesses remédios constitucionais precisa versar sobre algum dos incisos do art. 114 da CF/88.

Não é da competência material trabalhista a apreciação de mandado de segurança contra ato de delegado regional do trabalho, que indeferiu o benefício do Seguro Desemprego. Neste caso, a relação é de direito administrativo, não se tratando de relação de trabalho entre as partes e a competência, portanto, é da Justiça Federal.

A Justiça do Trabalho não detém competência penal, razão pela qual o *habeas corpus* nessa Justiça Especializada limita-se à matéria civil.

Por fim, merece destaque a CRFB/88 não previu a competência trabalhista para julgar Mandado de Injunção.

7.1.5. *Conflitos de competência envolvendo jurisdição trabalhista*

Os conflitos de competência envolvendo órgãos trabalhistas serão de competência da Justiça do Trabalho.

Não existe conflito de competência entre TRT e Vara do Trabalho de idêntica região (Súm. 420 do TST).

A competência funcional para apreciar o conflito de competência será:

1) **do TRT respectivo** ⟶ conflito entre Varas do Trabalho de sua jurisdição;

2) **do TST** ⟶ conflito entre Varas de Trabalho de mais de um TRT, TRT e Vara do Trabalho de jurisdição de TRT distinto.

7.1.6. *Ações de indenização por dano moral ou patrimonial*

Ações envolvendo danos morais ou materiais decorrentes da relação de trabalho (tais como: assédio moral, acidente de trabalho, cadastramento no PIS, etc.) são da competência da Justiça Laboral.

Até o advento da Emenda Constitucional n. 45 de 2014, a competência para apreciar ações envolvendo empregados e empregadores relacionadas a acidente de trabalho era indiscutivelmente da Justiça Comum, conforme interpretação que se fazia do artigo 109, I, da CRFB de 1988.

Revisando a matéria, o plenário do STF entendeu que a Emenda Constitucional conferiu tal competência à Justiça do Trabalho. Seja porque o art. 114, já em sua redação originária, assim deixava transparecer, seja porque aquela primeira interpretação do mencionado inciso I do art. 109 estava, em boa verdade, influenciada pela jurisprudência que se firmou na Corte sob a égide das Constituições anteriores.

Todavia, como imperativo de política judiciária – haja vista o significativo número de ações que já tramitaram e ainda tramitam nas instâncias ordinárias, bem como o relevante interesse social em causa –, o Plenário decidiu, por maioria, que o marco temporal da competência da Justiça trabalhista é o advento da EC 45/04.

Logo, as ações que tramitam perante a Justiça comum dos Estados, com sentença de mérito anterior à promulgação da EC 45/04, lá continuam até o trânsito em julgado e correspondente execução. Quanto àquelas cujo mérito ainda não foi apreciado, hão de ser remetidas à Justiça do Trabalho, no estado em que se encontram, com total aproveitamento dos atos praticados até então. Nesse sentido é a Súmula Vinculante n. 22 do STF.

Também é importante destacar que, conforme Súm. Nº 392 do TST, a Justiça do Trabalho tem competência para apreciar dano moral e material ainda que propostas pelos dependentes ou sucessores do trabalhador falecido (dano em ricochete, reflexo ou indireto).

POSIÇÃO DO STF

Súmula Vinculante 22. *"A Justiça do Trabalho é competente para processar e julgar as ações de indenização por danos morais e patrimoniais decorren-*

tes de acidente de trabalho propostas por empregado contra empregador, inclusive aquelas que ainda não possuíam sentença de mérito em primeiro grau quando da promulgação da Emenda Constitucional nº 45/04".

POSIÇÃO DO TST

Súmula 392. *"Nos termos do art. 114, inc. VI, da Constituição da República, a Justiça do Trabalho é competente para processar e julgar ações de indenização por dano moral e material, decorrentes da relação de trabalho, inclusive as oriundas de acidente de trabalho e doenças a ele equiparadas, ainda que propostas pelos dependentes ou sucessores do trabalhador falecido".*

Por fim, registra-se que as ações acidentárias, movidas pelo empregado em face do INSS, para recebimento de benefício previdenciário, é da competência da Justiça Comum Estadual, conforme previsto no artigo 109, I, da CRFB/88 e art. 45, I, do CPC.

7.1.7. Ações relativas às penalidades administrativas impostas aos empregadores por órgãos de fiscalização do trabalho

As ações relativas à atividade fiscalizatória do Secretaria Especial do Trabalho (tais como: ação anulatória de ato administrativo, mandado de segurança contra superintendente do trabalho e outros) são da competência da Justiça Laboral.

A Justiça do Trabalho não tem competência para aplicar multas administrativas, mas sim para as ações relativas à imposição de multas pela fiscalização trabalhista.

As penalidades administrativas lavradas por **órgão de fiscalização** de profissões regulamentadas (ex. CREA, OAB) não são da competência da Justiça Trabalhista.

7.1.8. Execução, de ofício, das contribuições sociais

A competência da Justiça do Trabalho também abarca as contribuições sociais. Contudo, essa competência restringe-se às contribuições sociais calculadas sobre as parcelas deferidas nas sentenças proferidas ou nos acordos homologados. (Súmula Vinculante n. 53 do STF e Súmula 368, I, do TST).

Logo, não é da competência da Justiça do Trabalho a cobrança de contribuições previdenciárias sobre parcelas já quitadas ao empregado, por exemplo, quando há o reconhecimento do vínculo empregatício.

Nesse sentido está também a atual redação do parágrafo único do artigo 876 da CLT, decorrente da Lei da Reforma Trabalhista: *"A Justiça do Trabalho executará, de ofício, as contribuições sociais previstas na alínea a do inciso I e no inciso II do caput do art. 195 da Constituição Federal, e seus acréscimos legais, relativas ao objeto da condenação constante das sentenças que proferir e dos acordos que homologar."*

A execução dessas contribuições sociais pode ser promovida, inclusive, de ofício.

O TST entende que essa competência abarca a contribuição ao Seguro de Acidente ao Trabalho – SAT (Súm. 454 do TST), mas não abarca contribuição de terceiro do sistema S (Sesi, Senai, Sesc, etc.).

O TST também manifesta entendimento de que a Justiça do Trabalho é competente para executar as contribuições previdenciárias decorrentes dos acordos firmados perante a Comissão de Conciliação Prévia (TST-E-RR-40600-80.2009.5.09.0096, SBDI-I, rel. Min. José Roberto Freire Pimenta, 24.5.2012 (Informativo nº 10 do TST).

7.1.9. Outras controvérsias decorrentes da relação de trabalho, na forma da lei

A CRFB/88 permite a ampliação do rol de competências por legislação ordinária.

Neste tópico merece destacar que a Justiça do Trabalho é competente para julgar ação que envolva empreitada em que o empreiteiro seja operário ou artífice (art. 652, III, da CLT). Tal situação se verifica quando o empreiteiro for pessoa física, sem auxílio de ajudantes, já que, se assim o fizer, estará se aproximando mais de um empresário do que de um trabalhador que possa postular na Justiça do Trabalho.

A Justiça do Trabalho também é competente para julgar ações ajuizadas por empregados em face de empregadores relativas ao cadastramento no Programa de Integração Social (PIS). Assim, cabe ao juiz do trabalho, por exemplo, apreciar pedido de indenização substitutiva do PIS, isto é, quando o empregado não recebe o PIS por culpa do empregador e pretende receber o ressarcimento correspondente (Súm. 300 do TST).

É da competência da Justiça do Trabalho apreciar a lide entre empregado e empregador, tendo por objeto indenização pelo não-fornecimento das guias do seguro-desemprego (Súmula nº 389,I, do TST).

Também compete à Justiça do Trabalho apreciar os pedidos relativos à movimentação do FGTS, nas relações de emprego, quando a ação envolver empregado e empregador.

Por outro lado, a competência para as demais hipóteses de levantamento do FGTS é da Justiça Comum Federal (Súm. 82 do STJ).

Outrossim, a competência para autorizar o levantamento do PIS PASEP e FGTS, em caso de falecimento do empregado titular é da Justiça Estadual (Súm. 161 do STJ).

Por fim, importante destacar que é da competência da Justiça do Trabalho apreciar as ações relacionadas ao meio ambiente de trabalho (Súm. 736 do STF). Tanto o STF, quanto o TST têm entendimento de que a competência para ações relativas à segurança, higiene e saúde dos trabalhadores é sempre da competência da Justiça do Trabalho, inclusive em casos de servidores estatutários porque o direito ao meio de ambiente equilibrado e seguro é direito de qualquer trabalhador e a discussão não envolve a natureza jurídica da relação firmada entre as partes. Aliás, o STF tem se manifestado pela legitimidade do MPT para o ajuizamento dessas ações, tanto no contexto de servidores celetistas, quanto estatutários (Ação Cível Originária- ACO 2709/DF).

7.1.10. *Lides que não são da competência da Justiça do Trabalho*

É importante destacar algumas demandas que não são processadas na Justiça do Trabalho:

I) **Ação de cobrança de honorários por profissional liberal/cobrança de honorários advocatícios contratuais:** A Súmula 363 do STJ consolida o entendimento de que compete à Justiça Estadual processar e julgar ação de cobrança ajuizada por profissional liberal contra cliente. O fundamento é que não envolve trabalhador em situação de inferioridade, seja pelo critério da subordinação, seja pelo critério da dependência econômica. Nesse sentido é também o entendimento majoritário com relação à cobrança dos honorários advocatícios contratuais, estabelecendo-se que a Justiça Estadual é a competente para tal demanda.

II) **Ações envolvendo relações de consumo**: a relação de consumo é aquela em que o cliente adquire um serviço como destinatário final, nos termos do art. 2ª do CDC. Há grande dificuldade na diferenciação entre a relação de trabalho e a relação de consumo. A doutrina tem apontado como critério mais eficiente a identificação da parte hipossuficiente: quando esta for o prestador de serviços trata-se de relação de trabalho, mas quando esta for o tomador dos serviços, trata-se de relação de consumo. A relação de consumo é regulada pelo CDC e sua competência é da Justiça Comum, porque quando o prestador de serviços tem como tomador um número indeterminado de pessoas (mercado consumidor) a relação não é de trabalho, mas sim de consumo, afastando a competência da Justiça Trabalhista.

III) **Representação comercial:** O Supremo Tribunal Federal (STF) decidiu que a competência para processar e julgar ações que envolvam contratos de representação comercial autônoma é da Justiça Comum, e não da Justiça do Trabalho. A questão foi objeto do Recurso Extraordinário (RE) 606003, com repercussão geral (Tema 550), julgado na sessão virtual encerrada em 25/9/20 e vai orientar decisões em processos semelhantes sobrestados em outras instâncias. Prevaleceu o entendimento do ministro Luís Roberto Barroso no sentido da competência da Justiça Comum, porque de acordo com a jurisprudência do STF, nem toda relação entre o contratante de um serviço e o seu prestador caracteriza relação de trabalho. No caso da representação comercial autônoma, segundo o Ministro Barroso, não há, entre as partes, vínculo de emprego ou relação de trabalho, mas relação comercial regida pela Lei 4.886/1965, que estabelece a competência da Justiça Comum em seu artigo 39.

IV) **Ações penais:** O STF, ao decidir a ADI nº 3684-0/MC, entendeu que a competência da Justiça do Trabalho para apreciar litígios sobre relação de trabalho não engloba ações penais (STF, ADI 3684 MC/DF, Tribunal Pleno, Relator Ministro Cezar Peluso, DJ 03/08/2007). Outrossim, o TST já decidiu que também refoge à competência da Justiça do Trabalho processar e julgar as questões alusivas aos efeitos da pena, dentre elas, os pedidos decorrentes do trabalho do presidiário, devidamente regulado pela Lei 7.210/84 (Lei de Execução Penal – LEP), tendo em vista que toda relação estabelecida entre o presidiário e o Estado – estabelecimento prisional ou empresa privada autorizada pelo Estado – está regida pela Lei de Execução Penal, ainda que decorra da prestação laboral (Informativo TST nº 201/2019).

V) **Autorização judicial para trabalho artístico de menor:** Não é da competência da Justiça do Trabalho a apreciação de autorização judicial para trabalho artístico, que é da Justiça Comum, conforme decisão do STF na ADI 5326, que sustenta harmonia com o artigo 227 da Carta Magna, que trata dos interesses da juventude.

VI) **Transportador autônomo (Lei nº 11.442/2007):** Em abril de 2020, o plenário do STF, julgou constitucional a Lei nº 11.442/07, que dispõe sobre transporte rodoviário de cargas. Foi fixada tese no sentido de que a CF não veda terceirização de atividade meio ou fim e que a atividade configura relação comercial de natureza civil, sem vínculo trabalhista, o que afasta a competência da Justiça do Trabalho para as ações envolvendo o transportador autônomo.

VII) **Complementação de aposentadoria.** O STF definiu no RE n. 586.453 (Tese de repercussão geral nº 190) que a Justiça do Trabalho é incompetente para apreciar ações discutindo a complementação de aposentadoria do empregado em face da relação previdenciária existente. Em tal decisão foi reconhecida a modulação dos efeitos, permanecendo na Justiça do Trabalho as lides nas quais já havia sentença de mérito na data do julgamento, qual seja, 20.02.2013. Em 14/09/2021, no Resp RE 1265564, o STF fixou tese no sentido de que "compete à Justiça do Trabalho processar e julgar causas ajuizadas contra o empregador nas quais se pretenda o reconhecimento de verbas de natureza trabalhista e os reflexos nas respectivas contribuições para a entidade de previdência privada a ele vinculada.".

VIII) **Recuperação judicial:** Conforme a Tese de Repercussão Geral nº 90 do STF: *"Compete ao juízo comum falimentar processar e julgar a execução dos créditos trabalhistas no caso de empresa em fase de recuperação judicial"*.

7.2. Competência funcional

A competência funcional é aquela fixada em decorrência da distribuição interna das atribuições (funções) dos órgãos judiciais, podendo ser da Vara do Trabalho, do TRT ou do TST.

A competência dos Tribunais (TRT e TST) pode ser subdivida em:

I. competência recursal: relacionada à previsão de quem é competente para julgar os recursos. Ex. em regra a competência para o recurso ordinário é do TRT.

II. competência originária: ocorre quando a lei suprime o julgamento de uma demanda pelo primeiro grau, definindo como competente o tribunal. Ex. ação rescisória e dissídio coletivo.

O artigo 652 da CLT traz um rol exemplificativo de competência das Varas do Trabalho. A competência recursal limita-se à apreciação dos Embargos de Declaração e com relação aos demais recursos se restringe ao primeiro juízo de admissibilidade.

O art. 678 da CLT traz a competência funcional (originária, recursal e administrativa) dos Tribunais Regionais que, em regra, funcionam como órgão de segunda instância, revisando as decisões proferidas no âmbito das Varas do Trabalho. Existem, contudo, ações que são ajuizadas diretamente nos Tribunais Regionais (competência originária), tais como, ação rescisória (de suas decisões ou sentenças), dissídios coletivos (quando não abranger a área de mais de um regional), mandados de segurança, etc.

O TST, como órgão de cúpula, possui vários órgãos com competências jurisdicionais fixadas em seu regimento interno (arts. 75 e ss.).

7.3. Competência territorial

Em regra, a competência territorial no Processo do Trabalho é fixada com base no **local da prestação de serviços**, ainda que o empregado tenha sido contratado noutro local ou no estrangeiro (art. 651 da CLT).

O objetivo do legislador é facilitar a produção de prova pelo empregado, sobretudo a oral, presumindo-se que no local da prestação de serviços, o empregado terá mais facilidade para apresentar testemunhas.

A CLT traz três exceções para a regra da competência no local da prestação de serviços:

I) **Agente ou viajante comercial:** a competência será da Vara do Trabalho da localidade em que a empresa tenha agência ou filial e a esta esteja o empregado subordinado. Na falta desta Vara, a competência será do domicílio do empregado ou a localidade mais próxima.

II) **Empregador que realiza atividades fora do lugar do contrato de trabalho:** em caso de atividades itinerantes, a competência será a do local da celebração do contrato ou no da prestação dos respectivos serviços. Para a tese clássica, essa situação é aquela em que a prestação de serviços se dá em locais incertos, transitórios ou eventuais, como por exemplo, trabalhadores de circo. Para a tese moderna, essa hipótese também se aplica para empresa que realiza atividades fora do local da contratação. Nessa linha, a jurisprudência trabalhista vem mitigando o rigor da norma contida no artigo 651 da CLT e permitindo que trabalhadores arregimentados possam ajuizar a ação no local dos seus domicílios, assim como empregados que residem em cidades distantes do local da prestação de serviços e demonstram miserabilidade jurídica. O fundamento é o acesso à jurisdição, diante da dificuldade financeira desses trabalhadores de buscar o Poder Judiciário no local da prestação de serviços. Recentemente, a SDI-1 do TST admitiu o ajuizamento de ação trabalhista no domicílio do reclamante quando a reclamada for empresa de grande porte e prestar serviços em âmbito nacional (Info 146 do TST).

III) **Empregado brasileiro que trabalha no exterior:** a competência é da Justiça Brasileira para empregado brasileiro que trabalha no exterior, desde que não exista convenção internacional dispondo em contrário. A ação deverá ser ajuizada no local da celebração do contrato ou da prestação de serviços (quando houve prestação de serviços no Brasil e posterior transferência).

A seguir, um quadro esquemático da competência territorial da Justiça do Trabalho:

Hipótese	Competência territorial
Regra geral	local da prestação do serviço
Viajante ou agente comercial	local em que a empresa tiver a sede ou a filial + que o trabalhador estiver subordinado; ou local do domicílio do empregado ou da localidade mais próxima.
Empregador promove atividades em local diverso do local da contratação. Tese clássica: locais incertos, transitórios ou eventuais. Ex. circo Tese moderna: empresa realiza atividades fora do local da contratação. Visa garantir acesso à jurisdição. Ex. arregimentação de trabalhadores.	local da celebração do contrato; ou local da prestação dos serviços.
Conflito trabalhista ocorrido no exterior.	Vara do Trabalho no Brasil, desde que: (i) Empregado seja brasileiro; e (ii) Não haja tratado internacional em sentido diverso.

7.4. Competência absoluta e relativa

A competência pode ser absoluta ou relativa.

A competência **absoluta** é aquela criada em razão de **interesse público**, sendo, portanto, **cogente** (obrigatória). A incompetência absoluta pode ser alegada por qualquer sujeito do processo, a qualquer tempo ou grau de jurisdição (art. 64, §1º, do CPC).

Vale destacar que para o TST não é admitida a alegação da incompetência absoluta nas instâncias superiores, em que é exigido o prequestionamento, conforme OJ nº 62 da SDI-1 do TST:

> **"PREQUESTIONAMENTO. PRESSUPOSTO DE ADMISSIBILIDADE EM APELO DE NATUREZA EXTRAORDINÁRIA. NECESSIDADE, AINDA QUE SE TRATE DE INCOMPETÊNCIA ABSOLUTA** (republicada em decorrência de erro material) - DEJT divulgado em 23, 24 e 25.11.2010
>
> É necessário o prequestionamento como pressuposto de admissibilidade em recurso de natureza extraordinária, ainda que se trate de incompetência absoluta".

A incompetência absoluta gera nulidade absoluta do processo, podendo até mesmo ser alegada em ação rescisória (art. 966, II, do CPC).

Declarada a incompetência absoluta, os autos serão encaminhados ao juízo competente e, salvo determinação em contrário, os efeitos da decisão proferida pelo juízo incompetente serão conservados até que outra seja proferida, se for o caso, pelo juízo competente (art. 64, §4º, do CPC).

São espécies de competência absoluta: competência em razão da matéria, competência em razão da pessoa e competência em razão da função.

A competência **relativa** é aquela que privilegia o interesse das partes, sendo também fixada por lei, mas permitindo **alteração pela vontade** dos sujeitos processuais.

A incompetência relativa não pode ser conhecida de ofício, dependendo, obrigatoriamente, de provocação do réu (OJ nº 149 da SDI-II do TST).

Conforme artigo 800 da CLT, a exceção de incompetência deverá ser apresentada em peça que sinalize a existência da exceção.

Não sendo alegada a incompetência relativa, verificar-se-á a **prorrogação da competência**, de forma que o juiz inicialmente incompetente passa a ser competente para a causa.

COMPETÊNCIA ABSOLUTA (MPF: material, pessoal e funcional)	COMPETÊNCIA RELATIVA (TV: territorial e valor da causa)
Interesse público	Interesses privados
A incompetência absoluta pode ser reconhecida de ofício.	A incompetência relativa não pode ser reconhecida de ofício.
A incompetência absoluta pode ser alegada a qualquer tempo.	A incompetência relativa deve ser alegada por Exceção, sob pena de preclusão.
Não se prorroga pela vontade/omissão das partes.	Pode se prorrogar pela vontade/omissão das partes.
Enseja ação rescisória.	Não enseja ação rescisória.

7.5. Modificação da competência

A competência é fixada no momento em que a ação é proposta, sendo irrelevantes as modificações do estado de fato ou de direito ocorridas posteriormente (princípio da perpetuação da jurisdição, art. 43 do CPC).

As exceções a essa regra se verificam quando há supressão do órgão ou alteração da competência absoluta.

Além delas, a competência relativa pode ser alterada pela conexão e continência (art. 54 do CPC).

Verifica-se a **prorrogação da competência** quando a parte não ajuíza exceção de incompetência.

É importante destacar que a competência será do mesmo juízo em caso de distribuição de outra ação idêntica ou no caso da primeira ação ter sido extinta sem resolução do mérito e a parte reiterar o pedido, ainda que com alteração parcial do polo passivo (art. 286, II, do CPC). Trata-se da **distribuição por sucessão**, pela qual o juízo que tiver conhecido causa anterior, na hipótese de extinção, sem resolução do mérito, fica prevento para conhecer das causas futuras idênticas.

Esse instituto visa evitar que a parte escolha o juízo que irá apreciar a demanda, violando o princípio do juiz natural.

A distribuição por sucessão aplica-se também nos casos de arquivamento do processo pela ausência do reclamante à primeira audiência (art. 844 da CLT), conforme jurisprudência majoritária.

As regras de modificação de competência territorial e eleição de foro previstas no artigo 63 do CPC são inaplicáveis ao processo do trabalho (art. 2º, I, da IN nº 39/2016 do TST).

7.5.1. Conexão

Reputam-se conexas duas ou mais ações quando lhes for comum o objeto ou a causa de pedir (art. 55 do CPC).

O art. 55, § 2º do CPC determina que haverá conexão com relação à execução de título extrajudicial e à ação de conhecimento relativa ao mesmo ato jurídico, bem como com relação às execuções fundadas no mesmo título executivo.

Serão reunidos para julgamento conjunto os processos que possam gerar risco de prolação de decisões conflitantes ou contraditórias caso decididos separadamente, mesmo sem conexão entre eles (art. 55, § 3º do CPC).

A finalidade da conexão é evitar decisões conflitantes.

Assim, apesar de alterar uma competência relativa, a conexão é de ordem pública e pode ser declarada de **ofício** pelo juiz (art. 55 do CPC), determinando a reunião das ações conexas que correrão em processo único para decisão conjunta.

A fixação do juiz prevento, isto é, daquele que será o competente para apreciar as ações conexas é feita com base na distribuição da petição inicial (TST e art. 59 do CPC).

7.5.2. Continência

Dá-se a continência entre duas ou mais ações, quando houver identidade de partes e causa de pedir, mas o pedido de uma, por ser mais amplo, abrange o das demais (art. 56 do CPC).

A reunião dos processos somente ocorrerá quando a ação posterior for mais ampla do que a anterior. Se ocorrer o inverso, isto é, se a ação posterior for menos ampla do que a anterior, a solução será a extinção sem resolução de mérito da ação com objeto menos amplo (art. 57).

A continência difere da conexão porque naquela o objeto de uma ação é mais amplo do que o da outra.

Assim como a conexão, a continência é matéria de ordem pública que deve ser reconhecida de ofício pelo magistrado.

7.6. Conflito de competência

Verifica-se o conflito de competências quando dois órgãos jurisdicionais se acham competentes (conflito positivo) ou incompetentes (conflito negativo) para processar e julgar determinada demanda.

Não existe conflito de competência entre TRT e Vara do Trabalho de idêntica região (Súm. 420 do TST). Neste caso, trata-se de questão afeita à hierarquia, devendo o órgão de hierarquia inferior cumprir a decisão do órgão de hierarquia superior.

Quando o conflito envolver dois órgãos trabalhistas, este será dirigido ao Presidente do Tribunal pelo interessado: magistrado, MPT ou parte (desde que não tenha oferecido exceção de incompetência).

Encaminhado o ofício ou a petição com as respectivas provas e alegações, o conflito será autuado e distribuído, podendo o relator ordenar o sobrestamento dos feitos quando o conflito for positivo, bem como solicitar informações que julgar necessárias. Após ser submetido ao MPT, o conflito será julgado na primeira sessão (art. 809, II, CLT). No TST, o tema é disciplinado nos arts. 201 a 208 do RITST. Nos demais Tribunais é necessária análise do regimento interno.

Quando o conflito envolver apenas um órgão trabalhista (e órgão de outro ramo do Poder Judiciário) a competência será do STJ (art. 105, I, "d", CRFB/88) ou do STF, caso um dos envolvidos no conflito for Tribunal Superior (art. 102, I, "o", CRFB/88).

Conflito	Quem julga?
Varas do Trabalho **vs.** Vara do Trabalho pertencente ao mesmo TRT	TRT respectivo (art. 808, *a*, da CLT)
Vara do Trabalho **vs.** Vara do Trabalho pertencente a TRT diverso	TST (art. 808, *b*, da CLT)
Vara do Trabalho ou TRT **vs.** Vara da Justiça Comum (Estadual ou Federal), TJ ou TRF	STJ (art. 105, I, *d*, da CF/88)
TST **vs.** Juiz ou Tribunal da Justiça Comum (Estadual ou Federal)	STF (art. 102, I, o, da CF/88)

Capítulo 2

PROCESSO E AÇÃO TRABALHISTA

1. INTRODUÇÃO

O Estado detém o monopólio da jurisdição, isto é, o poder-dever de dizer o direito. Existem raras exceções de autotutela ou solução autônoma de conflito, v.g. estado de necessidade e arbitragem.

O exercício da jurisdição é realizado dentro do processo, que é o instrumento por meio do qual o Estado soluciona os conflitos de interesses deduzidos em juízo.

Uma das características da jurisdição é a inércia. Daí surge a necessidade da provocação do Estado através da manifestação de vontade de um dos sujeitos da lide.

A provocação da jurisdição é realizada através da ação, que não se confunde com o direito material que se pretende tutelar. Mais à frente estudaremos com mais detalhe o que significa a ação.

2. PROCESSO

O processo é o instrumento pelo qual é aplicado o direito material a um caso concreto. É, portanto, o meio, a técnica por meio da qual o Estado exerce a jurisdição, isto é, o poder-dever de dizer o direito e solucionar o conflito de interesses.

O processo não se confunde com o procedimento, pois este corresponde ao conjunto de atos realizados numa relação jurídica processual. O procedimento, portanto, é o conjunto de atos processuais desenvolvidos de forma concatenada desde o ajuizamento da ação até o trânsito em julgado da sentença.

Conforme a Teoria da Relação Jurídica, o processo é constituído de três pessoas: o juiz, o autor e o réu. Trata-se de uma relação triangular, em que o juiz, o autor e o réu vinculam-se reciprocamente, através da distribuição de obrigações, direitos, deveres, ônus e faculdades.

2.1. Pressupostos processuais

Os pressupostos processuais são os elementos fundamentais para que a relação jurídica possa se formar e se desenvolver de forma válida.

Podem ser classificados quanto à existência e à validade da relação processual.

Os **pressupostos processuais de existência** são os requisitos necessários para a **instauração** do processo. São os pressupostos que antecedem, isto é, devem preexistir à relação processual.

Os **pressupostos processuais de validade** são aferidos em um segundo momento em relação aos pressupostos processuais de existência. Assim, uma vez instaurada a relação processual, é necessário que ela esteja revestida de **determinados requisitos** para atingir seu objetivo: o provimento de mérito.

Os pressupostos processuais responsáveis pela validade da relação processual podem ser classificados sob dois aspectos distintos: os **pressupostos positivos**, que devem estar presentes no processo, e os **pressupostos negativos**, cuja ausência é necessária para a validade da relação processual.

A seguir, analisaremos individualmente todas essas modalidades de pressupostos processuais.

2.1.1. Pressupostos processuais de existência

Os pressupostos processuais de existência são:

a) **capacidade de ser parte:** é a aptidão para, em tese, ser sujeito de uma relação jurídico-processual.

b) **petição inicial:** a petição inicial é o ato processual em que o sujeito formula o pedido da ação. No processo do trabalho a petição pode ser verbal ou escrita.

c) **jurisdição:** o juiz que vai julgar a demanda deve estar investido na jurisdição. Isso não ocorre, por exemplo, com um juiz aposentado.

d) **citação:** a relação jurídico-processual somente se instaura com a citação.

A ausência de quaisquer desses pressupostos torna inexistente a relação jurídico-processual. Em outras palavras, ausentes tais pressupostos, a relação jurídica processual sequer chega a se formar.

2.1.2. Pressupostos processuais positivos de validade

A ausência de quaisquer desses pressupostos torna inválida a relação jurídico-processual. Nesse caso, a relação jurídica processual existirá, mas não terá validade.

Os pressupostos processuais positivos de validade são:

a) **capacidade postulatória:** corresponde à postulação em juízo que, em regra, é feita pelos advogados, Ministério Público e defensores públicos. No processo trabalhista, o próprio sujeito do processo pode exercer a capacidade postulatória em razão do *jus postulandi* (art. 791 da CLT). O *jus postulandi* é limitado à instância ordinária (Súm. 425 do TST).

b) **petição inicial apta:** a petição inicial deve observar os requisitos impostos pela lei, havendo mínima formalidade no caso da petição inicial trabalhista (art. 840, § 1º, da CLT).

c) **competência do juízo:** as regras de competência absoluta devem ser rigorosamente observadas.

d) **imparcialidade do juiz:** inexistência de impedimento ou suspeição do juiz.

e) **capacidade processual:** é a capacidade de estar em juízo. No processo do trabalho, os empregados maiores de 18 anos têm plena capacidade processual. Entre 16 e 18 anos verifica-se a incapacidade relativa e o trabalhador precisa ser assistido para ingressar em juízo. O menor de 16 anos necessita de ser representado em juízo em razão da incapacidade absoluta (arts. 402 e 439 da CLT).

f) **citação válida:** para o processo se desenvolver validamente a citação deve observar todas as exigências legais (forma de citação, prazo para resposta, pessoa citada, dentre outros).

g) **legitimação para agir:** pertinência subjetiva da ação.

   O autor deve ser aquele apontado como titular do direito violado e o réu deve corresponder àquela pessoa apontada como responsável por violar o direito material que se busca tutelar.

   A legitimidade pode ser ordinária ou extraordinária.

   Legitimidade ordinária é quando o **próprio titular** do direito é o sujeito da lide.

   Legitimação extraordinária é aquela que se verifica quando, em determinadas circunstâncias, pessoas ou entes, desde que autorizados por lei, podem figurar no processo em nome próprio, mas defendendo **direito alheio** (art. 18 do CPC).

   Para a maioria doutrinária, legitimação extraordinária é sinônimo de substituição processual.

   Conforme exposto, a legitimidade extraordinária somente poderá ser atribuída ao substituto processual pela norma jurídica, v.g. art. 513, "a", da CLT, art. 5º da Lei da Ação Civil Pública e art. 8º, III, da CRFB/88.

h) **interesse de agir:** O interesse processual emerge do trinômio necessidade-utilidade-adequação. Isso significa que o processo deve ser utilizado quando houver necessidade de intervenção do Estado para solucionar algum conflito de interesses. Logo, não há interesse processual, mas sim lide simulada, quando as partes simulam uma ação litigiosa para buscar a homologação de acordo em juízo. Não há verdadeiramente lide (conflito) entre as partes. O processo também deve ser útil para remediar ou prevenir o mal que o autor alega. Logo, o processo não pode ser utilizado como mera consulta jurídica ou instrumento de indagação, pois há necessidade de uma efetiva lide entre as partes.

Além disso, o processo deve ser adequado a proporcionar algum resultado útil ao autor. É necessária uma relação entre a situação trazida pelo autor e o provimento jurisdicional que ele pretende.

2.1.3. Pressupostos processuais negativos de validade

No caso dos pressupostos processuais negativos de validade, diferentemente dos demais pressupostos processuais, é necessária a ausência de todos eles para que seja válida a relação jurídico-processual.

Os pressupostos processuais negativos de validade são:

a) **litispendência:** verifica-se quando se reproduz ação idêntica, anteriormente ajuizada. Ação idêntica é aquela que possui as mesmas partes, os mesmos pedidos e a mesma causa de pedir.

b) **coisa julgada:** verifica-se quando se reproduz ação idêntica já decidida por sentença terminativa ou definitiva, transitada em julgado.

c) **perempção:** o autor que, por duas vezes seguidas, der causa ao arquivamento da reclamação (art. 844 da CLT) perderá o direito de propô-la novamente pelo prazo de seis meses.

d) **convenção arbitral:** é o acordo de vontades em que as partes se comprometem, no que se refere a litígios atuais ou futuros, obrigando-as reciprocamente à submissão do conflito ao juízo arbitral.

3. AÇÃO

3.1. Conceito

A ação é o direito de qualquer indivíduo de acionar o Poder Judiciário buscando a tutela jurisdicional.

O exercício desse direito é realizado contra o Estado que está obrigado a desempenhar sua função pública.

Tal direito ostenta natureza de ordem pública, porquanto ajuizado em órgão jurisdicional, detendo o Estado o monopólio da jurisdição.

O direito à ação é **abstrato e autônomo**, isto é, ele não se confunde com o direito material para o qual se busca tutela. Em outras palavras, ainda que o autor não obtenha o bem da vida pretendido com a ação (v.g. o seu pedido de horas extras é julgado improcedente), ainda assim, ele possuirá o direito à ação, o direito de provocar o Estado postulando um provimento jurisdicional.

3.2. Classificação das ações trabalhistas

A classificação das ações trabalhistas é um tema bastante tormentoso no direito processual.

À luz do direito processual do trabalho, a classificação mais comum é aquela que tem como critério o tipo de tutela jurisdicional, isto é, o tipo de prestação jurisdicional invocada.

Assim, a doutrina apresenta a classificação **quinária** das ações: de conhecimento (ou cognitiva), executivas, cautelares, mandamentais e executivas *lato sensu*.

Ações de conhecimento são aquelas em que o autor invoca a jurisdição para a certificação de um direito. Podem ser **condenatórias** (têm por objeto a condenação do réu a uma obrigação de fazer ou não fazer ou pagar. Ex: ação trabalhista para condenação do empregador ao pagamento de salários atrasados), **constitutivas** (visam a criação, modificação ou extinção de uma relação jurídica. Ex: ação visando anular uma falsa sociedade, em que o empregado foi incluído no quadro societário por vício de consentimento), ou **declaratórias** (visam obter a declaração da existência ou inexistência de uma relação jurídica ou a autenticidade ou falsidade de um documento. Ex: declarar a existência do vínculo empregatício).

Ações executivas são o meio pelo qual o credor da obrigação reconhecida em sentença (título executivo judicial) ou em título executivo extrajudicial pede a efetivação do direito consubstanciado no título. Ex.: execução de um cheque.

Ações cautelares são aquelas que visam assegurar determinados direitos ou interesses a serem tutelados na fase de conhecimento ou satisfeitos na fase de execução.

Exemplo:

cautelar de arresto de bens.

Ações mandamentais são aquelas em que se busca uma decisão mandamental que impõe ao devedor uma prestação e prevê uma medida coercitiva indireta que atue na vontade do devedor como forma de compeli-lo a cumprir ordem judicial.

Exemplo:

mandado de segurança.

Por fim, **ações executivas *lato sensu*** são aquelas que trazem embutida a possibilidade de execução direta, isto é, de capacidade executória independe de qualquer providência a ser tomada pelo vencedor da ação.

Exemplo:

ação de despejo.

4. SUJEITOS DO PROCESSO

As partes e o juiz são os sujeitos do processo, na medida em que participam e fazem o desenvolvimento da relação jurídica processual que é, portanto, trilateral.

4.1. Partes

Parte da demanda é aquela que pede e em face de quem se pede. O autor pede e o réu é em face de quem se pede. Na ação trabalhista as partes são o reclamante (autor) e o reclamado (réu). O reclamante é aquele que postula o direito material e o reclamado é aquele em face de quem o direito é postulado.

Em alguns procedimentos específicos do processo trabalhista, temos outras denominações:

Exemplo:

excipiente, recorrente, agravante.

É possível a pluralidade de pessoas no polo ativo (litisconsórcio ativo) ou passivo (litisconsórcio passivo) da ação, ou em ambos (art. 842 da CLT).

4.1.1. Capacidade na relação processual

Dentro da análise dos sujeitos do processo é importante o estudo da capacidade na relação processual, que se divide em:

a) Capacidade de ser parte;

b) Capacidade processual;

c) Capacidade postulatória.

4.1.1.1. Capacidade de ser parte

Capacidade de ser parte é aptidão de ser titular de direitos e deveres, está ligada à capacidade de direito ou de gozo. Havendo pessoa, há capacidade de ser parte.

A pessoa natural adquire a capacidade com o nascimento, embora a lei ponha a salvo, desde a concepção, os direitos do nascituro (CC, art. 2º). A pessoa jurídica tem capacidade com a inscrição de seus atos constitutivos no respectivo registro (CC, art. 45). Alguns entes despersonalizados também podem atuar como parte: condomínio, massa falida.

4.1.1.2. Capacidade processual

A capacidade processual (*legitimatio ad processum*) ou capacidade de estar em juízo é conferida às pessoas que possuem **capacidade civil** (arts. 3º e 4º do CC). Trata-se da aptidão para a prática de atos processuais sem a necessidade de assistência ou representação. Está relacionada à capacidade de fato, de exercício.

No direito do trabalho, a capacidade civil se adquire aos 18 anos e, portanto, o maior de 18 anos tem capacidade processual. De 16 aos 18 anos, é necessária a **assistência** e ao menor de 16 anos é necessária a **representação**, para que possa ser parte no processo judicial trabalhista.

A CLT não traz essa diferenciação técnica entre a representação e a assistência, mas a jurisprudência assim o faz.

Os absolutamente incapazes serão representados em juízo, pois não possuem aptidão para praticar, por si mesmos, os atos do processo. Já os relativamente incapazes, por possuírem um grau maior de discernimento, poderão manifestar suas vontades, mas devem estar assistidos, auxiliados, em juízo.

A assistência e/ou representação do menor será realizada, na Justiça do Trabalho, por seus representantes legais e, na falta destes, pelo Ministério Público do Trabalho, pelo sindicato, pelo Ministério Público Estadual ou curador nomeado em juízo (art. 793 da CLT).

As pessoas emancipadas (art. 5º, parágrafo único, do CC) têm capacidade civil plena e, portanto, tem capacidade processual.

Nos termos do artigo 75 do CPC, *"serão representados em juízo, ativa e passivamente: I – a União, pela Advocacia-Geral da União, diretamente ou mediante órgão vinculado; II – o Estado e o Distrito Federal, por seus procuradores; III – o Município, por seu prefeito ou procurador; IV – a autarquia e a fundação de direito público, por quem a lei do ente federado designar; V – a massa falida, pelo administrador judicial; VI – a herança jacente ou vacante, por seu curador; VII – o espólio, pelo inventariante; VIII – a pessoa jurídica, por quem os respectivos atos constitutivos designarem ou, não havendo essa designação, por seus diretores; IX – a sociedade e a associação irregulares e outros entes organizados sem personalidade jurídica, pela pessoa a quem couber a administração de seus bens; X – a pessoa jurídica estrangeira, pelo gerente, representante ou administrador de sua filial, agência ou sucursal aberta ou instalada no Brasil; XI – o condomínio, pelo administrador ou síndico".*

A sociedade ou associação sem personalidade jurídica, quando for reclamada, não poderá opor a irregularidade de sua constituição, consagrando o princípio geral de direito de que a ninguém é dado se valer de sua própria torpeza.

O gerente de filial ou agência presume-se autorizado pela pessoa jurídica estrangeira a receber citação para qualquer processo.

O CPC inova ao estabelecer no artigo 75, § 4º, que *"os Estados e o Distrito Federal poderão ajustar compromisso recíproco para prática de ato processual por seus procuradores em favor de outro ente federado, mediante convênio firmado pelas respectivas procuradorias".*

Consoante disposto no artigo 76 do CPC (aplicável ao processo do trabalho conforme art. 3º, I, da IN 39/2016 e Súmula 456 do TST), constatada a incapacidade processual ou a irregularidade da representação da parte, o juiz suspenderá o processo e designará prazo de **5 dias** para que o vício seja sanado. Essa norma positiva o princípio da primazia da decisão de mérito (art. 4º do CPC).

Descumprida a determinação acima referida, caso o processo esteja na instância originária:

> I – o processo será extinto, se a providência couber ao autor;
>
> II – o réu será considerado revel, se a providência lhe couber;
>
> III – o terceiro será considerado revel ou excluído do processo, dependendo do polo em que se encontre.

Descumprida a determinação em fase recursal perante tribunal de justiça, tribunal regional federal ou tribunal superior, o relator:

> I – não conhecerá do recurso, se a providência couber ao recorrente;
>
> II – determinará o desentranhamento das contrarrazões, se a providência couber ao recorrido.

4.1.1.3. Capacidade postulatória

A capacidade postulatória corresponde à postulação em juízo que, em regra, é feita pelos advogados, Ministério Público e defensores públicos.

No processo trabalhista, o próprio sujeito do processo pode exercer a capacidade postulatória em razão do *jus postulandi* (art. 791 da CLT), ou seja, a própria parte pode postular em juízo, sem o acompanhamento de advogado.

O *jus postulandi,* contudo, é limitado à instância ordinária (Súmula 425 do TST). Isso significa que o *jus postulandi* limita-se às Varas do Trabalho e aos Tribunais Regionais do Trabalho. Não pode ser aplicado em ação rescisória, ação cautelar, mandado de segurança e em recursos de competência do Tribunal Superior do Trabalho.

Com a Reforma Trabalhista, o *jus postulandi* também ficou vedado para a hipótese de processo de homologação de acordo extrajudicial (art. 855-B da CLT).

Não há consenso doutrinário ou jurisprudencial acerca da possibilidade do *jus postulandi* em ações não decorrentes da relação de emprego.

4.1.1.3.1. Mandato

A representação por advogado é feita, em regra, por meio de instrumento de **procuração** com o qual são delimitados os poderes do constituído (art. 653 do CC). Tais poderes podem ser comuns ou especiais.

Os atos a serem praticados pelo advogado dependem de mandato, exceto aqueles arrolados no art. 104 do CPC, quais sejam: evitar preclusão, decadência, prescrição e praticar atos urgentes.

No caso das pessoas jurídicas de direito público, como a representação decorre da lei, o poder de representação dos procuradores é inerente a sua própria função, não havendo necessidade de juntada do instrumento de mandato. Neste caso, é essencial que o signatário ao menos se declare exercente do cargo de procurador, não bastando a indicação do número de inscrição na Ordem dos Advogados do Brasil. (Súm. 436 do TST).

Em se tratando de outorgante analfabeto, é necessária a assinatura a rogo da parte e a subscrição por duas testemunhas (art. 595 do CC).

É possível o registro em ata de audiência dos poderes outorgados ao procurador, desde que a parte esteja presente, configurando o mandato *apud acta* (art. 791, § 3º, da CLT).

O simples registro do nome do advogado em ata de audiência, presente, a parte, configura o **mandato tácito** possuindo o advogado poderes para o foro em geral, mas não podendo praticar os atos que dependam de poderes específicos. É inválido o substabelecimento de advogado investido de mandato tácito (OJ n. 200 da SDI-1 do TST).

É inválido o instrumento de mandato firmado em nome de pessoa jurídica que não contenha, pelo menos, o nome do outorgante e do signatário da procuração, pois estes dados constituem elementos que os individualizam (Súm. 456, I, do TST).

A procuração outorgada com poderes específicos para ajuizamento de reclamação trabalhista não autoriza a propositura de ação rescisória e mandado de segurança. Constatado, todavia, o defeito de representação processual na fase recursal, cumpre ao relator ou ao tribunal conceder prazo de 5 (cinco) dias para a regularização, nos termos da Súmula nº 383, item II, do TST.

O art. 104, § 2º, do CPC determina que *"o ato não ratificado será considerado ineficaz relativamente àquele em cujo nome foi praticado, respondendo o advogado pelas despesas e por perdas e danos"*.

Trata-se, mais uma vez, da positivação do princípio da primazia da decisão de mérito (art. 4º do CPC), impondo ao magistrado considerar válido o ato posteriormente ratificado, a fim de sempre priorizar a decisão de mérito.

Se há previsão, no instrumento de mandato, de prazo para sua juntada, o mandato só tem validade se anexado ao processo o respectivo instrumento no aludido prazo.

Configura-se a irregularidade de representação se o substabelecimento é anterior à outorga passada ao substabelecente. Contudo, em ambas as hipóteses (mandato não juntado no prazo fixado ou substabelecimento anterior à outorga do substabelecente), deve o juiz suspender o processo e designar prazo razoável para que seja sanado o vício, ainda que em instância recursal (Súmula 395, II, VI e V do TST).

Conforme o art. 111 do CPC, a parte que revogar o mandato outorgado a seu advogado constituirá, no mesmo ato, outro que assuma o patrocínio da causa. Não sendo constituído novo procurador no prazo de 15 (quinze) dias, observar-se-á o disposto no art. 76 do CPC, já estudado no subtópico anterior.

O advogado poderá renunciar ao mandato a qualquer tempo, provando, na forma prevista neste Código, que comunicou a renúncia ao mandante, a fim de que este nomeie sucessor.

Durante os **10 (dez) dias** seguintes, o advogado continuará a representar o mandante, desde que necessário para lhe evitar prejuízo.

Dispensa-se a comunicação referida no *caput* quando a procuração tiver sido outorgada a vários advogados e a parte continuar representada por outro, apesar da renúncia.

A juntada de nova procuração aos autos, sem ressalva de poderes conferidos ao antigo patrono, implica revogação tácita do mandato anterior (OJ nº 394 da SDI-1 do TST).

4.1.2. Sucessão processual

A sucessão processual é a alteração da legitimidade ordinária no curso do processo.

Verifica-se a sucessão processual quando há a **substituição das partes no processo**, em razão da cessão de direitos ou da morte de uma delas.

A sucessão processual não se confunde com a substituição processual. A sucessão processual decorre da natureza da legitimação ordinária, ao passo que a substituição processual tem natureza de legitimidade extraordinária.

A sucessão processual na esfera trabalhista pode se verificar nas seguintes hipóteses:

1) **Morte do empregado:** em caso de morte do empregado, no curso do processo, inicialmente o processo deverá ser suspenso, nos termos do artigo 313, I e §1º do CPC, até que a habilitação seja realizada de forma incidental.

   Em caso de controvérsia entre os sucessores, o processo trabalhista deverá ser suspenso até que a questão seja decidida pelo Juízo Cível, competente para a análise das questões sucessórias.

   Em regra, o polo será sucedido pelo inventariante, representante do espólio. Após a partilha definitiva dos bens, os herdeiros tornam-se legitimados, sucedendo o espólio.

   No caso do empregado, caso não exista ação de inventário ou arrolamento, a Lei nº 6.858/80, em seu art. 1º prevê um procedimento simplificado de habilitação dos herdeiros registrados perante a Previdência Social. Assim, fica garantido aos dependentes habilitados na Previdência Social e, na sua falta, aos sucessores previstos na Lei Civil, a expedição de alvará para levantamento do FGTS, PIS/PASEP (art. 1º da Lei n. 6.858/50), bem como receber quaisquer direitos do titular não recebidos em vida decorrente da relação empregatícia.

   Existindo dependentes menores de 18 anos, os valores que lhe forem fornecidos deverão ser depositados em caderneta de poupança até que atinjam a maioridade ou por ordem do juiz para aquisição de imóvel destinado à residência familiar ou para atender a necessidades relativas à subsistência e educação do menor.

   Em caso de danos morais, se a ação já havia sido ajuizada pelo empregado em vida, haverá a substituição processual por seu espólio ou herdeiros.

   Quando os danos morais decorrerem da própria morte do empregado em acidente de trabalho, a legitimidade ordinária será dos herdeiros (dano moral por ricochete ou dano moral reflexo), porquanto estes sofreram lesão moral pela perda do ente querido. O espólio não possui legitimidade, neste caso, porque é ente despersonalizado, ficção jurídica que não detém direitos da personalidade.

2) **Cessão de créditos do empregado (art. 286 do CC):** Apesar de inexistir vedação legal à cessão do crédito trabalhista, a doutrina e jurisprudência não admitem essa possibilidade de sucessão processual no âmbito processual trabalhista. Isso porque, a cessão de créditos é instituto de direito civil, sendo certo que o crédito trabalhista tem natureza alimentar, destinada à própria subsistência do empregado, gozando, portanto, de vários privilégios legais e evidenciando a incompatibilidade com o instituto da cessão.

3) **Morte do empregador:** Em regra, qualquer alteração na estrutura jurídica ou na propriedade do empregador não afetará os direitos decorrentes dos contratos de trabalho (arts. 10 e 448 da CLT). Assim, a morte de um dos sócios, por exemplo, em nada afetará o vínculo empregatício.

   Todavia, em caso de empregador pessoa natural ou empresário individual haverá a sucessão processual. Neste caso, o processo deverá ser suspenso para a regularização do polo passivo, com a representação pelo inventariante (art. 75, II, do CPC).

4) **Cessão de créditos do empregador:** Quando o empregador possuir crédito em relação ao empregado (ex. indenização em decorrência de ato doloso do empregado), a cessão será possível, contudo o crédito passará a ostentar a natureza civil e a competência será da Justiça Comum.

5) **Alienação do estabelecimento:** Quando o empregador aliena seu estabelecimento haverá a configuração da sucessão trabalhista e todos os débitos trabalhistas serão assumidos pelo adquirente (artigo 448-A à CLT).

   Em caso de fraude na alienação, o alienante responderá solidariamente pelos débitos.

   O sucessor não responde solidariamente por débitos trabalhistas de empresa não adquirida, integrante do mesmo grupo econômico da empresa sucedida, quando, à época, a empresa devedora direta era solvente ou idônea economicamente, ressalvada a hipótese de má-fé ou fraude na sucessão (OJ n. 411 da SDI-1 do TST).

4.2. Ministério Público do Trabalho

O Ministério Público do Trabalho – MPT é instituição permanente, essencial à função jurisdicional, integrante do Ministério Público da União, cuja função precípua é promover a defesa da ordem jurídica, do regime democrático e dos interesses sociais e individuais indisponíveis (art. 127 da CRFB/88).

A organização do MPT está prevista no art. 85 da LC nº 75/93, abrangendo os seguintes órgãos:

a) Procurador-Geral do Trabalho;

b) Colégio de Procuradores do Trabalho;

c) Conselho Superior do Ministério Público do Trabalho;

d) Câmara de Coordenação e Revisão do Ministério Público do Trabalho;

e) Corregedoria do Ministério Público do Trabalho;

f) Subprocuradores-Gerais do Trabalho;

g) Procuradores Regionais do Trabalho;

h) Procuradores do Trabalho.

Os procuradores atuam nos ofícios da Procuradoria Regional do Trabalho – PRT e na Procuradoria-Geral do Trabalho. As PRT's estão localizadas nas cidades onde há TRT e a Procuradoria-Geral está situada em Brasília, atuando no âmbito do TST.

Os Procuradores Regionais do Trabalho atuam no âmbito do TRT e os subprocuradores no âmbito do TST.

O ingresso na carreira do MPT se dá por concurso de provas e títulos, atualmente de caráter nacional, para o cargo de Procurador do Trabalho.

O Conselho Nacional do Ministério Público- CNMP é responsável pelo controle da atuação administrativa e financeira do Ministério Público e do cumprimento dos deveres funcionais de seus membros (art. 130-A, § 2º, da CRFB/88).

4.2.1. Formas de atuação

O MPT atua em processos judiciais e administrativos.

A atuação judicial está prevista no artigo 127 a 129 da CRFB/88 e art. 83 da LC nº 75/93. Pode se dar na condição de parte, ajuizando ações com a finalidade de tutelar interesses/garantias metaindividuais ou de fiscal da lei, atuando como órgão responsável pela fiscalização do cumprimento da lei.

Na atuação administrativa ou extrajudicial, o MPT investiga o descumprimento de normas trabalhistas por meio de inquéritos civis e demais procedimentos administrativos. O art. 84 da LC nº 75/93 traz um rol exemplificativo da atuação extrajudicial do MPT.

O inquérito civil público é um procedimento extrajudicial inquisitório, no qual o MPT objetiva colher elementos para a verificação da existência de direitos e interesses passíveis de tutela, obtendo elementos probatórios ou firmando Termo de Ajuste de Conduta -TAC.

Assim, após concluir que determinado empregador descumpriu norma trabalhista, o MPT sugere o ajustamento da conduta, com cláusulas obrigacionais e sancionatórias. Se o TAC não for firmado, o MPT poderá ajuizar a ação coletiva. Se firmado e descumprido, o MPT terá legitimidade para ajuizar a respectiva ação de execução de título extrajudicial (art. 876 da CLT).

4.2.2. Princípios institucionais do MPT

São princípios institucionais do MPT:

a) **unidade:** a instituição Ministério Público é una, com os mesmos princípios e regida por um só órgão.

b) **indivisibilidade:** todos os membros do Ministério Público possuem a mesma missão, de forma que a divisão entre eles é apenas administrativa;

c) **independência funcional:** a hierarquia entre os cargos é apenas administrativa, de forma que todo membro do Ministério Público tem total independência no desempenho de suas atribuições;

d) **autonomia funcional, administrativa e orçamentária:** o Ministério Público tem independência para propor a política remuneratória e o plano de carreira de seus servidores. Possui também autonomia orçamentária, cabendo-lhe propor e executar as propostas orçamentárias para seu custeio.

4.2.3. Garantias, prerrogativas e vedações

Os membros do MPT possuem as mesmas garantias dos magistrados, quais sejam, vitaliciedade, inamovibilidade e a irredutibilidade de subsídios (art. 128, I, § 5º, da CRFB/88).

A LC nº 75/93 traz, em seu artigo 18, as prerrogativas institucionais e processuais do MPT.

O art. 128, II, da CRFB/88 traz as vedações aos membros do Ministério Público, quais sejam: *"a) receber, a qualquer título e sob qualquer pretexto, honorários, percentagens ou custas processuais; b) exercer a advocacia; c) participar de sociedade comercial, na forma da lei; d) exercer, ainda que em disponibilidade, qualquer outra função pública, salvo uma de magistério; e) exercer atividade político-partidária; f) receber, a qualquer título ou pretexto, auxílios ou contribuições de pessoas físicas, entidades públicas ou privadas, ressalvadas as exceções previstas em lei".*

4.3. Litisconsórcio

4.3.1. Conceito e cabimento

Litisconsórcio é o fenômeno da **pluralidade de pessoas** em um dos polos ou em ambos os polos da relação processual. Assim, a ação é promovida por várias pessoas contra um único réu, por uma única pessoa em face de vários réus ou por vários autores em face de vários réus.

Esse instituto também é denominado de cumulação subjetiva em oposição à cumulação objetiva ou de pedidos prevista no art. 327 do CPC e que será estudada em tópico próprio.

O litisconsórcio é tratado pelos artigos 113 a 118 do CPC, o que se aplica subsidiariamente ao processo do trabalho em face da omissão normativa da CLT acerca do tema.

O litisconsórcio é cabível quando:

> I – entre as pessoas houver comunhão de direitos ou de obrigações relativamente à lide;
>
> II – entre as causas houver conexão pelo pedido ou pela causa de pedir;
>
> III – ocorrer afinidade de questões por ponto comum de fato ou de direito.

O juiz poderá limitar o litisconsórcio facultativo quanto ao número de litigantes na fase de conhecimento, na liquidação de sentença ou na execução, quando este comprometer a rápida solução do litígio ou dificultar a defesa ou o cumprimento da sentença.

Conforme o artigo 113, § 2º, do CPC, o requerimento de limitação interrompe o prazo para manifestação ou resposta, que recomeçará da intimação da decisão que o solucionar.

4.3.2. Classificação

O litisconsórcio pode se classificar com base em diversos critérios conforme abaixo especificado:

I) **Quanto ao polo processual**

a) **Ativo:** pluralidade de autores, recebendo a denominação de ação plúrima (art. 842 da CLT). Um exemplo comum é um processo instaurado por vários empregados em face da mesma empregadora por ausência de depósitos de FGTS.

b) **Passivo:** vários reclamados, o que se verifica, por exemplo, no caso de solidariedade entre empreendedores que compõem grupo econômico (**§ 2º do art. 2º da CLT**).

c) **Misto:** vários autores demandando em face de vários réus.

II) **Quanto ao momento da formação**

a) **Originário:** A relação processual já se inicia com uma pluralidade de litigantes em um ou em ambos os polos do processo.

b) **Ulterior:** sua formação se verifica após o início da tramitação do processo. A inclusão de novas pessoas em um dos polos decorre de imposição legal constatada pelo juiz ou por uma questão de economia processual. Um exemplo é quando a parte emenda a inicial para incluir o tomador de serviços no polo passivo.

III) **Quanto à obrigatoriedade de sua formação**

a) **Facultativo:** é aquele que se forma pela iniciativa dos litigantes sem que a sua existência seja necessária para a regularidade do processo. Em outras palavras, não há previsão em lei da obrigatoriedade de sua formação, não sendo condição da validade do processo. Um exemplo comum é a ação ajuizada pelo empregado em face do empregador e do tomador de serviço, requerendo a responsabilidade subsidiária deste. Não há obrigatoriedade de inclusão do tomador de serviços no polo passivo.

b) **Necessário:** decorre da lei ou quando, pela natureza da relação jurídica controvertida, a eficácia da sentença depender da citação de todos que devam ser litisconsortes. Um exemplo corriqueiro de litisconsórcio necessário é aquele que se verifica na ação de consignação em pagamento proposta pelo empregador contra os sucessores do falecido. Todos os dependentes do trabalhador, inscritos com essa condição no INSS, deverão ser citados para o processo.

Conforme o artigo 115, parágrafo único do CPC, nos casos de litisconsórcio passivo necessário, o juiz determinará ao autor que requeira a citação de todos que devam ser litisconsortes, dentro do prazo que assinar, sob pena de extinção do processo.

IV) Quanto aos efeitos do julgamento

a) **Simples:** é aquele no qual o juiz ou tribunal considera a particularidade da situação jurídica ou fática de cada um dos litisconsortes, decidindo o feito conforme as posições jurídicas ocupadas por cada um deles. Cada um dos litisconsortes pode ser tratado na decisão consoante as suas particularidades, ou seja, a decisão não tem de atribuir tratamento uniforme aos litisconsortes.

b) **Unitário:** verifica-se quando, pela natureza da relação jurídica, o juiz tiver de decidir o mérito de modo uniforme para todos os litisconsortes (art. 116 do CPC). Nesse caso, o vínculo jurídico ou fático entre os litisconsortes é de tal natureza que o juiz tem de decidir a lide de modo uniforme, não podendo considerar isoladamente as situações ou posições de cada um, sob pena de incoerência do julgamento.

4.3.3. Atuação dos litisconsortes

Aplica-se ao litisconsórcio o princípio da autonomia dos colitigantes. Segundo este princípio, os litisconsortes serão considerados, em suas relações com a parte adversa, como litigantes distintos, isto é, os litisconsortes são considerados no processo segundo os seus próprios comportamentos de modo que a ação ou omissão de um não beneficia ou prejudica o outro.

Esse princípio, contudo, não se aplica ao litisconsórcio unitário, caso em que os atos e as omissões de um não prejudicarão os outros, mas os poderão beneficiar.

Cada litisconsorte tem o direito de promover o andamento do processo, e todos devem ser intimados dos respectivos atos.

Nos termos do artigo 115 do CPC, *"a sentença de mérito, quando proferida sem a integração do contraditório, será: I – nula, se a decisão deveria ser uniforme em relação a todos que deveriam ter integrado o processo; II – ineficaz, nos outros casos, apenas para os que não foram citados".*

4.4. Intervenção de terceiros

A intervenção de terceiros se verifica quando uma pessoa ou ente, que não era originariamente parte na causa, nela ingressa para defender seus próprios interesses ou de uma das partes primitivas da relação jurídico-processual.

O interesse a ser defendido pelo terceiro deve ser jurídico, isto é, deve existir uma relação jurídica material entre o terceiro e a parte que figura no processo, como, por exemplo, o interesse do sublocatário em face do locatário na ação de despejo ajuizada pelo locador.

A CLT é totalmente omissa com relação à intervenção de terceiros, de forma que o CPC é utilizado de forma subsidiária.

Já existia grande discussão doutrinária e jurisprudencial acerca da aplicação das espécies de intervenção de terceiros previstas no CPC/1973 ao processo do trabalho, especialmente após a ampliação da competência da Justiça Laboral.

Com o advento do CPC, essas discussões se tornaram ainda mais acirradas, em especial, diante das novas modalidades de intervenção de terceiros trazidas pelo novo código.

4.4.1. Modalidades de intervenção de terceiros

As espécies de intervenção de terceiros previstas no CPC/1973 eram a assistência, a denunciação à lide, o chamamento ao processo, a oposição e a nomeação à autoria.

Com o CPC, extinguiu-se a espécie "nomeação à autoria" e a oposição deixou de ser tratada como intervenção de terceiros e passou a ser tratada como procedimento especial (art. 682 do CPC).

A nomeação à autoria se verificava quando o réu era um mero detentor do objeto da ação, de forma que poderia nomear o verdadeiro titular (arts. 62 a 69 do CPC/1973). Trata-se, em verdade, de hipótese de ilegitimidade passiva, motivo pelo qual o CPC/2015 transformou esse instituto em mero incidente.

Assim, com o CPC/2015, se o réu alegar que é mero detentor do objeto, deverá indicar o verdadeiro titular da ação (art. 339 do CPC), quando então o juiz facultará ao autor a opção de alterar a petição inicial para substituir o réu, por economia processual (art. 338 do CPC). Não há mais a necessidade de dupla concordância, isto é, de que tanto a parte adversa quanto o terceiro nomeado concordem (expressa ou tacitamente) com a nomeação.

Ao aceitar a indicação, o autor deverá alterar a petição inicial para a substituição do réu, em 15 dias. No mesmo prazo, o autor poderá optar por alterar a petição inicial para incluir, como litisconsorte passivo, o sujeito indicado pelo réu (art. 339, §§ 1º e 2º, do CPC).

A meu ver, esse incidente é aplicável ao processo do trabalho porque está de acordo com os princípios da celeridade e simplicidade, vigentes nesse ramo jurídico. A IN nº 39/2016 do TST não versou sobre o tema.

No que toca à oposição, esta será estudada adiante em subtópico próprio.

O CPC criou, ainda, duas novas modalidades de intervenção de terceiros, quais sejam, o incidente de desconsideração da personalidade jurídica e a intervenção do *amicus curiae.* Conforme a IN nº 39/2016 do TST, ambas as modalidades são aplicáveis ao processo do trabalho (com algumas peculiaridades para a primeira espécie). A Lei da Reforma Trabalhista trouxe a expressa previsão de aplicação do Incidente de Desconsideração da Personalidade Jurídica no processo do trabalho, com a sua devida regulamentação (art. 855-A da CLT).

Assim, em síntese, são espécies de intervenção de terceiros, conforme o CPC: **assistência, denunciação à lide, chamamento ao processo, incidente de desconsideração da personalidade jurídica e intervenção de *amicus curiae*.**

4.4.1.1. Assistência

Trata-se de intervenção espontânea, na qual o terceiro ingressa na relação jurídica com a finalidade de auxiliar uma das partes (assistido).

Pode ocorrer a qualquer tempo e grau de jurisdição, assumindo o terceiro o processo no estado em que se encontra.

Não há consenso doutrinário acerca do cabimento da assistência no processo de execução. Enquanto alguns sustentam a aplicabilidade do instituto à execução, por ser a interpretação mais consentânea com a participação democrática no processo (art. 6º do CPC), outros sustentam a inaplicabilidade na medida em que a execução não visa a formação do título executivo, mas apenas a satisfação do credor.

A assistência é admissível em qualquer procedimento (art. 119, parágrafo único do CPC) e grande parte da doutrina e jurisprudência defendem sua aplicabilidade ao processo do trabalho (Súm. 82 do TST), desde que demonstrada a existência de interesse jurídico por parte do assistente e não mero interesse econômico.

Interesse jurídico significa que a decisão poderá gerar efeitos na relação jurídica que o assistente mantiver com uma das partes.

4.4.1.1.1. Modalidades de assistência

A assistência pode ser simples (adesiva) ou litisconsorcial (qualificada).

A assistência **simples** é aquela em que o terceiro intervém no processo para assistir uma das partes quando tem **interesse jurídico** de que a sentença seja favorável a ela.

Um exemplo que pode ser citado é o caso do tomador de serviços que ingressa como assistente na ação trabalhista movida pelo empregado em face da empregadora (empresa terceirizadora). Tendo em vista que o tomador de serviços pode futuramente ser demandado pela responsabilidade subsidiária pelas verbas inadimplidas pela empregadora, o tomador de serviços tem interesse jurídico em assistir ao reclamado na fase de conhecimento para que a sentença seja favorável a este.

O assistente simples é parte, isto é, sujeito parcial do contraditório, atuando no processo como legitimado extraordinário, pois, em nome próprio, auxilia a defesa de direito alheio.

Se o assistido é revel ou omisso, o assistente será considerado seu substituto processual (art. 121, parágrafo único do CPC). Contudo, o assistente simples fica submetido à vontade do assistido (art. 122 do CPC). Isso significa que, se não houver manifestação de vontade do assistido, a atuação do assistente será eficaz, salvo expressa manifestação de vontade do assistido (desistência, reconhecimento da procedência do pedido, renúncia), situação em que o assistente fica submetido à vontade do assistido.

Transitada em julgado a sentença no processo em que interveio o assistente, este não poderá, em processo posterior, discutir a justiça da decisão, salvo se alegar e provar que: I – pelo estado em que recebeu o processo ou pelas declarações e pelos atos do assistido, foi impedido de produzir provas suscetíveis de influir na sentença; II – desconhecia a existência de alegações ou de provas das quais o assistido, por dolo ou culpa, não se valeu.

A assistência litisconsorcial se verifica toda vez que a sentença houver de influir na relação jurídica entre o assistente e o adversário do assistido. Na prática, assemelha-se a uma espécie de litisconsórcio facultativo ulterior, na medida em que o assistente litisconsorcial poderia, desde o início do processo, ter sido litisconsorte facultativo-unitário da parte assistida. Um exemplo que pode ser citado é aquele e que o empregado ingressa em ação civil pública, ajuizada pelo MPT em face do empregador, porquanto haverá relação jurídica entre o assistente e a parte.

Na assistência litisconsorcial, o terceiro transforma-se em litisconsorte do assistido e, assim, seu tratamento é igual àquele deferido ao assistido, com a mesma intensidade.

4.4.1.2. Denunciação da lide

A denunciação à lide se verifica quando o terceiro é chamado a integrar o processo, porque uma demanda lhe é dirigida pelo autor ou pelo réu.

Assim, denunciar à lide é trazer um terceiro para o processo, por força de garantia prestada, ou em razão de direito regressivo existente em face dessa pessoa.

O artigo 125 do CPC/2015 arrola as hipóteses em que a denunciação da lide é admissível, ao contrário do artigo 70 do CPC/1973, que arrolava as hipóteses em que a denunciação da lide era obrigatória.

A parte tem o ônus de denunciar a lide, podendo exercer o direito regressivo em ação autônoma quando a denunciação da lide for indeferida, deixar de ser promovida ou não for permitida.

No parágrafo 2º do artigo 125 do CPC, admite-se apenas uma única denunciação sucessiva, promovida pelo denunciado, contra seu antecessor imediato na cadeia dominial ou quem seja responsável por indenizá-lo. Assim, não pode o denunciado sucessivo promover nova denunciação, hipótese em que eventual direito de regresso será exercido por ação autônoma. Isto porque, cada sujeito do processo pode denunciar a lide ao seu próprio garante e jamais aos garantes de seu garante.

A maioria doutrinária e jurisprudencial entende que essa modalidade de intervenção de terceiros não é cabível no processo do trabalho, porquanto violaria o princípio da celeridade e, ainda, porque faleceria competência a esta Justiça Especializada para apreciar a segunda demanda incidente.

4.4.1.3. Chamamento ao processo

Trata-se de intervenção de terceiros provocada pelo réu, cabível apenas no processo de conhecimento.

Essa modalidade de intervenção baseia-se na existência de um vínculo de solidariedade entre o chamante e o chamado. A finalidade é ampliar o campo de defesa dos fiadores e dos devedores solidários, possibilitando-lhes, diretamente no processo em que um ou alguns deles forem demandados, chamar o responsável principal ou os corresponsáveis ou coobrigados, para que assumam a posição de litisconsorte, ficando todos submetidos à coisa julgada.

Os artigos 130 a 132 do CPC/2015 tratam do chamamento ao processo, e correspondem aos artigos 77 a 80 do CPC/1973. Foram alterados, apenas, os prazos para citação dos litisconsortes que passaram a ser de **30 (trinta) dias** do deferimento do chamamento, e de **2 (dois) meses** se o chamado residir em outra comarca, seção ou subseção judiciárias, ou em lugar incerto.

ATENÇÃO

A maioria da doutrina entende que é cabível esse instituto no processo do trabalho, porque amplia a possibilidade de recebimento do crédito pelo empregado, citando como exemplos:

1) grupo empresarial: quando uma das empresas é chamada à lide para responder à ação juntamente com a demandada original, do mesmo grupo;

2) sociedade de fato: quando é demandado um sócio, chamando os demais como corresponsáveis pelos débitos trabalhistas;

3) consórcio de empregadores rurais: chamando os demais responsáveis, pois a responsabilidade entre eles é solidária. (NEVES, 2015, p. 222)

4.4.1.4. Incidente de desconsideração da personalidade jurídica

Apesar da distinção entre a pessoa jurídica e as pessoas que a constituem, em certas circunstâncias admite-se que a personalidade jurídica da sociedade seja desconsiderada, de modo que o patrimônio de seus membros responda pelas obrigações sociais. Nessa hipótese, resta configurada a Teoria da Desconsideração da Personalidade Jurídica.

A desconsideração da personalidade jurídica tem natureza de incidente, classificado, ainda, com espécie de intervenção de terceiro, vez que, na ocorrência do incidente processual o sócio intervirá no feito como terceiro (art. 133, NCPC) ou como simples litisconsórcio passivo facultativo (art. 134, §2º).

É possível também a desconsideração inversa ou invertida, que torna possível responsabilizar o patrimônio da pessoa jurídica por dívidas contraídas pelos sócios ou diretores, quando estes agirem de forma abusiva ou ilícita. Em outras palavras, o sócio é o devedor, mas quem tem patrimônio é a sociedade.

O incidente será instaurado pela parte ou pelo MP, quando lhe couber intervir no processo.

De acordo com o CPC, o incidente não pode ser instaurado de ofício pelo juiz, mas, para o TST isso será possível no caso de execução iniciada de ofício, na hipótese do exercício do *jus postulandi* pela parte (art. 13 da IN nº 41 e art. 878 da CLT).

Existe corrente doutrinária que defende a aplicação de ofício desse instituto em qualquer execução de débito trabalhista, com base na aplicação subsidiária do artigo art. 28, § 5º, do CDC, pelo paralelismo da condição de hipossuficiência do trabalhador e do consumidor, que lhe coloca em condição de dificuldade técnica e jurídica para fazer esse requerimento.

O cabimento do incidente de desconsideração da personalidade jurídica, não é definido nem pelo CPC e nem pela CLT, mas sim pela lei de direito material, tanto o é que o artigo 133, § 1º, do CPC dispõe que "O pedido de desconsideração da personalidade jurídica observará os pressupostos previstos em lei".

E então demos duas teorias de aplicação do instituto:

1) Teoria objetiva ou teoria menor: para que os bens dos sócios sejam atingidos basta a constatação que a pessoa jurídica não possui bens suficientes para o pagamento da dívida (art. 28, § 5º, do CDC).
2) Teoria subjetiva ou teoria maior: o sócio responderá quando preenchidos 2 pressupostos: I) os bens da pessoa jurídica são insuficientes para o pagamento da dívida; II) haja comprovação de fraude ou abuso de direito caracterizado pelo desvio de finalidade ou pela confusão patrimonial (art. 50 do CC).

A doutrina e a jurisprudência têm se inclinado pela aplicação da teoria menor, ou seja, basta a insuficiência de bens da PJ para se atingir o patrimônio do sócio, com aplicação da regra do CDC, porque os créditos trabalhistas – à semelhança dos créditos consumeristas – ambientam-se em relações jurídicas assimétricas. Essa postura tem fundamento no princípio da proteção do trabalhador, cujos salários ostentam natureza alimentícia e servem como meio de subsistência do empregado. (TST Ag-AIRR-1001480-05.2019.5.02.0016, 6ª Turma, Relator Ministro Augusto Cesar Leite de Carvalho, DEJT 20/05/2022).

O incidente de desconsideração é cabível em todas as fases do processo de conhecimento e de execução.

A desconsideração também pode ser requerida na petição inicial, hipótese em que se dispensa a instauração do incidente (art. 134 do CPC/2015) e o sócio será citado, garantindo-lhe o direito ao contraditório e à ampla defesa e, consequentemente, ao devido processo legal.

O incidente tramita nos próprios autos do Processo Judicial eletrônico em que foi suscitado, vedada sua autuação como processo autônomo (TST, art. 86 da Consolidação dos Provimentos da Corregedoria-Geral da Justiça do Trabalho).

A instauração do incidente será imediatamente comunicada ao distribuidor para as anotações devidas, exigindo-se a citação do sócio ou da pessoa jurídica (no caso de desconsideração inversa), para manifestar-se sobre o incidente.

O prazo para manifestação é de 15 (quinze) dias e não há necessidade de garantia do juízo por parte do sócio.

A instauração do incidente suspenderá o processo, sem prejuízo de concessão da tutela de urgência de natureza cautelar de que trata o art. 301 do CPC (art. 855-A, §2º, da CLT e art. 6º, § 2º, da IN nº 39/2016 do TST), como por exemplo, para deferir um arresto para se impedir que o patrimônio seja desfeito na tramitação do procedimento.

Não há consenso doutrinário ou jurisprudencial sobre o cabimento de ofício da medida cautelar no incidente.

Não cabe recurso, de imediato, da decisão proferida no incidente de desconsideração da personalidade jurídica na fase de cognição. Se a decisão for proferida na fase de execução, cabe agravo de petição, independentemente de garantia do juízo. Quando a decisão foi proferida pelo Relator, em incidente instaurado originariamente no tribunal, caberá agravo interno (art. 855-A, §1º, da CLT).

É importante destacar a tese fixada no Tema 1.232 da repercussão geral do STF: É permitida a inclusão no polo passivo da execução trabalhista de pessoa jurídica pertencente ao mesmo grupo econômico (art. 2º, §§ 2º e 3º, da CLT) e que não participou da fase de conhecimento, desde que devidamente justificada a pretensão em prévio incidente de desconsideração da pessoa jurídica, nos termos do art. 133 a 137 do CPC, com as modificações do art. 855-A da CLT, devendo ser atendido o requisito do art. 50 do Código Civil (abuso da personalidade jurídica). Aplica-se tal procedimento mesmo aos redirecionamentos operados antes da Reforma Trabalhista de 2017.

4.4.1.5. Intervenção de amicus curiae

Na sábia lição de FREDIE DIDIER Jr. (2015 p. 522) *"o amicus curiae é o terceiro que, espontaneamente, a pedido da parte ou por provocação do órgão jurisdicional, intervém no processo para fornecer subsídios que possam aprimorar a qualidade da decisão".*

O ingresso de *amicus curiae* é permitido sempre que a matéria debatida ultrapassar a esfera patrimonial das partes e afetar o interesse de toda coletividade. O papel do *amicus curiae* é trazer ao processo informações que auxiliem o magistrado, sendo irrelevante eventual interesse que tenha na demanda.

A participação do *amicus curiae* pode ocorrer em primeiro e segundo grau de jurisdição, no âmbito do processo de conhecimento.

O CPC trata da participação do *amicus curiae*, no artigo 138, dispondo que *"o juiz ou o relator, considerando a relevância da matéria, a especificidade do tema objeto da demanda ou a repercussão social da controvérsia, poderá, por decisão irrecorrível, de ofício ou a requerimento das partes ou de quem pretenda manifestar-se, solicitar ou admitir a participação de pessoa natural ou jurídica, órgão ou entidade especializada, com representatividade adequada, no prazo de 15 (quinze) dias de sua intimação."*

Na decisão do juiz ou relator que admitir a participação de pessoa natural ou jurídica, será definido o poder do *amicus curiae*. A referida intervenção não acarreta a modificação de competência nem autoriza a interposição de recursos, salvo a oposição de embargos de declaração e de recurso da decisão que julgar o incidente de resolução de demandas repetitivas.

A Lei nº 13.015/2014 já havia criado a figura do *amicus curiae* no recurso de revista, contudo, à época, o instituto ostentava natureza de assistência simples (art. 896-C, § 8º, da CLT).

Com o CPC, o *amicus curiae* passou a apresentar a natureza de modalidade autônoma de intervenção de terceiros, bem como passou a ser admitido em qualquer instância e não somente no recurso de revista. Conforme o art. 3º, II, da IN nº 39/2016 do TST, esse instituto é aplicável ao processo do trabalho.

4.4.2. *Oposição*

A oposição, conforme o CPC, não ostenta mais a condição de modalidade de intervenção de terceiros. Com o CPC, a oposição passou a ser tratada como procedimento especial (art. 685), admitindo seu oferecimento "até ser proferida a sentença".

A oposição é a ação proposta por terceiro (opoente) em desfavor das partes originárias do processo em curso (opostos), com a finalidade de pedir a coisa ou o direito sobre o qual controvertem autor e réu.

A oposição deverá ser oferecida até o momento de ser proferida a sentença. O oferecimento da oposição após a audiência acarreta apenas a suspensão do processo principal.

A ação de oposição deverá observar os requisitos para propositura da ação, previstos nos artigos 319 e 320 do CPC, devendo ser distribuída por dependência ao processo principal.

O art. 685 do CPC estabelece o processamento em apenso e o trâmite simultâneo com a ação originária "sendo ambas julgadas pela mesma sentença".

ATENÇÃO

A maioria doutrinária e jurisprudencial entende pela inaplicabilidade desse instituto no âmbito trabalhistas, em razão da incompatibilidade com os princípios do processo do trabalho e também porque faleceria competência à Justiça do Trabalho para apreciar a lide incidente.

A IN nº 39/2016 do TST silenciou sobre o tema.

4.4.3. *Intervenção de terceiros no rito sumaríssimo*

Em regra, as normas processuais que tratam dos ritos mais céleres afastam a possibilidade de intervenção de terceiros.

A jurisprudência trabalhista se manifesta reiteradamente no sentido de não cabimento da intervenção de terceiros no rito sumaríssimo, com aplicação subsidiária do art. 10 da Lei nº 9099/95, por não atenderem aos princípios norteadores do rito especial, tais como os da celeridade, oralidade e simplicidade.

4.5. Deveres das partes, procuradores e terceiros participantes do processo

4.5.1. *Introdução*

A atuação das partes e procuradores deve observar a ética, a boa-fé e lealdade processual, obedecendo a deveres impostos pelo legislador. Nesse sentido está o disposto no art. 77 do CPC.

Essa obrigação legal não se limita às partes e seus advogados. Ela também se estende a todos aqueles que de qualquer forma participem do processo. Assim, por exemplo, um banco que não é parte no processo e que foi intimado para apresentar um comprovante de depósito bancário, necessário ao deslinde do feito, também deverá observar os deveres de ética e boa-fé, sob pena de aplicação das multas previstas na lei.

O dispositivo legal não traz o conceito de boa-fé, de forma que o CPC/2015 segue a tradição do CPC/1973 no sentido de se limitar a tipificar os atos que atentam contra tal princípio, com a previsão da sanção cabível.

O art. 77 do CPC apresenta um rol exemplificativo desses deveres, na medida em que outros poderão ser previstos em dispositivos diversos. Conforme o referido artigo, são deveres das partes, procuradores e terceiros participantes do processo: *"I – expor os fatos em juízo conforme a verdade; II – não formular pretensão ou de apresentar defesa quando cientes de que são destituídas de fundamento; III – não produzir provas e não praticar atos inúteis ou desnecessários à declaração ou à defesa do direito; IV – cumprir com exatidão as decisões jurisdicionais, de natureza provisória ou final, e não criar embaraços à sua efetivação; V – declinar, no primeiro momento que lhes couber falar nos autos, o endereço residencial ou profissional onde receberão intimações, atualizando essa informação sempre que ocorrer qualquer modificação temporária ou definitiva; VI – não praticar inovação ilegal no estado de fato de bem ou direito litigioso".*

O CPC/2015 inovou no inciso VI do art. 77, buscando o legislador sancionar a parte que pratica atos de inovações ilegais sobre o bem ou direito litigioso, bem como inovou no inciso V, ao impor o dever de atualização de informação de endereço.

4.5.2. Ato atentatório à dignidade da justiça

A violação ao disposto nos incisos IV e VI do artigo 77 do CPC, descritos no subtópico anterior, constitui ato atentatório à dignidade da justiça, devendo o juiz, sem prejuízo das sanções criminais, civis e processuais cabíveis, aplicar, ao responsável, **multa de até vinte por cento do valor da causa**, de acordo com a gravidade da conduta. Antes de aplicar a multa, o juiz advertirá que a conduta poderá ser punida como ato atentatório à dignidade da justiça.

Aparentemente, o CPC/2015 seguiu o modelo do CPC/1973 no que se refere aos atos atentatórios à dignidade da justiça na execução (art. 772, II, CPC/2015), de forma que o legislador criou uma condição prévia para a aplicação da multa, qual seja a advertência. Nesse contexto, a ausência da prévia advertência poderá levar à nulidade da aplicação da multa por ato atentatório à dignidade da justiça.

Neste particular, o dispositivo legal merece crítica porquanto o praticante do ato, a rigor, somente será punido, quando reiterar a conduta ilícita, recebendo um "salvo conduto" para praticar o primeiro ato atentatório à dignidade da justiça já que sua punição somente ocorrerá caso repetir o comportamento após a advertência.

Se a multa não for paga no prazo a ser fixado pelo juiz, ela será inscrita como dívida ativa da União ou do Estado após o trânsito em julgado da decisão que a fixou, e sua execução observará o procedimento da execução fiscal, revertendo-se aos fundos de modernização do Poder Judiciário (art. 97 do CPC).

O CPC/2015 alterou o termo inicial de inscrição da multa não paga como dívida ativa, porque no CPC/1973 era necessário aguardar o trânsito em julgado da decisão final da causa, enquanto o art. 77, § 3º exige apenas o trânsito em julgado da decisão que fixou a multa. Essa alteração é bastante significativa quando se considera que a multa pode ser aplicada por decisão interlocutória, cujo trânsito em julgado independente do trânsito em julgado da decisão final da causa.

Conforme o art. 77, § 4º, essa multa poderá ser fixada independentemente da incidência das multas pelo não pagamento voluntário da execução ou multa por descumprimento de obrigação de fazer, não fazer ou entregar coisa. Tal dispositivo ressalta óbvio porquanto as multas pelo descumprimento de execução têm natureza executiva, ao passo que a multa aqui tratada tem natureza sancionatória, razão pela qual são indiscutivelmente cumuláveis.

Quando o valor da causa for irrisório ou inestimável, a multa poderá ser fixada em até 10 (dez) vezes o valor do salário-mínimo.

Aos advogados públicos ou privados e aos membros da Defensoria Pública e do Ministério Público não se aplica a multa por ato atentatório à dignidade da justiça, devendo eventual responsabilidade disciplinar ser apurada pelo respectivo órgão de classe ou corregedoria, ao qual o juiz oficiará.

O CPC/2015 não repetiu a determinação existente no CPC/1973 no sentido de que "os advogados se sujeitam exclusivamente aos estatutos da OAB", o que faz presumir que atualmente é possível a condenação dos advogados por ato atentatório à dignidade da justiça.

Reconhecida a inovação ilegal no estado de fato de bem ou direito litigioso, o juiz determinará o restabelecimento do estado anterior, podendo, ainda, proibir a parte de falar nos autos até a purgação do atentado, sem prejuízo da aplicação da multa.

O representante judicial da parte não pode ser compelido a cumprir decisão em seu lugar.

É importante informar que o CPC não foi muito técnico em definir a violação aos incisos IV e VI do art. 77 como atos atentatórios à dignidade da justiça, na medida em que essa expressão continua a ser utilizada pelo art. 774 para tipificar atos praticados pelo executado. O mais grave dessa atecnia é que o credor do valor da multa é totalmente diferente nos dois casos. Na hipótese prevista no artigo 77, a multa é destinada à Fazenda Pública (art. 77, 3.º do CPC), ao passo que na hipótese do art. 774, a credora é a parte contrária.

4.5.3. Litigância de má-fé e dano processual

A violação aos deveres de lealdade e boa-fé processual também poderá caracterizar a litigância de má-fé e o dano processual (art. 80 do CPC).

A Lei da Reforma Trabalhista trouxe para a CLT, pela primeira vez, a regulamentação dos institutos da litigância de má-fé e do dano processual.

Assim, a Lei nº 13.467/2017 acrescentou os artigos 793-A a 793-D à CLT, transpondo idênticos artigos do CPC.

A CLT, em seu artigo 793-A trata do dano processual, assim dispondo: *"Responde por perdas e danos aquele que litigar de má-fé como reclamante, reclamado ou interveniente"*.

Logo, a parte que sofreu dano processual em razão de conduta que caracterize litigância de má-fé, será ressarcida pelas perdas e danos, desde que comprove a conduta ilícita da outra parte, o prejuízo sofrido e o nexo causal entre a conduta e o prejuízo.

Nos termos do artigo 793-B da CLT e artigo 80 do CPC: *"considera-se litigante de má-fé aquele que: I – deduzir pretensão ou defesa contra texto expresso de lei ou fato incontroverso; II – alterar a verdade dos fatos; III – usar do processo para conseguir objetivo ilegal; IV – opuser resistência injustificada ao andamento do processo; V – proceder de modo temerário em qualquer incidente ou ato do processo; VI – provocar incidente manifestamente infundado; VII – interpuser recurso com intuito manifestamente protelatório"*.

O juiz condenará o litigante de má-fé a pagar **multa**, de ofício ou a requerimento, que deverá ser superior a um por cento e inferior a dez por cento do valor corrigido da causa, conforme previsto no artigo 793-C da CLT, introduzido pela Lei da Reforma Trabalhista.

Outrossim, o referido dispositivo prevê que o litigante de má-fé também será condenado a indenizar a parte contrária pelos prejuízos que esta sofreu e a arcar com os honorários advocatícios e com todas as despesas que efetuou.

A condenação de que trata o art. 793-C, caput, da CLT, aplica-se apenas às ações ajuizadas a partir de 11 de novembro de 2017 (Lei nº 13.467/2017), consoante se infere do artigo 8º da IN 41 do TST.

Quando forem 2 (dois) ou mais os litigantes de má-fé, o juiz condenará cada um na proporção de seu respectivo interesse na causa ou solidariamente aqueles que se coligaram para lesar a parte contrária.

Quando o valor da causa for irrisório ou inestimável, a multa poderá ser fixada em até duas vezes o limite máximo dos benefícios do Regime Geral da Previdência Social (art. 793-C, § 2º, da CLT).

O valor da indenização será fixado pelo juiz ou, caso não seja possível mensurá-lo, liquidado por arbitramento ou pelo procedimento comum, nos próprios autos (art. 793-C, § 3º, da CLT).

O art. 793-C, §§ 2º e 3º, da CLT tem aplicação apenas nas ações ajuizadas a partir de 11 de novembro de 2017 (Lei nº 13.467/2017), consoante expressa previsão do art. 9º da IN 41 do TST.

4.5.4. Multa aplicada à testemunha

A Reforma Trabalhista inovou ao trazer a expressa possibilidade de aplicação de multa à testemunha mentirosa ou que omite fatos essenciais ao julgamento do processo (artigo 793-D da CLT).

Portanto, o referido dispositivo autoriza a imposição de multa superior a 1% e inferior a 10% do valor corrigido da causa diretamente à testemunha que intencionalmente: 1) alterar a verdade dos fatos; 2) omitir fatos essenciais ao julgamento da causa.

O disposto no caput do art. 793-D será aplicável às ações ajuizadas a partir de 11 de novembro de 2017, conforme dispõe o artigo 10 da IN 41/2018.

A execução da multa imposta à testemunha mentirosa será realizada nos mesmos autos em que ela foi ouvida.

O TST, no artigo 10, parágrafo único, da IN 41/2018, estabeleceu a necessidade de instauração prévia de **incidente processual** para fins de aplicação da referida multa.

Assim, após a colheita da prova oral, a aplicação de multa à testemunha dar-se-á na sentença e será precedida de instauração de incidente mediante o qual o juiz indicará o ponto ou os pontos controvertidos no depoimento, assegurados o contraditório, a defesa, com os meios a ela inerentes, além de possibilitar a **retratação**.

A Instrução Normativa, neste particular, é alvo de severas críticas porque teria invadido a competência legislativa ao trazer inovações não previstas em lei (necessidade de incidente prévio à multa e possibilidade de retratação).

Lado outro, há quem sustente que o incidente prévio visa garantir o princípio do contraditório substancial e o princípio da cooperação (art. 6º do CPC).

4.5.5. Vedação às expressões injuriosas

É vedado às partes, a seus procuradores, aos juízes, aos membros do Ministério Público e da Defensoria Pública e a qualquer pessoa que participe do processo empregar expressões ofensivas nos escritos apresentados.

Quando expressões ou condutas ofensivas forem manifestadas oral ou presencialmente, o juiz advertirá o ofensor de que não as deve usar ou repetir, sob pena de lhe ser cassada a palavra.

De ofício ou a requerimento do ofendido, o juiz determinará que as expressões ofensivas sejam riscadas e, a requerimento do ofendido, determinará a expedição de certidão com inteiro teor das expressões ofensivas e a colocará à disposição da parte interessada.

4.5.6. Assédio processual

O assédio processual corresponde a qualquer ato praticado reiteradamente e de forma insidiosa por algum dos sujeitos do processo, com a finalidade de minar a autoestima de uma das partes litigantes, degradando o processo. Exemplos clássicos são requerimentos impertinentes reiterados e recursos reiteradamente protelatórios.

O assédio processual decorre do assédio moral, estudado no direito material, e que atinge a esfera processual.

Esse instituto não tem previsão legal, mas é reconhecido pela doutrina e jurisprudência.

Seus requisitos, conforme a doutrina, são: I. conduta reiterada; II. ato praticado por qualquer sujeito do processo, inclusive o juiz; III. Finalidade de atingir um dos litigantes, ferindo sua dignidade; IV. O ato não necessariamente precisa ser ilícito.

Configurado o assédio processual, o lesado deverá ser reparado, com base nos parâmetros da indenização por dano moral, o que pode ser deferido a requerimento ou ex officio, sendo liquidada e executada nos próprios autos.

O assédio processual não se confunde com a litigância de má fé, pelos seguintes motivos: I. não tem tipificação legal; II. exige reiteração da conduta (a litigância de má-fé pode se caracterizar por um ato); III. Pode ser praticado pelo juiz (na litigância de má-fé não há essa previsão).

5. ATOS, TERMOS, NEGÓCIOS JURÍDICOS E PRAZOS PROCESSUAIS

5.1. Introdução

A materialização do processo é realizada através dos atos processuais praticados pelos sujeitos do processo e serventuários da justiça.

Os termos processuais representam a reprodução gráfica de determinado ato processual, como por exemplo, o termo de audiência que registra todo o acontecido na assentada.

Em regra, o ato processual deve ser praticado em determinado lapso de tempo, chamado de prazo processual.

A CLT trata do tema nos artigos 770 a 790-B da CLT, aplicando-se o CPC naquilo que não for disciplinado e não contrariar os princípios processuais trabalhistas (art. 15 do CPC c/c art. 769 da CLT).

5.2. Atos processuais

Atos processuais são manifestações de vontade oriundas das partes, do juiz e dos órgãos auxiliares, com o objetivo de produzir efeitos no processo, gerando sua formação (ex. Petição inicial), modificação (exceção de incompetência) ou extinção (ex. Sentença).

Conforme o princípio da instrumentalidade das formas ou da finalidade, os atos e termos não dependem de forma, observadas as exceções legais. E, ainda que violada a forma legal, o ato terá validade se, praticado de outra forma tenha atingido o seu objetivo.

No processo do trabalho, esse princípio tem especial relevância, diante do *jus postulandi,* bem como pela simplicidade das petições.

5.2.1. Classificação dos atos processuais

Os atos processuais são classificados pelo critério subjetivo (de quem os pratica) e objetivo (conforme a finalidade que almeja).

São atos das partes: **postulatórios** (requerimentos e pretensões), **instrutórios** (de convencimento do julgador) e **real ou de evento físico** (ato material do processo, como por exemplo, pagamento de custas).

São atos do órgão jurisdicional: 1) **atos do juízo**, que podem se subdividir em **decisórios** (decisões interlocutórias e sentenças) e **sem conteúdo decisório** (despachos); 2) **atos do órgão auxiliar**, que se subdividem em **atos de mera movimentação** (ex. Juntada) e **de execução** (cumprimento de determinações judiciais, ex. Intimação).

Existe, ainda, a categoria dos **atos do processo**. Trata-se de atos jurídicos que, embora não sejam praticados por nenhum dos sujeitos acima indicados, têm influência no processo. É o que ocorre, por exemplo, com ofícios do INSS ou de gerentes de banco.

5.2.2. Do tempo e lugar dos atos processuais

No que toca ao momento de realização, os atos processuais são classificados em ordinários e excepcionais (ou extraordinários).

Atos **ordinários** são aqueles que devem ser praticados nos dias úteis, das **6 às 20 horas** (art. 770 da CLT), ou no horário de expediente forense previsto para a prática do ato, como nas petições nos protocolos integrados ao Tribunal, que possuem horário diferenciado.

Atos **excepcionais** são aqueles que a lei permite que sejam praticados **fora do horário** acima, como por exemplo, a penhora, que poderá realizar-se em domingo ou dia feriado, mediante autorização expressa do juiz ou presidente (art. 770 da CLT).

Tratando-se de notificação postal, no caso de não ser encontrado o destinatário ou no de recusa de recebimento, o Correio ficará obrigado, sob pena de responsabilidade do servidor, a devolvê-la, no prazo de 48 (quarenta e oito) horas, ao Tribunal de origem (art. 774, parágrafo único da CLT).

Os atos praticados por fac-símile ou similar são regulados pela Lei n. 9800/99, que permite a transmissão de dados e imagens por fac-símile ou afim nos atos processuais que dependem de petição escrita. Todavia, os originais deverão ser protocolados até 5 dias do prazo para a prática do respectivo ato. Inexistindo prazo legal ou judicial, os originais devem ser entregues em 5 dias contados da recepção dos dados.

É importante transcrever a regra do art. 212, § 3º, do CPC: *"Quando o ato tiver de ser praticado por meio de petição em autos não eletrônicos, essa deverá ser protocolada no horário de funcionamento do fórum ou tribunal, conforme o disposto na lei de organização judiciária local".*

No processo eletrônico é permitido a apresentação de petições até as 24 horas do dia em que vencer o prazo, observado o horário do local em que o ato deva ser praticado (art. 3º da Lei n. 11419/06).

Quanto ao **lugar**, os atos processuais são realizados na **sede do juízo**, salvo em razão: a) **da deferência**; b) **do interesse da justiça**; c) **da natureza do ato**; d) **de obstrução alegada pelo interessado e acolhida pelo Juiz** (art. 217 do CPC).

A deferência significa a faculdade do juiz de praticar o ato na residência de autoridade.

5.2.3. Da prática dos atos processuais

Os atos processuais praticados pelas partes consistem em declarações unilaterais e bilaterais de vontade, produzindo imediatamente a constituição, modificação ou a extinção de direitos processuais. Em **regra**, são **praticados por petições**.

Os atos do juiz consistem em sentenças, decisões e despachos.

Os atos dos serventuários são aqueles praticados no processo, sem cunho decisório, tais como conclusões e juntadas.

5.3. Termo processual

Termo processual como já visto, é a forma como se exterioriza o ato processual.

Conforme o art. 771 da CLT, os atos e termos processuais poderão ser escritos a tinta, datilografados ou a carimbo.

Atualmente, com a introdução do processo judicial eletrônico – PJE (Instrução Normativa nº 30 do TST), esses meios de exteriorização tendem a ser substituído por outros, mais modernos. De toda sorte é necessário conhecer os dispositivos legais sobre o tema, ainda vigentes.

O art. 772 da CLT dispõe que os atos e termos processuais, que devam ser assinados pelas partes interessadas, quando estas, por motivo justificado, não possam fazê-lo, serão firmados a rogo, na presença de 2 (duas) testemunhas, sempre que não houver procurador legalmente constituído.

Tal dispositivo é ultrapassado e desnecessário. A assinatura do advogado é suficiente para dar validade ao ato processual.

Prevê o art. 773 da CLT, os termos relativos ao movimento dos processos constarão de simples notas, datadas e rubricadas pelos secretários ou escrivães.

As simples notas configuram os termos de movimentação processual e estão relacionados com as etapas de procedimento de responsabilidade do servidor, ex. Carimbos de juntada de petições, de abertura de conclusão ao juiz, etc.

O PJE traz a assinatura eletrônica dos documentos com a mesma validade da assinatura física.

5.4. Prazos processuais

5.4.1. Conceito

O prazo processual corresponde ao **lapso temporal** para a **prática** ou **abstinência** do ato processual.

Em regra, os prazos processuais são definidos por **lei**.

Se não houver previsão legal, pode o **juiz** definir o prazo das partes, tendo em conta a **complexidade** do ato (art. 218, §1°, do CPC).

Inexistindo prazo legal ou estabelecido pelo juiz, o prazo será de **cinco dias** (art. 218, § 3°, do CPC).

Nos termos dos artigos 180, 183 e 186 do CPC, aplicáveis subsidiariamente ao processo do trabalho, as pessoas jurídicas de direito público que não explorem atividade econômica, o Ministério Público e a Defensoria pública possuem prazo em **dobro** para se manifestar nos autos, isto é, para a prática de qualquer ato processual, como por exemplo, recorrer.

É importante destacar, contudo, que no âmbito trabalhista existe regra específica para as pessoas jurídicas de direito público da Administração Direta, Autárquica e Fundacional da União, DF, Estados e Municípios. Assim, na Justiça do Trabalho, esses entes possuem prazo em **quádruplo para contestar** conforme art. 1° do Decreto-Lei n° 779/1969, que prevalece sobre a regra do CPC, por se tratar de norma especial. Logo, o prazo entre a data da propositura da ação trabalhista e da audiência inicial ou audiência una (a defesa na Justiça do Trabalho é recebida em audiência) deve ser de **20 dias.**

Com relação às demais manifestações, aplica-se o prazo em dobro para as pessoas jurídicas de direito público da Administração Direta, Autárquica e Fundacional da União, DF, Estados e Municípios.

O Decreto-Lei n° 509/1969 equiparou a Empresa Brasileira de Correios e Telégrafos (EBCT) à Fazenda Pública, especialmente no tocante às prerrogativas processuais (art. 12), incluindo, assim, os prazos processuais. Portanto, para a EBCT também se aplicam os prazos diferenciados acima expostos (prazo em quadruplo para contestar e em dobro para as demais manifestações).

É importante destacar que a Recomendação n. 02/2012 da Corregedoria Geral da Justiça do Trabalho – CGJT, autoriza que a União possa protocolar sua defesa, no prazo de **20 dias**, dispensando a realização de audiência inicial, quando a matéria for unicamente de **direito**.

Para o Ministério Público e a Defensoria Pública o prazo será sempre em dobro, não se valendo do prazo quadruplicado anteriormente mencionado.

Não se aplica ao processo do trabalho a regra do prazo em dobro para procuradores distintos, prevista no art. 229 do CPC (OJ 310 da SDB1 do TST), em razão da incompatibilidade com a celeridade que lhe é inerente.

O vencimento dos prazos será certificado nos processos pelos escrivães ou chefes de secretaria (art. 776 da CLT).

5.4.2. Contagem dos prazos processuais

Conforme o artigo 774 da CLT, a regra é que os prazos são contados a partir da data em que for feita pessoalmente, ou recebida a notificação, daquela em que for publicado o edital no jornal oficial ou no que publicar o expediente da Justiça do Trabalho, ou, ainda, daquela em que for afixado o edital na sede da Junta, Juízo ou Tribunal.

Logo, o início do prazo (*dies a quo*) ocorre no momento em que o interessado toma ciência do ato processual a ser praticado.

O **início** do prazo processual não se confunde com o início da **contagem** dele. Isso porque, os prazos processuais **contam-se** com a exclusão do dia do começo e inclusão do dia do vencimento (art. 775 da CLT).

Assim, o início da **contagem do prazo** ocorre no **dia seguinte** ao do início do prazo (dia da ciência do ato processual). Em outras palavras, a contagem do prazo processual inicia-se no dia seguinte ao da ciência do ato processual pelo interessado.

É importante destacar que a ciência do ato processual a ser praticado deve acontecer em dia que tenha expediente forense (**dia útil**). Caso contrário, a notificação será considerada realizada no próximo dia útil subsequente.

Dessa forma, por exemplo, se a parte é notificada em um sábado, a sua notificação será considerada como realizada na segunda-feira (dia da ciência do ato) e a contagem do prazo processual terá início no dia seguinte (terça-feira).

Além disso, a **contagem do prazo** somente se inicia nos **dias úteis**, vez que os atos processuais, em regra, igualmente só podem ser realizados nesses dias, nos termos do art. 770 da CLT. Nesse caso, usando o exemplo anterior, se a terça-feira recair em feriado, somente na quarta-feira terá início a contagem do prazo.

Nos termos da Súm. 01 do TST, quando a intimação tiver lugar na sexta-feira, ou a publicação com efeito de intimação for feita nesse dia, o prazo judicial será contado da segunda-feira imediata, inclusive, salvo se não houver expediente, caso em que fluirá no dia útil que se seguir.

No mesmo sentido, a Súmula 262 do TST:

> PRAZO JUDICIAL. NOTIFICAÇÃO OU INTIMAÇÃO EM SÁBADO. RECESSO FORENSE.
>
> I - Intimada ou notificada a parte no sábado, o início do prazo se dará no primeiro dia útil imediato e a contagem, no subsequente.
>
> II - O recesso forense e as férias coletivas dos Ministros do Tribunal Superior do Trabalho suspendem os prazos recursais.

A única exceção quanto ao início da contagem em dia não útil se dá no caso de recurso interposto via fac-símile. Neste caso, enviado o fax, a parte terá o prazo de 5 dias para a juntada dos originais, que começa a correr do dia subsequente ao término do prazo recursal, mesmo que coincida com feriado, sábado ou domingo (Súm. 387 do TST).

Os prazos serão contados em **dias úteis**, com exclusão do dia do começo e inclusão do dia de vencimento (art.775 da CLT).

Dias úteis são os dias em que há expediente forense.

No Processo Judicial Eletrônico - PJE, as intimações por **meio eletrônico** serão consideradas realizadas no **dia da consulta**. Se a consulta acontecer em dia não útil, a intimação será considerada como realizada no primeiro dia útil seguinte (art. 5º, §2º, da Lei nº 11.419/2006).

Se a parte não fizer a consulta no prazo de **10 dias corridos contados da sua disponibilização no sistema** (independentemente se esse dia é ou não útil), será **presumida a intimação**, iniciando-se a contagem do prazo no dia seguinte ao término do prazo de 10 dias.

O prazo de 10 dias para ciência da intimação no PJE não é considerado como prazo processual propriamente dito, mas como período para que a parte possa tomar ciência do ato processual. Por isso, a contagem desses dias é de forma corrida e não em dias úteis.

Na hipótese de publicação da intimação no Diário da Justiça eletrônico (como ocorre, em regra, com a intimação do advogado), a data da publicação será considerada o **primeiro dia útil seguinte ao da disponibilização** da informação no Diário da Justiça eletrônico, começando a correr o prazo processual no primeiro dia útil que seguir ao considerado como data da publicação (art. 4º, §§3º e 4º da Lei nº 11.419/2006).

Exemplo:

Se a decisão for disponibilizada no Diário eletrônico dia 10 (terça-feira), a data da publicação será considerada como sendo dia 11 (quarta-feira) e o início da contagem processual se dará no dia 12 (quinta-feira).

5.4.3. Interrupção e suspensão dos prazos processuais

Decorrido o prazo, extingue-se o direito de praticar ou se abster da prática do ato processual, exceto se a parte provar **justa causa** (art. 223 do CPC).

Entende-se como justa causa o evento imprevisto, alheio à vontade da parte e que a impediu de praticar o ato por si ou por mandatário (art. 223, §1º do CPC). Verificada a justa causa, o juiz permitirá à parte a prática do ato no prazo que lhe assinar (art. 223, §2º do CPC).

Os prazos judiciais são contínuos e irreleváveis, contudo, conforme o parágrafo primeiro do artigo 775 da CLT, introduzido pela Lei da Reforma Trabalhista, é possível a **prorrogação do prazo**, pelo tempo estritamente necessário em duas hipóteses:

1) quando o juiz entender necessário;

2) em virtude de força maior, devidamente comprovada.

O referido dispositivo traz conceitos jurídicos indeterminados para permitir a prorrogação dos prazos processuais, o que deverá ser preenchido em cada caso concreto.

Além disso, os prazos podem ser **suspensos** (paralisação temporária), retornando a contagem posteriormente do ponto em que havia parado. Exemplo: obstáculo criado pela parte art. 221 do CPC.

Os prazos também podem ser **interrompidos, isto é,** o prazo se inicia novamente quando cessada a causa interruptiva.

Exemplo:

Citação válida art. 240, § 1º, do CPC).

Na hipótese de feriado municipal ou estadual, ou, ainda, quando inexistente expediente forense, é dever da parte comprovar sua existência para fins de prorrogação do prazo (Súm. 385 do TST).

Já o parágrafo segundo do artigo 775 da CLT, acrescentado pela Lei da Reforma Trabalhista, determina que o juiz poderá dilatar os prazos processuais e alterar a ordem de produção dos meios de prova, adequando-os às necessidades do conflito de modo a conferir maior efetividade à tutela do direito.

Veja-se que o referido dispositivo confere poderes ao magistrado para ampliar os prazos processuais e mudar a ordem de produção probatória com a finalidade de melhor atender à efetividade da tutela do direito. Exemplo: conceder prazo maior para réplica em razão da grande quantidade de documentos anexados à defesa.

Nos termos do artigo 775-A da CLT, introduzido pela Lei da Reforma Trabalhista, suspende-se o curso do prazo processual nos dias compreendidos entre 20 de dezembro e 20 de janeiro, inclusive.

Logo, entre os dias 20 de dezembro a 20 de janeiro, os prazos ficarão suspensos, não se realizando audiências e sessões de julgamento.

Através da Resolução nº 244 de 12.09.16, o CNJ regulamentou a questão, definindo as seguintes regras (arts. 2º e 3º):

1) de 20 de dezembro a 06 de janeiro não haverá expediente forense, de forma que ficará suspensa a prática de atos processuais, salvo as medidas de urgência;
2) de 07 a 20 de janeiro apenas os prazos, audiências e sessões ficarão suspensos, mantendo-se o expediente forense normal.

Por fim, merece destacar que o art. 218, § 4º do CPC, considera tempestivo o ato praticado **antes do termo inicial** do prazo.

Essa regra poderá ser aplicada no processo do trabalho, por inexistir conflito com os princípios processuais trabalhistas. É o caso de recurso interposto antes do início do prazo recursal. Aliás, a jurisprudência do TST que estabelecia o contrário, isto é, a extemporaneidade de recurso ajuizado antes da publicação do acórdão impugnado, foi cancelada em junho de 2015 (Súm. 434 do TST).

5.4.4. Classificação dos prazos processuais

Os prazos processuais podem ser classificados quanto à **origem**, natureza, destinatário.

Quanto à origem, os prazos podem ser:

1) legais: fixados pela própria lei.

Exemplo

Prazo para interposição de recurso.

2) judiciais: fixados pelo juiz.

Exemplo

Prazo para o período apresentar o laudo técnico, conforme art. 852-H da CLT.

3) convencionais: podem ser objeto de acordo entre as partes.

Exemplo

Suspensão do processo para tentativa de acordo, conforme art. 313, II, CPC.

Quanto à **natureza**, os prazos podem ser:

1) dilatórios (prorrogáveis): decorrem de norma de natureza dispositiva, isto é, que podem ser alterados pelas partes. No processo civil há expressa previsão desta modalidade no artigo 191 do CPC.
2) peremptórios (fatais ou improrrogáveis): decorrem de normas cogentes ou de ordem pública, que não podem ser alteradas pelas partes.

Por fim, quanto ao **destinatário**, os prazos podem ser:

1) **próprios:** destinados às partes, com previsão em lei ou fixado judicialmente. Os prazos próprios estão sujeitos à preclusão.
2) **impróprios:** são os legalmente previstos e destinados aos juízes e servidores. São denominados de impróprios porque não se sujeitam à preclusão, de forma que mesmo praticados fora do prazo, os atos são válidos.

5.5. Comunicação dos atos processuais

A comunicação dos atos processuais é fundamental para assegurar o contraditório e a ampla defesa.

O CPC prevê duas modalidades de comunicação dos atos processuais: a **citação** (cientifica a parte da existência de uma ação, intimando-a se defender, caso queira) e a **intimação** (dá ciência à parte ou terceiros de algum ato processual ou o conclama a praticar algum ato).

A CLT não segue o rigor do CPC com relação aos termos. Assim, por exemplo, no artigo 841 da CLT é utilizado o termo "notificação inicial" para a citação. Já no artigo 825 da CLT há a previsão de que as testemunhas comparecerão independentemente de "notificação" ou intimação.

A citação no processo trabalhista ("notificação", conforme a CLT) será praticada pelo Diretor de Secretaria da Vara do Trabalho, independentemente de despacho, no prazo de **48 horas** do ajuizamento da ação (art. 841 da CLT).

Em regra, a notificação é realizada pela **via postal**, sendo por oficial de justiça, quando o local não for servido pelo serviço do correio, ou por edital, quando o réu criar embaraços ou não for encontrado (art. 841, § 1º, CLT).

Conforme a Súmula 16 do TST, a notificação presume-se recebida pelo destinatário, 48 horas após sua postagem.

No rito sumaríssimo é incabível a citação por edital, cabendo ao autor indicar corretamente o endereço do réu, sob pena de extinção do feito (art. 852-B, II, da CLT).

No que toca às intimações no processo trabalhista, em regra, os advogados são intimados mediante publicação no Diário Eletrônico da Justiça do Trabalho, que substituiu o Diário Oficial publicado em papel.

A Lei n. 11.419/06 regulamenta a intimação pela via eletrônica que, conforme o CPC deverá ser a regra (art. 272 do CPC), o que ainda não se verifica na prática.

Conforme o artigo 272 e seus parágrafos, o CPC trouxe inovações com relação à intimação, quais sejam:

1) Os advogados poderão requerer que, na intimação a eles dirigida, figure apenas o nome da sociedade a que pertençam, desde que devidamente registrada na Ordem dos Advogados do Brasil;
2) Sob pena de nulidade, é indispensável que da publicação constem os nomes das partes e de seus advogados, com o respectivo número de inscrição na Ordem dos Advogados do Brasil, ou, se assim requerido, da sociedade de advogados;
3) A grafia dos nomes das partes não deve conter abreviaturas;
4) A grafia dos nomes dos advogados deve corresponder ao nome completo e ser a mesma que constar da procuração ou que estiver registrada na Ordem dos Advogados do Brasil;
5) Constando dos autos pedido expresso para que as comunicações dos atos processuais sejam feitas em nome dos advogados indicados, o seu desatendimento implicará nulidade;
6) A retirada dos autos do cartório ou da secretaria em carga pelo advogado, por pessoa credenciada a pedido do advogado ou da sociedade de advogados, pela Advocacia Pública, pela Defensoria Pública ou pelo Ministério Público implicará intimação de qualquer decisão contida no processo retirado, ainda que pendente de publicação;
7) O advogado e a sociedade de advogados deverão requerer o respectivo credenciamento para a retirada de autos por preposto;
8) A parte arguirá a nulidade da intimação em capítulo preliminar do próprio ato que lhe caiba praticar, o qual será tido por tempestivo se o vício for reconhecido.

Dentro deste tema é importante destacar o artigo 16 da IN nº 39/2016 do TST: *"Art. 16. Para efeito de aplicação do § 5º do art. 272 do CPC, não é causa de nulidade processual a intimação realizada na pessoa de advogado regularmente habilitado nos autos, ainda que conste pedido expresso para que as comunicações dos atos processuais sejam feitas em nome de outro advogado, se o profissional indicado não se encontra previamente cadastrado no Sistema de Processo Judicial Eletrônico, impedindo a serventia judicial de atender ao requerimento de envio da intimação direcionada. A decretação de nulidade não pode ser acolhida em favor da parte que lhe deu causa (CPC, art. 276)".*

Os meios de comunicação dos atos processuais trabalhistas são: **via postal, por meio de Oficial de Justiça, publicação em órgão oficial e por meio de carta.**

A utilização da carta é feita quando o cumprimento do ato deve ser feito por órgão **hierarquicamente inferior** ou quando deve realizar-se **fora da jurisdição** do órgão.

A carta, nada mais é, do que uma cópia parcial do processo, formando-se novos autos que serão processados no juízo em que a carta será cumprida. A carta tem como característica, portanto, o caráter **itinerante**, podendo ser remetida a juízo diverso daquele que a recebeu, a fim de que o ato seja cumprido.

O CPC prevê quatro tipos de cartas para comunicação dos atos (art. 237):

1) De ordem: quando o juiz que cumprirá a carta for subordinado ao tribunal;
2) Rogatória: quando dirigida à autoridade judiciária estrangeira;
3) Precatória: nos demais casos, tendo por regra o cumprimento de ordens em Varas do Trabalho de outra jurisdição;
4) Arbitral: para que o órgão do Poder Judiciário pratique ou determine cumprimento de pedido do juízo arbitral.

5.6. Negócios jurídicos processuais

O processo também admite a formação de negócios jurídicos. Os negócios jurídicos processuais são manifestações de vontade destinadas à realização de um efeito, um resultado no processo.

A diferença de atos processuais e negócios jurídicos processuais é que naqueles os efeitos estão previstos na **lei** (ex. Desistência da demanda, cujo ato leva à extinção do feito) e, nestes, as partes podem determinar o resultado ou o efeito (ex. Suspensão do processo por **ajuste de vontades** ou distribuição do ônus da prova de forma diferente da previsão legal).

O CPC/2015 inovou com relação aos negócios jurídicos processuais, trazendo a possibilidade de celebração de negócios processuais atípicos, com fundamento na cláusula geral de negociação sobre o processo prevista no art. 190 do CPC. Conforme esse dispositivo, as partes podem negociar sobre o processo, alterando suas regras no que se referem a ônus, deveres, poderes ou atos jurídicos. Assim, conforme o CPC, as partes podem, por exemplo, firmar acordo de impenhorabilidade, acordo de instância única, acordo de ampliação ou redução dos prazos.

Contudo, a maior parte da doutrina e a IN nº 39/2016 (art. 2º, II e VII) afastam a aplicação do artigo 190 do CPC ao processo do trabalho, considerando a indisponibilidade dos direitos discutidos na seara trabalhista. Há quem sustente a possibilidade de celebração de negócios jurídicos processuais no processo trabalhista, ante a compatibilidade com o processo do trabalho, já que os direitos envolvidos admitem autocomposição[1].

5.7. Juízo 100% digital – Resolução nº345/20 do CNJ

Em 06/10/20, o CNJ aprovou a Resolução nº345, que prevê a implementação do chamado "Juízo 100% Digital" nos tribunais de todo o país. No âmbito do "Juízo 100% Digital", todos os atos processuais serão exclusivamente praticados por meio eletrônico e remoto por intermédio da rede mundial de computadores.

Assim, no âmbito do Juízo 100% Digital não serão praticados atos presenciais ou físicos nos processos.

As audiências e sessões no "Juízo 100% Digital" ocorrerão exclusivamente por videoconferência.

As partes poderão requerer ao juízo a participação na audiência por videoconferência em sala disponibilizada pelo Poder Judiciário.

A opção pelo chamado "Juízo 100% Digital" ocorrerá de forma facultativa e será feita pelo demandante quando da distribuição da ação. A outra parte pode se opor a essa modalidade até o momento da contestação.

Após a contestação e até a prolação da sentença, as partes poderão retratar-se, por uma única vez, da escolha pelo "Juízo 100% Digital".

Em hipótese alguma, a retração poderá ensejar a mudança do juízo natural do feito, devendo o "Juízo 100% Digital" abranger todas as unidades jurisdicionais de uma mesma competência territorial e material.

O atendimento exclusivo de advogados pelos magistrados e servidores lotados no "Juízo 100% Digital" ocorrerá durante o horário fixado para o atendimento ao público de forma eletrônica, nos termos do parágrafo único do artigo 4º, observando-se a ordem de solicitação, os casos urgentes e as preferências legais.

Quando o advogado tiver interesse em ser atendido pelo magistrado deverá fazer o registro do requerimento, com dia e hora, por meio eletrônico indicado pelo tribunal.

A resposta sobre o atendimento deverá ocorrer no prazo de até 48 horas, ressalvadas as situações de urgência.

Os tribunais que implementarem o "Juízo 100% Digital" deverão comunicar o fato ao CNJ no prazo de 30 dias, enviando o detalhamento da implantação. O acompanhamento dos resultados alcançados será feito com base em indicadores de produtividade e celeridade

1. Nesse sentido o Enunciado n. 131 do Fórum Permanente de Processualistas Civis: Aplica-se ao processo do trabalho o disposto no art. 190 no que se refere à flexibilidade do procedimento por proposta das partes, inclusive quanto aos prazos.

e, após um ano, o tribunal poderá optar pela manutenção, descontinuidade ou ampliação das varas digitais.

6. PRECLUSÃO

6.1. Conceito

O processo é uma marcha para frente, uma sucessão de atos jurídicos concatenados com a finalidade de alcançar um fim, que é a prestação da tutela jurisdicional.

A preclusão surge, portanto, com a finalidade de evitar a perpetuação do processo, fixando tempo razoável para a prática de atos e impedindo a revisão de decisão já proferida.

A preclusão pode, assim, ser conceituada, como a perda de uma situação jurídica ativa processual, ou seja, a **perda de poder processual** das partes ou de um poder do juiz (DIDIER, 2015, p. 417).

6.2. Classificação da preclusão

Existem três tipos de preclusão: temporal, consumativa e lógica.

A preclusão **temporal** consiste na perda do poder processual em razão do seu não exercício no momento oportuno.

Exemplo

A parte não interpõe recurso no prazo legal.

A preclusão **lógica** se verifica na perda do poder processual em razão da prática anterior de ato incompatível com o exercício da faculdade/poder processual.

Exemplo

Quando a parte aceita expressa ou tacitamente a decisão, o que é incompatível com o exercício do direito de impugná-la, pagando a execução para depois ofertar embargos.

A preclusão **consumativa**, por sua vez, consiste na perda do poder processual em razão de esse poder já ter sido exercido, pouco importa se bem ou mal.

Exemplo

A parte interpõe Recurso Ordinário no quinto dia do prazo (que é de 8 dias), mas esquece de deduzir um argumento importante. Como já exerceu e consumou seu direito de recorrer, não pode, nos dois dias restantes do prazo, corrigir, melhorar ou repetir o recurso.

A preclusão para o juiz (preclusão *pro judicato*) diz respeito à impossibilidade de revisão da decisão anteriormente proferida, exceto nas hipóteses legalmente previstas.

7. DESPESAS PROCESSUAIS E HONORÁRIOS ADVOCATÍCIOS

7.1. Despesas processuais

Em regra, a parte deve arcar com o pagamento das despesas processuais em razão dos serviços prestados pelos órgãos jurisdicionais.

As despesas processuais são os gastos que as partes têm com o processo, englobando custas processuais, emolumentos, honorários advocatícios, periciais e de assistente técnico, despesas indenizatórias com deslocamento de testemunha, com editais, etc.

As custas possuem natureza de **taxa**, sendo espécie de tributo recolhido em prol da União, por meio de GRU, cobrado pela realização da atividade jurisdicional.

No processo do trabalho não existe recolhimento antecipado de custas.

Na fase de conhecimento, o recolhimento é de **2% a incidir sobre** (art. 789 da CLT):

1. **valor da condenação ou do acordo;**
2. **valor da causa (extinção sem resolução do mérito, improcedência total, procedência em ação declaratória ou constitutiva);**
3. **valor que o juiz definir (quando o valor foi indeterminado);**
4. **valor arbitrado na decisão, ou pelo presidente do tribunal, no dissídio coletivo (partes vencidas respondem solidariamente).**

Há de ser observado o valor mínimo de custas de **R$10,64** (dez reais e sessenta e quatro centavos) fixados pelo art. 789 da CLT.

A Lei da Reforma Trabalhista alterou a redação do artigo 789 da CLT para fixar o valor **máximo** das custas, qual seja, **quatro vezes o valor do limite máximo dos benefícios do Regime Geral de Previdência Social.**

Nos termos do artigo 4º da IN 41 do TST, o art. 789, caput, da CLT aplica-se nas decisões que fixem custas, proferidas a partir da entrada em vigor da Lei nº 13.467/2017.

As custas serão pagas pelo vencido, após o **trânsito em julgado** da decisão. Em caso de recurso, as custas serão recolhidas e comprovadas no prazo recursal.

Conforme a Súm. nº 36 do TST, nas ações plúrimas, as custas incidem sobre o respectivo valor global.

ATENÇÃO

Conforme a atual redação parágrafo segundo do artigo 844 da CLT, em caso de arquivamento por ausência do reclamante à audiência inaugural, este será condenado ao pagamento das custas, ainda que beneficiário da justiça gratuita. O reclamante apenas ficará isento dessa condenação se comprovar, em 15 dias, que a ausência ocorreu por motivo legalmente justificável. O pagamento dessas custas é condição para a propositura de nova demanda pelo reclamante.

Na fase de **execução**, as custas são pagas ao **final**, a cargo do executado, conforme tabela do art. 789-A da CLT, a depender do ato processual praticado:

> *Art. 789-A. No processo de execução são devidas custas, sempre de responsabilidade do executado e pagas ao final, de conformidade com a seguinte tabela:*
>
> *I – autos de arrematação, de adjudicação e de remição: 5% (cinco por cento) sobre o respectivo valor, até o máximo de R$ 1.915,38 (um mil, novecentos e quinze reais e trinta e oito centavos);*
>
> *II – atos dos oficiais de justiça, por diligência certificada:*
>
> *a. em zona urbana: R$ 11,06 (onze reais e seis centavos);*
>
> *b. em zona rural: R$ 22,13 (vinte e dois reais e treze centavos);*
>
> *III – agravo de instrumento: R$ 44,26 (quarenta e quatro reais e vinte e seis centavos);*
>
> *IV – agravo de petição: R$ 44,26 (quarenta e quatro reais e vinte e seis centavos);*
>
> *V – embargos à execução, embargos de terceiro e embargos à arrematação: R$ 44,26 (quarenta e quatro reais e vinte e seis centavos);*
>
> *VI – recurso de revista: R$ 55,35 (cinqüenta e cinco reais e trinta e cinco centavos);*
>
> *VII – impugnação à sentença de liquidação: R$ 55,35 (cinqüenta e cinco reais e trinta e cinco centavos);*
>
> *VIII – despesa de armazenagem em depósito judicial – por dia: 0,1% (um décimo por cento) do valor da avaliação;*
>
> *IX – cálculos de liquidação realizados pelo contador do juízo – sobre o valor liquidado: 0,5% (cinco décimos por cento) até o limite de R$ 638,46 (seiscentos e trinta e oito reais e quarenta e seis centavos).*

Estão **isentos** de recolhimento de custas:

a) os que gozam de benefícios da justiça gratuita (art. 790-A da CLT);

b) Entes federativos e suas autarquias e fundações públicas que não exploram atividade econômica;

c) MPT;

d) Correios (Decreto-Lei nº 509/69 e jurisprudência pacífica do STF);

e) Massa falida;

f) Herança jacente (Instrução Normativa nº 3/99, item X, do TST);

g) Associações (sindicatos) nas demandas coletivas julgadas improcedentes, salvo comprovada má-fé (art. 87 do CDC).

A isenção não alcança as entidades fiscalizadoras do exercício da profissão, como OAB, CREA, CREMEB (parágrafo único do art. 790-A da CLT).

As sociedades de economia mista e as empresas públicas, como não fazem parte da Administração Pública direta, não são atingidas pelo referido benefício processual (Súm. Nº 170 do TST).

A massa falida está isenta do recolhimento de custas para fins de preparo, mas não no final do processo, quando deverá recolher as custas do processo caso seja sucumbente na demanda. Esse benefício não se estende às empresas em liquidação extrajudicial (Súm. 86 do TST).

Os emolumentos são despesas processuais cobradas por **serviços** específicos prestados pelos órgãos jurisdicionais, conforme tabela legal. Alguns serviços estão especificados no art. 789-B da CLT, tais como fotocópias e certidões.

Os honorários periciais serão objeto de estudo mais detalhado em subtópico próprio (subtópico 6.8.4.2. do Capítulo 3), para onde remeto o leitor.

7.2. Assistência judiciária gratuita e gratuidade de justiça

Inicialmente é necessário distinguir dois institutos diversos: a assistência judiciária gratuita e a gratuidade de justiça.

A **assistência judiciária gratuita**, no processo do trabalho, é prestada pelo **sindicato** da categoria profissional ao trabalhador que não tenha condições econômicas de prover a demanda (art. 14 da Lei nº 5.584/1970).

A assistência é devida a todo aquele que perceber **salário igual ou inferior ao dobro do mínimo legal**, ficando assegurado igual benefício ao trabalhador de maior salário, uma vez provado que sua situação econômica não lhe permite demandar, sem prejuízo do sustento próprio ou da família.

Já o benefício da **gratuidade de justiça** implica na **isenção** do pagamento das despesas processuais.

A jurisprudência admite a coexistência de ambos os institutos.

A redação do artigo 790, §3º, da CLT, anterior à Lei da Reforma Trabalhista, facultava ao juiz conceder, de ofício, o benefício da justiça gratuita a quem percebesse até dois salários-mínimos ou declarasse estado de miserabilidade jurídica.

Contudo, o art. 790, § 3º, da CLT, com redação alterada pela Lei da Reforma Trabalhista, alterou esse paradigma.

Conforme o referido dispositivo, é facultado aos juízes, órgãos julgadores e presidentes dos tribunais do trabalho de qualquer instância conceder, **a requerimento ou de ofício**, o benefício da **justiça gratuita**, inclusive quanto a traslados e instrumentos, **àqueles que perceberem salário igual ou inferior a 40% (quarenta por cento) do limite máximo dos benefícios do Regime Geral de Previdência Social.**

Assim, após a Reforma Trabalhista, haverá presunção de insuficiência financeira e a justiça gratuita poderá ser concedida, inclusive de ofício, para aqueles que perceberem salário igual ou inferior a 40% (quarenta por cento) do limite máximo dos benefícios do Regime Geral de Previdência Social (art. 790, §§3º e 4º, da CLT).

Para aqueles que recebem acima desse valor, será necessário comprovar o seu estado de miserabilidade jurídica, conforme o disposto no artigo 790, §4º: *"o benefício da justiça gratuita será concedido à parte que comprovar insuficiência de recursos para o pagamento das custas do processo".*

Com a atual redação do art. 790, § 4º, da CLT, permitindo a concessão da justiça gratuita *"à parte que comprovar insuficiência"* e diante do princípio constitucional da Assistência Judiciária Gratuita previsto no art. 5º, LXXIV da CF/88, a jurisprudência majoritária passou a permitir o deferimento do benefício também ao empregador.

Em regra, na Justiça do Trabalho, a gratuidade de justiça sempre foi deferida ao empregado por mera apresentação da declaração de pobreza, sob o fundamento de que esta declaração goza da presunção legal de veracidade, consoante antiga OJ n. 304 da SDI-1 do TST e o revogado artigo 4º, § 1º, da Lei nº 1.060/50 (idêntica previsão consta atualmente do artigo 99, § 3º, do CPC).

A Súmula 463, do TST, com redação dada para se adequar ao CPC, consolida o seguinte entendimento: "I- A partir de 26.06.2017, para a concessão da assistência judiciária gratuita à pessoa natural, basta a declaração de hipossuficiência econômica firmada pela parte ou por seu advogado, desde que munido de procuração com poderes específicos para esse fim (art. 105 do CPC); II- No caso de pessoa jurídica, não basta a mera declaração: é necessária a demonstração cabal de impossibilidade de a parte arcar com as despesas do processo".

Em 07/10/2022, a SDI-I do TST publicou importante precedente sobre o tema no sentido de que a comprovação da situação de miserabilidade, a que se refere o §4º do art. 790 da CLT, pode ser feita mediante declaração de miserabilidade da parte (E-RR-415-09.2020.5.06.0351, Rel. Min. Lelio Bentes Correa).

Logo, o entendimento jurisprudencial majoritário atualmente é que, para a pessoa natural, basta a declaração de miserabilidade jurídica, não desqualificada em juízo, para o deferimento da gratuidade de justiça. No caso de pessoa jurídica, não basta a mera declaração: é necessária a demonstração cabal de impossibilidade de a parte arcar com as despesas do processo (Súm. 463 do TST).

É importante destacar que a assistência do requerente por advogado particular, por si só, não impede a concessão de gratuidade da justiça.

No processo trabalhista a gratuidade de justiça também engloba a dispensa do depósito recursal, que tem natureza de garantia da execução (art. 899, §10, da CLT).

O arquivamento da ação, por ausência do reclamante à audiência, dará ensejo à condenação do reclamante ao pagamento de custas, ainda quando for beneficiário da justiça gratuita, ressalvada a hipótese de comprovação de que sua ausência decorreu de algum motivo legalmente justificável, o que deverá ser feito no prazo de quinze dias (art. 844, §2º, da CLT). Além disso, o pagamento das citadas custas será condição para a propositura de nova demanda (art. 844, §3º, da CLT).

A concessão de gratuidade não afasta o dever de o beneficiário pagar, ao final, as multas processuais que lhe sejam impostas.

O benefício da justiça gratuita pode ser requerido em qualquer tempo ou grau de jurisdição, desde que, na fase recursal, seja o requerimento formulado no prazo alusivo ao recurso.

Indeferido o requerimento de justiça gratuita formulado na fase recursal, cumpre ao relator fixar prazo para que o recorrente efetue o preparo (art. 99, § 7º, do CPC de 2015).

7.3. Honorários advocatícios sucumbenciais

Os honorários advocatícios correspondem ao valor devido ao advogado como retribuição do seu trabalho. Os honorários constituem direito do advogado e têm natureza alimentar, com os mesmos privilégios dos créditos oriundos da legislação do trabalho.

Existem duas modalidades de honorários advocatícios: os honorários contratuais e os honorários de sucumbência.

A primeira modalidade corresponde aos honorários devidos em decorrência da celebração de contrato de mandato entre advogado e cliente, independente do resultado da demanda.

Já os honorários sucumbenciais decorrem – como o próprio nome diz – da sucumbência da outra parte na demanda, isto é, do fato da parte contrária não obter sucesso em sua respectiva pretensão no processo.

Com a Reforma Trabalhista, apesar de mantido o *jus postulandi,* foram instituídos os honorários advocatícios sucumbenciais na Justiça do Trabalho, reinvindicação histórica dos advogados que militam nessa área.

Assim, conforme o artigo 791-A da CLT, acrescentado pela Lei n. 13.467/2017, na justiça do trabalho serão devidos honorários de sucumbência ao advogado, ainda que atue em causa própria, inclusive na reconvenção.

Nos termos do disposto no artigo 6º da IN 41 do TST, na Justiça do Trabalho, a condenação em honorários advocatícios sucumbenciais, prevista no art. 791-A, e parágrafos, da CLT, será aplicável apenas às ações propostas após 11 de novembro de 2017 (Lei nº

13.467/2017). Nas ações propostas anteriormente, subsistem as diretrizes do art. 14 da Lei nº 5.584/1970 e das Súmulas nº 219 e 329 do TST.

Os honorários de sucumbência, no processo do trabalho, serão fixados entre o mínimo de **5% (cinco por cento)** e o máximo de **15% (quinze por cento)** sobre o valor que resultar da liquidação da sentença, do proveito econômico obtido ou, não sendo possível mensurá-lo, sobre o valor atualizado da causa.

No processo civil, o CPC limita a condenação dos honorários de sucumbência entre o mínimo de **10% e o máximo de 20%.**

Os honorários são devidos também nas ações contra a Fazenda Pública e nas ações em que a parte estiver assistida ou substituída pelo sindicato de sua categoria (§ 1º do art. 791-A da CLT).

O art. 3º da Lei nº 13.725/2018 revogou o art. 16 da Lei nº 5.584/ 1970, que trazia a previsão de que nas ações ajuizadas pelo sindicato, os honorários advocatícios arbitrados em juízo eram revertidos ao sindicato assistente e não direcionados ao advogado que patrocinou a causa.

O referido diploma legal alterou o Estatuto da OAB para prever que a prestação de serviço profissional assegura aos inscritos na OAB o direito aos honorários assistenciais em ações coletivas propostas por entidades de classe em substituição processual, sem prejuízo aos honorários convencionais.

A nova lei também prevê que os honorários convencionados com entidades de classe, para atuação em substituição processual, poderão prever a faculdade de indicar os beneficiários que, ao optarem por adquirir os direitos, assumirão as obrigações decorrentes do contrato originário a partir do momento em que este foi celebrado, sem a necessidade de mais formalidades.

Para fixar os honorários de sucumbência, o juízo deverá observar os seguintes requisitos: I – o grau de zelo do profissional; II – o lugar de prestação do serviço; III – a natureza e a importância da causa; IV – o trabalho realizado pelo advogado e o tempo exigido para o seu serviço.

Na hipótese de procedência parcial, o juízo arbitrará honorários de sucumbência recíproca, vedada a compensação entre os honorários. A sucumbência recíproca se verifica quando reclamante e reclamado são vencidos na demanda, hipótese muito comum no processo do trabalho, uma vez que a regra é a de cumulação de pedidos na petição inicial. A vedação de compensação entre honorários de sucumbência recíproca tem como fundamento o fato desta verba pertencer ao advogado e não à parte.

O artigo 791-A, § 4º. da CLT, trazido pela Reforma Trabalhista continha a seguinte previsão: "Vencido o beneficiário da justiça gratuita, **desde que não tenha obtido em juízo, ainda que em outro processo, créditos capazes de suportar a despesa**, as obrigações decorrentes de sua sucumbência ficarão sob condição suspensiva de exigibilidade e somente poderão ser executadas se, nos dois anos subsequentes ao trânsito em julgado da decisão que as certificou, o credor demonstrar que deixou de existir a situação de insuficiência de recursos que justificou a concessão de gratuidade, extinguindo-se, passado esse prazo, tais obrigações do beneficiário" (grifei).

Na ADI 5766, o STF reconheceu a inconstitucionalidade material da exigência incondicional de honorários advocatícios de sucumbência quando condenado beneficiário da justiça gratuita.

Logo, foi declarada inconstitucional a previsão legal de retenção de credito do beneficiário da justiça gratuita no mesmo processo ou em outro processo, trazida com a Reforma Trabalhista. (STF, Pleno, ADI 5.766, ALEXANDRE DE MORAES, j. 20/10/2021). Dessa forma, o beneficiário da justiça gratuita somente terá responsabilidade de pagamento dos honorários advocatícios sucumbenciais se sobrevier, dentro de dois anos, mudança significativa em sua condição econômica a ponto de afastá-lo da condição de miserabilidade jurídica.

Nesse sentido está o acórdão prolatado na ADI 5.766, em 3/5/2022 (Ministro ALEXANDRE DE MORAES), donde se extrai que foi declarada a inconstitucionalidade dos seguintes dispositivos e expressões: da expressão ***"ainda que beneficiária da justiça gratuita"***, constante do caput do art. 790-B; do §4º do mesmo art. 790-B; da expressão ***"desde que não tenha obtido em juízo, ainda que em outro processo, créditos capazes de suportar a despesa"***, constante do §4º do art. 791-A".

Da referida decisão conclui-se que não foi banida do processo do trabalho a universalização dos honorários de sucumbência, pois os demais dispositivos que integram o art. 791-A da CLT não foram afetados pela declaração de inconstitucionalidade e sequer a parte remanescente do seu §4º. Apenas foi extirpada do ordenamento jurídico a possibilidade de retenção de créditos conquistados no próprio processo ou em qualquer outro pela parte que for beneficiário da justiça gratuita para satisfação de honorários advocatícios.

Em outras palavras, é cabível a condenação do beneficiário da justiça gratuita ao pagamento dos honorários sucumbenciais. Contudo, ficará suspensa a exigibilidade da verba honorária respectiva, enquanto não comprovado nos autos a mudança significativa da situação econômica da parte autora (CLT, art. 791-A, §4º, extirpando-se a expressão considerada inconstitucional pelo STF, na ADI 5.766).

Nesse caso, os honorários de sucumbência somente poderão ser executados se, nos dois anos subsequentes ao trânsito em julgado da decisão que os certificou, o credor demonstrar que deixou de existir a situação de insuficiência de recursos que justificou a concessão de gratuidade. Transcorridos dois anos sem a alteração da condição do devedor, serão extintas tais obrigações.

Conforme o artigo 85, §18 do CPC, caso a decisão transitada em julgado seja omissa quanto ao direito aos honorários ou ao seu valor, é cabível ação autônoma para sua definição e cobrança.

8. NULIDADES DOS ATOS PROCESSUAIS

Dentro do plano da validade, podemos classificar os vícios dos atos processuais em:

a) meras irregularidades: existem atos que não observam a forma, mas que não levam qualquer prejuízo ou efeito ao processo, sendo mera irregularidade.

Exemplo

Ausência de rubrica nas páginas do processo.

b) nulidades relativas: irregularidades que podem causar prejuízo à parte. Contudo, o interesse é meramente privado, sendo ônus da parte interessada requerer a nulidade do ato, sob pena de preclusão.

Exemplo

A incompetência territorial, que deve ser suscitada pela parte interessada porquanto não há nenhum interesse público maculado.

c) nulidades absolutas: são os vícios insanáveis, inexistindo possibilidade de convalidação. Podem ser decretadas de ofício pelo juiz ou provadas pelas partes.

Exemplo

Ausência de citação.

Quando o juiz puder decidir o mérito a favor da parte a quem aproveite a decretação da nulidade, ele não a pronunciará nem mandará repetir o ato ou suprir-lhe a falta, sendo mais uma manifestação do princípio da primazia da decisão de mérito (art. 4 do CPC).

O erro de forma do processo acarreta unicamente a anulação dos atos que não possam ser aproveitados, devendo ser praticados os que forem necessários a fim de se observarem as prescrições legais.

O aproveitamento dos atos praticados se verificará desde que não resulte prejuízo à defesa de qualquer parte.

Nos termos do artigo 279 do CPC, é nulo o processo quando o membro do Ministério Público não for intimado a acompanhar o feito em que deva intervir.

Caso o processo tiver tramitado sem conhecimento do membro do Ministério Público, o juiz invalidará os atos praticados a partir do momento em que ele deveria ter sido intimado.

Essa nulidade não é automática. Em outras palavras, essa nulidade somente poderá ser decretada após a intimação do Ministério Público, que se manifestará sobre a existência ou a inexistência de prejuízo.

As citações e as intimações serão nulas quando feitas sem observância das prescrições legais.

É importante destacar o artigo 16 da IN nº 39/2016 do TST que assim estabelece: *"Art. 16. Para efeito de aplicação do § 5º do art. 272 do CPC, não é causa de nulidade processual a intimação realizada na pessoa de advogado regularmente habilitado nos autos, ainda que conste pedido expresso para que as comunicações dos atos processuais sejam feitas em nome de outro advogado, se o profissional indicado não se encontra previamente cadastrado no Sistema de Processo Judicial Eletrônico, impedindo a serventia judicial de atender ao requerimento de envio da intimação direcionada. A decretação de nulidade não pode ser acolhida em favor da parte que lhe deu causa (CPC, art. 276)".*

8.1. Princípios das nulidades

Conforme a doutrina, vários são os princípios aplicados às nulidades dos atos processuais trabalhistas. Alguns estão previstos na CLT e outros no CPC.

O primeiro deles é o **princípio da instrumentalidade das formas ou princípio da finalidade** (art. 277 do CPC). Tal princípio orienta que serão válidos os atos processuais feitos de forma diversa da legalmente prevista desde que preenchidas as finalidades essenciais.

Esse princípio se assenta na ideia de que o processo não é um fim em si mesmo, mas sim um instrumento para a obtenção da tutela jurisdicional. Visa também atender ao princípio constitucional da celeridade e efetividade processual.

Outro princípio arrolado pela doutrina é o **princípio do prejuízo ou transcendência,** previsto no artigo 794 da CLT. Conforme esse princípio somente haverá nulidade quando resultar manifesto prejuízo às partes litigantes. O prejuízo não deve ser presumido, mas comprovado manifestamente.

Há, ainda, o **princípio da preclusão** (art. 795 da CLT, parte final e art. 278 do CPC). Por ele, a nulidade deve ser arguida na primeira oportunidade em que as partes tiverem que falar nos autos, sob pena de preclusão. Tal princípio não se aplica às nulidades que o juiz deva decretar de ofício, nem prevalece a preclusão provando a parte legítimo impedimento.

Também merece destaque o **princípio do interesse**, conforme o qual somente a parte que possuir interesse processual e que não tenha dado azo à nulidade pode suscitar a nulidade (art. 796, alínea "b" da CLT e art. 276 do CPC).

Por fim, o **princípio da causalidade** prega que a nulidade de um ato pode atingir outros que lhe sejam dependentes. Logo, é necessário que o Juiz que anulou indique quais os atos foram atingidos pelo decreto de nulidade (art. 798 da CLT e arts. 281 e 282 do CPC).

Ao pronunciar a nulidade, o juiz declarará que atos são atingidos e ordenará as providências necessárias a fim de que sejam repetidos ou retificados.

O ato não será repetido nem sua falta será suprida quando não prejudicar a parte.

9. FORMAÇÃO, SUSPENSÃO E EXTINÇÃO DO PROCESSO

9.1. Formação do processo

A formação do processo se dá com o **protocolo da petição inicial** (art. 312 do CPC).

9.2. Suspensão do processo

O artigo 313 do CPC dispõe sobre os fatos que **suspendem** o processo, quais sejam: I - pela morte ou pela perda da capacidade processual de qualquer das partes, de seu representante legal ou de seu procurador; II - pela convenção das partes; III - pela arguição de impedimento ou de suspeição; IV- pela admissão de incidente de resolução de demandas repetitivas; V - quando a sentença de mérito: a) depender do julgamento de outra causa ou da declaração de existência ou de inexistência de relação jurídica que constitua o objeto principal de outro processo pendente; b) tiver de ser proferida somente após a verificação de determinado fato ou a produção de certa prova, requisitada a outro juízo; VI - por motivo de força maior; VII - quando se discutir em juízo questão decorrente de acidentes e fatos da navegação de competência do Tribunal Marítimo; VIII - nos demais casos que este Código regula; IX - pelo parto ou pela concessão de adoção, quando a advogada responsável pelo processo constituir a única patrona da causa; X - quando o advogado responsável pelo processo constituir o único patrono da causa e tornar-se pai.

Na hipótese de perda da capacidade processual, ou irregularidade da representação da parte, o juiz suspenderá o processo e designará prazo razoável para que seja sanado o vício.

Descumprida a determinação, caso o processo esteja na instância originária:

> I – o processo será extinto, se a providência couber ao autor;
>
> II – o réu será considerado revel, se a providência lhe couber;
>
> III – o terceiro será considerado revel ou excluído do processo, dependendo do polo em que se encontre.

Descumprida a determinação em fase recursal perante tribunal de justiça, tribunal regional federal ou tribunal superior, o relator:

> I – não conhecerá do recurso, se a providência couber ao recorrente;
>
> II – determinará o desentranhamento das contrarrazões, se a providência couber ao recorrido.

O art. 314 do CPC, determina que o juiz, durante o período de suspensão, poderá realizar atos que tenham **urgência** a fim de evitar dano irreparável.

O CPC/2015 excepciona a hipótese de arguição de impedimento ou suspeição, em que sequer os atos de urgência poderão ser praticados. A finalidade dessa ressalva vem a ser a proteção das partes contra a possível falta de imparcialidade do juiz.

9.3. Extinção do processo

Conforme o artigo 316 do CPC, a extinção do processo dar-se-á por **sentença.**

O artigo 317 do CPC determina que a extinção do processo sem resolução do mérito deve ser precedida pela concessão à parte da oportunidade de **sanar o vício** que condena a demanda à extinção, a fim de evitar a surpresa da parte.

10. PROCEDIMENTOS TRABALHISTAS

Como já dito, o processo não se confunde com o procedimento, pois este corresponde ao conjunto de atos realizados numa relação jurídica processual.

O procedimento, portanto, é o conjunto de atos processuais desenvolvidos de forma concatenada desde o ajuizamento da ação até o trânsito em julgado da sentença. É também denominado de rito processual.

No processo do trabalho existem três ritos processuais, quais sejam: rito sumário, rito sumaríssimo e rito ordinário.

O enquadramento da ação em um desses ritos observa como critério o valor da causa. Abaixo, irei descrever cada um desses procedimentos e suas respectivas particularidades:

a) **Rito sumário**: quando o valor da causa for de até 2 (dois) salários-mínimos, o processo deve seguir o rito sumário. É um procedimento mais simples e célere e não possui recursos cabíveis quanto às suas decisões, ou seja, são causas de única instância. A única exceção permitida é a possibilidade de recurso quando há a violação de preceito constitucional, sendo assim, poderá haver o Recurso Extraordinário, destinado ao STF.

Não há previsão quanto ao número de testemunhas no rito sumário, porém por analogia entende-se que são 3 (três), que é o mesmo número previsto para o rito ordinário.

O rito sumário está previsto no art. 2º, §§ 3º e 4º da Lei nº 5.584/70.

b) **Rito sumaríssimo:** aplica-se quando o valor da causa estiver entre 2 (dois) salários-mínimos e 40 (quarenta) salários-mínimos. A previsão legal desse rito encontra-se no art. 852-A e seguintes da CLT.

Estão excluídas do procedimento sumaríssimo as demandas em que é parte a Administração Pública direta, autárquica e fundacional. É permitido o uso do rito sumaríssimo em face de Sociedade de Economia Mista e Empresa Pública.

Os requisitos legais para a observância do rito sumaríssimo são:

1) Pedido certo ou determinado. O pedido deve ser sempre líquido, com especificação do valor a ele atribuído;

2) Indicação correta do endereço e nome do reclamado, sob pena de arquivamento e o reclamante será condenado ao pagamento das custas processuais.

O não-atendimento de algum desses dois requisitos acima descritos importará no arquivamento da ação e condenação do reclamante ao pagamento de custas sobre o valor da causa. Atenção: não se admite emenda à inicial no rito sumaríssimo.

Não cabe citação por edital no rito sumaríssimo.

O art. 852-B, inc. III da CLT, prevê que a apreciação da reclamação deverá ocorrer no prazo máximo de quinze dias do seu ajuizamento, podendo constar de pauta especial, se necessário, de acordo com o movimento judiciário da Vara do Trabalho.

No rito sumaríssimo, a conciliação pode ser proposta pelo Juiz a qualquer tempo; o número de testemunhas é no máximo de 2 (duas); e a audiência é una, podendo haver o fracionamento em caso de necessidade.

Na ata de audiência do processo de rito sumaríssimo serão registrados resumidamente os atos essenciais, as afirmações fundamentais das partes e as informações úteis à solução da causa trazidas pela prova testemunhal. Todas as provas serão produzidas na audiência de instrução e julgamento, ainda que não requeridas previamente.

Sobre os documentos apresentados por uma das partes, a outra deverá se manifestar imediatamente, sem interrupção da audiência, salvo absoluta impossibilidade, a critério do juiz.

O limite máximo é de duas testemunhas por parte que comparecerão à audiência de instrução e julgamento independentemente de intimação. Só será deferida intimação de testemunha que, comprovadamente convidada, deixar de comparecer. Não comparecendo a testemunha intimada, o juiz poderá determinar sua imediata condução coercitiva.

Somente quando a prova do fato o exigir, ou for legalmente imposta, será deferida prova técnica, incumbindo ao juiz, desde logo, fixar o prazo, o objeto da perícia e nomear perito, sendo que as partes serão intimadas a manifestar-se sobre o laudo, no prazo comum de cinco dias.

Interrompida a audiência, o seu prosseguimento e a solução do processo dar-se-ão no prazo máximo de trinta dias, salvo motivo relevante justificado nos autos pelo juiz da causa.

A sentença mencionará os elementos de convicção do juízo, com resumo dos fatos relevantes ocorridos em audiência, dispensado o relatório e as partes serão intimadas da sentença na própria audiência em que prolatada.

O juízo adotará em cada caso a decisão que reputar mais justa e equânime, atendendo aos fins sociais da lei e as exigências do bem comum.

c) **Rito ordinário:** esse rito é utilizado quando o valor da causa for acima de 40 (quarenta) salários-mínimos. O número de testemunhas é de no máximo 3 (três) para cada parte.

As testemunhas comparecerão a audiência independentemente de notificação ou intimação. As que não comparecerem serão intimadas, *ex officio* ou a requerimento da parte, ficando sujeitas a condução coercitiva, além das penalidades do art. 730, caso, sem motivo justificado, não atendam à intimação.

No rito ordinário é obrigatória a tentativa de conciliação, no mínimo, em dois momentos: na abertura da audiência e após o encerramento da instrução (arts. 846 e 850 da CLT).

Capítulo 3

PROCESSO DE CONHECIMENTO

1. PETIÇÃO INICIAL

A petição inicial é a peça em que o autor exercita seu direito constitucional de ação, provocando o Judiciário a se manifestar a respeito da tutela pretendida, iniciando a relação jurídico-processual. Por meio dela, a parte expõe a demanda e discrimina os elementos relevantes para que a ação possa ser processada, tais como, qualificação das partes, fatos e pedidos.

No processo do trabalho não existe o mesmo rigor técnico com relação aos requisitos da petição inicial. Até mesmo porque, é possível o *jus postulandi*, isto é, a faculdade da parte de ingressar em juízo sem assistência de advogado. Logo, não poderia o legislador exigir que a peça de ingresso observasse tamanho formalismo ao permitir que qualquer leigo faça isso.

A CLT trata a petição inicial como "reclamação", regulamentando-a nos artigos 837 a 842 e 852-B da CLT. Diante da grande lacuna da CLT, vários dispositivos do CPC são utilizados para tratar do tema.

A CLT permite que as reclamações sejam feitas oralmente, quando serão reduzidas a termo por servidor do Judiciário, ou por escrito (art. 840 da CLT).

Assim, a petição inicial no processo trabalhista pode ser escrita ou verbal. No inquérito para apuração de falta grave e no dissídio coletivo, obrigatoriamente, a reclamação será escrita (arts. 853 e 856 da CLT).

1.1. Requisitos obrigatórios da petição inicial

Os requisitos obrigatórios da petição inicial trabalhista estão previstos no art. 840, § 1º, da CLT, quais sejam: designação do juízo, qualificação das partes, breve exposição dos fatos, pedido certo, determinado e com indicação de seu valor, data e assinatura.

A seguir, analisaremos individualmente cada um desses requisitos.

1.1.1. *Designação do juízo*

A designação do juízo é requisito importante para fins de distribuição ou prevenção. A parte deve indicar o juízo (e não o nome do magistrado), exceto no caso em que houver a necessidade de distribuição. Nos casos de dependência, a parte deve indicar o órgão prevento, bem como descrever sucintamente o motivo da dependência.

1.1.2. *Qualificação das partes*

A qualificação das partes exige os elementos identificadores: nomes, prenomes, estado civil, profissão, endereço, CPF.

No rito sumaríssimo, a frustração da notificação por incorreção do endereço gera o arquivamento do processo (art. 852-B, § 1º, da CLT), não cabendo, portanto, a possibilidade de emenda à inicial para corrigir ou alterar o endereço do réu.

Também é obrigatória a indicação do CPF ou CNPJ da parte autora, conforme determinação contida no art. 15, *caput*, da Lei nº 11.419, de 19 de dezembro de 2006 e Resolução n. 185/2017 do Conselho Superior da Justiça do Trabalho, também sob pena de extinção do feito, sem resolução do mérito.

1.1.3. *Breve exposição dos fatos*

A petição inicial deve apresentar uma breve exposição dos fatos, isto é, uma descrição simples dos fatos que permita ao juiz apreciar o pedido. Vale ressaltar que no processo trabalhista vige o princípio da simplicidade.

Existem autores que defendem a necessidade de fundamentação jurídica, todavia, a CLT não traz esse requisito.

1.1.4. *Pedido certo, determinado e com indicação de seu valor*

Quanto ao pedido, a doutrina traz a seguinte divisão: pedido imediato e pedido mediato.

Diz-se **imediato** o pedido para que haja o **provimento jurisdicional**, em regra a sentença.

Já o pedido **mediato** refere-se ao **bem da vida** pretendido (ex. salário, férias, etc.).

O pedido deve ser certo, determinado, claro e coerente (arts. 322, 330 e 324 do CPC).

Pedido **certo** é pedido **expresso.** Logo, não se admite pedido implícito, exceto nas hipóteses legais (exemplos: juros legais e correção monetária, art. 322, § 1º, do CPC).

Pedido **determinado** é aquele **delimitado** em relação à qualidade e quantidade.

A legislação, contudo, permite a formulação de pedido genérico em três hipóteses (art. 324, § 1º, do CPC):

1) **Ações universais:** são aquelas em que a pretensão recai sobre uma universalidade, seja ela de fato ou de direito.

Exemplo

Ação de herança.

2) **Ações indenizatórias:** situações em que há iliquidez do pedido porque o ato causador do dano pode repercutir, ainda, no futuro, gerando outros danos.

Exemplo

Danos materiais com tratamento médico futuro em acidente de trabalho. Quando do ajuizamento da ação ainda não é possível mensurar os gastos, porque os tratamentos ainda estão sendo realizados ou poderão se manter no futuro.

3) **Ato que deve ser praticado pelo réu:** quando a condenação depender de ato a ser praticado pelo réu.

Exemplo

Multa do art. 467 da CLT incidente sobre as parcelas incontroversas. A caracterização da parcela incontroversa dependerá da conduta do réu em audiência, ficando a quantificação para momento posterior.

ATENÇÃO

A Lei da Reforma Trabalhista alterou a redação do artigo 840, §1º, da CLT, para incluir a indicação do valor do pedido como requisito da petição inicial da ação trabalhista.

Até então, apenas nos processos do rito sumaríssimo é que existia a exigência legal para a liquidação dos pedidos formulados, sob pena de extinção do pleito sem resolução do mérito (art. 852-B, I e §1º, da CLT).

A partir da Reforma Trabalhista todos os pedidos formulados na ação trabalhista, seja no rito ordinário seja no rito sumaríssimo, inclusive nas reclamações verbais, deverão ser liquidados (com indicação do valor). Isso, sob pena de extinção do pleito sem resolução do mérito (artigo 840, §3º, da CLT).

Tal regra, contudo, aplicar-se-á somente às ações ajuizadas após 11.11.2017, isto é, após o início da vigência da lei da Reforma Trabalhista, conforme dispõe o artigo 12, §2º da IN 41/2018 do TST.

Outrossim, conforme disposto no artigo 12, §2º da IN 41/2018 do TST, para fim do que dispõe o art. 840, §§ 1º e 2º, da CLT, o valor da causa será estimado, observando-se, no que couber, o disposto nos arts. 291 a 293 do CPC.

Não há consenso doutrinário e jurisprudencial no sentido da limitação da condenação ao valor dado à causa.

A cumulação de pedidos é a regra no processo do Trabalho. Dificilmente, tem-se uma ação com pedido único.

A cumulação de pedidos traz as seguintes exigências (art. 327 do CPC):

a) compatibilidade;

b) competência do juízo;

c) adequação do rito.

A não observância de qualquer dos requisitos leva ao indeferimento da inicial.

A doutrina também traz as seguintes modalidades de pedidos: alternativo e sucessivo.

Pedido **alternativo** tem relação com o cumprimento da obrigação pelo devedor, podendo o devedor **escolher uma das obrigações** indicadas pelo autor (ex: o devedor obrigou-se a entregar 10 cestas básicas ou o dinheiro correspondente). Está previsto no artigo 325 do CPC.

Pedido **sucessivo**, por sua vez, é dirigido ao magistrado que, na hipótese de **desacolhimento do pedido principal**, poderá acolher o pedido sucessivo ou subsidiário.

Exemplo

Caso entenda por rejeitar o pedido de reintegração (por incompatibilidade ou por transcorrido o prazo legal de estabilidade), deferir a indenização correspondente ao período estabilitário.

Ainda quanto a este tema, o CPC, trouxe duas novas regras aplicáveis ao processo do trabalho conforme art. 3º, IV e V, da IN nº 39/2016 do TST.

A primeira delas é a previsão de que na ação indenizatória, inclusive a fundada em dano moral, o valor da causa corresponderá ao valor pretendido (art. 292, V).

A segunda regra do CPC aplicável ao processo do trabalho é a determinação de que o juiz corrigirá, de ofício e por arbitramento, o valor da causa quando verificar que não corresponde ao conteúdo patrimonial em discussão ou ao proveito econômico perseguido pelo autor, caso em que se procederá ao recolhimento das custas correspondentes (art. 292, § 3º, CPC).

1.1.5. Data

Outro requisito obrigatório é a data da petição inicial, em que pese sua ausência não implicar em inépcia. Normalmente, o que se considera é a data do protocolo da petição inicial.

1.1.6. Assinatura

A assinatura é requisito essencial e sem ela não há petição inicial. No caso do PJE, a assinatura é digital.

1.2. Requisitos facultativos da petição inicial

Conforme a doutrina, existem outros requisitos facultativos da petição inicial trabalhista, quais sejam requerimento de notificação inicial e de produção de provas. Isso porque, apesar de se tratar de requisitos obrigatórios no processo civil, não existe regra trazendo essa obrigatoriedade no processo do trabalho.

Aliás, no processo do trabalho, a citação é feita automaticamente.

1.3. Petição inicial verbal

A petição inicial verbal tem como fundamento o princípio da oralidade e sua previsão está nos arts. 840, § 2º, e 786, parágrafo único, ambos da CLT.

A petição inicial verbal será distribuída antes de sua redução a termo.

A parte deverá se apresentar à Secretaria da Vara no prazo de 5 dias, para reduzi-la a termo.

Observado o prazo, incumbirá ao servidor da Vara reduzir a petição inicial a termo, em duas vias, datadas e assinadas pelo servidor.

Naquilo que couber, a petição inicial verbal deverá observar os requisitos da petição escrita.

Nos termos do art. 731 da CLT, aquele que, tendo apresentado ao distribuidor reclamação verbal, não se apresentar, no prazo de 5 dias ao Juízo para fazê-lo tomar por termo, incorrerá na pena de perda, pelo prazo de 6 (seis) meses, do direito de reclamar perante a Justiça do Trabalho. É o que se denomina de perempção trabalhista.

1.4. Alteração da petição inicial

A alteração da petição inicial pode ter como objetivo o saneamento de erro (emenda à inicial) ou o acréscimo de pedido e/ou fundamento (aditamento à inicial).

O momento de alteração da petição inicial trabalhista é até a apresentação da **defesa**. Após esse momento, somente é admitida com a concordância do réu.

Oferecida a contestação, ainda que eletronicamente, o reclamante não poderá, sem o consentimento do reclamado, desistir da ação (§ 3º do art. 841 da CLT).

Como consequência lógica da aplicação dessa regra, se o oferecimento da defesa ocorrer antes da audiência também não é mais possível ao reclamante aditar a petição inicial sem o consentimento do reclamado.

1.5. Indeferimento da petição inicial

O indeferimento da petição inicial é o reconhecimento de um vício na peça, no início do procedimento.

No processo do trabalho, ele ocorre até o oferecimento da defesa.

Eventual reconhecimento posterior de um dos vícios da petição inicial não implicará em indeferimento da inicial, mas sim extinção do processo sem resolução do mérito (art. 485 do CPC).

Não existe regramento próprio na CLT para tratar do indeferimento da petição inicial.

Assim, aplica-se o CPC, que traz as seguintes hipóteses de indeferimento da petição inicial (art. 330 do CPC):

1) inépcia: a petição inicial é inepta quando lhe faltam os requisitos legais, quais sejam: o pedido ou causa de pedir; o pedido for indeterminado, exceto nas hipóteses legais em que é permitido o pedido genérico; quando da narração dos fatos não decorrer logicamente a conclusão e quando contiver pedidos incompatíveis entre si.
2) a parte for manifestamente ilegítima.
3) o autor carecer de interesse processual.
4) não atendidas as prescrições dos arts. 106 e 321 do CPC, isto é, não observada a devida qualificação do advogado ou a parte não oferecer emenda à inicial no prazo legal para sanar as irregularidades.

Há que se acrescentar aqui mais uma hipótese legal em que a petição inicial não atende aos requisitos legais: ausência de liquidação dos pedidos (artigo 840, §1º, da CLT, com redação alterada pela Lei da Reforma Trabalhista).

A jurisprudência do TST é no sentido de que nas hipóteses de indeferimento da inicial (artigo 330 do CPC), acima citadas, não há obrigatoriedade de o magistrado conceder prazo para saneamento do vício (Súm. 263 do TST)

Nas demais hipóteses, o indeferimento da petição inicial somente é possível se, depois de intimada para suprir a irregularidade em 15 dias, mediante indicação precisa do que deve ser corrigido ou completado, a parte não o fizer.

Importante, contudo, ressaltar que o artigo 317 do CPC determina que: *"Antes de proferir decisão sem resolução de mérito, o juiz deverá conceder à parte oportunidade para, se possível, corrigir o vício"*.

No mesmo sentido, o contido no artigo 321 do CPC: *"O juiz, ao verificar que a petição inicial não preenche os requisitos dos arts. 319 e 320 ou que apresenta defeitos e irregularidades capazes de dificultar o julgamento de mérito, determinará que o autor, no prazo de 15 (quinze) dias, a emende ou a complete, indicando com precisão o que deve ser corrigido ou completado. Parágrafo único. Se o autor não cumprir a diligência, o juiz indeferirá a petição inicial"*.

1.6. Improcedência liminar do pedido

A improcedência liminar do pedido é a decisão jurisdicional que, antes da citação do demandado (réu ou reconvindo), julga improcedente o pedido formulado pelo demandante.

O art. 7º da IN nº 39/2016 do TST assim dispõe:

> Art. 7º Aplicam-se ao Processo do Trabalho as normas do art. 332 do CPC, com as necessárias adaptações à legislação processual trabalhista, cumprindo ao juiz do trabalho julgar liminarmente improcedente o pedido que contrariar:
>
> I – enunciado de súmula do Supremo Tribunal Federal ou do Tribunal Superior do Trabalho (CPC, art. 927, inciso V);
>
> II – acórdão proferido pelo Supremo Tribunal Federal ou pelo Tribunal Superior do Trabalho em julgamento de recursos repetitivos (CLT, art. 896-B; CPC, art. 1046, § 4º);
>
> III – entendimento firmado em incidente de resolução de demandas repetitivas ou de assunção de competência;
>
> IV – enunciado de súmula de Tribunal Regional do Trabalho sobre direito local, convenção coletiva de trabalho, acordo coletivo de trabalho, sentença normativa ou regulamento empresarial de observância obrigatória em área territorial que não exceda à jurisdição do respectivo Tribunal (CLT, art. 896, "b", a contrario sensu).
>
> Parágrafo único. O juiz também poderá julgar liminarmente improcedente o pedido se verificar, desde logo, a ocorrência de decadência.

Para a aplicação desse instituto, a causa deve dispensar a fase instrutória e o pedido deve se encaixar em uma das hipóteses previstas no art. 7º da IN nº 39/2016 do TST, acima transcrita.

É cabível o juízo de retratação, pois o magistrado poderá reconsiderar a decisão no prazo de 5 dias após interposta a apelação (no caso do processo do trabalho, o recurso ordinário), conforme art. 332, § 3º, do CPC. Se houver retratação, o juiz determinará o seguimento do processo com a citação do réu e, se não houver retratação, determinará a citação do réu para apresentar contrarrazões.

1.7. Desistência do pedido ou da ação

Após ofertada a contestação, ainda que eletronicamente, o autor não poderá, sem o consentimento do réu, desistir da ação (artigo 841, §3º, da CLT).

A desistência do pedido ou da ação somente produz efeitos após a homologação judicial (art. 200 do CPC).

2. TUTELA PROVISÓRIA

2.1. Introdução

A tutela provisória - tratada pelo CPC/1973 como tutela antecipada - é um dos institutos que visa atender ao princípio constitucional da duração razoável do processo (art. 5º, LXXXVIII da CRFB/88).

O objetivo da tutela provisória é permitir o gozo antecipado dos efeitos finais da tutela definitiva, isto é, garantir a antecipação provisória dos efeitos próprios da tutela definitiva pretendida.

É o que ocorre, por exemplo, quando o empregado pede, desde o ajuizamento da ação e antes mesmo de ouvido o reclamado, que seja efetuada a baixa na sua CTPS e liberado o alvará para saque do FGTS.

A tutela provisória, portanto, é uma técnica que visa redistribuir o ônus do tempo do processo para ambas as partes, em homenagem ao princípio da igualdade. Se o processo necessita demorar, que este tempo seja então dividido entre as partes, e não somente o demandante arque com ele.

No sistema do CPC/1973, a tutela antecipada estava prevista no capítulo referente às disposições gerais do processo e do procedimento e a parte geral da tutela antecipada era regulada pelo art. 273 do CPC.

No CPC/2015, a tutela provisória passa a ser o gênero, cujas espécies são: **tutela de urgência e tutela de evidência.** Juntamente com a tutela de evidência, que prescinde da urgência, o CPC cria o gênero "tutela provisória", regulado a partir do artigo 292.

Há uma alteração significativa, porquanto no sistema do CPC/1973, a concessão da tutela possui requisitos cumulados referentes à urgência e a evidência.

No CPC/2015, a tutela de urgência traz os requisitos do *fumus boni iuris* (plausibilidade do direito alegado) e do *periculum in mora* (perigo na demora).

No tocante à tutela de evidência, não há mais o requisito da urgência, sendo bastante a demonstração de prova inequívoca.

Em benefício da simplificação procedimental e racionalidade do sistema, o CPC, sistematizando o regime das tutelas de urgência, unificou o procedimento das tutelas cautelar e antecipada, independentemente da sua natureza. Esta unificação pretende encerrar a dificuldade prática na postulação da tutela antecipada e cautelar, ocasionada muitas vezes pela duplicidade de regulação, em livros e procedimentos distintos.

Registro que, conforme o art. 3º, VI, da IN nº 39/2016 do TST, as regras do CPC/2015 que tratam da tutela provisória (arts. 294 a 311) são plenamente aplicáveis ao processo do trabalho.

2.2. Espécies de tutela provisória

Conforme o CPC, a tutela provisória é gênero, o qual inclui duas espécies, quais sejam, a tutela de evidência e a tutela de urgência (art. 294, parágrafo único do CPC).

A tutela de evidência se verifica quando o principal fundamento do pedido for a grande probabilidade de acolhimento da pretensão (*fumus boni iuris*), conforme o art. 311 do CPC.

A tutela de urgência, por sua vez, é aquela que tem como principal fundamento o *periculum in mora*, ou seja, quando haja probabilidade do direito e o perigo de dano ou o risco ao resultado útil do processo (art. 300 a 310 do CPC).

A tutela de urgência subdivide-se em duas subespécies: a tutela cautelar e a tutela antecipada.

A **tutela cautelar** visa **assegurar um direito**, objeto da tutela satisfativa. Em outras palavras, a tutela cautelar não visa a satisfação de um direito, visa, em verdade, assegurar a futura satisfação de um direito, protegendo-o.

Exemplo

O arresto do dinheiro do devedor inadimplente é instrumento assecuratório do direito de crédito do credor. O que o demandante pretende, ao final, é acautelar que futuramente seu direito ao crédito seja efetivado.

A **tutela antecipada**, por sua vez, é **satisfação antecipada** do próprio direito pretendido.

Exemplo

Quando o demandante requer a baixa antecipada da CTPS, ele já está pleiteando a antecipação do próprio direito pretendido com a ação (baixa na carteira de trabalho).

2.2.1. Características da tutela provisória

A **tutela provisória** possui três características essenciais:

1) **cognição sumária**: a decisão é baseada em análise superficial do objeto litigioso. Logo, o juiz decide a partir de um juízo de probabilidade.

2) **precariedade**: a decisão pode ser revogada ou modificada a qualquer tempo (art. 296 do CPC). Salvo decisão judicial em contrário, a tutela provisória conservará a eficácia durante a suspensão do processo.

3) não sofre os **efeitos da coisa julgada**.

2.2.2. Requisitos para a concessão da tutela provisória

Conforme o artigo 294 do CPC, a tutela provisória pode fundamentar-se em urgência ou evidência.

A tutela provisória de urgência (satisfativa ou cautelar) possui dois requisitos:

1) probabilidade do direito;
2) perigo de dano ou o risco ao resultado útil ao processo.

A tutela provisória de evidência (sempre satisfativa) possui o seguinte requisito:

1) demonstração de que as afirmações de fato estejam comprovadas, tornando o direito evidente, o que se presume nas hipóteses do art. 311 do CPC.

2.2.3. Tutela provisória de evidência

A tutela provisória de evidência se verifica quando a tutela jurisdicional será concedida de forma antecipada em razão do quadro de alta probabilidade de concessão da tutela definitiva.

Nessa hipótese, a tutela de evidência será concedida independentemente da demonstração de perigo de dano ou de risco ao resultado útil ao processo, quando:

> I – ficar caracterizado o abuso do direito de defesa ou o manifesto protelatório da parte. A primeira hipótese trata da conduta abusiva da parte que traduz o quadro de evidência, pois demonstra alta probabilidade de prevalência da pretensão da parte adversa, o que permite ao órgão jurisdicional conceder a tutela de evidência nesse caso.
>
> II – as alegações de fato puderem ser comprovadas apenas documentalmente e houver tese firmada em julgamento de casos repetitivos ou em súmula vinculante. Possui total consonância com o processo do trabalho, especialmente depois da entrada em vigência da Lei n. 13015/2014 que, alterando a sistemática recursal trabalhista, passou a prever expressamente a aplicação aos recursos de revista, da sistemática relativa aos julgamentos dos recursos extraordinários e especial repetitivos (art. 896-C da CLT).
>
> III – se tratar de pedido reipersecutório fundado em prova documental adequada do contrato de depósito, caso em que será decretada a ordem de entrega do objeto custodiado, sob cominação de multa. Não será uma hipótese comum no processo do trabalho, exceto para situações alheias ao contrato de emprego.
>
> IV – a petição inicial for instruída com prova documental suficiente dos fatos constitutivos do direito do autor, a que o réu não oponha prova capaz de gerar dúvida razoável. Contempla uma situação importante, na qual se busca reduzir os efeitos do tempo do processo, diante da inexistência de fatos extintivos, impeditivos ou modificativos do direito do autor capazes de gerar uma dúvida razoável.

2.2.4. *Forma de requerimento: incidental ou antecedente*

A tutela provisória de urgência pode ser requerida de forma antecedente (preparatória) ou incidental.

A tutela provisória de evidência só pode ser requerida em caráter incidente.

A tutela provisória antecedente é aquele em que há requerimento anterior à formulação do pedido de tutela definitiva. Primeiro, pede-se a tutela provisória e somente depois se pede a tutela definitiva.

Já a tutela provisória incidental é aquela requerida dentro do processo em que se pede ou já se pediu a tutela definitiva, com a intenção de adiantar seus efeitos. É requerimento contemporâneo ou posterior à formulação do pedido de tutela definitiva.

2.2.5. *Tutela provisória de urgência antecipada antecedente*

Quando a urgência já existe, isto é, seja contemporânea à propositura da ação principal, se possibilita ao autor a postulação da tutela antecipada de forma antecedente à postulação principal.

Neste caso, a petição inicial limitar-se-á ao requerimento da tutela antecipada e à indicação do pedido de tutela final, com a exposição da lide, do direito que se busca realizar e do perigo de dano ou do risco ao resultado útil do processo, além da indicação do valor da causa (art. 303, § 4º, do CPC).

Concedida a tutela antecipada antecedente, caberá ao autor, no prazo de **15 dias** ou outro maior que o juiz fixar, aditar a petição inicial, nos mesmos autos, com a complementação da sua argumentação, juntada de novos documentos e a confirmação do pedido de tutela final.

Não efetuando o aditamento no prazo, o processo será extinto sem resolução do mérito (art. 303, § 2º, do CPC).

O réu será citado imediatamente após a concessão da tutela antecipada antecedente, mas o seu prazo de resposta somente começará a correr após a intimação do aditamento efetuado pela parte autora.

Em caso de indeferimento da tutela antecipada antecedente, o juiz determinará a emenda da petição inicial em até 5 dias e, caso o autor não obedeça, a petição inicial será indeferida e o processo, extinto, sem resolução do mérito.

2.2.6. *Tutela provisória de urgência cautelar antecedente*

A petição inicial da ação que visa à prestação de tutela cautelar em caráter antecedente indicará a lide e seu fundamento, a exposição sumária do direito que se objetiva assegurar e o perigo de dano ou o risco ao resultado útil do processo.

O réu será citado para, em cinco dias, contestar o pedido e indicar as provas que pretende produzir. Não o fazendo, os fatos alegados pelo autor presumir-se-ão aceitos pelo réu como ocorridos, caso em que o juiz decidirá dentro de 5 dias (art. 307 do CPC).

Contestado o pedido no prazo legal, observar-se-á o procedimento comum (art. 307, parágrafo único do CPC).

Uma vez efetivada a tutela cautelar, o pedido principal terá de ser formulado pelo autor em 30 dias, nos mesmos autos, quando então as partes serão intimadas para a audiência de conciliação (art. 334 do CPC).

Inviável a conciliação, será iniciado prazo para contestação do pedido principal (art. 308, § 4º, do CPC).

Cessa a eficácia da tutela antecedente, se: I- o autor não deduzir o pedido principal no prazo legal; II- o juiz julgar improcedente o pedido principal formulado pelo autor ou extinguir o processo sem resolução do mérito.

Cessada a eficácia da tutela antecedente, é vedado à parte renovar o pedido, salvo sob novo fundamento (art. 309 do CPC).

Há autonomia do processo antecedente, salvo em caso de prescrição ou decadência.

Assim, o indeferimento da tutela cautelar não obsta a que a parte formule o pedido principal, nem influi no julgamento deste, salvo se o motivo do indeferimento for o reconhecimento de decadência ou prescrição (art. 310 do CPC).

Há que se destacar a fungibilidade das medidas. Dessa maneira, caso o juiz entenda que a tutela cautelar pretendida, na verdade, possui natureza de tutela antecipada (satisfativa), deverá ser adotado o procedimento da tutela antecipada antecedente (art. 303 do CPC).

2.2.7. Concessão liminar

Decisão liminar é aquela concedida no início do processo, sem que tenha havido ainda a citação ou a oitiva da parte contrária.

A concessão liminar de tutela provisória só é possível quando se trata de tutela de urgência (art. 300, § 2º, CPC) ou de evidência (satisfativa) prevista nas hipóteses dos incisos II e III do art. 311 do CPC.

A tutela provisória de urgência poderá ser concedida liminarmente quando estiverem presentes, antes ou durante o ajuizamento da ação, o perigo de dano ou de ilícito, ou o risco ao resultado útil do processo.

Já a tutela provisória de evidência pode ser concedida liminarmente quando existam hipóteses de evidência robustas o bastante para autorizar a medida antes da oitiva do réu.

2.2.8. Caução e responsabilidade do credor pelos prejuízos causados

Conforme o art. 300, § 1º, do CPC, para a concessão da tutela de urgência, o juiz pode, conforme o caso, exigir **caução** real ou fidejussória idônea para ressarcir os danos que a outra parte possa vir a sofrer.

A caução poderá ser dispensada, se a parte economicamente hipossuficiente não puder oferecê-la.

Independentemente da reparação por dano processual, a parte responde pelo prejuízo que a efetivação da tutela de urgência causar a parte adversa, se: I – a sentença lhe for desfavorável; II – obtida liminarmente a tutela em caráter antecedente, não fornecer os meios necessários para a citação do requerido em 5 dias; III – ocorrer a cessação da eficácia da medida em qualquer hipótese legal; IV – o juiz acolher a alegação da decadência ou prescrição da pretensão do autor.

2.2.9. Formas de impugnação

Caso a tutela provisória seja apreciada antes da sentença, ela é mera **decisão interlocutória**, não passível de recurso conforme o art. 893, § 1º, da CLT. O meio de impugnação, neste caso, é o Mandado de Segurança, conforme Súmula 414, II, do TST.

Se, contudo, a tutela provisória for concedida na sentença, a decisão será passível de impugnação via recurso ordinário, com eventual ação cautelar para atribuição de efeito suspensivo ao recurso (Súm. 414, I, do TST).

Por fim, é necessário destacar que a decisão que indefere uma tutela antecipada não é passível de mandado de segurança, por constituir **faculdade do juiz** (Súm. 418 do TST). Neste caso, caberá à parte buscar a reconsideração da decisão do juiz a partir de uma mera petição.

3. AUDIÊNCIA TRABALHISTA

3.1. Introdução

Um dos princípios mais importantes do processo do trabalho é o **princípio da oralidade**, pelo qual os atos processuais são praticados perante o juiz.

Nesse contexto, a audiência trabalhista assume papel relevante, de forma que na maioria dos processos há necessidade do comparecimento das partes em juízo, momento em que será produzida grande parte das provas, bem como será buscada a conciliação.

Nos termos do art. 841 da CLT, recebida e protocolada a reclamação, o escrivão ou secretário, dentro de 48 (quarenta e oito) horas, remeterá a segunda via da petição, ou do termo, ao reclamado, notificando-o ao mesmo tempo, para comparecer à audiência do julgamento, que será a primeira desimpedida, depois de 5 (cinco) dias.

Assim, protocolada a ação, automaticamente o processo, em regra é incluída em pauta de audiência, oportunidade em que, em regra, o juiz tomará conhecimento do processo e praticará os atos de recebimento da defesa e instrução do feito.

A audiência é ato formal, solene, dirigido pelo juiz, oportunidade em que as partes defenderão suas teses e produzirão provas com o objetivo de convencer o magistrado.

Deverá ocorrer entre **8 e 18 horas**, não podendo ultrapassar cinco horas seguidas, salvo quando houver matéria urgente (observe-se que o horário dos atos processuais é mais extenso: de 6h às 18hs).

No caso do atraso do juiz em tempo superior a 15 minutos, a parte poderá se retirar, devendo constar certidão do ocorrido (art. 815, §1º, da CLT).

A Lei nº 14.657/2023 acrescentou o §§2º e 3º ao artigo 815 da CLT, para prever que se, até 30 (trinta) minutos após a hora marcada, a audiência, injustificadamente, não houver sido iniciada, as partes e os advogados poderão retirar-se, consignando seus nomes, devendo o ocorrido constar do livro de registro das audiências. Neste caso, a audiência deverá ser remarcada para a data mais próxima possível, vedada a aplicação de qualquer penalidade às partes.

Com relação ao atraso das partes, a jurisprudência é consolidada no sentido da inexistência de tolerância (OJ n. 245 da SDI-1 do TST).

Em razão do princípio da celeridade, a audiência no rito ordinário é preferencialmente **una** (art. 849 da CLT), podendo o magistrado, por motivo de força maior, marcar sua continuação para outra data.

No rito sumaríssimo, a audiência também é una e somente será partida se houver **motivo fundamentado** (art. 852-C da CLT).

Na praxe forense, o rotineiro é cindir a audiência no rito ordinário, marcando uma audiência inicial para tentativa de conciliação, outra posterior para instrução (colheita de provas) e outra para publicação da sentença (normalmente a designação de audiência é meramente formal, tratando-se apenas de uma data para que a sentença seja publicada). No rito sumaríssimo, a praxe é audiência una para a instrução, com prolação da sentença posteriormente.

3.2. Procedimento da audiência no rito ordinário

A designação para a primeira audiência (inaugural ou inicial) é **automática**, realizada no momento do protocolo da petição inicial.

Após o protocolo, o servidor remeterá a segunda via ao reclamado, com cópia da petição inicial, notificando-o ao mesmo tempo para comparecer à audiência inaugural.

Em se tratando de processo eletrônico (regra atual na Justiça do Trabalho), no expediente de notificação inicial ou de citação constará indicação da forma de acesso ao inteiro teor da petição inicial no endereço referente à consulta pública do PJe, cujo acesso também será disponibilizado nos sítios dos TRT's e do CSJT, na rede mundial de computadores (artigo 18 da Resolução n. 185/2017 do CSJT).

A audiência inicial deverá ser designada com prazo mínimo de **5 dias** a contar do recebimento da notificação pelo reclamado.

No caso da Fazenda Pública, esse prazo é de **20 dias** (Decreto-Lei 779/69, art. 1º, II).

O decurso do prazo para a audiência inaugural é suspenso com o advento do recesso forense, iniciado em 20 de dezembro, voltando a correr no primeiro dia útil seguinte após o término do recesso forense.

Na audiência inaugural há necessidade do comparecimento pessoal das partes, sendo facultativa a presença de advogado, diante do *jus postulandi* (art. 845 da CLT).

Se o **reclamante** se ausentar à audiência inaugural, a ação será **arquivada.** Conforme a atual redação do parágrafo segundo do artigo 844 da CLT, em caso de arquivamento por ausência do reclamante, este será condenado ao pagamento das **custas**, ainda que beneficiário da justiça gratuita. O reclamante apenas ficará isento dessa condenação se comprovar, em **15 dias**, que a ausência ocorreu por **motivo legalmente justificável**. O pagamento dessas custas é condição para a propositura de nova demanda pelo reclamante.

A atual redação do artigo 844, §2º, da CLT somente se aplica aos processos ajuizados após 11.11.2017 (art. 12 da IN 41 do TST).

Se a ausência à audiência inicial for do **reclamado**, ser-lhe-á aplicada **a revelia e a confissão ficta** quanto à matéria de fato.

Contudo, conforme o parágrafo quinto do artigo 844 da CLT, mesmo quando ausente o reclamado, presente o advogado na audiência, serão aceitos a contestação e os documentos eventualmente apresentados.

Essa previsão legal relativa à possibilidade de receber defesa e documentos apenas com a presença do advogado em audiência somente é aplicável às ações ajuizadas após 11.11.2017 (art. 12 da IN 41 do TST).

A previsão legal de que a contestação e os documentos serão recebidos independentemente da presença do reclamado em audiência, trazida pela Reforma Trabalhista, tem gerado grande celeuma jurídica. Isso porque, o novo dispositivo legal não é muito claro se estará ou não caracterizada a revelia quando houver o recebimento da defesa, nessas condições.

Basicamente, existem duas correntes sobre o tema. A primeira deles entende que está caracterizada a revelia, pois, no processo do trabalho, a revelia decorre da ausência da parte ré à audiência na qual deveria apresentar sua defesa (art. 844, caput). Um dos efeitos da revelia é presunção de veracidade das alegações de fato feitas pelo autor (art. 344 do CPC).

Para outra corrente, o recebimento da defesa afastará a caracterização da revelia, pois esta nada mais é do que a ausência de defesa. Recebida a contestação, portanto, não haverá revelia. Todavia, a ausência da parte ré atrairá a confissão ficta (Súmula 74 do TST).

É importante destacar que, até o advento da Reforma Trabalhista, o entendimento jurisprudencial pacífico era o consolidado na Súmula 122 do TST, no sentido de que o comparecimento pessoal do reclamado em audiência é obrigatório, sob pena de confissão, o que não poderia ser suprido pela presença do advogado, mesmo munido de procuração.

De fato, somente o tempo poderá evidenciar como a jurisprudência, inclusive do TST, irá aplicar a nova regra sobre o recebimento de defesa em audiência, sem a presença do reclamado.

No caso da ausência de ambas as partes, o processo será arquivado.

Se as partes comparecerem e houver **acordo**, lavrar-se-á termo, assinado pelo juiz e partes, consignando-se o prazo e demais condições para seu cumprimento (art. 846, §1º, da CLT). Na prática, por impossibilidade técnica verificada no Processo Judicial Eletrônico

– PJE, a regra é que o termo de acordo lavrado em audiência seja assinado eletronicamente exclusivamente pelo juiz.

Na hipótese de celebração de acordo, a contestação, reconvenção, exceção e documentos que as acompanham serão **excluídos** do PJe, na forma do art. 35 da Resolução n. 185/2017 (art. 22, §5º).

Não existindo acordo na audiência inicial e sendo recebida a contestação, o juiz designará audiência de instrução para colheita de provas. As partes serão intimadas para comparecimento pessoal e deverão apresentar suas testemunhas, espontaneamente, nos termos do artigo 845 da CLT. Na prática, existem juízos que deferem prazo às partes para apresentação de rol de testemunhas.

No que toca ao comparecimento pessoal do reclamante, é possível ao trabalhador nomear um representante que faça parte de sua categoria profissional ou exerça a mesma profissão (art. 843, § 2º da CLT), desde que tenha uma **justificativa razoável** para a sua ausência, como a doença, por exemplo, acompanhada da devida comprovação. Só que, nesse caso específico, a presença do colega de profissão do empregado na audiência ou do sindicato só tem como efeito **evitar o arquivamento** da demanda, já que não é possível colher o seu depoimento.

Já a pessoa jurídica de direito privado é representada em juízo por quem os seus estatutos determinarem. Mas, é facultado ao empregador, pessoa natural ou jurídica, enviar um **preposto** para representá-lo (art. 843, § 1º da CLT). A praxe jurídica exige a apresentação de carta de preposto para comprovar a condição de representante da pessoa jurídica, mas não há previsão legal para tal.

O preposto deve ter conhecimento dos fatos da lide, sob pena de confissão ficta (artigo 843, §1º, da CLT).

Até o advento da Reforma Trabalhista, o entendimento consolidado pelo TST na Súmula 377 era de que preposto necessariamente deveria ser **empregado** da empresa, exceto quanto à reclamação de empregado doméstico, ou contra micro ou pequeno empresário.

Contudo, o parágrafo terceiro do artigo 843 da CLT, introduzido pela Reforma Trabalhista, trouxe a expressa previsão de que o preposto **não precisa ser empregado** da parte reclamada.

Nos termos do artigo 12, §1º, da IN n. 41 do TST, aplica-se o disposto no art. 843, § 3º, da CLT somente às audiências trabalhistas realizadas após 11 de novembro de 2017.

Outrossim, o artigo 12, §3º, da IN n. 41 do TST veda expressamente a cumulação das condições de advogado e preposto em audiência trabalhista. No mesmo sentido prevê o Código de Ética e Disciplina da OAB, em seu artigo 23.

Caso a parte se ausente à **audiência em prosseguimento** (audiência de instrução) na qual deveria ser ouvida, audiência para a qual foi pessoalmente intimada com expressa cominação de advertência, o juiz aplicará a pena de **confissão ficta**, presumindo-se verdadeiros os fatos alegados pela parte adversa. Tal presunção poderá, contudo, ser afastada por prova pré-constituída (Súm. 74 do TST).

Se **ambas as partes** se ausentarem, a confissão ficta será aplicada para autor e réu e o processo será julgado conforme as regras do **ônus da prova**.

Não há previsão na CLT a respeito da ausência dos advogados. A jurisprudência se divide quanto ao tema, mas a maioria entende que não é hipótese para adiamento da audiência, já que a presença do advogado não é obrigatória porquanto a parte pode se fazer representar sozinha em juízo.

O art. 359 do CPC traz a previsão de intervalo mínimo de uma hora entre as audiências, contudo a doutrina tem se manifestado pela não aplicação desse dispositivo ao processo do trabalho.

No rito ordinário, deve o magistrado efetuar obrigatoriamente **duas** tentativas de conciliação: uma no início da audiência e a segunda, ao final.

A inexistência da primeira tentativa de conciliação implica em nulidade absoluta diante do princípio conciliatório vigente no processo trabalhista.

Após a primeira tentativa de conciliação, o réu apresentará sua defesa (deve ser interpretado de forma ampliativa para considerar a contestação, reconvenção e exceções), no prazo de **vinte minutos** (art. 847 da CLT). Na prática, a defesa normalmente era entregue por escrito, em audiência, juntamente com os documentos.

Atualmente, com a implantação do PJE, a defesa deverá ser inserida pelo reclamado, no sistema, até a realização da proposta de conciliação infrutífera, com a utilização de equipamento próprio (art. 22 da Resolução nº 185 do CSJT), juntamente com os documentos, sob pena de revelia e preclusão para juntada de documentos (artigo 847, parágrafo único da CLT).

Se a parte não apresentar a defesa no sistema, poderá fazer a defesa oral, em audiência, no prazo de 20 minutos.

A ausência de apresentação de defesa implica revelia e confissão ficta quanto à matéria fática.

Depois da apresentação de defesa, o processo será instruído com a produção das provas, tais como depoimentos pessoais e a oitiva das testemunhas. É também na audiência que a parte faz o requerimento da prova pericial.

Encerrada a instrução, as partes poderão aduzir razões finais orais em prazo não excedente de 10 minutos para cada e terminadas as razões finais será realizada a segunda e última tentativa conciliatória.

Frustrada a última tentativa conciliatória, o juiz proferirá sentença.

Nos termos do artigo 844, §1º, da CLT, ocorrendo motivo relevante, o juiz poderá suspender o julgamento, designando nova audiência.

Na praxe forense, o juiz designa uma data para a leitura de sentença (audiência de julgamento) que, em verdade, é uma mera data para apresentação da sentença em secretaria porquanto não há o ato solene de audiência para julgamento.

De forma sintética, podemos apresentar as seguintes fases dentro da audiência:

(i) Tentativa conciliatória (Se houver acordo lavrar-se-á termo, assinado);

(ii) Apresentação de defesa – 20 minutos;

(iii) Instrução processual – oitiva das partes, das testemunhas e, se for o caso, dos peritos e assistentes técnicos;

(iv) Razões finais – 10 minutos para cada parte;

(v) Renovação da proposta conciliatória;

(vi) Sentença.

3.3. Procedimento da audiência no rito sumaríssimo

No rito sumaríssimo, existem algumas especificidades no tocante à audiência, que serão destacadas a seguir:

1) Em regra, a audiência do rito sumaríssimo é una, sendo exceção o fracionamento;
2) há previsão legal de apenas uma tentativa conciliatória no início da audiência (art. 852-E da CLT);
3) Inexistência de citação por edital (art. 852-B da CLT);
4) decisão de plano de todos os incidentes e exceções que possam interferir no prosseguimento do feito (art. 852-G da CLT);
5) duas testemunhas, no máximo, por parte (art. 852-G, § 2º, da CLT);
6) necessidade de comprovação do convite recusado para que seja deferida a notificação da testemunha (art. 852-G, § 3º, da CLT);
7) Relatório dispensado na sentença (art. 852-I da CLT);
8) Intimação da sentença na própria audiência (art. 852-I, § 3º, da CLT).

4. RESPOSTA DO RÉU

4.1. Introdução

O termo defesa do réu deve ser interpretado como resposta, abrangendo não só a defesa típica (contestação), como também a reconvenção e as exceções (excluindo-se a exceção de incompetência territorial, que tem regramento próprio no artigo 800 da CLT, alterado pela Reforma Trabalhista).

No processo do trabalho, o reclamado apresentará sua defesa em juízo, no prazo de **20 minutos**, após a tentativa conciliatória frustrada. Na prática, a defesa é ofertada por escrito e recebida, pelo juiz, na audiência.

Com o Processo Judicial Eletrônico, a defesa deverá ser inserida pelo reclamado, no sistema, até a realização da proposta de conciliação infrutífera, com a utilização de equipamento próprio (art. 22 da Resolução nº 185, CSJT), juntamente com os documentos, sob pena de revelia e preclusão para juntada de documentos (artigo 847, parágrafo único da CLT, com redação dada pela Lei da Reforma Trabalhista).

No expediente de notificação inicial ou de citação constará recomendação para que a defesa e documentos que a acompanham sejam protocolados no PJe, com pelo menos 48h de antecedência da audiência (art. 22, §1º, Resolução n. 185/2017 do CSJT).

A exceção de incompetência territorial será apresentada no prazo de cinco dias a contar da notificação, antes da audiência e em peça que sinalize a existência desta exceção (artigo 800 da CLT, com redação alterada pela Lei da Reforma Trabalhista).

Nos termos do §5º do artigo 844 da CLT, mesmo quando o reclamado se ausentar à audiência, estando presente seu advogado, a contestação e os documentos apresentados serão recebidos.

É importante destacar que a Recomendação n. 02/2012 da Corregedoria Geral da Justiça do Trabalho – CGJT, autoriza que a União possa protocolar sua defesa, no prazo de 20 dias, dispensando a realização de audiência inicial, quando a matéria for unicamente de direito.

Caso o reclamado compareça à audiência desacompanhado de advogado, poderá fazer a defesa oral no prazo de 20 minutos. Os documentos apresentados no ato, pelo reclamado desassistido, deverão ser digitalizados pela Secretaria da Vara (art. 4º da Resolução n. 185/2017 do CSJT).

A jurisprudência inclina-se por aceitar a apresentação de mais de uma forma de resposta na mesma petição (exemplo: contestação e reconvenção).

A IN nº 39/2016 do TST, em seu artigo 2º, V, dispõe expressamente que não se aplica ao processo do trabalho o prazo para contestação previsto no CPC (art. 335).

4.2. Revelia

No processo trabalhista, a revelia se verifica quando o reclamado **não apresenta contestação**, comparecendo ou não em audiência para tal.

É importante destacar que até o advento da Lei n. 13.467/2017 (Lei da Reforma Trabalhista), o entendimento era no sentido da necessidade do comparecimento pessoal do reclamado em audiência para que sua defesa fosse recebida, ainda que presente seu advogado (Súmula 122 do TST).

Contudo, conforme já visto, nos termos do §5º do artigo 844 da CLT, inserido pela Lei da Reforma Trabalhista, mesmo quando o reclamado se ausentar à audiência, estando presente seu advogado, a contestação e os documentos apresentados serão recebidos.

Essa previsão legal relativa à possibilidade de receber defesa e documentos apenas com a presença do advogado somente é aplicável às ações ajuizadas após 11.11.2017 (art. 12 da IN 41 do TST).

A revelia importa nos seguintes efeitos: 1) confissão ficta, considerando-se verdadeiros os fatos articulados em desfavor do réu; 2) impossibilidade de alteração do pedido; 3) curso do prazo independente de intimação; 4) possibilidade de intervenção no processo a qualquer tempo; 5) notificação da sentença do réu revel por via postal (CLT, art. 852).

A confissão ficta também se aplica às pessoas jurídicas de direito público (OJ n. 152 da SDI-1 do TST).

Não haverá aplicação da revelia nas seguintes hipóteses previstas no artigo 844, §4º, da CLT, com redação alterada pela Lei da Reforma Trabalhista:

1) Havendo pluralidade de reclamados, algum deles contestar a ação;
2) quando houver direitos indisponíveis envolvidos (exemplos: direitos de personalidade dos empregados, direitos relacionados à medicina, segurança e meio ambiente de trabalho);
3) a petição inicial não estiver acompanhada de instrumentos que a lei considere indispensável à prova do ato;
4) quando as alegações de fato formuladas pelo reclamante forem inverossímeis ou estiverem em contradição com prova constante dos autos.). Isso porque, o simples fato da revelia não pode tornar verossímil o absurdo!

Também não se aplicarão os efeitos da revelia em se tratando de matéria de direito e matérias de ordem pública e quando a matéria depender de prova técnica, como é o caso da insalubridade e periculosidade (art. 195 da CLT).

Conforme o artigo 346 do CPC, é permitida ao réu revel a produção de provas contrapostas à alegação do autor desde que se faça representar nos autos a tempo de praticar os atos processuais indispensáveis a essa produção.

4.3. Contestação

A contestação é a autêntica peça de defesa do réu, que pode ser dirigida contra o processo ou contra o mérito da demanda.

Na contestação, o reclamado deverá alegar todas as matérias de defesa, com as razões de fato e de direito.

No processo do trabalho, a contestação guarda simetria com a petição inicial. Logo, não há necessidade de fundamentação jurídica ou legal, mas apenas que conste a breve exposição de fatos. Também não há necessidade de especificação de provas.

4.3.1. Contestação contra o processo

O art. 337 do CPC/2015 traz uma listagem exemplificativa de defeitos processuais que deverão ser alegados pelo reclamado antes de discutir o mérito e basicamente repete a mesma lista do art. 301 do CPC/1973, acrescentando a incompetência relativa, a incorreção do valor da causa, a ausência de legitimidade ou de interesse processual e a indevida concessão dos benefícios da gratuidade justiça.

Tais defeitos, denominados **preliminares**, são questões de ordem pública que levarão à extinção do feito, sem resolução do mérito.

Em se tratando de questões de ordem pública, tais defeitos poderão ser conhecidos de **ofício**, em qualquer tempo e grau de jurisdição.

Abaixo, os defeitos processuais listados no artigo 337 do CPC serão analisados individualmente.

4.3.1.1. Inexistência ou nulidade da citação

A citação é pressuposto processual de existência e a citação válida é pressuposto processual de validade.

A ausência de citação válida gera a extinção do processo sem resolução do mérito.

Cabe ao reclamado alegar esse defeito na contestação, sendo que seu silêncio gera a preclusão e o ato será convalidado.

4.3.1.2. Incompetência absoluta ou relativa

A incompetência absoluta é matéria de ordem pública e pode ser reconhecida de ofício em qualquer grau de jurisdição, inclusive de ofício.

O CPC/2015 inovou ao trazer a possibilidade de alegação de incompetência relativa diretamente na peça de contestação (antes era por exceção). No processo do trabalho, já era praxe o recebimento da exceção de incompetência na mesma peça da contestação, com base no princípio da simplicidade vigente nesse ramo da Justiça.

A CLT fixa os critérios para a apresentação de exceção por incompetência territorial nos arts. 799 e 800 da CLT, o que será melhor analisado em tópico próprio abaixo.

4.3.1.3. Incorreção do valor da causa

No processo do trabalho, a impugnação ao valor da causa sempre foi realizada na peça de contestação, o que agora também passa a ser utilizado no processo civil.

4.3.1.4. Inépcia

O reclamado deve apontar as hipóteses legais de inépcia (art. 330, § 1º, do CPC) na sua defesa.

4.3.1.5. Perempção, litispendência e coisa julgada

A perempção trabalhista constitui-se numa pena ao trabalhador de não poder demandar em juízo no prazo de seis meses, seja por não se apresentar em 5 dias para reduzir a termo a reclamação oral, seja por ausência injustificada à audiência inaugural por duas vezes seguidas, causando o arquivamento do feito.

Transcrevo os artigos 731 e 732 da CLT que regulamentam a perempção trabalhista:

> Art. 731 - Aquele que, tendo apresentado ao distribuidor reclamação verbal, não se apresentar, no prazo estabelecido no parágrafo único do art. 786, à Junta ou Juízo para fazê-lo tomar por termo, incorrerá na pena de perda, pelo prazo de 6 (seis) meses, do direito de reclamar perante a Justiça do Trabalho.
>
> Art. 732 - Na mesma pena do artigo anterior incorrerá o reclamante que, por 2 (duas) vezes seguidas, der causa ao arquivamento de que trata o art. 844.

A litispendência se verifica quando existe, em trâmite, ação idêntica anteriormente ajuizada pela parte. Essa identidade é aferida pelos elementos da ação, que são partes, pedido e causa de pedir.

Caso a identidade de demandas se verifique entre um processo em trâmite e outro já extinto, haverá coisa julgada. Todavia, somente a coisa julgada material, formada nos processos extintos com resolução do mérito (artigo 487 do CPC) impedirá o prosseguimento da nova ação. Se a coisa julgada for apenas formal, decorrente da extinção do processo, sem resolução do mérito (art. 485 do CPC), haverá possibilidade de ajuizamento de demanda idêntica.

4.3.1.6. Conexão/continência

Em que pese o dispositivo se referir apenas à conexão, ele também abarca a continência.

A conexão/continência é causa de **modificação da competência relativa**, em que se procura reunir os processos pendentes para evitar soluções díspares.

O juiz, então, determinará a reunião dos processos na Vara preventa ou o encaminhamento do processo para outra vara.

4.3.1.7. Incapacidade da parte, defeito de representação ou falta de autorização

São todos defeitos processuais relacionados à capacidade processual (capacidade para estar em juízo) que já foi objeto de análise no capítulo sobre pressupostos processuais (subtópicos 4.1.1.2 e 4.1.1.3 do Capítulo 2, para onde remeto o leitor).

4.3.1.8. Convenção de Arbitragem

A arbitragem é meio de solução de conflitos através de terceira pessoa (árbitro), escolhida pelas partes para resolver o dissídio.

Remeto o leitor para o subtópico 5.3.1., do Capítulo 1, onde o tema é tratado de forma pormenorizada.

4.3.1.9. Ausência de legitimidade ou interesse processual

Tratam-se de pressupostos processuais, melhor analisados no subtópico próprio, qual seja, subtópico 2.1.4, do Capítulo 2 deste livro, para onde remeto o leitor.

4.3.1.10. Falta de caução ou de outra prestação que a lei exija como preliminar

Existem casos em que a lei impõe caução ou outras prestações e se estas não forem observadas, o feito será extinto sem resolução do mérito.

É o que ocorre, por exemplo, na exigência legal de depósito para o ajuizamento da ação rescisória (art. 836 da CLT e art. 968, II, do CPC) e também na atual exigência de pagamento prévio das custas para que o reclamante possa ajuizar nova demanda, quando a ação anterior tenha sido arquivada por sua ausência (art. 844, §2º, da CLT com redação alterada pela Lei n. 13.467/17).

4.3.1.11. Indevida concessão do benefício da gratuidade de justiça

No processo do trabalho, a impugnação à justiça gratuita sempre foi apresentada na contestação, o que agora também passou a ser previsto no CPC, na forma de preliminar da contestação.

Conforme o art. 2º da Lei n. 5.584/70, o Juiz deverá fixar o valor da causa imediatamente, sem suspensão do feito. No caso de as partes discordarem do valor fixado, poderão impugná-lo durante a audiência, em sede de razões finais, cabendo ao juiz mantê-lo ou não. Contra tal decisão será cabível recurso de **Revisão**, no prazo de 48 horas, dirigido ao Presidente do Tribunal Regional, sem efeito suspensivo.

4.3.2. Contestação contra o mérito

Na contestação contra o mérito, temos a defesa substancial, em que o réu ataca os pedidos formulados pelo autor.

Em face do princípio da eventualidade, cabe ao réu impugnar especificadamente todos os fatos narrados na inicial, sob pena de se presumirem verdadeiras as alegações não impugnadas.

É o chamado ônus da **impugnação especificada**.

Existem exceções para a aplicação desse ônus. Em outras palavras, é permitida a impugnação genérica nas seguintes hipóteses (art. 341 do CPC):

> I – não for admissível, a seu respeito, a confissão;
>
> II – a petição inicial não estiver acompanhada de instrumento que a lei considerar da substância do ato;
>
> III – estiverem em contradição com a defesa, considerada em seu conjunto;
>
> IV – ao defensor público (inovação trazida pelo CPC/2015), ao advogado dativo e ao curador especial.

4.3.3. Fatos impeditivos, modificativos ou extintivos do direito do autor

A defesa do réu pode ser direta (nega o fato) ou indireta (reconhece o fato, mas alega outro fato impeditivo, modificativo ou extintivo do direito do autor).

Fato impeditivo é aquele que obstaculiza um ou algum dos efeitos derivados da relação jurídica alegada. Um exemplo comum é quando o autor alega o vínculo empregatício e o réu reconhece a prestação de serviços, mas alega a relação de autônomo.

Fato modificativo, por sua vez, é aquele que altera o negócio jurídico havido entre autor e réu. Um exemplo é a alegação pelo reclamado de que existe transporte público regular para o local de trabalho, o que afastaria o direito à jornada *"in itinere"*.

Por fim, fato extintivo é quando o réu reconhece o fato articulado pelo autor, mas nega a pretensão afirmando que já cumpriu a obrigação. O exemplo clássico é a alegação de pagamento da verba pleiteada.

4.3.3.1. Compensação, retenção e dedução

A compensação, a retenção e a dedução são institutos jurídicos assemelhados, que trazem a possibilidade de descontos do crédito do trabalhador, reconhecido em ação trabalhista. Cabe mencionar ainda que a compensação e a retenção são matérias previstas no artigo 767 da CLT, consideradas defesas indiretas de mérito, porquanto consistem em fatos modificativos do direito do autor, nos termos do artigo 818, II da CLT e artigo 373, II do CPC.

A compensação é instituto de Direito Civil previsto no artigo 368 do Código Civil, caracterizada quando autor e réu possuem créditos e débitos recíprocos, sendo considerada forma indireta de extinção das obrigações.

Na Justiça do Trabalho, a compensação se restringe à matéria trabalhista, conforme sedimentado na Súmula 18 do C.TST, tendo como exemplos clássicos o adiantamento de salários, ou danos causados pelo empregado. Desta forma, é vedada a compensação de empréstimo contraído pelo empregado junto ao empregador, porquanto débito de natureza civil.

Conforme a Súm. 48 do TST, a compensação só poderá ser arguida com a contestação.

O artigo 477§ 5º da CLT limita a compensação no acerto rescisório ao valor correspondente de uma remuneração do trabalhador. Podemos citar, neste caso, o exemplo do desconto do aviso prévio na hipótese de pedido de demissão pelo empregado.

A retenção também é matéria de defesa, nos termos do mencionado artigo 767 da CLT e consiste em direito que o empregador possui de reter algo do trabalhador até que este realize a quitação de determinada dívida envolvendo referido objeto. O principal exemplo é a retenção do imposto de renda, regulada pelo artigo 46 da Lei 8.541/92. Existe previsão sedimentada por meio da Súmula 368 do C.TST a respeito do tema.

Por fim, a dedução consiste em possibilidade de se abater de determinado crédito, os valores comprovadamente quitados para o mesmo título, podendo ser declarada de ofício pelo magistrado nos termos do artigo 884 do Código Civil, evitando-se o enriquecimento sem causa. O exemplo clássico existente é a dedução de horas extras comprovadamente quitadas com àquelas julgadas procedentes no âmbito de determinado processo.

Aliás, ainda sobre esse tema é necessário destacar o teor da OJ 415 da SDI-1/TST, no sentido de que a dedução das horas extras comprovadamente pagas daquelas reconhecidas em juízo não pode ser limitada ao mês de apuração, devendo ser integral e aferida pelo total das horas extraordinárias quitadas durante o período imprescrito do contrato de trabalho.

4.3.4. Exceção de incompetência

O artigo 800 da CLT, com redação alterada Lei nº 13467/2017, dispõe que a exceção de incompetência territorial deverá ser apresentada no prazo de **cinco dias** a contar da notificação, antes da audiência e em peça que **sinalize** a existência desta exceção.

Com o protocolo dessa petição, o processo será suspenso e não se realizará a audiência trabalhista (art. 843 da CLT) até que a exceção de incompetência seja apreciada.

Os autos serão imediatamente conclusos ao juiz, que intimará o reclamante e, se existentes, os litisconsortes. O juiz concederá o prazo comum para manifestação de cinco dias.

O juiz poderá designar audiência para produção de prova oral, caso entenda necessário, garantindo o direito de o excipiente e de suas testemunhas serem ouvidos, por carta precatória, no juízo que este houver indicado como competente.

Decidida a exceção de incompetência territorial, o processo retomará seu curso, com a designação de audiência, a apresentação de defesa e a instrução processual perante o juízo competente.

A decisão que julgar a exceção é **interlocutória**, não sendo passível de recurso, podendo ser impugnada apenas por Mandado de Segurança. Todavia, quando a exceção é julgada procedente com a remessa dos autos para Vara do Trabalho vinculada a outro TRT é cabível recurso ordinário (Súm. 214 do TST).

Nos termos do art. 11 da IN 41 do TST, a exceção de incompetência territorial, disciplinada no art. 800 da CLT, é imediatamente aplicável aos processos trabalhistas em curso, desde que o **recebimento da notificação** seja posterior a 11 de novembro de 2017 (Lei 13.467/2017).

4.3.5. Arguição de suspeição ou impedimento

A arguição de suspeição/impedimento é a forma estabelecida em lei para afastar o juiz da causa por lhe faltar imparcialidade.

A CLT trata os conceitos de impedimento e suspeição de modo indistinto, e prevê poucas hipóteses em seu art. 801:

> Art. 801 - O juiz, presidente ou vogal, é obrigado a dar-se por suspeito, e pode ser recusado, por algum dos seguintes motivos, em relação à pessoa dos litigantes:
>
> a) inimizade pessoal;
>
> b) amizade íntima;

c) parentesco por consanguinidade ou afinidade até o terceiro grau civil;

d) interesse particular na causa.

É pacífico o entendimento de que a exceção de suspeição prevista no art. 801 da CLT engloba as hipóteses legais de suspeição e impedimento previstas no CPC (artigos 144 e 145 do CPC).

Verificado o impedimento ou suspeição do juiz, o processo deve ser encaminhado ao seu substituto legal. Os atos decisórios praticados serão invalidados neste caso (art. 146, § 7º, do CPC).

As hipóteses de impedimento geram a **nulidade do ato**, pois há uma presunção legal absoluta de que o magistrado não tem condições subjetivas para atuar com imparcialidade. É vício que pode ser alegado a qualquer tempo e grau de jurisdição, além de poder ser reconhecido de ofício pelo magistrado.

Já as hipóteses de suspeição também dão ensejo à nulidade do ato, contudo, a parte tem prazo preclusivo de 15 dias para arguir a suspeição e pedir a nulidade do ato. Isso porque, não se trata de uma presunção absoluta de parcialidade.

4.3.5.1. Hipóteses de impedimento conforme o CPC

Conforme o artigo 144 do CPC, são hipóteses de impedimento do juiz, sendo-lhe vedado exercer suas funções no processo: *"I – em que interveio como mandatário da parte, oficiou como perito, funcionou como membro do Ministério Público ou prestou depoimento como testemunha; II – de que conheceu em outro grau de jurisdição, tendo proferido decisão; III – quando nele estiver postulando, como defensor público, advogado ou membro do Ministério Público, seu cônjuge ou companheiro, ou qualquer parente, consanguíneo ou afim, em linha reta ou colateral, até o terceiro grau, inclusive; IV – quando for parte no processo ele próprio, seu cônjuge ou companheiro, ou parente, consanguíneo ou afim, em linha reta ou colateral, até o terceiro grau, inclusive; V – quando for sócio ou membro de direção ou de administração de pessoa jurídica parte no processo; VI – quando for herdeiro presuntivo, donatário ou empregador de qualquer das partes; VII – em que figure como parte instituição de ensino com a qual tenha relação de emprego ou decorrente de contrato de prestação de serviços; VIII – em que figure como parte cliente do escritório de advocacia de seu cônjuge, companheiro ou parente, consanguíneo ou afim, em linha reta ou colateral, até o terceiro grau, inclusive, mesmo que patrocinado por advogado de outro escritório; IX – quando promover ação contra a parte ou seu advogado".*

Na hipótese do inciso III, o impedimento só se verifica quando o defensor público, o advogado ou o membro do Ministério Público já integrava o processo antes do início da atividade judicante do juiz.

É vedada a criação de fato superveniente a fim de caracterizar impedimento do juiz.

O impedimento previsto no inciso III também se verifica no caso de mandato conferido a membro de escritório de advocacia que tenha em seus quadros advogado que individualmente ostente a condição nele prevista, mesmo que não intervenha diretamente no processo.

4.3.5.2. Hipóteses de suspeição conforme o CPC

Há suspeição do juiz, conforme o artigo 145 do CPC: *"I – amigo íntimo ou inimigo de qualquer das partes ou de seus advogados; II – que receber presentes de pessoas que tiverem interesse na causa antes ou depois de iniciado o processo, que aconselhar alguma das partes acerca do objeto da causa ou que subministrar meios para atender às despesas do litígio; III – quando qualquer das partes for sua credora ou devedora, de seu cônjuge ou companheiro ou de parentes destes, em linha reta até o terceiro grau, inclusive; IV – interessado no julgamento do processo em favor de qualquer das partes".*

Poderá o juiz declarar-se suspeito por motivo de foro íntimo, sem necessidade de declarar suas razões.

Será ilegítima a alegação de suspeição quando:

> I – houver sido provocada por quem a alega;
>
> II – a parte que a alega houver praticado ato que signifique manifesta aceitação do arguido.

4.3.5.3. Procedimento

No que se refere ao processamento do incidente, o artigo 802 da CLT está ultrapassado, de forma que se aplica o procedimento previsto no artigo art. 146 do CPC.

Nesse sentido está o artigo 20 da Consolidação dos Provimentos da Corregedoria-Geral do Conselho Superior da Justiça do Trabalho:

> *Art. 20. Se o juiz de 1º grau não reconhecer o impedimento ou a suspeição alegada, será aplicado o procedimento previsto no artigo 146 do Código de Processo Civil, exceto, quanto a este último, na parte relativa à condenação às custas ao magistrado.*
>
> § 1º Nas unidades judiciárias que contam com a designação permanente de mais de um magistrado, caso seja reconhecido o impedimento ou a suspeição de um deles, os autos do processo deverão ser encaminhados imediatamente a um dos demais em condições de atuar no feito, para dar-lhe prosseguimento, no prazo máximo de 10 (dez) dias.
>
> § 2º Não havendo mais de um magistrado atuando na Unidade por ocasião do reconhecimento do impedimento ou da suspeição, ou na hipótese de todos encontrarem-se inaptos para atuar no feito, será designado qualquer outro magistrado, segundo juízo de conveniência da Administração do tribunal, observados os critérios de impessoalidade, alternância e aleatoriedade na designação, que deverá recair, preferencialmente, sobre aqueles que atuarem na própria sede do Juízo a que pertence o processo, ou em localidade contígua.
>
> *Art. 21. Na hipótese de impedimento ou suspeição de desembargador do trabalho, contemporânea ao julgamento do processo, este será mantido em pauta com a convocação de outro desembargador para compor o quórum do julgamento.*

No prazo de **15 (quinze) dias**, a contar do conhecimento do fato, a parte alegará o impedimento ou a suspeição, em petição específica dirigida ao juiz do processo, na qual indicará o fundamento da recusa, podendo instruí-la com documentos em que se fundar a alegação e com rol de testemunhas.

Se reconhecer o impedimento ou a suspeição ao receber a petição, o juiz ordenará imediatamente a remessa dos autos a seu substituto legal, caso contrário, determinará a autuação em apartado da petição e, no prazo de 15 (quinze) dias, apresentará suas razões, acompanhadas de documentos e de rol de testemunhas, se houver, ordenando a remessa do incidente ao tribunal.

Distribuído o incidente, o relator deverá declarar os seus efeitos, sendo que, se o incidente for recebido:

> I – sem efeito suspensivo, o processo voltará a correr;
>
> II – com efeito suspensivo, o processo permanecerá suspenso até o julgamento do incidente.

Enquanto não for declarado o efeito em que é recebido o incidente ou quando este for recebido com efeito suspensivo, a tutela de urgência será requerida ao substituto legal.

Verificando que a alegação de impedimento ou de suspeição é improcedente, o tribunal rejeitá-la-á.

Acolhida a alegação, tratando-se de impedimento ou de manifesta suspeição, o tribunal remeterá os autos ao seu substituto legal, podendo o juiz recorrer da decisão. É importante destacar que, na Justiça do Trabalho, não se aplica a multa prevista no artigo 146, §5º do CPC, aplicável para o juiz quando se tratar de impedimento ou de manifesta suspeição (art. 20 da Consolidação dos Provimentos da Corregedoria-Geral do CSJT).

Reconhecido o impedimento ou a suspeição, o tribunal fixará o momento a partir do qual o juiz não poderia ter atuado.

O tribunal decretará a nulidade dos atos do juiz, se praticados quando já presente o motivo de impedimento ou de suspeição.

Quando 2 (dois) ou mais juízes forem parentes, consanguíneos ou afins, em linha reta ou colateral, até o terceiro grau, inclusive, o primeiro que conhecer do processo impede que o outro nele atue, caso em que o segundo se escusará, remetendo os autos ao seu substituto legal.

Aplicam-se os motivos de impedimento e de suspeição:

> I – ao membro do Ministério Público;
>
> II – aos auxiliares da justiça;
>
> III – aos demais sujeitos imparciais do processo.

Nos tribunais, a arguição de impedimento ou suspeição será disciplinada pelo regimento interno.

4.4. Reconvenção

A reconvenção é a demanda do réu contra o autor **no mesmo processo** em que está sendo demandado. Em outras palavras, o reclamado, aproveitando a relação jurídica processual em curso, ajuíza ação em face do autor, dentro do mesmo processo.

A reconvenção não é tratada pela CLT, aplicando-se subsidiariamente as normas do CPC.

O autor da reconvenção é denominado reconvinte. Já o réu da reconvenção é denominado reconvindo.

O não ajuizamento da reconvenção não torna precluso o direito de ajuizar, porquanto é clara a faculdade legal de ajuizar a reconvenção, não se tratando de obrigação (art. 343 do CPC *"é lícito ao réu propor reconvenção"*).

O fundamento é o princípio da **economia processual**, passando a existir duas demandas no processo: a primeira entre autor e réu e a segunda entre o réu-reconvinte e o autor-reconvindo.

A reconvenção e ação principal hão de ser julgadas na **mesma sentença**, todavia são autônomas: não há obrigatoriedade de ambas terem seus respectivos méritos apreciados, na medida em que o autor pode desistir da demanda principal, o que não obsta o prosseguimento da reconvenção (art. 343, § 2º, do CPC).

O réu pode propor reconvenção independentemente de oferecer contestação.

4.4.1. Pressupostos e requisitos da reconvenção

Por ser autônoma, a reconvenção deve observar os pressupostos processuais já analisados em capítulo próprio, sob pena de extinção, sem resolução do mérito.

Além disso, a reconvenção possui outros requisitos específicos:

1) **conexão:** a reconvenção deve possuir conexão com a ação principal (art. 343, *caput* do CPC). Essa conexão exigida não é a mesma conexão fato gerador da modificação de competência. Trata-se de liame mais simples, bastando que exista certa afinidade de questões entre a demanda principal e a demanda reconvencional.
2) **competência:** o juiz que julgar ambas as ações deve ser competente para as duas.
3) **procedimento único:** apesar de existirem duas ações, o processo é único e, portanto, deve seguir um procedimento único.

4.4.2. Procedimento da reconvenção

A reconvenção há de ser ajuizada na audiência inicial, na própria peça de contestação, suspendendo-se a audiência para dar oportunidade de ampla defesa e contraditório ao autor-reconvindo e designando-se nova assentada para a primeira desimpedida após o prazo de 5 dias (art. 841 da CLT). Caso o reconvinte se ausente na próxima audiência, a reconvenção será arquivada em face da sua autonomia.

Na audiência seguinte, o autor-reconvindo deverá apresentar defesa, sob pena de revelia, considerando-se como verdadeira a matéria fática deduzida pelo autor da reconvenção.

A instrução será realizada em audiência, seguindo-se o julgamento de ambas as ações, em sentença única.

A posição majoritária da jurisprudência é de que não cabe reconvenção em rito sumaríssimo. O fundamento é a proibição da reconvenção nos ritos céleres pelas leis processuais específicas (Lei dos Juizados Especiais), evidenciando a incompatibilidade desse instituto com o princípio da celeridade que norteia tais ritos.

4.4.3. Pedido contraposto

Pedido contraposto e reconvenção são demandas que podem ser deduzidas pelo réu na mesma peça em que apresenta sua defesa.

O pedido contraposto é diferente do pedido reconvencional, porque se apresenta como uma demanda mais simplificada e que deve guardar relação com a matéria fática da ação originária. Assim, o pedido contraposto está vinculado à demanda original, guardando dependência dela, de forma que não poderá resultar na condenação do autor ao pagamento de novas parcelas, mas tão somente no abatimento do que lhe for deferido.

Já a reconvenção é demanda mais ampla, que pode ter variada natureza, bastando apenas uma singela conexão com a demanda principal.

O pedido contraposto está previsto no art. 382, § 3°, do CPC e na Lei dos Juizados Especiais (art. 31 da Lei n. 9099/95). Seu cabimento se dá nas ações dúplices, em que é permitido ao réu, na própria contestação, efetuar pedido em desfavor do autor, desde que o pedido esteja relacionado com os mesmos fatos da inicial.

5. JULGAMENTO ANTECIPADO DO MÉRITO

Conforme o artigo 355 do CPC, *"o juiz julgará antecipadamente o pedido, proferindo sentença com resolução de mérito, quando: I – não houver necessidade de produção de outras provas; II – o réu for revel, ocorrer o efeito previsto no art. 344 e não houver requerimento de prova, na forma do art. 349".*

Essa regra legal ostenta perfeita sintonia com o princípio fundamental da duração razoável do processo, contemplado no artigo 5°, LXXVIII, da Constituição Federal e, portanto, é plenamente aplicável ao processo do trabalho.

Na seara trabalhista, o primeiro contato do juiz com o processo se dá na audiência inicial (rito ordinário) ou na audiência una (rito sumaríssimo). Nessa oportunidade, ao verificar a presença dos requisitos do artigo 355 do CPC, o juiz poderá determinar que os autos venham conclusos para prolação de sentença.

A primeira hipótese de julgamento antecipado do mérito ocorre quando a questão é unicamente de **direito** ou, sendo de direito e de fato, não houver necessidade de produzir prova em audiência.

A segunda hipótese é aquela em que existe a **confissão ficta** decorrente da revelia e não existe requerimento de prova pelo réu revel.

Nos termos do artigo 356 e parágrafos do CPC, é possível o julgamento antecipado parcial do mérito, quando um ou mais dos pedidos formulados ou parcela deles: I – mostrar-se incontroverso; II – estiver em condições de imediato julgamento, nos termos do art. 355.

A decisão que julgar parcialmente o mérito poderá reconhecer a existência de obrigação líquida ou ilíquida.

A parte poderá liquidar ou executar, desde logo, a obrigação reconhecida na decisão que julgar parcialmente o mérito, independentemente de caução, ainda que haja recurso contra essa interposto. Nesta hipótese, se houver trânsito em julgado da decisão, a execução será definitiva.

A liquidação e o cumprimento da decisão que julgar parcialmente o mérito poderão ser processados em autos suplementares, a requerimento da parte ou a critério do juiz.

O julgamento antecipado parcial de mérito é plenamente aplicável ao processo do trabalho, conforme dispõe o artigo 5º da IN nº 39/2016 do TST: *"Aplicam-se ao Processo do Trabalho as normas do art. 356, §§ 1º a 4º, do CPC que regem o julgamento antecipado parcial do mérito, cabendo recurso ordinário de imediato da sentença".*

Há que se destacar que, enquanto no processo civil o recurso cabível é o agravo de instrumento, no processo do trabalho, inexistindo recurso cabível para decisão interlocutória, a IN nº39/2016 cuidou de permitir a recorribilidade da decisão através do **recurso ordinário**.

6. PROVAS

6.1. Conceito

Para que o magistrado possa formar seu convencimento sobre os fatos controvertidos e proferir a sentença é fundamental que seja realizada a colheita das provas necessárias ao livre convencimento do julgador acerca dos fatos ocorridos na causa.

Assim, prova é o meio utilizado para a demonstração, no processo, da veracidade dos fatos controvertidos.

6.2. Princípios

Em relação às provas, podemos destacar os seguintes princípios:

1) **Necessidade da prova:** os fatos narrados pelas partes necessitam ser provados. Não basta apenas alegar, mas é preciso que a parte demonstre suas alegações.

2) **Unidade da prova:** a prova deve ser apreciada no seu conjunto, como um todo, não devendo ser considerada de forma isolada.

3) **Ampla defesa e contraditório:** São princípios constitucionais. A ampla defesa é uma garantia constitucional para as partes assegurando-lhes o direito de se utilizar

de qualquer meio lícito de prova para comprovar sua tese. No tocante ao contraditório, cada uma das partes possui o direito subjetivo de impugná-la, inclusive podendo realizar contraprova.

4) **Livre convencimento motivado:** Cabe ao magistrado, ao decidir, sopesar a força probante de cada prova produzida no processo. Existem três sistemas que informam ao magistrado o meio de proceder ao julgamento na valoração da prova: a) o livre convencimento: o magistrado julga livremente, exteriorizando seu convencimento; b) livre convencimento motivado: difere do primeiro, pois ao exteriorizar seu convencimento, deve o magistrado fundamentar sua decisão; c) sistema da prova legal: o juiz não faz qualquer valor da prova, apenas aplica no caso concreto conforme a tarifação da prova feita por lei. No Processo do Trabalho vige o sistema do livre convencimento motivado (art. 93, IX, da CRFB/88).

5) **Oralidade:** conforme a CLT, grande parte das provas são produzidas perante o magistrado, em audiência, como preceituam os artigos 848 (rito ordinário) e 852-H (rito sumaríssimo) da CLT.

6) **Imparcialidade:** é dever do magistrado ficar equidistante em relação às partes, cumprindo a lei sem pender para qualquer lado.

7) **Busca pela verdade material:** Conforme o art. 765 da CLT compete ao juiz a realização de diligências com o objetivo de melhor esclarecer os pontos controvertidos.

8) **Aquisição processual (princípio da comunhão da prova):** a prova é adquirida pelo processo, independe de quem produziu. Assim, o depoimento de uma testemunha arrolada por uma parte pode ser usada contra o interesse da própria parte que a trouxe, porquanto a prova é do processo e não da parte (art. 371 do CPC).

9) **Aptidão da prova (princípio da distribuição dinâmica do ônus):** significa que o *onus probandi* é de quem possui condições de cumpri-lo no momento. Assim, o juiz poderá inverter o ônus de prova, atribuindo-lhe à parte que tem mais condições de cumpri-lo, a fim de propiciar um processo isonômico e mais justo, assegurando igualdade entre as partes processuais.

   Esse princípio já era reconhecido pela jurisprudência (v.g. Súmula 338 do TST) e foi expressamente reconhecido pela Lei da Reforma Trabalhista que acrescentou o parágrafo primeiro ao artigo 818 da CLT.

   Assim, conforme o referido dispositivo, nos casos previstos em lei ou diante de peculiaridades da causa relacionadas à impossibilidade ou à excessiva dificuldade de cumprir o encargo nos termos deste artigo ou à maior facilidade de obtenção da prova do fato contrário, poderá o juízo atribuir o ônus da prova de modo diverso, desde que o faça por decisão fundamentada, caso em que deverá dar à parte a oportunidade de se desincumbir do ônus que lhe foi atribuído.

6.3. Fases da produção da prova

As fases da produção da prova não correspondem a um procedimento formal, mas sim à interpretação dos princípios acima expostos.

Assim, têm-se três fases da produção da prova, quais sejam: fase da postulação, fase do contraditório e fase decisória.

Na fase da **postulação**, compete à parte **requerer** ao juízo a realização da prova, inclusive apresentando a fundamentação em alguns casos para que o juiz entenda porque a parte necessita daquela prova. No processo do trabalho não há exigência legal de requerimento de produção de prova.

Na fase do **contraditório**, tem-se a oportunidade da outra parte **impugnar** a postulação, atacando-a seja pela preclusão/intempestividade, pelo descabimento, ou por qualquer outro argumento de defesa.

Por fim, na fase **decisória** tem-se o momento da **análise** do requerimento da realização da prova pelo juiz. Essa decisão é de natureza interlocutória, pois resolve incidente que pode, em tese, prejudicar determinada parte. A decisão deve ser motivada e apontar as razões.

6.4. Objeto da prova

O objeto da prova está relacionado com o que se deve provar, recaindo sobre os fatos e sobre o direito não federal.

O principal objetivo da prova são os fatos alegados.

Contudo, conforme o art. 374 do CPC, existem alguns fatos que não precisam ser provados, quais sejam:

a) **notórios:** fatos conhecidos na localidade em que o processo tramita, sendo relevante para a resolução da questão controvertida.

> **Exemplo**
>
> É fato público e notório que em uma determinada cidade não tem transporte público municipal, de forma que é indevido o pagamento de vale-transporte.

b) **confessados:** a confissão pode ser expressa ou tácita.

Expressa é aquela admitida de forma incontestável.

> **Exemplo**
>
> O preposto confessa em audiência que contratou o empregado antes da data assinada na CTPS.

Ficta é aquela confissão decorrente de uma presunção.

> **Exemplo**
>
> O desconhecimento do preposto sobre a data de admissão faz presumir verdadeira aquela data alegada pelo autor na inicial.

c) **incontroversos:** são os fatos alegados por uma parte e não contestados pela outra.

Exemplo

O reclamado não contesta a alegação do reclamante de que foi admitido antes da data anotada na CTPS, tornando incontroverso tal fato.

d) **em cujo favor milita presunção de existência ou veracidade:** a própria lei indica uma presunção relativa ou absoluta para a configuração do fato.

Exemplo

A declaração da pessoa natural de que não pode arcar com despesas processuais gera a presunção de necessidade conforme art. 99, § 3º, do CPC.

Com relação às questões de direito federal, não há necessidade de prova, porque o juiz deve conhecê-lo (*jura novit curia*).

No tocante ao teor do direito municipal, estadual e consuetudinário, deve a parte provar o teor ao juiz, se este assim o determinar (art. 376 do CPC).

6.5. Finalidade da prova

A principal finalidade da prova consiste no **convencimento do magistrado**, considerado destinatário da prova.

Há quem defenda que a prova também pode assumir uma finalidade secundária, destinando-se a persuadir a própria parte contra a qual foi produzida.

6.6. Ônus da prova

O ônus da prova está relacionado com a divisão das provas entre os litigantes.

O art. 818 da CLT, com redação alterada pela Lei da Reforma Trabalhista, transpondo o artigo 373 do CPC, estabelece que ao reclamante incumbe a prova do fato constitutivo e ao reclamado incumbe a prova dos fatos impeditivos, modificativos ou extintivos do direito do reclamante.

Fato **constitutivo** é aquele que **origina** o direito pretendido. É o que ocorre, por exemplo, quando o autor alega a falta patronal hábil a gerar a rescisão indireta. Deverá comprovar a falta praticada pelo patrão por se tratar de fato constitutivo do direito à rescisão indireta.

Fato **impeditivo** é aquele que **obstaculiza** um ou algum dos efeitos derivados da relação jurídica alegada. Um exemplo comum é quando o autor alega o vínculo empregatício e o réu reconhece a prestação de serviços, mas alega a relação de autônomo. Caberá ao réu comprovar que o autor prestava serviços na condição de autônomo.

Fato **modificativo**, por sua vez, é aquele que **altera** o negócio jurídico havido entre autor e réu. Um exemplo é a alegação pelo reclamado de que existe transporte público regular para o local de trabalho, o que afastaria o direito à jornada *"in itinere"*.

Por fim, fato **extintivo** é quando o réu reconhece o fato articulado pelo autor, mas **nega** a pretensão afirmando que já cumpriu a obrigação. O exemplo clássico é a alegação de pagamento da verba pleiteada.

6.6.1. Inversão do ônus da prova

O art. 373, § 1º, do CPC e parágrafo primeiro do artigo 818 da CLT trazem a possibilidade da inversão do ônus de prova nas seguintes hipóteses: a) previsão em lei; b) diante de peculiaridades da causa relacionadas à impossibilidade ou à excessiva dificuldade de cumprir o encargo nos termos do *caput* ou à maior facilidade de obtenção da prova do fato contrário.

Conforme os referidos dispositivos, o juiz poderá atribuir o ônus da prova de modo diverso, desde que o faça por decisão fundamentada, caso em que deverá dar à parte a oportunidade de se desincumbir do ônus que lhe foi atribuído.

Essa decisão deverá ser proferida **antes da abertura da instrução.** Se houver requerimento da parte, será necessário o adiamento da audiência para possibilitar a prova dos fatos por qualquer meio admitido em direito.

Com isso, pretende-se garantir o pleno exercício do contraditório e da ampla defesa, de forma que a parte não seja surpreendida com o ônus de produzir determinada prova que, a princípio não lhe incumbiria.

A possibilidade de inversão do ônus da prova tem como fundamento o princípio da aptidão da prova ou princípio da distribuição dinâmica do ônus.

Esse princípio significa que o *onus probandi* é de quem possui condições de cumpri-lo no momento. A finalidade é assegurar um processo isonômico e mais justo, possibilitando que as partes possam litigar em igualdade de condições e evitando que o ônus da prova recaía sobre parte que se encontra em condição de inferioridade ou excessiva dificuldade para produzir a prova.

Um exemplo clássico de inversão do ônus de prova está na redação da súm. 338 do TST, que ora transcrevo: *"JORNADA DE TRABALHO. REGISTRO. ÔNUS DA PROVA (incorporadas as Orientações Jurisprudenciais nºs 234 e 306 da SBDI-I) – Res. 129/2005, DJ 20, 22 e 25.04.2005. I – É ônus do empregador que conta com mais de 10 (dez) empregados o registro da jornada de trabalho na forma do art. 74, § 2º, da CLT. A não-apresentação injustificada dos controles de frequência gera presunção relativa de veracidade da jornada de trabalho, a qual pode ser elidida por prova em contrário. (ex-Súmula nº 338 – alterada pela Res. 121/2003, DJ 21.11.2003). II – A presunção de veracidade da jornada de trabalho, ainda que prevista em instrumento normativo, pode ser elidida por prova em contrário. (ex-OJ nº 234 da SBDI-I – inserida em 20.06.2001). III – Os cartões de ponto que demonstram horários de entrada e saída uniformes são inválidos como meio de prova, invertendo-se o ônus da prova, relativo às horas extras, que passa a ser do empregador, prevalecendo a jornada da inicial se dele não se desincumbir. (ex-OJ nº 306 da SBDI-I- DJ 11.08.2003)".*

Veja-se que no inciso I da referida súmula, considerando que o empregador, naquelas condições, é obrigado a fazer o controle de jornada dos seus empregados, sendo detentor legal desses documentos, caberá a ele o ônus de apresentar, em juízo, os cartões de ponto (observe-se que por força da atual redação do artigo 74, §2ºda CLT ,a obrigatoriedade do registro de ponto se aplica para empresas que contem com mais de vinte empregados no estabelecimento).

A recusa injustificada a fornecer esses documentos acarretará a **presunção relativa** de veracidade da jornada de trabalho alegada pelo reclamante na inicial, a qual pode ser elidida por prova em contrário.

Nesse contexto, a regra que era o reclamante provar a jornada alegada na inicial é alterada, invertendo-se o ônus de prova para atribui-lo ao empregador, quando este possuir mais de 20 empregados, na medida em que, nessas condições, o patrão é obrigado legalmente (art. 74, §2º, da CLT) a manter o registro da jornada de seus empregados.

Novamente, no inciso III da Súmula 338 do TST, temos uma hipótese de inversão do ônus de prova na situação em que o empregador apresentar cartões de ponto britânicos, isto é, com registros uniformes de entrada e saída.

Nessa hipótese, caberá ao empregador a prova da jornada do reclamante porquanto é impossível humanamente que os horários de trabalho sejam britânicos, donde se presume a falsidade dos cartões de ponto. Assim, se o empregador é obrigado ao registro de ponto e não o fez corretamente deverá assumir o ônus da prova da jornada do reclamante porque não apresentou documentos reais de que deveria dispor por força de lei.

Também merecem destaques as seguintes súmulas relativas à inversão do ônus da prova, considerando que o empregador está em melhores condições de produzi-la:

> ***Súmula nº 212 do TST*** *– O ônus de provar o término do contrato de trabalho, quando negados a prestação de serviço e o despedimento, é do empregador, pois o princípio da continuidade da relação de emprego constitui presunção favorável ao empregado.*
>
> ***Súmula nº 460 do TST*** *– É do empregador o ônus de comprovar que o empregado não satisfaz os requisitos indispensáveis para a concessão do vale-transporte ou não pretenda fazer uso do benefício.*
>
> ***Súmula nº 461 do TST*** *– É do empregador o ônus da prova em relação à regularidade dos depósitos do FGTS, pois o pagamento é fato extintivo do direito do autor (art. 373, II, do CPC de 2015).*

O § 3º, acrescentado ao artigo 818 da CLT pela Lei da Reforma Trabalhista, veda a chamada "prova diabólica", isto é, proíbe que o juiz imponha a uma das partes o ônus de produzir prova impossível ou extremamente difícil ou muito onerosa.

Outra novidade trazida pelo CPC é a possibilidade de distribuição diversa do ônus de prova pela convenção das próprias partes. Essa convenção pode ser firmada antes ou mesmo no curso do processo (art. 373, § 4º, do CPC). Tal convenção é vedada, contudo, nas seguintes hipóteses: a) recair sobre direito indisponível da parte; b) tornar excessivamente difícil a uma parte o exercício do direito.

A distribuição diversa do ônus da prova por convenção das partes não **é** aplicável ao processo do trabalho (art. 2º, VII, da IN nº 39/2016 do TST).

6.7. Prova de fato negativo

Atualmente não prevalece mais a ideia de que não há possibilidade de prova do fato negativo. Isso porque, todo fato negativo traz em si a afirmação de um fato positivo e este fato pode ser objeto de prova. É o que ocorre, por exemplo, quando o empregador nega que tenha dispensado o empregado. No fundo ele está afirmando que foi o empregado quem pediu demissão ou abandonou o emprego, cabendo fazer prova desse fato afirmativo.

6.8. Meios de prova

6.8.1. Depoimento pessoal

O depoimento pessoal é o meio pelo qual a parte é questionada pelo juiz sobre questões controversas do processo, com o objetivo de esclarecer os fatos e, também, provocar a confissão expressa.

Como um dos objetivos é a obtenção da **confissão expressa**, o depoimento pessoal somente pode ser requerido pela parte contrária.

O depoimento pessoal é o primeiro meio de prova após a defesa do réu (art. 848 da CLT), cabendo ao magistrado efetuar as perguntas dirigidas pela parte adversa ou pelo advogado que a representa (art. 820 da CLT).

Diante do evidente interesse processual da parte, a mesma não será advertida a dizer a verdade, nem prestará compromisso, como a testemunha.

6.8.2. Prova testemunhal

Testemunha é a pessoa chamada a juízo para depor sobre pontos controvertidos, esclarecendo os fatos da lide.

O depoimento prestado em juízo é considerado serviço público e, portanto, é um dever público de colaboração com o Estado no exercício da jurisdição (art. 463 da CLT).

É um dos meios mais utilizados no processo do trabalho, contudo, sua regulamentação pela CLT é bem precária, aplicando-se subsidiariamente as normas do CPC.

A prova testemunhal é sempre admissível. Mas pode a lei dispor em sentido contrário (art. 442 do CPC).

O juiz inquirirá as testemunhas separada e sucessivamente, primeiro as do autor e depois as do réu, e providenciará para que uma não ouça o depoimento das outras. O juiz poderá alterar a ordem estabelecida no *caput* se as partes concordarem (art. 456 do CPC).

Antes de depor, a testemunha será qualificada, declarará ou confirmará seus dados e informará se tem relações de parentesco com a parte ou interesse no objeto do processo (art. 457 do CPC).

Ao início da inquirição, a testemunha prestará o compromisso de dizer a verdade do que souber e lhe for perguntado.

A Reforma Trabalhista inovou ao trazer a expressa possibilidade de aplicação de multa à testemunha mentirosa ou que omite fatos essenciais ao julgamento do processo (artigo 793-D da CLT). A execução da multa imposta à testemunha mentirosa será realizada nos mesmos autos em que ela foi ouvida.

A IN 41 do TST estabeleceu em seu artigo 10 que, a aplicação de multa à testemunha dar-se-á na sentença e será precedida de **instauração de incidente** mediante o qual o juiz indicará o ponto ou os pontos controvertidos no depoimento, assegurados o contraditório, a defesa, com os meios a ela inerentes, além de possibilitar a retratação.

O juiz advertirá à testemunha que incorre em sanção penal quem faz afirmação falsa, cala ou oculta a verdade.

O CPC/2015 inovou ao trazer a possibilidade de que as partes façam as perguntas diretamente às testemunhas (art. 459).

Contudo, tal regra não é aplicável ao processo do trabalho consoante o art. 11 da IN nº 39/2016 da SDI-1 do TST, na medida em que a CLT tem regra própria a respeito em seu artigo 820 que assim dispõe: *"As partes e testemunhas serão inquiridas pelo juiz ou presidente, podendo ser reinquiridas, por seu intermédio, a requerimento dos vogais, das partes, seus representantes ou advogados".*

6.8.2.1. Número de testemunhas e intimação

No que se refere ao número de testemunhas, a CLT possui regramento próprio:

a) **rito ordinário e sumário:** máximo de 3;

b) **rito sumaríssimo:** máximo de 2;

c) **inquérito judicial para apuração de falta grave:** máximo de 6.

Em caso de litisconsórcio, o número de testemunhas poderá ser considerado para cada litisconsorte se o interesse deles (litisconsortes) for conflitante.

Além dessas testemunhas, o Juiz poderá, em face do poder inquisitivo, ouvir qualquer testemunha indicada nos depoimentos, não havendo limite de número (art. 461, I, do CPC).

A limitação do número de testemunhas, feita pelo CPC, não se aplica ao processo do trabalho.

No que se refere à intimação das testemunhas, a CLT tem regra específica, dispensando o rol de testemunhas.

No rito ordinário, as testemunhas comparecerão independente de notificação ou intimação, tendo à parte a liberdade de levá-las e de apresentá-las ao juiz no momento da oitiva. Caso a testemunha se recuse a comparecer, a parte indicará tal fato ao juiz, pedindo a intimação pessoal (art. 825 da CLT).

A diferença no rito sumaríssimo é que, para comprovar a recusa de comparecimento de testemunha, a parte deverá apresentar a **carta convite** (art. 852-H, §§ 2º e 3º, da CLT).

6.8.2.2. Incapacidade, impedimento e suspeição da testemunha

Antes do depoimento, a testemunha será qualificada, indicando se tem parentesco com as partes ou se tem interesse no processo (art. 457 do CPC).

Nesse momento, a parte adversa poderá **contraditar** a testemunha, arguindo-lhe a incapacidade, o impedimento ou a suspeição.

A CLT é lacônica com relação à suspeição/impedimento/incapacidade da testemunha, mencionando, na parte inicial do art. 829, apenas os seguintes casos: parentesco até o terceiro grau, amizade íntima ou inimizade com qualquer das partes.

Este rol é exemplificativo, aplicando-se as disposições do art. 447 do CPC.

Sendo necessário, pode o juiz admitir o depoimento das testemunhas menores, impedidas ou suspeitas. Os depoimentos, neste caso, serão prestados independentemente de compromisso, e o juiz lhes atribuirá o valor que possam merecer.

6.8.2.2.1. Hipóteses de incapacidade da testemunha

Conforme o art. 447, § 1º, do CPC, são incapazes para depor:

a) o interdito por **enfermidade ou deficiência mental;**

b) o que, acometido por enfermidade ou **retardamento** mental, ao tempo em que ocorreram os fatos, não podia discerni-los, ou, ao tempo em que deve depor, não está habilitado a transmitir as percepções;

c) o que tiver menos de **16 (dezesseis) anos;**

d) **o cego e o surdo**, quando a ciência do fato depender dos sentidos que lhes faltam.

6.8.2.2.2. Hipóteses de impedimento da testemunha

No caso do impedimento para depor, tem-se situações objetivas, bastando simples prova para que haja a impossibilidade do depoimento, não obstante a possibilidade de oitiva como simples informante.

Conforme o art. 447, § 2º, do CPC, são impedidos de depor:

a) o cônjuge, o **companheiro,** o ascendente e o descendente em qualquer grau e o colateral, até o terceiro grau, de alguma das partes, por **consanguinidade** ou afinidade, salvo se o exigir o interesse público ou, tratando-se de causa relativa ao estado da pessoa, não se puder obter de outro modo a prova que o juiz repute necessária ao julgamento do mérito;

b) o que é **parte** na causa;

c) o que intervém em **nome** de uma parte, como o tutor, o representante legal da pessoa jurídica, o juiz, o advogado e outros que assistam ou tenham assistido as partes.

6.8.2.2.3. Hipóteses de suspeição da testemunha

A suspeição é critério subjetivo, devendo ser comprovada no ato da contradita, por prova robusta.

Conforme o art. 447, § 3°, do CPC, são suspeitos para depor:

a) o **inimigo** da parte ou o seu **amigo íntimo**;

b) o que tiver **interesse** no litígio.

É pacífico na jurisprudência que a testemunha que possui lide contra o mesmo empregador não pode ser considerada suspeita só por isso (Súm. 357 do TST). Todavia, o próprio TST abranda essa tese quando há depoimento cruzado (um depõe em favor do outro), sendo cabível a caracterização de suspeição neste caso.

6.8.2.3. Testemunhas com prerrogativa de função

Conforme o art. 454 do CPC, são inquiridos em sua residência ou onde exercem sua função: *"I – o presidente e o vice-presidente da República; II – os ministros de Estado; III – os ministros do Supremo Tribunal Federal,* **os conselheiros do Conselho Nacional de Justiça e os ministros do** *Superior Tribunal de Justiça, do Superior Tribunal Militar, do Tribunal Superior Eleitoral, do Tribunal Superior do Trabalho e do Tribunal de Contas da União; IV – o procurador-geral da República e* **os conselheiros do Conselho Nacional do Ministério Público;** *V –* **o advogado-geral da União, o procurador-geral do Estado, o procurador-geral do Município, o defensor público-geral federal e o defensor público-geral do Estado;** *VI – os senadores e os deputados federais; VII – os governadores dos Estados e do Distrito Federal; VIII –* **o prefeito;** *IX – os deputados estaduais* **e distritais;** *X – os desembargadores dos Tribunais de Justiça, dos* **Tribunais Regionais Federais**, *dos Tribunais Regionais do Trabalho e dos Tribunais Regionais Eleitorais e os conselheiros dos Tribunais de Contas dos Estados e do Distrito Federal; XI –* **o procurador-geral de justiça;** *XII – o embaixador de país que, por lei ou tratado, concede idêntica prerrogativa a agente diplomático do Brasil".*

O juiz solicitará à autoridade que indique dia, hora e local a fim de ser inquirida, remetendo-lhe cópia da petição inicial ou da defesa oferecida pela parte que a arrolou como testemunha.

Passado 1 (um) mês sem manifestação da autoridade, o juiz designará dia, hora e local para o depoimento, preferencialmente na sede do juízo. O juiz também designará dia, hora e local para o depoimento, quando a autoridade não comparecer, injustificadamente, à sessão agendada para a colheita de seu testemunho no dia, hora e local por ela mesma indicados.

6.8.2.4. Acareação

A acareação é um procedimento feito quando houver **divergência** entre depoimentos de testemunhas sobre determinado fato cuja resolução é essencial para o deslinde da questão. Não pode ser feita com relação às partes.

A acareação pode ser determinada de ofício ou a requerimento da parte.

6.8.3. Prova documental

A prova documental é um meio de prova bastante utilizado no processo do trabalho.

Constitui-se em um meio de prova representado por textos, gravuras, gravações, fotografias, gráficos, entre outros.

A CLT é lacônica quanto a este meio de prova, mencionando-a nos arts. 777, 787, 780 e 830. Assim, aplicam-se as disposições do CPC, de forma subsidiária.

O momento para produção da prova documental é o da entrega das peças principais pelo autor e pelo réu (art. 434 do CPC). Assim, o autor deve apresentar documentos com a inicial e o réu, com a defesa.

Com o Processo Judicial Eletrônico, os documentos do reclamado serão inseridos no sistema juntamente com a defesa, até a realização da proposta de conciliação infrutífera, com a utilização de equipamento próprio (art. 22 Resolução 185, CSJT),sob pena de preclusão para juntada de documentos (artigo 847, parágrafo único da CLT).

No caso de reclamado desacompanhado de advogado, caberá à Secretaria a digitalização e inserção no sistema, dos documentos apresentados na audiência.

No expediente de notificação inicial ou de citação constará orientação para que a defesa e documentos que a acompanham sejam protocolados no PJE, com pelo menos 48h de antecedência da audiência (art. 22, §1º, Resolução n. 185/2017 do CSJT).

Após a instrução é possível a juntada nas seguintes situações: 1) destinados a provar fatos indicados na instrução (art. 435 do CPC); 2) documento novo, comprovada a impossibilidade de juntada anterior (art. 435 do CPC).

Em sede recursal, o TST admite a juntada de documentos desde que comprovado o justo impedimento para a juntada anterior, ou se referir a fato surgido após a sentença (Súm. 8 do TST).

O documento em cópia oferecido para prova poderá ser declarado autêntico pelo próprio advogado, sob sua responsabilidade pessoal.

Impugnada a autenticidade da cópia, a parte que a produziu será intimada para apresentar cópias devidamente autenticadas ou o original, cabendo ao serventuário competente proceder à conferência e certificar a conformidade entre esses documentos.

A parte adversa pode arguir a falsidade ideológica ou a falsidade material do documento.

Falsidade ideológica é quando o conteúdo do documento não é verdadeiro, isto é, o documento é formalmente regular, mas seu **conteúdo** não expressa a realidade.

Exemplo

o empregado diz que apesar de assinado o recibo de férias, não gozou e nem recebeu o pagamento correspondente.

Falsidade material é quando há **vício na elaboração** do documento, como nos casos de adulteração ou assinatura falsificada.

Arguida a falsidade material, o juiz determinará a realização de prova pericial, exceto se a parte que produziu o documento concordar em retirá-lo.

6.8.3.1. Exibição de documentos

A parte pode pedir a exibição de documentos em poder da parte adversa ou de terceiros.

Em ambas as situações, a parte deve comprovar os seguintes requisitos:

a) a individuação, tão completa quanto possível, do documento ou da coisa;

b) a finalidade da prova, indicando os fatos que se relacionam com o documento ou com a coisa;

c) as circunstâncias em que se funda o requerente para afirmar que o documento ou a coisa existe e se acha em poder da parte contrária.

Deferido pelo juiz o pedido de exibição incidental contra a parte adversa, esta terá 5 dias para se manifestar, podendo ser designada audiência de instrução para apurar o incidente.

Se o juiz julgar procedente o pedido e não admitindo a recusa do requerido, a parte que deveria exibir os documentos sofrerá a seguinte consequência: os fatos que seriam provados pelo documento ou coisa serão considerados verdadeiros (art. 400 do CPC).

No tocante à exibição de documentos que se encontra em poder de terceiros, trata-se de uma ação incidental, com rito próprio, com prazo de manifestação em 15 dias (CPC) e possibilidade de designação de audiência especial (art. 402 do CPC).

6.8.4. Prova pericial

A prova pericial é cabível quando houver necessidade da prova de fato que envolve conhecimento especial técnico, podendo ser um exame, uma vistoria ou uma avaliação.

No rito sumaríssimo, a prova pericial é cabível somente quando a prova do fato o exigir, ou for legalmente imposta (art. 852-H, § 4º, da CLT).

É o que ocorre, por exemplo, quando há alegação de trabalho em condições de insalubridade ou periculosidade, hipótese em que, inclusive, a realização de prova pericial é obrigatória, mesmo em caso de revelia (art. 195 da CLT).

O juiz indeferirá a perícia quando (art. 464 do CPC): *"I – a prova do fato não depender de conhecimento especial de técnico; II – for desnecessária em vista de outras provas produzidas; III – a verificação for impraticável".*

Arguida em juízo a insalubridade ou periculosidade, a realização de perícia técnica é obrigatória (art. 195 da CLT), exceto, quando o local do trabalho já estiver desativado (OJ n. 278 da SDI-1 do TST), quando então o juiz poderá utilizar-se de outros meios para apuração.

Para essa perícia técnica, o perito pode ser médico ou engenheiro do trabalho, sem ordem de preferência (art. 195, da CLT e OJ n. 165 da SDI-1 do TST).

O juiz não fica adstrito ao laudo pericial, podendo formar o seu convencimento com base em outros elementos de prova. Os honorários periciais ficam ao encargo do sucumbente no objeto da perícia.

O STF, na ADI 5766, declarou inconstitucional o parágrafo 4º. do artigo 790-B da CLT. Tal dispositivo determinava que a União somente responderia pelos honorários periciais, em caso de beneficiário da justiça gratuita sucumbente no objeto da perícia, quando este não tivesse obtido créditos capazes de suportar o encargo, neste ou em outro processo.

Logo, atualmente a União responderá pelos honorários periciais quando o sucumbente da perícia for beneficiário da justiça gratuita.

6.8.4.1. Procedimento da prova pericial

A perícia no processo do trabalho será realizada por perito único nomeado pelo juiz, podendo as partes apresentar um assistente técnico (art. 3º da Lei nº 5.584/70).

O juiz, ao nomear o perito, indicará o prazo para a entrega do laudo. Nesse mesmo prazo, deverão os assistentes apresentar os laudos respectivos.

O perito poderá escusar-se, nos termos do art. 157 do CPC, alegando justo impedimento, como também poderá ser recusado nas hipóteses de impedimento ou suspeição (art. 467 do CPC).

Para o desempenho de sua função, o perito e os assistentes técnicos podem valer-se de todos os meios necessários, ouvindo testemunhas, obtendo informações, solicitando documentos que estejam em poder da parte, de terceiros ou em repartições públicas, bem como instruir o laudo com planilhas, mapas, plantas, desenhos, fotografias ou outros elementos necessários ao esclarecimento do objeto da perícia.

As partes terão ciência da data e do local designados pelo juiz ou indicados pelo perito para ter início a produção da prova.

Após a apresentação do laudo, as partes terão vista para se manifestar.

Caso não haja o esclarecimento da matéria, poderá o juiz determinar, de ofício ou a requerimento, a realização de nova perícia, ou determinar sua complementação.

No que se refere à valoração da prova, o juiz não está adstrito ao laudo pericial, podendo julgar contra o resultado apurado desde que haja provas que lhe convençam.

Uma novidade trazida pelo CPC é a "prova técnica simplificada", sendo permitida tal prova quando o ponto controvertido for de menor complexidade (art. 464, § 3º, do CPC).

A prova técnica simplificada consistirá apenas na **inquirição de especialista,** pelo juiz, sobre ponto controvertido da causa que demande especial conhecimento científico ou técnico.

Durante a arguição, o especialista, que deverá ter formação acadêmica específica na área objeto de seu depoimento, poderá valer-se de qualquer recurso tecnológico de transmissão de sons e imagens com o fim de esclarecer os pontos controvertidos da causa.

6.8.4.2. Honorários periciais

A responsabilidade pelo pagamento dos honorários periciais é da parte **sucumbente** no objeto da perícia (art. 790-B da CLT) e o pagamento é feito após o trânsito em julgado da sentença.

O STF, na ADI 5766, declarou inconstitucional o parágrafo 4°. do artigo 790-B da CLT. Tal dispositivo determinava que a União somente responderia pelos honorários periciais, em caso de beneficiário da justiça gratuita sucumbente no objeto da perícia, quando este não tivesse obtido créditos capazes de suportar o encargo, neste ou em outro processo.

Logo, atualmente a União responderá pelos honorários periciais quando o sucumbente da perícia for beneficiário da justiça gratuita.

O juiz deverá observar o zelo do profissional, a complexidade da matéria, o lugar e o tempo exigidos, bem como as peculiaridades regionais no momento de arbitrar os honorários periciais.

O juízo poderá deferir parcelamento dos honorários periciais, mas não poderá exigir adiantamento de valores para realização de perícias.

Ao fixar o valor dos honorários periciais, o juízo deverá respeitar o limite máximo estabelecido pelo CNJ.

Conforme o TST é ilegal a exigência de depósito prévio para custeio dos honorários periciais, dada a incompatibilidade com o processo do trabalho, sendo cabível o mandado de segurança visando à realização da perícia, independentemente do depósito (OJ n°98 da SDI-2 do TST).

Essa antecipação, contudo, é permitida, nas lides envolvendo a nova competência da Justiça do Trabalho. A lei da Reforma Trabalhista encampou esse entendimento, acrescentando o §3° ao artigo 790-B da CLT para dispor que o juízo não poderá exigir adiantamento de valores para realização de perícias.

A indicação do perito assistente é faculdade da parte, a qual deve responder pelos respectivos honorários, ainda que vencedora no objeto da perícia, conforme Súm. 341 do TST.

6.8.5. Inspeção judicial

Consiste na **diligência pessoal** feita pelo Juiz para examinar pessoa ou coisa, com o acompanhamento das partes, que terão o direito de participar e também de inspecionar (art. 483, parágrafo único, do CPC).

Ao realizar a inspeção, o juiz poderá ser assistido por um ou mais peritos.

O juiz irá ao local onde se encontre a pessoa ou a coisa quando:

> I – julgar necessário para a melhor verificação ou interpretação dos fatos que deva observar;

II – a coisa não puder ser apresentada em juízo sem consideráveis despesas ou graves dificuldades;

III – determinar a reconstituição dos fatos.

Concluída a diligência, o juiz mandará lavrar **auto circunstanciado**, mencionando nele tudo quanto for útil ao julgamento da causa.

O auto poderá ser instruído com desenho, gráfico ou fotografia.

6.8.6. Ata notarial

O CPC/2015 inovou ao criar mais uma espécie de meio de prova, qual seja, a ata notarial.

Ata notarial é o instrumento público pelo qual o tabelião, ou preposto autorizado, a pedido de algum interessado, **constata fielmente** os fatos, as coisas, pessoas ou situações para comprovar a sua existência, ou o seu estado.

Assim dispõe o artigo 384 do CPC: *"A existência e o modo de existir de algum fato podem ser atestados ou documentados, a requerimento do interessado, mediante ata lavrada por tabelião.* ***Parágrafo único****. Dados representados por imagem ou som gravados em arquivos eletrônicos poderão constar da ata notarial".*

6.8.7. Prova emprestada

A prova emprestada consiste na utilização no processo de prova produzida em outra relação jurídica processual. Qualquer meio de prova pode ser tomado de empréstimo: depoimento pessoal, testemunhal, prova pericial.

No CPC/2015, a prova emprestada está prevista no art. 372 que dispõe que o juiz poderá admitir a utilização de prova produzida em outro processo, atribuindo-lhe o valor que considerar adequado, observado o contraditório. É necessário que, ao menos, a parte contrária estivesse presente no momento da produção da prova que se pretende tomar como emprestada.

A prova emprestada tem natureza de prova documental e pode ser determinada de ofício pelo juiz.

Quando a prova emprestada for requerida por uma das partes não há necessidade da concordância da outra. Isso porque, tal exigência não consta do art. 372 do CPC, bastando apenas que o Juiz permita o exercício do contraditório. Além disso, a produção da prova não é exclusiva das partes, cabendo ao Juiz a observância do princípio da busca pela verdade material, que não pode ficar sujeita ao mero arbítrio de uma das partes.

6.9. Produção antecipada de provas

Conforme o art. 381 do CPC, a produção antecipada da prova será admitida nos casos em que:

> I – haja fundado receio de que venha a tornar-se impossível ou muito difícil a verificação de certos fatos na pendência da ação;
>
> II – a prova a ser produzida seja suscetível de viabilizar a autocomposição ou outro meio adequado de solução de conflito;
>
> III – o prévio conhecimento dos fatos possa justificar ou evitar o ajuizamento de ação.

Ainda conforme o CPC/2015, na petição, o requerente apresentará as razões que justificam a necessidade de antecipação da prova e mencionará com precisão os fatos sobre os quais a prova há de recair.

O juiz determinará, de ofício ou a requerimento da parte, a citação de interessados na produção da prova ou no fato a ser provado, salvo se inexistente caráter contencioso. O juiz não se pronunciará sobre a ocorrência ou a inocorrência do fato, nem sobre as respectivas consequências jurídicas.

Os interessados poderão requerer a produção de qualquer prova no mesmo procedimento, desde que relacionada ao mesmo fato, salvo se a sua produção conjunta acarretar excessiva demora. Neste procedimento, não se admitirá defesa ou recurso, salvo contra decisão que indeferir totalmente a produção da prova pleiteada pelo requerente originário.

Os autos permanecerão em cartório durante 1 (um) mês para extração de cópias e certidões pelos interessados. Findo o prazo, os autos serão entregues ao promovente da medida.

Capítulo 4

DECISÃO JUDICIAL E RECURSOS

1. PRONUNCIAMENTOS JUDICIAIS

Os pronunciamentos do juiz consistirão em sentenças, decisões interlocutórias e despachos.

Sentença é o pronunciamento por meio do qual o Juiz, com fundamento nos arts. 485 e 487 do CPC, põe fim à fase cognitiva do procedimento comum, bem como extingue a execução (art. 203, § 1º, do CPC).

Decisão **interlocutória** é todo pronunciamento judicial de natureza **decisória** que não se enquadre no conceito de sentença.

São **despachos** todos os **demais pronunciamentos** do juiz praticados no processo, de ofício ou a requerimento da parte.

O **acórdão** é uma **decisão colegiada**, que, em regra, possui natureza de sentença.

O CPC, em seu art. 489, § 1º, institui uma série de requisitos de toda decisão judicial (decisão interlocutória ou sentença). Não basta, para o CPC, que a decisão seja fundamentada, no entendimento do julgador; é preciso, além disso, que a fundamentação preencha determinados requisitos objetivos, elencados no art. 489, § 1º. Segundo o referido dispositivo do CPC, não se terá por fundamentada, com a sanção a isso inerente (nulidade), a decisão judicial, que, por exemplo, fizer referência simples a ato normativo sem explicar a sua relação com a causa e a questão decidida, que se limitar a invocar os fundamentos de precedente ou enunciado de súmula sem esclarecer em que ponto converge com o caso em julgamento, ou que empregar conceitos jurídicos indeterminados, sem explicar a razão concreta da sua utilização no caso.

Os requisitos das decisões judiciais – frise-se, aplicáveis tanto às decisões interlocutórias quanto às sentenças – serão analisados no subtópico abaixo relativo à fundamentação da sentença (subtópico 1.1.2.2. Fundamentos).

ATENÇÃO

Os prazos para prolação dos pronunciamentos judiciais eram de 2 dias para despachos de expediente e de 10 dias para decisões (art.

189 do CPC/1973). Pelo novo Código, os prazos passam a ser: de 5 dias para despachos, de 10 dias para as decisões interlocutórias e de 30 dias para sentenças (art. 226 do CPC/2015).

1.1. Sentença

Conforme o CPC de 1973, a sentença é o ato do juiz que implica alguma das situações previstas nos arts. 267 e 269 daquele Diploma Processual, ou seja, extinção do processo com ou sem a análise do mérito.

Pela regra do CPC, sentença é o pronunciamento por meio do qual o Juiz, com fundamento nos arts. 485 e 487, põe fim à **fase cognitiva** do procedimento comum, bem como **extingue a execução** (art. 203, § 1º, do CPC).

Assim, o conceito de sentença no CPC/2015 está ligado ao conteúdo (assim como no CPC/1973), mas também está ligado ao momento processual em que o pronunciamento é proferido (já que "põe fim" ao processo ou "fase" processual).

A sentença, como decisão final, resolverá ou não o mérito da causa, conforme o art. 203, § 1º, do CPC.

A decisão interlocutória, por sua vez, não mais se vincula à ideia de "questão incidente" resolvida no curso do processo. Isso porque, no novo Código, é considerada interlocutória qualquer decisão que não seja sentença, de acordo com parágrafo 2.º do artigo 203 do CPC.

Se, de acordo com o CPC, qualquer decisão que não corresponda à descrição de sentença deverá ser considerada interlocutória, é importante ter bem claro que o sistema não impedirá a existência de resoluções de mérito que não se enquadrem no conceito de sentença (nos termos do art. 203, § 2º do CPC, onde consta o conceito de decisão interlocutória). Em outras palavras, ao longo do processo, existirão decisões interlocutórias que apreciarão parcialmente o mérito.

Assim, o CPC deixou clara a possibilidade de, no curso da relação processual, ocorrer decisão com caráter definitivo parcial (como no caso da tutela do incontroverso, da exclusão de um litisconsorte ou a resolução de um dos pedidos cumulados), sendo enquadrada como interlocutória de mérito e não sentença parcial.

Dessa maneira, tornou-se possível a formação progressiva da coisa julgada e a possibilidade de execução definitiva de partes do mérito, resolvidas em momentos diferenciados.

Nota-se, com isso, que, considerando a existência de uma única relação jurídica processual, a resolução de mérito nem sempre é obtida mediante sentença, podendo ser proferida por decisões interlocutórias de mérito.

A possibilidade de formação progressiva da coisa julgada, isto é, a existência de decisões parciais de mérito é reconhecida pelo TST, consoante se infere do art. 5º da IN nº 39/2016 do TST que admite a possibilidade de recurso ordinário de imediato para as decisões de julgamento antecipado parcial de mérito (art. 356 do CPC).

1.1.1. Classificação das sentenças

As sentenças podem ser classificadas conforme três critérios: quanto ao conteúdo e eficácia do pedido imediato; quanto à análise do mérito e quanto à espécie de cognição.

1.1.1.1. Quanto ao conteúdo do pedido imediato

Esta classificação é bastante tormentosa na doutrina. Contudo, optamos por utilizar a mais comum que é a classificação quinária. Assim, temos as seguintes modalidades de sentença quanto ao conteúdo:

a) **condenatórias:** têm por objeto a condenação do réu a uma obrigação de fazer ou não fazer ou pagar. Essa espécie de decisão produz efeitos *ex tunc* e a pretensão respectiva encontra-se sujeita a prazo de natureza prescricional. É o tipo de sentença mais comum no processo do trabalho, podendo citar como exemplo aquelas que deferem a condenação ao pagamento de salários, horas extras, adicional noturno.

b) **constitutivas:** visam a criação, modificação ou extinção de uma relação jurídica. Essa decisão produz efeitos *ex nunc* e a pretensão respectiva encontra-se sujeita a prazo de caráter decadencial. Podemos citar como exemplo a sentença proferida em inquérito judicial para apuração de falta grave em que o empregador requer a decretação da extinção do contrato de emprego em decorrência prática de falta grave por parte do empregado portador de estabilidade.

c) **declaratórias:** visam obter a declaração da existência ou inexistência de uma relação jurídica ou a autenticidade ou falsidade de um documento (art. 19, I, do CPC). A decisão produz efeitos *ex tunc* e a pretensão respectiva é caracterizada pela imprescritibilidade. O exemplo mais comum é a sentença que declara o vínculo empregatício.

d) **mandamentais:** impõe ao devedor uma prestação e prevê uma medida coercitiva indireta que atue na vontade do devedor como forma de compeli-lo a cumprir ordem judicial. O exemplo é a sentença no mandado de segurança.

e) **executivas *lato sensu*:** são aquelas que trazem embutida a possibilidade de execução direta, isto é, de capacidade executória independe de qualquer providência a ser tomada pelo vencedor da ação. A efetivação da sentença se perfaz por meio da substituição da conduta do devedor, feito por um particular ou pelo próprio Estado. Um exemplo comum é a ação de despejo.

1.1.1.2. Quanto ao mérito

Quanto ao mérito, as sentenças podem ser classificadas em:

a) **terminativas:** quando não aprecia o mérito, reconhecendo o magistrado, de ofício ou por provocação, vício em uma das questões processuais. Nesse caso, a sentença terá por fundamento o art. 485 do CPC. Tal sentença gera, após o esgotamento da via recursal, a coisa julgada formal, podendo o interessado, saneado (se possível) o vício processual, ajuizar novamente a ação. É o caso, por exemplo, de uma sentença que acolhe a desistência da ação.

As hipóteses legais de sentença terminativa estão contidas no artigo 485 do CPC, sem prejuízo de previsão em outros dispositivos legais. O referido artigo estabelece que: *"O juiz não resolverá o mérito quando: I – indeferir a petição inicial; II – o processo ficar parado durante mais de 1 (um) ano por negligência das partes; III – por não promover os atos e as diligências que lhe incumbir, o autor abandonar a causa por mais de 30 (trinta) dias; IV – verificar a ausência de pressupostos de constituição e de desenvolvimento válido e regular do processo; V – reconhecer a existência de perempção, de litispendência ou de coisa julgada; VI – verificar ausência de legitimidade ou de interesse processual; VII – acolher a alegação de existência de convenção de arbitragem ou quando o juízo arbitral reconhecer sua competência; VIII – homologar a desistência da ação; IX – em caso de morte da parte, a ação for considerada intransmissível por disposição legal; e X – nos demais casos prescritos neste Código. § 1º Nas hipóteses descritas nos incisos II e III, a parte será intimada pessoalmente para suprir a falta no prazo de 5 (cinco) dias. § 2º No caso do § 1º, quanto ao inciso II, as partes pagarão proporcionalmente as custas, e, quanto ao inciso III, o autor será condenado ao pagamento das despesas e dos honorários de advogado. § 3º O juiz conhecerá de ofício da matéria constante dos incisos IV, V, VI e IX, em qualquer tempo e grau de jurisdição, enquanto não ocorrer o trânsito em julgado. § 4º Oferecida a contestação, o autor não poderá, sem o consentimento do réu, desistir da ação. § 5º A desistência da ação pode ser apresentada até a sentença. § 6º Oferecida a contestação, a extinção do processo por abandono da causa pelo autor depende de requerimento do réu. § 7º Interposta a apelação em qualquer dos casos de que tratam os incisos deste artigo, o juiz terá 5 (cinco) dias para retratar-se".*

As hipóteses de indeferimento da inicial já foram estudadas no subtópico 1.5, do Capítulo 3, para onde remeto o leitor.

No caso de paralisação do processo por mais de um ano por negligência das partes ou quando o autor abandonar a causa por mais de trinta dias, é necessária a intimação pessoal da parte para suprir a falta no prazo de cinco dias conforme estabelece o art. 485, § 1º do CPC.

No caso de já ofertada a contestação, a extinção do processo por abandono da causa pelo autor depende de requerimento do réu.

Também se verificará a sentença terminativa quando ausentes os pressupostos de constituição e de desenvolvimento válido e regular do processo, que já foram objeto de estudo nos subtópicos 2.11 e 2.1.2, do Capítulo 2, para onde remeto o leitor. Da mesma forma, a caracterização da perempção, litispendência ou coisa julgada levam à sentença terminativa e também foram objeto de estudo no subtópico 2.13, do Capítulo 2, para onde remeto o leitor.

A legitimidade e o interesse processual, por sua vez, foram objeto de estudo no subtópico 2.13, do Capítulo 2, para onde remeto o leitor.

No tocante ao inciso VII (convenção de arbitragem) remeto o leitor ao subtópico 5.3.1. do Capítulo 1.

A desistência da ação somente produz efeitos após a homologação judicial (art. 200 do CPC). Após ofertada a contestação, ainda que eletronicamente, o autor não poderá, sem o consentimento do réu, desistir da ação (artigo 841, §3°, da CLT com redação dada pela Lei da Reforma Trabalhista).

A sentença terminativa também se verifica quando a parte morre e o direito sobre que versa a demanda é intransmissível.

A jurisprudência do TST é no sentido de que nas hipóteses de indeferimento da inicial (artigo 330 do CPC), acima citadas, não há obrigatoriedade de o magistrado conceder prazo para saneamento do vício (Súm. 263 do TST, com redação alterada pelo Pleno em 19/04/2016).

Nas demais hipóteses, o indeferimento da petição inicial somente é possível se, depois de intimada para suprir a irregularidade em 15 dias, mediante indicação precisa do que deve ser corrigido ou completado, a parte não o fizer.

O CPC/2015 inovou ao permitir, em seu artigo 317, o saneamento de vícios processuais em caso de possibilidade de sentença terminativa. Assim, determina o referido dispositivo que, antes de proferir decisão sem resolução do mérito (sentença terminativa), o juiz deverá conceder à parte oportunidade, para, se possível, corrigir o vício.

No mesmo sentido, o contido no artigo 321 do CPC: *"O juiz, ao verificar que a petição inicial não preenche os requisitos dos arts. 319 e 320 ou que apresenta defeitos e irregularidades capazes de dificultar o julgamento de mérito, determinará que o autor, no prazo de 15 (quinze) dias, a emende ou a complete, indicando com precisão o que deve ser corrigido ou completado.* ***Parágrafo único.*** *Se o autor não cumprir a diligência, o juiz indeferirá a petição inicial".*

Outra inovação do CPC/2015 está na possibilidade de o magistrado proferir decisão de mérito sempre que puder julgar em favor da parte a quem aproveita o acolhimento da preliminar de mérito (art. 488 do CPC). Em outras palavras, o CPC dá preferência para que seja proferida a sentença definitiva ao invés da sentença terminativa, sempre que puder julgar em favor da parte a quem aproveita a preliminar.

O pronunciamento judicial que não resolve o mérito não obsta a que a parte proponha de novo a ação.

No caso de extinção em razão de litispendência e nos casos dos incisos I, IV, VI e VII do art. 485, acima transcritos, a propositura da nova ação depende da correção do vício que levou à sentença sem resolução do mérito.

Aplica-se ao processo do trabalho, a possibilidade de juízo de retratação em caso de recurso ordinário interposto em face de sentença terminativa (art. 485, § 7°, do CPC), por força do contido no artigo 3°, VIII, da Instrução Normativa n° 39/2016 do TST.

O prazo para o juízo de retratação é de cinco dias.

b) **definitivas:** são as sentenças que ultrapassam as questões processuais, aplicando o direito material ao caso concreto. Em outras palavras, é a sentença que aprecia o mérito propriamente dito. Seu fundamento está no art. 487 do CPC.

1.1.1.3. *Quanto à espécie de cognição*

a) **Provisória:** Quando o juiz profere uma sentença com base em cognição sumária, é considerada como sentença provisória, que pode ser modificada ou mantida até o final do processo.

Exemplo

Decisão que defere a tutela provisória.

b) **Definitiva:** é aquela que se origina do convencimento do juiz obtido por meio da cognição exauriente. Essa decisão somente poderá ser alterada por recurso e encontra-se apta a adquirir a qualidade da coisa julgada. É o que se verifica na sentença proferida após a instrução do processo, encerrando a fase de conhecimento.

1.1.2. *Elementos da sentença*

O art. 832 da CLT dispõe que a sentença deve conter *"o nome das partes, o resumo do pedido e da defesa, a apreciação das provas, os fundamentos da decisão e a respectiva conclusão"*.

Em que pese a existência desse dispositivo celetista, normalmente as decisões proferidas nos processos trabalhistas seguem a técnica e forma determinadas pelo art. 489 do CPC, que divide a sentença em relatório, fundamentos e dispositivo, sob pena de nulidade.

Vale registrar que a sentença trabalhista possui, ainda, outros requisitos específicos previstos no artigo 832 da CLT.

Abaixo, explicitamos os requisitos genéricos da sentença: relatório, fundamentos e dispositivo.

1.1.2.1. *Relatório*

O relatório é um **resumo do processo**, contendo a identificação e qualificação das partes, os principais atos processuais, a suma do pedido e da reposta do réu, bem como as principais ocorrências em audiência, se tiver havido.

A finalidade do relatório é demonstrar que o juiz analisou todo o processo, principalmente as provas produzidas, para prolatar a sua decisão.

Logo, não cabe análise decisória no relatório, mas apenas o relato dos fatos.

No procedimento sumaríssimo é dispensada a elaboração de relatório (art. 852-I da CLT).

1.1.2.2. *Fundamentos*

Na fundamentação, o juiz **apreciará as questões** apresentadas pelas partes, emitindo seu convencimento.

Nessa parte da sentença, o juiz julgará as questões trazidas, sejam processuais ou de mérito.

Seu fundamento está na previsão constitucional de motivação das decisões judiciais (art. 93, IX, CRFB/88).

A fundamentação deve seguir uma ordem lógica, de forma que primeiramente são analisadas as questões processuais e, depois, se superadas, as questões de mérito.

Se houver questão de direito controvertida, o juiz deverá externar o motivo da adaptação do caso concreto à determinada lei, pela interpretação e aplicação do direito.

1.1.2.2.1. Requisitos legais de fundamentação da sentença

O CPC trouxe a regulamentação específica de fundamentação da sentença, impondo ao magistrado a apreciação de todos os fundamentos suscitados no processo, sob pena de nulidade.

Não basta, para o CPC, que a decisão seja fundamentada, no entendimento do julgador; é preciso, além disso, que a fundamentação preencha determinados requisitos objetivos, elencados no art. 489, § 1º, conforme se transcreve: *"Não se considera fundamentada qualquer decisão judicial, seja ela interlocutória, sentença ou acórdão, que: I – se limitar à indicação, à reprodução ou à paráfrase de ato normativo, sem explicar sua relação com a causa ou a questão decidida; II – empregar conceitos jurídicos indeterminados, sem explicar o motivo concreto de sua incidência no caso; III – invocar motivos que se prestariam a justificar qualquer outra decisão; IV – não enfrentar todos os argumentos deduzidos no processo capazes de, em tese, infirmar a conclusão adotada pelo julgador; V – se limitar a invocar precedente ou enunciado de súmula, sem identificar seus fundamentos determinantes nem demonstrar que o caso sob julgamento se ajusta àqueles fundamentos; VI – deixar de seguir enunciado de súmula, jurisprudência ou precedente invocado pela parte, sem demonstrar a existência de distinção no caso em julgamento ou a superação do entendimento. § 2º No caso de colisão entre normas, o juiz deve justificar o objeto e os critérios gerais da ponderação efetuada, enunciando as razões que autorizam a interferência na norma afastada e as premissas fáticas que fundamentam a conclusão. § 3º A decisão judicial deve ser interpretada a partir da conjugação de todos os seus elementos e em conformidade com o princípio da boa-fé".*

Conforme o artigo acima transcrito, a decisão judicial não estará fundamentada nas seguintes hipóteses:

1) *se limitar à indicação, à reprodução ou à paráfrase de ato normativo, sem explicar sua relação com a causa ou a questão decidida:*

O juiz não pode simplesmente repetir o texto da lei ou parafraseá-lo, sem justificar a escolha, isto é, sem analisar se e de que modo a norma jurídica extraída do texto incide sobre aqueles fatos. É nula, por ausência de fundamentação, a decisão que fizer referência simples a ato normativo sem explicar a sua relação com a causa e a questão decidida.

2) *empregar conceitos jurídicos indeterminados, sem explicar o motivo concreto de sua incidência no caso:*

Existem várias normas que trazem conceitos jurídicos indeterminados, isto é, expressões vagas, de conteúdo semântico aberto e que, por isso mesmo, exige um cuidado maior do intérprete/aplicador quando do preenchimento do seu conteúdo.

Exemplos

"Tempo razoável" (art. 6º CPC), "bem comum" (art. 8º, CPC), "repercussão geral" (art. 102, § 3º, CRFB/88).

A existência de enunciados abertos exige redobrada atenção do julgador no momento de motivar a decisão. Não basta que transcreva o enunciado, afirmando que ele se aplica ao caso concreto, é necessário que o juiz enfrente a abertura do texto, determinando o seu conteúdo naquele caso concreto.

3) *invocar motivos que se prestariam a justificar qualquer outra decisão:*

O juiz não pode decidir usando fundamentos como *"presentes os requisitos do artigo 273 do CPC, defiro a antecipação de tutela".* Isso porque, é necessária a fundamentação substancial, o magistrado tem que dizer *por que* entendeu presentes ou ausentes os requisitos da antecipação de tutela, explicitando de que forma as provas confirmam os fatos alegados pelo autor.

4) *não enfrentar todos os argumentos deduzidos no processo capazes de, em tese, infirmar a conclusão adotada pelo julgador:*

Para acolher o pedido do autor, o juiz não precisa analisar todos os fundamentos da demanda, mas necessariamente precisa analisar todas as teses da defesa. Da mesma maneira, para negar os pedidos dos autos, o juiz não precisa analisar todas as teses da defesa, mas precisa analisar todas as teses do autor. Em outras palavras, todas as teses do derrotado precisam ser analisadas na decisão, sob pena de nulidade.

5) *se limitar a invocar precedente ou enunciado de súmula, sem identificar seus fundamentos determinantes nem demonstrar que o caso sob julgamento se ajusta àqueles fundamentos:*

A mera transcrição de súmulas ou ementa de julgados, sem avaliação explícita da pertinência de sua aplicação ao caso concreto, contrapondo as circunstâncias de fato envolvidas, não serve como fundamentos para uma decisão.

6) *deixar de seguir enunciado de súmula, jurisprudência ou precedente invocado pela parte, sem demonstrar a existência de distinção no caso em julgamento ou a superação do entendimento:*

Para deixar de aplicar súmulas ou precedentes é exigido que o juiz faça a distinção, apontando as diferenças fáticas que, no seu entendimento, justifiquem a não aplicação do precedente ou súmula no caso concreto.

O artigo 3º, IX, da IN nº 39/2016, dispõe que o artigo 489, que traz os elementos essências da sentença é aplicável ao processo do trabalho.

Explicitando o tema, o artigo 15 da IN nº 39/2016 assim dispõe:

> "Art. 15. O atendimento à exigência legal de fundamentação das decisões judiciais (CPC, art. 489, § 1º) no Processo do Trabalho observará o seguinte:
>
> I – por força dos arts. 332 e 927 do CPC, adaptados ao Processo do Trabalho, para efeito dos incisos V e VI do § 1º do art. 489 considera-se "precedente" apenas:
>
> a) acórdão proferido pelo Supremo Tribunal Federal ou pelo Tribunal Superior do Trabalho em julgamento de recursos repetitivos (CLT, art. 896-B; CPC, art. 1046, § 4º);
>
> b) entendimento firmado em incidente de resolução de demandas repetitivas ou de assunção de competência;
>
> c) decisão do Supremo Tribunal Federal em controle concentrado de constitucionalidade;
>
> d) tese jurídica prevalecente em Tribunal Regional do Trabalho e não conflitante com súmula ou orientação jurisprudencial do Tribunal Superior do Trabalho (CLT, art. 896, § 6º);
>
> e) decisão do plenário, do órgão especial ou de seção especializada competente para uniformizar a jurisprudência do tribunal a que o juiz estiver vinculado ou do Tribunal Superior do Trabalho.
>
> II – para os fins do art. 489, § 1º, incisos V e VI do CPC, considerar-se-ão unicamente os precedentes referidos no item anterior, súmulas do Supremo Tribunal Federal, orientação jurisprudencial e súmula do Tribunal Superior do Trabalho, súmula de Tribunal Regional do Trabalho não conflitante com súmula ou orientação jurisprudencial do TST, que contenham explícita referência aos fundamentos determinantes da decisão (*ratio decidendi*).
>
> III – não ofende o art. 489, § 1º, inciso IV do CPC a decisão que deixar de apreciar questões cujo exame haja ficado prejudicado em razão da análise anterior de questão subordinante.
>
> IV – o art. 489, § 1º, IV, do CPC não obriga o juiz ou o Tribunal a enfrentar os fundamentos jurídicos invocados pela parte, quando já tenham sido examinados na formação dos precedentes obrigatórios ou nos fundamentos determinantes de enunciado de súmula.
>
> V – decisão que aplica a tese jurídica firmada em precedente, nos termos do item I, não precisa enfrentar os fundamentos já analisados na decisão paradigma, sendo suficiente, para fins de atendimento das exigências constantes no art. 489, § 1º, do CPC, a correlação fática e jurídica entre o caso concreto e aquele apreciado no incidente de solução concentrada.

> VI – é ônus da parte, para os fins do disposto no art. 489, § 1º, V e VI, do CPC, identificar os fundamentos determinantes ou demonstrar a existência de distinção no caso em julgamento ou a superação do entendimento, sempre que invocar precedente ou enunciado de súmula".

1.1.2.2.2. Proibição de decisão surpresa (arts. 9º e 10 do CPC)

O art. 10 do CPC dispõe que: *"O juiz não pode decidir, em grau algum de jurisdição, com base em fundamento a respeito do qual não se tenha dado às partes oportunidade de se manifestar, ainda que se trate de matéria sobre a qual deva decidir de ofício".*

A doutrina sustenta que a norma acima traz a consagração do princípio do contraditório, porquanto este não se limita apenas ao direito de ser ouvido (dimensão formal), mas também no direito de influenciar na decisão do juiz (dimensão substancial).

Assim, essa dimensão substancial do contraditório impede a prolação de decisão surpresa, de forma que o juiz não poderá decidir com base em argumento (questão fática ou jurídica) sem antes ouvir as partes, ainda quando possa conhecer de ofício da questão.

Nesse mesmo sentido, o art. 9º do CPC estabelece: *"Não se proferirá decisão contra uma das partes sem que ela seja previamente ouvida".*

A vedação contida no art. 9º do CPC não se aplica às seguintes situações: I) tutela provisória de urgência; II – às hipóteses de tutela da evidência previstas no art. 311, incisos II e III do CPC; III decisão prevista no art. 701 do CPC.

A IN nº 39/2016 do TST estabelece que a proibição da decisão surpresa tem aplicação ao processo do trabalho, conforme art. 4º, abaixo transcrito:

> "Art. 4º Aplicam-se ao Processo do Trabalho as normas do CPC que regulam o princípio do contraditório, em especial os artigos 9º e 10, no que vedam a decisão surpresa.
>
> § 1º Entende-se por "decisão surpresa" a que, no julgamento final do mérito da causa, em qualquer grau de jurisdição, aplicar fundamento jurídico ou embasar-se em fato não submetido à audiência prévia de uma ou de ambas as partes.
>
> § 2º Não se considera "decisão surpresa" a que, à luz do ordenamento jurídico nacional e dos princípios que informam o Direito Processual do Trabalho, as partes tinham obrigação de prever, concernente às condições da ação, aos pressupostos de admissibilidade de recurso e aos pressupostos processuais, salvo disposição legal expressa em contrário".

A título de informação é necessário destacar o conteúdo dos "considerandos" da IN nº 39/2016 porquanto evidenciam a interpretação do TST com relação à vedação da decisão surpresa. Transcrevo: *"o Código de Processo Civil de 2015 não adota de forma absoluta a observância do princípio do contraditório prévio como vedação à decisão surpresa, como transparece, entre outras, das hipóteses de julgamento liminar de improcedência do pedido (art. 332, caput e § 1º, conjugado com a norma explícita do parágrafo único do art. 487), de tutela provisória liminar de urgência ou da evidência (parágrafo único do art. 9º) e de indeferimento liminar da petição inicial (CPC, art. 330)".*

E, continua: *"o conteúdo da aludida garantia do contraditório há que se compatibilizar com os princípios da celeridade, da oralidade e da concentração de atos processuais no Processo do Trabalho, visto que este, por suas especificidades e pela natureza alimentar das pretensões nele deduzidas, foi concebido e estruturado para a outorga rápida e impostergável da tutela jurisdicional (CLT, art. 769)".*

Com base nos excertos da IN nº 39/2016 acima transcritos é possível se concluir que o TST adota os seguintes entendimentos:

1) aplicação da vedação da decisão surpresa ao processo do trabalho (arts. 9º e 10 do CPC);
2) o CPC não exige, de forma absoluta, a observância do contraditório prévio com vedação à decisão surpresa;
3) não se caracteriza a "decisão surpresa", quando as partes tinham obrigação de prever concernente às condições da ação, aos pressupostos de admissibilidade de recurso e aos pressupostos processuais, conforme o ordenamento jurídico e princípios, salvo lei expressa em contrário.

1.1.2.3. Dispositivo

O dispositivo é a parte da sentença em que o juiz **resolve as questões**, acolhendo ou rejeitando as questões processuais e julgando procedente ou improcedente as questões de mérito.

É a parte mais importante da sentença, porquanto nela o juiz faz a entrega da prestação jurisdicional, com o acolhimento ou não da pretensão do reclamante.

A especificação do dispositivo é importante porquanto a coisa julgada atinge apenas a parte dispositiva, quando enfrenta o mérito, não atingindo os fundamentos da decisão (art. 504, I, do CPC).

Mesmo antes de transitada em julgado, a sentença condenatória cujo objeto seja uma prestação consistente em dinheiro ou em coisa, vale como título constitutivo de hipoteca judiciária, nos termos do art. 495 do CPC, aplicado subsidiariamente ao processo laboral.

1.1.2.4. Requisitos específicos da sentença trabalhista

O art. 832 da CTL arrola alguns requisitos complementares para a sentença trabalhista. Tais requisitos deverão constar do dispositivo da sentença. São eles:

a) o prazo e as condições para cumprimento da obrigação deferida;
b) as custas, que serão pagas pelo vencido;
c) a natureza jurídica das parcelas deferidas, para fins de recolhimento futuro das contribuições previdenciárias.

A sentença homologatória de acordo, na Justiça do Trabalho, também possui algumas especificidades, quais sejam:

a) O termo de conciliação valerá como decisão irrecorrível, salvo para o INSS quanto às contribuições que lhe forem devidas (art. 831, parágrafo único, CLT).

b) A União será intimada das decisões homologatórias de acordos que contenham parcela indenizatória, facultada a interposição de recurso relativo aos tributos que lhe forem devidos (art. 832, § 4º, CLT).

c) Se a conciliação é feita antes de proferida a sentença, a jurisprudência tem reconhecido o direito do empregado de transigir ou renunciar os direitos trabalhistas e, consequentemente, afastar a incidência das contribuições previdenciárias/sociais decorrentes do acordo homologado. Para isso, deverá constar do termo de conciliação a identificação de cada parcela e de sua respectiva natureza jurídica sob pena da verba previdenciária incidir sob o seu valor total, conforme OJ nº 368, da SDI-1 do TST.

d) Na hipótese da conciliação firmada após a prolação da sentença transitada em julgado, é devida a contribuição previdenciária sobre o valor do acordo celebrado e homologado após o trânsito em julgado de decisão judicial, respeitada a proporcionalidade de valores entre as parcelas de natureza salarial e indenizatória deferidas na decisão condenatória e as parcelas objeto do acordo (OJ n. 376 da SDI-1 do TST).

1.1.2.5. Hipoteca judiciária e protesto judiciário

Conforme o art. 495 do CPC, a sentença condenatória valerá como título constitutivo de hipoteca judiciária. Tal situação se verificará, ainda: I – embora a condenação seja genérica; II – ainda que o credor possa promover o cumprimento provisório da sentença ou esteja pendente arresto sobre bem do devedor; III – mesmo que impugnada por recurso dotado de efeito suspensivo.

A hipoteca judiciária poderá ser realizada mediante apresentação de cópia da sentença perante o cartório de registro imobiliário, independentemente de ordem judicial, de declaração expressa do juiz ou de demonstração de urgência.

No prazo de até 15 (quinze) dias da data de realização da hipoteca, a parte informá-la-á ao juízo da causa, que determinará a intimação da outra parte para que tome ciência do ato.

A hipoteca judiciária, uma vez constituída, implicará, para o credor hipotecário, o direito de preferência, quanto ao pagamento, em relação a outros credores, observada a prioridade no registro.

Sobrevindo a reforma ou a invalidação da decisão que impôs o pagamento de quantia, a parte responderá, independentemente de culpa, pelos danos que a outra parte tiver sofrido em razão da constituição da garantia, devendo o valor da indenização ser liquidado e executado nos próprios autos.

Além da hipoteca, a sentença também pode ser levada a protesto após o prazo para cumprimento da condenação imposta (art. 517 do CPC). Para tal, o credor deverá apresentar certidão de teor da decisão, no prazo de 3 (três) dias, indicando o nome e a qualificação do exequente e do executado, o número do processo, o valor da dívida e a data de decurso do prazo para pagamento voluntário.

A decisão judicial transitada em julgado somente poderá ser levada a protesto, gerar inscrição do nome do executado em órgãos de proteção ao crédito ou no Banco Nacional de Devedores Trabalhistas (BNDT), nos termos da lei, depois de transcorrido o prazo de quarenta e cinco dias a contar da citação do executado, se não houver garantia do juízo (art. 883-A da CLT).

O executado que tiver proposto ação rescisória para impugnar a decisão exequenda pode requerer, a suas expensas e sob sua responsabilidade, a anotação da propositura da ação à margem do título protestado.

A requerimento do executado, o protesto será cancelado por determinação do juiz, mediante ofício a ser expedido ao cartório, no prazo de 3 (três) dias, contado da data de protocolo do requerimento, desde que comprovada a satisfação integral da obrigação.

1.1.3. Defeitos da sentença

O juiz não pode julgar aquém, além ou fora do pedido, sob pena de ofender o princípio da congruência e proferir, respectivamente, sentença citra, extra ou ultra petita.

Abaixo estudaremos, de forma individualizada, cada um dos defeitos da sentença.

1.1.3.1. Sentença citra petita ou infra petita

Uma sentença é considerada como *citra petita* ou *infra petita* quando o juiz não aprecia um ou alguns dos pedidos formulados pelas partes ou o seu respectivo fundamento, isto é, o julgamento se dá aquém do pedido.

No processo trabalhista é comum a cumulação de pedidos (salários + horas extras + adicional noturno + adicional de transferência). Se o juiz esquecer de apreciar qualquer deles a sentença será *citra petita.*

Nessa situação, a parte poderá se utilizar do remédio processual denominado de embargos declaratórios para sanar a omissão constatada na sentença.

Caso permaneça o referido defeito, com ou sem a interposição de embargos declaratórios, a parte prejudicada deve formular, em preliminar de recurso, o pedido de nulidade da decisão.

No caso de a sentença defeituosa obter a qualidade da coisa julgada, resta ainda a opção pela ação rescisória (OJ n. 41 da SDI-2 do TST).

Em determinados casos, todavia, o Tribunal pode apreciar questões não decididas pelo juízo *a quo*, desde que existam elementos suficientes nos autos para formar o seu convencimento, conforme art. 1.013 do CPC.

1.1.3.2. Sentença ultra petita

Quando o juiz deferir pedido **superior** ao que foi requerido, concedendo ao autor da ação mais do que foi pedido, incorre em julgamento *ultra petita.* É o que se verifica, por exemplo, quando o autor pede uma hora extra por dia e o juiz concede duas horas extras por dia de trabalho.[1]

Nesse caso, a parte interessada não necessita requerer a nulidade da sentença. Basta solicitar, por meio do recurso cabível, que o Tribunal competente retire o excesso contido na decisão impugnada.

1.1.3.3. Sentença extra petita

No julgamento *extra petita*, o Juiz defere tutela que não foi requerida pelas partes, isto é, o julgamento se dá em questões fora dos limites postulados.

Assim, a sentença é considerada como *extra petita* quando concede ao autor um direito que não foi por ele postulado (pedido mediato) ou quando presta a tutela jurisdicional diversa daquela pretendida pela parte (pedido imediato).

É o caso de o empregado requerer o pagamento de domingos laborados em dobro e o juiz deferir o pagamento de horas extras prestadas nesse dia.

1.1.3.4. Princípio da extrapetição. Exceções ao princípio da congruência

O princípio da congruência sofre exceções por meio dos pedidos implícitos, denominados, no processo do trabalho, de princípio da extrapetição, que autoriza que o magistrado, nos casos expressamente previstos em lei, condene o réu em pedidos não formulados na inicial, deferindo vantagem diversa da que foi requerida.

São exemplos da aplicação do princípio da extrapetição[2]:

a) deferir salário quando o pedido for de reintegração (art. 496 da CLT e Súm. 396, II, TST).

b) Incluir juros de mora e a atualização monetária na liquidação, ainda que omisso o pedido inicial ou a condenação (Súm. 211 do TST).

c) Conceder adicional de horas extras de, no mínimo, 50%, quando houver pedido de pagamento das horas extraordinárias mas não houver pedido expresso do pagamento do adicional.

d) Deferir o adicional de 1/3 de férias, quando houver apenas pedido de pagamento das férias sem previsão expressa ao adicional constitucional.

e) Determinar anotação da CTPS - Carteira de Trabalho e Previdência Social, quando houver pedido de reconhecimento de vínculo, sem que haja pedido expresso de anotação da carteira do empregado.

---

1. Em recente decisão, a SBDI-1 decidiu que a sentença deve observar os valores líquidos constantes da petição inicial, com aplicação do artigo 492 do CPC, sob pena de configurar sentença ultra petita (TST-E-ARR10472-61.2015.5.18.0211, SBDI-I, rel. Min. Walmir Oliveira da Costa, 21/5/2020. Informativo nº 219).
2. MIESSA, Élisson. Curso de Direito Processual do Trabalho, 8ª. ed. Salvador: Juspodivm, 2020, p. 736.

1.1.3.5. *Erros materiais*

A sentença é passível de erros materiais (erros de digitação, erro no nome de alguma das partes, etc.).

Os erros materiais não são atingidos pela coisa julgada, podendo ser retificado, inclusive em execução (art. 833 da CLT, art. 494, I, do CPC).

1.1.3.6. *Publicação e intimação da sentença*

Como regra, a publicação da sentença considera-se realizada na própria audiência, ficando as partes, desde já, intimadas.

O reclamado revel será intimado da sentença por carta ou por edital (art. 852 da CLT).

A União deverá ser intimada da sentença, podendo apresentar recurso quanto à discriminação de parcelas indenizatórias e salariais. Contudo, muitas vezes, o valor das contribuições previdenciárias é tão pequeno que não justifica a atuação da União, isto é, é tão pouco dinheiro que não vale a pena buscar tais valores para a União, já que o custo da discussão não pagaria as despesas que a União teria com o processo. É a chamada perda de escala. Conforme a Portaria nº 582/13 do Ministério da Fazenda, o Órgão Jurídico da União, responsável pelo acompanhamento da execução de ofício das contribuições previdenciárias perante a Justiça do Trabalho poderá deixar de se manifestar quando o valor das contribuições previdenciárias, se porventura devidas, for igual ou inferior a R$20.000,00 (vinte mil reais).

Quando não juntada a ata em 48 horas contadas da audiência de julgamento, o prazo recursal começará da data da intimação da sentença (Súm. nº 30, TST).

Quando a parte intimada não comparecer à audiência em prosseguimento para a prolação da sentença, o prazo para recurso conta-se da sua publicação (Súm. nº 197, TST).

1.2. Observância da jurisprudência dos tribunais

Os artigos 924 e 925 do CPC introduzem importante orientação aos juízes e tribunais no sentido de seguir a jurisprudência consolidada e enunciados de súmula, em benefício da segurança jurídica dos jurisdicionados e dos operadores do direito.

Tais dispositivos, portanto, positivaram a diretriz da uniformização da jurisprudência, ao dispor que "os tribunais devem uniformizar sua jurisprudência e mantê-la estável, íntegra e coerente" (art. 924), espírito que se desdobra em muitos outros dispositivos do CPC.

2. COISA JULGADA

2.1. Conceito

A coisa julgada consiste em um mecanismo processual que **veda ao Judiciário apreciar processo idêntico** mais de uma vez e confere a determinadas sentenças a característica da imutabilidade, visando garantir a certeza e segurança jurídica.

Diante de sua importância, a coisa julgada foi elevada ao *status* de direito e garantia fundamental do indivíduo (art. 5º, XXXVI, da CRFB/88).

Para que se verifique a existência da coisa julgada é necessário que haja **identidade** entre a ação já solucionada, com o trânsito em julgado, e a ação subsequente.

Considera-se que uma ação é idêntica à outra quando ambas têm as **mesmas partes, o mesmo pedido e a mesma causa de pedir**.

Assim, se a ação idêntica for proposta após o julgamento de outra anterior, na qual tenha havido decisão que não caiba mais recurso, o juiz não pode analisar o seu mérito. Deve, nessa situação, acolher a preliminar (defesa processual) de coisa julgada.

Alguns autores defendem a tese da coisa julgada inconstitucional, pugnando pela relativização da coisa soberanamente julgada.

O parágrafo quinto ao art. 884 da CLT, prevê a inexigibilidade de título judicial fundado em lei ou ato normativo declarados inconstitucionais pelo Supremo Tribunal Federal ou em aplicação ou interpretação tidas por incompatíveis com a Constituição Federal.

Nessas hipóteses, caberá a declaração de nulidade a qualquer momento, em processo autônomo ou incidentalmente durante o procedimento de cumprimento da sentença ou, no caso do processo do trabalho, da execução do título judicial.

O mesmo efeito também é observado quando a decisão se funda em sentença normativa modificada ou anulada pelo TST. Nesse sentido, a OJ nº 277, da SDI-1, do TST e a Súmula nº 397 do TST.

2.2. Espécies

A coisa julgada classifica-se em coisa julgada formal e coisa julgada material, que serão estudadas, de forma pormenorizada, a seguir:

2.2.1. Coisa julgada formal

Proferida a **sentença terminativa**, isto é, aquela em que o juiz reconhece a existência de defeitos processuais, extinguindo o feito, sem a resolução do mérito, o juiz não pode rever a sua decisão, dentro do mesmo processo.

Trata-se da coisa julgada formal, que inviabiliza a retomada da discussão dentro da mesma relação jurídica. Contudo, isto não obsta que a parte proponha de novo a ação, desde que sanado o vício processual, se possível.

É o que se verifica, por exemplo, quando o juiz extingue o feito por ilegitimidade do polo passivo. Sanado o vício, a parte poderá ajuizar nova ação.

2.2.2. Coisa julgada material

Quando o juiz **aprecia o mérito** da demanda, concedendo ou não a pretensão do reclamante, depois de transcorrido o prazo para qualquer recurso, opera-se o fenômeno da coisa julgada material em relação às questões decididas e aos sujeitos da relação processual.

Assim, a sentença torna-se imutável não somente no âmbito do mesmo processo– coisa julgada formal – mas a sua parte dispositiva não poderá mais ser rediscutida em qualquer outro. Existem duas exceções: 1) nas hipóteses de modificação pela via da ação rescisória, nos limites estabelecidos pela norma processual; 2) quando se tratar de coisa julgada inconstitucional.

A coisa julgada está prevista no art. 502 do CPC e art. 836 da CLT.

2.3. Coisa julgada em relação à União

Quando é lavrado um termo de conciliação entre os litigantes, a sua homologação tem natureza de **decisão irrecorrível**, salvo em relação à União, no que diz respeito às contribuições sociais/previdenciárias devidas pelas partes, na medida em que a União não participou do acordo.

Se a conciliação é feita antes de proferida a sentença, a jurisprudência tem reconhecido o direito do empregado de transigir ou renunciar os direitos trabalhistas e, consequentemente, afastar a incidência das contribuições previdenciárias/sociais decorrentes do acordo homologado.

Para isso, deve constar do termo de conciliação a identificação de cada parcela e de sua respectiva natureza jurídica sob pena da verba previdenciária incidir sob o seu valor total, conforme OJ nº 368, da SDI-1 do TST.

Contudo, na hipótese da conciliação firmada após a prolação da sentença transitada em julgado, é devida a contribuição previdenciária sobre o valor do acordo celebrado e homologado após o trânsito em julgado de decisão judicial, respeitada a proporcionalidade de valores entre as parcelas de natureza salarial e indenizatória deferidas na decisão condenatória e as parcelas objeto do acordo (OJ n. 376 da SDI-1 do TST).

2.4. Extensão da coisa julgada

Com o implemento da coisa julgada material, a sentença se torna imutável, de forma que a mesma questão não pode mais ser reapreciada (objeto) em relação às partes que participaram do processo (sujeitos), conforme art. 503 do CPC.

2.4.1. Limites objetivos

A coisa julgada atinge todo o **dispositivo** que aprecia o mérito da demanda. Em outras palavras, o objeto da coisa julgada é o dispositivo que rejeita ou acolhe a pretensão do reclamante, no todo ou em parte, extinguindo o processo de conhecimento com a resolução do mérito.

Logo, os motivos e os fundamentos da sentença não são abarcados pela coisa julgada material.

É necessário esclarecer que se forem postuladas diversas pretensões (ex: aviso prévio, horas extras, dano moral), a decisão que julga esses pleitos constitui uma unidade, embora seja composta de partes autônomas.

Sendo a decisão composta de capítulos relativamente autônomos, é possível o trânsito em julgado de cada um deles em tempos diversos.

Logo, quando o recurso referente a um capítulo da decisão tem seu seguimento negado, essa parte da decisão transita em julgado. Tratando-se de julgamento de mérito, opera-se a coisa julgada material com relação a esse capítulo.

No que se refere à questão prejudicial decidida incidentemente no processo, o CPC disciplina essa questão no seu art. 503, §§ 1º e 2º: *"§ 1º O disposto no caput aplica-se à resolução de questão prejudicial, decidida expressa e incidentemente no processo, se: I – dessa resolução depender o julgamento do mérito; II – a seu respeito tiver havido contraditório prévio e efetivo, não se aplicando no caso de revelia; III – o juízo tiver competência em razão da matéria e da pessoa para resolvê-la como questão principal. § 2º A hipótese do § 1º não se aplica se no processo houver restrições probatórias ou limitações à cognição que impeçam o aprofundamento da análise da questão prejudicial".*

Conforme a regra acima citada, se houve resolução de questão prejudicial, como por exemplo, sobre a existência ou não de uma relação de emprego, caberá ao juiz consigná-la no dispositivo da sentença para que adquira a qualidade da coisa julgada, se assim for requerido por qualquer das partes.

Assim, uma alteração substancial trazida pelo CPC é a inclusão das questões prejudiciais nos limites objetivos da coisa julgada. Se no CPC/1973 essas questões tinham que ser objeto de ação declaratória incidental para que fossem acobertadas pela coisa julgada, no CPC/2015 elas passam a ter essa eficácia independentemente de postulação nesse sentido, desde que: (a) dessa questão dependa o julgamento do mérito; (b) a respeito dela tiver havido contraditório e (c) o juiz tiver competência em razão da matéria e da pessoa para conhecê-la e julgá-la (art. 500, § 1º), requisitos que se preenchem na maior parte dos casos.

2.4.2. Limites subjetivos

A sentença protegida pela coisa julgada se torna lei entre as partes, contudo, não produz efeitos em relação aos terceiros estranhos à lide e que não participaram do processo (art. 506 do CPC).

2.5. Coisa julgada nas demandas coletivas

Nas demandas coletivas, a coisa julgada é regulada pelo Código de Defesa do Consumidor (art. 103) e pela Lei da Ação Civil Pública (Lei nº 7.347/1985), em razão das peculiaridades dos sujeitos e da matéria tratada nessas ações.

A coisa julgada poderá ser ***erga omnes***, isto é, atingir a **todos** indistintamente, mesmo aqueles que não tiverem participado da demanda ou ***ultra partes***, atingindo somente a **classe, grupo ou categoria**.

A fim de esclarecer as modalidades de coisa julgada nas demandas coletivas, inicialmente é necessário distinguir-se as matérias que podem ser tratadas nessas ações. São elas:

a) **Direitos difusos:** transindividuais, de natureza indivisível, de que sejam titulares pessoas indeterminadas e ligadas por circunstâncias de fato.

Exemplo

greve deflagrada por sindicato profissional em atividade essencial. Há indivisibilidade dos bens jurídicos protegidos (vida, saúde, segurança).

b) **Direitos coletivos:** transindividuais, de natureza indivisível de que seja titular grupo, categoria ou classe de pessoas ligadas entre si ou com a parte contrária por uma relação jurídica-base.

Exemplo

direito de todos os empregados de uma determinada empresa a um meio ambiente de trabalho digno e adequado.

c) **Direitos individuais homogêneos:** decorrentes de origem comum.

Exemplo

quando a empresa está desrespeitando o intervalo intrajornada dos empregados de forma geral.

A partir dessa classificação, podemos definir que a coisa julgada nas demandas coletivas, no que se refere aos limites subjetivos, será:

1) *erga omnes:* hipóteses de direito difuso;
2) *ultra partes:* hipóteses de direito coletivo;
3) *erga omnes:* hipóteses de direito individual homogêneo.

No tocante aos limites objetivos, a regra é que o já decidido em uma demanda coletiva não possa mais ser objeto de discussão pelos sujeitos abrangidos pela coisa julgada, tenha sido a ação julgada procedente ou não. Contudo, existem duas exceções:

1) nas ações envolvendo direitos difusos, quando o pedido for julgado improcedente por insuficiência de provas, qualquer legitimado poderá ajuizar novamente a ação;
2) nas ações envolvendo direitos individuais homogêneos, a coisa julgada somente se verificará quando a ação for julgada procedente (*in utilibus*). Isso significa que a improcedência da ação não fará coisa julgada material, salvo para os litisconsortes ativos.

Por fim, no que se refere ao limite espacial da coisa julgada nas demandas coletivas, o art. 16 da Lei de Ação Civil Pública dispõe que a sentença coletiva fará coisa julgada nos limites da competência territorial do órgão julgador.

A interpretação literal do referido dispositivo leva ao entendimento de que os efeitos da prevenção e reparação dos danos causados aos direitos metaindividuais ficariam limitados ao âmbito de atuação do Juízo prolator da respectiva decisão. Logo, por exemplo, uma decisão em demanda coletiva proferida por um juiz de São Paulo teria seus efeitos limitados à jurisdição da referida cidade.

Todavia, tal exegese não se amolda aos objetivos da utilização da ação coletiva na esfera trabalhista.

Considerando que os direitos metaindividuais são indivisíveis, por óbvio, a sentença proferida em demandas coletivas deve estender seus efeitos por todas as localidades em que os reflexos da decisão se fizerem sentir, em uma verdadeira ampliação da jurisdição. Nesse sentido, aliás, dispõe o artigo 103 da Lei n. 8.078/90 (CDC).

Até mesmo porque, tal medida obsta o ajuizamento de outras ações coletivas envolvendo mesmo objeto, causa de pedir e réu, eliminando-se, assim, o risco de prolação de decisões contraditórias ou conflitantes sobre a mesma questão, o que leva o Poder Judiciário a descrédito perante a sociedade.

2.6. Relação jurídica continuativa

Em casos de relação jurídica continuativa (aquelas que se prolongam no tempo), a parte interessada pode postular a revisão (ação revisional) do que ficou estabelecido na sentença, desde que haja alteração nas **condições de fato ou na própria norma** que serviram de fundamento, conforme preceitua o art. 505, I, do CPC.

Nesse caso, não se implementa a qualidade da coisa julgada material e, consequentemente, não há possibilidade de ajuizamento de ação rescisória.

É o que ocorre, por exemplo, quando o empregador é condenado ao pagamento de pensão mensal por danos materiais decorrentes da incapacidade laboral do empregado. Se, após algum tempo, o empregado recuperar sua capacidade, a ação revisional é cabível para excluir ou diminuir o valor da pensão.

3. RECURSOS TRABALHISTAS

3.1. Introdução

A pacificação social é um dos escopos da jurisdição, que atua aplicando o direito material ao caso concreto, garantindo às partes o direito de postular, bem como de exercer o contraditório e a ampla defesa.

O recurso, assim, surge como instrumento para garantir à parte insatisfeita com a decisão, a sua insurgência com a tentativa de alterar a decisão proferida.

Inicialmente, trataremos das normas gerais aplicáveis aos recursos trabalhistas, para, posteriormente, tratarmos individualmente dos recursos trabalhistas em espécie.

3.2. Conceito e natureza jurídica

O recurso é um meio de **impugnação das decisões**, dentro de uma mesma relação processual, com o objetivo de reformar, anular, integrar ou esclarecer a decisão impugnada, à disposição do sucumbente, terceiro interessado e Ministério Público.

O recurso é, portanto, o remédio voluntário que permite, dentro do mesmo processo, a reforma, a invalidação, o esclarecimento ou a integração da decisão judicial que se impugna.

O recurso tem natureza jurídica de prolongamento da ação originária, enquanto direito da parte de obter a tutela requerida perante o Poder Judiciário.

3.3. Princípios

Além dos princípios que norteiam o processo em geral, existem outros que são aplicáveis, com maior ênfase, aos recursos trabalhistas, quais sejam: da taxatividade; da instrumentalidade das formas; do duplo grau de jurisdição; da irrecorribilidade imediata das decisões interlocutórias; da dialeticidade; *do non reformatio in pejus* e da unirrecorribilidade.

3.3.1. Princípio da taxatividade

Somente são admitidos os recursos taxativamente previstos em lei.

3.3.2. Princípio da instrumentalidade das formas ou da fungibilidade

Por esse princípio, permite-se ao juiz receber determinado recurso, ainda que tenha sido denominado com outra expressão, desde que: 1) estejam presentes os seus requisitos de admissibilidade extrínsecos e intrínsecos; 2) não represente erro grosseiro.

Trata-se da efetivação da ideia de que o processo não tem um fim em si mesmo, sendo mero instrumento para se alcançar a tutela jurisdicional.

Sobre a aplicação desse princípio é válido destacar a jurisprudência consolidada na Súmula n. 421 do TST, OJ n. 412 da SDI-1 e OJ`s n. 69 e 152 da SDI-2 do TST.

3.3.3. Princípio do duplo grau de jurisdição

Significa que toda decisão pode ser revista pelo órgão judicial *ad quem*.

Todavia, o referido princípio não é absoluto e, portanto, a Lei ordinária pode vedar a interposição de recursos para determinadas espécies de litígios, especialmente aqueles de pequeno valor ou de baixa complexidade.

É que ocorre nas sentenças proferidas nas reclamações trabalhistas, cujo valor da causa não ultrapasse dois salários-mínimos, cuja lei determina que são irrecorríveis salvo se tratar de matéria constitucional (art. 2º, § 4º, da Lei nº 5.584/70).

3.3.4. Princípio da irrecorribilidade imediata das decisões interlocutórias

O processo do trabalho caracteriza-se pelo elevado grau de celeridade em sua tramitação, evitando, ao máximo, a procrastinação do feito.

A regra geral é que as decisões interlocutórias não estão sujeitas a recurso imediato, conforme art. 893, § 1°, da CLT. Isso não significa que essas decisões não poderão ser questionadas, mas sim que a análise de sua impugnação será diferida, ou seja, será levantada na ocasião do recuso da decisão que resolve ou não o mérito.

Assim, a parte prejudicada deve apresentar o seu protesto logo após a ciência da decisão interlocutória, caso lhe seja desfavorável, sob pena de se presumir a sua concordância e/ou a inexistência de prejuízo, operando-se a preclusão.

Não obstante, quando a decisão interlocutória ferir direito líquido e certo, o litigante prejudicado pode impetrar mandado de segurança, desde que não caiba qualquer outra espécie de recurso.

A Súmula n° 214 do TST apresenta três exceções ao princípio da irrecorribilidade imediata das decisões interlocutórias. São elas:

1) decisões do TRT contrária a Súmula ou OJ do TST;
2) suscetível de impugnação para o mesmo tribunal. Exemplo: agravo interno para a Turma em face de decisão monocrática do relator não concedendo tutela antecipada. Outro exemplo é o agravo interno cabível em face de decisão interlocutória que acolher ou rejeitar o incidente de desconsideração da personalidade jurídica (art. 855-A, § 1°, III, da CLT).
3) De acolhimento de exceção de incompetência em razão do lugar, com remessa dos autos para outro Tribunal distinto daquele a que se vincula o juízo excepcionado.

A doutrina apresenta mais duas exceções não previstas na referida súmula, quais sejam: 1) decisão sobre o valor da causa: cabe pedido de revisão dirigido ao Presidente do Tribunal (art. 2°, §§ 1° e 2°, da Lei n° 5584/74); 2) cabível agravo de petição, face de decisão interlocutória que acolher ou rejeitar o incidente de desconsideração da personalidade jurídica (art. 855-A, § 1°, II, da CLT).

A IN n° 39/2016 também criou uma nova possibilidade de recorribilidade imediata de decisão interlocutória, qual seja, a decisão de julgamento antecipado parcial do mérito contra a qual é cabível recurso ordinário de imediato (art. 5° da IN n° 39/2016 do TST e art. 356 do CPC).

3.3.5. Princípio da dialeticidade

Pelo princípio da dialeticidade, o recorrente deve **fundamentar** o recurso com indicação das razões de fato e de direito com que pretende modificá-la ou anulá-la.

Desse modo, vedam-se os recursos genéricos e sem fundamentação.

3.3.6. Princípio do **non reformatio in pejus**

Esse princípio obsta ao juiz reformar a decisão no sentido de **prejudicar** o recorrente.

A reforma, se cabível, deve ser sempre para *beneficiar* a parte recorrente (*reformatio in melium*).

A aplicação desse princípio fica excepcionada quando verificado o efeito translativo do recurso, que permite ao Tribunal analisar questões não suscitadas na instância inferior, principalmente quando se trata de matéria de ordem pública.

3.3.7. Princípio da unirrecorribilidade

O princípio da unirrecorribilidade obsta a interposição de mais de um recurso para atacar uma mesma decisão, salvo se a lei assim o dispuser de forma expressa.

Uma das exceções a esse princípio é a possibilidade de interposição simultânea dos embargos infringentes ao TST e do recurso extraordinário ao STF.

Se, apesar da vedação legal, a parte faz o uso de dois recursos, simultaneamente, o juiz pode conhecer do primeiro e rejeitar o segundo, sob o fundamento da ocorrência da preclusão consumativa.

3.4. Requisitos de admissibilidade dos recursos

Para serem conhecidos, os recursos necessitam observar determinados requisitos, também denominados de pressupostos recursais.

São denominados requisitos de admissibilidade, objetivo e subjetivo, que variam de acordo com cada recurso em particular, mas que possuem regras genéricas que serão a seguir analisadas.

Os requisitos de admissibilidade também são classificados em intrínsecos e extrínsecos.

Os pressupostos intrínsecos se relacionam com a matéria de fundo de que trata o recurso, enquanto que os pressupostos extrínsecos são todos os demais estabelecidos pela lei, como a tempestividade, o preparo e regularidade formal etc.

3.4.1. Requisitos objetivos

Os requisitos objetivos de um recurso relacionam-se com a sua recorribilidade, adequação, preparo, tempestividade e representação.

3.4.1.1. Recorribilidade

Inicialmente é necessário que se observe se o ato praticado pelo juiz é **recorrível**.

Os despachos, por exemplo, não atendem a esse requisito porque não são recorríveis (art. 1.001 do CPC).

São recorríveis, assim, no processo do trabalho, a sentença definitiva ou terminativa e algumas decisões interlocutórias, conforme já exposto no subitem 3.3.4, acima.

3.4.1.2. Adequação

Para cada espécie de decisão existe um **recurso adequado** previsto em lei e isto deve ser observado pelo recorrente.

Contudo, esse requisito é mitigado, com base no princípio da instrumentalidade das formas ou da fungibilidade. Assim, não se tratando de erro grosseiro, o recurso poderá ser recebido se o recorrente se equivocou ao interpor um recurso em lugar de outro, desde que tenha preenchido os requisitos objetivos e subjetivos de admissibilidade. Como já dito, não se aplica o referido princípio da fungibilidade quando se tratar de erro grosseiro, conforme já analisado anteriormente

3.4.1.3. Preparo: depósito recursal e custas

No processo do trabalho, para fins recursais, exige-se que o recorrente recolha as custas e realize o depósito recursal, sob pena de deserção.

A massa falida está dispensada do preparo para recorrer, mas esse benefício não se estende à empresa em liquidação extrajudicial. (Súm. 86, TST).

Em caso de insuficiência no valor do preparo (custas ou depósito recursal), somente haverá deserção do recurso se, concedido o prazo de 5 (cinco) dias previsto no § 2º do art. 1.007 do CPC de 2015, o recorrente não complementar e comprovar o valor devido (OJ n. 140 da SDI-1 do TST).

A sanção por litigância de má-fé não é considerada para fins de preparo do recurso no processo do trabalho (OJ nº 409 da SDI-1, do TST).

3.4.1.3.1. Custas

As custas processuais correspondem ao tributo que deve ser recolhido pelo vencido, pela utilização de um serviço público.

As custas são devidas pelo sucumbente, com algumas exceções previstas na lei, conforme já estudado no capítulo 2, tópico 7.

Registre-se que, na execução, as custas não são pressuposto recursal porque seu pagamento é ao final.

Após o recolhimento das custas, procede-se à juntada do comprovante respectivo nos autos, no mesmo prazo do recurso, conforme art. 789, § 1º, da CLT, sob pena do apelo ser julgado deserto.

Se o recorrido sucumbe na segunda instância, deve, independentemente de intimação, proceder ao recolhimento das custas processuais (Súm. 25 do TST).

O equívoco no preenchimento da guia de custas não implicará a aplicação da pena de deserção, cabendo ao relator, na hipótese de dúvida quanto ao recolhimento, intimar o recorrente para sanar o vício no prazo de 5 (cinco) dias (art. 10 da IN nº 39/2016 do TST e art. 1007, § 7º, do CPC).

O prazo para pagamento das custas, no caso de recurso, é contado da intimação do cálculo (Súm. 53 do TST). Esse entendimento, contudo, não é aplicado pelo TST nas hipóteses de extinção do processo sem resolução do mérito, improcedência dos pedidos, ação declaratória e ação constitutiva, já que nessas hipóteses o valor das custas leva em conta o valor da causa e, portanto, seu montante decorre da própria lei, não dependendo da decisão judicial para a sua delimitação (art. 789, II e III, da CLT).

Pode ocorrer a inversão do ônus da sucumbência na instância recursal, isto é, a parte que era vencedora na primeira instância torna-se vencida na segunda instância. Nessa situação, o TST estabelece que a parte vencedora na primeira instância, se vencida na segunda, está obrigada, independentemente de intimação, a pagar as custas fixadas na sentença originária, das quais ficara isenta a parte então vencida. E, no caso de inversão do ônus da sucumbência em segundo grau, sem acréscimo ou atualização do valor das custas e se estas já foram devidamente recolhidas, descabe um novo pagamento pela parte vencida, ao recorrer. Deverá ao final, se sucumbente, reembolsar a quantia. O reembolso das custas à parte vencedora é devido mesmo quando a parte vencida for isenta do pagamento de custas (ex. União, Estados). É o que dispõe a Súm. 25, I, II e III, do TST.

3.4.1.3.2. Depósito recursal

O depósito recursal, por sua vez, é disciplinado no art. 899, §§ 1º a §11, da CLT, bem como no art. 40 da Lei nº 8.177/91, sendo regulamentado pela Instrução Normativa nº 3 do TST.

O depósito recursal constitui singularidade do Direito Processual do Trabalho e visa garantir uma possível futura execução, não ostentando natureza de taxa. Logo, se não há condenação em pecúnia, descabe o referido depósito, conforme Súm. 161 do TST.

O depósito recursal também não é exigido para a admissibilidade de recurso extraordinário, conforme decisão do STF no Recurso Extraordinário (RE) 607447, em que a Corte aprovou a seguinte tese de repercussão geral (Tema 679): "Surge incompatível com a Constituição Federal exigência de depósito prévio como condição de admissibilidade do recurso extraordinário, no que não recepcionada a previsão constante do § 1º do artigo 899 da Consolidação das Leis do Trabalho, sendo inconstitucional a contida na cabeça do artigo 40 da Lei nº 8.177/1991 e, por arrastamento, no inciso II da Instrução Normativa nº 3/1993 do Tribunal Superior do Trabalho".

O depósito recursal será feito em conta vinculada ao juízo e corrigido com os mesmos índices da poupança.

Ainda que o recurso tenha sido interposto antes do término do prazo legal, o juiz deve aguardar o seu termo final para a comprovação do depósito recursal (Súm. nº 245 do TST).

Essa regra não se aplica ao agravo de instrumento, porque o art. 899, § 7º da CLT, determina que *"No ato de interposição do agravo de instrumento, o depósito recursal corres-*

ponderá a 50% (cinquenta por cento) do valor do depósito do recurso ao qual se pretende destrancar".

Além disso, quando o agravo de instrumento tem a finalidade de destrancar recurso de revista que se insurge contra decisão que contraria súmulas ou OJ`s do TST, não haverá obrigatoriedade de se efetuar o depósito recursal (art. 899, § 8º da CLT).

Estão isentos do depósito recursal: os beneficiários da justiça gratuita, as entidades filantrópicas e as empresas em recuperação judicial (art. 899, §10, da CLT).

O valor do depósito recursal será reduzido pela metade para entidade sem fins lucrativos, empregadores domésticos, microempreendedores individuais, microempresas e empresas de pequeno porte.

O depósito recursal poderá ser substituído por fiança bancária ou seguro garantia judicial (art. 899, §11, da CLT)

O valor do depósito recursal possui um teto máximo, que pode ser legal ou o valor da condenação.

É ônus da parte recorrente efetuar o depósito legal, integralmente, em relação a cada novo recurso interposto, sob pena de deserção. Atingido o valor da condenação, nenhum depósito mais é exigido para qualquer recurso. (Súm. nº 128, I, do TST).

Garantido o juízo, na fase executória, a exigência de depósito para recorrer de qualquer decisão viola o art. 5º, II e IV, da CF/88. Havendo, porém, elevação do valor do débito, exige-se a complementação da garantia do juízo. (Súm. nº 128,II, do TST).

Quando existe litisconsórcio passivo com condenação solidária dos reclamados, o recurso e o consequente depósito recursal feito por um dos litisconsortes aproveita aos demais (art. 1.005 do CPC). Excepciona-se essa regra quando o litisconsorte for condenado solidária ou subsidiariamente e pretende, com o recurso, a sua exclusão da lide (Súm. nº 128, III, do TST).

3.4.1.4. Tempestividade

Os recursos, no processo do trabalho, devem ser interpostos no prazo genérico de **oito dias**, exceto no caso de embargos declaratórios, que seguem o prazo de cinco dias previsto no art. 897-A da CLT e do Recurso de Revisão (48 horas).

Na hipótese de o recurso ser interposto por meio de fac-símile em autos de processos físicos, a parte tem o prazo de cinco dias para a juntada aos autos dos originais respectivos, conforme o art. 2º da Lei nº 9.800/99 e Súmula nº 387 do TST.

Nos termos dos artigos 180, 183 e 186 do CPC, aplicáveis subsidiariamente ao processo do trabalho, as pessoas jurídicas de direito público que não explorem atividade econômica, o Ministério Público e a Defensoria pública possuem prazo em **dobro** para recorrer.

A renúncia do direito de recorrer, seja expressa ou tácita, antecipa o termo final do prazo respectivo e faz com que a sentença adquira a qualidade da coisa julgada, inviabilizando que a parte recorra posteriormente (art. 1.000 do CPC).

Quanto a contagem do prazo para recurso, seu início dá-se a partir da **ciência** da sentença prolatada. Se a sentença foi prolatada em audiência, o prazo recursal se inicia nesta data (Súm. 197 do TST), exceto em caso de revelia, posto que a parte deverá ser intimada obrigatoriamente (art. 852 da CLT).

Outrossim, quando a ata da sentença não é juntada aos autos no prazo de 48 horas, o prazo para recurso será contado da data em que a parte receber a intimação da sentença (Súm. 30 do TST).

Em caso de feriado local no início ou no final do prazo para interposição do recurso, cabe a parte comprovar a sua existência, com a juntada aos autos da Lei Municipal ou Estadual (Súm. nº 385 do TST).

Quando a parte ou o seu patrono falece durante o curso do prazo para apresentação do recurso, o sucessor, o herdeiro ou o litigante tem restituído todo o prazo para exercer a sua pretensão recursal (art. 1.004 do CPC).

Adota-se o mesmo procedimento quando é constatada a ocorrência de força maior decorrente de suspensão processual (art. 313, VI do CPC).

Por fim, o artigo 218, §4º do CPC prevê que a interposição do recurso antes da publicação da sentença ou acórdão (prematuro) não será considerada como extemporânea.

Admite-se a reconsideração da análise da tempestividade do recurso, mediante prova documental superveniente, em agravo de instrumento, agravo interno, agravo regimental, ou embargos de declaração, desde que, em momento anterior, não tenha havido a concessão de prazo para a comprovação da ausência de expediente forense (Súm. 385, III, TST).

3.4.1.5. Representação

A representação diz respeito à **regularidade** da representação processual, ou seja, para a prática de atos processuais privativos de advogado.

Diante da prevalência do *jus postulandi* das partes no processo do trabalho, não há necessidade de o recurso ser subscrito por advogado, exceto em recursos de competência do TST, para os quais é necessária a representação por advogado (Súmula nº 425 do TST). Nas lides que não decorrem da relação de emprego é necessária também a representação por advogado nos recursos, de acordo com a IN nº 27/2005 do TST.

Quando o patrono da parte interessada interpõe um recurso, como representante processual do seu cliente, deve ter procuração nos autos seja ela expressa ou tácita, já que não se exige poderes específicos para a prática daquele ato processual.

O CPC/2015 inova quanto ao tratamento dado aos atos praticados sem procuração outorgada ao advogado subscritor da peça. Assim, o art. 104, § 2º, do CPC determina que *"o ato não ratificado será considerado ineficaz relativamente àquele em cujo nome foi praticado, respondendo o advogado pelas despesas e por perdas e danos".*

Trata-se, mais uma vez, da positivação do princípio da **primazia da decisão de mérito** (art. 4º do CPC), impondo ao magistrado considerar válido o ato posteriormente ratificado, a fim de sempre priorizar a decisão de mérito.

É inadmissível recurso firmado por advogado sem procuração juntada aos autos até o momento da sua interposição, salvo mandato tácito (Súm. 383 do TST). Em caráter excepcional (art. 104 do CPC), admite-se que o advogado, independentemente de intimação, exiba a procuração no prazo de 5 (cinco) dias após a interposição do recurso, prorrogável por igual período mediante despacho do juiz. Caso não a exiba, considera-se ineficaz o ato praticado e não se conhece do recurso.

Verificada a irregularidade de representação da parte em fase recursal, em procuração ou substabelecimento já constante dos autos, o relator ou o órgão competente para julgamento do recurso designará prazo de 5 (cinco) dias para que seja sanado o vício. Descumprida a determinação, o relator não conhecerá do recurso, se a providência couber ao recorrente, ou determinará o desentranhamento das contrarrazões, se a providência couber ao recorrido.

Verificada a total ausência de assinatura no recurso, o juiz ou o relator concederá prazo de 5 (cinco) dias para que seja sanado o vício. Descumprida a determinação, o recurso será reputado inadmissível (art. 932, parágrafo único, do CPC e OJ 120 da SDI-1 do TST).

É válido o recurso assinado, ao menos, na petição de apresentação ou nas razões recursais.

3.4.2. Requisitos subjetivos

Os requisitos subjetivos do recurso são a legitimidade e a sucumbência, que serão analisados a seguir.

3.4.2.1. Legitimidade

A legitimação ordinária para recorrer é da parte sucumbente, MPT (parte ou *custus legis*) e terceiros com interesse jurídico (art. 996 do CPC).

O perito não tem legitimidade para recorrer, uma vez que assume a posição de auxiliar do juízo ao desempenhar um *munus* público e, por conta disso, não se identifica o interesse jurídico necessário para recorrer da decisão que fixa seus honorários periciais.

O Ministério Público do Trabalho não tem legitimidade para recorrer na defesa de interesse patrimonial privado, ainda que de empresas públicas e sociedades de economia mista.

3.4.2.2. Sucumbência

A sucumbência ou interesse se verifica na existência de **prejuízo** ou perda sofrida pela parte em consequência da prolação da sentença ou acórdão. Assim, o litigante que tenha obtido êxito total em uma demanda judicial não terá interesse recursal.

3.5. Efeitos do recurso trabalhista

A interposição do recurso gera efeitos que são classificados em: devolutivo, obstativo, translativo, regressivo, extensivo e substitutivo.

Há que se registrar também a existência de efeito suspensivo dos recursos, que corresponde à paralisação do feito, ou seja, impede que se dê cumprimento ao comando sentencial objeto da irresignação do recorrente, mesmo a título provisório. Em regra, esse efeito não se aplica aos recursos trabalhistas.

Os demais efeitos do recurso trabalhista serão analisados a seguir.

3.5.1. Efeito devolutivo

A interposição de recurso **devolve à instância *ad quem*** o julgamento da pretensão do reclamante deduzida em juízo, no todo ou em parte.

A doutrina menciona que esse princípio apresenta dois enfoques:1) Extensão (Dimensão horizontal): refere-se aos capítulos impugnados; 2) Profundidade (dimensão vertical): devolve todas as alegações e questões dentro da quantidade impugnada, independentemente de manifestação.

O **efeito devolutivo em profundidade**, (art. 1013, § 2º do CPC) foi objeto de análise pelo TST por meio da Súmula nº 393, ao afirmar que os fundamentos da petição inicial e defesa são automaticamente levados ao conhecimento do Tribunal, mesmo que não analisados pela sentença, conforme redação alterada inciso II da Súmula 393 do TST, com o seguinte conteúdo: "se o processo estiver em condições, o tribunal, ao julgar o recurso ordinário, deverá decidir desde logo o mérito da causa, nos termos do § 3º do art. 1.013 do CPC de 2015, inclusive quando constatar a omissão da sentença no exame de um dos pedidos". Assim, o efeito devolutivo em profundidade do recurso ordinário agora também se estende aos pedidos cuja apreciação foi omitida pelo juízo *a quo*.

Em resumo, o efeito devolutivo em profundidade significa que:

1) quando o pedido ou a defesa tiver mais de um fundamento e o juiz acolher apenas um deles, o recurso ordinário devolverá ao tribunal o conhecimento das demais;
2) quando o juiz se omitir sobre algum pedido formulado na demanda, se o processo estiver em condições, o tribunal, ao julgar o recurso ordinário, deverá decidir desde logo o mérito da causa.

3.5.2. Efeito obstativo

A interposição do recurso impede que a sentença adquira a qualidade da **coisa julgada.**

3.5.3. Efeito translativo

Permite ao órgão *ad quem* que, ao julgar um recurso, decida **questões não suscitadas** pelas partes, mas que devem ser examinadas independente de provocação da parte, seja porque se tratem de matérias de ordem pública, seja porque a lei faz ressalva de forma expressa (art. 1013, § 1º do CPC).

Foi denominado de efeito translativo, pois transfere de um órgão judicial para outro a função de solucionar a lide, inclusive com a possibilidade excepcional de aplicação do *reformatio in pejus* (reforma em prejuízo do recorrente).

3.5.4. Efeito regressivo

É o juízo de **retratação**, isto é, a possibilidade de o próprio juiz que proferiu a sentença, modificá-la após a interposição do recurso.

Não constitui a regra e deve ser expressamente previsto em lei, como ocorre nas hipóteses de embargos declaratórios, indeferimento da petição inicial, julgamento de improcedência antecipado (improcedência liminar do pedido) e, no âmbito processual trabalhista, agravo de instrumento e agravo regimental.

O CPC acrescenta a possibilidade do juízo de retratação nos casos de agravo interno (art. 1.021, § 2º), na decisão proferida em sentença terminativa, após a interposição de apelação, (art. 484, § 7º, do CPC) e na decisão de improcedência liminar do pedido (art. 332 do CPC).

3.5.5. Efeito extensivo

Verifica-se quando o julgamento do recurso produz efeitos para as pessoas que não figuraram como recorrentes.

Tem aplicabilidade na hipótese de litisconsórcio unitário, isto é, aquele que se dá quando a decisão judicial tiver de ser uniforme para todos os litisconsortes.

3.5.6. Efeito substitutivo

A decisão proferida pelo órgão judicial *ad quem* substitui aquela prolatada pela instância inferior (art. 1.008 do CPC).

Essa substituição pode ser no todo ou em parte, a depender dos limites estabelecidos pelo exercício da pretensão recursal da parte ou resultar do julgamento do recurso.

Com a reforma parcial do julgado, a solução do litígio estará contida na sentença de primeiro grau e na decisão reformadora.

Se a reforma for total, a decisão do juízo *a quo* deixa de existir no mundo jurídico.

3.6. Procedimento recursal

No processo do trabalho, os recursos são interpostos por **simples petição** (art. 899 da CLT), isto é, não é necessária a observância dos requisitos formais estabelecidos pelo CPC, contudo é imprescindível que a parte aponte a devida fundamentação (Súm. 422 do TST).

O órgão julgador *a quo* exerce o primeiro juízo de admissibilidade do recurso, ou seja, o procedimento por meio do qual se verifica se estão presentes os requisitos intrínsecos e extrínsecos, subjetivos e objetivos, estabelecidos pela lei.

Rejeitado o recurso, pela ausência de um dos requisitos de admissibilidade, a parte inconformada pode interpor agravo de instrumento para destrancar a subida do recurso principal.

Presentes os requisitos de admissibilidade do recurso, o juiz determina a intimação da parte contrária para apresentar suas contrarrazões, no prazo de oito dias, cuja omissão não implicará em confissão ficta como no caso de ausência de apresentação de contestação.

Decorrido o prazo do recorrido, remetem-se os autos para a segunda instância para dar prosseguimento à sua tramitação, salvo se no reexame dos pressupostos de admissibilidade optar pelo seu não recebimento.

Assim que recebidos pelo órgão julgador *ad quem*, os autos do processo do recurso são registrados, protocolados e remetidos ao Ministério Público do Trabalho, nas hipóteses em que há necessidade de parecer.

Com o retorno dos autos do MPT ou logo após o seu registro, o processo é distribuído para um dos magistrados que integra o Tribunal, designado como relator, com observância dos princípios da publicidade, da alternatividade e do sorteio.

O juiz relator exerce, novamente, o juízo de admissibilidade do segundo grau, sem qualquer vinculação àquele que foi feito pelo juízo *a quo*.

Ao juiz relator cabe, dentre outras atribuições, dirigir e ordenar o processo, apreciar pedido de medidas urgentes, encaminhar o processo para julgamento, bem como negar seguimento ao recurso nos casos previstos pelo art. 932 do CPC, cabendo-lhe conceder o prazo de 5 (cinco) dias ao recorrente para que seja sanado vício ou complementada a documentação exigível (art. 10 da IN nº 39/2016 do TST). Trata-se, mais uma vez, da positivação do princípio da primazia da decisão de mérito (art. 4º do CPC).

O CPC também determina a intimação da parte em caso de questão não contraditada. Assim, o art. 933 do CPC dispõe que a parte deverá ser intimada caso o relator constate a ocorrência de fato superveniente à decisão recorrida, ou a existência de questão apreciável de ofício ainda não examinada, que devam ser considerados no julgamento do recurso. O prazo é de 5 dias, sendo aplicado, ainda, se a constatação ocorrer na sessão de julgamento.

Trata-se de medida que busca evitar a surpresa da parte adversa, permitindo que todo e qualquer fundamento possa ser debatido.

A IN nº 39/2016 do TST foi silente com relação à aplicação do artigo 933 do CPC ao processo do trabalho.

Contudo, neste particular, é importante destacar a norma contida no artigo 4º, § 2º da referida instrução: *"Não se considera 'decisão surpresa' a que, à luz do ordenamento jurídico nacional e dos princípios que informam o Direito Processual do Trabalho, as partes tinham obrigação de prever, concernente às condições da ação, aos pressupostos de admissibilidade de recurso e aos pressupostos processuais, salvo disposição legal expressa em contrário".*

Preparado o voto pelo juiz relator, o recurso é encaminhado para inclusão na pauta de julgamento. Antes, porém, os autos do processo são remetidos para o revisor, nos casos em que há necessidade de sua participação, que deverá devolvê-los antes da realização da sessão de julgamento com o seu visto.

Se o relator ou outro juiz não se considerar habilitado a proferir imediatamente seu voto, poderá solicitar vista pelo prazo máximo de 10 dias, após o qual o recurso deve ser reincluído em pauta para julgamento na sessão seguinte à data da devolução (art. 940 do CPC).

Se os autos não forem devolvidos tempestivamente ou não for solicitada prorrogação do prazo, o presidente do órgão fracionário requisitará os autos para julgamento na sessão subsequente.

Iniciado o julgamento, o juiz relator expõe os seus argumentos, no sentido de acolher ou não a pretensão recursal.

Finalizada essa fase, concede-se a palavra ao recorrente e ao recorrido, para a sustentação oral pelo prazo de quinze minutos, conforme art. 937 do CPC.

Após, são colhidos os votos dos integrantes do respectivo Órgão Julgador na mesma sessão, exceto quando há pedido de vistas. Caberá ao juiz relator redigir o acórdão, salvo se for voto vencido, hipótese em que a redação ficará a cargo do primeiro juiz que proferir o voto vencedor.

Outra novidade do CPC é que o voto vencido será necessariamente declarado e considerado parte integrante do acórdão para todos os fins legais, inclusive de prequestionamento.

A previsão contida no artigo 942 e parágrafos do CPC, acerca do prosseguimento do julgamento da apelação não unânime não se aplica ao processo do trabalho consoante art. 2º, IX, da IN nº 39/2016 do TST.

Também merece destaque a necessidade de juntada do voto vencido, sob pena de nulidade absoluta do julgado. Conforme o art. 941, § 3º, do CPC: "o voto vencido necessariamente será declarado e considerado como parte integrante do acórdão para todos os fins legais, inclusive para o de pré-questionamento". "A juntada do referido voto, portanto, é condição imprescindível para a efetivação do art. 93, IX, da CF, pois compõe a própria fundamentação da decisão colegiada e possibilita o conhecimento pelas partes de todas as razões (acatadas e rechaçadas) que resultaram no provimento jurisdicional. Assim, a ausência do voto vencido não pode ser considerada uma mera irregularidade passível de ser sanada pela ampla devolutividade do recurso ordinário, porquanto se trata de providência que, quando não observada, acarreta a nulidade absoluta do julgado" (TST-RO-7956-69.2016.5.15.0000, SBDI-II, rel. Min. Maria Helena Mallmann, 13.8.2019. Informativo 202).

Quando da apreciação do pedido de declaração de inconstitucionalidade, em nível de Tribunal, é necessário observar a regra da reserva de plenário, conforme disposição contida no art. 97 da CRFB/88 e Súmula Vinculante nº 10 do STF.

Dessa forma, deve-se arguir o incidente de declaração de inconstitucionalidade de lei ou ato normativo do Poder Público, quando o julgamento do recurso for de competência de turma (órgão fracionário), com o objetivo de ser apreciado pelo Tribunal Pleno.

O CPC também prevê que se o acórdão não for publicado em 30 dias a contar da data de sessão de julgamento, as notas taquigráficas o substituirão, para todos os fins legais, independente de revisão. Tal regra, contudo, não se aplica ao processo do trabalho consoante art. 10, X, da IN nº 39/2016 do TST.

3.7. Desistência e renúncia do recurso

O recorrente pode desistir ou renunciar ao direito de recorrer, a qualquer tempo, desde que seja antes da sua apreciação, e sem necessitar da anuência da parte contrária (arts. 952 e 953 do CPC).

4. RECURSO ORDINÁRIO

4.1. Conceito

O recurso ordinário é aquele destinado a impugnar as sentenças proferidas pelos juízes ou Tribunais do Trabalho no exercício de sua competência originária em processos de conhecimento, com ou sem a resolução do mérito da causa (art. 895 da CLT).

O prazo é de **oito dias** a partir da ciência da sentença, cabendo ao recorrente providenciar o recolhimento das custas processuais fixadas na sentença, bem como do depósito recursal, desde que haja condenação em pecúnia.

O valor do depósito recursal, para o recurso ordinário, é equivalente ao valor da condenação, seja líquido ou arbitrado apenas para esse efeito. Entretanto, deve ser observado o limite que anualmente é corrigido por ato do TST.

O juízo de retratação, que é a possibilidade de o juiz mudar o entendimento e alterar o que havia decidido também é cabível no processo do trabalho, nos casos de extinção do processo sem resolução do mérito (art. 485, § 7º, do CPC), nos casos de indeferimento da petição inicial (art. 331 do CPC) e nos casos de improcedência liminar do pedido (art. 332, §§ 3º e 4º, do CPC). É o que se extrai do artigo 3º, VIII, da Instrução Normativa nº 39/2016 do TST.

4.2. Forma de interposição

O recurso ordinário é interposto por **simples petição** dirigida ao juízo que proferiu a decisão impugnada, pedindo que seja recebido e remetido ao órgão *ad quem*.

A referida petição deve vir acompanhada das razões para fundamentar a pretensão recursal da parte, com a impugnação específica dos pontos da sentença e o requerimento de novo julgamento (art. 1.010 do CPC).

Em sede de preliminar, o recorrente pode postular a nulidade ou reforma de uma eventual decisão interlocutória do juízo *a quo*, desde que tenha sido registrado o competente protesto.

No mérito, o recorrente deve refutar cada capítulo da sentença que pretende ver reformada, inclusive com as razões fáticas e jurídicas para reformar ou anular a decisão (princípio da dialeticidade).

O recurso ordinário tem efeito devolutivo amplo, devolvendo ao órgão *ad quem* a apreciação dos fundamentos da inicial ou da defesa, não examinados pela sentença, ainda que não renovados em contrarrazões.

O órgão *ad quem* pode analisar algumas questões de direito que não foram objeto de manifestação do juízo de primeiro grau (efeito translativo), como as questões que exigem a manifestação do juiz de ofício, a qualquer tempo (arguição de nulidade de citação, a conexão, a coisa julgada, a litispendência, a prescrição etc.).

As questões de fato não propostas no juízo inferior poderão ser suscitadas no recurso ordinário, se a parte provar que deixou de fazê-lo por motivo de força maior. Nesse sentido está o artigo 1014 do CPC, aplicável ao processo do trabalho por força do artigo 3º, XXVIII, da IN nº 39/2016 do TST.

Conforme o art. 1.013, § 3º do CPC: *"Se o processo estiver em condições de imediato julgamento, o tribunal deve decidir desde logo o mérito quando: I – reformar sentença fundada no art. 485; II – decretar a nulidade da sentença por não ser ela congruente com os limites do pedido ou da causa de pedir; III – constatar a omissão no exame de um dos pedidos, hipótese em que poderá julgá-lo; IV – decretar a nulidade de sentença por falta de fundamentação".*

Assim, é dever do Tribunal decidir, desde logo o mérito, nos processos que estejam em condições de imediato julgamento, nas hipóteses de: sentença sem resolução do mérito, sentença anulada por falta de fundamentação, sentença *citra, ultra* e *extra petita* e, ainda, quando houver omissão de um dos pedidos.

Já o § 4º do artigo 1013 do CPC/determina que: *"Quando reformar sentença que reconheça a decadência ou a prescrição, o tribunal, se possível, julgará o mérito, examinando as demais questões, sem determinar o retorno do processo ao juízo de primeiro grau".*

O artigo 1013 é aplicável ao processo do trabalho, consoante art. 3º, XXVIII, da IN nº 39/2016 do TST.

5. RECURSO DE REVISTA

5.1. Conceito

O recurso de revista é cabível quando a parte pretende rediscutir as decisões proferidas pelos Tribunais Regionais do Trabalho, no exercício da sua competência recursal. Sua tramitação se dá no TST.

A finalidade principal do recurso de revista é unificar as decisões proferidas pelos Tribunais Regionais e a manutenção da autoridade da legislação constitucional e infraconstitucional.

Assim, só cabe recurso de revista de acórdão que trata de **matéria de direito**, o que exclui qualquer possibilidade de rediscussão de provas.

Logo, o efeito devolutivo do recurso de revista não é amplo, como ocorre com o recurso ordinário, mas sim restrito, pois não abrange as questões de fato, mas apenas de direito.

Admitido o recurso de revista por um fundamento, devolve-se ao TST o conhecimento dos demais fundamentos para a solução apenas do capítulo impugnado, consoante norma do art. 1034, parágrafo único do CPC, aplicável ao processo do trabalho por força do artigo 12 da IN nº 39/2016.

Assim, admitido apenas parcialmente o recurso de revista, é necessário interpor agravo de instrumento com relação ao capítulo denegatório da decisão, sob pena dele transitar em julgado (art. 1º da IN nº40/2016 do TST).

5.2. Requisitos de admissibilidade

Para o conhecimento do recurso de revista, é necessária a presença dos requisitos de admissibilidade dos recursos em geral, como a tempestividade, o preparo, a sucumbência, a representação, etc.

Além desses requisitos gerais, o recurso de revista possui requisitos específicos, de forma que a decisão impugnada por via da revista deve estar em conflito com decisões:

a) de outros Tribunais Regionais; ou
b) do Tribunal Superior do Trabalho.

Também cabe recurso de revista quando a decisão for proferida:

a) com violação literal de disposição de lei federal;
b) afronta direta e literal à Constituição Federal;
c) contrariar súmula de jurisprudência uniforme do TST;
d) contrariar súmula vinculante do STF;
e) contrariar súmula regional ou tese jurídica prevalecente no Tribunal Regional e não conflitante com Súmula ou orientação jurisprudencial do TST (art. 4º, do ATO 491/SEGJUD.GP/2014).

Conforme o art. 896 da CLT, cabe recurso de revista das decisões proferidas pelos Tribunais Regionais em grau de recurso ordinário que:

a) derem ao mesmo dispositivo de lei federal interpretação diversa da que lhe houver dado outro Tribunal Regional do Trabalho, no seu Pleno ou Turma, ou a Seção de Dissídios Individuais do Tribunal Superior do Trabalho, ou contrariarem súmula de jurisprudência uniforme dessa Corte ou súmula vinculante do Supremo Tribunal Federal;
b) derem ao mesmo dispositivo de lei estadual, Convenção Coletiva de Trabalho, Acordo Coletivo, sentença normativa ou regulamento empresarial de observância obrigatória em área territorial que exceda a jurisdição do Tribunal Regional prolator da decisão recorrida, interpretação divergente, na forma da alínea "a";
c) proferidas com violação literal de disposição de lei federal ou afronta direta e literal à Constituição Federal.

Nos termos do artigo 896, §1º-A da CLT, para o conhecimento do recurso de revista, é ônus da parte: *"I – indicar o trecho da decisão recorrida que consubstancia o prequestionamento da controvérsia objeto do recurso de revista; II – indicar, de forma explícita e fundamentada, contrariedade a dispositivo de lei, súmula ou orientação jurisprudencial do Tribunal Superior do Trabalho que conflite com a decisão regional; III – expor as razões do pedido de reforma, impugnando todos os fundamentos jurídicos da decisão recorrida, inclusive mediante demonstração analítica de cada dispositivo de lei, da Constituição Federal, de súmula ou orientação jurisprudencial cuja contrariedade aponte; IV – transcrever na peça recursal, no caso de suscitar preliminar de nulidade de julgado por negativa de prestação jurisdicional, o trecho dos embargos declaratórios em que foi pedido o pronunciamento do tribunal sobre questão veiculada no recurso ordinário e o trecho da decisão regional que rejeitou os embargos quanto ao pedido, para cotejo e verificação, de plano, da ocorrência da omissão".*

5.3. Hipóteses de não cabimento do Recurso de Revista

Não cabe recurso de revista nas seguintes hipóteses:

a) no processo (ou fase) de execução, exceto em caso de ofensa à Constituição Federal, execução fiscal e demanda que envolta a discussão sobre a Certidão Negativa de Débito Trabalhista;

b) no caso de decisão proferida em agravo de instrumento (Súm. 218 do TST);

c) para reexame de provas.

Nos termos da Súm. 401 do STF, não se conhece do recurso de revista, nem dos embargos de divergência, do processo trabalhista, quando houver jurisprudência firme do TST no mesmo sentido da decisão impugnada, salvo se houver colisão com a jurisprudência do STF.

5.4. Depósito recursal

O valor do depósito recursal para o recurso de revista é aquele fixado como valor da condenação na sentença ou no acórdão, observado o limite anualmente fixado por ato expedido pelo TST.

Havendo elevação do valor do débito após o recurso ordinário, exige-se a complementação da garantia do juízo. Atingido o valor da condenação, nenhum depósito mais é exigido para qualquer recurso.

5.5. Divergência jurisprudencial

O recurso de revista é cabível quando a decisão do TRT conferir interpretação de dispositivo de lei federal diversa daquela dada por outro Tribunal, pela SDI do TST ou por Súmula ou OJ do TST ou súmula vinculante do STF (art. 896, "a", da CLT).

É necessário que a divergência se verifique em Tribunais Regionais diversos, salvo se o recurso houver sido interposto anteriormente à vigência da Lei nº 9.756/98.

O recurso de revista também é cabível quando há divergência jurisprudencial em decorrência de interpretação de lei estadual, convenção coletiva de trabalho, acordo coletivo, sentença normativa ou regulamento de empresa, desde que essas regras devam ser observadas em território que ultrapasse a jurisdição de um TRT.

Cabe ao recorrente demonstrar a extensão dos limites territoriais da norma que gerou a divergência de interpretação, sob pena do recurso de revista não ser conhecido.

O recorrente também deve demonstrar a divergência jurisprudencial por meio de certidões passadas pela secretaria do Tribunal do Trabalho que proferiu a decisão, cópia autêntica do acórdão, citação da fonte oficial (diário oficial no qual foi publicada a decisão) ou citação do repositório autorizado no qual se encontra publicada a decisão.

Além de citar os acórdãos em conflito, o recorrente deve, também, transcrevê-los no recurso.

Dispensa-se a juntada quando a impugnação da decisão for feita com base no entendimento das Súmulas do ou OJ's do TST.

O recurso de revista não será conhecido se a decisão recorrida resolver determinado item do pedido por diversos fundamentos e a jurisprudência transcrita não abranger a todos.

5.6. Prequestionamento

Como o recurso de revista é baseado em divergência jurisprudencial ou ofensa direta a dispositivo legal, é necessário que o acórdão seja claro e expresso sobre a tese jurídica adotada para manter ou modificar a decisão de primeira instância.

É o que a doutrina e a jurisprudência chamam de prequestionamento e que está previsto no § 1º-A, I, do art. 896 da CLT.

Diz-se prequestionada a matéria ou questão quando na decisão impugnada haja sido adotada, explicitamente, tese a respeito.

Se no acórdão o tema não for apreciado, a parte interessada deve opor embargos declaratórios objetivando o pronunciamento sobre o tema, sob pena de preclusão.

Considera-se prequestionada a questão jurídica invocada no recurso principal sobre a qual se omite o Tribunal de pronunciar tese, ainda que opostos embargos de declaração (Súmula 397, III, do TST, art. 1025 do CPC e art. 9º, parágrafo único, da IN nº 39/2016 do TST).

O recorrente deverá transcrever na peça recursal, no caso de suscitar preliminar de nulidade de julgado por negativa de prestação jurisdicional, o trecho dos embargos declaratórios em que foi pedido o pronunciamento do tribunal sobre questão veiculada no recurso ordinário e o trecho da decisão regional que rejeitou os embargos quanto ao pedido, para cotejo e verificação, de plano, da ocorrência da omissão.

O tema será melhor estudado no subtópico 6.5., abaixo.

5.7. Transcendência

Conforme o art. 896-A da CLT, o TST, no recurso de revista, examinará previamente se a causa oferece transcendência com relação aos reflexos gerais de natureza econômica, política, social ou jurídica.

Pela referida norma, o recurso de revista somente será objeto de julgamento quando seu objeto transcender ao interesse individual das partes.

A regulamentação do instituto da transcendência verificou-se com a Lei da Reforma Trabalhista.

Assim, conforme o parágrafo primeiro do artigo 896-A, da CLT, são indicadores de transcendência, entre outros:

> I – econômica, o elevado valor da causa;
>
> II – política, o desrespeito da instância recorrida à jurisprudência sumulada do Tribunal Superior do Trabalho ou do Supremo Tribunal Federal;
>
> III – social, a postulação, por reclamante-recorrente, de direito social constitucionalmente assegurado;
>
> IV – jurídica, a existência de questão nova em torno da interpretação da legislação trabalhista.

O relator poderá, de forma monocrática, denegar seguimento ao recurso de revista que não demonstrar transcendência. Desta decisão caberá **agravo** para o colegiado.

Poderá o relator, monocraticamente, denegar seguimento ao recurso de revista que não demonstrar transcendência, cabendo agravo desta decisão para o colegiado.

Em relação ao recurso que o relator considerou não ter transcendência, o recorrente poderá realizar sustentação oral sobre a questão da transcendência, durante cinco minutos em sessão.

Mantido o voto do relator quanto à não transcendência do recurso, será lavrado acórdão com fundamentação sucinta, que constituirá decisão irrecorrível no âmbito do tribunal.

É irrecorrível a decisão monocrática do relator que, em agravo de instrumento em recurso de revista, considerar ausente a transcendência da matéria.

O juízo de admissibilidade do recurso de revista exercido pela Presidência dos Tribunais Regionais do Trabalho limita-se à análise dos pressupostos intrínsecos e extrínsecos do apelo, não abrangendo o critério da transcendência das questões nele veiculadas.

5.8. Recurso de revista em rito sumaríssimo

Nas causas sujeitas ao procedimento sumaríssimo, somente será admitido recurso de revista:

1) por contrariedade a súmula de jurisprudência uniforme do TST ou a súmula vinculante do STF;
2) por violação direta da Constituição Federal.

Nas causas sujeitas ao procedimento sumaríssimo, não se admite o recurso de revista por contrariedade a OJ do TST (Súm. 442 do TST).

5.9. Procedimento

O recurso de revista é interposto perante o presidente do TRT, no prazo de **oito dias** contados a partir da publicação da decisão recorrida.

O recorrente deverá expor as razões do pedido de reforma, com a impugnação de todos os fundamentos jurídicos da decisão recorrida, inclusive mediante demonstração analítica de cada dispositivo de lei, da Constituição Federal, de súmula ou orientação jurisprudencial cuja contrariedade aponte.

O exame da admissibilidade do recurso de revista é realizado pelo **presidente do Tribunal**, a quem cabe analisar a presença dos requisitos de admissibilidade intrínsecos e extrínsecos, objetivos e subjetivos.

Admitido apenas parcialmente o recurso de revista, constitui ônus da parte impugnar, mediante **agravo de instrumento**, o capítulo denegatório da decisão, sob pena de preclusão.

Em caso de omissão no juízo de admissibilidade do recurso de revista quanto a um ou mais temas, é ônus da parte interpor embargos de declaração para o órgão prolator da decisão embargada supri-la (CPC, art. 1024, § 2º), sob pena de preclusão.

Incorre em nulidade a decisão regional que se abstiver de exercer controle de admissibilidade sobre qualquer tema objeto de recurso de revista, não obstante interpostos embargos de declaração (CF/88, art. 93, inciso IX e § 1º do art. 489 do CPC de 2015).

Nesta hipótese, sem prejuízo da nulidade, a recusa do Presidente do TRT a emitir juízo de admissibilidade sobre qualquer tema equivale à decisão denegatória. É ônus da parte, assim, após a intimação da decisão dos embargos de declaração, impugná-la mediante agravo de instrumento (CLT, art. 896, § 12), sob pena de preclusão.

Admitido o recurso de revista em despacho fundamentado, o recorrido é intimado para oferecer suas contrarrazões, também no prazo de oito dias.

Após, os autos são remetidos para o TST e, se for o caso, são remetidos ao MPT para exarar parecer.

Em seguida, é feita a distribuição para alguma das Turmas do TST, com o sorteio do respectivo relator e revisor. Novamente é realizado o exame de admissibilidade pelo relator do recurso de revista.

Nos termos do parágrafo 14 do artigo 896 da CLT, o relator do recurso de revista poderá denegar-lhe seguimento, em decisão monocrática, nas hipóteses de intempestividade, deserção, irregularidade de representação ou de ausência de qualquer outro pressuposto extrínseco ou intrínseco de admissibilidade.

Recebido o recurso, o relator elabora o seu voto, abre vistas para o Ministro revisor e inclui o feito em pauta para julgamento pela Turma.

6. EMBARGOS DE DECLARAÇÃO

6.1. Conceito

Os embargos de declaração visam eliminar **contradições, obscuridades ou omissões** constantes da fundamentação ou na porção dispositiva da decisão, relativamente a questões de fato ou de direito.

O prazo para interpor os embargos de declaração é de **cinco dias** a contar da data em que tomar ciência da decisão, sendo submetido ao mesmo juízo que a proferiu, independentemente da existência de procuradores distintos.

A partir de então interrompe-se o prazo para a apresentação de qualquer outro recurso, independentemente de preparo e para ambas as partes. Essa interrupção excepcionalmente não se verifica, nos casos em que os embargos declaratórios forem intempestivos, irregular a representação da parte ou ausente a sua assinatura.

Em caso de possibilidade de efeitos modificativos é necessária a prévia intimação da parte contrária (art. 899 da CLT e OJ n. 142 da SDI-1 do TST).

6.2. Cabimento

O art. 1022 do CPC é expresso em determinar que os embargos de declaração são cabíveis contra **qualquer decisão** e também incluiu expressamente o seu cabimento na hipótese de erro material.

É fato que a correção do erro material poderá ser requerida por meio de simples petição ou realizada de ofício pelo juiz, não sendo imprescindível a interposição de embargos de declaração, pois o CPC/2015 (art. 494) traz dispositivo semelhante ao art. 463 do CPC/1973.

A omissão hábil a ensejar os embargos de declaração se verifica quando um ou alguns pedidos ou argumentos formulados pelas partes não foi apreciado pela decisão.

É considerada omissa a decisão que: I – deixe de se manifestar sobre tese firmada em julgamento de casos repetitivos ou em incidente de assunção de competência aplicável ao caso sob julgamento; II – incorra em qualquer das condutas descritas no art. 489, § 1º, já estudadas no subitem "1.1.2.2. Fundamentos".

A obscuridade ocorre quando o juízo não exprime, de forma clara, qual foi a solução dada à demanda ou os seus fundamentos.

Por fim, a contradição significa a existência de proposições incompatíveis no bojo da sentença, isto é, o juiz afirma uma coisa e decide de forma contrária.

Eventual efeito modificativo dos embargos de declaração somente poderá ocorrer em virtude da correção de vício na decisão embargada e desde que ouvida a parte contrária, no prazo de 5 (cinco) dias, conforme art. 1023, § 2º, do CPC. No processo do trabalho, a oitiva da parte contrária em caso de embargos modificativos já era consolidada na OJ nº 142 da SDI-1 do TST.

POSIÇÃO DO TST

Súmula 421. *EMBARGOS DE DECLARAÇÃO. CABIMENTO. DECISÃO MONOCRÁTICA DO RELATOR CALCADA NO ART. 932 DO CPC DE 2015. ART. 557 DO CPC DE 1973. I – Cabem embargos da declaração de decisão monocrática do relator prevista no art. 932 do CPC de 2015 (art. 557 do CPC de 1973), se a parte pretende tão somente juízo integrativo retificador da decisão e, não, modificação do julgado. II – Se a parte postular a revisão no mérito da decisão monocrática, cumpre ao relator converter os embargos de declaração em agravo, em face dos princípios da fungibilidade e celeridade processual, submetendo-o ao pronunciamento do Colegiado, após a intimação do recorrente para, no prazo de 5 (cinco) dias, complementar as razões recursais, de modo a ajustá-la às exigências do art. 1.021, § 1º, do CPC de 2015.*

6.3. Embargos protelatórios

Quando os embargos de declaração forem manifestamente protelatórios, o juiz ou o tribunal, em decisão fundamentada, condenará o embargante a pagar ao embargado multa não excedente a **2% sobre o valor atualizado da causa**".

Na reiteração de embargos de declaração manifestamente protelatórios, a multa será elevada a até **10% sobre o valor atualizado da causa**, e a interposição de qualquer recurso ficará condicionada ao depósito prévio do valor da multa, à exceção da Fazenda Pública e do beneficiário de gratuidade da justiça, que a recolherão ao final.

O CPC também prevê que não serão admitidos embargos de declaração se os dois anteriores tiverem sido considerados protelatórios (art. 1026).

Todas essas regras previstas no CPC são aplicáveis ao processo do trabalho consoante artigo 9º da IN nº 39/2016.

6.4. Procedimento

Os embargos serão opostos, no prazo de 5 (cinco) dias, em petição dirigida ao juiz, com indicação do erro, obscuridade, contradição ou omissão, e não se sujeitam a preparo.

O juiz intimará o embargado para, querendo, manifestar-se, no prazo de 5 (cinco) dias, sobre os embargos opostos, caso seu eventual acolhimento implique a modificação da decisão embargada.

O prazo para julgamento dos embargos de declaração é de 5 dias e, nos tribunais, o relator deve apresentá-los em mesa na sessão subsequente, proferindo voto. Caso não haja julgamento nessa sessão, os embargos deverão ser incluídos em pauta, permitindo, assim, a intimação prévia das partes (art. 1024).

Quando os embargos de declaração forem opostos contra decisão de relator ou outra decisão unipessoal proferida em tribunal, o órgão prolator da decisão embargada decidi-los-á monocraticamente.

Caso o acolhimento dos embargos de declaração implique modificação da decisão embargada, o embargado que já tiver interposto outro recurso contra a decisão originária tem o direito de complementar ou alterar suas razões, nos exatos limites da modificação, no prazo de oito dias (prazo adaptado ao processo do trabalho) , contado da intimação da decisão dos embargos de declaração (art. 1024, § 4°).

6.5. Prequestionamento ficto

O prequestionamento é um requisito de admissibilidade de recursos nos tribunais superiores. Trata-se da exigência de que a tese jurídica defendida no recurso tenha sido referida na decisão recorrida.

A exigência do prequestionamento se verifica porque os recursos de revista e extraordinário são recursos de revisão, que reformam as decisões impugnadas, em princípio, com base no que consta das próprias decisões impugnadas.

A jurisprudência pátria sempre foi pacífica no sentido de que, caso houvesse omissão do órgão jurisdicional na apreciação de determinada questão já suscitada ou que é de ordem pública (passível de conhecimento *ex officio*), caberiam embargos de declaração para corrigir o julgado e suprir a omissão (art. 1.022 do CPC).

Assim, os embargos de declaração interpostos com o nítido propósito de prequestionamento não configuram abuso da parte recorrente (Súm. 98 do STJ).

A jurisprudência do STF e do TST é no sentido de que o prequestionamento restaria satisfeito com a simples interposição dos embargos de declaração, pouco importando se suprida ou não a omissão. É o que a doutrina denomina de prequestionamento ficto, consubstanciado na Súmula 356 do STF e na Súmula 297, III, do TST.

POSIÇÃO DO STF

*"**Súmula 356.** O ponto omisso da decisão, sobre o qual não foram opostos embargos declaratórios, não pode ser objeto de recurso extraordinário, por faltar o requisito do prequestionamento".*

POSIÇÃO DO TST

*"**Súmula 297, III.** Considera-se prequestionada a questão jurídica invocada no recurso principal sobre a qual se omite o Tribunal de pronunciar tese, não obstante opostos embargos de declaração".*

O CPC consagrou a tese do prequestionamento ficto em seu art. 1.025, que transcrevo: *"Consideram-se incluídos no acórdão os elementos que o embargante suscitou, para fins de pré-questionamento, ainda que os embargos de declaração sejam inadmitidos ou rejeitados, caso o tribunal superior considere existentes erro, omissão, contradição ou obscuridade."*

É importante destacar aqui o contido no artigo 9º, parágrafo único da IN nº 39/2016 do TST: *"A omissão para fins do prequestionamento ficto a que alude o art. 1025 do CPC dá-se no caso de o Tribunal Regional do Trabalho, mesmo instado mediante embargos de declaração, recusar-se a emitir tese sobre questão jurídica pertinente, na forma da Súmula nº 297, item III, do Tribunal Superior do Trabalho".*

7. AGRAVO DE INSTRUMENTO

7.1. Conceito

É o recurso cabível para impugnar decisão que não admite o **processamento de um recurso**. Em outras palavras, em caso de ausência dos requisitos de admissibilidade, o órgão *a quo* pode deixar de receber o recurso e a parte prejudicada pode fazer uso do agravo de instrumento para destrancar o recurso.

O Agravo de Instrumento é regulamentado pela IN nº40/16 do TST.

7.2. Cabimento

*Nos termos do art. 897 da CLT: "**Cabe agravo**, no prazo de 8 (oito) dias: [...] b) **de instrumento**, <u>dos despachos que denegarem a interposição de recursos</u>".*

O referido dispositivo legal apresenta duas atecnias: 1) não se trata de "despachos", mas sim de decisões de inadmissibilidade; e 2) a decisão recorrida denega o processamento do recurso, e não a interposição em si.

O agravo de instrumento também é cabível em casos de admissibilidade parcial do Recurso de Revista, para destrancar capítulos denegatórios da decisão, sob pena de preclusão (IN 40 do TST, art. 1º).

7.3. Prazos e forma de interposição

O prazo para interpor o agravo de instrumento é de **oito dias** e conta-se a partir do instante em que a parte teve ciência do despacho que **denegou** o recebimento do recurso principal.

Se o agravo de instrumento é interposto contra decisão do vice-presidente do TST que não admite recurso extraordinário, o prazo é de 15 dias, conforme art. 328 do RITST.

O agravo de instrumento é interposto no próprio juízo que proferiu a decisão.

Cabe exclusivamente ao juízo *ad quem* examinar os pressupostos de admissibilidade do agravo de instrumento, principalmente a tempestividade, o preparo e o traslado de todas as peças indispensáveis para a sua formação.

O tribunal competente para examinar o agravo de instrumento é o mesmo competente para apreciar o recurso que se pretende destrancar (art. 897, § 4º, da CLT).

7.4. Requisitos específicos

Cabe às partes, principalmente ao agravante, providenciar as **cópias respectivas** do processo principal.

Para a formação do instrumento (traslado) são necessárias cópias para instruir a petição recursal, sob pena de não conhecimento.

> São peças obrigatórias do agravo de instrumento (art. 897, § 5º, da CLT) as seguintes cópias: da decisão agravada; da certidão da respectiva intimação; das procurações dos advogados das partes; da petição inicial e da contestação; da decisão originária; do depósito recursal do recurso que se pretende destrancar, do recolhimento das custas e do depósito recursal do AI.

Também poderão ser juntadas outras peças úteis, facultativamente.

Nos termos da OJ nº 283 da SDI-1/TST: *"**É válido o traslado de peças essenciais <u>efetuado pelo agravado</u>**, pois a regular formação do agravo <u>incumbe às partes e não somente ao agravante</u>".*

A falta de traslado impede o conhecimento do recurso de agravo de instrumento.

É exigido o depósito recursal no ato de interposição de agravo de instrumento, equivalente a 50% do valor do depósito do recurso ao qual se pretende destrancar.

O depósito recursal é dispensado quando o objetivo do agravo de instrumento for destrancar recurso de revista contra decisão que contraria a jurisprudência uniforme do TST (súmulas ou OJ).

No processo de execução é devida, ao final, a quantia de R$44,26, a título de custas sobre agravo de instrumento.

7.5. Procedimento

O agravo de instrumento é autuado em **apartado,** acompanhado das razões respectivas, cabendo ao juiz prolator da decisão que negou seguimento ao recurso principal reexaminar a questão.

O juiz poderá manter ou revogar a decisão anterior (inciso IV, da IN nº 16 do TST).

Mantida a decisão, a parte contrária é intimada para oferecer contraminuta tanto do agravo de instrumento quanto do recurso principal, no mesmo prazo. Após, os autos do agravo de instrumento são remetidos para o Tribunal que seria competente para analisar o recurso cujo seguimento foi obstado.

Distribuído o agravo de instrumento no órgão *ad quem*, é sorteado o relator e não há revisor.

Provido o agravo de instrumento, o Tribunal delibera sobre o julgamento do recurso principal, sem necessidade de retorno dos autos ao juízo de origem, designando-se novo relator e revisor.

O agravo de instrumento interposto contra decisão que nega seguimento a recurso de agravo de petição, não suspende o curso da execução. Assim, podem ser praticados todos os atos processuais subsequentes, inclusive atos que impliquem alienação, salvo se o juiz receber o recurso também no efeito suspensivo.

8. AGRAVO DE PETIÇÃO

8.1. Conceito

O agravo de petição é o recurso cabível para impugnar as sentenças proferidas pelos juízes de primeiro grau na **execução**, em embargos à execução, embargos à penhora, embargos de arrematação, embargos à adjudicação etc.

Não cabe agravo de petição de decisões interlocutórias no processo de execução.

8.2. Requisitos específicos

A **delimitação justificada** dos valores e das matérias objeto da irresignação da parte constitui requisito de admissibilidade do agravo de petição.

Não é exigido o prévio recolhimento de custas e de depósito recursal como requisito de admissibilidade do agravo de petição (art. 789-A, da CLT). As custas processuais são devidas somente no final do processo de execução.

Entretanto, haverá depósito recursal se for majorado o valor do débito após o julgamento dos embargos, hipótese em que corresponderá ao valor do acréscimo, sem qualquer limite (IN nº 03 do TST, IV, "c").

8.3. Procedimento

O agravado é intimado para impugnar o agravo de petição no prazo de oito dias.

Presentes os requisitos de admissibilidade, os autos são remetidos para o Tribunal e, se for o caso, após o parecer do MPT, é sorteado um relator e um revisor em uma de suas Turmas.

O agravo de petição também pode ser utilizado pela União para impugnar as decisões e os acordos homologados na execução trabalhista, quando afeta a base de cálculo ou o recolhimento das contribuições previdenciárias. Nesse caso, é realizada autuação em apartado para que o recurso não interfira no andamento normal do processo de autos físicos.

Da decisão proferida em sede de agravo de petição não cabe recurso de revista ou qualquer outra espécie de recurso dirigido ao TST, salvo em caso de ofensa a dispositivo constitucional, execução fiscal e matéria que envolva discussão sobre a Certidão Negativa de Débito Trabalhista- CNDT.

9. RECURSO ADESIVO

9.1. Conceito e características

A rigor, o recurso adesivo não é espécie de recurso, mas sim forma de interposição do recurso previsto em lei, quando existir sucumbência recíproca. Trata-se de recurso que é aderido ao recurso da parte contrária, quando a parte se conforma com a decisão que lhe foi totalmente favorável, mas, diante do recurso da parte contrária, resolve a ele aderir, postulando a reforma da decisão da parte que lhe foi desfavorável. Nos termos da Súmula 283 do TST, o recurso adesivo é compatível com o processo do trabalho e cabe, no prazo de 8 (oito) dias, nas hipóteses de interposição de recurso ordinário, de agravo de petição, de revista e de embargos, sendo desnecessário que a matéria nele veiculada esteja relacionada com a do recurso interposto pela parte contrária.

Se o recurso principal não for conhecido ou a parte dele desistir, o recurso adesivo perderá o objeto.

O prazo para a interposição do recurso adesivo é de oito dias, contados a partir da publicação do despacho que intima a parte contrária para oferecer contrarrazões.

A parte que interpôs recurso ordinário não pode recorrer adesivamente em razão da preclusão consumativa.

O depósito recursal é requisito de admissibilidade do recurso adesivo, observados os mesmos critérios e procedimentos do recurso principal (TST. IN nº 3, IX).

Por fim, o recurso cabível para o despacho que não recebe o recurso adesivo é o agravo de instrumento.

10. PEDIDO DE REVISÃO

10.1. Conceito e características

Quando a parte não atribui **valor à causa**, caberá ao juiz do trabalho fazê-lo.

A parte que se sentir prejudicada pode postular a revisão do valor da causa, procedimento previsto pelo art. 2º, § 1º, da Lei nº 5.584/70.

A parte deve, primeiramente, impugnar o valor atribuído à causa em face do próprio juiz que conduz o processo. Rejeitada a impugnação, o interessado deve interpor o pedido de revisão perante o respectivo TRT, anexando cópias autênticas, ou assim declaradas pelo patrono do requerente, da petição inicial e da ata de audiência, com prazo de julgamento de quarenta e oito horas pelo Tribunal competente.

O pedido de revisão é cabível, portanto, somente quando o valor da causa for fixado pelo Juiz do Trabalho e mantido, após uma das partes impugná-lo em razões finais.

Os demais trâmites são fixados pelos próprios Tribunais, por meio dos seus regimentos internos.

11. EMBARGOS DE DIVERGÊNCIA

11.1. Conceito, características e cabimento

Os embargos de divergência têm a finalidade de acabar com a divergência interna do TST (CLT, art. 894, II e Lei nº 7.701/88, art. 3º, III, b).

Trata-se de recurso de natureza extraordinária e vinculada e, portanto, veda-se o reexame de fatos e provas (súm. 126 do TST). Outrossim, também se submetem ao prequestionamento, possuindo as mesmas diretrizes já estudadas no recurso de revista.

O prazo para os Embargos de Divergência é de 8 dias. Nos **dissídios individuais**, caberão embargos das decisões das Turmas do TST, em sede de recurso de revista, que (art. 894, II, da CLT):

a) divergirem de outra Turma ou da SDI do TST;
b) contrariarem súmula ou OJ do TST (OJ n. 219 da SDI-1 do TST), ou súmula vinculante do STF. A doutrina defende o cabimento não só em caso de contrariedade à súmula vinculante do STF, mas também em caso de divergência com qualquer súmula do STF (mesmo não vinculante) e decisões em Recurso Extraordinário com efeito de repercussão geral, dada a elevada força persuasiva que possuem os posicionamentos da Suprema Corte, em matéria constitucional.

O conteúdo da súmula ou da OJ do TST deve ser de direito material do trabalho, já que o exame das divergências de direito processual equivaleria ao cotejo da decisão com o próprio dispositivo da lei processual.

É cabível embargos de divergência no rito sumaríssimo quando demonstrada a divergência jurisprudencial entre Turmas do TST, fundada em interpretações diversas acerca da aplicação de mesmo dispositivo constitucional ou de matéria sumulada (Súm. 458 do TST).

Na fase de execução, os embargos de divergência ficam condicionados à demonstração de divergência jurisprudencial entre Turmas ou destas e SDI do TST em relação à interpretação de dispositivo constitucional (Súm. 433 do TST).

Os Embargos de Divergência somente são cabíveis de decisões colegiadas (da Turma do TST), consoante OJ nº 378 da SDI-1 do TST.

Acórdãos oriundos da mesma Turma, embora divergentes, não ensejam Embargos à SDI (OJ n. 95 da SDI-1 do TST).

Os Embargos de Divergência serão interpostos perante a Turma (que proferiu a decisão atacada) e julgados pela **SDI-1 do TST**, que é a Seção responsável pela uniformização da jurisprudência daquele Tribunal.

Não cabem embargos para a SDI de Turma proferida em agravo, salvo:

a) da decisão que não conhece de agravo de instrumento ou de agravo pela ausência de **pressupostos extrínsecos** (regularidade formal, tempestividade e preparo);

b) da decisão que nega provimento a agravo contra decisão monocrática do Relator, em que se proclamou a ausência de pressupostos extrínsecos de agravo de instrumento (regularidade formal, tempestividade e preparo);

c) para revisão dos pressupostos extrínsecos de admissibilidade do recurso de revista (regularidade formal, tempestividade e preparo), cuja ausência haja sido declarada originariamente pela Turma no julgamento do agravo;

d) para impugnar o conhecimento de agravo de instrumento;

e) para impugnar a imposição de multas previstas nos artigos 1026, §§2º e 3º do CPC (embargos declaratórios protelatórios) ou no artigo 1021, §4º do CPC (agravo regimental protelatório);

f) contra decisão de Turma proferida em agravo em recurso de revista, nos termos do art. 894, II, da CLT.

O valor do depósito recursal para o recurso de embargos de divergência é equivalente ao que ficar definido na sentença e/ou acórdão, observado o limite estabelecido anualmente por meio de ato expedido pelo TST.

A divergência apta a ensejar os embargos deve ser atual, não se considerando tal, a ultrapassada por súmula do Tribunal Superior do Trabalho ou do Supremo Tribunal Federal, ou superada por iterativa e notória jurisprudência do Tribunal Superior do Trabalho.

Nos termos da Súm. 401 do TST, não se conhece dos embargos de divergência quando houver jurisprudência firme do TST no mesmo sentido da decisão impugnada, salvo se houver colisão com a jurisprudência do STF.

11.2. Procedimento

O Ministro relator deverá denegar seguimento ao recurso de embargos nas seguintes hipóteses:

> I – se a decisão recorrida estiver em consonância com súmula da jurisprudência do Tribunal Superior do Trabalho ou do Supremo Tribunal Federal, ou com iterativa, notória e atual jurisprudência do Tribunal Superior do Trabalho, cumprindo-lhe indicá-la;
>
> II – nas hipóteses de intempestividade, deserção, irregularidade de representação ou de ausência de qualquer outro pressuposto extrínseco de admissibilidade.

Da decisão monocrática do Ministro relator, cabe **agravo** no prazo de oito dias.

Uma vez admitido os embargos, a parte contrária é intimada para impugná-los no prazo de oito dias.

Se for o caso, os autos são remetidos ao MPT e, após, são incluídos em pauta para julgamento.

12. EMBARGOS INFRINGENTES

12.1. Conceito e características

Embargos Infringentes é o recurso cabível, no prazo de oito dias, das **decisões não unânimes** proferidas pela seção especializada em dissídios coletivos – SDC, limitados aos processos de Dissídio Coletivo de competência originária do TST.

Se a decisão que conciliar, julgar ou homologar conciliação em dissídios coletivos da SDC for unânime, não caberá recurso em face da sentença normativa, tendo em vista que o TST é a última instância da Justiça do Trabalho.

Contudo, se a decisão for por maioria de votos, a parte prejudicada poderá interpor Embargos Infringentes, a fim de submeter o dissídio coletivo a novo julgamento, pela mesma SDC do TST (art. 894, I, CLT).

Os Embargos Infringentes também são cabíveis nos dissídios coletivos de revisão e extensão.

Os requisitos cumulativos para a interposição dos Embargos Infringentes são:

1. Dissídio coletivo;
2. competência originária do TST;
3. decisão não unânime (restritos à cláusula em que há divergência, e, se esta for parcial, ao objeto da divergência).

Não cabem embargos infringentes quando a decisão normativa do TST estiver em consonância com um de seus **precedentes jurisprudenciais** ou da Súmula de sua jurisprudência predominante (art. 2º, II, "c", da Lei nº 7.701/98).

Os embargos infringentes estão previstos no art. 894, I, "a", da CLT, na Lei nº 7.701/88 e no Regimento Interno do TST (art. 262).

A competência funcional para apreciá-los é da SDC do TST.

13. AGRAVO INTERNO E REGIMENTAL

13.1. Conceito e características

O agravo interno encontra previsão legal nos arts. 894, §3°, da CLT e 1021 do CPC, aplicável supletivamente ao processo do trabalho (art. 3°, XXIX da IN n° 39/2016 do TST), enquanto o agravo regimental está previsto no próprio regimento interno do Tribunal.

Tanto o agravo interno quanto o agravo regimental têm como objetivo atacar as decisões **monocráticas nos Tribunais**, por meio do envio da matéria para o reexame do órgão colegiado, seja por meio de competência recursal ou competência originária do tribunal.

A finalidade do agravo é impugnar decisão monocrática do Relator e manter a substância do Tribunal (órgão colegiado).

Logo, é incabível agravo interno (art. 1021 do CPC) ou agravo regimental contra decisão proferida por **órgão colegiado**, sendo, inclusive inaplicável, no caso, o princípio da fungibilidade ante a configuração de erro grosseiro (OJ n° 412 da SDI-1 do TST).

O prazo do agravo interno e do agravo regimental é de **8 dias** (art. 1°, §2° da IN n° 39/2016 do TST), observando-se os prazos diferenciados como do MP, Fazenda Pública e Defensoria Pública.

13.2. Procedimento

Na petição de agravo interno, o recorrente impugnará especificadamente os fundamentos da decisão agravada, não se possibilitando a mera repetição dos fundamentos da decisão monocrática.

O agravo será dirigido ao relator, que intimará o agravado para manifestar-se sobre o recurso no prazo de **08 (oito) dias**, ao final do qual, não havendo retratação, o relator levá-lo-á a julgamento pelo órgão colegiado, com inclusão em pauta.

É vedado ao relator limitar-se à reprodução dos fundamentos da decisão agravada para julgar improcedente o agravo interno.

A fim de se evitar a utilização abusiva desse instrumento, a lei prevê que quando o agravo interno for declarado manifestamente inadmissível ou improcedente em votação unânime, o órgão colegiado, em decisão fundamentada, condenará o agravante, a pagar ao agravado, **multa** fixada entre um e cinco por cento do valor atualizado da causa (art. 1021, §4°, do CPC).

A interposição de qualquer outro recurso está condicionada ao depósito prévio do valor da multa prevista no § 4°, à exceção da Fazenda Pública e do beneficiário de gratuidade da justiça, que farão o pagamento **ao final** (OJ n° 389 da SDI-1 do TST). A doutrina entende que por questão de coerência, o mesmo raciocínio deve ser aplicado ao Ministério Público.

14. REMESSA NECESSÁRIA

14.1. Conceito

Quando a sentença for proferida contra a União, Estados, Municípios ou suas autarquias ou fundações, o trânsito em julgado somente se verifica após a sua **confirmação** pelo Tribunal respectivo, configurando a chamada remessa necessária (reexame necessário ou recurso de ofício).

A rigor, não se trata de uma espécie de recurso, mas sim de um reexame necessário da demanda com o objetivo de verificar a existência de possíveis nulidades.

14.2. Hipóteses de não cabimento

A remessa necessária é cabível quando a sentença for proferida contra a União, Estados, Municípios ou suas autarquias ou fundações, bem como quando a sentença julgar procedentes, no todo ou em parte, os embargos à execução fiscal.

Todavia, não se verifica a remessa necessária quando a condenação ou o **proveito econômico** obtido na causa for de valor certo e líquido inferior a (art. 496, § 3º, do CPC):

> I – 1.000 (mil) salários mínimos para a União e as respectivas autarquias e fundações de direito público;
>
> II – 500 (quinhentos) salários mínimos para os Estados, o Distrito Federal, as respectivas autarquias e fundações de direito público e os Municípios que constituam capitais dos Estados;
>
> III – 100 (cem) salários mínimos para todos os demais Municípios e respectivas autarquias e fundações de direito público.

A remessa necessária também se tornou dispensável quando a sentença estiver fundada em (art. 496, § 4º, do CPC):

> I – súmula de tribunal superior;
>
> II – acórdão proferido pelo Supremo Tribunal Federal ou pelo Superior Tribunal de Justiça em julgamento de recursos repetitivos;
>
> III – entendimento firmado em incidente de resolução de demandas repetitivas ou de assunção de competência;
>
> IV – entendimento coincidente com orientação vinculante firmada no âmbito administrativo do próprio ente público, consolidada em manifestação, parecer ou súmula administrativa.

Em ação rescisória, a decisão proferida pelo TRT está sujeita ao duplo grau de jurisdição obrigatório quando desfavorável ao ente público, exceto nas hipóteses acima destacadas.

Em mandado de segurança, somente cabe reexame necessário se, na relação processual, figurar pessoa jurídica de direito público como parte prejudicada pela concessão da ordem. Tal situação não ocorre na hipótese de figurar no feito como impetrante e terceiro interessado pessoa de direito privado, ressalvada a hipótese de matéria administrativa.

As normas relativas à remessa necessária (artigo 496 e parágrafos do CPC são aplicáveis ao processo do trabalho consoante disposto no artigo 3º, X, da IN nº 39/2016 do TST).

15. RECLAMAÇÃO CORREICIONAL

15.1. Conceito e características

A reclamação correcional (correição parcial) é uma medida de natureza exclusivamente **administrativa,** dirigida ao juiz corregedor, contra os atos atentatórios da boa ordem processual praticados pelos Tribunais Regionais e seus presidentes, quando inexistir recurso específico.

A reclamação correcional está prevista em grande parte dos regimentos internos dos Tribunais do Trabalho.

Difere do procedimento da **correição ordinária**, pois esta tem como objetivo verificar a regularidade de uma parcela significativa das demandas em curso em determinada unidade jurisdicional, enquanto que a correição parcial tem como objeto um processo específico.

Da decisão proferida em sede de reclamação correcional cabe **agravo regimental** (art. 46 do RITST).

Capítulo 5

EXECUÇÃO

1. LIQUIDAÇÃO

1.1. Introdução

Sendo ilíquida a sentença exequenda, ordenar-se-á, previamente, a sua liquidação, que poderá ser feita por cálculo, por arbitramento ou por artigos.

No processo do trabalho, a liquidação do título executivo judicial é um procedimento **incidental**, situado entre o processo de conhecimento e a execução, com o objetivo de tornar líquido o crédito.

A legitimidade para propor a liquidação da sentença (cálculo ou arbitramento) pode ser do credor, do devedor e até mesmo de ofício pelo juiz, quando o credor não estiver representado por advogado.

A liquidação por artigos só pode ser promovida pelo exequente, em face da necessidade de alegação e prova de fato novo.

Na liquidação, não se poderá modificar, ou inovar, a sentença liquidanda, nem discutir matéria pertinente à causa principal.

A liquidação do título executivo deve envolver, também, o valor das verbas previdenciárias.

1.2. Espécies de liquidação

A liquidação poderá ser feita por cálculo, por arbitramento ou por artigos.

1.2.1. Liquidação por cálculos

A liquidação por cálculos, modalidade mais comum no processo trabalhista, se verifica quando o título executivo necessitar apenas de **operações aritméticas** para se tornar líquido.

É a espécie mais comum no processo do trabalho, verificando-se, por exemplo, na sentença que condena o reclamado a pagar verbas rescisórias e horas extras, sendo necessário apurar, por cálculos, os valores devidos.

Na liquidação por cálculos, o juiz pode adotar três expedientes diversos:

a) determinar que a própria Justiça do Trabalho proceda à elaboração dos cálculos;

b) intimar umas das partes ou ambas para apresentação das contas;

c) nomear um perito contábil para apresentar os cálculos.

1.2.2. Liquidação por arbitramento

A liquidação por arbitramento é cabível quando seja necessário dispor de **conhecimentos técnicos e científicos** específicos para determinação do valor da condenação (nas obrigações de pagar) ou individualização do seu objeto (nas obrigações de fazer e não fazer).

Assim, o juiz designa um árbitro, fixando prazo para apresentação de um laudo com seu parecer sobre o caso. Após, dá-se vista do laudo para as partes pelo prazo de **10 dias**.

É o que ocorre, por exemplo, na condenação do empregador a pagar indenização pelos direitos autorais do empregado, sendo necessário um árbitro para apurar o valor da indenização correspondente ao invento da autoria do empregado.

1.2.3. Liquidação por artigos

Na liquidação por artigos é necessária a **cognição** do juízo, por meio das alegações e provas de fatos novos, ou seja, de fatos que não foram alegados pelas partes no processo de conhecimento ou que o juiz, propositalmente, remeteu a sua prova para a fase de liquidação.

É o que ocorre, por exemplo, na condenação do empregador aos danos materiais sofridos em razão do acidente de trabalho e que, à época da reclamação trabalhista, ainda não podiam ser totalmente fixados em razão de não haver a convalidação da doença ainda.

Deve ser observado o procedimento ordinário trabalhista, de forma que o reclamante apresenta a sua inicial observando os requisitos legais e o incidente é processado normalmente, com realização de instrução, se for o caso.

A sentença proferida somente pode ser impugnada posteriormente em sede de embargos à execução.

1.3. Especificidades do cálculo trabalhista

Atualização monetária e juros de mora são pedidos implícitos, isto é, o juiz deve decidir sobre essas questões independente de requerimento da parte.

Os juros de mora e a correção monetária incluem-se na liquidação, ainda que omisso o pedido inicial ou a condenação.

1.3.1. Atualização monetária e juros de mora

A atualização monetária e juros de mora são pedidos implícitos, isto é, o juiz deve decidir sobre essas questões independente de requerimento da parte.

A atualização monetária corresponde à recomposição dos valores da moeda, em razão da diminuição do seu poder aquisitivo frente a fatos históricos como a inflação.

Já os juros de mora possuem dupla finalidade: punir o devedor e remunerar o capital.

Os valores devidos em decorrência de decisão judicial devem ser corrigidos monetariamente a partir do momento em que cada parcela se tornou exigível, durante a execução ou extinção do contrato de trabalho, até o momento do efetivo pagamento.

O pagamento dos salários até o 5º dia útil do mês subsequente ao vencido não está sujeito à correção monetária. Se essa data limite for ultrapassada, incidirá o índice da correção monetária do mês subsequente ao da prestação dos serviços, a partir do dia 1º.

Durante muito tempo, a atualização dos débitos trabalhistas observava o artigo 39 da Lei n. 8.177/91, que atrelava a atualização à Taxa Referencial – TR acumulada no período compreendido entre a data de vencimento da obrigação e o seu efetivo pagamento (art. 39).

Contudo, desde 2015 iniciou-se um debate sobre a inconstitucionalidade da utilização da TR e depois de muitas idas e vindas (entre a utilização dos índices TR e IPCA), o STF fixou o entendimento vinculante de que na fase pré-judicial dos débitos trabalhistas deverá ser utilizado como indexador o IPCA-E. Na fase judicial, ou seja, após o ajuizamento da ação, aplica-se a taxa SELIC, que já engloba juros.

O STF modulou os efeitos da decisão para determinar que todos os pagamentos realizados em tempo e modo oportunos mediante a aplicação da TR, do IPCA-E ou de qualquer outro índice deverão ser reputados válidos e não ensejarão qualquer rediscussão. Por outro lado, aos processos em curso que estejam sobrestados na fase de conhecimento, independentemente de haver sentença, deverão ser aplicados, de forma retroativa, os critérios fixados pelo STF.

Com a alteração do Código Civil pela Lei nº 14.905/2024, a partir de 30/08/2024, a atualização monetária dos créditos trabalhistas deve observar o IPCA, desde o vencimento das obrigações, mais juros de mora de 1% ao mês a partir do ajuizamento da ação, ambos incidentes até a integral satisfação das obrigações.

Para a Fazenda Pública os juros de mora são equivalentes ao índice da caderneta de poupança. O benefício relativo aos juros reduzidos não é estendido à Fazenda Pública, em caso de condenação subsidiária (OJ nº 382 da SDI-1 do TST).

Os juros de mora têm natureza indenizatória o que afasta a incidência do imposto de renda.

1.4. Contribuições previdenciárias

A Justiça do Trabalho executará, de ofício, as contribuições sociais e seus acréscimos legais relativas ao objeto da condenação constante das sentenças que proferir e dos acordos que homologar (art. 876 da CLT, Súm. Vinculante n. 53 do STF e Súm. 368, I, do TST).

As contribuições previdenciárias incidem sobre todas as parcelas remuneratórias pagas, creditadas ou devidas aos empregados (exemplo: salários, 13º salários, etc.). Exclui-se, portanto, a incidência de contribuições previdenciárias sobre as verbas de natureza **indenizatória** (exemplo: diárias, FGTS e multa de 40%, etc.).

As contribuições previdenciárias devidas pelo empregado e pelo empregador devem ser calculadas mês a mês.

No que se refere à cota do empregado, deve ser observado o **valor-teto** do salário de contribuição.

Já a contribuição previdenciária da empresa não está sujeita ao teto mencionado.

O STF, no julgamento do Recurso Extraordinário com Agravo (ARE) 1224327, que teve repercussão geral reconhecida, fixou a tese de que é constitucional a contribuição previdenciária devida por aposentado pelo Regime Geral de Previdência Social (RGPS) que permaneça em atividade ou a essa retorne. Com base no 'princípio da solidariedade', o STF considerou legítimo exigir que esses aposentados contribuam para a seguridade social da mesma forma que os demais trabalhadores, fazendo com que a finalidade das contribuições sociais alcance a maior amplitude possível.

1.5. Imposto de renda

O imposto de renda decorrente de crédito do empregado recebido acumuladamente deve ser calculado sobre o montante dos rendimentos pagos, mediante a utilização de tabela progressiva resultante da multiplicação da quantidade de meses a que se refiram os rendimentos pelos valores constantes da tabela progressiva mensal correspondente ao mês do recebimento ou crédito, nos termos do art. 12-A da Lei nº 7.713, de 22/12/1988, observado o procedimento previsto nas Instruções Normativas da Receita Federal do Brasil.

1.6. Impugnação à conta de liquidação

Elaborada a conta e tornada líquida, o juízo deverá abrir às partes **prazo comum** de oito dias para **impugnação fundamentada** com a indicação dos itens e valores objeto da discordância, sob pena de preclusão (artigo 879, §2º, da CLT).

A sentença de liquidação possui natureza **interlocutória** e, portanto, é irrecorrível de forma imediata.

Para impugná-la, o executado terá que interpor **embargos à execução**. No caso do exequente e da União, a irresignação pode ser apresentada por meio de **impugnação à sentença de liquidação**.

A revisão da sentença de liquidação ou dos embargos à execução pode ser efetivada por meio do **agravo de petição.**

2. EXECUÇÃO TRABALHISTA

2.1. Introdução

A execução trabalhista inicia-se quando o devedor não cumpre espontaneamente a obrigação contida no título executivo judicial ou extrajudicial.

A natureza jurídica da execução forçada é de **continuação da ação judicial**, tratando-se de uma fase do processo, contudo esse posicionamento não é unânime na doutrina ou jurisprudência.

Existem posicionamentos no sentido de que, no processo do trabalho, a execução tem natureza de processo autônomo, na medida em que exige a citação do executado, iniciando uma nova relação jurídica processual.

Na execução por título extrajudicial, como não existe fase de conhecimento prévia, não há controvérsias de que a execução assume natureza de processo autônomo.

É importante destacar que, na ADI 5941, o STF declarou constitucional o teor do art. 139, IV do CPC, que autoriza o juiz a adotar medidas coercitivas atípicas que sejam necessárias para assegurar o cumprimento de ordem judicial, isto é, para convencer o devedor a pagar, como por exemplo, a apreensão de CNH, de passaporte e o bloqueio de cartões de créditos. A maioria do plenário acompanhou o voto do relator, para quem a aplicação concreta das medidas atípicas do art. 139 do CPC, desde que não avance sobre direitos fundamentais e observe os princípios da proporcionalidade e da razoabilidade, são fundamentais para a efetividade das decisões e não amplia, de forma excessiva, a discricionariedade judicial.

2.2. Princípios da execução

A execução trabalhista possui princípios peculiares que a distingue da execução cível, quais sejam: princípio do título, princípio da efetividade, princípio da promoção de ofício, princípio da natureza real da execução e princípio da não-prejudicialidade do devedor.

Os princípios acima destacados serão analisados nos subtópicos seguintes:

2.2.1. Do título

A execução somente poderá ser processada se existir um título executivo, isto é, um **documento** previsto em lei em que conste a obrigação a ser cumprida (art. 783 da CLT).

O título deve ser **certo** (trazer claramente a obrigação a ser cumprida), **líquido** (trazer o valor devido e os parâmetros utilizados para determinar tal quantidade) e **exigível** (não pode existir qualquer condição para a execução do título).

2.2.2. Efetividade

O princípio da efetividade se caracteriza pela **rápida concretização** do direito reconhecido no título, garantindo-se, no entanto, os meios legais de defesa para a parte executada.

2.2.3. Promoção de ofício

Quando se trata de título executivo judicial, cabe ao juiz a promoção, de ofício, da execução, desde que a parte não esteja assistida por advogado (art. 878 da CLT).

Assim, transitada em julgado a decisão da fase de conhecimento, o próprio magistrado tem poder para determinar o início da execução quando a parte estiver no exercício do *jus postulandi*.

Outrossim, o art. 114 da CF/88, inciso VII, determina, e não apenas faculta, que o magistrado promova a execução de ofício das contribuições previdenciárias decorrentes das sentenças que proferir ou dos acordos que homologar (parágrafo único do artigo 876 da CLT).

2.2.4. Da natureza real da execução

A execução recai sobre o **patrimônio** do devedor e não sobre a pessoa do devedor.

O Pacto de São José da Costa Rica (Convenção Americana de Direitos Humanos), do qual o Brasil é signatário, bem como a atual Constituição Federal, em seu art. 5º, LXVII, vedam a prisão por dívida, com a ressalva constitucional em relação àquela derivada da responsabilidade pelo inadimplemento voluntário e inescusável de obrigação alimentícia e a do depositário infiel.

Entretanto, a Súmula vinculante nº 25 do STF, determina a aplicação do Pacto de São José para todas as hipóteses de depósito, inclusive o judicial. Assim, não há prisão em caso de depositário infiel.

2.2.5. Da não prejudicialidade do devedor

Quando a execução puder ser promovida por diversos meios, deverá ser processada da forma **menos onerosa** para o devedor (art. 805 do CPC).

2.3. Fontes normativas

A execução é tratada pela CLT em seus artigos 876 a 892 e, em caso de omissão, é autorizada a utilização subsidiária da **Lei de Execuções Fiscais** (Lei nº 6.830/80).

A Lei nº 6.830/80, por sua vez, permite o emprego das regras contidas no CPC, em caso de omissão.

Assim, aplicam-se à execução trabalhista as regras da CLT, e, em caso de omissão normativa, as regras da Lei de Execuções Fiscais, sendo que, novamente, em caso de omissão, aplicam-se as regras do CPC.

2.4. Competência

Se o título executivo for judicial, a competência funcional da execução é do órgão em que foi iniciada a fase de conhecimento (art. 877 da CLT).

Já se o título executivo for extrajudicial, a competência funcional da execução é do órgão que teria competência para o processo de conhecimento relativo à matéria (art. 877-A da CLT).

No caso de falência, o juízo trabalhista tem sua competência limitada até a fase de liquidação de sentença, quando o crédito deverá ser habilitado no **juízo universal** da Justiça Comum, salvo no que diz respeito aos créditos previdenciários, em razão da aplicação dos preceitos contidos nos arts. 5º e 29 da LEF e art. 6º, §7º-B da Lei nº 11.101/05.

Quando os bens do devedor estiverem localizados em território diverso daquele da jurisdição da Vara do Trabalho onde a execução trabalhista tenha sido iniciada, a penhora e a consequente expropriação serão efetivadas pela expedição de carta precatória executória.

2.5. Legitimidade

2.5.1. Legitimidade ativa

Tem legitimidade ativa para ajuizar a execução: qualquer interessado, o juiz (quando o exequente não estiver representado por advogado) e a União (em caso de contribuição previdenciária).

O art. 778 do CPC estabelece quais são os legitimados, além do credor e do Ministério Público, para iniciar a execução, em caso de sucessão subjetiva: *"Pode promover a execução forçada o credor a quem a lei confere título executivo. § 1º Podem promover a execução forçada ou nela prosseguir, em sucessão ao exequente originário: I – o Ministério Público, nos casos previstos em lei; II – o espólio, os herdeiros ou os sucessores do credor, sempre que, por morte deste, lhes for transmitido o direito resultante do título executivo; III – o cessionário, quando o direito resultante do título executivo lhe for transferido por ato entre vivos; IV – o sub-rogado, nos casos de sub-rogação legal ou convencional".*

2.5.2. Legitimidade passiva

A legitimação passiva na execução é do **devedor** da obrigação constante do título executivo, judicial ou extrajudicial.

Além do devedor que consta do título executivo, o CPC, em seu art. 779 enumera aqueles que podem figurar no polo passivo da execução. *"A execução pode ser promovida contra: I – o devedor, reconhecido como tal no título executivo; II – o espólio, os herdeiros ou os sucessores do devedor; III – o novo devedor que assumiu, com o consentimento do credor, a obrigação resultante do título executivo; IV – o fiador do débito constante em título extrajudicial; V – o responsável titular do bem vinculado por garantia real ao pagamento do débito; VI – o responsável tributário, assim definido em lei".*

A lei permite que, em alguns casos, atribua-se responsabilidade pelo cumprimento da obrigação a um terceiro diverso da pessoa do devedor. É o que se denomina responsabilidade indireta, cujo rol encontra-se no art. 790 do CPC: " *São sujeitos à execução os bens: I – do sucessor a título singular, tratando-se de execução fundada em direito real ou obrigação reipersecutória; II – do sócio, nos termos da lei; III – do devedor, ainda que em poder de terceiros; IV – do cônjuge ou companheiro, nos casos em que seus bens próprios ou de sua meação respondem pela dívida; V – alienados ou gravados com ônus real em fraude à execução; VI – cuja alienação ou gravação com ônus real tenha sido anulada em razão do reconhecimento, em ação autônoma, de fraude contra credores; VII – do responsável, nos casos de desconsideração da personalidade jurídica".*

Nos casos de solidariedade de dívidas trabalhistas, o empregado pode promover a execução contra um, alguns ou todos os responsáveis solidários, mesmo que não conste do título executivo judicial ou extrajudicial.

Se a responsabilidade for subsidiária (exemplo: terceirização lícita), o devedor subsidiário só poderá ser executado se figurar no **título executivo judicial** e, ainda assim, depois de frustradas as tentativas de expropriação do patrimônio do devedor principal.

É importante destacar a tese fixada no Tema 1.232 da repercussão geral do STF: É permitida a inclusão no polo passivo da execução trabalhista de pessoa jurídica pertencente ao mesmo grupo econômico (art. 2º, §§ 2º e 3º, da CLT) e que não participou da fase de conhecimento, desde que devidamente justificada a pretensão em prévio incidente de desconsideração da pessoa jurídica, nos termos dos arts. 133 a 137 do CPC, com as modificações do art. 855-A da CLT, devendo ser atendido o requisito do art. 50 do Código Civil (abuso da personalidade jurídica). Aplica-se tal procedimento mesmo aos redirecionamentos operados antes da Reforma Trabalhista de 2017.

2.6. Título executivo

2.6.1. Conceito

O título executivo é o instrumento, judicial ou extrajudicial, que representa um direito de crédito líquido e exigível, que possibilita seu titular ou outra pessoa designada por lei, ajuizar uma ação de execução forçada para fazer cumprir a obrigação do devedor.

2.6.2. Espécies

Os títulos executivos podem ser **judiciais** ou **extrajudiciais.**

O título executivo judicial é aquele originado através do processo de conhecimento com a consequente condenação do reclamado na obrigação de pagar, dar coisa certa ou incerta, fazer ou não fazer ou decorrente de decisão homologatória de conciliação.

O título executivo extrajudicial é aquele em que a lei confere eficácia executiva, diante da grande probabilidade da certeza do crédito.

Conforme o art. 876 da CLT, são títulos executivos judiciais: as decisões passadas em julgado ou das quais não tenha havido recurso com efeito suspensivo e os acordos, quando não cumpridos.

Outrossim, são títulos executivos extrajudiciais: os termos de ajuste de conduta firmados perante o Ministério Público do Trabalho e os termos de conciliação firmados perante as Comissões de Conciliação Prévia.

Nos termos do artigo 13 da IN nº 39/2016 do TST, *"por aplicação supletiva do art. 784, I (art. 15 do CPC), o cheque e a nota promissória emitidos em reconhecimento de dívida inequivocamente de natureza trabalhista também são títulos extrajudiciais para efeito de execução perante a Justiça do Trabalho, na forma do art. 876 e segs. da CLT".*

Quando o Ministério Público do Trabalho for solicitado pelas partes para atuar como árbitro, o laudo arbitral derivado de sua atuação também é considerado como título executivo extrajudicial (art. 31 da Lei nº 9.307/96).

2.7. Execução provisória

A execução pode ser classificada em duas modalidades, conforme tenha ou não se verificado o trânsito em julgado da sentença de conhecimento: execução **definitiva** e execução **provisória.**

Na execução provisória, a fase de conhecimento ainda não se encerrou, restando pendente recurso não dotado de efetivo suspensivo, que é a regra no processo do trabalho (art. 899 da CLT).

No processo do trabalho, a execução provisória é permitida até a penhora.

Em processos físicos é necessária a extração da carta de sentença para a execução provisória do julgado, tratando-se de autos suplementares com as principais peças do processo.

A execução provisória deve prosseguir até o julgamento dos trâmites envolvendo a penhora (exemplo embargos à penhora), não havendo, somente, a expropriação de bem.

Na execução provisória, a ordem dos bens penhoráveis é aquela que seja mais benéfica ao devedor (art. 805 do CPC), o que se aplica ao processo do trabalho por força do artigo 3º, XIV, da Instrução Normativa n. 39/2016 do TST.

É possível a penhora de dinheiro em execução provisória

A execução provisória em face da Fazenda Pública é vedada, conforme preceitua o art. 2º-B da Lei nº 9.494/97.

Encerrados os trâmites relativos à penhora, a execução provisória fica **suspensa** aguardando o trânsito em julgado da decisão da fase de conhecimento. Se a decisão executada for mantida, a execução provisória se transforma em definitiva. Caso haja alteração da decisão, a fase de execução voltará ao início, em regra.

2.8. Execução de prestações sucessivas

Na ação que tiver por objeto cumprimento de obrigação em prestações sucessivas, essas serão consideradas incluídas no pedido. Essa inclusão ocorrerá, independentemente de declaração expressa do autor, e farão parte da condenação, enquanto durar a obrigação, se o devedor, no curso do processo, deixar de pagá-las ou de consigná-las (art. 323 do CPC).

2.9. Tutela específica ou tutela pelo resultado prático equivalente

O processo moderno compromete-se com a execução específica das obrigações de fazer e não-fazer. Neste contexto, a lei haverá de propiciar à parte meios imperativos para buscar o resultado prático a que corresponde o direito subjetivo do credor.

Conforme o art. 536 do CPC, no cumprimento de sentença que reconheça a exigibilidade de obrigação de fazer ou de não fazer, o juiz poderá, de ofício ou a requerimento, para a efetivação da tutela específica ou a obtenção de tutela pelo resultado prático equivalente, determinar as medidas necessárias à satisfação do exequente.

Assim, o juiz poderá determinar, entre outras medidas, a imposição de multa, a busca e apreensão, a remoção de pessoas e coisas, o desfazimento de obras e o impedimento de atividade nociva, podendo, caso necessário, requisitar o auxílio de força policial.

Vários serão estes expedientes, se a obrigação for fungível, isto é, puder ser realizada por terceiro, como é o caso da determinação de anotação de baixa na CTPS pela Secretaria da Vara.

Em algumas vezes, não se alcançará com exatidão a prestação devida, mas chega-se a resultado prático ainda equivalente. Fala-se então em meios sub-rogatórios que venha a ser todo e qualquer procedimento adotado pelo juiz para alcançar (com ou sem a cooperação do devedor) o resultado correspondente à prestação devida.

No processo do trabalho é o que se verifica quando o juiz determina a expedição de alvará para saque do FGTS e ofício para habilitação no seguro-desemprego (em substituição à entrega de guias rescisórias que somente podem ser emitidas pelo empregador).

No caso de obrigações infungíveis, isto é, que somente podem ser realizadas pelo devedor, as medidas coercitivas ficarão restritas à cominação de multas (astreintes).

A multa independe de requerimento da parte e poderá ser aplicada na fase de conhecimento, em tutela provisória ou na sentença, ou na fase de execução, desde que seja suficiente e compatível com a obrigação e que se determine prazo razoável para cumprimento do preceito.

O juiz poderá, de ofício ou a requerimento, modificar o valor ou a periodicidade da multa vincenda ou excluí-la, caso verifique que:

> I – se tornou insuficiente ou excessiva;
>
> II – o obrigado demonstrou cumprimento parcial superveniente da obrigação ou justa causa para o descumprimento.

O valor da multa será devido ao exequente.

A decisão que fixa a multa é passível de cumprimento provisório, devendo ser depositada em juízo, permitido o levantamento do valor após o trânsito em julgado da sentença favorável à parte.

A multa será devida desde o dia em que se configurar o descumprimento da decisão e incidirá enquanto não for cumprida a decisão que a tiver cominado.

O artigo 499 do CPC dispõe que a obrigação somente será convertida em perdas e danos se o autor o requerer ou se for impossível a tutela específica ou a obtenção de um resultado prático equivalente.

Já o parágrafo único do referido artigo estabelece que, nas hipóteses de responsabilidade contratual previstas nos artigos 441, 618 e 757 do Código Civil, e nas de responsabilidade subsidiária e solidária, o juiz deve primeiro conceder ao réu a oportunidade de cumprir a tutela específica, mesmo que a parte autora tenha requerido a conversão da obrigação em perdas e danos. Isso significa que, antes de transformar a obrigação em uma compensação financeira, o réu deve ter a chance de atender à obrigação conforme originalmente acordado.

As normas que regulamentam o cumprimento de sentença que reconheça a exigibilidade de obrigação de fazer, de não fazer ou de entregar coisa (arts. 536 a 538 do CPC) são aplicáveis ao processo do trabalho por força do artigo 3º, XII, da Instrução Normativa n. 39/2016 do TST.

2.10. Falência e recuperação judicial

Os regramentos atinentes aos créditos trabalhistas, no caso de falência e/ou recuperação judicial do empregador, estão contidos na Lei da Falência-LF (Lei nº 11.101/2005). A Lei nº 14.112/2020, publicada em 24 de dezembro de 2020 modificou profundamente a Lei de Falência, tendo entrado em vigor em 23/01/2021, alcançando todos os processos em curso.

Na falência, o crédito trabalhista goza de preferência legal para pagamento nas duas situações previstas no artigo 83, I, da Lei nº 11.101/2005: 1) crédito trabalhista de até o valor de 150 salários mínimos; 2) créditos decorrentes de acidentes de trabalho (sem limitação de valor).

Os saldos dos créditos trabalhistas que excederem o valor de 150 salários mínimos serão habilitados no quadro de credores quirografários (art. 83, VI, c, da Lei de Falência), que são aqueles créditos sem qualquer garantia. Antes da Lei nº 14.112/2020, esses créditos trabalhistas excedentes figuravam na sexta posição da ordem de pagamento e agora passaram a ocupar a 4ª. posição, uma vez que os créditos que ocupavam a posição 4º e 5º (créditos com privilégio especial e geral) passaram a ser considerados quirografários também, por força do parágrafo 6º do artigo 83 da LF, introduzido pela Lei nº 14.112/2020.

A Lei nº 14.112/2020 também alterou a ordem de pagamento dos créditos extraconcursais prevista no artigo 84 da LF.

Créditos extraconcursais são aqueles créditos pagos com precedência sobre os créditos previstos no art. 83 da LF.

Com a alteração promovida pela Lei nº 14.112/20, passaram a figurar, em primeiro lugar, como créditos extraconcursais, aqueles previstos nos artigos 150 e 151 da Lei de falência.

O art. 151 da LF trata dos créditos trabalhistas de natureza estritamente salarial vencidos nos 3 (três) meses anteriores à decretação da falência, até o limite de 5 (cinco) salários-mínimos por trabalhador. Esses créditos serão quitados tão logo haja disponibilidade em caixa, ficando em primeiro lugar na ordem de créditos extraconcursais.

Antes da Lei nº 14.112/20, a prioridade para pagamento era de quem tinha prestado serviços para a própria massa falida, bem como créditos trabalhistas de serviços prestados após a decretação da falência (remunerações devidas ao administrador judicial e seus auxiliares, e créditos derivados da legislação do trabalho ou decorrentes de acidentes de trabalho relativos a serviços prestados após a decretação da falência).

Com a nova redação do artigo 84, os créditos dos prestadores de serviços para a massa falida, inclusive créditos trabalhistas de serviços prestados após a decretação da falência, passaram a figurar na 4ª colocação dos créditos extraconcursais.

O prazo para o pagamento dos créditos trabalhistas vencidos até a data do pedido de recuperação judicial era de um ano.

Com a inclusão do §2º ao artigo 54 da LF, esse prazo passou a ser estendido em até dois anos, desde que atendidos alguns requisitos cumulativos, quais sejam: I – apresentação de garantias julgadas suficientes pelo juiz; II – aprovação pelos credores trabalhistas, na forma do § 2º do art. 45 da LF; III – garantia da integralidade do pagamento dos créditos trabalhistas.

Também foi mantida a regra legal do § 1º do art. 54 da LF de que o plano de recuperação judicial não poderá, ainda, prever prazo superior a **30 (trinta) dias** para o pagamento, até o limite de 5 (cinco) salários mínimos por trabalhador, dos créditos de natureza estritamente salarial vencidos nos 3 (três) meses anteriores ao pedido de recuperação judicial.

A Lei nº 14.112/20 introduziu o art. 6º-C à Lei nº 11.101/05 para expressamente determinar que não se pode atribuir responsabilidade a terceiros em decorrência do "mero inadimplemento" do devedor falido ou em recuperação judicial, ressalvadas as garantias reais e fidejussórias e as demais hipóteses reguladas expressamente pela lei.

Nesse caso, a expressão "terceiros" serve para designar toda pessoa que poderia ser alcançada pela responsabilização das obrigações do devedor, como o sócio, por exemplo.

Trata-se, assim, da ratificação da teoria maior da desconsideração da personalidade jurídica (art. 50 do Código Civil), conforme a qual, a desconsideração da personalidade jurídica só é cabível quando ficar configurado que os sócios agiram com fraude ou abuso, ou, ainda, que houve confusão patrimonial entre os bens da pessoa física e os bens da pessoa jurídica.

O artigo 50 da LF estabelece que constituem meios de recuperação judicial, observada a legislação pertinente a cada caso, dentre outros: I – concessão de prazos e condições especiais para pagamento das obrigações vencidas ou vincendas; II – cisão, incorporação, fusão ou transformação de sociedade, constituição de subsidiária integral, ou cessão de cotas ou ações, respeitados os direitos dos sócios, nos termos da legislação vigente; III – alteração do controle societário; IV – substituição total ou parcial dos administradores do devedor ou modificação de seus órgãos administrativos; V – concessão aos credores de direito de eleição em separado de administradores e de poder de veto em relação às matérias que o plano especificar; VI – aumento de capital social; VII – trespasse ou arrendamento de estabelecimento, inclusive à sociedade constituída pelos próprios empregados; VIII – redução salarial, compensação de horários e redução da jornada, mediante acordo ou convenção coletiva; IX – dação em pagamento ou novação de dívidas do passivo, com ou sem constituição de garantia própria ou de terceiro; X – constituição de sociedade de credores; XI – venda parcial dos bens; XII – equalização de encargos financeiros relativos a débitos de qualquer natureza, tendo como termo inicial a data da distribuição do pedido de recuperação judicial, aplicando-se inclusive aos contratos de crédito rural, sem prejuízo do disposto em legislação específica; XIII – usufruto da empresa; XIV – administração compartilhada; XV – emissão de valores mobiliários; XVI – constituição de sociedade de propósito específico para adjudicar, em pagamento dos créditos, os ativos do devedor.

Com o acréscimo de incisos ao artigo 50 da LF pela Lei nº 14.112/20, foram acrescidos mais dois meios de recuperação judicial, quais sejam: a conversão de dívida em capital social e a venda integral da devedora, desde que garantidas aos credores não submetidos ou não aderentes condições, no mínimo, equivalentes àquelas que teriam na falência, hipótese em que será, para todos os fins, considerada unidade produtiva isolada.

Com relação à conversão de dívida em capital social, isso significa que os credores trabalhistas poderão converter sua dívida em capital social da empresa, ficando sócios da empresa. (art. 50, XVII, e artigo 145 da LF).

Na redação do § 4º, art. 83 que foi revogado, a Lei de Falências retirava a qualidade de crédito privilegiado trabalhista em caso de cessão. Com a introdução do § 5º ao art. 83 da Lei nº 11.101 foi mantida a natureza e classificação de todos os créditos em caso de cessão, inclusive o trabalhista: *Art. 83. § 5º Para os fins do disposto nesta Lei, os créditos cedidos a qualquer título manterão sua natureza e classificação.*

Conforme o art. 60, parágrafo único e art. 141, II, da Lei de Falência (Lei n. 11.101/2005), no caso de recuperação judicial ou falência, na alienação conjunta ou separada de ativos, inclusive da empresa ou de suas filiais, não haverá sucessão trabalhista, salvo quando o arrematante for (§ 1º do art. 141): I – sócio da sociedade falida, ou sociedade controlada pelo falido; II – parente, em linha reta ou colateral até o 4º (quarto) grau, consanguíneo ou afim, do falido ou de sócio da sociedade falida; ou III – identificado como agente do falido com o objetivo de fraudar a sucessão.

A Lei nº 14.112/20 acrescentou o §3º ao artigo 50 da LF, ampliando as hipóteses de não configuração de sucessão trabalhista ou de responsabilidade, nas seguintes hipóteses: 1) o credor que converte seu crédito em capital não é considerado sucessor e nem responde pela dívida do devedor; 2) o investidor quando aporta novos recursos na devedora não é considerado sucessor e nem responde pela dívida do devedor; 3) no caso de substituição dos administradores da devedora, não haverá sucessão e nem responsabilidade das dívidas pelo novo administrador.

O art. 161, §1º, da LF, com a alteração promovida pela Lei nº 14.112/20, passou a permitir a inclusão de créditos trabalhistas na recuperação extrajudicial, desde que exista negociação coletiva. A recuperação extrajudicial é um acordo celebrado entre o devedor e seus credores no âmbito privado, que deve ser homologado judicialmente, desde que observados os requisitos do artigo 48 da LF.

2.11. Intervenção e liquidação extrajudicial

Os processos de intervenção e de liquidação extrajudicial de instituições financeiras, de caráter administrativo e disciplinado pela Lei nº 6.024/74, não geram qualquer efeito no âmbito do processo de conhecimento ou de execução contra elas promovidos (OJ nº 143 da SDI-1 do TST).

2.12. Nulidade da execução

É nula a execução se:

> I – o título executivo extrajudicial não corresponder a obrigação certa, líquida e exigível;
>
> II – o executado não for regularmente citado;
>
> III – for instaurada antes de se verificar a condição ou de ocorrer o termo.

A nulidade da execução será pronunciada pelo juiz, de ofício ou a requerimento da parte, independentemente de embargos à execução.

2.13. Suspensão da execução

Além das hipóteses previstas em lei, que ensejam a suspensão do processo de conhecimento (art. 313 do CPC), a execução pode ser suspensa nas seguintes hipóteses: interposição de embargos do devedor, ausência de bens penhoráveis (art. 921 do CPC) e a não localização do executado.

O juiz pode determinar a suspensão da execução por requerimento conjunto das partes e pelo prazo acordado, desde que o devedor se comprometa a cumprir voluntariamente a obrigação contida no título executivo (art. 922 do CPC).

É vedada a prática de qualquer ato processual, salvo aqueles de natureza cautelar urgente, a critério do juiz, durante o período de suspensão da execução (art. 923 do CPC).

A execução também é suspensa quando no prazo dos embargos à execução o executado reconhecer o seu débito, depositar trinta por cento do seu respectivo valor e solicitar que o restante seja pago em até seis parcelas mensais, acrescidas de correção monetária e juros de 1% ao mês (art. 916 do CPC).

Por fim, suspende-se a execução quando for decretada a falência ou a recuperação judicial da empresa (art. 6º da Lei nº 11.101/05).

2.14. Extinção da execução

A execução extingue-se com o cumprimento da obrigação contida no título executivo, pela transação, remissão ou renúncia do crédito pelo exequente e, ainda, quando a petição inicial for indeferida ou ocorrer a prescrição intercorrente (art. 924 do CPC).

2.15. Prescrição intercorrente

A prescrição é a perda da pretensão, isto é, o poder de exigir de alguém o cumprimento de uma obrigação, em razão da inércia do seu titular.

No processo trabalhista, a prescrição se verifica em dois anos contados da extinção do contrato de trabalho ou, caso o contrato ainda esteja em vigor, após cinco anos contados a partir do momento em que o direito se torna exigível.

Prescrição intercorrente é a perda da pretensão no curso do processo, em razão da **inércia** do autor da ação, que não praticou os atos necessários para seu prosseguimento e deixou a ação paralisada por tempo superior ao máximo previsto em lei.

Durante muito tempo não existiu consenso sobre a aplicação da prescrição intercorrente na execução trabalhista.

O TST sempre se posicionou no sentido de não admitir a prescrição intercorrente, por meio da Súmula de nº114.

Já o STF sempre admitiu sua aplicação, por meio da Súmula 327.

A Lei de Execução Fiscal, aplicada subsidiariamente à execução trabalhista, prevê a possibilidade de ser declarada a prescrição intercorrente, inclusive de ofício.

Em 2017, a Lei da Reforma Trabalhista encerrou essa celeuma jurisprudencial ao determinar expressamente que a prescrição intercorrente é aplicável ao processo do trabalho, conforme previsão contida no artigo 11-A, acrescentado à CLT pela Lei nº 13.467/2017.

Conforme o referido dispositivo, ocorre a prescrição intercorrente no processo do trabalho no prazo de **dois anos**.

O início do prazo prescricional ocorrerá quando o exequente deixa de cumprir determinação judicial no curso da execução.

A declaração da prescrição intercorrente pode ser requerida ou de ofício (sem provocação da parte) em qualquer grau de jurisdição.

2.16. Custas processuais

No processo de execução, as custas são fixadas para **cada ato processual** realizado, contudo, seu recolhimento é realizado apenas ao final do processo, observado o limite máximo de R$1.915,38.

Conforme o artigo 789-A da CLT: *"No processo de execução são devidas custas, sempre de responsabilidade do executado e pagas ao final, de conformidade com a seguinte tabe-*

la: I – autos de arrematação, de adjudicação e de remição: 5% (cinco por cento) sobre o respectivo valor, até o máximo de R$ 1.915,38 (um mil, novecentos e quinze reais e trinta e oito centavos); II – atos dos oficiais de justiça, por diligência certificada: a. em zona urbana: R$ 11,06 (onze reais e seis centavos); b. em zona rural: R$ 22,13 (vinte e dois reais e treze centavos); III – agravo de instrumento: R$ 44,26 (quarenta e quatro reais e vinte e seis centavos); IV – agravo de petição: R$ 44,26 (quarenta e quatro reais e vinte e seis centavos); V – embargos à execução, embargos de terceiro e embargos à arrematação: R$ 44,26 (quarenta e quatro reais e vinte e seis centavos); VI – recurso de revista: R$ 55,35 (cinquenta e cinco reais e trinta e cinco centavos); VII – impugnação à sentença de liquidação: R$ 55,35 (cinquenta e cinco reais e trinta e cinco centavos); VIII – despesa de armazenagem em depósito judicial – por dia: 0,1% (um décimo por cento) do valor da avaliação; IX – cálculos de liquidação realizados pelo contador do juízo – sobre o valor liquidado: 0,5% (cinco décimos por cento) até o limite de R$ 638,46 (seiscentos e trinta e oito reais e quarenta e seis centavos)".

2.17. Certidão Negativa de Débitos Trabalhistas – CNDT

O art. 642-A da CLT instituiu a Certidão Negativa de Débitos Trabalhistas (CNDT), expedida gratuita e eletronicamente, para comprovar a inexistência de débitos inadimplidos perante a Justiça do Trabalho (créditos trabalhistas, previdenciários, custas e emolumentos).

Qualquer pessoa física ou jurídica, para participar de licitações públicas necessitará de CNDT para comprovar que não possui dívidas trabalhistas em processos que não caibam mais recursos.

O devedor não será incluído no BNDT se a execução for provisória.

A CNDT certificará a empresa em relação a todos os seus estabelecimentos, agências e filiais.

O prazo de validade da CNDT é de 180 (cento e oitenta) dias, contado da data de sua emissão.

O interessado não obterá a certidão quando em seu nome constar:

> I – o inadimplemento de obrigações estabelecidas em sentença condenatória transitada em julgado proferida pela Justiça do Trabalho ou em acordos judiciais trabalhistas, inclusive no concernente aos recolhimentos previdenciários, a honorários, a custas, a emolumentos ou a recolhimentos determinados em lei; ou
>
> II – o inadimplemento de obrigações decorrentes de execução de acordos firmados perante o Ministério Público do Trabalho ou Comissão de Conciliação Prévia.

Em caso de débitos garantidos por penhora suficiente ou com exigibilidade suspensa, será expedida Certidão Positiva de Débitos Trabalhistas em nome do interessado com os mesmos efeitos da CNDT.

O banco nacional de devedores trabalhistas– BNDT foi criado para dar efetividade à CNDT.

Nesse banco de dados são cadastrados todos os inadimplentes em dívidas trabalhistas já transitadas em julgado.

O executado é incluído no BNDT após a sua inércia diante do recebimento de intimação enviada com o objetivo de efetuar o cumprimento de sua obrigação.

A Lei nº 13.467/17 introduziu o art. 833-A à CLT estabelecendo regras para a inclusão do nome do executado no BNDT, notadamente o prazo de 45 dias a contar da citação do executado e ainda assim se o juízo não estiver garantido: *"A decisão judicial transitada em julgado somente poderá ser levada a protesto, gerar inscrição do nome do executado em órgãos de proteção ao crédito ou no Banco Nacional de Devedores Trabalhistas (BNDT), nos termos da lei, depois de transcorrido o prazo de quarenta e cinco dias a contar da citação do executado, se não houver garantia do juízo".*

Antes da sua inclusão no BNDT, o juiz determinará o bloqueio de numerário do executado por meio do sistema BACENJUD.

A competência para determinar a inclusão, modificação ou exclusão do nome do devedor no BNDT é do juiz de primeiro grau. Caso a alteração ocorra no âmbito do TRT ou TST, o juiz será comunicado imediatamente para que determine a atualização dos dados cadastrais.

3. EXECUÇÃO POR QUANTIA CERTA CONTRA DEVEDOR SOLVENTE

3.1. Características

A execução por quantia certa contra devedor solvente é a espécie mais comum de execução no processo do trabalho. Até mesmo porque, a Justiça do Trabalho não possui competência para a execução por quantia certa contra devedor insolvente.

O principal objetivo da execução por quantia certa é forçar o executado a adimplir a obrigação pecuniária contida na decisão judicial condenatória. Isso é feito por meio da **expropriação** de bens presentes e futuros do devedor, com a entrega do seu produto ao exequente.

Não é exigida petição inicial para dar início à execução por quantia certa de título judicial, mas apenas para título executivo extrajudicial.

Assim, no caso de execução de título executivo extrajudicial, a petição inicial, além dos requisitos da petição inicial ordinária, instituídos pela CLT, deve observar os requisitos estabelecidos pelo art. 798 do CPC: *"Ao propor a execução, incumbe ao exequente: I – instruir a petição inicial com: a) o título executivo extrajudicial; b) o demonstrativo do débito atualizado até a data de propositura da ação, quando se tratar de execução por quantia certa; c) a prova de que se verificou a condição ou ocorreu o termo, se for o caso; d) a prova, se for o caso, de que adimpliu a contraprestação que lhe corresponde ou que lhe assegura o cumprimento, se o executado não for obrigado a satisfazer a sua prestação senão mediante a contraprestação do exequente".*

O exequente também deve requerer a intimação daquelas pessoas que são titulares de direitos reais limitados (exemplo credor pignoratício, o credor hipotecário, ou o usufrutuário), quando a penhora recair sobre bens gravados por penhor, hipoteca ou usufruto.

Em caso de defeitos da petição inicial, o credor deverá emendá-la no prazo de dez dias, sob pena de indeferimento.

Caso o defeito seja insanável ou o credor não o corrigir no prazo, a petição inicial será indeferida.

A ação de execução trabalhista inicia-se com o despacho do juiz determinando a citação do executado.

É expedido um mandado de citação, a ser cumprido pelo oficial de justiça, nele constando a ordem para que o executado pague a dívida ou nomeie bens à penhora no prazo de **48 horas**, sob pena de serem penhorados tantos bens quantos bastem para a garantia do juízo e futura satisfação do credor.

ATENÇÃO

Não se aplica a revelia na execução.

Em agosto de 2017, o Pleno do TST decidiu, por maioria, que o artigo 523, parágrafo 1º, do Código de Processo Civil é incompatível com o processo do trabalho. O dispositivo (antigo artigo 475-J do CPC de 1973) prevê multa de 10% sobre o valor do débito caso o pagamento não seja feito de forma voluntária no prazo de 15 dias (Processo: IRR-1786-24.2015.5.04.0000).

Se a obrigação for de pagar quantia certa, o devedor será citado para pagar o principal acrescido de juros de mora e correção monetária, além de eventuais honorários periciais e advocatícios e as contribuições sociais devidas à União.

Caso o executado, procurado por duas vezes no prazo de 48 horas, não seja encontrado, a citação deverá ser feita por **edital** devidamente publicado no DEJT.

Caso não exista DEJT na localidade, o edital deve ser afixado em sua sede durante cinco dias.

Não há previsão de citação por hora certa na CLT, mas esse procedimento previsto no CPC é utilizado subsidiariamente.

Não há consenso doutrinário e jurisprudencial sobre a necessidade de a citação ser feita na pessoa do devedor ou de seu representante legal.

O executado, ao ser citado, pode efetuar o pagamento ou garantir a execução.

A garantia da execução efetiva-se pelo depósito em dinheiro com esse objetivo específico, pela apresentação de seguro-garantia judicial ou pela nomeação de bens à penhora, conforme art. 882 da CLT, com redação alterada pela Lei nº 13.467/17.

Quando o executado oferece depósito em dinheiro como garantia deve especificar tal informação, sob pena de se considerar que aquele dinheiro foi ofertado em pagamento.

A garantia da execução por meio de depósito em dinheiro em conta remunerada por juros e correção monetária faz cessar a responsabilidade do devedor pelo pagamento dos aludidos acessórios.

A exigência da garantia ou penhora não se aplica às entidades filantrópicas e/ou àqueles que compõem ou compuseram a diretoria dessas instituições (parágrafo sexto do artigo 884 da CLT).

Os bens ofertados em penhora devem obedecer à ordem de preferência estabelecida pelo art. 835 do CPC: *"A penhora observará, preferencialmente, a seguinte ordem: I – dinheiro, em espécie ou em depósito ou aplicação em instituição financeira; II – títulos da dívida pública da União, dos Estados e do Distrito Federal com cotação em mercado; III – títulos e valores mobiliários com cotação em mercado; IV – veículos de via terrestre; V – bens imóveis; VI – bens móveis em geral; VII – semoventes; VIII – navios e aeronaves; IX – ações e quotas de sociedades simples e empresárias; X – percentual do faturamento de empresa devedora; XI – pedras e metais preciosos; XII – direitos aquisitivos derivados de promessa de compra e venda e de alienação fiduciária em garantia; XIII – outros direitos".*

O art. 835, § 1º do CPC admite a inversão da ordem de preferência da penhora, por ato fundamentado do juiz.

Quando a nomeação não obedece à hierarquia estabelecida pelo CPC, o exequente pode apresentar impugnação à penhora, cabendo ao juiz decidir o incidente.

O oficial de justiça faz a citação do devedor e aguarda o prazo de quarenta e oito horas para que este indique bens passíveis de penhora.

Se o devedor fica inerte, extingue-se o seu direito à nomeação e o oficial de justiça pode penhorar os bens necessários para o pagamento da dívida, observada a gradação legal.

Atualmente, a busca por bens através de instrumentos eletrônicos é mais rápida e simples. Assim, normalmente essas ferramentas são utilizadas pelos juízes antes da realização da penhora por oficial de justiça.

3.2. Penhora

A penhora é o ato de constrição judicial, por meio do qual o Estado retira o poder de dispor que o devedor tem em relação ao seu patrimônio. Deve recair em tantos bens quantos bastem para o cumprimento da obrigação constante do título executivo.

A penhora, é um ato judicial externo, feita pelo oficial de justiça no horário das **6 às 20 horas**, a quem compete lavrar o auto respectivo, proceder ao depósito do bem, à sua avaliação e, por fim, à intimação do devedor para apresentar embargos à execução.

O auto de penhora deve conter: a) a indicação do dia, mês, ano e lugar; b) os nomes do credor e do devedor; c) a descrição dos bens penhorados, com os seus característicos; d) a nomeação do depositário dos bens; e e) avaliação dos bens penhorados.

Em caso de bens imóveis, a penhora deverá ser registrada no competente Cartório de Registro de Imóveis, para dar publicidade aos terceiros.

Quando o valor dos bens passíveis de penhora sequer for suficiente para cobrir o pagamento das despesas processuais, não se efetivará a penhora. Caberá ao Oficial certificar tal fato nos autos e o processo será arquivado aguardando-se o surgimento de bens.

A penhora será realizada mesmo que inexistam bens suficientes para a execução.

Em caso de resistência do executado, o oficial de justiça emitirá certidão circunstanciada e submeterá à apreciação do juiz, com o requerimento de ordem de arrombamento.

Deferido o pedido de arrombamento, devem ser observadas as formalidades estabelecidas pelo art. 846, § 1º do CPC, principalmente a realização da diligência por dois oficiais de justiça e a lavratura de auto de resistência, em duas vias e com a assinatura de duas testemunhas.

Quando os bens do executado estejam situados fora da competência territorial da Vara ou Tribunal do Trabalho, a execução passa a ser processada por meio da expedição de carta precatória executória.

Caso os bens estejam situados fora do território nacional, a penhora efetiva-se com a expedição de carta rogatória executória.

Formalizada a penhora, o executado será dela intimado.

A intimação da penhora será feita ao advogado do executado ou à sociedade de advogados a que aquele pertença.

Se não houver constituído advogado nos autos, o executado será intimado pessoalmente, de preferência por via postal (art. 841, §§ 1º e 2º, do CPC c/c art. 3º, XVIII, da IN Nº 39/2016 do TST).

No processo civil, são necessários os seguintes requisitos para que se proceda à segunda penhora, penhora complementar ou substituição de penhora: *"Não se procede à segunda penhora, salvo se: I – a primeira for anulada; II – executados os bens, o produto da alienação não bastar para o pagamento do exequente; III – o exequente desistir da primeira penhora, por serem litigiosos os bens ou por estarem submetidos a constrição judicial".*

No processo do trabalho, além das hipóteses acima transcritas de substituição da penhora, será deferida pelo juiz, em qualquer fase do processo: I – ao executado, a substituição da penhora por depósito em dinheiro ou fiança bancária; e II – à Fazenda Pública, a substituição dos bens penhorados por outros, independentemente da ordem enumerada no artigo 11, bem como o reforço da penhora insuficiente.

Antes ou depois da realização do ato de expropriação dos bens penhorados, é possível a substituição da penhora ou a sua complementação através da segunda constrição judicial.

São passíveis de penhora todos os bens e direitos disponíveis do devedor que sejam sujeitos a uma apreciação econômica, salvo aqueles por lei declarados como impenhoráveis (art. 833 do CPC), bem como os bens públicos e aqueles que não tenham valor econômico por sua própria natureza ou considerados desprezíveis.

De acordo com o artigo 833 do CPC, são impenhoráveis:

> I – os bens inalienáveis e os declarados, por ato voluntário, não sujeitos à execução;

II – os móveis, os pertences e as utilidades domésticas que guarnecem a residência do executado, salvo os de elevado valor ou os que ultrapassem as necessidades comuns correspondentes a um médio padrão de vida;

III – os vestuários, bem como os pertences de uso pessoal do executado, salvo se de elevado valor;

IV – os vencimentos, os subsídios, os soldos, os salários, as remunerações, os proventos de aposentadoria, as pensões, os pecúlios e os montepios, bem como as quantias recebidas por liberalidade de terceiro e destinadas ao sustento do devedor e de sua família, os ganhos de trabalhador autônomo e os honorários de profissional liberal, ressalvado o § 2º;

V – os livros, as máquinas, as ferramentas, os utensílios, os instrumentos ou outros bens móveis necessários ou úteis ao exercício da profissão do executado;

VI – o seguro de vida;

VII – os materiais necessários para obras em andamento, salvo se essas forem penhoradas;

VIII – a pequena propriedade rural, assim definida em lei, desde que trabalhada pela família;

IX – os recursos públicos recebidos por instituições privadas para aplicação compulsória em educação, saúde ou assistência social;

X – a quantia depositada em caderneta de poupança, até o limite de 40 (quarenta) salários-mínimos;

XI – os recursos públicos do fundo partidário recebidos por partido político, nos termos da lei;

XII – os créditos oriundos de alienação de unidades imobiliárias, sob regime de incorporação imobiliária, vinculados à execução da obra.

A impenhorabilidade não é oponível à execução de dívida relativa ao próprio bem, inclusive àquela contraída para sua aquisição.

A impenhorabilidade descrita nos itens IV e X do *caput* não se aplica à hipótese de penhora para pagamento de prestação alimentícia, independentemente de sua origem, bem como às importâncias excedentes a 50 (cinquenta) salários-mínimos mensais.

A impenhorabilidade absoluta do bem pode ser declarada de ofício e a qualquer tempo, por se tratar de instituto de direito público.

O artigo 834 do CPC relaciona os bens que somente podem ser penhorados quando inexistirem outros que suportem a constrição judicial. São os denominados bens relativamente impenhoráveis, os frutos e os rendimentos dos bens inalienáveis.

Assim, na falta de outros bens, podem ser penhorados os frutos e os rendimentos dos bens inalienáveis.

A Lei nº 8.009/90 dispõe, em seu art. 1º, que é impenhorável o imóvel destinado à residência da entidade familiar. O conceito de impenhorabilidade de bem de família abrange também o imóvel pertencente a pessoas solteiras, separadas e viúvas (STJ, Súmula 364).

É impenhorável o único imóvel residencial do devedor que esteja locado a terceiros, desde que a renda obtida com a locação seja revertida para a subsistência ou a moradia da sua família (STJ, Súmula 486).

Essa impenhorabilidade é relativa, uma vez que não é oponível em alguns casos previstos no art. 3º da Lei nº 8.009/90, dentre eles quando a execução judicial é promovida por empregado doméstico, seja em relação aos seus créditos trabalhistas, seja em relação às contribuições previdenciárias.

O bem de família voluntário também é absolutamente impenhorável (arts. 1711 a 1722 do CC). Trata-se de imóvel residencial urbano ou rural, com suas pertenças e acessórios, destinado ao domicílio familiar e gravado como tal na respectiva escritura pública, desde que não ultrapasse um terço do patrimônio líquido do casal. A impenhorabilidade, contudo, não prevalecerá em relação às dívidas anteriores à sua constituição, tampouco com relação àquelas que provierem de tributos relativos a esse prédio ou a despesas de condomínio. A impenhorabilidade do bem de família voluntário será extinta com a morte de ambos os cônjuges e a maioridade dos filhos, salvo se sujeito à curatela.

Conforme o art. 30 da Lei nº 6.830/80, aplicado subsidiariamente ao processo laboral, mesmo os bens gravados com cláusula de inalienabilidade ou impenhorabilidade são passíveis de penhora, salvo nos casos de impenhorabilidade legal.

A impenhorabilidade do pequeno imóvel rural está prevista no inciso XXVI do artigo 5º da Constituição Federal, conforme abaixo transcrito: *"Todos são iguais perante a lei, sem distinção de qualquer natureza, garantindo-se aos brasileiros e aos estrangeiros residentes no País a inviolabilidade do direito à vida, à liberdade, à igualdade, à segurança e à propriedade, nos termos seguintes: (...) XXVI – a pequena propriedade rural, assim definida em lei, desde que trabalhada pela família, não será objeto de penhora para pagamento de débitos decorrentes de sua atividade produtiva, dispondo a lei sobre os meios de financiar o seu desenvolvimento;"*.

Por sua vez, o art. 833, inciso VIII, do CPC, acrescenta: *"São absolutamente impenhoráveis: (...) VIII – a pequena propriedade rural, assim definida em lei, desde que trabalhada pela família"*

A definição de pequena propriedade rural, no ordenamento jurídico pátrio, encontra-se encetada no art. 4º, inciso II, da Lei nº 8.629/93, que dispõe sobre a desapropriação por interesse social para fins de reforma agrária: *"Para os efeitos desta lei, conceituam-se: I – Imóvel Rural – o prédio rústico de área contínua, qualquer que seja a sua localização, que se destine ou possa se destinar à exploração agrícola, pecuária, extrativa vegetal, florestal ou agroindustrial; II – Pequena Propriedade – o imóvel rural: §1º São insuscetíveis de desapropriação para fins de reforma agrária a pequena e a média propriedade rural, desde que o seu proprietário não possua outra propriedade rural. a) de área até quatro módulos fiscais, respeitada a fração mínima de parcelamento;"*

Os módulos fiscais são variáveis de acordo com cada município e são fixados conforme a Instrução Normativa nº 20/80, do INCRA.[1]

Se o devedor não for localizado, a citação será feita por edital e o oficial de justiça poderá arrestar os bens de propriedade do executado que bastem para garantir a execução.

O arresto é medida **cautelar incidental** decorrente do poder geral de cautela que tem o juiz para garantir o resultado útil do processo de execução.

Transcorrido o prazo contido no edital de citação, o arresto converte-se em penhora, caso o devedor não pague sua dívida em quarenta e oito horas (art. 830, § 3º, do CPC).

No ato da penhora, o oficial de justiça procede também ao seu depósito, na pessoa que ficará encarregada de zelar pela sua guarda, integralidade e existência.

O descumprimento dessa obrigação implica o reconhecimento da infidelidade do depositário.

A investidura no encargo de depositário depende da aceitação do nomeado que deve assinar termo de compromisso no auto de penhora.

O devedor, com a concordância do credor ou no caso de bens de difícil remoção, pode ser nomeado depositário.

O exequente também pode ser nomeado como depositário.

No CPC existem novas regras sobre o depósito de bens, conforme art. 840: *"Serão preferencialmente depositados: (...) II – os móveis, os semoventes, os imóveis urbanos e os direitos aquisitivos sobre imóveis urbanos, em poder do depositário judicial; II – os imóveis rurais, os direitos aquisitivos sobre imóveis rurais, as máquinas, os utensílios e os instrumentos necessários ou úteis à atividade agrícola, mediante caução idônea, em poder do executado".*

É ilícita a prisão civil de depositário infiel, qualquer que seja a modalidade do depósito, conforme Súmula Vinculante n. 21 do STF.

Julgada subsistente a penhora, o juiz determinará a avaliação dos bens penhorados.

A avaliação consiste na atribuição de valor econômico ao bem penhorado, cabendo ao Oficial de Justiça fazê-lo ou ao perito nomeado para tal.

O artigo 887 da CLT, que previa a avaliação por terceiros foi revogado tacitamente.

A avaliação poderá ser impugnada pelo executado, aplicando-se as disposições contidas no art. 13 da Lei nº 6.830/80, tendo em vista a lacuna na CLT.

Assim, impugnada a avaliação, pelo executado, ou pela Fazenda Pública, antes de publicado o edital de leilão, o juiz, ouvida a outra parte, nomeará **avaliador oficial** para proceder a nova avaliação dos bens penhorados.

1. http://www.incra.gov.br/media/institucional/legislacao/atos_internos/instrucoes/instrucao_especial/IE20_280580.pdf.

3.3. Expropriação de bens

A expropriação forçada dos bens do devedor corresponde à atuação do Poder Judiciário para converter o bem em pecúnia, a fim de possibilitar a entrega ao exequente da quantia, objeto da execução.

São diversas as modalidades de expropriação de bens, quais sejam: hasta pública, adjudicação em favor do exequente, alienação antecipada, adjudicação, leilão, alienação particular e usufruto de móvel ou imóvel.

Seja qual for a forma de expropriação, devem ser intimados da sua realização, o senhorio direto, o credor com garantia real ou com penhora anteriormente averbada, desde que, por qualquer modo, não tenham sido parte no processo (art. 889, II, do CPC).

Em determinadas situações, é possível que se proceda à alienação dos bens penhorados sem a necessidade de se aguardar todo o trâmite legalmente previsto e a prática dos atos processuais que seriam normalmente necessários (art. 853 do CPC).

É necessária a prévia oitiva da parte contrária antes da decisão do juiz.

O produto da alienação antecipada deve ser depositado em garantia da execução (art. 21 da Lei nº 6.830/80).

Após a penhora e avaliação, o juiz designa dia, hora e local para a realização da hasta pública, na qual os bens apreendidos poderão ser objeto de arrematação, determinando a expedição de edital.

O edital de praça ou leilão deve ser publicado, em resumo, no DEJT, além de ser afixado o seu inteiro teor na sede do juízo ou tribunal, para o conhecimento de todos, inclusive do próprio executado (art. 22 da LEF, combinado com art. 888 da CLT).

Entre a publicação e a realização da praça ou leilão é necessário que exista um **prazo mínimo de vinte dias.**

A intimação da hasta pública será feita na pessoa do procurador constituído nos autos, ou, na sua ausência, por meio de mandado, carta registrada, edital ou outro meio idôneo (art. 889, I, do CPC).

Em dia, hora e lugar anunciados, é feito o procedimento com o oferecimento de lances, vencendo aquele que ofertar o maior lance, garantindo-o com o sinal correspondente a 20% do valor do bem.

O arrematante tem o prazo de **24h** para pagar o preço da arrematação, sob pena de perder o sinal, que se reverte em favor do exequente, além de ficar impedido de participar do novo leilão ou da nova praça que será designada pelo juiz (art. 897 do CPC e art. 888, da CLT).

Em se tratando de bem imóvel é possível o parcelamento do pagamento do valor da arrematação (art. 895 do CPC). Para tal, os interessados em adquirir o bem penhorado com pagamento parcelado, deverão oferecer as suas propostas por escrito antes da realização da praça, desde que observe o valor da avaliação e com sinal de, pelo menos, 25% (CPC), com o restante garantido por meio de hipoteca sobre o próprio imóvel.

Tem legitimação para arrematar, qualquer pessoa capaz e que esteja na livre administração dos seus bens.

Excepciona-se dessa regra:

a) os tutores, curadores, testamenteiros, administradores, síndicos ou liquidantes, quanto aos bens confiados a sua guarda e responsabilidade;

b) os mandatários, quanto aos bens de cuja administração ou alienação estejam encarregados;

c) o juiz, membro do Ministério Público e da Defensoria Pública, escrivão, chefe de secretaria e demais servidores e auxiliares da Justiça, em relação aos bens e direitos objeto de alienação na localidade onde servirem ou a que se estender a sua autoridade;

d) dos servidores públicos em geral, quanto aos bens ou aos direitos da pessoa jurídica a que servirem ou que estejam sob sua administração direta ou indireta;

e) dos leiloeiros e seus prepostos, quanto aos bens de cuja venda estejam encarregados; f) dos advogados de qualquer das partes (art. 890 do CPC).

A arrematação será formalizada com o respectivo auto, que será lavrado em 24h da hasta pública, tornando-se perfeita e acabada com a assinatura do auto pelas pessoas designadas no art. 903 do CPC.

Admite-se, excepcionalmente, que a arrematação seja declarada sem efeito nos seguintes casos:

a) por vício de nulidade;

b) se não for pago o preço ou se não for prestada a caução;

c) quando o arrematante provar, nos cinco dias seguintes, a existência de ônus real ou de gravame não mencionado no edital;

d) a requerimento do arrematante, na hipótese de embargos à arrematação;

e) quando realizada por preço vil; e

f) quando não observar as prescrições contidas no art. 804 do CPC.

> "**Art. 804 do CPC.** *A alienação de bem gravado por penhor, hipoteca ou anticrese será ineficaz em relação ao credor pignoratício, hipotecário ou anticrético não intimado.*
>
> § 1º A alienação de bem objeto de promessa de compra e venda ou de cessão registrada será ineficaz em relação ao promitente comprador ou ao cessionário não intimado.
>
> § 2º A alienação de bem sobre o qual tenha sido instituído direito de superfície, seja do solo, da plantação ou da construção, será ineficaz em relação ao concedente ou ao concessionário não intimado.
>
> § 3º A alienação de direito aquisitivo de bem objeto de promessa de venda, de promessa de cessão ou de alienação fiduciária será ineficaz em

relação ao promitente vendedor, ao promitente cedente ou ao proprietário fiduciário não intimado.

§ 4º A alienação de imóvel sobre o qual tenha sido instituída enfiteuse, concessão de uso especial para fins de moradia ou concessão de direito real de uso será ineficaz em relação ao enfiteuta ou ao concessionário não intimado.

§ 5º A alienação de direitos do enfiteuta, do concessionário de direito real de uso ou do concessionário de uso especial para fins de moradia será ineficaz em relação ao proprietário do respectivo imóvel não intimado.

§ 6º A alienação de bem sobre o qual tenha sido instituído usufruto, uso ou habitação será ineficaz em relação ao titular desses direitos reais não intimado".

Quando for arrematado bem imóvel, além do auto de arrematação, será expedida uma carta de arrematação.

A carta de arrematação corresponde ao título que habilita o arrematante a obter a transcrição perante o cartório de registro de imóveis, com efeitos semelhantes à escritura pública de compra e venda.

Não havendo licitante para a hasta pública, e não requerendo o exequente a adjudicação dos bens penhorados, poderão os mesmos ser vendidos por leiloeiro nomeado pelo juiz ou presidente. Cabe ao juiz ou presidente do Tribunal do Trabalho nomear o leiloeiro, cuja comissão é quitada pelo arrematante.

A adjudicação é o ato processual de expropriação judicial em que o credor incorpora ao seu patrimônio, o bem penhorado, mediante seu requerimento.

O credor deve participar da praça ou leilão para que demonstre, formalmente, o seu interesse em adjudicar o bem e exercer seu direito de preferência à adjudicação.

Antes do leilão ou se, durante o pregão, não houver licitante, a adjudicação só poderá ser feita pelo valor da avaliação. Após o fim do leilão, o exequente concorre com os demais lançadores, com preferência pela adjudicação, se houver igualdade de oferta.

Outros credores, diversos do exequente, também gozam desse mesmo direito de preferência, assim considerados aqueles que hajam penhorado o mesmo bem e o credor com garantia real.

Presentes vários credores trabalhistas na adjudicação do bem penhorado, o juiz analisará a melhor proposta, julgará por sentença e determinará a expedição do respectivo auto de adjudicação. Terá preferência aquele credor que primeiro tenha promovido a penhora.

Caso o valor do crédito do exequente seja inferior ao valor da avaliação ou do maior lance oferecido, a diferença respectiva deve ser imediatamente depositada. Todavia, se o valor do crédito for maior, a execução terá prosseguimento para satisfazer o exequente em relação ao saldo remanescente.

A adjudicação considera-se perfeita e acabada com a lavratura e a assinatura do auto respectivo pelo juiz, pelo adjudicante, pelo diretor de secretaria e, se estiver presente, pelo executado (art. 877, § 1º do CPC).

Caso seja adjudicado bem imóvel, é necessária a expedição da carta de adjudicação, título hábil para promover o registro no cartório de imóveis e, consequentemente, transferir o domínio da coisa adjudicada.

Na hipótese de bem móvel, expede-se mandado de entrega ao adjudicante, pois a transferência do domínio opera-se apenas com a tradição da coisa.

Caso não prefira a adjudicação do bem, o exequente pode requerer que os bens sejam alienados por sua própria iniciativa ou por intermédio de corretor (leiloeiro público) credenciado perante a autoridade judiciária.

Incumbe ao juiz fixar o prazo para que a alienação seja concretizada, além da forma de publicidade, o preço mínimo, as condições de pagamento e, se for o caso, o percentual relativo à comissão de corretagem.

Realizada a alienação, esta será reduzida a termo com a expedição do respectivo auto de alienação, assinado pelo juiz, pelo exequente, pelo adquirente e, se presente, pelo executado.

Se for bem imóvel, também é expedida a carta de alienação, para o devido registro no cartório competente. Já em caso de bem móvel, expede-se o mandado de entrega ao adquirente.

O juiz pode conceder, ao exequente, o direito real de usufruto de móvel ou imóvel, quando reconhecer ser o procedimento mais eficiente para o recebimento do seu crédito e menos gravoso para o executado (art. 867 do CPC).

Através do usufruto judicial, o exequente passa a ter o direito de usar e fruir do bem, cabendo ao juiz nomear o administrador que será investido em todos os poderes que concernem ao usufrutuário.

É nomeado um perito que apontará o tempo do usufruto hábil a quitar o crédito e, após a manifestação das partes sobre o laudo, o juiz, caso defira o usufruto, ordena a expedição da carta respectiva para a averbação no registro de imóveis.

O exequente usufrutuário ou o administrador podem celebrar locação do móvel ou imóvel, desde que ouvido o executado (art. 869, § 4º do CPC).

A remição é o pagamento do valor da execução pelo devedor, o que se pode verificar até a adjudicação ou alienação dos bens.

A remição não pode ser realizada com relação a um único bem, isto é, há necessidade de pagamento integral do débito para que o bem constrito seja liberado.

Quando se verificar a concorrência de credores, isto é, um mesmo devedor sendo executado por credores diversos e a penhora recair em um mesmo bem de sua propriedade, será observada a ordem de prelação (art. 908, do CPC).

Isso significa que, o credor trabalhista que primeiro aperfeiçoou a penhora, tem direito de receber primeiro. Caso haja sobra, deve ser satisfeito o segundo credor trabalhista que procedeu da mesma forma, e assim sucessivamente.

É importante destacar que o credor trabalhista prefere aos demais, salvo nos casos do credor hipotecário, quando a inscrição do gravame real tenha sido feita no registro de imóveis antes do ajuizamento da ação trabalhista.

Nessa situação, não há consenso doutrinário e jurisprudencial, porquanto há quem defenda que aquele que arrematar ou adjudicar o bem, recebe-o com o respectivo gravame e há quem defenda que a arrematação do bem extingue os respectivos gravames.

4. EMBARGOS À EXECUÇÃO

4.1. Conceito

Os embargos à execução (ou embargos do devedor) constituem uma medida judicial **autônoma,** incidental ao processo de execução, cuja finalidade é desconstituir o título executivo judicial ou extrajudicial.

Os embargos são interpostos por petição e devem observar os requisitos genéricos da petição inicial, impostos pela CLT, possuindo uma condição específica de admissibilidade, qual seja, a garantia do juízo.

Logo, os embargos somente poderão ser apresentados se a execução estiver garantida por penhora.

4.2. Prazo

O prazo para oposição dos embargos à execução é de **cinco dias**, sendo de **trinta dias** para a Fazenda Pública.

A contagem do prazo inicia-se na data em que o devedor tomou ciência da penhora ou do momento em que efetuou o depósito da quantia devida para garantir o juízo.

No caso da Fazenda Pública, o prazo para apresentação dos embargos à execução inicia-se com a citação.

4.3. Matérias que poderão ser tratadas

Conforme o art. 884, § 1º, da CLT: *"A matéria de defesa será restrita às alegações de cumprimento da decisão ou do acordo, quitação ou prescrição da dívida"*.

Trata-se de rol exemplificativo porquanto o art. 525, § 1º, do CPC, prevê outras matérias que podem ser arguidas em sede de embargos à execução (denominada de impugnação).

Logo, além das matérias acima declinadas, o executado poderá alegar:

> I – falta ou nulidade da citação se, na fase de conhecimento, o processo correu à revelia;

II – ilegitimidade de parte;

III – inexequibilidade do título ou inexigibilidade da obrigação;

IV – penhora incorreta ou avaliação errônea;

V – excesso de execução ou cumulação indevida de execuções;

VI – incompetência absoluta ou relativa do juízo da execução;

VII – qualquer causa modificativa ou extintiva da obrigação, como pagamento, novação, compensação, transação ou prescrição, desde que supervenientes à sentença.

Os embargos à execução também podem ser utilizados pelo executado para impugnar a sentença de liquidação, desde que não tenha se verificado a preclusão consumativa pela ausência de impugnação dos cálculos de liquidação, quando intimado para tal (art. 884, § 3º, da CLT).

No caso de execução fundada em título executivo extrajudicial, será possível arguir qualquer matéria que o seria lícito ao executado deduzir como defesa em processo de conhecimento (art. 917 do CPC).

4.4. Procedimento

Recebida a petição inicial dos embargos, o juiz analisa a presença dos seus requisitos e, caso presentes, concede vista à parte contrária para oferecer defesa no prazo de cinco dias.

Se necessário, é designada audiência de instrução para colheita de prova oral (depoimento pessoal e/ou testemunhal).

Os embargos são processados nos próprios autos da execução e podem ser rejeitados liminarmente quando: 1) intempestivos; 2) a inicial for inepta; 3) manifestamente protelatórios; 4) o juízo não estiver seguro.

A oposição dos embargos do devedor suspende o processamento da execução forçada no processo do trabalho, seja por título judicial ou extrajudicial.

O juiz irá proferir sentença no prazo de **5 dias**, analisando, no mesmo ato, eventuais impugnações ajuizadas pelo exequente e União.

4.5. Embargos à execução por carta

Quando a execução se processa em outro juízo, através de carta precatória, o executado pode opor seus embargos, tanto no juízo deprecante quanto no juízo deprecado.

Entretanto, a competência para o julgamento cabe, exclusivamente, ao juiz deprecante, salvo se a matéria dos embargos à execução versar unicamente sobre vícios ou defeitos da penhora, avaliação ou alienação dos bens.

Na execução por carta precatória, os embargos de terceiro serão oferecidos no juízo deprecado, salvo se indicado pelo juízo deprecante o bem constrito ou se já devolvida a carta (art. 676, parágrafo único, do CPC de 2015).

4.6. Relativização da coisa julgada

A relativização da coisa julgada é o instituto pelo qual se considera inexigível o título judicial fundado em lei ou ato normativo declarados inconstitucionais pelo STF ou em interpretações tidas por incompatíveis com a Constituição Federal.

Essa alegação pode ser feita em sede de embargos à execução e, se acolhida, a execução é extinta pela inexigibilidade do título, elemento este essencial para a execução.

O CPC mantém a previsão de inexigibilidade do título judicial ampliando as hipóteses conforme art. 525, § 12°, para incluir os casos: a) fundados em lei ou ato normativo declarados inconstitucionais pelo STF em controle concentrado; b) fundados em aplicação ou interpretação da lei ou ato normativo tido pelo STF como incompatíveis com a Constituição da República em controle concentrado; c) fundados em norma cuja execução tenha sido suspensa pelo Senado Federal.

5. EXCEÇÃO DE PRÉ-EXECUTIVIDADE

Em caso de nulidades processuais insanáveis e demais matérias de ordem pública ou alegações de extinção da obrigação (ex. pagamento), o executado pode opor Exceção de Pré-executividade.

A característica principal desse instrumento é dispensar a necessidade de garantia do juízo.

Tal manifestação feita através de simples petição foi denominada pela doutrina e pela jurisprudência de Exceção de Pré-executividade que decorre do princípio do devido processo legal, princípio do contraditório e do princípio da ampla defesa, todos previstos no art. 5°, LIV, LV, XXXV, da Constituição Federal.

Sua utilização no processo do trabalho é admitida pela doutrina e jurisprudência.

A exceção é cabível a qualquer tempo, desde que antes de seguro o juízo.

Para atender ao princípio do contraditório, ao despachar a petição do devedor, o juiz deve intimar a parte contrária para oferecer impugnação no prazo que lhe assinar.

A decisão que rejeita a exceção de pré-executividade tem natureza interlocutória e não pode ser recorrida de imediato. Já a decisão que acolhe a exceção pode ser objeto de Agravo de Petição.

6. EMBARGOS DE TERCEIRO

Os embargos de terceiro constituem uma ação **autônoma,** incidental, em que o terceiro pretende manter ou restituir a posse do bem que, indevidamente encontra-se sob constrição judicial.

No processo de conhecimento, os embargos de terceiro podem ser opostos a qualquer tempo, enquanto não transitada em julgado a sentença.

Já no processo de execução, o prazo é de até cinco dias depois da arrematação, adjudicação ou remição, mas sempre antes da assinatura do respectivo auto ou carta (art. 675 do CPC).

O CPC trata da legitimidade para opor Embargos de Terceiro no seu art. 660, § 2º: *"Considera-se terceiro, para ajuizamento dos embargos: I – o cônjuge ou companheiro, quando defende a posse de bens próprios ou de sua meação, ressalvado o disposto no art. 843; II – o adquirente de bens cuja constrição decorreu de decisão que declara a ineficácia da alienação realizada em fraude à execução; III – quem sofre constrição judicial de seus bens por força de desconsideração da personalidade jurídica, de cujo incidente não fez parte; IV – o credor com garantia real para obstar expropriação judicial do objeto de direito real de garantia, caso não tenha sido intimado, nos termos legais dos atos expropriatórios respectivos".*

Assim, considera-se como terceiro aquele que não participou do processo e, diante da apreensão judicial, encontra-se legitimado a defender o bem apreendido, por meio dos embargos de terceiro.

Admitem-se os embargos de terceiro de caráter preventivo, como ocorre, por exemplo, com o requerimento da penhora, a expedição do mandado de citação e penhora, etc.

Aquele que foi citado na condição de devedor, mesmo que não se considere como tal e sim terceiro, não pode utilizar dessa medida processual, mas sim dos embargos à execução.

É considerado como terceiro o cônjuge do executado que é intimado da penhora de imóvel pertencente ao casal, com o objetivo de defender a sua meação, (Súmula nº 134 do STJ).

Há legitimidade do sócio para oposição dos embargos de terceiro quando são penhorados bens de sua propriedade particular (art. 674, § 2º, III, do CPC).

A legitimação passiva é conferida a todos aqueles que participaram da relação processual da qual resultou o ato de constrição judicial.

Na execução por carta precatória, os embargos de terceiro serão oferecidos no **juízo deprecado**, salvo se indicado pelo juízo deprecante o bem constrito ou se já devolvida a carta (Súmula 419 do TST e art. 676, parágrafo único, do CPC).

A petição inicial deve observar os requisitos genéricos das petições iniciais e deve vir acompanhada da prova sumária da posse ou da titularidade do direito limitado por ato de decisão judicial, sob pena de indeferimento.

Se for necessário, a posse ou a titularidade de direito pessoal pode ser provada em audiência prévia, sem a presença da parte contrária e dos demais interessados.

Recebida a petição inicial, que deve ser distribuída por dependência para o juízo que determinou a apreensão do bem ou do direito, o exequente será intimado para contestar a medida no prazo de quinze dias, de acordo com o art. 679 do CPC.

A suspensão do processo principal só ocorre quando os embargos de terceiro versarem sobre todos os bens ou direitos. Caso seja parcial, prossegue-se o feito em relação àqueles bens não embargados.

A decisão que reconhecer suficientemente provado o domínio ou a posse determinará a suspensão das medidas constritivas sobre os bens litigiosos objeto dos embargos, bem como a manutenção ou a reintegração provisória da posse, se o embargante a houver requerido.

Conforme o art. 678 do CPC, o juiz poderá condicionar a ordem de manutenção ou de reintegração provisória de posse à prestação de caução pelo requerente, ressalvada a impossibilidade da parte economicamente hipossuficiente.

Em caso de embargos opostos por credor com garantia real, a contestação feita pelo embargado só pode alegar que o devedor comum é insolvente; que o título é nulo ou não obriga a terceiro; ou outra é a coisa dada em garantia (art. 680 do CPC).

Se necessário, o processo será incluído em pauta para realização de audiência de instrução, após o que, será concluso ao juiz para prolação de sentença.

7. EXECUÇÃO CONTRA A FAZENDA PÚBLICA

Tendo em vista o princípio da impenhorabilidade dos bens públicos, a execução contra a Fazenda Pública apresenta rito próprio, com as seguintes especificidades: a) não existe obrigatoriedade de garantia do juízo; b) não existe a fase de expropriação prevista no rito geral.

Visando substituir tais fases, o legislador constituinte criou as figuras do precatório (art. 100 da CRFB/88) e da Requisição de Pequeno Valor-RPV.

A execução contra a Fazenda Pública é regulada pelo art. 535 do CPC.

Caso seja necessária a liquidação na execução contra a Fazenda Pública, esta observará o mesmo procedimento da execução geral.

Liquidada a conta, é expedido **mandado de citação**, cientificando a Fazenda Pública da execução e oportunizando a apresentação de embargos.

A Fazenda Pública poderá opor embargos à execução, no prazo de 30 dias, arguindo as matérias arroladas no art. 535 do CPC. *"A Fazenda Pública será intimada na pessoa de seu representante judicial, por carga, remessa ou meio eletrônico, para, querendo, no prazo de 30 (trinta) dias e nos próprios autos, impugnar a execução, podendo arguir: I – falta ou nulidade da citação se, na fase de conhecimento, o processo correu à revelia; II – ilegitimidade de parte; III – inexequibilidade do título ou inexigibilidade da obrigação; IV – excesso de execução ou cumulação indevida de execuções; V – incompetência absoluta ou relativa do juízo da execução; VI – qualquer causa modificativa ou extintiva da obrigação, como pagamento, novação, compensação, transação ou prescrição, desde que supervenientes ao trânsito em julgado da sentença".*

Da decisão de embargos caberá agravo de petição e, ainda, remessa necessária, exceto nas hipóteses já estudadas no Capítulo 4, Tópico 14.

O precatório é a requisição feita pelo Presidente do Tribunal Regional do Trabalho respectivo para que a Fazenda Pública resguarde, no orçamento, valor suficiente para o pagamento da execução.

Para tal, é necessário um processo administrativo, cujas formalidades previstas na Instrução Normativa n °32/2007 são apreciadas pelo Presidente do TRT, antes de encaminhamento ao Poder Executivo.

Se encaminhado até 1° de julho, deverá o crédito constar do orçamento seguinte.

A RPV, por sua vez, é um procedimento mais simples, para execuções com valores menores, representada por uma requisição de pagamento ao ente público no prazo de 60 dias, sob pena de sequestro do valor devido.

A CRFB/88 fixou tetos diferentes para os entes federativos a fim de que possa ser utilizada a RPV: 40 salários mínimos para os Estados/DF e 30 salários mínimos para os municípios (art. 87 do ADCT-CRFB/88). Para a União, o teto é de 60 salários mínimos (art. 17, § 1°, da Lei n ° 10.259/2001).

A Constituição Federal permite ao ente público a alteração desse teto, por meio de lei própria, segundo sua capacidade econômica, observando como valor mínimo o valor do maior benefício pago pelo regime geral da previdência social.

Caso a execução ultrapasse o teto, o credor poderá renunciar ao valor excedente para que a execução corra pela RPV.

Há dispensa da expedição de precatório, na forma do art. 100, § 3°, da CF/1988, quando a execução contra a Fazenda Pública não exceder os valores definidos, provisoriamente, pela Emenda Constitucional n° 37/02, como obrigações de pequeno valor, inexistindo ilegalidade, sob esse prisma, na determinação de sequestro da quantia devida pelo ente público (OJ n. 1, Pleno, TST).

O sequestro de verbas públicas para satisfação de precatórios trabalhistas só é admitido na hipótese de preterição do direito de precedência do credor, a ela não se equiparando as situações de não inclusão da despesa no orçamento ou de não-pagamento do precatório até o final do exercício, quando incluído no orçamento (OJ n. 3, Pleno, TST).

Tratando-se de reclamações trabalhistas plúrimas, a aferição do que vem a ser obrigação de pequeno valor, para efeito de dispensa de formação de precatório e aplicação do disposto no § 3° do art. 100 da CF/88, deve ser realizada considerando-se os créditos de cada reclamante (OJ n. 9, Pleno, TST).

Capítulo 6

AÇÕES ESPECIAIS

1. INQUÉRITO JUDICIAL PARA APURAÇÃO DE FALTA GRAVE

1.1. Conceito

O inquérito para apuração de falta grave é uma ação específica de conhecimento, de rito especial, de iniciativa exclusiva do empregador, destinada a promover o rompimento do contrato de trabalho de determinados empregados portadores de estabilidade ou garantia de emprego.

1.2. Cabimento

O inquérito para apuração de falta grave é exigido para a rescisão contratual do:

a) empregado portador da estabilidade decenal (art. 494 da CLT);

b) dirigente sindical (art. 543, § 3º, da CLT, Súmula nº 197/STF e Súmula nº 379/TST);

c) representante dos trabalhadores no Conselho Nacional da Previdência Social, titulares e suplentes (art. 3º, § 7º, da Lei nº 8.213/91);

d) Diretor eleito de cooperativa de trabalho (art. 55 da Lei nº 5.764/71 - não inclui membro suplente: OJ nº 253 da SDI-1/TST).

Há ainda posicionamento no sentido de aplicação para membros do conselho curador do FGTS (TST; RR 258100-37.1995.5.02.0008).

É importante destacar que não há consenso doutrinário sobre as hipóteses de cabimento do inquérito para apuração de falta grave, existindo corrente que defende sua aplicabilidade apenas nas duas primeiras hipóteses anteriormente citadas.

A falta grave a ser apurada é aquela descrita no art. 493 da CLT, que dispõe que constitui falta grave a prática de qualquer dos fatos a que se refere o art. 482 (hipóteses de justa causa), quando por sua repetição ou natureza representem séria violação dos deveres e obrigações do empregado.

1.3. Prazo para ajuizamento

Quando o empregado comete um ilícito trabalhista de natureza grave, o empregador pode **suspender** seus serviços para proceder à apuração da falta respectiva.

Caso opte pela suspensão, a ação de inquérito tem que ser ajuizada no prazo de **trinta dias** após o seu início, sob pena de decadência, isto é, não poderá mais ajuizar a ação no futuro (súm. 403 do STF).

Se for ajuizado o inquérito, a suspensão perdurará até o trânsito em julgado da sentença (art. 494, parágrafo único, da CLT).

Se não for ajuizado o inquérito, a suspensão disciplinar deverá cessar após o decurso dos 30 dias, sob pena de rescisão indireta (art. 474 da CLT).

Se o empregador não suspende o empregado, pode ajuizar o inquérito a qualquer momento, desde que observado o prazo prescricional de dois anos (existe corrente doutrinária que sustenta que o prazo seria de 5 anos porque o contrato está em vigor).

Em caso de abandono de emprego, o prazo decadencial conta-se a partir do momento que o empregado pretendeu retornar (Súm. 62, TST).

1.4. Natureza jurídica

A natureza jurídica do inquérito para apuração de falta grave é **dúplice**.

Isso porque, em caso de procedência do pedido, sua natureza jurídica é constitutiva negativa, ao deferir a extinção do contrato de trabalho do empregado estável, considerando-se a data da suspensão do empregado ou, se não houve, a data da sentença (art. 494, CLT);

Contudo, afastada a falta grave, a sentença pode condenar o demandante no pagamento dos salários devidos durante o período em que o empregado ficou afastado do serviço (art. 855 da CLT).

Nessa situação, fica evidenciada a natureza de caráter **condenatório** porque será devida a reintegração no serviço, bem como o pagamento dos salários durante o período de afastamento. Nesse caso, a suspensão contratual se convola em interrupção (art. 495 da CLT).

A natureza dúplice da sentença verifica-se na condenação do autor ao pagamento dos salários do período de afastamento como consequência da improcedência, sem necessidade de reconvenção.

1.5. Procedimento

A petição inicial é por escrito e o processo é ajuizado perante a Vara do Trabalho.

O procedimento segue o rito ordinário, com a especificidade que a parte pode arrolar até **seis** testemunhas (art. 821 da CLT).

As custas são recolhidas pelo vencido e calculadas no percentual de **2%** incidente sobre o valor atribuído à causa ou sobre o valor da eventual condenação.

2. DISSÍDIO COLETIVO

2.1. Conceito

O dissídio coletivo é ação ajuizada perante o Tribunal do Trabalho, cuja finalidade é a resolução de conflitos no âmbito de **categorias**, seja profissional ou econômica, após a frustração da tentativa de negociação (CLT, art. 616, parágrafo 2º. e art. 114, parágrafo 2º. CF/88).

2.2. Classificação

Os dissídios coletivos classificam-se em:

a) **Natureza econômica:** visam instituir normas e condições de trabalho;

b) **Natureza jurídica:** destinam-se à interpretação de cláusulas de normas coletivas em geral;

c) **Originários:** quando inexistente sentença normativa anterior;

d) **De revisão:** quando destinado a reavaliar normas e condições de trabalho preexistentes;

e) **De declaração:** sobre a paralisação do trabalhado decorrente de greve;

f) **Mista:** além de declarar a abusividade do movimento grevista, também criam novas cláusulas que vigorarão entre as categorias.

2.3. Competência

A competência funcional para julgamento do dissídio é sempre do Tribunal Regional do Trabalho (nunca da Vara do Trabalho), em cuja jurisdição tenha ocorrido o conflito (arts. 677 e 678 da CLT e art. 6º da Lei nº 7.701/88), salvo se a base territorial do sindicato ultrapassar aquela que corresponde a de um Estado Federado.

Nesse caso, a competência originária será do Tribunal Superior do Trabalho (art. 702, I, "b", da CLT), por intermédio da SDC, conforme determina o art. 2º, I, "a", da Lei nº 7.701.

2.4. Legitimidade

A legitimação originária ativa para propositura do dissídio coletivo é dos sindicatos devidamente constituídos e registrados no Ministério do Trabalho.

Na ausência de sindicatos, a legitimidade ordinária é transferida para federação e, na sua ausência, para confederação respectiva (legitimidade residual).

Excepcionalmente, no caso de greve em atividade essencial com possibilidade de lesão do interesse público, atribui-se legitimidade extraordinária ao Ministério Público do Trabalho (art. 114, § 3º, da CRFB/88).

Outrossim, se as entidades sindicais se recusarem a assumir a negociação coletiva de determinada categoria profissional, autoriza-se a formação de uma **comissão de negociação** pelos próprios trabalhadores. Se não houver acordo e deflagrada a greve, admite-se, excepcionalmente, a instauração do **dissídio coletivo** (art. 5º da Lei nº 7.783/89).

A Lei nº 7.783/89, art. 8º, derrogou o art. 856 da CLT e excluiu a legitimidade do presidente do Tribunal para instaurar a instância de ofício do dissídio coletivo, em caso de greve, seja originário ou de revisão.

Como suscitado (legitimidade passiva), deve figurar a empresa ou o sindicato da categoria profissional ou econômica representativo da atividade correspondente.

2.5. Pressupostos

Os pressupostos para o ajuizamento do dissídio de natureza econômica são:

a) **tentativa anterior de negociação** art. 616, §§ 2º e 4º da CLT e art. 114, § 2º da CRFB/88;

b) **comum acordo** (art. 114, § 2º, da CRFB/88);

c) **Autorização da assembleia** (art. 859 da CLT).

2.6. Petição inicial

A petição inicial deverá ser escrita e atender aos requisitos estabelecidos pelos arts. 840 e 858 da CLT e art. 319 do CPC, em tantas vias quantos forem os suscitados.

Na inicial devem constar as cláusulas sugeridas e o fundamento para embasar a proposta, sob pena de extinção do feito.

A petição inicial deverá vir acompanhada da documentação necessária para a comprovação das alegações e, principalmente:

a) do edital de convocação da assembleia geral;

b) da ata da assembleia que autoriza o ajuizamento do dissídio;

c) da prova de que as tentativas de negociação não obtiveram êxito;

d) das cópias de instrumentos normativos anteriores (acordo coletivo, convenção coletiva ou sentença normativa);

e) da pauta reivindicatória, registrada em ata (Oj n. 08 da SDC do TST)

2.7. Procedimento

O Presidente do Tribunal determina a designação de audiência para conciliação, no prazo de **10 dias**, ordenando a notificação das partes.

Na audiência de conciliação, o Presidente ouve as partes, podendo sugerir solução para o conflito. Caso seja aceita, submete à homologação do Tribunal na primeira sessão. Não sendo lavrado o acordo, submete o processo para julgamento depois da realização de diligências (art. 864 da CLT).

Não há aplicação de confissão ficta em caso de ausência da parte, porquanto não há pretensão condenatória, mas sim **constitutiva.**

A parte vencida arcará, ao final do processo de dissídio coletivo, com o pagamento das custas processuais, independentemente de intimação.

Quando a sentença normativa é proferida por um Tribunal Regional do Trabalho, cabe recurso ordinário para a SDC do TST.

Quando proferida pelo TST, em sede de competência originária, as sentenças normativas não unânimes podem ser reformadas por meio de embargos infringentes (art. 894, I, "a" da CLT e art. 2º, II, "c" da Lei nº 7.701/88).

A legitimação para interposição do recurso ordinário para atacar sentença normativa é da **parte sucumbente, além do MPT** (art. 898 da CLT).

2.8. Sentença normativa

2.8.1. Conceito e natureza jurídica

A sentença proferida no dissídio coletivo, denominada sentença normativa, é ato judicial na sua forma, mas tem natureza jurídica **normativa** em seu conteúdo.

Em outras palavras, a sentença normativa possui natureza jurídica de lei, em sentido amplo, em face de suas características de abstratividade, generalidade e coercibilidade.

A sentença normativa, além de solucionar o conflito coletivo de trabalho, cria **melhores condições** de labor para os empregados ou mantém aquelas estabelecidas anteriormente por instrumentos normativos negociados ou mesmo sentenças normativas pretéritas, vinculando os integrantes da categoria profissional e econômica, cujo sindicato representativo tiver ocupado um dos polos da relação processual.

A sentença normativa não pode fixar condições de trabalho inferiores ao patamar anterior instituído por uma convenção ou acordo coletivo de trabalho, conforme preceito contido na parte final do art. 114, § 2º da CF/88.

2.8.2. Período de vigência

O período de vigência da sentença normativa é de, no máximo, **4 anos.**

O início da vigência dá-se da seguinte maneira:

a) se o dissídio for ajuizado dentro de sessenta dias que antecedem o final da vigência da sentença normativa, do acordo coletivo ou da convenção coletiva de trabalho → a valer a partir do dia imediato ao termo final de vigência da norma coletiva;

b) se ajuizado fora do prazo anterior, em caso de existência de norma coletiva anterior: a partir de sua publicação;

c) se não existir norma coletiva anterior → a partir do ajuizamento.

2.8.3. Extensão da sentença normativa

Em regra, a sentença normativa atinge as categorias envolvidas.

Em alguns casos, a sentença normativa atinge somente parte dos empregados, sendo que, para estender seus efeitos a todos os empregados da categoria será necessário:

a) solicitação ou de ofício;

b) concordância de ¾ dos empregados e empregadores.

2.8.4. Efeitos

As decisões normativas proferidas em sede de dissídio coletivo de natureza econômica têm eficácia imediata, mesmo no caso de interposição de recurso para instância superior, em face do seu caráter meramente devolutivo.

Logo, não há necessidade de se aguardar o trânsito em julgado da sentença normativa para que os integrantes das categorias profissionais ou econômicas possam exigir as condutas de comportamento nela estabelecidas, por intermédio da ação de cumprimento.

Entretanto, se a decisão normativa se encontra pendente de recurso, o processo ajuizado pelo empregado ou pelo sindicato em ação de cumprimento está sujeito a uma condição resolutiva, que é a manutenção da sentença normativa pelo órgão *ad quem*.

Caso ocorra a extinção do processo sem a resolução do mérito ou a modificação da sentença normativa pelo TST, desaparece o direito do autor da ação individual, o que afasta qualquer alegação de coisa julgada.

Assim, a coisa julgada produzida na ação de cumprimento é atípica, pois dependente de condição resolutiva, ou seja, da não modificação da decisão normativa por eventual recurso.

Modificada a sentença normativa pelo TST, com a consequente extinção do processo, sem julgamento do mérito, deve-se extinguir a execução em andamento, uma vez que a norma sobre a qual se apoiava o título exequendo deixou de existir no mundo jurídico.

Se já houve trânsito em julgado da sentença normativa, tem-se a eficácia **plena** do seu conteúdo.

2.9. Revisão

Os dissídios nos quais são fixadas as condições de trabalho poderão ser objeto de revisão após um ano, desde que tenham havido modificações das condições, tornando-se injustas ou inaplicáveis.

Trata-se do dissídio coletivo **revisional** (art. 873 da CLT) que materializa a aplicação da cláusula *rebus sic stantibus* às relações coletivas de trabalho.

A iniciativa da revisão caberá ao próprio Tribunal, sindicatos, empregados ou empregadores e MPT (somente nos casos de greve em serviço essencial e se houver possibilidade de lesão ao patrimônio público).

Se a ação for proposta pelo representante do MPT, os sindicatos e o empregador ou empregadores interessados serão ouvidos no prazo de 30 dias.

Quando promovida por uma das partes interessadas, serão as outras ouvidas, também por igual prazo.

A revisão será julgada pelo Tribunal que tiver proferido a decisão originária, depois de ouvido o MPT.

3. AÇÃO DE CUMPRIMENTO

A decisão proferida em sede de dissídio coletivo tem natureza **constitutiva** (estabelece normas e condições de trabalho entre as partes) e não condenatória. Logo, não é possível ajuizar execução desta decisão.

O eventual descumprimento de decisão proferida em dissídio coletivo enseja o ajuizamento de ação própria de conhecimento denominada ação de cumprimento (art. 872 da CLT), a ser proposta na Vara do Trabalho.

A legitimidade ativa é dos **sindicatos ou do empregado,** através de ação individual.

A legitimidade do sindicato para propor ação de cumprimento estende-se também à observância de acordo ou de convenção coletivos (Súm. 286 do TST).

A petição inicial deve observar os requisitos da CLT, bem como estar acompanhada da certidão de julgamento.

Para o ajuizamento da ação de cumprimento não há necessidade do trânsito em julgado do dissídio coletivo (Súmula 246 do TST), de forma que a ação pode ser proposta a partir do 20º dia subsequente ao julgamento proferido pelo TRT, salvo se concedido efeito suspensivo ao recurso.

Se o dissídio for originariamente julgado pelo TST, a partir da publicação da certidão de julgamento pela SDC.

Em sede de contestação, o réu pode requerer a compensação dos valores já pagos por força da decisão normativa e, inclusive, pode apresentar reconvenção.

A instrução seguirá o rito ordinário da CLT.

O prazo de prescrição com relação à ação de cumprimento de decisão normativa flui apenas da data de seu trânsito em julgado (Súm. 350 do TST).

A coisa julgada produzida na ação de cumprimento é atípica, pois dependente de condição resolutiva, ou seja, da não-modificação da decisão normativa por eventual recurso. Assim, modificada a sentença normativa pelo TST, com a consequente extinção do processo, sem julgamento do mérito, deve-se extinguir a execução em andamento, uma vez que a norma sobre a qual se apoiava o título exequendo deixou de existir no mundo jurídico (OJ n. 277 da SDI-1 do TST).

Não procede ação rescisória calcada em ofensa à coisa julgada perpetrada por decisão proferida em ação de cumprimento, em face de a sentença normativa, na qual se louvava, ter sido modificada em grau de recurso, porque em dissídio coletivo somente se consubstancia coisa julgada formal. Assim, os meios processuais aptos a atacarem a execução da cláusula reformada são a exceção de pré-executividade e o mandado de segurança, no caso de descumprimento do art. 514 do CPC de 2015 (Súm. 397 do TST).

4. AÇÃO ANULATÓRIA DE CLÁUSULAS CONVENCIONAIS

A ação anulatória de cláusulas convencionais é uma ação de conhecimento de cunho coletivo, cujo objetivo é desconstituir cláusula de acordo ou convenção coletiva.

A legitimidade é do MPT e a competência é do Tribunal, tendo em conta o caráter de coletividade do interesse.

No polo passivo devem estar todos os partícipes da norma coletiva (empregador e sindicatos), já que o julgamento deverá ser uniforme para as partes.

A ação anulatória de cláusulas convencionais não se confunde com o **pedido incidental** de declaração de ineficácia de cláusula convencional, no bojo de uma determinada ação trabalhista.

Toda norma jurídica é analisada sob três planos, quais sejam, da existência, da validade e da eficácia.

A ação anulatória de cláusula normativa busca atacar o plano da validade da norma jurídica, ao passo que o pedido incidental de declaração de ineficácia de cláusula convencional busca atacar o plano da eficácia da norma no contexto daquela relação jurídica específica.

A ação anulatória é, portanto, a medida judicial cabível para obtenção de declaração de nulidade de cláusula coletiva nos casos em que se pretende imprimir efeitos ***erga omnes*** à decisão e sua competência é do TRT.

Já o pedido incidental de declaração de ineficácia de cláusula convencional é pleito formulado dentro de uma ação trabalhista, objetivando-se que a norma não surta efeitos naquela relação jurídica, de forma que somente pode atingir as partes do processo e a competência é da vara do trabalho. No caso do pedido de declaração incidental, a pretensão do reclamante não é a exclusão definitiva da cláusula coletiva do mundo jurídico, mas apenas a sua ineficácia naquela relação, com efeito somente no **caso específico** dos autos e entre as partes do processo.

É importante informar que a Lei da Reforma Trabalhista trouxe a expressa previsão de **litisconsórcio necessário** dos sindicatos subscritores das normas coletivas em **ação individual ou coletiva**, que tenha como objeto a anulação de cláusulas normativas (art. 611-A, § 5º, da CLT).

À luz do princípio do acesso à justiça e diante da diferenciação entre ação anulatória e pedido incidental de declaração de ineficácia da norma, a única conclusão possível é a de que o legislador quis reforçar a regra de que a ação para declarar nulidade de cláusula normativa é necessariamente coletiva. Em sede de ação individual, como já visto, o que se pode pleitear é apenas a declaração de ineficácia da cláusula normativa especificadamente naquela relação jurídica apreciada em juízo.

Nos termos do artigo 8º, §3º, da CLT, no exame da convenção coletiva ou do acordo coletivo de trabalho, a Justiça do Trabalho analisará exclusivamente a conformidade dos **elementos essenciais** do negócio jurídico, respeitado o disposto no art. 104 do Código Civil (agente capaz, objeto lícito, possível e determinável, forma prescrita ou não defesa em lei), e balizará sua atuação pelo princípio da intervenção mínima na autonomia da vontade coletiva.

Na hipótese de procedência de ação anulatória de cláusula de convenção coletiva ou de acordo coletivo de trabalho, quando houver a cláusula compensatória, esta deverá ser igualmente anulada, sem repetição do indébito.

5. AÇÃO DE CONSIGNAÇÃO EM PAGAMENTO

Quando o devedor pretende obter a declaração de extinção de determinado pagamento ou da obrigação de entrega de coisa, poderá ajuizar a ação de consignação em pagamento.

Esta modalidade especial de ação é regulada pelo CPC, nos artigos 539 a 549 do CPC.

As hipóteses mais comuns de cabimento dessa ação especial no processo do trabalho são:

a) recusa ou impossibilidade de recebimento das verbas rescisórias e documentos (CTPS e guias de rescisão);

b) falecimento do credor e dúvida do sucessor;

c) dúvida da empresa sobre a legitimidade sindical para receber a contribuição sindical.

Conforme a IN nº 27/2005 do TST, o rito da ação de consignação será aquele previsto no CPC, observando-se a sistemática recursal da CLT.

Na prática, é comum a observância do rito trabalhista, já que não há prejuízo às partes.

A ação é proposta na Vara do Trabalho do local da prestação de serviços, por meio de petição em que o autor requererá seja o valor/documentos consignados recebidos e declaradas extintas as obrigações correspondentes.

O consignado apresentará defesa em audiência podendo reconhecer o pedido, alegar que houve recusa por motivo justo, que o depósito não foi feito no prazo ou lugar correto ou alegar que o valor depositado não é integral.

A consignação em pagamento tem natureza dúplice, porquanto o consignado pode apresentar pedido contraposto para requerer a diferença devida.

Na prática, normalmente o consignatário recebe o pagamento e documentos consignados fazendo expressa ressalva de que a quitação se limita àquela entrega e valores quitados, podendo ajuizar nova ação para discutir verbas ou diferenças que entender devidas e inclusive modalidade rescisória.

Importante destacar que existe corrente doutrinária sustentando que, após a Reforma Trabalhista que extinguiu a necessidade de homologação sindical para a rescisão contratual (nova redação do artigo 477 da CLT), tornou-se desnecessário o ajuizamento da ação de consignação em pagamento, para a simples entrega de guias ao trabalhador e/ou quitação das parcelas decorrentes da extinção contratual. Basta, portanto, que a rescisão seja comunicada pela empregadora aos órgãos competentes e que o pagamento das parcelas seja realizado dentro do prazo legal, para que a extinção do pacto laboral seja considerada efetivada.

Segundo essa corrente, não existiria mais necessidade alguma de a empresa consignar as guias e/ou pagamento dos valores. Estes, podem ser diretamente depositados na conta bancária do trabalhador ou, se for o caso, serem colocados à disposição pelos mais variados meios bancários atualmente existentes (inclusive, a denominada "ordem de pagamento", cujo documento é emitido por qualquer instituição financeira, bastando que o credor compareça, portando seu documento pessoal, para o recebimento dos valores). Aqueles (os documentos rescisórios) podem ser entregues, por exemplo, por correio, com AR, apenas para que a empresa tenha em mãos o comprovante de que o trabalhador os recebeu.

A intervenção do Poder Judiciário, em todo este contexto, é algo que não se justifica mais porque não há mais necessidade de homologação da rescisão contratual após a Reforma Trabalhista.

6. MANDADO DE SEGURANÇA

6.1. Conceito

O mandado de segurança é uma ação constitucional especial, de natureza mandamental, com a finalidade de proteger direito líquido e certo lesado ou ameaçado por autoridade, cujo titular seja uma pessoa física, jurídica ou entidades legalmente personificadas e que não seja protegido por *habeas corpus* ou *habeas data*.

No âmbito da Justiça do Trabalho, o mandado de segurança assume especial destaque diante da irrecorribilidade das decisões interlocutórias (art. 893, § 1º, da CLT), tornando-o o instrumento cabível nesses casos, quando houver lesão a direito líquido e certo.

6.2. Modalidades

O mandado de segurança classifica-se em: **individual ou coletivo, preventivo ou repressivo.**

O mandado de segurança individual pode ser impetrado por qualquer pessoa física ou jurídica ou entidade legalmente personificada, para a defesa de interesses ou direitos unicamente individuais, ainda que haja litisconsórcio.

Já o mandado de segurança coletivo somente pode ser impetrado por partido político com representação no Congresso Nacional ou organização sindical, entidade de classe ou associação legalmente constituída e em funcionamento há pelo menos um ano, em defesa dos interesses de seus membros ou associados.

Ademais, nesse último caso, o direito ou interesse ameaçado ou lesado deve ser de natureza coletiva, ou seja, coletivos *stricto sensu* ou individuais e homogêneos, ainda que seja relativo à parte da categoria, sendo desnecessária a autorização expressa dos integrantes da entidade.

Direitos coletivos são aqueles transindividuais, de natureza indivisível, de que seja titular grupo ou categoria de pessoas ligadas entre si ou com a parte contrária por uma relação jurídica básica. Já os direitos individuais homogêneos são os decorrentes de origem comum e da atividade ou situação específica da totalidade ou de parte dos associados ou membros do impetrante.

Quanto ao momento da impetração, o mandado de segurança pode ser preventivo, isto é, quando o interessado deduz a sua pretensão em juízo a se ver na iminência de ter o seu direito líquido e certo violado por ato de autoridade, ou repressivo, quando impetrado após a consumação da lesão.

6.3. Legitimidade

A legitimidade ativa, em regra, é do titular do direito líquido e certo, isto é, aquele cujo direito restou violado por ato ou omissão de autoridade (legitimação ordinária).

A Lei nº 12016/09 em seu art. 3º prevê a hipótese excepcional de legitimação extraordinária, permitindo a terceiro a impetração do mandado de segurança se o titular não o fizer no prazo de 30 dias.

A legitimidade passiva é da autoridade de qualquer categoria ou agente de pessoa jurídica no exercício de atribuições do Poder Público, inclusive quando o ato for praticado por delegação de competência, na forma prevista pela Súmula nº 510 do STF.

O art. 1º, § 1º, da Lei nº 12.016/09 estabelece as pessoas que se equiparam à autoridade coatora: *"Equiparam-se às autoridades, para os efeitos desta Lei, os representantes ou órgãos de partidos políticos e os administradores de entidades autárquicas, bem como os dirigentes de pessoas jurídicas ou as pessoas naturais no exercício de atribuições do poder público, somente no que disser respeito a essas atribuições".*

6.4. Competência

A competência funcional para a impetração do mandado de segurança depende da autoridade coatora.

Se o ato for praticado por autoridade coatora não judicial e que não possua qualquer prerrogativa (exemplo: autoridade integrante da Secretaria Especial do Trabalho, a competência será da Vara do Trabalho.

Se a autoridade impetrada for juiz do trabalho, desembargador ou órgão do TRT, a competência será do TRT, do órgão indicado pelo Regimento Interno.

Se o ato foi praticado por Ministro do TST ou órgão do TST, a competência será do próprio TST, de órgão previsto no Regimento Interno.

O regimento interno do TST prevê, em seu art. 76, I, b competência do órgão especial para apreciar e julgar o mandado de segurança quando a autoridade coatora for o Presidente ou de qualquer Ministro do Tribunal, ressalvada a competência das Seções Especializadas.

A competência da SDC está delimitada pelo art. 2º, I, "d", da Lei nº 7.701/88, atribuindo-lhe, originariamente, a competência para julgar os mandados de segurança contra os atos praticados pelo Presidente do Tribunal ou por qualquer dos Ministros integrantes da seção especializada em processo de dissídio coletivo.

Já a competência da SDI encontra-se definida pelo artigo seguinte da mencionada norma: "**Art. 3º.** *Compete à Seção de Dissídios Individuais julgar: I – originariamente: (...) b) os mandados de segurança de sua competência originária, na forma da lei*".

6.5. Requisitos

6.5.1. Prazo decadencial

O mandado de segurança deve ser impetrado no prazo decadencial de **120 dias,** contados a partir da ciência do ato impugnado, pelo interessado.

Na contagem do prazo decadencial para ajuizamento de mandado de segurança, o efetivo ato coator é o primeiro em que se firmou a tese hostilizada e não aquele que a ratificou.

Se a ação de mandado de segurança é extinta sem a resolução do mérito, o autor pode renovar a sua pretensão, desde que esteja dentro do prazo de decadência acima mencionado.

6.5.2. Direito líquido e certo

Ao impetrar o mandado de segurança, a parte deve comprovar, de plano, o direito **líquido e certo**, seja por intermédio de documentos em poder do impetrante ou por meio daqueles existentes nos órgãos públicos.

Não é admitida dilação probatória no mandado de segurança.

6.5.3. Ato de autoridade

O mandado de segurança somente é cabível contra atos das autoridades de natureza concreta, pois somente esses são capazes de ameaçar ou lesar direitos. Portanto, não cabe mandado de segurança contra atos de natureza normativa que não produza efeitos concretos, diante da sua característica genérica e abstrata.

A Lei n° 12.016/09, art. 1°, § 2°, também excepciona os atos de gestão comercial praticados pelos administradores de empresas públicas, de sociedade de economia mista e de concessionárias de serviço público.

O particular também pode ser considerado como autoridade coatora, desde que pratique atos por delegação do poder público (Súmula n° 510 do STF).

Não cabe mandado de segurança contra ato judicial passível de recurso ou correição e nem tampouco cabe mandado de segurança contra decisão judicial com trânsito em julgado.

6.6. Procedimento

A petição inicial deve atender aos requisitos estabelecidos pelo art. 319 do CPC e deve vir acompanhada dos documentos necessários e indispensáveis à sua propositura, bem como a indicação da autoridade coatora e da pessoa jurídica que esta integra, à qual se acha vinculada ou da qual exerce atribuições.

A ação é distribuída para o juiz/relator que examinará o cabimento do mandado de segurança, a tempestividade e a presença os requisitos de admissibilidade, podendo indeferir, de plano, a petição inicial.

Contra a decisão de indeferimento cabe agravo regimental, na hipótese de a competência originária ser do Tribunal e recurso ordinário, na hipótese de decisão do juízo de primeira instância.

Se a petição inicial estiver apta, o juiz/relator ordenará a notificação da autoridade coatora do conteúdo da petição inicial, com o envio da segunda via apresentada com as cópias dos documentos, a fim de que, no prazo de 10 (dez) dias, preste as informações. Ordenará, ainda, que se dê ciência do feito ao órgão de representação judicial da pessoa jurídica interessada, com cópia da inicial sem documentos, para que, querendo, ingresse no feito.

O mandado de segurança coletivo não induz litispendência para as ações individuais, por se tratar de ação coletiva, (art. 22, § 1°, da Lei n° 12.016/09).

6.6.1. Liminar

O juiz de ofício, a requerimento da parte ou do Ministério Público, poderá conceder liminar determinando a suspensão do ato que deu motivo ao pedido, quando houver fundamento relevante e do ato impugnado puder resultar a ineficácia da medida, caso seja finalmente deferida.

A concessão da liminar poderá ser condicionada à prestação de caução, fiança ou depósito, com o objetivo de assegurar o ressarcimento à pessoa jurídica.

A liminar não poderá ser deferida se tiver por objeto: a) a compensação de créditos tributários; b) a entrega de mercadorias e bens provenientes do exterior; c) a reclassificação ou equiparação de servidores públicos; e d) a concessão de aumento ou a extensão de vantagens ou pagamento de qualquer natureza.

No Tribunal, não cabe recurso da decisão do relator que concede ou indefere liminar em mandado de segurança (Súmula nº 622 do STF).

Na Vara do Trabalho é cabível impugnar a decisão de liminar impetrando outro mandado de segurança.

No mandado de segurança coletivo, a liminar só poderá ser concedida após a audiência do representante judicial da pessoa jurídica de direito público, que deverá se pronunciar no prazo de setenta e duas horas (art. 22, § 2º, da Lei nº 12.016/09).

Transcorrido o prazo para apresentação das informações pela autoridade coatora e depois de ouvido o representante do MPT, no prazo de 10 dias, a decisão será proferida no prazo máximo de trinta dias.

Não haverá condenação em honorários advocatícios de sucumbência.

6.6.2. Coisa julgada

No mandado de segurança coletivo, os benefícios da coisa julgada não beneficiarão o impetrante a título individual se este não requerer a **desistência** de seu *mandamus* no prazo de trinta dias, a contar da ciência comprovada da impetração da segurança coletiva (art. 22, § 1º, da Lei nº 12.016/09).

Segundo dispõe o *caput* do art. 22, da Lei nº 12.016/09, a sentença, no mandado de segurança coletivo, fará coisa julgada limitadamente aos membros do grupo ou categoria substituídos pelo impetrante.

6.6.3. Recurso

A parte sucumbente, inclusive a autoridade coatora, detém legitimidade para recorrer da decisão que lhe for desfavorável.

Da sentença caberá recurso ordinário para o TRT (se julgado pelo Juiz do Trabalho) ou para o TST, se a ação for originária do TRT.

Se a competência originária para conhecer o mandado de segurança é do TST, cabe recurso para o STF, na forma preceituada pelo art. 102, II, "a" da CF/88.

Fica sujeita ao duplo grau de jurisdição obrigatório, as sentenças que concederem a segurança, admitindo-se a execução provisória, exceto se for vedada a concessão de medida liminar e observando o disposto no § 4º, art. 13 da Lei nº 12.016/09.

A execução da sentença definitiva ou da liminar poderá ser suspensa por decisão fundamentada do presidente do Tribunal competente para apreciar o recurso, a requerimento da pessoa jurídica de direito público interessada ou a pedido do representante do Ministério Público, para evitar grave lesão à ordem, à saúde, à segurança e à economia pública.

Dessa decisão caberá agravo, sem efeito suspensivo, no prazo de oito dias, que será levado a julgamento na sessão seguinte à sua interposição (art. 15 da Lei nº 12.016/09).

É necessário o recolhimento das custas processuais sob pena de ser declarada a deserção do recurso, exceto nos casos de isenção legal ou quando o interessado for beneficiário da justiça gratuita.

7. AÇÃO CIVIL PÚBLICA E AÇÃO COLETIVA

7.1. Conceito

A ação civil pública tem como finalidade proteger todas as espécies de direitos ou interesses metaindividuais e a consequente postulação de condenação do ofensor no pagamento de uma indenização e/ou para o cumprimento de obrigação de fazer ou não fazer.

No âmbito do processo do trabalho, a ação civil pública é o remédio processual que objetiva defender os interesses coletivos, quando desrespeitados os direitos sociais previstos na Carta Magna.

É o que ocorre, por exemplo, em situações de discriminações de empregados, violação de normas de meio ambiente do trabalho, dentre outros.

Sua regulamentação se dá pela Lei nº 7.347/85 e pelo Código de Defesa do Consumidor (Lei nº 8.078/90).

O CDC utilizou o termo ação civil coletiva como sinônimo de ação civil pública, em especial quando se considera que a interpretação da LACP e do CDC deve ser realizada conjuntamente, de modo a criar um microssistema. Contudo, para provas objetivas, o mais correto é adotar a interpretação literal da lei, no sentido de que a ação coletiva é o instrumento cabível para a defesa dos direitos individuais homogêneos e a ação civil pública é cabível para os direitos difusos e coletivos.

7.2. Legitimidade

A legitimidade ativa para a ação civil pública está prevista no art. 5º da Lei nº 7.347/85, bem como no art. 82 do CDC, sendo concorrente tal legitimidade.

Trata-se de legitimidade **extraordinária** (para atuar em nome próprio, na defesa de direito alheio) ou autônoma (para atuar em nome próprio, na defesa de direito difuso), o que demanda expressa previsão do substituto processual por lei (art. 18 do CPC).

Os substitutos processuais são: MP, entes federativos (União, Estados, DF e Municípios), entes da Administração Indireta (autarquias, fundações públicas, empresas públicas e sociedades de economia mista), Defensoria Pública, Sindicatos, Associações constituídas há mais de um ano, cujos estatutos incluam, entre suas finalidades, a defesa das pretensões que serão objeto da demanda.

A legitimidade passiva é atribuída ao responsável pela violação dos direitos difusos, coletivos e individuais homogêneos.

7.3. Competência

A competência para apreciação da ação civil pública é fixada pela **extensão do dano.** Em caso de dano de abrangência suprarregional, que atinja cidades sujeitas à jurisdição de mais de uma Vara do Trabalho, a competência será de qualquer das varas das localidades atingidas, ainda que vinculadas a Tribunais Regionais do Trabalho distintos.

Em caso de dano de abrangência suprarregional ou nacional, há competência concorrente para a Ação Civil Pública das varas do trabalho das sedes dos Tribunais Regionais do Trabalho.

Estará prevento o juízo a que a primeira ação houver sido distribuída.

7.4. Cabimento

A ação coletiva e a ação civil pública são cabíveis para a defesa de todos os direitos **difusos, coletivos e individuais homogêneos**. O art. 1º da Lei n. 7.347/85 traz rol meramente exemplificativo.

A ação civil pública é vedada para veicular pretensões que envolvam tributos, contribuições previdenciárias, FGTS ou outros fundos de natureza institucional, cujos beneficiários possam ser individualmente determinados.

7.5. Procedimento

Em regra, a ação civil pública e ação coletiva, seguem o rito processual trabalhista, inclusive no que toca à sistemática recursal, à míngua de previsão específica de rito próprio.

Apesar de grande celeuma doutrinário e jurisprudencial, conforme o CDC (art. 104) e a LMS (art. 22, §1º) não existe litispendência entre a ação individual e a ação coletiva/ ação civil pública. Todavia, o autor da ação individual poderá se beneficiar da decisão da ação civil pública, se requerer a suspensão do seu processo no prazo de 30 dias, a contar da ciência, nos autos, do ajuizamento da ação coletiva.

8. AÇÃO MONITÓRIA

8.1. Conceito

Ação monitória é aquela ajuizada por credor, detentor de prova escrita da dívida sem força executiva, com a finalidade de obter o mandado de pagamento ou entrega de coisa, satisfazendo seu crédito.

Tem natureza de ação de conhecimento e pode ser usada no âmbito do processo do trabalho.

8.2. Procedimento

Recebida a petição inicial, sendo evidente o direito do autor, o juiz deferirá a expedição de mandado de pagamento, de entrega de coisa ou para execução de obrigação de fazer ou de não fazer, concedendo ao réu prazo de 15 (quinze) dias para o cumprimento.

Constituir-se-á de pleno direito o título executivo judicial, independentemente de qualquer formalidade, se não realizado o pagamento e não apresentados embargos.

Independentemente de prévia segurança do juízo, o réu poderá opor, nos próprios autos, no prazo de 15 dias, embargos à ação monitória.

Os embargos podem se fundar em matéria passível de alegação como defesa no procedimento comum.

Quando o réu alegar que o autor pleiteia quantia superior à devida, cumprir-lhe-á declarar de imediato o valor que entende correto, apresentando demonstrativo discriminado e atualizado da dívida.

Não apontado o valor correto ou não apresentado o demonstrativo, os embargos serão liminarmente rejeitados, se esse for o seu único fundamento, e, se houver outro fundamento, os embargos serão processados, mas o juiz deixará de examinar a alegação de excesso.

A oposição dos embargos suspende a eficácia da decisão até o julgamento em primeiro grau.

O autor será intimado para responder aos embargos no prazo de **15 (quinze) dias.**

Na ação monitória admite-se a reconvenção, sendo vedado o oferecimento de reconvenção à reconvenção.

Cabe recurso ordinário contra a sentença que acolhe ou rejeita os embargos.

9. AÇÃO RESCISÓRIA

9.1. Conceito

A ação rescisória é o meio processual apto a rescindir sentenças ou acórdãos qualificados pela coisa julgada material e proferidos sem observância de determinados requisitos expressamente previstos em lei.

O prazo decadencial para o ajuizamento da ação rescisória é de dois anos.

Somente é cabível em face de sentença de mérito com a qualidade do trânsito em julgado.

Em razão do princípio da substituição, quando uma sentença é reformada por um acórdão proferido pelo TRT, que adquire a qualidade da coisa julgada, a pretensão do autor da ação rescisória não pode se voltar contra a decisão de primeiro grau, mas somente em relação à decisão do órgão *ad quem*.

Não se aplica à ação rescisória o requisito do pré-questionamento, uma vez que essa medida judicial não possui natureza recursal.

Para os demais atos processuais que não estejam sujeitos à sentença ou aqueles em que a decisão é meramente homologatória, é cabível a **ação anulatória** para a sua desconstituição (art. 996, § 4º do CPC), como acontece nos casos de decisão de homologação de adjudicação ou de arrematação.

É necessário que a sentença rescindenda adote **tese explícita** para que seja objeto da ação rescisória.

Na ação rescisória tem-se o juízo rescindendo, que tem o objetivo de desconstituir a decisão transitada em julgado e o juízo rescisório, que corresponde ao novo julgamento sobre a matéria objeto de análise.

9.2. Competência e legitimidade

A competência originária para processamento e julgamento da ação rescisória é dos Tribunais.

No âmbito do TST, a competência é da SDC, nos casos das sentenças proferidas em dissídio coletivo, e da SDI-II, nas hipóteses de decisões proferidas pelas Turmas e pela própria Seção de Dissídios Individuais.

Ainda acerca da competência para a ação rescisória, faz-se necessário destacar o teor da Súm. 192 do TST:

> AÇÃO RESCISÓRIA. COMPETÊNCIA (atualizada em decorrência do CPC de 2015) - Res. 212/2016, DEJT divulgado em 20, 21 e 22.09.2016.
>
> I - Se não houver o conhecimento de recurso de revista ou de embargos, a competência para julgar ação que vise a rescindir a decisão de mérito é do Tribunal Regional do Trabalho, ressalvado o disposto no item II.
>
> II - Acórdão rescindendo do Tribunal Superior do Trabalho que não conhece de recurso de embargos ou de revista, analisando arguição de violação de dispositivo de lei material ou decidindo em consonância com súmula de direito material ou com iterativa, notória e atual jurisprudência de direito material da Seção de Dissídios Individuais (Súmula nº 333), examina o mérito da causa, cabendo ação rescisória da competência do Tribunal Superior do Trabalho. (ex-Súmula nº 192 – alterada pela Res. 121/2003, DJ 21.11.2003)
>
> III – Sob a égide do art. 512 do CPC de 1973, é juridicamente impossível o pedido explícito de desconstituição de sentença quando substituída por acórdão do Tribunal Regional ou superveniente sentença homologatória de acordo que puser fim ao litígio.
>
> IV – Na vigência do CPC de 1973, é manifesta a impossibilidade jurídica do pedido de rescisão de julgado proferido em agravo de instrumento que, limitando-se a aferir o eventual desacerto do juízo negativo de admissibilidade do recurso de revista, não substitui o acórdão regional, na forma do art. 512 do CPC. (ex-OJ nº 105 da SBDI-2 - DJ 29.04.2003)

V- A decisão proferida pela SBDI, em agravo regimental, calcada na Súmula nº 333, substitui acórdão de Turma do TST, porque emite juízo de mérito, comportando, em tese, o corte rescisório. (ex-OJ nº 133 da SBDI-2 - DJ 04.05.2004).

A legitimidade para propor a ação rescisória pertence, primeiramente, à parte, ou aos seus sucessores, a título singular ou universal, que foi prejudicada pela sentença definitiva. Também podem interpor a ação rescisória o terceiro juridicamente interessado e o MPT.

POSIÇÃO DO TST

Súmula 406. *AÇÃO RESCISÓRIA. LITISCONSÓRCIO. NECESSÁRIO NO PÓLO PASSIVO E FACULTATIVO NO ATIVO. INEXISTENTE QUANTO AOS SUBSTITUÍDOS PELO SINDICATO (conversão das Orientações Jurisprudenciais nºs 82 e 110 da SBDI-2) - Res. 137/2005, DJ 22, 23 e 24.08.2005*

I - O litisconsórcio, na ação rescisória, é necessário em relação ao pólo passivo da demanda, porque supõe uma comunidade de direitos ou de obrigações que não admite solução díspar para os litisconsortes, em face da indivisibilidade do objeto. Já em relação ao pólo ativo, o litisconsórcio é facultativo, uma vez que a aglutinação de autores se faz por conveniência e não pela necessidade decorrente da natureza do litígio, pois não se pode condicionar o exercício do direito individual de um dos litigantes no processo originário à anuência dos demais para retomar a lide. (ex-OJ nº 82 da SBDI-2 - inserida em 13.03.2002)

II - O Sindicato, substituto processual e autor da reclamação trabalhista, em cujos autos fora proferida a decisão rescindenda, possui legitimidade para figurar como réu na ação rescisória, sendo descabida a exigência de citação de todos os empregados substituídos, porquanto inexistente litisconsórcio passivo necessário. (ex-OJ nº 110 da SBDI-2 - DJ 29.04.2003)

Súmula 407. *"AÇÃO RESCISÓRIA. MINISTÉRIO PÚBLICO. LEGITIMIDADE "AD CAUSAM" PREVISTA NO ART. 967, III, "A", "B" e "C" DO CPC DE 2015. ART. 487, III, "A" e "B", DO CPC DE 1973. HIPÓTESES MERAMENTE EXEMPLIFICATIVAS. A legitimidade "ad causam" do Ministério Público para propor ação rescisória, ainda que não tenha sido parte no processo que deu origem à decisão rescindenda, não está limitada às alíneas "a", "b" e "c" do inciso III do art. 967 do CPC de 2015 (art. 487, III, "a" e "b", do CPC de 1973), uma vez que traduzem hipóteses meramente exemplificativas (ex-OJ nº 83 da SBDI-2 - inserida em 13.03.2002)".*

9.3. Hipóteses de cabimento

O CPC, em seu art. 966, indica, de forma taxativa, quais as hipóteses em que é cabível a ação rescisória. *"A decisão de mérito, transitada em julgado, pode ser rescindida quando: I – se verificar que foi proferida por força de prevaricação, concussão ou corrupção do juiz; II – for proferida por juiz impedido ou por juízo absolutamente incompetente; III – resultar de dolo ou coação da parte vencedora em detrimento da parte vencida ou, ainda, de simulação ou colusão entre as partes, a fim de fraudar a lei; IV – ofender a coisa julgada; V –*

violar manifestamente norma jurídica; VI – for fundada em prova cuja falsidade tenha sido apurada em processo criminal ou venha a ser demonstrada na própria ação rescisória; VII – obtiver o autor, posteriormente ao trânsito em julgado, prova nova cuja existência ignorava ou de que não pôde fazer uso, capaz, por si só, de lhe assegurar pronunciamento favorável; VIII – for fundada em erro de fato verificável do exame dos autos".

O acordo celebrado entre as partes e homologado pelo juiz do trabalho tem o mesmo efeito de uma decisão irrecorrível, somente sendo impugnável por ação rescisória.

A decisão que homologa os cálculos de liquidação só é passível de ser atacada pela via rescisória quando as partes discutem a conta e o juiz manifesta-se, expressamente, sobre os seus erros e acertos.

É incabível ação rescisória para desconstituir sentença proferida nos autos de ação de cumprimento na medida em que a coisa julgada nas sentenças normativas é apenas formal.

Nos subtópicos seguintes irei analisar individualmente as hipóteses de cabimento da ação rescisória, conforme o CPC.

9.3.1. Prevaricação, concussão ou corrupção do juiz

As situações que envolvem a prevaricação, a concussão ou a corrupção do juiz contaminam a sua atuação no processo porquanto violam a principal característica do juiz que é a imparcialidade.

O crime de concussão se verifica quando o juiz exigir, para si ou para outrem, direta ou indiretamente, ainda que fora da função ou antes de assumi-la, mas em razão dela, vantagem indevida.

O juiz comete o crime de corrupção quando solicita ou recebe, para si ou para outrem, direta ou indiretamente, ainda que fora da função ou antes de assumi-la, mas em razão dela, vantagem indevida, ou aceitar promessa de tal vantagem.

A prevaricação se verifica quando o juiz retarda ou deixa de praticar, indevidamente, ato de ofício, ou o pratica contra disposição expressa de lei, para satisfazer interesse ou sentimento pessoal.

9.3.2. Juiz impedido ou absolutamente incompetente

Os motivos que implicam impedimento da atuação do juiz em determinado processo estão previstos no art. 144 do CPC e no art. 801 da CLT.

Além de tais hipóteses de impedimento, existe outra regra de aplicação exclusiva dos tribunais, conforme art. 147 do CPC: *"Quando 2 (dois) ou mais juízes forem parentes, consanguíneos ou afins, em linha reta ou colateral, até o terceiro grau, inclusive, o primeiro que conhecer do processo impede que o outro nele atue, caso em que o segundo se escusará, remetendo os autos ao seu substituto legal".*

Verificadas essas hipóteses, o juiz deve se abster de exercer a sua função jurisdicional, de ofício ou por provocação da parte.

9.3.3. Dolo ou coação da parte, simulação ou colusão entre as partes

O dolo se verifica quando há a intenção deliberada do agente de causar prejuízo a outrem, por meio da ação ou da omissão.

O dolo processual da parte vencedora em detrimento da parte vencida, prejudicando-a e induzindo o juiz a formar a sua convicção em premissas falsas, permite o ajuizamento de ação rescisória.

Não caracteriza dolo processual o simples fato de a parte vencedora haver silenciado a respeito de fatos contrários a ela, porque o procedimento, por si só, não constitui ardil do qual resulte cerceamento de defesa e, em consequência, desvie o juiz de uma sentença não condizente com a verdade.

Se a decisão rescindenda é homologatória de acordo, não há parte vencedora ou vencida, razão pela qual não é possível a sua desconstituição sob a alegação de dolo da parte vencedora em detrimento da vencida, pois constitui fundamento de rescindibilidade que supõe solução jurisdicional para a lide.

A coação caracteriza-se pelo constrangimento físico ou moral para alguém fazer algum ato sob o fundado temor de dano iminente e considerável à sua pessoa, à sua família ou a seus bens (art.151 do CC).

Já o conluio se verifica quando duas ou mais pessoas unem-se para tramar e praticar um ato simulado com objetivo de prejudicar terceiros.

A simulação consiste numa declaração de vontade distinta da vontade real, com a concordância de ambas as partes e visando, geralmente, fugir de obrigações / imperativos legais e prejudicar terceiros.

Nesses casos (conluio e simulação), o MPT e o terceiro interessado terão legitimidade para propor a ação rescisória.

9.3.4. Ofensa à coisa julgada

Quando uma decisão é proferida em ofensa à coisa julgada, pode ser objeto de ação rescisória, na medida em que viola uma garantia de índole constitucional.

A ação rescisória, nesta hipótese, exige dois pressupostos: uma sentença anterior com a qualidade da coisa julgada material e a sentença rescindenda, também com a autoridade da coisa julgada. Em outras palavras, é necessário que existam duas coisas julgadas materiais.

9.3.5. Violação manifesta de norma jurídica

Se a decisão, de forma expressa e clara, infringe os preceitos de direito material ou processual, contidos na norma estatal de caráter constitucional ou infraconstitucional, de forma negativa ou positiva, pode ser rescindida por meio do ajuizamento de uma ação rescisória.

É necessário que a não observância de uma lei processual tenha influenciado a decisão do juiz quanto ao bem da vida disputado na demanda.

Não cabe ação rescisória por ofensa a literal disposição de lei, quando a decisão rescindenda se tiver baseado em texto legal de interpretação controvertida nos Tribunais.

A ação rescisória calcada em violação de lei não admite reexame de fatos e provas do processo que originou a decisão rescindenda (Súm. 410 do TST).Não procede pedido de rescisão fundado no art. 966, V, do CPC quando se aponta contrariedade à norma de convenção coletiva de trabalho, acordo coletivo de trabalho, portaria do Poder Executivo, regulamento de empresa e súmula ou orientação jurisprudencial de tribunal. (OJ n. 25 da SDI-II do TST).

Não procede pedido formulado na ação rescisória por violação literal de lei se a decisão rescindenda estiver baseada em texto legal infraconstitucional de interpretação controvertida nos Tribunais.

É indispensável expressa indicação, na petição inicial da ação rescisória, da norma jurídica manifestamente, por se tratar de causa de pedir da rescisória, não se aplicando, no caso, o princípio *"iura novit curia"* (Súmula 408, *in fine*).O marco divisor quanto a ser, ou não, controvertida, nos Tribunais, a interpretação dos dispositivos legais citados na ação rescisória é a data da inclusão, na Orientação Jurisprudencial do TST, da matéria discutida.

A conclusão acerca da ocorrência de violação literal a disposição de lei pressupõe pronunciamento explícito, na sentença rescindenda, sobre a matéria veiculada.

Cabe ação rescisória, com fundamento na violação manifesta de norma jurídica, contra decisão baseada em enunciado de súmula ou acórdão proferido em julgamento de casos repetitivos que não tenha considerado a existência de distinção entre a questão discutida no processo e o padrão decisório que lhe deu fundamento. Neste caso, caberá ao autor, sob pena de inépcia, demonstrar, fundamentadamente, tratar-se de situação particularizada por hipótese fática distinta ou de questão jurídica não examinada, a impor outra solução jurídica (art. 966, §§ 5º e 6º do CPC).

> POSIÇÃO DO TST
>
> **Súmula 400.** *"Em se tratando de rescisória de rescisória, o vício apontado deve nascer na decisão rescindenda, não se admitindo a rediscussão do acerto do julgamento da rescisória anterior. Assim, não procede rescisória calcada no inciso V do art. 966 do CPC de 2015 para discussão, por má aplicação da mesma norma jurídica, tida por violada na rescisória anterior, bem como para arguição de questões inerentes à ação rescisória primitiva".*

Em síntese, a segunda ação rescisória deve obrigatoriamente nascer em razão de vício na decisão da primeira ação rescisória, não servindo como sucedâneo recursal desta, sob pena das demandas serem perpetuadas por meio de ajuizamento de sucessivas ações rescisórias no tempo. O que é vedado é que a nova ação rescisória tente discutir violação já impugnada na primeira ação rescisória, servindo a segunda ação rescisória simplesmente como meio recursal.

Ainda sobre o tema, importante destacar a Súmula nº 298 do TST:

> AÇÃO RESCISÓRIA. VIOLAÇÃO A DISPOSIÇÃO DE LEI. PRONUNCIAMENTO EXPLÍCITO (Redação alterada pelo Tribunal Pleno na sessão realizada em 6.2.2012) - Res. 177/2012, DEJT divulgado em 13, 14 e 15.02.2012

I - A conclusão acerca da ocorrência de violação literal a disposição de lei pressupõe pronunciamento explícito, na sentença rescindenda, sobre a matéria veiculada.

II - O pronunciamento explícito exigido em ação rescisória diz respeito à matéria e ao enfoque específico da tese debatida na ação, e não, necessariamente, ao dispositivo legal tido por violado. Basta que o conteúdo da norma reputada violada haja sido abordado na decisão rescindenda para que se considere preenchido o pressuposto.

III - Para efeito de ação rescisória, considera-se pronunciada explicitamente a matéria tratada na sentença quando, examinando remessa de ofício, o Tribunal simplesmente a confirma.

IV - A sentença meramente homologatória, que silencia sobre os motivos de convencimento do juiz, não se mostra rescindível, por ausência de pronunciamento explícito.

V - Não é absoluta a exigência de pronunciamento explícito na ação rescisória, ainda que esta tenha por fundamento violação de dispositivo de lei. Assim, prescindível o pronunciamento explícito quando o vício nasce no próprio julgamento, como se dá com a sentença "extra, citra e ultra petita".

9.3.6. Prova falsa

Quando a decisão é baseada exclusivamente em alguma prova falsa (ex. Perícia ou documento posteriormente declarados falsos), é cabível a ação rescisória.

Se o juiz forma seu convencimento considerando o conjunto probatório e não somente a prova declarada falsa, a sentença não pode ser objeto de ação rescisória.

A prova falsa é aquela declarada em juízo como tal, seja em processo autônomo ou na própria ação rescisória.

9.3.7. Prova nova

Prova nova é aquilo que já existia à época da instrução do processo no qual foi proferida a sentença rescindenda e capaz de garantir um pronunciamento favorável para o interessado, mas que a parte ignorava ou ficou impossibilitada de produzir nos referidos autos.

Não é documento novo apto a viabilizar a desconstituição de julgado:

a) sentença normativa proferida ou transitada em julgado posteriormente à sentença rescindenda;

b) sentença normativa preexistente à sentença rescindenda, mas não exibida no processo principal, em virtude de negligência da parte, quando podia e deveria louvar-se de documento já existente e não ignorado quando emitida a decisão rescindenda.

O interessado deve juntar a prova nova nos autos da ação rescisória e demonstrar a sua ignorância ao tempo da instrução processual ou o fato que implicou a impossibilidade de juntá-lo à reclamação trabalhista rescindenda.

9.3.8. *Invalidação de confissão, desistência ou transação*

Se a parte possuir fundamento para invalidar confissão, desistência ou transação, em que se baseou a sentença poderá ajuizar a ação rescisória.

Conforme o Código Civil, são anuláveis os atos jurídicos quando as declarações de vontade emanarem de erro, dolo, coação, estado de perigo e lesão.

9.3.9. *Sentença fundada em erro de fato*

É cabível ação rescisória para impugnar decisão que faz expressa remissão a um fato que não foi reproduzido nos autos ou ao contrário, quando o juiz ignora uma prova produzida pela parte.

Há erro de fato quando a decisão rescindenda admitir fato inexistente ou quando considerar inexistente fato efetivamente ocorrido. É indispensável, em ambos os casos, que o fato não represente ponto controvertido sobre o qual o juiz deveria ter se pronunciado.

Não cabe a ação rescisória em decorrência da má apreciação da prova.

9.4. Requisitos da ação rescisória

A petição inicial da ação rescisória deve observar os mesmos requisitos da petição inicial genérica.

É cabível o pedido de tutela provisória formulado na petição inicial de ação rescisória ou na fase recursal, visando a suspender a execução da decisão rescindenda (Súmula 405 do TST).

Não padece de inépcia a petição inicial de ação rescisória apenas porque omite a subsunção do fundamento de rescindibilidade no art. 966 do CPC ou o capitula erroneamente em um de seus incisos. Contanto que não se afaste dos fatos e fundamentos invocados como causa de pedir, ao Tribunal é lícito emprestar-lhes a adequada qualificação jurídica (*"iura novit curia"*). No entanto, fundando-se a ação rescisória no art. 966, inciso V, do CPC, é indispensável expressa indicação, na petição inicial da ação rescisória, da norma jurídica manifestamente violada, por se tratar de causa de pedir da rescisória, não se aplicando, no caso, o princípio *"iura novit curia"* (Súmula 408 do TST).

O valor da causa da ação rescisória corresponde ao valor dado à causa do processo originário ou aquele que for fixado pelo juiz, no caso de improcedência; ao respectivo valor arbitrado à condenação, no caso de procedência, total ou parcial; e ao valor apurado em liquidação de sentença, das decisões proferidas na fase de execução.

A petição inicial deve vir acompanhada da documentação necessária à comprovação dos fatos alegados, principalmente de cópias da sentença rescindenda transitada em julgado, com a devida autenticação (art. 830 da CLT), ou a declaração feita nesse sentido e sob as penas da lei, quando o processo tramitar em autos físicos.

O pedido formulado na ação rescisória deve ser no sentido de desconstituir a sentença atacada e, se for o caso, de um novo pronunciamento judicial.

A sentença que pode ser objeto de ação rescisória é somente aquela que já adquiriu a qualidade da **coisa julgada material**, independentemente da parte ter ou não se utilizado de todos os recursos cabíveis.

A prova do trânsito em julgado da sentença é feita com a juntada, aos autos da ação rescisória, de certidão fornecida pela secretaria do órgão judicial no qual ocorreu aquele fato jurídico ou de cópia autêntica, ou declarada como tal, pelo advogado. Em face do que dispõe a MP 1.984-22/2000 e o art. 969 do CPC, é cabível o pedido de tutela provisória formulado na petição inicial de ação rescisória ou na fase recursal, visando a suspender a execução da decisão rescindenda (Súmula 405 do TST).

Verificando o relator que a parte interessada não juntou à inicial o documento comprobatório, abrirá prazo de 15 (quinze) dias para que o faça (art. 321 do CPC), sob pena de indeferimento.

A procuração outorgada com poderes específicos para ajuizamento de reclamação trabalhista não autoriza a propositura de ação rescisória. Constatado, todavia, o defeito de representação processual na fase recursal, cumpre ao relator ou ao tribunal conceder prazo de 5 (cinco) dias para a regularização, nos termos da Súmula nº 383, item II, do TST.

É necessário um depósito prévio equivalente a **20% do valor da causa,** a título de multa eventual. Esse valor reverte para a parte ré, caso a ação rescisória não seja admitida ou declarada improcedente por unanimidade de votos (art. 836 da CLT).

O depósito prévio não será exigido da massa falida, União, Estados, Distrito Federal, Municípios, às suas respectivas autarquias e fundações de direito público, Ministério Público, Defensoria Pública e aos que tenham obtido o benefício de gratuidade da justiça (art. 968, § 1º, do CPC).

O prazo para a propositura da ação rescisória é de **dois anos**, contados do dia subsequente ao trânsito em julgado da decisão ou do acórdão que a substitui. Por se tratar de prazo decadencial, não se admite suspensão ou interrupção.

Quando existir recurso parcial, o trânsito em julgado ocorrerá em épocas distintas e também em tribunais diversos. A exceção (trânsito em julgado em um momento único) ocorre quando o recurso parcial tiver como objeto arguição de preliminar (defesa processual) ou de prejudicial de mérito.

9.5. Procedimento da ação rescisória

A ação rescisória é ajuizada perante o Tribunal competente, observando-se o regramento contido no respectivo regimento interno, sendo distribuída para um relator que examina os pressupostos de constituição e desenvolvimento válidos do processo.

Verificados defeitos sanáveis, o juiz determina a emenda da inicial ou a indefere na hipótese de defeitos insanáveis.

O relator determina a citação do réu para oferecer sua resposta no prazo de quinze a trinta dias.

Aplica-se à ação rescisória o disposto no artigo 332 do CPC, que dispõe sobre a improcedência liminar do pedido.

A ausência de contestação, apesar de caracterizar a revelia, não produz os seus efeitos ordinários, tendo em vista que o objeto da ação rescisória é a própria sentença, ato oficial do Estado, acobertado pelo manto da coisa julgada.

Assim sendo, e considerando que a coisa julgada envolve questão de ordem pública, a revelia não produz confissão na ação rescisória (Súm. 398 do TST).

Em caso de necessidade de prova, o relator delegará competência ao juízo no qual deva ser produzida.

Encerrada a instrução, as partes terão o prazo sucessivo de dez dias para oferecer as razões finais.

Após, colhe-se o parecer do MPT, se for o caso, e, em seguida, os autos seguirão para conclusão do juiz relator e revisor.

A sentença proferida nos autos da ação rescisória pode produzir três efeitos distintos:

a) acolher a pretensão do autor e desconstituir a sentença;

b) acolher a pretensão do autor, desconstituindo a sentença e proferindo novo julgamento;

c) não acolher a pretensão do autor e declarar inadmissível ou improcedente a ação rescisória.

A propositura da ação rescisória não impede o cumprimento da decisão rescindenda, ressalvada a concessão de tutela provisória.

A execução da decisão proferida em ação rescisória far-se-á nos próprios autos da ação que lhe deu origem, e será instruída com o acórdão da rescisória e a respectiva certidão de trânsito em julgado.

9.6. Recurso

Quando a ação rescisória for proposta perante os Tribunais Regionais do Trabalho, o recurso cabível é o recurso ordinário para a SDI-II do TST.

Não é exigido o depósito recursal, exceto quando a pretensão do autor for acolhida pelo Tribunal e for imposta condenação pecuniária, observando-se o valor-teto exigido para o manejo do recurso de revista, embargos e recurso extraordinário.

REFERÊNCIAS BIBLIOGRÁFICAS

ALMEIDA, Cléber Lúcio. Direito processual do trabalho. 6. ed. São Paulo: LTR, 2016.

BERNARDES, Felipe. Manual de Processo do Trabalho. Salvador: Juspodivm, 2018.

BERNARDES, Simone. Resumo de Direito do Trabalho. Salvador: Juspodivm, 2019.

BERNARDES, Simone; SCALÉRCIO, Marcos; LIMA, Leonardo Tibo Barbosa. Reforma Trabalhista. Teses Interpretativas. Salvador: Juspodivm, 2018.

BEZERRA LEITE, Carlos Henrique. Curso de direito processual do trabalho. 14. ed. São Paulo: Saraiva, 2016.

CAIRO JUNIOR, José. Curso de direito processual do trabalho. 8. ed. Salvador: Juspodivm, 2015.

__________. Curso de direito do trabalho. 13. ed. Salvador: Juspodivm, 2017.

CASSAR, Vólia Bomfim. Direito do Trabalho. De Acordo com a Reforma Trabalhista Lei 13.467/2017. São Paulo: Método, 2017.

CLT: Consolidação das Leis do Trabalho/ organização Renato Saraiva, Aryanna Linhares, Rafael Tonassi - 19. ed. rev., atual. e ampl. - Rio de Janeiro: Forense; São Paulo: MÉTODO, 2017.

GARCIA, Gustavo Filipe Barbosa. Curso de direito do trabalho. 15. ed. São Paulo: Saraiva, 2020

________.Novo CPC e Processo do trabalho. 2.ed. Salvador: Juspodivm, 2017.

________. Reforma Trabalhista. Salvador: Juspodivm, 2017.

DELGADO, Mauricio Godinho, Curso de Direito do Trabalho. São Paulo: LTR, 2019.

DIDIER JUNIOR, Fredie. Curso de direito processual civil. 6. ed. Salvador: Juspodivm, 2011. vol. II.

__________________Curso de direito processual civil. Teoria Geral do processo e processo de conhecimento. 17. ed. Salvador: Juspodivm, 2015.

__________. Curso de direito processual civil. Teoria da prova, direito probatório, decisão, precedente, coisa julgada e tutela provisória. Salvador: Juspodivm, 2015.

__________; PEIXOTO, Ravi. Novo Código de Processo Civil. Comparativo com o Código de 1973. Salvador: Juspodivm, 2015.

KLIPPEL, Bruno. Direito Sumular - TST Esquematizado. 3. ed. São Paulo: Saraiva, 2012.

LIMA, Francisco Meton Marques de; LIMA, Francisco Péricles Rodrigues Marques de. Reforma Trabalhista: Entenda ponto por ponto. São Paulo: LTR, 2017.

LIMA, Leonardo Tibo Barbosa. Lições de Direito Processual do Trabalho. 4. ed. São Paulo: LTR, 2017.

MARTINS, Sérgio Pinto. Direito Processual do Trabalho. 33. ed. São Paulo: Atlas, 2012.

MIESSA, Élisson. Curso de Direito Processual do Trabalho, 8ª. ed. Salvador: Juspodivm, 2020.

__________. Resumo de Processo do Trabalho. Salvador: Juspodivm, 2018.

__________. Recursos trabalhistas. De acordo com a Lei nº 13.054/14. Salvador: Juspodivm, 2015.

__________. (Org.). O novo Código de processo civil e seus reflexos no processo do trabalho. Salvador: Juspodivm, 2015.

MIGLIORANZI, Juliana Migot; HABERMANN, Raíra Tuckmantel. Comentários à Reforma Trabalhista. Leme: Habermann Editora, 2017.

NAHAS, Theresa. MIZIARA, Raphael. Impactos da Reforma Trabalhista na Jurisprudência do TST. São Paulo: RT, 2017.

__________. Comentários às Orientações Jurisprudenciais da SBDI 1 e 2 do TST. 3. ed. São Paulo: Atlas, 2012.

NASCIMENTO, Amauri Mascaro. Curso de direito processual do trabalho. 28. ed. São Paulo: Saraiva, 2013.

NEVES, Adriano Craveiro. Manual de direito processual do trabalho. Teresina: Edição do autor, 2015.

PAMPLONA FILHO, Rodolfo; TEIXEIRA, Leandro Fernandez. Direito processual intertemporal e a Instrução Normativa n.º 41/2018 do TST. A aplicação das inovações da reforma trabalhista ao processo do trabalho. 2018. Disponível em: <https://jus.com.br/artigos/67210/direito-processual-intertemporal-e-a-instrucao-normativa-n-41-2018-do-tst> Acesso em: 07 abr. 2020.

SARAIVA, Renato. Processo do trabalho/ Renato Saraiva, Aryanna Linhares. 13. ed. rev., atual. e ampl. Salvador: Juspodivm, 2017.

SCHIAVI, Mauro. Manual de direito processual do trabalho. 5. ed. São Paulo: LTR, 2012.

SILVA, Homero Batista Mateus da. Comentários À Reforma Trabalhista – Análise da Lei 13.467/2017 – Artigo Por Artigo. São Paulo: RT, 2017.

SOUZA JÚNIOR, Antonio Umberto de; SOUZA, Fabiano Coelho de;. MARANHÃO, Ney; AZEVEDO NETO, Platon Teixeira de. REFORMA TRABALHISTA ANÁLISE COMPARATIVA E CRÍTICA DA LEI Nº 13.467/2017. São Paulo: Rideel, 2017.

EDITORA JusPODIVM
www.editorajuspodivm.com.br

JUS4067

COLOR system